罗马千年征战史

全三卷·第Ⅰ卷

刘威 编著

民主与建设出版社
·北京·

Ⓒ 民主与建设出版社，2022

图书在版编目（CIP）数据

罗马千年征战史：全三卷 / 刘威编著 . -- 北京：民主与建设出版社，2022.11
　ISBN 978-7-5139-3961-4

　Ⅰ. ①罗… Ⅱ. ①刘… Ⅲ. ①古罗马 – 历史 Ⅳ. ① K126

中国版本图书馆 CIP 数据核字（2022）第 169025 号

罗马千年征战史：全三卷
LUOMA QIANNIAN ZHENGZHANSHI QUAN SAN JUAN

编　　著	刘　威
责任编辑	胡　萍　宁莲佳
封面设计	王　星
出版发行	民主与建设出版社有限责任公司
电　　话	（010）59417747　59419778
社　　址	北京市海淀区西三环中路 10 号望海楼 E 座 7 层
邮　　编	100142
印　　刷	重庆长虹印务有限公司
版　　次	2022 年 12 月第 1 版
印　　次	2022 年 12 月第 1 次印刷
开　　本	787 毫米 ×1092 毫米　1/16
印　　张	80
字　　数	1262 千字
书　　号	ISBN 978-7-5139-3961-4
定　　价	359.80 元（全三卷）

注：如有印、装质量问题，请与出版社联系

目 录
CONTENTS

序章	折戟	1
	血战卡莱	2

第一章	**起源与王政**	**11**
	特洛伊复国史	12
	定国战争	15
	雄霸拉丁	19
	伊特鲁里亚王朝	23
	王政终结	27

第二章	**初建共和国**	**32**
	元老院与罗马人民	33
	王政复辟战争	36
	血战雷吉鲁斯湖	40
	权力之争	44

第三章	**鏖战拉丁姆**	**47**
	沃尔西战争	48
	费边们的战争	52
	第一次维爱战争	56
	四国混战	60
	新特洛伊战争	64

第四章	**高卢入侵**	**69**
	高卢浩劫	70
	涅槃重生	74
	罗马军团	79

第五章	**意大利霸权**	**83**
	南征北战	84

　　　　　征服萨莫奈　　　　　　　　　　　　87
　　　　　初战皮洛士　　　　　　　　　　　　91
　　　　　统一意大利　　　　　　　　　　　　96

第六章　迦太基战争......................................**101**
　　　　　渡过墨西拿海峡　　　　　　　　　　102
　　　　　鏖战海洋　　　　　　　　　　　　　107
　　　　　海陆受挫　　　　　　　　　　　　　110
　　　　　险胜迦太基　　　　　　　　　　　　114

第七章　汉尼拔的独奏..................................**119**
　　　　　战前热身赛　　　　　　　　　　　　120
　　　　　巴卡家族的崛起之路　　　　　　　　123
　　　　　汉尼拔远征　　　　　　　　　　　　127
　　　　　"战神"的序曲　　　　　　　　　　130
　　　　　拖延战略　　　　　　　　　　　　　135
　　　　　坎尼交响曲　　　　　　　　　　　　140
　　　　　"共和国之剑"的寒光　　　　　　　143
　　　　　剑折将陨　　　　　　　　　　　　　148

第八章　西庇阿的崛起..................................**152**
　　　　　"明日之星"西庇阿　　　　　　　　153
　　　　　西班牙攻略　　　　　　　　　　　　158
　　　　　奔袭梅陶罗河　　　　　　　　　　　163
　　　　　远征准备　　　　　　　　　　　　　166
　　　　　鏖战北非　　　　　　　　　　　　　171
　　　　　宿命对决　　　　　　　　　　　　　174

第九章　降服继业者们..................................**181**
　　　　　继业者的今生　　　　　　　　　　　182
　　　　　腓力王的雄心　　　　　　　　　　　185
　　　　　狗头山之战　　　　　　　　　　　　187
　　　　　"大帝"安条克三世　　　　　　　　191
　　　　　两强鏖战爱琴海　　　　　　　　　　196

  决战马格尼西亚 200

第十章 君临地中海 **204**
  马其顿谋反 205
  马其顿覆灭 208
  罗马新秩序 213
  北非的纠纷 217
  缥缈的希望 220
  最后的荣光 222
  文明的消逝 226

第十一章 内战的序幕 **230**
  西班牙烽烟 231
  努米底亚内战 235
  朱古达威震北非 238
  梅特路斯挂帅 241

第十二章 马略军改 **246**
  马略与新式军团 247
  马略远征 251
  擒杀朱古达 255
  辛布里战争 258
  本都崛起 264

第十三章 枭雄登场 **267**
  同盟者内战 268
  东方的新霸主 272
  苏拉军变 276
  雅典攻防战 280
  喀罗尼亚之战 283
  "国家公敌"定东方 286
  向罗马进军 290

第十四章 群雄争锋 **295**

意大利之乱　　296
　　塞多留之乱　　299
　　本都再起　　302
　　荡平海患　　308
　　本都霸主的终局　　311

第十五章 恺撒初起 316
　　尤里乌斯的恺撒　　317
　　步入政坛　　321
　　前三头同盟　　324
　　首战立威　　329
　　驱逐日耳曼　　333
　　征战比尔及　　338

第十六章 称霸高卢 343
　　称霸高卢　　344
　　远征异域　　348
　　再度征服　　352
　　全面叛乱　　356
　　决战阿莱西亚　　362

第十七章 双雄内战 369
　　三头崩塌　　370
　　渡过卢比孔河　　372
　　战略西进　　376
　　平分秋色　　381
　　偷渡亚得里亚海　　385
　　决胜法萨卢斯　　392

第十八章 无冕之皇 397
　　掌控新东方　　398
　　阿非利加战役　　402
　　最后的战役　　409
　　大帝之死　　413

第十九章　新恺撒的诞生 **419**
    恺撒的遗嘱　　　　　　　　420
    霸业的继承人　　　　　　　423
    摩德纳之战　　　　　　　　428
    后三头同盟　　　　　　　　432
    决战前夕　　　　　　　　　436
    决战腓力比　　　　　　　　439

第二十章　"始皇帝"奥古斯都 **444**
    共和余波　　　　　　　　　445
    "海王"之死　　　　　　　　449
    巨头分离　　　　　　　　　455
    亚克兴角的红颜祸水　　　　459
    走向帝制　　　　　　　　　464
    尤里乌斯王朝　　　　　　　469

第二十一章　初代皇朝 **474**
    罗马军团的鲜血　　　　　　475
    前进，罗马之鹰　　　　　　479
    皇室争端　　　　　　　　　484
    痴儿执政　　　　　　　　　488
    亚美尼亚争夺战　　　　　　492
    不列颠叛乱　　　　　　　　499
    初代皇朝的终结　　　　　　503

第二十二章　四帝逐鹿 **508**
    首位逐鹿者：加尔巴　　　　509
    新的逐鹿者：奥托　　　　　513
    波河之战　　　　　　　　　516
    血战约塔帕塔　　　　　　　521
    犹太人的预言与命运　　　　527
    逐鹿总冠军：韦斯帕芗　　　532

第二十三章 逐鹿余波 537
  巴塔维亚之乱　538
  第一高卢帝国　541
  平定莱茵河　545
  耶路撒冷陷落　549

第二十四章 "家天下"的尝试 555
  弗拉维斯王朝　556
  喀里多尼亚战争　558
  达契亚的考卷　562
  图密善的答卷　566
  元老院的反扑　568
  "逼宫"涅尔瓦　571

第二十五章 "武皇帝"战记 575
  "武皇帝"图拉真登场　576
  强取塔帕伊，逼降达契亚　580
  雄赳赳气昂昂，再跨多瑙河　584
  饮马波斯湾　589
  雄主陨落　595

第二十六章 贤帝盛世 600
  继承人疑云　601
  夺位与肃清　605
  哈德良：贤君，还是暴君　610
  盛世下的危机　613
  "哲学家"的东征西讨　617
  贤帝盛世的终结　620

第二十七章 罗马帝国衰亡"始" 624
  角斗士皇帝：康茂德　625
  帝位"大拍卖"　630
  三雄并起，罗马易主　633
  两雄鏖战，决胜亚洲　636
  一雄独霸，再启新朝　641

第二十八章 分裂的前奏 645
　　罗、帕吻别尼西比斯　　646
　　皇室"遗珠"的反杀　　650
　　成也妇人，败也妇人　　654
　　元老院自毁"长城"　　659
　　蛮族入侵，二帝阵陨　　663

第二十九章 罗马三国演义 669
　　三帝身死，高卢独立　　670
　　罗马三分，帝陨米兰　　673
　　奋起，纳伊苏斯之战　　678
　　天命所归，新帝即位　　682
　　世界重建者，三分归一　　684

第三十章 抛弃旧制的变革 690
　　伊利里亚诸帝　　691
　　戴克里先改革，绝对君主制　　694
　　分裂的开始，四帝共治　　698

第三十一章 基督帝国的诞生 701
　　君士坦丁自立为帝　　702
　　马克森提乌斯的崛起　　705
　　卡农图姆会谈后的乱局　　708
　　信仰角逐，米尔维安桥决战　　711
　　"大帝"一统天下　　716
　　君士坦丁王朝　　722
　　虎毒食子，血色王室　　725

第三十二章 诸神的最后复兴 729
　　战端再起　　730
　　幼狮崭露头角　　736
　　狮王终将加冕　　741
　　最后的信仰守护者　　747
　　底格里斯河之战　　750
　　狮王陨落，信仰终结　　755

第三十三章 群狼入鹰巢ㅤ759

ㅤㅤ忙碌的西帝国ㅤ760
ㅤㅤ匈人崛起，哥特侵袭ㅤ764
ㅤㅤ狄奥多西的策略ㅤ770
ㅤㅤ西帝国的乱局ㅤ774
ㅤㅤ最后的统一ㅤ778

第三十四章 走向分裂ㅤ782

ㅤㅤ权臣争斗ㅤ783
ㅤㅤ东、西帝国的决裂ㅤ786
ㅤㅤ先平北非ㅤ789
ㅤㅤ斯提里科的奋战ㅤ792
ㅤㅤ"最后的罗马人"ㅤ797

第三十五章 诸蛮侵袭的噩梦ㅤ801

ㅤㅤ三围罗马，浩劫再临ㅤ802
ㅤㅤ西帝国内斗，汪达尔建国ㅤ807
ㅤㅤ上帝之鞭，噩梦的降临ㅤ811
ㅤㅤ沙隆之战，不过凡人ㅤ815
ㅤㅤ狡兔死，走狗烹ㅤ820

第三十六章 永恒之城不永恒ㅤ826

ㅤㅤ西国时局雨纷纷ㅤ827
ㅤㅤ西罗马最后的雄主ㅤ830
ㅤㅤ利奥的北非攻略ㅤ835
ㅤㅤ帝政风雨终ㅤ840

第三十七章 西罗马后的"世界格局"ㅤ845

ㅤㅤ意大利王国的兴替ㅤ846
ㅤㅤ罗马帝国的时局ㅤ849
ㅤㅤ东罗马的萨珊波斯战争ㅤ853

第三十八章 查士丁尼的霸业ㅤ857

ㅤㅤ开启新王朝ㅤ858

新主与萨珊波斯的较量　　　862
　　　议和萨珊波斯，尼卡暴乱　　　867
　　　起航，兵发北非　　　871
　　　北非乱起　　　877

第三十九章　意大利争夺战　　　**883**
　　　宣战东哥特　　　884
　　　罗马城攻防战　　　887
　　　进军拉文纳　　　893
　　　托提拉的绝地反击　　　898
　　　艰难的东罗马帝国　　　901
　　　传奇谢幕　　　905
　　　平定意大利　　　908

第四十章　普世帝国梦碎　　　**914**
　　　改弦更张，意大利失守　　　915
　　　萨珊波斯、东罗马生死之战的开始　　　920
　　　战略大师登场　　　924
　　　对萨珊波斯的战略反击　　　927
　　　扶立萨珊波斯废君　　　932
　　　成也勃焉，败也忽焉　　　938

第四十一章　希拉克略"救亡图存"　　　**943**
　　　救世主希拉克略登场　　　944
　　　动若狡狐，初露锋芒　　　948
　　　第一次君士坦丁堡保卫战　　　953
　　　荣耀尽归东罗马　　　957
　　　救亡图存，军区制改革　　　961

第四十二章　强邻崛起　　　**966**
　　　阿拉伯帝国登场　　　967
　　　雅尔穆克河决战　　　971
　　　40年战争　　　977
　　　新的敌人——保加利亚　　　983

王朝的终结 987

第四十三章 伊苏里亚"毁坏圣像" ... 992
第三次君士坦丁堡保卫战 993
毁坏圣像运动 996
首任"保加利亚屠夫" 1001
祸国妖妇——伊琳娜 1005
普利斯卡的酒杯 1009
五帝乱世 1013

第四十四章 "皇父"们的征战 ... 1019
弗里吉亚—马其顿王朝 1020
保加利亚雄主——西蒙 1023
利卡潘努斯擅权 1028
萨拉森的"白色死神" 1034
末代"皇父"——蓝眸约翰 1039

第四十五章 "战神"巴西尔二世 ... 1045
乱起，少帝掌权 1046
鹰扬，荡平叛乱 1052
奔袭，千里转战 1056
雪耻，克雷西昂 1061
落幕，东征西讨 1066

第四十六章 军事贵族 VS 官僚阶级 ... 1071
官僚贵族重掌政权 1072
伊萨克·科穆宁起兵 1077
罗曼努斯四世上台 1083
丧钟之声，曼齐刻尔特 1086
官僚政府垮台，帝国新星崛起 1090
科穆宁王朝复辟 1095

第四十七章 救世主，科穆宁的挑战 ... 1099
第一场挑战——诺曼人入侵 1100

  迪拉西乌姆会战　　　　　　　　　　1104
  科穆宁的战略——伐谋与伐交　　　　1108
  第二场挑战——勒乌尼昂之战　　　　1113
  第三场挑战——十字军东征　　　　　1117
  落幕，亚历克修斯　　　　　　　　　1122

第四十八章　科穆宁复兴 1126
  "美男子"约翰的攻略　　　　　　　　1127
  第三位贤君——曼努埃尔　　　　　　1132
  科穆宁中兴，走向鼎盛　　　　　　　1137
  复兴的终止符——密列奥塞法隆　　　1141

第四十九章　帝国破碎 1148
  动乱的开始　　　　　　　　　　　　1149
  安德罗尼卡篡位　　　　　　　　　　1153
  内外交困的新王朝　　　　　　　　　1157
  第四次十字军东征　　　　　　　　　1160
  帝国破碎　　　　　　　　　　　　　1165

第五十章　涅槃重生 1170
  惨败阿德里安堡　　　　　　　　　　1171
  尼西亚战纪　　　　　　　　　　　　1174
  伊庇鲁斯战纪　　　　　　　　　　　1180
  巴尔干再洗牌　　　　　　　　　　　1184
  天佑尼西亚　　　　　　　　　　　　1188
  涅槃重生　　　　　　　　　　　　　1192

第五十一章　自毁与挣扎 1197
  "八爪蜘蛛"米海尔八世　　　　　　 1198
  昏着频出　　　　　　　　　　　　　1203
  内战 30 年　　　　　　　　　　　　1208
  受辱与抗争　　　　　　　　　　　　1213
  十字军的抵抗　　　　　　　　　　　1218
  解救与徒劳　　　　　　　　　　　　1223

第五十二章 余晖入夜 **1229**
最后的征伐　1230
命运的降临　1234
鹰旗的坠落　1239
后裔的结局　1249

参考文献 **1254**

序章 折戟

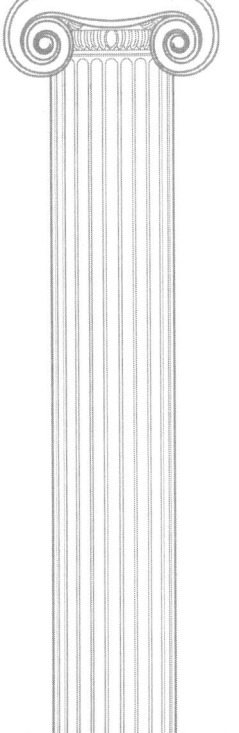

血战卡莱

公元前54年,元老院与罗马人民的叙利亚总督克拉苏率领7个军团,约4.5万人远征帕提亚帝国(安息帝国)。在此之前,罗马已经在地中海建立了绝对的霸权。昔日辉煌的迦太基、马其顿、塞琉古等诸多文明都已匍匐在罗马脚下,共和国实现了横跨亚、非、欧三大洲的伟大征服,然而这台战争机器还在不停运转,渴望征服更多的土地。

躁动的巨头

罗马在地中海打遍天下无敌手的时候,东方的游牧政权帕提亚已经取代了伊朗高原的统治者,定都泰西封。他们以骑兵为主,有强大的铁甲骑兵和弓箭骑兵,成为一股强劲的新势力。

罗马军团尚未与帕提亚骑兵较量过,对帕提亚人更是知之甚少,此行,克拉苏成了第一个吃螃蟹的人。但他不像过去历任执政官那样是为了保卫罗马的疆土而战,而是为了个人的野心和荣耀。

克拉苏全名马库斯·李锡尼·克拉苏,可谓出身名门。作为贵族阶级的后起之秀,李锡尼氏族通过商业投资、煽动立法、贵族联姻等方式,早已摆脱了当初的平民身份,成为元老院中举足轻重的势力。

如今的克拉苏是罗马的大富豪,拥有富可敌国的财产。据普鲁塔克的《希腊罗马名人传》记载,克拉苏的资产总值约7100塔兰特。1塔兰特约为26千克,若是银塔兰特,则约2亿塞斯特斯(小银币),折合人民币约10亿元;若是金塔兰特,则约合人民币738亿元。

克拉苏在罗马的房产、地产、奴隶足以让万千少女投怀送抱,可惜他已年过六旬。巨大的财富、貌美的少女都不能满足他的虚荣心,他要的是超越庞培和恺撒的荣耀。

之所以这么执着于荣耀,无非是因为表面联合的三巨头在背后暗自较劲。在此之前,庞培平定了小亚细亚,恺撒征服了高卢人,两人已是人尽皆知的英雄,只有克拉苏仍是人所厌弃的土财主,这种局面对三巨头的平衡很是不利,克拉苏迫切需要一场征服战争来实现个人野心，顺便回到与庞培、恺撒同等的位置，只是克拉苏并不知道东方帝国究竟有多可怕。

风云诡谲的局势

公元前 55 年，克拉苏率领 7 个军团抵达叙利亚行省。叙利亚位于地中海东岸，是连接小亚细亚和巴勒斯坦的战略要地。当地人口充实、土地肥沃、资源丰富，是罗马经略亚洲的主要基地，也是安提柯王朝、塞琉古帝国曾经的大本营。克拉苏要远征帕提亚，叙利亚无疑是最佳的后勤补给站。

随着罗马军团云集叙利亚，无论是帕提亚还是其他东方民族都知道战争即将来临。然而，如此大规模的军事行动完全是由克拉苏一手挑起的吗？

事实上，克拉苏急于发动对帕提亚的战争并不完全是他的野心使然。早在公元前 57 年，帕提亚万王之王弗拉特斯三世被杀，两位王子争夺王位，其中大王子米特拉达梯三世首先称王，但得到苏伦家族支持的小王子奥罗德斯二世驱逐了兄长，夺取了泰西封、塞琉西亚等地，大王子不得不退守米底亚地区。

不甘心王位被夺的米特拉达梯三世立即遣使罗马，求元老院帮他恢复王位。觊觎东方富庶的元老院立即召开会议，初步决定插手帕提亚事务，米特拉达梯三世便在罗马的支持下率先杀入了美索不达米亚南部，又夺回了塞琉西亚等重镇，彻底扰乱了帕提亚。

不仅如此，位于叙利亚东北的亚美尼亚因与帕提亚的敌对关系，站到了罗马共和国一方，他们愿意提供军事通行权给克拉苏。如此一来，罗马军团便可从亚美尼亚山地横贯而过，直击幼发拉底河。

可以看出，亚洲局势风云诡谲，罗马不仅一手策划了帕提亚内部势力的反叛，还得到了亚美尼亚王国的协助，远征帕提亚的良机已然成熟。

公元前 54 年的局势特别有利于罗马共和国。在北边，亚美尼亚的数万大军时刻威胁着帕提亚的北疆；在南边，米特拉达梯三世的叛军正谋求推倒奥罗德斯二世的帝国；在西面，克拉苏的 7 个罗马军团即将抵达幼发拉底河。三支军队将从北、西、南三面夹击帕提亚帝国，其中罗马和亚美尼亚的军队人多势众，战力很强，奥罗德斯二世很难保证首都泰西封不沦陷。

带着必胜的信心，克拉苏的 4.5 万人马终于在这一年踏过了两国的边境线。

克拉苏的决断

在幼发拉底河以西，克拉苏军团大破孱弱的帕提亚驻军，不少人主动投降保命。克拉苏顺势攻破了卡莱三镇，还用屠城的方式回应了奇诺多夏的抵抗，很多城市相继开城投降，克拉苏军团却连帕提亚军队的影子都没见到。克拉苏把帕提亚人的沉默视为一种懦弱，他更加自信了，旋即留下8000士卒镇守新征服的土地。

冬季，盟友亚美尼亚国王来到了克拉苏的军营，他建议克拉苏从亚美尼亚山地行军，这样就能直接从底格里斯河南下攻击帕提亚的首都泰西封，而且崎岖的山地也能避免帕提亚骑兵的袭扰。如果克拉苏同意，亚美尼亚愿意提供3万步兵和1万铁甲骑兵作为支援。

克拉苏听后不以为然，在他看来，盟友的建议可能有些不切实际。以亚美尼亚的国力最多只能提供1万步兵和8000骑兵，4万人的规模明显夸张了，而且从亚美尼亚绕道将大大增加军团的奔袭距离，崎岖的亚美尼亚山地会限制军团的行动，时间上也不允许他这么做。何况克拉苏的战略意图并不是帮助亚美尼亚扩张，而是要为罗马建立一个新的行省——美索不达米亚，因此，夹在两河之间的土地才是克拉苏的首要目标。若此时北上就等于放弃当年攻下的帕提亚城市，也破坏了三路人马夹击的有利形势，这并不符合之前制订的计划。

然而要命的是，还陶醉在成功剿灭斯巴达克斯起义军的克拉苏并没有对帕提亚帝国进行详尽的情报搜集。在过去对阵马其顿、塞琉古等大国的战争里，罗马军团占尽优势，这让克拉苏十分轻视东方人，他既不关心帕提亚帝国军队的作战特点，又对亚美尼亚的战略价值视而不见。克拉苏幻想着像亚历山大那般远征到印度河流域，现在的进军路线正好能重现大帝当年的远征，所以他迫不及待地准备在来年深入帕提亚腹地。

基于以上四点考虑，克拉苏骄傲地宣称罗马军团应该堂堂正正作战，迂回穿插、越境攻击、偷袭设伏等都有辱罗马人的尊严，更不要说让亚美尼亚人分享即将到来的胜利，于是他断然拒绝了亚美尼亚国王的提议。这样堂堂正正的行为的确没有让罗马人的名誉受损，却让他的军团冒了极大的风险。

幼发拉底河以东有一望无际的沙漠，那里地势平坦，特别利于骑兵作战。漫天扬起的沙尘足以隐蔽帕提亚军队，罗马人很难分清沙尘是因敌军骑兵而起还是天气使然。而罗马军团以重步兵为主,骑兵部队少得可怜,在这里对战帕提亚骑兵,绝对是犯了兵家大忌。

帕提亚方面的统帅是一位年仅三十岁的青年才俊——苏雷纳。此人出身高贵,系帕提亚苏伦家族的贵族。年轻的苏雷纳符合明星偶像的全部气质,身边总是美女如云,但若以为苏雷纳是个纨绔子弟,那就大错特错了。这位年轻的将领作战果敢、满腹谋略,对帕提亚骑兵,他是如臂使指。

起初,帕提亚帝国并没有指望苏雷纳能歼灭克拉苏的军团。按照帕提亚人原先的作战部署,主力将从北面直击亚美尼亚,待击退亚美尼亚后再转身迎战克拉苏,而在此之前,苏雷纳的任务就是暂时拖住克拉苏军团。由此可见,苏雷纳的军队只是帕提亚帝国的偏师而非主力。他手里仅有1万精锐的帕提亚骑兵,从数量上看,克拉苏的军力是他的4倍有余。然而,恰恰是这1万偏师独自挑起了南线和西线两处重担。

在克拉苏袭取幼发拉底河沿岸城市的同一年,苏雷纳仅率1万骑兵奔袭美索不达米亚南部,大破当地叛军,米特拉达梯三世的大本营塞琉西亚再次易手,废王众叛亲离,最终被俘送至奥罗德斯二世处斩首。至此,帕提亚帝国几乎毫发无损地平定了境内的反叛势力,轻而易举地化解了南疆的危机,罗马筹谋的三路围攻计划宣告破产。

走向沙漠

公元前53年,苏雷纳率领1万骑兵北上,沿途偃旗息鼓,昼夜急行,正一步一步地逼近克拉苏军团。虽然任务只是拖住克拉苏,但苏雷纳不这么想,他策划了一个绝妙的诱敌之计,试图用小败来吸引克拉苏军团深入沙漠。

此时的克拉苏尚不知道苏雷纳已近在咫尺,他的军团正沿着河流谨慎行军。为确保安全,克拉苏派出了很多斥候在河流四周搜寻敌军,结果侦察骑兵发现了苏雷纳主力留下的足迹,看样子很像是逃跑,斥候立即将敌军主力的动向报告给了克拉苏。苏雷纳知道自己已经暴露,诱敌计划恐怕无法实施,他气得跳脚,然而令他意想不到的事情发生了。

实际上,苏雷纳错看了克拉苏,他以为罗马军团发现帕提亚主力后,便不会深入沙漠了,然而克拉苏毫无惧意,他根本不在乎地形好坏,一心只想着与帕提亚主力一决胜负。恰在此时，已被策反的阿拉伯酋长向克拉苏献计，称帕提亚王害怕罗马军团，主力已经逃去了遥远的沙漠，为避免克拉苏追击，帕提亚王只派苏雷纳率少部分兵力牵制罗马军团，现在正是追击的最好时机。因此克拉苏当即改变行军路线，放弃了沿河的有利地形，全军掉头直奔苏雷纳所在的沙漠，来到了卡莱附近的平原。

卡莱之战就此爆发。

克拉苏军团有重装步兵3.1万，骑兵3000，轻步兵3000，共计3.7万人马，起初采用传统的罗马军阵，中央为重装步兵，前卫为轻步兵，两翼由骑兵保护。为了快速追上苏雷纳的主力，在路过巴利苏斯河时，克拉苏放弃了就地补充饮水和休息的机会，使得罗马军团非常疲惫。

帕提亚一方的军力只有1万骑兵，包括9000弓骑兵和1000重装骑兵，采用以重装骑兵打头，弓骑兵殿后的阵形。出于隐蔽的目的，不少帕提亚骑兵都裹着布袍和毛皮，遮住了铠甲的光亮，再加上沙尘的影响，从远处看并没有多少人。这影响了克拉苏的判断，让他以为罗马军团虽损耗了不少体力，但在数量上占有绝对优势，他对赢得决战充满了信心。

待罗马军团进入了预定的伏击圈后，苏雷纳也不再隐藏，之前披着的斗篷被相继扯下，明亮的铠甲在阳光下闪烁着耀眼的光芒，帕提亚大军排山倒海地向罗马军团袭来。可让罗马军团诧异的是，帕提亚骑兵并非像罗马军团那样决战，他们的弓骑兵迅速从后方杀出，分散到罗马军团的侧翼位置，却不接近罗马军团，似乎意在攻击罗马军团的侧后方。

克拉苏这时才看清楚帕提亚的骑兵绝大多数都是弓骑兵，使用的是先进的复合弓，射程和威力都十分巨大，而且他们根本不用瞄准，密集的序列有很高的命中率。更可怕的是，帕提亚使用的箭矢是倒刺箭头，这种箭头很有杀伤力，一旦射入体内便会破坏不少皮肉，若强行拔出，必定会拉破一大片血管，伤者极难止血，就算中箭时没死也有可能失血而死，故而又被称为"追魂箭"。

很快，帕提亚人的齐射便落在罗马军团的头上。

在漫天箭雨的打击下，罗马军团迅速转换阵形，变成一个四面防护的空心大阵，士兵们高举着盾牌，克拉苏则在方阵的中央指挥。虽然罗马军团每人都配备了盾牌，但是强劲的弓矢还是穿透了部分方盾，不少士兵的手和脚被射穿，军中不时发出盾牌被穿透的声音，而且帕提亚弓矢上安装的尾翎会与空气摩擦发声，上千支箭一起发射时如同鬼哭狼嚎，煞是骇人。

然而罗马军团并没有因此动摇，即便是手脚受伤，他们也没有哀号过一声。为了打破局面，罗马军团首先派轻步兵出战，试图用标枪驱逐弓骑兵，只可惜依靠臂力投掷的标枪射程不超过50米，而帕提亚骑兵能轻松保持100米以上的射程，罗马轻步兵很快就败下阵来，伤者无数。

意识到轻步兵毫无用处后，克拉苏下令罗马军团整体移动，企图攻破包围圈的一面。但帕提亚骑兵移动起来似乎更加容易，他们一边奔驰，一边放箭，密集的箭雨将外围的盾牌射成了刺猬，士兵们根本不能抬头，也完全追不上对方。这简直太憋屈了，罗马军团的威名在地中海是响当当的，这一次却被完全压制了。

无奈之下，克拉苏只好让全军等待敌人弓箭耗尽后再出击，可万万没想到，帕提亚骑兵后面有不少运输骆驼，它们驮了大量的弓箭，这使得前方的骑兵能迅速补充自己的箭矢，箭雨根本没有尽头。这下克拉苏心慌了，但他还算镇定。被弓箭压制期间，克拉苏在阵中不断寻找敌军主将，苏雷纳夸张的旌旗暴露了他的位置，克拉苏立即想到了办法——擒贼先擒王。

克拉苏急忙分给儿子普布利乌斯·李锡尼·克拉苏约1200名步兵、500名骑兵和500名弓箭手，再加上恺撒支援的1000名高卢骑兵，普布利乌斯率领由罗马骑兵和轻步兵组成的约3200名勇士朝东面突围，意图直接斩首苏雷纳。

绝望来袭

普布利乌斯又被称为小克拉苏，曾随恺撒在高卢战场上屡立战功，堪称恺撒高卢军团排名第三的大将。但是为了满足父亲的野心，他提前结束了高卢征战并来到了东方，还带来了1000精锐的高卢骑兵。眼下，普布利乌斯成了军团唯一的希望，只要他能率军袭杀苏雷纳，帕提亚骑兵必然会惊慌退走；就算不能杀死敌军主将，普布利乌斯也可以突围撤离险境。

英勇的普布利乌斯策马而出，威猛地杀出了空心阵，大声嘶吼的罗马骑兵随着将军疯狂地向帕提亚人冲杀过去。帕提亚骑兵见状赶紧后退，重骑兵列成骑墙试图保护苏雷纳，而弓骑兵迅速从两翼散开，试图迂回到普布利乌斯的侧翼，其间，不少后退的弓骑兵竟然在马上转身回射，不但不像撤退，反而像是诱敌。

普布利乌斯毫无惧意，他根本不管帕提亚骑兵的包围，也不管耳边匆匆飞过的箭矢，奔着苏雷纳一路狂追。然而缺乏重甲保护的罗马骑兵接连被击落马下，鲜血迸射四溅，染红了周遭的土地。坠马落地的士兵被疾驰而来的战马踏得粉碎，普布利乌斯的进攻很快就被压制下来，不一会儿就遭到了敌军骑兵的四面合围。

混战之中，罗马骑兵失去了移动能力，在骑兵对冲的交锋中，身着重甲的帕提亚重骑兵轻松将罗马人刺落马下，四处飞射的箭矢又将侥幸落马生还的人当即射杀。普布利乌斯意识到局势危急后试图指挥部队突围，可是当他回首扫视战场时才发现，身边的人不是被箭矢射穿了大腿，就是被射死了马匹，能跟着他的人已经寥寥无几。

眼见帕提亚骑兵逐步缩小了包围，全军即将覆灭之际，仅剩的高卢骑兵聚到普布利乌斯周围。强悍的普布利乌斯血脉偾张，高举着长矛的双臂青筋暴起，一通搏杀之后，高卢骑兵竟然护着普布利乌斯突破了包围，绝尘而去。

普布利乌斯久经战阵，深谙用兵之道，在追随恺撒征战高卢时，他亲眼见识了恺撒的指挥艺术，自然也知道寡众悬殊的情况下首先应考虑利用地形。此时，普布利乌斯望见了一座沙丘，当即率领身边的骑兵策马冲入山上列阵防御。

客观来讲，普布利乌斯的决定并没有错，当己方处于劣势时，占据有利地形通常能化解敌军进攻的优势，罗马军团素来善于工程建设，对利用工事御敌很有心得。只可惜时间太紧张了，以机动性闻名波斯高原的帕提亚骑兵很快就追到了山下，他们一边射箭干扰罗马人，一边急速攻山，试图包围惊慌失措的罗马人。

这一次，罗马军团的战术失灵了，普布利乌斯的人马不断被杀，逐渐失去了对小山的控制权，一些人建议他立即逃向最近的亲罗马城镇，但普布利乌斯摇头拒绝了。据普鲁塔克记载，普布利乌斯英勇地说道："谢谢你们的好意，死亡并不可怕，普布利乌斯不能抛弃那些为他而死的战友。"

直到身边的人死伤殆尽，绝望的他才解开衣甲，命身边的朋友将其杀死，以免被俘受辱。就这样，克拉苏军团唯一一次击败对手的尝试失败了。

后方的克拉苏不知前方战况，他想向儿子突围的方向移动，可是一个手持长矛的帕提亚骑兵冲到罗马军阵前来回奔驰，罗马人的脸色骤然大变，因为长矛之上居然插着普布利乌斯的头颅！

克拉苏的结局

普布利乌斯的阵亡让罗马军团士气大跌，帕提亚人鼓噪着发动了又一轮进攻，弓骑兵负责从侧翼射杀罗马人，重骑兵则从正面发动冲锋，不断挤压罗马军团的活动空间。罗马人再也按捺不住了，一部分人试着突围却惨遭全歼，绝大多数人都被压制着难以动弹，罗马人只能在密集的箭雨中看着同伴一个接一个地被射杀。

多亏了夜幕降临，帕提亚人这才收兵回营，而克拉苏已经完全沉浸在儿子战死的悲伤里，躲着不肯下达任何命令。焦急的百夫长们只好撇开克拉苏，共同推举军团长卡西乌斯和屋大维接过指挥权。当晚，惊慌的罗马军团抛弃了近4000伤兵，在夜幕下四散而逃。

日出之后，帕提亚人展开追击，斩杀了滞留的罗马伤兵，还俘获了大量迷路的罗马败兵。克拉苏一行人勉强撤退到卡莱城，此时他身边已不到1.5万人，然而苏雷纳紧跟其后，旋即包围了城池。罗马人在城中粮草不足，士气一落千丈，曾经剿灭斯巴达克斯起义军的克拉苏现在完全没有了主意，为避免被困死，他终于鼓起勇气决定在夜晚分散突围。

在夜幕的掩护下，士兵向不同的方向逃跑，这些士兵有的幸运地逃回了叙利亚，有的被帕提亚掳为奴隶，而克拉苏被困在一座小山上。仰面攻山对帕提亚人十分不利，经过与普布利乌斯的鏖战，帕提亚人无意白白损耗兵力，于是苏雷纳以和谈之名诱骗克拉苏下山。

惊慌失措的罗马人这时似乎没有选择，所有人都以为议和是他们活命的唯一可能，结果就在克拉苏下山议和时，帕提亚人想出了一个羞辱罗马人的方法。他们牵出一匹挂满黄金的马，逼迫克拉苏骑上，然而此马性情极烈，不断在四周狂奔，帕提亚人哈哈大笑，罗马人觉得主帅被辱，纷纷拔剑出鞘。

然而，帕提亚人此举本就是为了激怒罗马人，见对方拔剑后，自然宣布和谈失败，苏雷纳趁机斩杀了所有罗马人，克拉苏也被斩于马下。

骄阳坠落的开始

作为首富克拉苏的最大"风投"，卡莱之战却以血本无归告终，罗马远征军超过2万人被杀，1万人被俘，如此惨败堪称罗马建国以来最耻辱的一战。不过，罗马真正的噩梦不是这7个军团的覆灭，而是克拉苏的死使得罗马前三巨头的联盟轰然倒塌，原本就脆弱不堪的权力平衡再难维持。

很快，共和国仅剩的两大军阀——恺撒和庞培，就要为争夺共和国的最高统治权而展开厮杀。从这时候起，内战的烽烟燃遍罗马大地，共和国也就此走到了生命的尽头，一个全新的帝政时代即将来临。不过，比起共和国晚期的枭雄内战，罗马文明的传奇还应从一段神话战争说起。

01

第一章
起源与王政

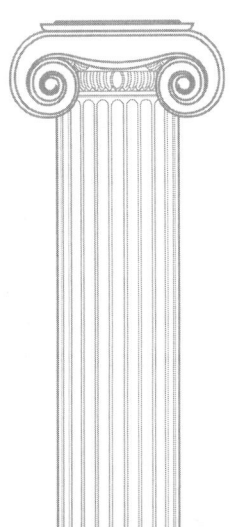

特洛伊复国史

按照古罗马作家维吉尔的说法，罗马人的祖先来自遥远的亚洲，位于达达尼尔海南岸的特洛伊，这是一座富饶的沿海城市，居民多是黄肤、褐发、黑瞳。通过发掘的城市遗址来看，特洛伊的建筑风格接近亚洲的赫梯文明，当地居民很可能是亚洲人种。不过，特洛伊的位置仍然在希腊文明的影响范围内，那时的希腊文明极为辉煌，在海外建立了大量殖民地，因此也有学者认为特洛伊是希腊殖民者与当地土著融合形成的新文明。

在罗马人眼中，罗马文明起源于一场特洛伊人与希腊人的神话战争——特洛伊战争。

彼时正处于希腊迈锡尼时期，称雄一方的迈锡尼王国在公元前15世纪先后征服了克里特、爱琴海诸岛以及小亚细亚的米利都，其势力在接下来的几个世纪里进一步扩张，逐渐有了称霸爱琴海的实力。到公元前12世纪，当时的迈锡尼国王阿伽门农通过不断攻城略地，将迈锡尼的旗帜插满了大半个巴尔干半岛，希腊各国均臣服于阿伽门农。随着臣服国不断增加，迈锡尼人的野心也在不断膨胀，他们将目光投向了更远的地方，想要将势力拓展到黑海地区。

黑海位于爱琴海北面，两者的分界线正是赫勒斯滂海峡（今达达尼尔海峡），希腊人热爱殖民，在爱琴海两岸都有大量殖民城邦，这些城邦擅长经商，十分富裕。同样，黑海也是希腊人重要的商业圈，控制黑海就意味着控制了更多的财富。当时的特洛伊王国是爱琴海进入黑海的必经关口，这意味着特洛伊斩断了迈锡尼王国进入黑海的通道，想要称霸黑海就要先征服特洛伊城。

这一时期的特洛伊文明同样强盛辉煌，军队强大、盟友众多，凭借优良的地理位置，特洛伊人积累了大量财富，控制了以王城为中心的大片土地，包括海港西侧的不少岛屿。有学者认为，特洛伊城的规模至少有30万平方米，这意味着该城也是一座坚固的要塞，绝非顷刻可下的城池。

出人意料的是，传奇的特洛伊文明却因为一桩"桃色新闻"毁于一旦。阿伽门农王以特洛伊王子帕里斯诱拐斯巴达王后海伦为借口，召集了10万希腊联军、1184艘战舰，在经历了10年斗智斗勇后，联军的奥德修斯用木马之计打开了城门。希腊联军像蝗虫一样涌进特洛伊城，尖叫声、哭喊声不绝于耳，一场血腥的屠杀席卷了特洛伊。

幸运的是，王城的沦陷并不是特洛伊文明的终点，反而是另一个传奇的开始。在城市陷落的最后关头，特洛伊王子兼驸马埃涅阿斯率领少部分人马杀出重围，乘船逃到了海上。从此，这些死里逃生的特洛伊遗民开始了长达2300千米的海上流亡，先后造访了爱洛斯、克里特岛、意大利西西里、非洲迦太基，但都未能重新建国，直到他们来到意大利西海岸的拉丁姆平原。

拉丁姆平原位于意大利"靴子"的膝盖处，有很多拉丁小部落，其酋长各自称王。埃涅阿斯等特洛伊遗民始终怀有一颗复国之心，并不甘心沦为他国臣民，因此特洛伊人每到一处，不免要与当地势力争夺土地。面对外来"入侵者"，当地部落自然要拔剑反抗。在第一轮交锋中，埃涅阿斯重创了拉丁努斯王领导的部落，迫使对方将公主拉维尼亚许配给他，特洛伊遗民得以在拉丁姆平原暂时落脚。可是公主拉维尼亚早已与鲁图利亚国王图努斯订婚，特洛伊人又一次夺人之妻，势必再次引发战争。

图努斯王得知未婚妻被抢后大发雷霆，他既不能接受未婚妻被抢，更不能接受外来势力入主拉丁姆，誓要率领族人灭了埃涅阿斯等特洛伊遗民，于是双方展开了一场决战，拉丁努斯王当场阵亡。虽然埃涅阿斯军人数较少，但毕竟经历过10年特洛伊战争的大场面，两军对阵的生死关头，埃涅阿斯率领勇士不管不顾地直插图努斯王本阵，当场击破图努斯王，其大军随即溃逃。

经此一战，埃涅阿斯等人在拉丁姆打出了威名，不但站稳了脚跟，还继承了岳父的王位，特洛伊人终于得以复国。然而战争并未结束，图努斯王败逃后投奔了伊特鲁里亚国王美赞提斯，双方合兵后实力惊人。为迎战更加强大的敌人，埃涅阿斯需要团结特洛伊遗民和拉丁努斯的部族，于是他将两者合并为一个民族，以去世岳父的名字命名，统称为"拉丁人"。

得到美赞提斯派来的援兵后，不甘心失败的鲁图利亚人再次发起了进攻，规模比以往更胜。为此，埃涅阿斯暂时放弃了岳父曾经的领地，率领全部族人战略撤退到一处无主之地，修建了一座名为"拉维尼"的新城。双方血战中，埃涅阿斯率军死战，以付出生命为代价将鲁图利亚联军击败，终于让特洛伊人在拉丁姆平原上建立的家园得以存续下去。

对拉丁人来说，拉维尼城依然不能算是理想的复国之地，北面的伊特鲁里亚、东面的萨宾都很强大，再加上拉丁姆平原的其他小部落，地处平原的新国家双拳难敌四手，急需一块"依山傍水"的险要之地，所以埃涅阿斯之子阿斯卡尼俄斯继续率部迁徙，占领了拉维尼城东北侧的阿尔巴山。凭借险峻的高山，拉丁人修筑了一座名叫"阿尔巴·隆加"的新城，正式定都于此。

从此，这个名为阿尔巴·隆加的王国就成了拉丁人的母国，王位由阿斯卡尼俄斯传给了埃涅阿斯之孙西尔维乌斯。根据罗马史作家提图斯·李维的记载，从西尔维乌斯起，特洛伊王室开始以西尔维乌斯为姓氏，故又称西尔维乌斯王朝，其后代一直统治着阿尔巴·隆加，并继续对外扩张，陆续建立了30个殖民城市，基本占领了整个拉丁姆平原，延续特洛伊文明的拉丁诸国时代开启了。

埃涅阿斯的传奇旅程是否真是罗马文明的起源，史学界一直争论不休，这段神话与战争结合的故事在《荷马史诗》《埃涅阿斯纪》中被描述得让人难以置信。事实上，虽然古典时期的生产力极其落后，但埃涅阿斯的海外流亡并非不能实现，早期的腓尼基人和希腊人已用实际行动证明了大航海的可行性。

那个时候的地中海，因为土地贫瘠、人口过剩以及外族入侵，生活在沿海地带的腓尼基人和希腊人便开始大胆接触海洋，海外贸易由此出现，殖民活动也频频见于历史。意大利著名的塔兰托城便是一部分谋反失败的斯巴达人建立的新城邦，北非迦太基则是腓尼基拓展海外贸易的殖民地，由此可见，地中海历史一直深受海外殖民的影响。埃涅阿斯的传奇流亡也可能是古希腊人殖民历史的缩影。

但是埃涅阿斯后裔建立的阿尔巴·隆加仍然不是特洛伊文明合格的继承者，到王位传至第十五代王努米托尔时，王国爆发内战，王弟阿姆利乌斯篡夺王位，诛杀了所有的侄儿，还把唯一的侄女西尔维亚送到神庙当祭司，命其终生不得结婚。

大约在王室内斗18年后，一座名为"罗马"的新城在王城西北方的台伯河旁拔地而起。新城建在一处并不算肥沃的土地上，那里有七座山丘，低地处还尽是湿地，可利用空间非常有限，长期以来都不被古意大利人重视，所以迟迟没有城邦愿意到此殖民。然而，此次前来殖民的依然是一群无家可归的特洛伊人后裔，领导者名叫罗慕路斯。

相传在罗马立国的七丘之地，曾有一只母狼哺育过一对被人遗弃的双胞胎男孩——罗慕路斯、雷慕斯。其实，两兄弟并非孤儿，而是阿尔巴·隆加王室内斗的幸存者、公主西尔维亚之子。当年阿姆利乌斯将其丢入河中，美其名曰"让上天决定两人的生死"，实际上是为了彻底铲除努米托尔的后代。可惜上天无意结束婴孩儿的生命，罗慕路斯兄弟被母狼和牧羊人救下，奇迹般地活了下来。

长大后的罗慕路斯兄弟颇有王者风范，竟成了牧羊人、逃犯的领袖，分别拉起了一支武装队伍，加起来约有1000人马。这些人在王室眼中就是一群法外之徒，双方为争夺牧场、土地冲突不断，等到罗慕路斯兄弟的身世公之于众后，国王阿姆利乌斯更是想除之而后快。

罗慕路斯兄弟率众起兵正是为了争夺生存空间的不得已之举，所以当他们杀了国王后，两兄弟干脆自己建国立邦，带着千余人来到了王城西北侧的七丘之地。在争夺七丘之王的内部纷争中，还是因为争夺生存空间，罗慕路斯又杀了弟弟雷慕斯，兼并了他的部众，由此成了唯一的国王。

公元前753年，一群由牧羊人、逃犯组成的法外之徒定居七丘之城，新的特洛伊文明出现了。谁也想不到，这个看似不起眼的小城寨终有一天会变成一个帝国。

定国战争

作为特洛伊人的后裔，罗马文明从诞生之初就与众不同。在当时的地中海，国家政体一般只有三种模式：一是希腊城邦式的民主政治，所有公民都享有相同的政治权力；二是高等贵族把持的寡头政治，国家权力集中在部分人手中；三是君主专制，权力完全属于国王一人，臣民只需听令即可。

罗马文明兼具了以上几种政体的特色。开国君主罗慕路斯因推举而登上了王位，其地位来自全体牧羊人和逃犯的拥戴，权力自然不完全属于他一人。基于共享权力的原则，罗马政体主要由三个部分组成，克勒斯+元老院+公民大会，三者相辅相成又相互制约。

克勒斯即国王，系罗马最高的军事、政治、宗教领袖，既掌握着军权，又握有行政、司法和宗教的权力，其地位在所有罗马人之上，且无任期限制。

元老院又称百人院，成员是建国初期的百名长老，这些人要么是社团领袖，要么是氏族首领，专事建言辅政，如同国家智慧库。

公民大会即由全体男性公民组成的会议，具有选举国王及政府官员的职能，同时也有决定国家重大政策的权力。早期的公民大会以氏族为单位分组，每一个氏族拥有一张选票，选举时先由各氏族征询族人的意见，再由长老代表氏族投出选票，也被称为"库里亚大会"。

从克勒斯、元老院、公民大会三者的职能可以看出，罗马的政体很特殊，国家虽然由国王统治，但国王是由公民大会选举产生，绝非世袭君主；元老院虽然不是行政机构，但成员往往是各大氏族的领袖，国王不可能无视其意见。这就意味着罗马从王政时代起就不是一个独裁专制的国家，而是一个兼具寡头政治（元老院）、民主政治（公民大会）和君主统治（克勒斯）三者的全新政体。

萨宾战争

罗慕路斯虽然建国，但他所领导的罗马人顶多算是一帮草寇，而新城也只能算是木头搭建的山寨，这与真正的国家相去甚远。所以围绕建国立业，罗马人首先打了两场具有代表意义的定国战争——萨宾战争、费德奈战争。

萨宾战争在历史上的名声很响，名画《萨宾妇女》描绘的正是这场战争。正如油画之名，萨宾战争的起因同样是女人，说白了就是抢老婆。要知道，一帮牧羊人、逃犯组成的罗马可没多少女人，罗马人没有媳妇儿自然不可能生育后代，于是罗马干出了一件不亚于祖先帕里斯诱拐海伦的大事——抢夺萨宾女孩。

萨宾位于罗马东侧，是一个庞大的民族，光部落就多到数不清，自然未婚女孩也多到数不清。罗马加起来也才千余人，要是来硬的，肯定打不赢人多势众的萨宾人。于是罗马人干了一件特别不地道的事，他们以祭祀为名，办了一场"鸿门宴"，邀请萨宾人中的一个部落来吃席。萨宾人信仰虔诚，对祭祀一说信以为真，竟未带武器就去了罗马，结果罗慕路斯以"坐下"为号，罗马人直接抱起女孩就跑，不时还拿武器驱逐萨宾人，没带武器的萨宾男人只能逃回了家。

事后，为了抢回萨宾女孩，萨宾部落首领塔提乌斯王正式对罗马宣战，萨宾战争就此爆发。为了应对爆发的战争，自知兵力不足的罗慕路斯想尽一切办法招兵买马，包括收留一切无家可归的流浪汉，以及遭到追杀的逃犯，罗马一时之间成了法外之徒的聚集地，兵力迅速扩充至3000余人。

萨宾人这边却不怎么团结，其他萨宾部落都作壁上观，只有女孩被抢的塔提乌斯部落上了战场，双方实力竟然不相上下。战争断断续续打了很多次，有时罗马人处于上风，有时萨宾人又占据优势，但总体来说，双方都没有获得决定性的胜利。

直到第四次大战，罗马人终于遭到了塔提乌斯王的强力反击，被迫退守帕拉丁山的卫城。而一个名叫塔尔皮亚的罗马女孩出卖了自己的同胞，她以换取萨宾士兵左肩佩戴的财物为条件，打开了城门，特洛伊当年沦陷的一幕近乎重现，罗马人的卫城失守，罗慕路斯被迫率领残部撤退下山。

最终的决战发生在帕拉丁山下的山谷中，罗马人为夺回城池主动发起进攻，然而仰面攻山乃是兵家大忌，萨宾人利用地形优势反击，险些击溃罗马人。罗慕路斯王的头被击中，踉跄中摔倒在地，但他还是强忍着疼痛站起来指挥战斗。冲在最前面的罗马战士奥斯提利乌斯振臂一呼，率领一帮人疯狂冲锋，以生命为代价挡住了萨宾人的攻势。毫无疑问，罗马人在此战中大有彻底覆灭的趋势。

危急时刻，被抢到罗马的萨宾女孩不忍看见丈夫和父亲作生死搏杀，竟然冒着箭矢冲到战场中央让大家停手。她们中有的跪在地上哀求兄长原谅其罗马丈夫，有的将生下的小孩高高举起，求他们的外公放过孩子的父亲，这一幕让萨宾男人不知所措，战斗被迫中止。

罗慕路斯趁机结束战争，代表全体罗马人，承诺尊重萨宾人妻子，并让萨宾女孩按照自己的意愿决定去留，结果几乎所有萨宾女孩都选择留下，罗慕路斯见状立即向萨宾王塔提乌斯提议："既然第二代罗马人都有萨宾人的血统，为什么两个国家不合并在一起？新王国可以由两个国王联合统治，萨宾人将获得罗马公民权和元老院席位，享有罗马人的一切权利，还可以迁入罗马城居住。"

塔提乌斯接受了这个提议，他的萨宾部落与罗马正式合并为一个国家，所有公民被划分为30个氏族，分别以萨宾妇女的名字命名，罗马的人力、物力、财力瞬间增长一倍，国家实力大大提升。

费德奈战争

萨宾战争很快变成新闻传遍四方，本以为罗马会就此亡国，没想到罗马人竟然把萨宾人中的个别部落也拉入了伙，人口增长了一倍，领土也扩大了一倍，这一"同化"对手的策略让意大利中北部的城邦关注起罗马来。

当时在罗马城北边的是北意大利第一大国伊特鲁里亚，其领土是罗马的数十倍，分为12个城邦，号称意大利境内最能打的国家，曾一度在海上击败了希腊人的舰队，又在陆地上重创了阿尔巴·隆加，还杀退了野蛮的凯尔特人。

然而，随着罗马实力不断增强，伊特鲁里亚的殖民城邦费德奈最先坐不住了。在他们看来，罗马人全是匪徒、逃犯，动不动就抢人家闺女，还公然庇护法外之徒，这么一帮草寇建国了，这地区和平从何谈起？所以费德奈人自恃科技发达、经济繁荣，竟然主动越境攻打罗马，由此爆发了罗马的第二场定国战争——费德奈战争。

消息传到罗马城中，罗慕路斯王勃然大怒，从来都是罗马欺负周边国家，还没听说别人主动欺负罗马的。罗慕路斯性格暴躁，杀国王、杀兄弟从来都没见他手软，费德奈人来了，他根本不考虑任何和解的可能，也不考虑自己兵力是否充足，反正就一个字——打！罗慕路斯立即召集军队反击费德奈人，试图通过战争证明罗马的实力。

可是真上了战场，罗慕路斯又变得异常谨慎加冷静。事实证明，罗慕路斯继承了埃涅阿斯的战争天赋，并不是那种蛮干的武夫，他决定用计取胜，为此，罗慕路斯大胆挺进，将营地驻扎在距费德奈城不到一千步的地方。考虑到费德奈人作战勇猛、人多势众，罗慕路斯王特意精选了部分士兵埋伏在旁边的荆棘丛中，自己则率领主力骑兵来到城门前挑衅。

果然，骄傲的费德奈人被激怒了。他们倾巢而出，追击罗马人，罗慕路斯王抵挡一阵后，便诈败而逃。费德奈人不知是计，莽撞地追击至罗马人的伏击圈中。这时，埋伏在荆棘丛的伏兵从两翼杀出，围住了费德奈人，罗慕路斯再反身杀回，费德奈人大败而逃，城池也顺势被罗马人夺取。

　　费德奈人被击败后，伊特鲁里亚最强大的维爱人也被激怒了。维爱位于罗马城西北约15千米处，是伊特鲁里亚南部最强大的城邦。维爱之所以会被激怒，理由与费德奈并无不同，毕竟罗马年年用兵，这让所有邻国都如鲠在喉。维爱人大举入侵，大有为费德奈人报仇之意。罗慕路斯王忍无可忍，再次率部迎战维爱人。最终，强悍的罗马军队再次击败了敌军，还一度兵临维爱城下，伊特鲁里亚联邦这才遣使议和，承认了罗马人独立建国的事实。

　　费德奈之战是罗马人与伊特鲁里亚人第一次交手，罗慕路斯王在此战中所采用的诱敌战术成为罗马军队日后的基本战术，即便罗马军队进入了罗马军团时代，这种事前设下伏兵再诈败诱敌的战术依然被指挥官们奉为经典战术。

　　不少敌人虽然知道罗马人的战术习惯，但此等战术依然屡试不爽，因为要判断罗马军队究竟是假溃败还是真逃亡，确实非常困难，如果判断错误，要么是罗马人安然撤离战场，要么就是被罗马伏兵围歼。总之，无论哪种结局，人们都不敢贸然追击溃败的罗马军队。

　　传说在一次阅兵仪式上，天空突然电闪雷鸣、乌云密布，狂风让阅兵式难以继续，随着暴雨的袭来，阅兵台上陷入混乱，待一切恢复平静后，王座上却空荡荡的，元老院议员们大声宣布："罗慕路斯王已被神召唤至天上，晋升为新的神祇！"虽然后世传言罗慕路斯被元老院内的反对派杀害分尸，但大多数人更愿意接受升天的说辞。

　　罗慕路斯作为罗马王国的首位君主，手腕强硬、能征惯战，统治罗马长达39年，他毕生的努力让罗马既赢得了生存空间，又打出了威名，由3000法外之徒建立的政权终于摆脱了草寇的身份，成了周围国家承认的新城邦。

雄霸拉丁

　　在第一代罗马人的努力下，罗马赢得了抢老婆的萨宾战争和让邻国承认的费德奈战争，这两场战争为罗马赢得了两样最重要的东西——土地、人口。土地和人口代表什么？很明显，有土地就有粮食，有人口就有士兵，有粮有兵自然有对外作战的能力。从这时候起，罗马人血液里的狼性就再也压制不住了，罗马战争进入了鏖战拉丁姆的第一阶段，这一阶段便是罗马从小部落迈入拉丁第一大国的重要时期。

作为一个新生的小城邦，罗马一出生就很遭人嫉恨，毕竟罗马人从未止戈息兵，而且对外政策非常强硬，难免与周围大国矛盾重重。好在，罗马先打东后击北，勉强稳住了东部的萨宾和北面的伊特鲁里亚。这个时候，罗马把目光投向了南边的拉丁诸国。

说起拉丁诸国，罗马人并不陌生，罗马其实也是拉丁人的一个分支，两者在文化、宗教上有很多相似之处。可是有一个问题让两者格格不入，在当时的拉丁姆平原，数十个拉丁城邦均尊奉阿尔巴·隆加为盟主，那里的国王既是埃涅阿斯的后裔，也是罗慕路斯的娘家人。从这个角度来说，罗马算是阿尔巴·隆加的殖民地。

可惜罗马人渴望征服，又曾插手王室内斗，自然不会服从阿尔巴·隆加的管理，所以遭到拉丁盟主的敌视。而罗马人本身也很不满阿尔巴·隆加，因为罗马人发现，以阿尔巴·隆加为首的拉丁同盟占据了该地区的绝大多数资源，严重限制了罗马的发展空间，如果不能将拉丁同盟撕碎，罗马人就只能龟缩在七丘之地，重启战争无疑是罗马人的普遍愿望。

故而，在第二代国王努马休养生息了43年后，罗马的实力再次增强，第三代国王托卢斯一上位便再次高呼"重启战争"的口号，开启了象征战争的雅努斯神庙大门，得到了罗马人的热烈响应。

托卢斯王重启战争就是为了打倒现在的拉丁第一大国，肢解拉丁同盟，夺取拉丁霸主的地位，于是将矛头直指阿尔巴·隆加。在这样的大前提下，罗马丝毫不介意制造两国争端。根据李维的记载，罗马与阿尔巴·隆加的农民常常发生争端，有时是罗马的农民越界抢人家粮食，有时又是阿尔巴·隆加人越界抢罗马人粮食。总之，两国农民常常聚众斗殴，矛盾越积越大。

此事在阿尔巴·隆加只被当成茶余饭后的谈资，但在罗马，托卢斯王把它当成了头等大事，还以议案的方式提交元老院讨论，结果罗马元老院遣使要求阿尔巴·隆加赔偿罗马农民的损失。可面对罗马正式的国事交涉，阿尔巴·隆加方面虽然向罗马赔礼道歉，却断然拒绝赔偿罗马的损失。

消息传回罗马后，托卢斯王不怒反喜，当即召开公民大会，声称要用血与剑为罗马农民讨回公道，阿尔巴·隆加战争由此爆发。

战争打响后，阿尔巴·隆加首先发难，越境逼近罗马城，大肆烧杀抢掠。罗马军队却一反常规，绕过对方主力直奔敌方王城。显然，不管托卢斯王是为了抢在敌军攻陷罗马之前袭破阿尔巴·隆加，还是故意围魏救赵逼迫敌军回援，托卢斯王的策略都颇为冒险，一不小心极有可能亡国。

幸运的是，在这场比试冒险精神的赌局中，阿尔巴·隆加老国王更害怕都城先失守，惊慌失措之下，他竟然承受不住压力，病死于军中，他的军队来不及思考更合理的应对之策，只能匆匆撤退回国，新王麦提乌斯即位。如此一来，战场便转移到阿尔巴·隆加境内，而且罗马一方是以逸待劳，占尽优势。两军主力遭遇后，双方各自扎营对峙起来，谁都没有率先发动进攻，因为在势均力敌的情况下，先行动的一方往往更容易露出破绽。就这样，罗马和阿尔巴·隆加每天准时列阵操练，又准时收兵回营，没有发生任何战斗。

随着僵持日久，长期在外征战的托卢斯深感忧虑，毕竟罗马一方主力尽出，国内十分空虚。如果萨宾和伊特鲁里亚来袭，罗马城很可能沦陷，所以托卢斯建议两国各派勇士决斗，胜者可以统治败者的国家。

在决斗中，两国各派了三名勇士，而且都是三胞胎的亲兄弟，一番厮杀下来，罗马一方连续阵亡了两人，局面成了一对三。正所谓"力敌不如智取"，罗马勇士荷鲁斯见双方实力差距太大，便想了一条妙计，故意跑步拉开了与三名敌兵的距离。阿尔巴·隆加人以为罗马勇士是因为害怕而逃跑，便懒散地追杀过去，哪知阿尔巴·隆加的三兄弟不知不觉间也拉开了各自的距离。

荷鲁斯捕捉到了这难得的战机，于是他集中全力杀了个回马枪，逐一对战敌方三人，接连刺死对方，阿尔巴·隆加的三名勇士就这样被依次斩杀，荷鲁斯以各个击破战术，奇迹般地获得了胜利。

由于是在众目睽睽之下，麦提乌斯王不好反悔，两国就此罢兵议和，但是一回到国内，麦提乌斯立即密谋消灭罗马。比起罗马城，阿尔巴·隆加更繁华，人口更多，有什么理由让强大的阿尔巴·隆加接受罗马的统治呢？于是，麦提乌斯王煽动其他拉丁小国对抗罗马，同时派使臣秘密前往伊特鲁里亚联邦，邀请对方派兵入侵罗马，并与他们约定："阿尔巴·隆加将假装协助罗马，待决战开始后再倒戈进攻罗马人，这样便能在战场上将其围歼。"

果然，伊特鲁里亚人接受了阿尔巴·隆加的"邀请"，以维爱人为首的伊特鲁里亚人大举入侵罗马，麦提乌斯按照协议出兵"协助"罗马人。双方决战时，阿尔巴·隆加军突然后撤，跑到了伊特鲁里亚人的侧后方，而这一切并未通知托卢斯王，导致罗马军队被敌军三面包围。

危急时刻，托卢斯王谎称阿尔巴·隆加军按他的命令去进攻伊特鲁里亚了，待军心稍稍稳定后，国王催马上前，率领卫队朝敌军冲杀而去。久疏战阵的罗马人终究是狼的后代，很快就找到了感觉，对敌军连砍带揍，杀得伊特鲁里亚军节节败退。麦提乌斯王本打算合围罗马人，可见识到托卢斯王惊人的战力后，麦提乌斯反倒不敢进攻罗马了，他的犹豫使战机悄然流失，待其回过神时，盟友已经被杀得丢盔弃甲，会战结束了。

事后，托卢斯王并未立即发难，而是假装友好地要求麦提乌斯与罗马人连营，理由是要一起庆祝胜利。麦提乌斯不知是计，草率地跑到了罗马营中，结果被"车裂"而死，其余人马也都被罗马人缴了械。制服了敌军主力的托卢斯立即率部南下，猛攻阿尔巴·隆加城。最终，曾经的拉丁第一大国城破国灭，罗马迁走了所有的阿尔巴·隆加人。

令人意外的是，罗马人并没有把阿尔巴·隆加人都变成奴隶，反而接受他们成为正式的罗马公民，并将所有人迁入罗马城的西里欧山。这是高明的一招，罗马人从未执着于眼前的利益，并不在乎一场战争的战利品，在他们看来，人口是最重要的东西，有人就有实力，所以直接与阿尔巴·隆加合并为一国，其贵族也全数加入元老院，其中就有一个名为尤里乌斯的氏族，其后代名叫恺撒。

经此一战，除萨宾人外，罗马又同化吸收了另一个大国，人口与土地再次成倍增长，曾以阿尔巴·隆加为核心的拉丁同盟群龙无首，各自为政，罗马俨然成了号令拉丁姆平原的盟主，其军事实力已经足以开始进一步扩张领土了。

接下来，罗马在第四代国王安库斯的率领下，利用拉丁同盟无人领导的有利时机，南征拉丁诸国，先败波利托里乌姆，后克特来奈，然后又征服了费卡纳、麦杜利亚。同样按照之前"同化吸收"的政策，安库斯王将战败国的民众吸纳进罗马，极大地扩充了罗马的人口，拉丁诸国慑于罗马的兵威，只好暂时服从罗马。

这一时期，罗马人调整了扩张方向，安库斯王命人在台伯河上架起了一座木制桥梁，将罗马的七座山丘与河对岸的贾尼科洛山连接起来，此举虽有拓展罗马城土地的意图，但更重要的原因是，安库斯王决定在台伯河口处截断维爱人南下的通道，为此他花费巨资修建了贾尼科洛要塞，以此作为对抗维爱人的军事基地。

当工程完工后，罗马军队不再需要渡船便能长驱直入，安库斯王由此征服了麦西亚森林，打通了前往地中海的通道，还在台伯河的入海口修筑了一座海港城市——奥斯提亚城。借助奥斯提亚的天然资源，罗马人建起了大量的制盐厂，并开始与希腊人进行海上贸易。自此以后，罗马人不仅拥有了自己的出海口，还向西南方向扩张了领土，罗马已然成了拉丁诸国中最强大的城邦。

显而易见，经过前四代国王的努力，罗马文明已经步入正轨。此时的罗马奉行稳健的扩张主义，思想上信仰希腊多神教敬畏诸神，行动上采用"同化吸收"策略兼并其他城邦，到罗马占据奥斯提亚后，罗马人不仅有大量的农庄和粮食，还能通过制盐厂获得贸易收入，罗马城邦的国力正在急速上升，罗马的征战即将进入一个新阶段。

伊特鲁里亚王朝

安库斯王统治后期的罗马已是意大利知名的城邦，在当时的地中海，无论是希腊还是伊特鲁里亚，城邦之间的民族偏见都非常强烈。如果父母双方有一方不是本国公民，那他的子孙后代都不会得到公民权，这种强烈的排他性在希腊地区特别明显，著名的哲学家亚里士多德就因为血统不够纯正，终身未获得雅典的公民权。

罗马是地中海独树一帜的新兴城邦，罗马人从建城开始就善于吸收外来移民。为了扩充人口，罗马的公民权对外开放，凡是愿意迁入罗马城居住的人都可以获得罗马公民权,这让那些不被母国接纳的有识之士有了容身之地。

塔克文一世改革

大约在安库斯王执政20年后,一位名叫卢修斯·塔克文·普里斯库斯的外来移民加入了罗马王国,此人是血统不够纯正的伊特鲁里亚人,父亲来自希腊城邦科林斯,母亲则是伊特鲁里亚贵族,两国均视其为"外国人",拒绝授予公民权。

作为希腊和伊特鲁里亚的混血儿,塔克文接受了先进的文化教育,举止得体、满腹经纶,巨大的家族财富又使得他颇有商业头脑,而且为人慷慨、乐善好施,这些能力和品德让他颇受罗马人的欢迎。经过约10年的纵横捭阖,塔克文登上了竞选罗马国王的讲台。

比起"元老院先推选,公民大会后表决"的旧选举,塔克文创造了全新的竞选模式,不仅组织了游行队伍,还在全城进行巡回竞选演讲,几乎是挨家挨户地推荐自己,这种方式的效果令人震惊。在公民大会表决当日,塔克文以绝对优势当选为新一届的罗马王,至此,继萨宾人之后,伊特鲁里亚人也进入了罗马统治阶层。

当然,塔克文当选并非只靠动人的演讲,纵观世界各国选举,只有华丽的演讲根本不够,塔克文最大的资本就是伊特鲁里亚的支持。伊特鲁里亚最大的优势无疑是商业发达、工程建设技术超前,除了希腊,没有任何意大利城市能与之匹敌。因此,塔克文的当选代表了罗马社会的态度:我们要发展,我们要技术,不看你是哪国人,只看你能做什么。

上台后的塔克文王立刻将元老院名额扩大至200个,理由是罗马人口倍增,但真实原因并非这么单纯。事实上,入主罗马后,塔克文心中已经萌生了改造罗马的想法,熟知伊特鲁里亚、希腊文化的他试图将以上两种文明引入罗马。

毫无疑问,这是一项巨大的改革计划,要实现这个目标,塔克文王就必须拥有绝对的权力。然而以拉丁、萨宾两族为主的元老院未必会支持这项改革,所以塔克文王需要控制元老院,而要控制元老院,最简单有效的办法就是安插伊特鲁里亚裔议员进入元老院,罗马由此发生了根本性变化。这一时期,伊特鲁里亚人逐渐掌握了罗马政权,很多伊特鲁里亚元素逐渐融进罗马人的血液里，故称"伊特鲁里亚王朝"。

塔克文王的改革没有辜负罗马人的期望。据日本作家盐野七生考证，塔克文引进了伊特鲁里亚技术，比如用排水工程技术抽干了七丘低洼处的河谷，用石料建筑技术在卡皮托尔修建了朱庇特神庙。随之而来的还有伊特鲁里亚的工程师、商人，一时间，罗马开始进行大规模的城市改造，玛尔斯广场（战神广场）、城市下水道、高架水渠也第一次出现在了罗马城。

另外，希腊文明的商业主义在罗马萌芽，罗马人开始从事各种形式的手工业生产，沿街出现了商铺和市场。新兴的大规模集体产业使罗马经济腾飞，而竞技比赛也在这一时期风靡罗马城，罗马人甚至会定期举行年度竞技。

塔克文王执政下的罗马焕然一新，不仅国家发展更加均衡，人民的财富也越来越多，如果说前几代王是军事力量的宣泄，那么塔克文改革则是软实力的提升。不过，软实力的提升并不意味着罗马将转为防御性城邦，相反，在伊特鲁里亚改革的同时，罗马吞并了拉丁小国阿皮欧雷。值得一提的是，塔克文首次将被征服国的俘虏、战利品带回罗马城游行，这种庆祝胜利的仪式正是罗马凯旋式的雏形。

同安库斯王时期一样，罗马越是强大，外部势力就越发不安，这次试图挑战罗马的是萨宾人。一提到萨宾人，罗马人肯定不陌生，因为他们大部分都是萨宾人的后裔，但当年迁入罗马的萨宾人只是其中的一个部落而已，其余的萨宾人依然试图消灭罗马。罗马付出了极大伤亡后，才暂时击退了萨宾人的突袭。

在第二次萨宾战争中，擅长肉搏的罗马人第一次发现了骑兵的作战价值，在马镫尚未发明的古典时期，机动灵活的骑兵在实现袭扰、突袭战术时颇为有效，而萨宾军队吃苦耐劳、来去如风，罗马人很难捕获敌军主力。为此，塔克文王将原先的3个骑兵百人队扩充了近一倍，约1200人，相当于6个百人队，待骑兵训练完成后，塔克文王方才反击萨宾人。

为一战而胜，塔克文王制订了详细的作战计划。首先，塔克文王故意将萨宾人的军队诱过阿尼奥河，然后命人将事先制作的易燃木柴堆丢入河中，着火的木柴随着河水的流动撞击到木桥上，火势迅速引燃了木桥，如此便切断了萨宾人的退路，无路可退的萨宾人只能背水一战。

罗马将新组建的骑兵百人队布置在两翼，中央是传统的罗马步兵。战斗开始后，位于中央的罗马步兵吸引了敌军的绝大多数火力，战斗进行得异常激烈，砍杀声和哀号声不绝于耳。在遭到萨宾人的殊死冲锋后，罗马中央步兵连连后退，战况对罗马人极为不利。

关键时刻，塔克文王率领的罗马骑兵从两翼袭击萨宾人的侧翼，打乱了萨宾人的队形，不仅挡住了追击的萨宾人，还一举将他们击溃，罗马人由此转入反攻。萨宾人大败溃逃，残兵败将被塔克文王驱逐入河，溺毙者不计其数。取胜后，塔克文王率部杀入萨宾国内，吞并了科拉提亚地区。

此后，塔克文王以风卷残云之势扫荡拉丁各国，科尔尼库鲁姆、阿美里欧拉、古菲库莱阿、卡梅里亚、科鲁斯图姆、麦杜利亚、诺门图姆均被罗马人征服，罗马在拉丁姆地区的霸权得以确立。在意大利中部的土地上，罗马、伊特鲁里亚、萨宾、埃奎、沃尔西已成争雄之势。

塞尔维乌斯改革

塔克文王在位37年后，王室发生内斗，塔克文被刺身亡，驸马塞尔维乌斯·图利乌斯越过塔克文的王子，抢先得到了元老院的推举，当选为第六代罗马王。作为塔克文王朝的第二位国王，塞尔维乌斯的改革彻底终结了自罗慕路斯起的公民大会。

在此之前，公民大会由30个氏族投票决定国家大事，氏族的长老实际上操纵着公民大会的决议。塞尔维乌斯的改革便是将30个氏族彻底打散，人们不以氏族为单位投票，而是通过人口普查，将全体罗马人划分为6个阶级，划分标准是以经济为基础，规定了不同阶级对应的义务，经济条件越好履行的义务就越多。

第1阶级：财产10万阿斯铜币以上，需提供80个步兵百人队、12个骑兵百人队、2个工匠百人队。

第2阶级：财产7.5万阿斯铜币以上，需提供20个步兵百人队。

第3阶级：财产5万阿斯铜币以上，需提供20个步兵百人队。

第4阶级：财产2.5万阿斯铜币以上，需提供20个步兵百人队。

第5阶级：财产1.1万阿斯铜币以上，需提供30个步兵百人队。

第6阶级：财产低于1.1万阿斯铜币，组成1个步兵百人队，可以不服兵役，非紧急时刻不上战场。

新的公民等级制度中，共计173个步兵百人队和12个骑兵百人队。公民按财富组建不同的兵种，阶级越高的百人队，装备越精良，故而第1和第2阶级多是重装步兵和骑兵，越往后的阶级多是轻步兵。这是一项具有跨时代意义的改革，从此时起，威震天下的罗马军团诞生了。

塞尔维乌斯改革后的公民大会被称为"森都里亚大会"，又称为"百人队会议"。百人队会议将军事义务和政治权利结合到一起，选举投票以百人队为基本单位，每个百人队可以投一票，所有百人队的票数加在一起便是最终的结果。

新制度的核心意思很简单：谁在战争里付出更多，谁就有更多的选票。乍一看这项制度很公平，但实际上，元老院多处于第1阶级，他们的选票在事实上超过了普通平民的总和，所以罗马的大权进一步集中到元老院阶级中，罗马的共和依然是少数贵族的共和。但从好的方面来讲，百人队会议打破了按血缘划分的旧氏族制度，促使兵农结合的公民兵出现，在融合拉丁、萨宾、伊特鲁里亚三族上具有进步意义。而以百人队为单位的投票制度，将军队和政治联系在了一起，这势必让罗马的政策进一步倾向于军事领域，驱动着罗马进行更大规模的征服。

王政终结

公元前534年，围绕王位继承问题，罗马再次发生血案。第五代国王塔克文的儿子卢西乌斯·塔克文成功发动政变，推翻并杀死了岳父塞尔维乌斯，王位再次回到塔克文家族手中。

傲慢的独裁者

比起前六位罗马王，塔克文二世的上台过于血腥和残忍，再加上新王拒绝让塞尔维乌斯下葬，塔克文二世在罗马的名声一落千丈，几乎不可能通过公民大会的选举。基于这样的判断，塔克文二世无意争取罗马人的认同，而是组建了一支私人卫队，不仅用于保护自己的人身安全，也用于屠杀反对者，罗马人恐惧地称呼他为"苏帕尔布斯"，意为"傲慢者"。

塔克文二世在罗马实行恐怖统治，在他手握权杖并坐上王座的同时，支持先王的元老院议员通通被处决。然而塔克文二世并非单纯因为元老院反对而敌视他们，实际上，塔克文二世意图将罗马改造成专制王国，在屠杀元老院议员的同时并没有将亲信补充进元老院。人们惊讶地发现，元老院的席位一天比一天少，如果按照这个趋势发展，等现任议员相继死后，元老院也将不复存在。

塔克文二世意图架空并解散元老院的计划在他执政后越发明显。傲慢的国王再也没有召集过元老院会议，更没有举行过公民大会，完全凭借个人喜好治理国家，除了家人的谏言外，塔克文二世不接受任何罗马贵族的建议，这让他被罗马人民憎恨。

威慑拉丁同盟

塔克文二世非常清楚，单靠国王卫队不足以维护自己的统治，于是塔克文二世积极寻求外邦盟友的支持，不仅与他们的贵族交好，还用联姻巩固同盟。当他得到大多数拉丁贵族的支持后，塔克文二世便以拉丁盟主自居。

为了掌控拉丁同盟并铲除反对者，塔克文二世给所有拉丁领袖送去了一封国书，要求他们在指定的日子到弗兰提纳森林参加同盟会议。然而到了约定那天，除了塔克文二世外其余拉丁贵族均如期而至，人们在会场焦急地等待罗马王驾临，但始终未见塔克文二世的踪影。直到这一天快要结束时塔克文二世才姗姗来迟，并谎称被一些琐事耽搁了行程，还要求把会议推迟到次日。事实上，塔克文二世故意拖延了一天，目的就是观察哪些贵族对他心生不满，结果阿里西亚贵族图尔努斯毫不掩饰地谴责塔克文二世，还拂袖而去。

塔克文二世的怒火可想而知，但转念一想，正好可以借此惩一儆百，于是他收买了图尔努斯的奴隶，将大量武器藏在图尔努斯休息的客栈。次日黎明，塔克文二世再次召集拉丁贵族，谎称发现了图尔努斯密谋加害各国领袖的阴谋，还说图尔努斯本打算在集会的第一天动手除掉全部拉丁贵族，但由于塔克文二世并未抵达，计划才被推迟了。拉丁贵族们听后将信将疑，塔克文二世建议所有人立即突袭图尔努斯休息的客栈,一探究竟。

在塔克文二世的带领下,拉丁贵族们带着侍从包围了图尔努斯休息的客栈,顺利搜出大量的剑,人们这才相信塔克文二世的话,于是图尔努斯被绑上石头沉入了湖底,塔克文二世就这样除掉了反对者。

事后,塔克文二世提议拉丁同盟重新拟定盟约,因为所有拉丁人都是阿尔巴·隆加的分支,罗马又作为阿尔巴·隆加的继承者,理应成为拉丁同盟的最高领袖。看着图尔努斯未干的血迹,拉丁贵族们只能同意了塔克文二世的提议,罗马王由此成为整个拉丁同盟的领袖。

塔克文二世获得拉丁盟主的名号后,立即着手控制拉丁各国的军队。在他的授意下,拉丁人的军队被并入罗马百人队,混编成二百人队,通过军队整编,塔克文二世掌握了拉丁同盟的军队。从此以后,塔克文二世开始了更大规模的征服战争。

塔克文二世首先率领同盟军队征讨东南面强大的沃尔西,该国领土面积不亚于整个拉丁同盟,而且沃尔西人擅长野战,战力彪悍。即便如此,塔克文二世还是取得了大捷,夺取了苏埃萨波梅提亚地区,用约40塔兰特的战利品修建了全新的朱庇特神殿。

之后,塔克文二世又率领军队进攻盖比伊,而盖比伊人有坚固的城墙,塔克文二世多次强攻均未得手。于是他心生一计,故意与儿子塞克斯图斯演了一场苦肉计,假装鞭笞并驱逐了塞克斯图斯,使其堂而皇之地投奔盖比伊,并成了该城的指挥官。最终,塞克斯图斯发动政变,屠杀了盖比伊的高等贵族,罗马兵不血刃地掌控了盖比伊。再往后,塔克文二世又与埃奎人缔结了和约,并邀请伊特鲁里亚人加入拉丁同盟。至此,塔克文二世已是意大利中部地区公认的霸主。

推翻王政

塔克文二世在国内缺乏民望,但他相信,只要能获得持续不断的胜利,他的王位就稳如泰山,所以在塔克文二世执政的二十多年里,他唯一热衷的事情就是战争。毫无疑问,长期的战争让塔克文二世威名赫赫,但一味穷兵黩武只会增加人民的负担,普通民众并不能在战争中得到真正的实惠,更何况塔克文二世的战争多是侵略，满足的只是他个人的私利，罗马人民早晚有一天会触底反弹。

所谓"忘战必危，好战必亡"。不久后，好战的塔克文二世因觊觎鲁图里人的财富，又一次征召公民兵入伍，目标是鲁图里的首都阿迪亚。坚固的阿迪亚城并非朝夕可下，塔克文二世因而包围了城池，作长期围困。围城期间，罗马军队的军纪开始松懈，不少士兵请假离营，而军中的将领们也整日饮酒作乐。

一天，在王子塞克斯图斯的营帐里，将军们围在一起饮酒、赌博，并相互夸耀自己的妻子，其中名为卢修斯·塔克文·科拉提努斯的将军坚称自己的妻子是罗马人中最好的，于是大家决定悄悄返回罗马查看各自的妻子，结果大多数将军的妻子都在家中聚会、跳舞、饮酒，唯有科拉提努斯的妻子卢克蕾西亚正带着一帮女工努力纺织。

卢克蕾西亚无可争议地成为罗马最有妇德的女子，再加上她相貌出众，塞克斯图斯竟然迷上了这个女人。为了得到卢克蕾西亚，塞克斯图斯在数日后独自一人来到卢克蕾西亚家中。因为他与科拉提努斯有亲属关系，卢克蕾西亚热情招待了塞克斯图斯，当夜，塞克斯图斯假装醉酒以便在其家中留宿。

夜深人静时，塞克斯图斯手持利刃突然闯入了卢克蕾西亚的闺房，用手压着卢克蕾西亚的胸口，并用剑胁迫卢克蕾西亚就范。卢克蕾西亚拼命反抗、坚决不从，塞克斯图斯便威胁道："如果你不从了我，我就杀掉你并脱光你的衣服，然后再将一个奴隶丢到你的床上。明天，我就告诉所有人，我发现你和一个低贱的奴隶苟合，为了科拉提努斯的名誉，我只好处决了你，从此你就是罗马最不贞洁的女人。"

为了名誉，伤心的卢克蕾西亚只好顺从了塞克斯图斯，塞克斯图斯完事后便丢下赤身裸体的卢克蕾西亚扬长而去。但是卢克蕾西亚并没有选择隐忍，她立即派人找回了在外征战的丈夫，还要他带着最可信的朋友一起来。当着众人的面，卢克蕾西亚要在场的所有人立下复仇的誓言，然后举剑自尽了。

当时有个名为布鲁图斯的贵族也在现场，他心生一计，故意把卢克蕾西亚的遗体搬到了罗马广场上展示，呼吁全体公民为贞洁之女伸张正义。出于对塔克文二世恐怖统治的憎恨，布鲁图斯的演讲获得了强烈支持，于是布鲁图斯立刻召集公民兵，政变就这样开始了。

布鲁图斯等人带兵驱逐、抓捕国王党人，元老院贵族也带着仆从积极响应，政变的人马很快就控制了罗马全城，恶首塞克斯图斯狼狈逃离了罗马城，很多来自伊特鲁里亚的工匠、商人担心被牵连，也逃离了罗马。塔克文二世得知消息后，赶忙留下军队继续围攻阿迪亚，自己带着卫队回国镇压叛乱。

几乎在同一时间，布鲁图斯带着自愿加入的公民兵前往阿迪亚，特意绕道避开了塔克文二世和他的卫队。当塔克文二世抵达罗马后，守城的士兵群情激愤，不但紧闭城门，还宣布塔克文一家已被罗马人民放逐。另一方面，抵达阿迪亚的布鲁图斯却受到了士兵们的热烈欢迎，整支军队都倒戈加入了布鲁图斯。

塔克文二世就这样被人民和军队同时抛弃了，由于害怕遭到布鲁图斯围剿，塔克文二世只好带着两个儿子逃至伊特鲁里亚寻求政治庇护。至于塞克斯图斯，他逃到了自己亲手夺取的盖比伊，当年正是由于塞克斯图斯欺骗了盖比伊贵族，盖比伊人才接纳他为大将军，然而摆脱了罗马国王的威胁后，盖比伊人不必卑躬屈膝了，又发动政变杀死了背信弃义的塞克斯图斯。

驱逐了国王的罗马在一片欢呼声中迎来了"共和国纪元"，这一年是公元前509年，罗马的王政纪元在经历了244年后终结了。塔克文二世因儿子塞克斯图斯的好色而丢掉了王位，人们也许会感慨，若是塞克斯图斯没有胁迫卢克蕾西亚，塔克文二世是否会长久统治罗马？然而，历史的偶然事件背后往往有必然性，罗马王政的结束正是由于这种必然性。

纵观罗马建国以来的历史，罗马自诞生起就深受希腊民主制度的影响，不同于世袭王国，罗马的每代国王都经过了民主式的推举（除了末代王），而且还出身不同的民族，其中罗慕路斯、托卢斯系拉丁裔，努马、安库斯系萨宾裔，塔克文、塞尔维乌斯系伊特鲁里亚裔，因此罗马的王权是公民赋予的，绝非某个家族私有。

当塔克文二世让元老院和公民大会名存实亡后，罗马贵族和平民都憎恶塔克文二世的独裁，时刻想着恢复罗马旧时的民主，只是苦于没有适当的机会，而卢克蕾西亚事件给了这个机会，于是布鲁图斯等人才顺利发动政变。由此可见，在罗马文明的早期，民主意识已经深入人心，任何形式的专制与独裁都不会被罗马人民接受。

第二章 初建共和国

元老院与罗马人民

罗马共和国 = 执政官 + 元老院 + 公民大会

王政被推翻后,罗马王国转型成罗马共和国,国号"元老院与罗马人民"。

新政体与旧王政最明显的区别就是国家领袖不同。在罗马共和国,军团的统率权、政府的行政权、司法的裁判权均交给了两名执政官,执政官由公民大会选举,任期1年。换言之,国王的权力被分成了两份,由每年选出的执政官分享,既是合作又是制约,因此,统领罗马的权力不再属于某一家族或个人,而是面向全体公民。

原则上,任何罗马公民只要赢得公民大会的选举就能成为执政官,因此执政官一职便成了每个公民的梦想和荣耀。只要当选执政官,卸任之后自然会被选入元老院,而且还会获得"前执政官"的称号。在国家大事上,前执政官的发言会被元老院和公民大会重视,危急时刻,前执政官甚至能重新担任军团指挥官,代替执政官总督一个行省。

至于元老院和公民大会,两者的职能依然不变,元老院负责建言献策、储备人才,公民大会负责选举官员、国家决策。唯一不同的是,执政官几乎都来自元老院,这不可避免地导致贵族阶级的意见将左右执政官的决策,两者串通一气。另外,元老院还有两项特权是公民大会不具备的,一是提名独裁官,将执政官权力集中到一个人身上;二是元老院最终决议,又称"终极法案",即无法推翻的法案。

有这两项特权在手,公民大会很难通过立法的方式推翻元老院的决定,而执政官推行的政策多半符合元老院的利益,所以平民占绝大多数的公民大会反而势单力孤,逐渐处于弱势,贵族和平民的对立越发明显,势必会导致罗马内部的权力争夺。

罗马官制

罗马的主要公职有独裁官、执政官、监察官、法务官、市政官、财务官,另有不在编的保民官、大祭司。

独裁官，非常设公职，任期只有6个月。通常情况下，罗马是不会选出独裁官的，只有在国家遇到重大危机时，独裁官才会以元老院提名和执政官任命的方式被选出。任何人包括元老院、公民大会和执政官都不能否决独裁官的决定，当罗马产生独裁官后，军、政、财、教都必须听命于独裁官。

监察官，就是掌管监督、调查的官员，定员也是两个人，任期5年，必须超过40岁才能参选，负责核实公民财产数量、分配所在等级、告发不合格官员、提名元老院议员、监督财政支出。

法务官，又称大法官、裁判官，地位仅次于执政官。除了执掌法律事务外，法务官有权在执政官出征时管理罗马城，包括召开公民大会、选举各级官员。同时，法务官也拥有单独领导军团的资格，有时也会被派到海外行省担任总督。

市政官，又称营造官，包括平民市政官、贵族市政官两种，各选出2人。简单来说，市政官负责罗马人日常生活的所有事物，包括维持社会秩序、保障粮食供应、修缮公共设施等。本来4个市政官的职责是一样的，但由于贵族的经济条件更好，需要花钱的竞技比赛、建筑修缮等工作都落到了贵族手中，使得市政官成了拉选票和增加曝光度的首选公职。

财务官，负责管理国库及财政收支，协助执政官管理国家，每届可选出2~20位财务官，有些在首都任职，有些则被派往行省协助总督。财务官是罗马政客从政的起点，一旦当选为财务官，即代表步入政坛。

大祭司，最高宗教领袖，负责管理罗马的各种宗教活动，有主持重要仪式和祭祀的权力，非罗马公职，而是纯宗教职务，没有任期限制，在罗马的地位高于常人，身后有不少祭司和贞女协助。

保民官，平民阶级自创的职位，负责召集只有平民参加的平民大会，其主要职责是保护平民利益，对抗元老院和贵族。随着平民大会逐渐取代公民大会，保民官成了影响力不低于执政官的平民领袖。

罗马共和国的公职有两个规则：选举、晋升。

选举是罗马公民成为国家官员的必经途径，只有正式通过选举的官员才是合法的，而要参选高级官职，如执政官、法务官，又必须有下级官职的从政经历，这就使得各级官员都是逐级晋升。一个执政官肯定有基层工作的经验，而当公民可以参选高级官职时，多半已经是一个年过五旬的长者，往往有更多经验和阅历，决策更加谨慎、明智。

罗马公职还有一个特点就是无薪。所有官职都没有俸禄，而要在政坛上逐步提升，又得用金钱开道，不但要花钱收买选民，还要博得元老院的认可，所以罗马的民主政治并不是全民的民主，而是服从少数人的民主，是富裕阶级的民主。

初代执政官

在公民大会的欢呼声中，政变主导者卢修斯·尤尼乌斯·布鲁图斯当选为第一任执政官，和他一起上台的还有贞洁之女的丈夫科拉提努斯。

作为罗马的首任执政官，布鲁图斯的名字和一般的罗马人比起来有很大不同，因为他的名字由三个部分组成，而罗马人早期的姓名其实只有两个部分，即名字+部落名。基本可以这么认为，凡是姓名超过了三个部分的人要么是有特殊功勋的杰出公民，要么就是外形特殊的人。很多贵族会给自己加上第三个名字，他们也会把这个名字传给后代，从而在部落中形成新的家族，这样就能与平民划清界限。如果这个家族的后代又获得了新称号，名字就会扩展到四个。

卢修斯（名）+尤尼乌斯（氏族）+布鲁图斯（姓）+（称号）。

姓名中出现在最前面的往往是名，但是罗马人很不讲究，很多人的名都是一样的，如马库斯、盖乌斯、卢修斯，据说有23～26个。

第二个是氏族名（部落），如尤尼乌斯、尤里乌斯、克劳狄乌斯、法比乌斯（费边）、科尔内利乌斯，这些氏族名代表了他们出自哪个部落，而后加入的归化公民往往没有这个部分，因为他们并不属于立国时的旧氏族。

第三个是家族姓，意思是氏族里的某一个分支，如卡米卢斯、恺撒、布鲁图斯，即卡米卢斯家族、恺撒家族、布鲁图斯家族，通过家族名大致可以判断其身份。

第四个部分往往是绰号或者荣誉称号，一些人会因为性格或是外形获得绰号，如"鹰钩鼻"格里帕斯，另一些人会因为战功被授予特殊的称号，如"日耳曼尼库斯"，意思是日耳曼征服者。

所以从布鲁图斯的姓名来看，卢修斯·尤尼乌斯·布鲁图斯，意为尤尼乌斯氏族中的布鲁图斯家族里叫卢修斯的人。在罗马早期，贵族主导着罗马的政治，而从他们的名字就能判断这个人的出身，布鲁图斯显然是氏族部落中的贵族。

正如老塔克文王参选国王一样，布鲁图斯政变的成功得益于背后的氏族势力。事实上，布鲁图斯身份高贵，是奴隶国王塞尔维乌斯的幼子，父王被杀时因年幼逃过一劫，聪明的他装傻骗过了塔克文二世，其背后暗藏着一股推翻塔克文的势力。再加上大多数罗马人都很同情"傻子"布鲁图斯，所以当他振臂一呼，罗马公民才会群起响应。

罗马的政治制度融合了王政专制、城邦民主两种形式，既保证了国家领袖的绝对权威，又限制了最高权力的使用，有效避免了独裁者的出现。在当时的社会环境下，这种制度显得十分超前和优越，拥有极强的生命力，是罗马文明能在强国环伺下脱颖而出的根本原因。

王政复辟战争

公元前509年，塔克文二世率领一队亲兵匆匆北上，消失在罗马与伊特鲁里亚的边境线上。执政官布鲁图斯很清楚，没有除掉国王的革命是不彻底的，罗马的王政复辟势力极有可能卷土重来，而新共和国犹如初生的婴儿一样孱弱不堪，共和能否坚持到底未可知。

共和派人士并非杞人忧天，罗马共和国的建立在今天看来是文明的进步，在当时的意大利却被认为是晴天霹雳。虽然希腊早已实行了共和制度，但在意大利，王政依然是主流制度，而罗马大胆推翻王政，无异于奴隶赶走了主人，是极坏的示范，各国自然不能任其发展。

在罗马内部，新政权的出现势必导致权力的洗牌。元老院制定了严格的等级秩序和法律，那些常年在国王庇护下为所欲为的贵族无比失望，横行霸道、位高权重的日子一去不复返，如此一来，无法无天的"保王派"贵族自然无比怀念王政时代。不仅如此，普通公民对突然爆发的革命尚无心理准备，很多人仅是出于义愤才站队共和派，可当他们冷静后，还有多少人愿意为捍卫共和而牺牲呢？

也许正是想明白了这些问题，所以塔克文二世的使者堂而皇之地回到了罗马城，公开宣布废王愿意放弃罗马王位，但请求罗马人民归还国王的私有财产，甚至还试探性地询问能否重返罗马。关于是否同意塔克文二世的请求，罗马召开了公民大会，执政官布鲁图斯坚决反对，另一位执政官科拉提努斯却提议和解。最终，公民大会同意和解，塔克文二世得到了他的财产。

事实上，素来傲慢的塔克文二世根本没把共和放在眼里，他所提的请求无非是试探罗马人民对王室的态度，看到公民大会并无明显敌意后，塔克文二世决定从内部瓦解新政权。为此，塔克文二世将所有返还的财产全部拍卖出售，得到的钱都用来收买支持或同情塔克文家族的旧贵族，其中以阿奎利和维特利两大家族为代表的旧贵族立即倒向了保王派，日夜谋划发动政变迎回塔克文二世。然而这场政变还没开始就被一个叫温迪乌斯的奴隶泄露，所有参与者被一网打尽。令人惊讶的是，成员里竟然还有两位执政官的亲人，包括布鲁图斯的两个儿子以及科拉提努斯的侄子。

布鲁图斯捍卫共和的决心超过所有人，为了断绝罗马人复辟王政的幻想，他亲自执行了两个儿子的处刑，先将两人打得皮开肉绽，然后再用斧头将两人斩首。布鲁图斯以冷酷和鲜血向所有人宣布：我捍卫共和连儿子都能杀，看你们谁还敢谋反！

这次事件后，罗马内部立刻稳定了不少，但也重创了执政官科拉提努斯，此人缺乏捍卫共和的决心，拒绝将侄子处以死刑，因此被人们怀疑同情塔克文二世。布鲁图斯痛恨他的软弱，科拉提努斯只好放弃执政官一职，自我流放，远走他乡，平民派的瓦莱利乌斯接任了执政官一职。

内部政变被镇压，外部局势却风起云涌。

共和的建立让昔日的拉丁同盟不知所措，很多拉丁小国都冷眼旁观这场巨变，再加上塔克文二世曾邀请强大的伊特鲁里亚加入联盟，布鲁图斯等共和派自然被视为敌人，罗马共和国就此被拉丁同盟除名，伊特鲁里亚成为新的拉丁盟主。

见从罗马内部复辟行不通后，塔克文二世积极游说伊特鲁里亚各城邦，很快就得到了维爱、塔克尼亚的军事支持。两大城邦一个觊觎台伯河的商业利益，另一个试图控制罗马城，塔克文二世因而得到了上万兵马的援助，保王派联军当即杀奔罗马城。

接报后，布鲁图斯以执政官的身份召集罗马公民参战，亲自指挥贵族骑兵，瓦莱利乌斯则统率步兵军团。两位执政官分别在亚西丛林和埃苏维草场布阵，与抵达此处的保王派联军展开血战。

两军对阵时，塔克文二世的王子亚伦特斯向布鲁图斯挑战，布鲁图斯催马上前，两人立刻战在一起，刀枪碰撞出激烈的火花。忽然，亚伦特斯一枪插入布鲁图斯的胸部，疼痛难忍的布鲁图斯用左手死死地抓住亚伦特斯的长枪，亚伦特斯怎么也拔不出来，这时，布鲁图斯反手一枪，也刺穿了亚伦特斯的心脏，两人双双坠落马下。

眼看主帅阵亡当场，两军士兵立刻冲杀到一起，混战到了夜晚。据记载，白天的战斗很是激烈，双方的损失大致相当，但夜里不知是谁在林中喊叫，称伊特鲁里亚比罗马多折损1人，这被伊特鲁里亚人视为神的旨意，于是他们连夜撤走了，只剩下塔克文二世的5000人马。

次日，瓦莱利乌斯抓住战机全力围攻塔克文二世，本就处于劣势的保王派因盟友不告而别士气低落，一番血战下来，几乎全军覆没，连营寨也被罗马军团付之一炬。据普鲁塔克称，保王派联军损失了约1.3万人，而罗马军团的伤亡远低于这个数字。布鲁图斯以生命为代价挫败了塔克文二世的第一次复辟战争。

取得大胜的瓦莱利乌斯大权在握，元老院立即为他举办了四匹战马牵引的凯旋式，这是凯旋将军的超高荣誉。瓦莱利乌斯率领军队、携着战利品在罗马城里游行，豪迈地穿过玛尔斯广场，街道上都是围观的公民，天空中满是飞舞的花瓣，统帅在这一天被罗马人当成神来对待，即所谓的"一日为神"。

布鲁图斯死后，瓦莱利乌斯通过战争的胜利、新法律的颁布完成了布鲁图斯未竟的事业，巩固了新生的共和国，因此获得了"普布里克拉"的称号，即护民者。不过危机并没有解除，因为塔克文二世复辟的欲火还没有被浇灭。

第一次复辟战争失败后，塔克文二世再次返回伊特鲁里亚，这次他找到了克鲁西姆城邦的国王拉斯·波希纳。波希纳王是久负盛名的伊特鲁里亚统帅，很害怕国内反对派会效仿罗马发动革命，因此早就想南下收拾罗马人，塔克文二世的到来让他有了出兵罗马的大义名分，双方一拍即合。

公元前507年，波希纳率领伊特鲁里亚联军，以更加凌厉的攻势杀向罗马，很快就攻克了贾尼科洛要塞。负责守卫苏布里基乌斯桥的罗马驻军惊慌逃走，只有贵族贺雷修斯等三人坚守在桥上，杀死了很多试图夺桥的伊特鲁里亚士兵。波希纳本以为能轻松过桥奇袭罗马，没想到贺雷修斯等人死战不退，以一当十，纵然身体被标枪射穿，还是成功坚守到桥梁被摧毁，伊特鲁里亚联军奇袭罗马的计划失败了。

速攻计划失败后，伊特鲁里亚联军包围了罗马城，试图做长期围困。波希纳军装备鲜亮，军容鼎盛，一时间让罗马人惶恐不已，很多公民都动摇了，城内出现了接受王政复辟的声音。瓦莱利乌斯继承了布鲁图斯的倔强，试图通过一场胜利提振罗马人的士气。

为此，瓦莱利乌斯一边集中兵力做准备，一边故意将很多牛羊放出城。波希纳军一看有东西抢，也顾不上坚守阵地，纷纷去抢牛羊。这时，早已蓄势待发的罗马军团立即打开城门，从三个方向猛攻波希纳军空虚的阵地，波希纳军顿时大乱，不少军官被砍了脑袋，粮草大营也付之一炬，如果不是波希纳的中军稳住阵线，联军将有覆灭的危险。

经此一战，罗马人恢复了士气，还歼灭了5000敌军，复辟王政的声音也渐渐消失了。而波希纳发现罗马人斗志不减，强攻只会损兵折将，长期围困又徒耗粮草，一时间竟无计可施，双方就此陷入僵持。

就在这时，一个名叫穆修斯的年轻士兵叩开了元老院的大门，他请命独自出城刺杀波希纳，元老院深感敬佩，同意了他的计划，于是穆修斯化装成联军士兵悄悄潜入了波希纳的大营。当时联军正好在发军饷，没有见过波希纳的穆修斯看到分发军饷的人衣着华丽，误以为那就是波希纳本人，于是奋不顾身地举剑刺死了他，谁知对方只是一名财务官，穆修斯由此被俘。

穆修斯被押到波希纳面前，毫无惧色地说道："我是罗马人盖乌斯·穆修斯，勇敢去做、勇敢去死是罗马人的作风，即便我倒下了，还会有更多的罗马勇士前来刺杀暴君。"波希纳大怒，威胁要将穆修斯活活烧死，却不想穆修斯哈哈大笑，当即将右手伸入身旁祭坛的烈火之中，大火将穆修斯的右手烧得变了形，他却一声不吭。这一幕震撼了在场所有人，波希纳的愤怒因而转变成了钦佩和敬重，于是下令释放穆修斯。

强忍着疼痛的穆修斯尚未失去理智，他心生一计，在离开前撒谎道："作为您释放我的回报，我可以告诉您，在这营地里至少有300名罗马刺客，他们都和我一样准备伺机刺杀您，只不过我先抽到签而有资格最先动手。"

此言一出，波希纳震骇不已，1个穆修斯尚且让人后怕，300个刺客岂不是防不胜防？于是波希纳主张罢兵议和，罗马之围解除。此后不久，波希纳在另一场战争里阵亡，罗马共和国再也不用担心克鲁西姆卷土重来了。至此，塔克文二世复辟的野心又一次被击碎了，伊特鲁里亚势力也被逐出了罗马。

初建的共和国充满了危机，多亏执政官布鲁图斯、瓦莱利乌斯等人的奋战，这场划时代意义的变革才没有被扼杀。从此以后，"共和"二字深深地烙印在罗马公民的心中，在未来的日子里，罗马逐渐涌现出大量的共和英雄，他们携手同进，将罗马这个蕞尔小邦推上了地中海霸主的宝座。

血战雷吉鲁斯湖

连续粉碎两次王政复辟后，元老院再次重申了坚决不接受王政复辟的立场，波希纳转而宣布尊重罗马人民的意愿，此举无疑背叛了盟友塔克文一家，塔克文二世不得不离开克鲁西姆寻找新的盟友。这次，塔克文二世选择了自己的女婿图斯库鲁姆国王马米利乌斯·屋大维。

马米利乌斯兵强马壮，同样害怕共和思想会波及自己的国家，出于对共和国的仇恨，国王热烈欢迎岳父的来访。比起波希纳单打独斗，马米利乌斯更喜欢合纵连横，于是公开联络其他拉丁国王一起反对罗马，不久之后，马米利乌斯就重组了一个没有罗马参与的拉丁同盟，其成员包括30个拉丁国家，马米利乌斯任盟主。不仅如此，马米利乌斯还积极邀请仇视罗马的沃尔西人和埃奎人加入同盟，一个比波希纳更大的威胁正在快速形成。

新拉丁同盟成立的消息令罗马人惴惴不安，如果不能在拉丁联军形成前将其各个击破，仅凭罗马的兵力很难同时击败拉丁和沃尔西的联军。为此，元老院决定惩罚最先背叛罗马的拉丁国家,以达到杀鸡儆猴的效果,波米蒂亚、奥伦齐便成了共和国立威的对象。

罗马军团首先杀奔奥伦齐,一战击溃了对方的主力军队,在劫掠报复了一番后,又挥师攻入波米蒂亚,与敌军展开了一场极为血腥的野战。据说这是罗马第一次表现得无比残酷,没有任何宽恕,所有的俘虏和人质均被枭首。之后,罗马人包围了波米蒂亚城池,昼夜猛攻,还砍伐树木制造了不少攻城器械,试图强行突破城墙。为破坏罗马人的攻城器械,大量波米蒂亚人手持火把从城内杀出,成功点燃了罗马军团的攻城器械,执政官差点在突袭中丧生。

只可惜突袭并未彻底击垮罗马人,待伤兵恢复体力后,罗马人发动了规模更大的第二次攻城。这一次,波米蒂亚人失去了好运,疯狂的罗马战士冲上城墙,寒光闪闪的利刃被鲜血染成了赤红,波米蒂亚人投降了,但罗马没有宽恕他们。为了杀一儆百,所有波米蒂亚男子均被斩首,妇女和儿童被贬为奴隶,整座城市被洗劫一空,波米蒂亚不复存在了。

此时,马米利乌斯的拉丁联军已经歃血为盟,沃尔西人的军队也组建完毕,罗马人的时间所剩无几,巨大的危机促使元老院做了一个大胆的决定——任命独裁官。

奥卢斯·波斯图米乌斯被选为共和国的第一任独裁官,两位执政官的权力被集中到独裁官一人身上,元老院、公民大会、前执政官均不能反对独裁官的决定,所有公民都必须接受独裁官的征召。这样的权力与国王相比有过之而无不及,波斯图米乌斯带着全体罗马人的希冀发布了战争动员令,所有能上阵作战的成年男子均应征入伍。

军队集结完毕后,独裁官先发制人,提兵直奔图斯库鲁姆,意图先击退拉丁同盟的军队再挥师迎战沃尔西人。拉丁联军也在马米利乌斯和塔克文二世的率领下朝罗马杀来,双方在雷吉鲁斯湖畔遭遇,雷吉鲁斯湖战役就此打响。

这是罗马共和国首次同时对战30个拉丁国家,很明显,如果新生的罗马能一战而胜,拉丁同盟便会就此瓦解,所以罗马人抱着"不胜即死"的决心发动进攻。双方没有进行战前决斗,两军士兵立即厮杀起来,除了独裁官在后方指挥外,包括执政官在内的所有将领均冲到第一线进行白刃战。没有人能在战斗中不受伤,士兵的呐喊声、兵器的碰撞声伴着空中飞扬的尘土,绘制出了一幅惨烈而又壮观的景象。

激烈的战斗让人难以呼吸，夺命的刀锋结束了一个又一个生命，马米利乌斯和塔克文二世各自率领一支兵马猛攻罗马军团。在废王塔克文二世眼中，这是他夺回罗马王位的最后希望。虽然年老体衰，塔克文二世还是爆发出了惊人的战斗力，连砍带刺，冲锋在前，他远远望见独裁官后，挺枪策马而去，一度突入军阵中央，但骄傲的罗马勇士一枪刺伤了他的腹部，塔克文二世被迫退了回去。

马米利乌斯一方则较为顺利，国王毕竟年轻，勇猛异常，接连突破数道阵线，径直杀到罗马骑兵长官提图斯面前。两位骑兵大将都挥舞着长矛和大盾，在战马上你来我往，拼命寻找着对方的破绽，几乎是同一时间，提图斯的长矛刺中了国王胸前的铠甲，国王的长矛贯穿了提图斯的手臂。提图斯的武器坠落入地，被迫退到后方疗伤。

马米利乌斯高举长矛，厉声大喝，指示塔克文二世的王子发动冲锋，精锐的塔克文亲兵突入罗马军中，左冲右撞，罗马战线一度动摇。罗马大将瓦莱利乌斯见状怒气爆发，单枪匹马杀向塔克文王子，即将阵斩敌将时，塔克文亲兵们上前围住了瓦莱利乌斯，顺势从背后发动偷袭，一枪贯穿了他的身体，瓦莱利乌斯当场阵亡。

罗马方面接连折损两员大将，士气大跌，不少士兵放弃进攻，转身逃跑。危急时刻，独裁官波斯图米乌斯率领亲兵迎了上去，他抬手一枪，将几个败兵打翻在地，然后命令亲兵斩杀逃跑的罗马士兵，亲兵高举盾牌和长枪，刺伤了一个又一个试图逃离战场的罗马人。在敌我双方的夹击下，败兵们不得不转身杀回，毕竟光荣战死好过被自己人屠杀。罗马军团再次聚集列阵，猛烈反击拉丁联军。

战斗到此时，连独裁官也率领亲兵加入了血战，得到增援的罗马军团士气大振，看着独裁官英勇作战的身影，罗马士兵的血性也在这一刻被激发，大军追着独裁官攻入敌军，成功将拉丁联军分割包围，战况开始朝有利于罗马人的方向发展。

国王马米利乌斯见状，立即率领一队亲兵增援即将崩溃的战线，罗马大将赫米纽斯一眼就认出了身着华丽铠甲的国王。正所谓"擒贼先擒王"，赫米纽斯撇开身边的拉丁士兵，高举长枪冲向国王，电光石火之间，马米利乌斯来不及防御，竟被赫米纽斯一枪挑落马下，随即阵亡。然而赫米纽斯没能享受胜利，正要剥离国王铠甲的他，被空中射来的标枪贯穿，不久后也阵亡了。

  罗马人与拉丁人的战斗已经进行到了最后阶段，双方都损失惨重，任何一方都有可能提前崩溃。独裁官在这时召集所有罗马骑兵，命他们通通放弃战马，与步兵组成方阵，于是贵族骑士们纷纷下马，高举着盾牌和长枪与平民步兵并肩战斗在一起。贵族凭借坚硬的盾牌和铠甲将射向平民步兵的标枪一次又一次挡开，平民步兵也凭借熟练的作战技巧在贵族身侧击杀了一个又一个敌军士兵。

  罗马军团的士气再次高涨，勇猛地朝拉丁联军发动最后的冲锋，这一击终于击垮了敌军的心理防线，拉丁联军全线溃逃。士气大振的罗马军团旋即疯狂追击拉丁溃兵，一举攻克了拉丁联军的大营，拉丁人死的死降的降，罗马军团终于获得了最后的胜利。

  雷吉鲁斯湖战役以罗马共和国的辉煌胜利而结束，新生的共和国第三次击败王政复辟势力，英勇无畏的罗马人用鲜血展示了他们强悍的战斗力，证明了他们捍卫共和国的决心。

  此后，沃尔西人与赫尔尼西人结为军事同盟，秘密联络拉丁各国，试图再次组建反罗马同盟，但拉丁人已经彻底放弃了，他们将前来缔结盟约的沃尔西人押送罗马，并和盘托出了对方的作战计划，元老院十分欣喜，当即释放了6000拉丁战俘，此举让双方握手言和，再次签订了盟约，所有拉丁国家均接受罗马的领导，承诺在战争时期为罗马提供士兵，并接受罗马人的指挥。

  雷吉鲁斯湖之战彻底结束了王政，废王塔克文二世逃到科拉后不久就死了，王政复辟势力就此烟消云散，罗马共和国的第一个危机宣告解除。然而沃尔西人、萨宾人、埃奎人、伊特鲁里亚人依然视罗马为最大的敌人，新的危机在不知不觉中已经笼罩在罗马城上空。

权力之争

战胜复辟王政的势力后，罗马共和国的情况并没有好转。害怕被传统罗马人清算，不少伊特鲁里亚移民纷纷外逃，随之而来的是工商业萧条、技术人才流失、外来移民减少、整体经济下滑，国家财政因而变得困难重重，普通公民的财富也大幅度缩水。

另一方面，沃尔西、埃奎、伊特鲁里亚等国君主害怕共和思想波及自己的王国，因而视罗马为大敌，王政时的盟约继而被宣布无效，各国由此频繁入侵罗马，洗劫乡村和小镇，使得农牧业也面临崩溃的危险，对罗马经济的打击犹如雪上加霜。

令人想不到的是，经济危机和战争威胁竟然引起了罗马共和国的第二大危机——阶级对立。

贵族阶级

罗马建国之初的核心成员是一群亡命之徒，在融合了拉丁人、萨宾人、伊特鲁里亚人后，罗马逐渐变成一个多民族国家。在这个过程中，最早组成罗马的三大部落被划分为第一阶级，其成员不断充当国家各级官员，族长又被选为元老院议员。这些人在战争里身先士卒、建立功勋，战后又名正言顺地掠夺战利品、出任各级公职，使得他们更进一步掌握了政权，在拥有政治权利的同时，还拥有广袤的土地和庞大的农场，由此形成了一个强大的群体——贵族阶级。

贵族阶级中，科尔内利乌斯、克劳狄乌斯、瓦莱利乌斯、法比乌斯四家的权势最大，其成员长期把持执政官一职，并称为元老院的四大贵胄。其中，克劳狄乌斯最为傲慢，一再打压平民，是平民最痛恨的家族。

平民阶级

平民阶级主要由两个群体组成，一个是较为贫困的传统罗马人，另一个则是外迁入罗马的新家族。前者多是面朝黄土背朝天的自耕农，后者往往来自外迁部落，有庞大的财富和众多的追随者。这些人从事放贷或工商业，经济条件优厚，能被选入第二阶级，但在政治上被传统贵族阶级排挤，政治地位与罗马贫民相差无几，两者合在一起被称为平民阶级。

权力的蛋糕从来都很小，政治权利的不平等导致罗马社会出现各种不公平，不仅战利品的分配、土地的划分、官职的选举都没平民什么事，甚至连两个阶级的通婚也被认为是不合法的。贵族对平民的压迫与歧视，促使平民聚众主张政治权利和社会公平。几乎是在战胜王政复辟势力的同时，罗马就进入了平民为获得公平权利的阶级斗争时期。这一时期，平民为抗议不公正待遇，公开拒绝服兵役，还一度举家搬出罗马，集结在阿芬丁山另立"山头"。

作为罗马东部、南部的邻国，萨宾、埃奎、沃尔西一直敌视罗马共和国，曾公开支持塔克文王朝复辟，本欲和拉丁同盟夹击罗马，但雷吉鲁斯湖之战后这一计划破产，三国不得不静待更好的时机。显然，罗马两大阶级的内斗正是三国侵入罗马的最好机会，于是在公元前494年，萨宾、埃奎、沃尔西从三个方向讨伐罗马，形势十分危急。

令人欣慰的是，罗马的两大阶级虽相互不满，但在国家大义面前，两者均放下私利一致对外，为此，元老院第二次提名独裁官，并召集了10个军团，约4万人的兵力，由亲民派代表马尼乌斯·瓦莱利乌斯出任指挥官。

面对三方来犯，罗马决定分兵抵御，独裁官率领主力军团过阿尼奥河迎战萨宾，另外两位执政官分别迎战东部和南部的埃奎、沃尔西，四国会战由此爆发。

沃尔西战场上，罗马军团故意绕过敌军，侵入沃尔西后方，大肆劫掠并破坏他们的农田，逼得沃尔西人主动迎战。由于沃尔西人数量较多且极为轻敌，他们的进攻过于散漫，而罗马人却坚守在阵地上以逸待劳，当两军短兵相接时，沃尔西人已经疲惫不堪，罗马军团趁机奋起迎战，打败沃尔西人，一路追杀逃兵直到占领了对方的营地。

埃奎战场上，埃奎人见罗马军团气势汹汹杀来后，全军退守到一处高山上，试图利用地形优势，居高临下迎战罗马人。执政官见敌军占有地利，迟迟不肯下达进攻的命令，然而士兵们战意高昂，宁可冒着被射杀的风险也要让执政官下令进攻。罗马军团就此朝高山冲杀而去，这让埃奎人大惊失色，几乎没有抵抗就逃走了，罗马人因此缴获了大量战利品。

萨宾战场上，独裁官瓦莱利乌斯率领主力军团与萨宾人决战，两军摆开阵形厮杀在一起，由于萨宾人的战线拉得过长，使得中央军队的厚度不足，瓦莱利乌斯一眼就看穿了敌军的死穴，立即率领骑兵猛烈攻击敌军的中央防线，很快就撕开了好几道口子，罗马平民组建的步兵见状，迅速从缺口处穿插进去，将萨宾人的军队分割包围。后面的战况毫无悬念，罗马军队击溃了萨宾并占领了敌军营地，萨宾人溃败了。

短暂的胜利保住了罗马，却并未结束两个阶级的争斗。此后200年间，平民阶级一再挑战贵族，主张公平、公正，双方斗智斗勇，时常出现罢战、拒服兵役的情况。萨宾、沃尔西、埃奎利用罗马政局的动荡经常突袭罗马城郊，抢掠财物、人口，国家战火不断。

意外的是，正是因为外来敌寇的入侵，元老院才终于意识到解决平民诉求的重要性和必要性，部分开明派贵族也主张改善平民待遇，贵族阶级不得不放弃原先的特权，增加平民的政治权利。罗马由此出现了平民大会、保民官，前者通过的议案可以立即上升为法律，后者可以在和平时期一票否决元老院、执政官的决定。公元前449年，罗马出台了第一部成文法——十二铜表法，贵族独自解释法律的权利成为历史。

到公元前287年，平民阶级相继获得了分配国家公地、免除债务、参选国家公职、与贵族通婚等诸多权利，平民进入元老院的通道也被打开，许多经济实力较强的平民逐渐登上执政官之位，其家族也成为元老院里的新贵，而平民大会也越过原公民大会成为罗马的最高立法机关，传统平民与贵族之间的鸿沟逐步消失。

平民阶级在上百年的斗争里赢得了一次又一次的胜利，罗马共和制度又迈进了一大步。可以说，罗马制度的不断完善使得罗马变得更加民主、自由，贵族和平民也在这个过程中不断融合，这些均促成了罗马共和国的崛起。

03

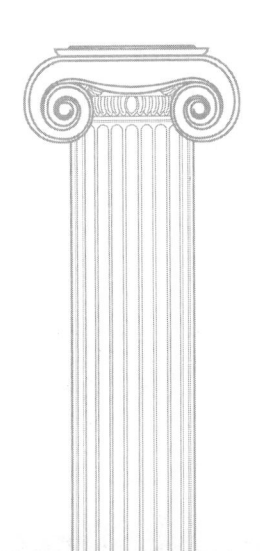

第三章 鏖战拉丁姆

沃尔西战争

在平民争取政治权利的同时，罗马的战争从未停止，事实证明，团结一致的罗马军团战力彪悍。为报复沃尔西人频繁的侵略，元老院决定发动大规模的反击作战，罗马共和国称霸意大利的第一场大战——沃尔西战争由此拉开了序幕。

第一阶段，即公元前493年，执政官科米尼奥斯奉命率领罗马军团杀入沃尔西，在安提乌姆大破沃尔西人主力，斩杀敌兵无数。沃尔西人只好退守朗古拉（安提乌姆北部）抵抗，但罗马军团随后就攻破城池、洗劫村庄，并长驱直入袭取了波鲁斯卡，沃尔西腹地由此遭到大肆破坏。

一连攻陷两座城池，罗马军团声威大震，沃尔西人只好躲到城墙后，任由罗马人肆虐乡里。借此良机，执政官科米尼奥斯挥师围攻沃尔西重镇科里奥利城，该城紧靠沃尔西首府安提乌姆，是连接沃尔西后方的枢纽，拔除该城便可切断安提乌姆与沃尔西山区的联系。

科米尼奥斯遂将城池围得水泄不通，命步兵反复攻打城墙。双方围绕城墙展开激烈争夺，不少罗马士兵刚刚冲上城墙就被沃尔西勇士推下，但罗马人也毫不示弱，一次次地朝城墙上冲锋，几乎所有的罗马步兵都冲到第一线血战，战斗就此陷入胶着。

就在罗马军团专注于攻城战时，一支来自安提乌姆的沃尔西骑兵突然出现在罗马大营的后方，企图从背后突袭罗马人。坚守在城墙后的沃尔西人见援军前来，士气大振，竟然鼓起勇气打开城门，疯狂地从城内杀出，准备与援军里应外合。由于未曾预料到敌军突袭，军团并未对身后设防，科米尼奥斯等人大惊，立即兵分两路，由副将提图斯·拉尔提斯率领骑兵进攻城市守军，自己率领大多数步兵转身迎战来自安提乌姆的援兵。

两个方向的压力都很大，兵力本就不多的罗马军团一经分散便处于劣势，只要有一处战败，另一处势必会被前后包围。关键时刻，骑兵指挥官盖尤斯·马修斯振臂一呼，率领麾下人数不多的骑兵策马杀出城夹击的沃尔西人，双方将士迅速碰撞到一起，勇猛的马修斯高声厉喝，挥舞着长枪，将一个又一个沃尔西勇士挑落马下，敌兵大骇，纷纷溃逃。马修斯顾不上休息，又率领浑身是血的罗马骑兵朝城墙杀去。

此时，马修斯发现沃尔西守军只顾着出城夹击罗马步兵，却忘记关闭城门，捕捉到战机的罗马骑兵在马修斯的率领下，撞翻了挡在面前的沃尔西步兵，抢在敌军关闭城门前冲杀入城。攻入城中的马修斯等人抢过点燃的火把，朝着沃尔西人的房屋疯狂投掷，火把迅速引燃了木制房屋，大火从一栋房屋迅速蔓延至其他地方，惊恐的妇女和孩子拼命地尖叫、啼哭。声音传遍全城，沃尔西守军以为城市已经完全陷落，士气也就随之崩溃了。

不过，战斗还没有结束，执政官科米尼奥斯依然艰难地战斗着。攻破城市的罗马骑兵大多忙于抢夺战利品，唯有马修斯不屑于眼前的财富，他呼喊所有人立即出城支援执政官，虽然只有极少的骑兵愿意追随他，马修斯依然率部杀出城外。此时的科米尼奥斯已经身陷绝境，不少士兵以为即将战死，纷纷高呼口头遗嘱，期望活着的人能把遗言带回罗马，悲壮的气氛几乎驱使着执政官拔剑自刎。

突然，马修斯的呼喊声从后方响起，少量罗马骑兵跃马加入了执政官的队伍，科米尼奥斯激动地抱住马修斯，感谢他的救援。罗马军团顿时士气大振，马修斯旋即指挥本部人马正面进攻沃尔西主力，他勇敢地挥舞长矛，一头扎进了敌军阵中，四周几乎全是沃尔西人，科米尼奥斯见状也带着步兵主力前去支援。沃尔西人本来占有兵力优势，现在却筋疲力尽、连连败退。最终，沃尔西人溃不成军，只留下满地的尸体。

科里奥利城的陷落迫使沃尔西人割地求和，而马修斯以一己之力大破沃尔西内外守军，赢得了罗马人民的高度赞誉，为此，罗马军团一致同意授予马修斯"科里奥兰纳斯"的称号，意为科里奥利征服者。

执政官任期即将结束前，罗马军团凯旋，只留下一片狼藉的沃尔西城乡。据说尸体的断臂残肢、烧焦的房屋以及被鲜血染红的土地随处可见，沃尔西继而暴发了大规模的瘟疫，就连拉丁同盟的维利特里也被波及，超过十分之九的维利特里人死亡。维利特里便请求并入罗马，并邀请罗马人到维利特里居住，补充人口。

可惜罗马心有余而力不足，战后的罗马暴发了严重的饥荒，这主要是因为平民罢战抗议的同时也拒绝下田耕种。当战争结束后，人们才发现市场上可供购买的粮食少得可怜，富商们立即大规模购置粮食，然后不断抬高价格出售，较为贫穷的平民根本买不到粮食，大有饿死的可能。执政官意识到问题的严重性，立即派人四处收购粮食，只可惜常年的战争让罗马与邻国的关系十分恶劣，沃尔西、埃奎、萨宾、伊特鲁里亚都拒绝出售粮食，甚至还有国家扣留罗马粮船，只有西西里愿意出售粮食。

在如此敏感的时刻，元老院的对策是迁移部分人到维利特里，既可以控制新的领土，又能缓解粮食危机。不过，保民官以维利特里正在流行瘟疫为借口拒绝让平民离开罗马，同时要求把所有粮食低价出售或无偿赠予平民，这明显触犯了部分大农场主和富商的利益。曾经在沃尔西战争里被奉为大英雄的科里奥兰纳斯坚决反对，认为粮食应该按原来的价格出售，如果要低价出售粮食给平民，那么平民就应该废除保民官，将权力还给元老院和贵族。

科里奥兰纳斯的话在罗马掀起了轩然大波，特别是要收回保民官权力的提议让元老院和平民阶级都大感意外。之前在战争里为共和国抛洒热血的英雄怎么突然变得如此憎恨保民官？

事实上，贵族与平民的争斗从未停止。每当战争结束后，两方总会针锋相对，其中，保民官领导的平民阶级出于对贵族的"惯性"反对，阻止了科里奥兰纳斯当选执政官的计划，科里奥兰纳斯自然针锋相对地阻止平民的法案。双方为此大打出手，罗马一片混乱，大有爆发武装冲突的趋势。关键时刻，元老院服软了。为了避免出现更大的动乱，他们决定丢车保帅，同意平民大会流放科里奥兰纳斯。

骄傲的科里奥兰纳斯就这样被贵族和平民同时抛弃，被迫告别母亲、妻儿独自离开罗马城。当他穿过罗马城门时，心中的怒火让他彻底失去了理智，转身诅咒这座生养他的城市，发誓在有生之年要让罗马付出血的代价，随后便投奔了死敌沃尔西。

历史总是惊人地相似，多年以后，罗马的另一位英雄也以同样的原因被罗马人民流放，只不过他没有像科里奥兰纳斯那样背叛罗马，反而在罗马沦陷时拯救祖国，最终被罗马人民授予"祖国之父"的称号，成为仅次于布鲁图斯的第二位罗马建国者。只可惜科里奥兰纳斯没有那样的气魄和度量，从此视罗马为仇敌，并与沃尔西领袖图利乌斯歃血为盟，两人决定利用罗马举行公共庆典时，破坏两国刚刚达成的和平。

罗马举行的公共庆典理论上对所有与之和平的国家开放，沃尔西人也有资格前来参加庆典，于是拉丁、萨宾、沃尔西人齐聚罗马城。在仪式开始前，图利乌斯按照科里奥兰纳斯的计策独自前去拜见罗马执政官，以中立的口吻暗示沃尔西人准备在庆典开始后发动突袭，如同当年罗慕路斯抢夺萨宾妇女时一样。执政官果然中计，立即报告了元老院。不怕一万只怕万一，元老院虽然没有找到任何证据，但还是下令驱逐沃尔西人。

此举令沃尔西人颜面扫地，当所有人怀着愤怒离开罗马时，图利乌斯拦住了他们，大声疾呼道："沃尔西人被罗马侮辱了，我们成了所有外邦人的笑柄，如果男人们还有一丝血性，就让罗马为此付出代价吧！"沃尔西人群起响应，共推科里奥兰纳斯为统帅，再次对罗马宣战，沃尔西战争进入第二阶段。

对罗马满怀仇恨的科里奥兰纳斯终于得到发泄的机会，立即率领同样满怀怨恨的沃尔西军队杀向罗马，收复了此前被罗马占领的科里奥利，连续拔除朗古拉、波鲁斯卡、萨特里库姆等三城。随后马不停蹄地攻陷了拉维尼，打通了连接罗马与坎帕尼亚的交通线，沃尔西军队就此长驱直入，又相继攻陷了科比奥、维特利亚、特瑞比乌姆、拉比茨、培德乌姆等城池。

公元前488年，沃尔西人在科里奥兰纳斯的率领下于罗马城外8千米处下寨，周围7座城池全部沦陷，罗马几乎成了孤岛。巨大的危机再次降临到罗马人身上，贵族和平民再次爆发冲突，贵族要组军迎战，平民却忙着争吵，征兵令应者寥寥无几。元老院只好派使者前去求和，但科里奥兰纳斯的恨意已深，始终拒绝和解的条件。

罗马的女人们终于忍不住了，成群结队地去找科里奥兰纳斯的母亲和妻子，恳求她们出面劝说固执的科里奥兰纳斯。意识到国家有即将陷落的危险，科里奥兰纳斯的母亲和妻子只好带着两个幼子出城，跪在科里奥兰纳斯的面前。惊恐的科里奥兰纳斯不知所措，连忙伸手去扶，但老母亲拒绝起身，反问科里奥兰纳斯："孩子，你被仇恨蒙蔽了双眼吗？为了惩罚那些伤害你的人，你就要所有爱你、关心你的人跟着陪葬？倘若你执意如此，那就踏着你母亲的尸体进入罗马城吧！"科里奥兰纳斯听后半晌无言，满含热泪哀叹道："母亲，你赢了，你拯救了罗马，却毁掉了你的儿子。"

随后，科里奥兰纳斯下令撤军，沃尔西人不明就里，但也遵令而行。果然如科里奥兰纳斯所言，当他率军回到沃尔西后，沃尔西人愤怒不已，用乱石打死了科里奥兰纳斯。事实证明，沃尔西人之所以能取得上述战果，完全是因为来自罗马的杰出指挥官，失去科里奥兰纳斯后，沃尔西的军事能力大幅度下滑。

罗马此后逐渐恢复了元气，待到春暖花开时，罗马军团再次杀入沃尔西，攻克了更多的城池，迫使沃尔西人向东部地区撤退。罗马人在占领地修建了大量的殖民要塞，用于同化新征服的土地。沃尔西战争双方各有胜负，但总体而言，罗马人的综合国力更胜沃尔西，在常年的拉锯战后，罗马越战越勇，领土越来越大，而沃尔西人却一再丢城失地，逐渐被驱赶至山中。

费边们的战争

沃尔西人被罗马一再击败，但东部的萨宾以及埃奎依然频繁入侵罗马，再加上北面的维爱，罗马共和国三面受敌，几乎年年征战，士卒疲惫不堪。即便外部战争如此频繁，平民阶级和贵族阶级依旧在你争我斗。平民阶级在保民官的带领下一再要求更多的权利，大贵族虽然屡次妥协，但也不曾认输，双方时而团结对外，时而争斗不已。

作为世家贵族的费边家族是四大贵胄中影响力最大的家族，曾因极力阻止谄媚平民的土地法而触怒平民阶级，其强硬的作风与克劳狄乌斯家族极其相似，但若以为他们是敲骨吸髓的堕落贵族那就大错特错了。事实上，费边家族是最讲奉献与公正的家族之一，其家族成员几乎年年当选执政官，是历届保民官的主要政敌。

不久之后，埃奎人和维爱人从两个方向入侵罗马及其盟友，时任执政官的卡索·费边与另一位执政官分别抵御外敌，费边被分配到埃奎人战线。这本是一场没有悬念的战争，费边率领的贵族骑兵异常神勇，在没有步兵配合的情况下强行冲垮了埃奎人的军队，杀得敌军节节败退，大有崩溃的趋势。就在这时，接到费边全线追击令的平民步兵却按兵不动，高呼"有骑兵足矣"的口号，各自逃回营地，坐等费边败退。得不到增援的贵族骑兵陷入了兵力不足的困境，费边不敢深入敌境，只好率部且战且退，撤回了罗马城。

这场荒唐的战斗立即形成轰动效应传遍周边国家，伊特鲁里亚非常振奋，断定罗马贵族与平民多年的争斗已经到了要分裂国家的地步，于是与萨宾、埃奎等国联盟，企图南下吞并罗马共和国，其中以离罗马最近的维爱人最为积极。在维爱的积极联合下，伊特鲁里亚各城邦均派遣了不同数量的军队加入反罗马联军，伊特鲁里亚联军遂大举南下，越过罗马边境，攻陷要塞城池，兵锋直指罗马城。

公元前480年，该年度的执政官马库斯·费边和曼尼乌斯再次征召贵族和平民组成军团。可两军遭遇后，马库斯·费边立即让士兵们修筑营寨，试图长期对峙。这倒不是马库斯与曼尼乌斯怯战，而是卡索·费边的遭遇让执政官们怀疑平民步兵的忠诚，更何况伊特鲁里亚联军的数量远远超过罗马军团，如果骑兵再次被步兵抛弃，恐怕两个执政官都难逃被围歼的命运。

伊特鲁里亚联军见罗马军团连日高挂"免战牌"，认定了罗马贵族与平民正在内斗，于是派人每天到罗马营寨外大声叫骂，肆意侮辱罗马人。两位执政官虽然心中愤怒，却依然装作一副不在乎的样子，严令："擅自出战者，斩！"

时间就这样一天天过去，伊特鲁里亚联军每天都到罗马营寨外叫骂，罗马军团只能竖起耳朵听，却不能开门迎战。时间一久，平民步兵坐不住了，他们与贵族一样有很强的荣誉感，长期的羞辱让他们心中的怒火越烧越旺，于是纷纷要求出战雪耻，但两位执政官依然装出一副不在乎的样子，就是不准军团出战。

其实，马库斯·费边和曼尼乌斯早就想出兵教训伊特鲁里亚联军了，之所以不动，就是为了积攒平民步兵的怒气，等到所有士兵都要求出战时，费边依然不允出战，这让平民步兵的怒气达到了顶点。眼见军心可用后，执政官故意说道："非是我不愿出战，而是上次的背叛事件历历在目，若是我等出兵后，你们再次抛弃我们，又当如何？除非你们当众向神灵起誓。"

一名百夫长首先喊道："我等愿向神灵起誓，若是不能凯旋回营，就让神的惩罚降临到背叛者身上吧！"接着，其他百夫长和士兵相继宣誓。见军心团结一致，马库斯·费边和曼尼乌斯这才下达了动员令。

长期的对峙让伊特鲁里亚联军日渐松懈，他们认定了罗马人不敢进攻，整日懒懒散散，一会儿出营叫骂，一会儿回营休息，纪律也变得很松散。相反，罗马军团被长期困在营地里，士兵们都憋了一肚子气，无不摩拳擦掌。等到执政官下达了出兵的命令后，罗马士兵如脱缰的野马一般疯狂杀出大营，在联军尚未完成列阵前就冲杀到敌军阵中，惊慌的维爱士兵只能仓促迎战，战场上极为混乱。

然而伊特鲁里亚联军毕竟人多势众，等罗马的第一次冲锋陷入停滞后，联军士兵渐渐恢复镇定，他们在指挥官的带领下反击罗马军团，又找回了些许优势。

战场上，鲜血在风的作用下漫天飞舞，罗马军团遭到了顽强的抵抗，执政官和百夫长不得不冲杀到第一线，与敌军展开白刃战。马库斯·费边的弟弟昆图斯·费边挥舞着长矛利剑，砍倒了无数敌军士兵，当他发现敌军一支小部队正试图突破罗马军阵时，当即舞剑大吼，一马当先冲入乱军之中。此举令人震骇，一时间连斩数员敌将，就在罗马士兵要为将军欢呼时，维爱人围住了昆图斯，连刺带砍，一剑戳穿了他的心脏，昆图斯·费边当场阵亡。

高级指挥官阵亡，罗马军团士气大跌，维爱人发起了大规模冲锋，罗马士兵接连倒地，一些人开始朝后方逃跑。关键时刻，执政官马库斯·费边披着红色的斗篷，强行杀到弟弟昆图斯的尸体旁，举起圆盾大吼道："罗马人，你们已经向神发过誓，难道要以失败者的身份逃回营寨吗？纵然我没有发过誓，我也不会就此逃走，要么凯旋，要么就像我的兄弟昆图斯一样光荣战死！"一席话令前执政官卡索·费边热血沸腾，他高呼道："兄弟，我们上，让我们做一个无愧于费边家族的男人吧！"

两个费边立即率领亲卫杀向敌军最密集的地方，高举军旗的旗手也呼喊着追着执政官而去，他们举着满是鲜血的刀锋，斩首了一个又一个的维爱勇士。士兵们被眼前一幕震住了，看着陷入重围的费边兄弟，罗马人的肾上腺素在这一刻暴增，无论是贵族骑兵还是平民步兵，纷纷朝着执政官的方向冲杀而去，维爱人阵脚大乱，不是被刺死就是丢弃盾牌逃走。

战场的另一面，执政官曼尼乌斯同样浴血奋战在第一线，因此被维爱人击伤，但他撤到后方简单包扎后又杀回战场，罗马人士气大振，多有斩获。伊特鲁里亚联军虽然遭到罗马军团的强力反击，但毕竟人数众多，指挥官发现罗马军营缺乏守备，立即分出一部分兵马绕过战场偷袭罗马后方。缺乏守备的大营很快就被联军攻陷了，大量伊特鲁里亚士兵涌入罗马营地。

联军士兵以为罗马已败，便肆无忌惮地洗劫罗马人的财物，此举令身受重伤的执政官曼尼乌斯大怒不已，当即挥师杀回营寨，亲率本部人马堵住了营寨的所有出口，企图以少量兵马围歼伊特鲁里亚联军。刚刚还在抢劫的联军士兵陷入了巨大的恐慌，士兵们害怕被困死在营寨中，反而激起了巨大的勇气，纷纷冲向营门。曼尼乌斯率领人数稀少的罗马人死死堵在营门处，猛烈挥舞着被砍得卷起的刀刃，艰难地坚持着。

最终，血流不止的曼尼乌斯坚持不住了，鲜血渐渐模糊了他的视线，疲惫的手臂也失去了举起大盾的力量，只有握着剑的手还在挥舞着，但似乎没有砍倒任何人。突然间，只听"嗖"的一声，一支标枪贯穿了曼尼乌斯的胸腔，执政官就这样被钉死在营门口。伊特鲁里亚人趁机冲出营寨。

此时，执政官马库斯·费边和前执政官卡索·费边已经击败了与之交战的联军。当他们发现罗马大营正陷入混战，赶忙率领全部人马驰援曼尼乌斯，而伊特鲁里亚联军因为突破了营门，刚刚"背水一战"的英勇变成了"死里逃生"的庆幸，士兵们争相逃走。

马库斯·费边突然杀到这些人眼前，截住了所有联军士兵，令其惊慌不已。望着被钉死在营门处的曼尼乌斯，费边及麾下的罗马勇士狂怒不已，他们疯狂地砍杀每一个联军士兵，直到再也找不到生还的维爱人为止。

这是一场惨烈的胜利，罗马军团以少胜多，击败了数倍于己的伊特鲁里亚联军，但代价也是惨重的，两位优秀的统帅和无数英勇的罗马士兵就此殒命。回到罗马后，元老院本欲为浴血奋战的将士举行凯旋式，但马库斯·费边拒绝了，他为战死的罗马士兵痛哭流涕，强烈要求为战死的执政官曼尼乌斯和昆图斯·费边举行国葬，并愿意把所有荣誉交给失去了生命的罗马战士。元老院大为感动，当即应允。

马库斯·费边亲自主持了两位英雄的葬礼，还将自家府邸改成医院供伤兵治疗。谦逊、公正、无畏、无私的费边精神震撼了每一个罗马人，平民阶级大为感动，回想起此前抛弃卡索·费边的背叛行为，人们无不羞愧难当。经此一战，费边家族赢得了平民阶级的尊重和敬仰，也树起了一面"罗马精神"的大旗。

第一次维爱战争

经过上次的血战，维爱人不再轻易发动大规模会战，他们更改了作战策略，专派小股部队骚扰罗马的乡村，摧毁农庄、烧掉农田、屠杀农民，只要罗马军队一出现，他们立即撤退回国，这使得罗马人疲于奔命，被搅得晕头转向。另一方面，被击败的萨宾、埃奎、沃尔西也时不时从东线发动进攻，同样也以袭扰战术为主，当罗马军团赶来后，他们便仓皇撤退，罗马不得不将军团分散到多条防线上。

骚扰战术在一定程度上取得了成功，执政官疲于应付，却始终不能击退任何一方的敌人。公元前478年，当年度的执政官卡索·费边向元老院提出了一个大胆的建议："既然罗马无法同时用兵于多条战线，不如将防备维爱人的任务交给费边家族，我将率领306名费边勇士进驻两国边境，共和国只需要集中力量击败其余敌对的城邦即可，维爱的战事就交给我们吧。"

卡索·费边的建议非常大胆，他的理由是"维爱人的战力不足为惧"，这种自信建立在罗马与维爱多年的交锋上。元老院讨论过后，立即通过了这一提案，消息传遍全罗马，人们十分钦佩费边家族独自抵抗整个维爱的壮举，争相前来感谢他们。提案通过的第二天，卡索·费边便召集了全家族共306名男性，他们身穿铁甲缨盔，手持利刃长矛，威武地穿过雅努斯神庙，奔赴维爱战场，罗马公民纷纷走上街头送别费边家族的勇士，街头和城门挤满了人。

没想到，欢送竟成了诀别。

卡索·费边率领三百勇士进抵卡里梅拉河，该处是罗马与维爱的边境，费边勇士们就地砍伐木材，修建了一座坚固的营寨，命名为"费边的卡里梅拉堡"。以卡里梅拉堡为基地，费边勇士们频繁出击维爱，时而袭击企图进入罗马的维爱军队，时而杀入维爱的乡村，摧毁他们的农庄、烧掉他们的粮食。罗马以其人之道还治其人之身，维爱上下痛苦不已，为此，维爱人决定拔除卡里梅拉堡。

维爱人集中了数十倍于费边的兵马，连番猛攻卡里梅拉堡。两军围绕寨门反复争夺，费边勇士们凭借坚固的城寨和精良的装备，用落石、标枪击退了无数敌人，维爱人始终不能突破寨门。消息传到罗马后，执政官阿米里乌斯率罗马军团衔枚而进，悄悄接近卡里梅拉堡，在维爱人尚未发现的情况下，突袭维爱人的侧翼。费边勇士见状，与阿米里乌斯里应外合，大破维爱大军。

此后整整一年时间，费边以三百勇士守住了国门，始终将维爱人挡在卡里梅拉河。维爱纵然有成千上万的兵马也无法击败这三百勇士，此时的意大利恐怕都在嘲笑维爱人，维爱一国竟然不能击败罗马一个家族。

连番大败令维爱人恼羞成怒，见强攻不能奏效，他们决定用计诱出费边。同时，长期的胜利使得费边家族日渐骄傲，进攻越来越大胆，警惕性大为降低。自古骄兵必败，维爱人想出了一条妙计，他们事先安排了不少士兵埋伏在离卡里梅拉堡较远的地方，然后派农民驱赶大量的牲畜来到边境，假装丢失了牛羊，并在费边家族的眼皮子底下寻回牲畜。

费边勇士见状大喜，这可是白白送来的粮食，于是举族出兵争夺牛羊。维爱人见费边中计，立即驱赶牛羊来到伏击圈，费边们毫无戒备，一路追赶，不知不觉中已经远离了自己的营寨。正当费边们忙乱地抓牛牵羊时，维爱伏兵突然杀出，有数倍于费边的人马当即包围了他们。

费边勇士们大惊失色，但毕竟战斗经验丰富，他们立即恢复了镇定，紧紧贴靠在一起，高举大盾和长枪迎战。几番血战下来，维爱人逐渐缩小了包围圈，费边们发动了好几次突围均告失败。随着倒下的费边越来越多，他们不得不将所有人集中到一起，猛攻维爱人的一侧，这才击穿了包围网，杀出了重围。然而情况并没有好转多少，费边们一路突围至一座小山丘，凭借高地优势，俯攻试图强行上山的维爱士兵，虽然多次击退敌人，但费边们也被完全困在山上。

维爱指挥官见仰面攻山难以成功，便分出一部分兵马悄悄来到后山，这部分人马攀至山顶，绕到了费边家族的身后。费边们正集中全力抵挡攻山的维爱人，丝毫没有发觉身后的敌军。这时，维爱人吼叫着从山顶杀下，费边这才发现腹背受敌，不得不两线作战。然而费边家族不过三百人，面对数千维爱人的进攻，伤亡惨重，阵形也被完全打散，几乎每一个费边勇士都被三个以上的维爱人围攻，阵亡的费边勇士越来越多，命运似乎在这一刻注定了。最终，费边勇士尽数战死，无一生还，卡里梅拉堡随后也被维爱人攻克摧毁。

好在天佑罗马，费边家族还有一个小男孩因过于年幼无法上阵杀敌，所以留在了罗马，此人无疑是费边家族最后的血脉。似乎神灵在冥冥之中保护罗马人，因为在百年后，费边后裔还会再一次拯救罗马。

费边全族阵亡后，维爱人集结大军杀过边境，一路攻城拔寨。消息传到罗马后，元老院大惊，执政官梅尼乌斯立即集结军团北上阻挡维爱人。起初，梅尼乌斯获得了一场胜利，但很快就被士气高昂的维爱人击溃，执政官不得不撤回贾尼科洛要塞坚守，以期将维爱大军挡在台伯河。然而，维爱人的士气很盛，他们搭起云梯反复攻打要塞，罗马军团的主力此时正在埃奎、沃尔西一线作战，梅尼乌斯的兵力严重不足。在士兵相继阵亡后，要塞最终被维爱人攻破，罗马人只好退到罗马城中坚守。

维爱大军就此越过了台伯河，罗马城随时都有陷落的危险。

负责东线的另一个执政官霍拉提努斯急忙率领军团脱离了战场，日夜急行军，终于在维爱人攻打神庙时抵达了罗马城。见军团主力回援后，罗马人士气大振，纷纷拿起武器反击维爱人，双方在神庙附近展开激战。维爱大军虽然士气高昂、战力彪悍，但罗马军团退无可退，他们的身后就是自己的父母、妻儿，若再退一步，罗马将不复存在，于是罗马勇士狂呼大吼，死战不退，拼命将维爱人杀退，战场上到处都是鲜血和尸体，犹如地狱一般，很难想象这曾是罗马最神圣、最宁静的地方。

被击退的维爱人没有撤退，而是长期占据贾尼科洛要塞，以该城为基地反复攻打罗马城，并大肆劫掠周边的城乡，烧毁农庄，屠杀平民。罗马人第一次被维爱人攻到如此近的位置，几乎每天都有被杀的危险，人们彻夜难眠，生怕被维爱人突破了城墙。

长期的围困令罗马人疲惫不堪，粮食也日渐枯竭，元老院决定反击，鉴于维爱人曾以诱敌之计歼灭费边家族，罗马人决定使用完全相同的战术。他们也让很多农民将牛羊牵到城外，然后将伏兵埋伏在附近，维爱人出城抢夺时，罗马伏兵立即从四面杀出，当即斩杀了这些轻敌的维爱人。

维爱人不甘心失败，举大兵强攻执政官塞尔维乌斯建在城外的营寨。凭寨固守的罗马军团再次获得大胜，杀敌无数，维爱人进攻受挫，只好撤退至贾尼科洛要塞。执政官不愿意放弃难得的破敌之机，当即挥兵渡过台伯河，强攻贾尼科洛要塞。

坚固的贾尼科洛要塞比罗马的城墙更加易守难攻，执政官几次强攻均被击退，罗马损失的人马比此前歼灭的维爱人还要多，维爱人因而士气大振，鼓噪着杀出城外，反攻执政官的军队。另一位执政官奥卢斯紧急率部前来支援，他没有加入塞尔维乌斯的队伍，而是带着军团绕到贾尼科洛要塞的后方，从背后袭击维爱军队。

此举大获成功，腹背受敌的维爱人惊慌失措，竟被两个方向的罗马人包围了。历史是那样的相似，当年费边家族正是被维爱人前后围在山丘上壮烈牺牲。今天，罗马军团同样以牛羊诱出维爱人，然后又以迂回战术包围了他们。结果同样是相似的，罗马军团逐渐缩小了包围圈，维爱勇士相继阵亡，死伤殆尽。残余的维爱人不得不放弃战斗，仓皇逃跑，贾尼科洛要塞最终被罗马军团收复。

维爱人的主力在此战中沦殁大半，无力再对罗马发动进攻，罗马之围就此解除。但罗马在这场战争里的损失同样惨重，特别是乡村被洗劫一空，到处都是烧毁后的残骸，无数杰出的罗马人死于战乱。

围困虽然解除，维爱战争却没有结束。维爱人实力受损后，自知无法独自抵挡罗马人，只好联合萨宾人再次侵入罗马。这次，罗马人决心为费边家族报仇雪恨，两位执政官暂时放弃了东线战场，集结全部军团，并召集了包括赫尔尼西人在内的整个拉丁同盟，抢在维、萨联军入境前杀至维爱城下，其军容之盛，前所未见。

维爱人见状龟缩在城内，萨宾军则下寨于维爱城外不远处。维爱、萨宾两军以为罗马会围困城池，却没想到罗马军团无视维爱城，全力进攻萨宾军寨，仅一次进攻就攻破寨门。随后，罗马勇士冲入寨内大肆屠杀，萨宾军死伤殆尽。维爱人见后，立即出城救援萨宾人，但他们被罗马执政官指挥的骑兵冲散，死伤惨重，被迫逃回维爱城，萨宾人见援军退走只好举手投降。

经此一战，罗马人同时击败了维爱、萨宾的军队，声威大震，而两国的主力都在此战中被罗马尽数歼灭。如果继续作战，维爱和萨宾都有亡国的危险，于是公元前474年，维爱人低下了高傲的头颅，遣使求和，双方就此签订了为期40年的和约。第一次维爱战争结束。

四国混战

罗马与维爱的第一次大战结束后，共和国赢得了为期40年的和平，这段时间弥足珍贵。没有维爱人的骚扰，罗马的北方防线日趋稳定，当地经济得以快速恢复，更重要的是，罗马人可以将原先用于北线的兵力收缩到东、南两个方向，而这两个方向的主要敌人就是常年与罗马为敌的沃尔西、萨宾、埃奎三国。很明显，共和国要发展壮大，必须击败以上四个国家。

公元前471年，当罗马集中兵力进攻维爱时，沃尔西、埃奎两国再次对罗马发动攻势，东、南两个方向告急。如同以往的战略战术，两位执政官各自率领一部分人马出城御敌，执政官克劳狄乌斯负责沃尔西人，执政官提图斯·昆提乌斯负责埃奎人。

按说两条战线都不算是艰难的战争，其中沃尔西人早已被罗马收拾过，埃奎人的战力也远不如罗马军团，但负责沃尔西防线的克劳狄乌斯遇到了大麻烦。由于克劳狄乌斯一族长期的强势态度，平民阶级特别痛恨姓克劳狄乌斯的人，而这一代的执政官克劳狄乌斯比他的父亲更加厌恶保民官和平民。在领兵作战时，克劳狄乌斯治军严苛，不仅动辄处罚普通士兵，而且还常常辱骂百夫长一级的军官，因此，他率领的军队可谓将士离心。

统帅和士兵的不和让沃尔西人寻到了战机，他们主动进攻罗马人时，罗马士兵竟然不听克劳狄乌斯的军令，擅自逃跑回营。当罗马人击败了试图强攻营寨的沃尔西人后，士兵不但拒绝追击敌军，还强烈要求克劳狄乌斯撤兵回罗马。克劳狄乌斯的军令在军中几乎无人执行，愤怒的他干脆下令拔营撤退，沃尔西人见状立即发动了全面进攻，罗马军团遭到惨败，大量士兵在逃跑时被屠杀，许多人连武器和军旗都丢掉了。此战极大地激励了反罗马联盟的国家。

次年，沃尔西、萨宾、埃奎均出兵劫掠罗马的乡镇，当年度的执政官只好率军驱逐敌军，然后再深入敌国洗劫农庄加以报复。可是，当罗马军团撤离后，敌军往往再次攻入罗马境内，报复式地劫掠罗马人的土地，双方反复玩着"你赶我撤，你退我进"的游戏，始终没能取得决定性战果。

公元前469年，罗马军团集中力量反击沃尔西人，成功将敌军主力逼退至安提乌姆城，然后顺势攻陷了奇诺，之后又集中兵力击败了入境劫掠的萨宾人，罗马终于实现了对沃尔西首府安提乌姆的战略包围。随着安提乌姆的孤立，沃尔西不得不倾国之兵参战，同时，萨宾、埃奎均答应驰援沃尔西反攻罗马，当年度的执政官只好召集拉丁同盟和赫尔尼西人支援，两大军事集团决战的架势异常明显。

公元前468年，罗马军团首先击退了入境劫掠的萨宾人，然后再集中力量决战沃尔西人。双方兵力对比上，罗马兵微将寡，沃尔西一方拥有压倒性优势。决战初期，两军将士拼死相争，双方互有伤亡，勉强打成了平手。但随着时间流逝，兵力处于劣势的罗马人渐渐体力不支，眼看就要全面溃败，执政官昆提乌斯大喝道："敌军败了，敌军败了！"

大多数罗马士兵并不知道战场的整体情况，以为沃尔西人真的被打败了，于是争相追击敌军、抢夺战利品，这一误会反倒促使罗马军团战力倍增，沃尔西人真的被击败而走。

几天后，埃奎人的援军抵达战场，反罗马联军兵势复盛。有了充足的兵力后，沃尔西人竟然胆大到夜袭罗马营寨，杀伤了不少罗马人。罗马军团恢复镇定后，昆提乌斯心生一计，他利用夜晚视线不清的有利时机，亲自率领赫尔尼西人在内的罗马骑兵出营，又是呐喊又是吹号，佯装要攻打沃尔西联军，但始终与敌军保持对峙状态。沃尔西人弄不清楚罗马人的真实意图，只好整夜披甲持矛，严阵以待。另一方面，昆提乌斯命令剩下的罗马士兵在营地里抓紧时间休息。

天亮后，昆提乌斯立即吹响集结号，经过一夜休整的罗马军团出营列阵，士气高昂、体力充沛，反观沃尔西联军一方，他们的士兵彻夜未眠，体力早已耗尽，疲惫不堪。昆提乌斯并不打算让敌人休息，立即率领军团发起决战，打败敌军，斩杀联军士兵无数。沃尔西人被迫撤退到不远处的高山上坚守，罗马军团则一路追击至山下。

此时的罗马军团士气高昂，将士们纷纷要求强行攻山，罗马贵族骑兵更是跃跃欲试，扬言要冲杀到最远处。昆提乌斯虽知道仰面攻山是兵家大忌，但碍于军心不可违，只好下令强攻高山，于是罗马士兵将长矛插在地上，纷纷徒手朝山上爬去。沃尔西人见状，不断用石头、标枪攻击罗马士兵，大量士兵被石头和标枪砸死、砸伤，在几轮进攻失败后，罗马军团的左翼几乎被敌军击溃，其余士兵止步不前，大有败退的危险。

昆提乌斯为此怒斥试图后退的罗马士兵，大声命令士兵们履行刚刚的诺言，受到指挥官痛骂的罗马人倍感羞耻，于是鼓起勇气再次发动进攻。本以为罗马人即将败退的沃尔西人被罗马军团突然爆发的勇气震惊了，他们抵挡了一阵便放弃阵地退守营寨，但成功登上高山的罗马士兵又一鼓作气攻破了沃尔西营寨，大量沃尔西人战死在山上，更多的人被迫逃回首府安提乌姆。

没想到的是，昆提乌斯指挥罗马军团很快就围住了安提乌姆，惊恐万分的沃尔西人彻底失去了抵抗意志，竟然直接开城投降了。至此，沃尔西人在平原地区的主要据点已被罗马军团占领，罗马取得第一阶段的胜利。

反罗马三国中，沃尔西最强大，埃奎最坚韧，萨宾最消极。以上三国从北、东、南三面夹击罗马，在战略位置上具有优势，再加上三国人多势众，因此两方年年鏖战却始终未见结束。为化解三国在兵力、战略位置上的优势，罗马从战略和战术两方面准备了应对之策。

战略上，罗马有意斩断沃尔西与埃奎的领土联系，积极用兵两国边境地区，于公元前495—公元前492年间，连续建立了三座拉丁殖民地，使得两国相互驰援变得不再容易。同时，罗马积极拉拢第三方势力壮大拉丁同盟，于公元前486年邀请夹在沃尔西、埃奎之间的赫尔尼西人入盟，算是彻底达成了这一战略目标。

战术上，罗马不再执着于正面决战，针对三国常常入寇劫掠的特点，罗马一是利用敌军得胜归国时伏击对手，二是待敌军攻城不克时派援军夹击。通常情况下，罗马不会倾全国之兵与敌决战，这么做的原因是害怕前线危急时无法派出增援部队，只有前线确实不利时，罗马才以独裁官总领全国兵力。

基于以上战略、战术设计，四国混战的第二阶段逐渐朝有利于罗马的方向发展。

公元前465年，罗马将刀锋挥向了埃奎人，当年度的两位执政官均领兵攻打埃奎，一战便击败了埃奎人的先锋部队，将残兵败将围困于营寨之内。狡猾的埃奎人见正面决战不是罗马的对手，于是派出部分兵马绕过罗马军团，偷袭罗马城。

只可惜这一军事行动不够迅速，消息传回前线后，执政官费边（费边家族唯一生还的小孩）率领骑兵火速回援，抢在敌军攻城前进驻了罗马，无利可图的埃奎人不得不就地劫掠罗马乡镇。可是当他们满载着战利品准备返回埃奎时，早已埋伏多时的另一位执政官突然杀出，截断了埃奎人的归路，两位执政官合兵一处，歼灭了这支埃奎军队。

此役正是于敌军归路设伏的典型战例。

公元前464年，连遭大败的埃奎、沃尔西并不甘心，发疯似的又组建了一支庞大的军队，猛烈攻击罗马盟友赫尔尼西，此举明显是为破坏罗马对沃尔西的战略孤立。罗马自然不可能任由沃尔西、埃奎打通两国边境，于是执政官当即杀入盟友领土，但由于侦察不足，贸然发起决战，结果兵败被困。

消息传回罗马后，元老院授予另一执政官全权，命其急速奔袭埃奎人未设防的大后方，埃奎人匆匆应战，防线动摇。看到援军赶到后，被围的罗马军团士气大振，纷纷从营地内杀出，埃奎人由攻转守，反而遭到罗马两军的包围，最终大部被杀。此战，罗马可谓险胜一分，双方阵亡兵力大致相当，都有5000~6000人损伤。第二阶段仍是罗马人获胜。

次年，罗马暴发了大规模的瘟疫，城乡无一幸免，当年度的两位执政官双双病死。看到翻盘机会的埃奎、沃尔西如同输红了眼的赌徒，纠集萨宾人组成第三次反罗马联盟。联军如蝗虫入境般在罗马境内烧杀抢掠，直到在罗马城外已经找不到任何可以抢的东西后，他们才挥师攻打未发生瘟疫的拉丁城邦。结果没有罗马参战的拉丁同盟被声势浩大的反罗马联军击溃，损失惨重。

在反罗马联军横行期间，罗马正抓紧时间休养生息，瘟疫在不久后渐渐平息，元老院立即召开作战会议，决定兵分三路反攻敌军。第一路由新任执政官之一正面进攻反罗马联军，第二路由前执政官费边率新兵驰援图斯库卢姆，第三路由另一新任执政官截断联军归路。

计划非常顺利,第一路军团一战便击溃了反罗马联军,其残部逃向图斯库卢姆后,又遭遇了费边第二路军团,结果又是一场惨败。之后他们被迫朝国内撤退,哪知被等候多时的第三路军团截住,又是一阵毫无悬念的厮杀,联军再遭大败,残兵败将慌不择路,连滚带爬窜入山谷中躲避。三路罗马军团就此包围了山谷,以逐步缩小包围圈的方式,逼杀联军的残兵败将。最终,三国联军全军覆没,无一生还。

公元前462年的大战重创了反罗马联盟,前后歼灭了联军1.4万余人,是对敌军有生力量的重大打击。然而,反罗马联盟仍不甘心,以埃奎为首的联军于公元前458年再次杀入拉丁姆,其声势和规模更胜以往,而罗马执政官卢修斯迎战不敌,反被联军围困在阿尔基多斯山附近。

危急时刻,罗马不得不任命辛辛纳图斯为独裁官,此人公正、无私、不慕名利,接到委任时还在田间耕种。罗马人按照独裁官的命令每人携带了五天的熟食和十二根长杆,仅三天便抵达前线,然后用准备好的长杆立即围成了栅栏,反困住了埃奎联军,几经血战后,两头被围的埃奎联军举手投降。

公元前431年,罗马几乎以完全相同的战术再次围歼了反罗马联军,基本奠定了第三阶段的胜利。经过40年大混战后,反罗马三国屡屡败北,国内精壮男子死伤大半,元气大伤。此后数十年间,罗马军团频频击败日益衰败的埃奎、沃尔西和萨宾,一再削弱反罗马联盟的势力,埃奎等三国再也无力叫板罗马。而罗马共和国在战后的国力急速上升,侵占了三国大量的土地和城池,直到三国相继被罗马征服,这场古典战争才算结束。

新特洛伊战争

罗马利用与维爱停战的40年,集中力量攻打沃尔西、萨宾、埃奎三国,终令其损兵折将、丢城失地。三国虽未被罗马消灭,其国势却已大不如前,特别是安提乌姆等战略要地几番易手,三国可利用的资源越来越少,罗马在综合实力上已具压倒性优势，双方的战争基本结束。

对罗马来说，埃奎等三国虽然是威胁边境的大敌，但基本停留在抢掠乡村、农田的地步，和他们比起来，真正与罗马争夺战略资源的其实是维爱人。维爱城坚民富，多年来一直维持着王政，由于罗马截断了维爱通往坎帕尼亚的商贸通道，而且还独占奥斯提亚盐场，维爱人自然无法与罗马长期保持和平。

公元前437年，罗马与维爱的停战协议接近尾声，曾是维爱和罗马争夺焦点的费德奈再次倒戈加入维爱，这显然离不开维爱人的政治阴谋。接到消息的元老院立即派遣了四位议员前往处置，他们低估了局势的严重性，在会谈中激怒了对方，结果被毫不客气地斩首。维爱国王拉尔斯决定全力庇护费德奈，第二次维爱战争就此爆发。

交战双方在台伯河与阿尼奥河交汇处展开决战。维爱联军兵力雄厚，曾试图渡过河流占据罗马阵地，但未获成功，国王拉尔斯遂将军队部署在高地上，以等待来自法勒里的援兵。得到增援后的维爱联军兵力远远超过了独裁官阿米里乌斯的罗马军团，可能因为法勒里人不愿意长期离家作战，维爱联军放弃了高地，试图在平原一举击溃罗马人。

维爱联军兵分三部，以维爱主力为右翼，法勒里为左翼，费德奈为中央，首先发动了进攻。骑兵长官辛辛纳图斯率领的罗马骑兵虽然人数较少，但战斗力很高，一经冲杀就打乱了维爱联军的先锋，大有直接击破联军的架势。维爱王拉尔斯也是久负盛名的骑兵指挥官，他利用罗马骑兵队形混乱时反击，又打退了罗马骑兵。由于维爱联军的兵力较多，一旦罗马的攻势受阻，很容易被包围，关键时刻，军事保民官奥卢斯·科尔内利乌斯·科苏斯望见身着华丽铠甲的维爱国王后，立即策马冲杀到近前，连续斩杀多员大将。

维爱国王怒吼着挺枪杀向科苏斯，双方立即展开白刃决斗，刀枪在空中不断碰撞，甚为激烈。就在士兵们焦急地等待决斗结果时，拉尔斯被科苏斯一枪击落马下，正当拉尔斯试图站起来时，科苏斯从战马上跳下，用身体和盾牌撞倒了拉尔斯，随后抓起兵刃反复戳刺拉尔斯，直到贯穿他的心脏，国王方才气绝身亡。

随后，科苏斯卸下了拉尔斯的铠甲，将其作为战利品送回罗马城的朱庇特神庙展示。见到主帅被杀的维爱军队士气崩溃，罗马军团趁机发动进攻，彻底击溃了维爱联军。数年后，罗马军团发兵攻打费德奈，失去维爱支援的费德奈被攻破了城门，土地彻底并入罗马。

公元前426年，维爱人连续失败后被迫向罗马求和，双方再次签订停战协议，为期20年，第二次维爱战争结束。罗马几乎不费吹灰之力地又一次削弱了维爱人的势力，而伊特鲁里亚的其他城邦由于忙着抵御北方的蛮族入侵，对维爱的战争视而不见，殊不知维爱作为抵御罗马北上的坚固堡垒，一旦沦陷，伊特鲁里亚也将沦丧在罗马人手中。

此后20年间，罗马发动了对沃尔西、萨宾、埃奎三国的征服战争，并取得了决定性胜利，上百年的对手从此销声匿迹，罗马已然将势力伸过了东部高山。

此时的意大利局势对罗马极为有利，东部高山的另一大国萨莫奈，以及雄踞西西里的叙拉古均敌视伊特鲁里亚，三国无形之中从三个方向围攻了伊特鲁里亚。其中，叙拉古在海上歼灭了伊特鲁里亚的舰队，取得了制海权，控制了海上贸易，而萨莫奈的势力深入了坎帕尼亚平原，将伊特鲁里亚在这里的城池据为己有。位于阿尔卑斯山的蛮族势力又频频南下入侵北伊特鲁里亚，各大城邦相互争斗，维爱人在如此环境下早已势单力孤，行将灭亡。

公元前406年，与维爱的停战协议刚刚到期，罗马共和国就以维爱贵族侮辱罗马为由，再次宣战并包围了坚固的维爱城。维爱城的规模丝毫不输罗马城，不仅人口充盈，而且囤积有足够的粮草，再加上伊特鲁里亚人习惯将城市建在高山上，维爱城因而高悬在峭壁之上。这样的地势可谓易守难攻，想要在短时间内攻陷维爱城，罗马人着实要费一番功夫才行。

围住维爱城后，罗马军团曾尝试强攻城墙，但无论罗马军团如何英勇，维爱守军总是能将罗马人斩杀在城楼之上，几番强攻之后，罗马人损兵折将，执政官只好下令收兵回营。

见强攻不成，罗马的高级指挥官们决定另行开辟战场，既然维爱人坚守在城池里不出来，为何不趁机攻打维爱的殖民地和盟友呢？基于这一思路，罗马军团一面留下重兵监视维爱城，另一面分出部分人马攻打作为维爱左膀右臂的法勒里和卡普纳，此举无疑是釜底抽薪，使得维爱越发孤立无援。

对维爱的围攻艰巨而持久，元老院意识到，要彻底消灭维爱就必须投入足够多的军队，故而在战争期间，罗马始终保持着一支军队包围维爱城，不接受任何形式的停战和调解。很多服役士兵无法返回家乡，被迫抛弃家业，长期坚守在战斗的第一线。短期兵役的惯例在第三次维爱战争期间被打破，罗马人对维爱的仇恨升华成了难以想象的决心和毅力，而伊特鲁里亚的其他城邦忙于自身事务，对维爱的灾难无动于衷，因此，罗马的此次围攻竟然坚持了足足9年时间。

公元前396年，战争让双方疲惫不堪，罗马已经失去了继续围困维爱的耐心，元老院内满是速战速决的声音。事实上，不仅是元老院贵族产生了厌战情绪，长期服役的平民同样苦恼不已，恨不得立即攻破维爱的城墙，因此，罗马从这一年起恢复了对维爱城的强攻。另外，元老院决定选出一位独裁官全权负责对维爱城的战事，此人便是颇有军略的贵族——马库斯·弗里乌斯·卡米卢斯。

卡米卢斯受命负责维爱战争后，罗马军团又一次焕发出了生机。精明的卡米卢斯富有个人魅力，不仅充满勇气、敢于直面危险，而且体恤士兵、待人谦和，在军中很有威信。卡米卢斯首先勘察了维爱城的地形，在重新划分营区后，罗马军团试探性地重新发起了攻城战，在如往常一样被击退后，卡米卢斯意识到强攻并非破城的最好办法，因此在军事会议上，卡米卢斯提出了一个惊人的建议——地道战。

卡米卢斯首先选出了一群精干的罗马战士，在距城较远的地方搭建工棚、挖掘地道，这些人被分成了六个班次，每个班次负责近六个小时的挖掘工作，依次轮换，昼夜不息，目标就是要越过维爱城墙，直达城内。另一方面，为了掩护日夜挖掘地道的士兵，卡米卢斯命令各营日夜猛攻维爱城墙，制造出要强攻维爱城的假象，同时利用攻城所产生的声响来掩盖挖掘地道的声音。这一计划的核心就是声东击西，也可称之为"诈"，再加上战争已近十年，罗马人称其为"新特洛伊之战"，只不过胜利的一方成了特洛伊人的后裔。

决战前夕，卡米卢斯在维爱城外举行了盛大的请神仪式，承诺将给维爱的守护神朱诺女神修建一座神庙，并愿意将三分之一的战利品奉献给阿波罗。这一行为动摇了维爱人坚守的决心，一方面是因为维爱人极为虔诚，害怕守护神会真的离去，另一方面则是显示了卡米卢斯进攻的决心，令维爱人的担忧加剧。

经过长时间的挖掘，罗马人打通了一条通往维爱城内的地道，当然也为此付出了许多勇士的生命，而维爱人在即将灭亡前依然没有发现罗马挖掘的地道。

据说罗马士兵将地道挖掘至维爱的神庙下方，当时维爱人正在举行祭祀，祭司宣称能切开祭品内脏的人将赢得战争的胜利，罗马士兵听后立即打破地板，纷纷杀入神庙。手无寸铁的祭司纷纷逃命，罗马人迅速将维爱人的祭品送到卡米卢斯的手中，独裁官郑重地切开了祭品，罗马士兵在欢呼中涌入维爱城中。

惊恐的维爱人无法组织像样的抵抗，罗马人占领了所有城门后，沿着街道攻陷了维爱的卫城和宫殿，无数维爱男人被斩首，女人和小孩无一例外地变成了奴隶，守军在混乱中放弃了抵抗，维爱城在罗马军团的欢呼声中沦陷了。

卡米卢斯进城后，罗马军团恢复了军纪，除了坚持抵抗的维爱人外，独裁官饶恕了其他维爱人，这些俘虏均被押回罗马售卖，奴隶市场一时间人满为患，而维爱城内的财富均被洗劫一空，城墙也被捣毁。至于朱诺女神，卡米卢斯将女神雕像恭恭敬敬地迁回罗马城，并宣布维爱人曾经的守护神正式加入罗马多神教的众神序列，另外也宣布接受维爱文明中符合罗马利益的风俗和传统，卡米卢斯似乎在告诉所有人，维爱文明并没有被消灭，而是被罗马文明吸收了。

第三次维爱战争结束后，罗马共和国已成为意大利中部无可争议的霸主，而随着维爱城的陷落，伊特鲁里亚各城邦已无法抵挡罗马的进攻。在此后上百年间，罗马连续北伐，一次又一次击败日益衰落的伊特鲁里亚人，终于将整个伊特鲁里亚并入版图，一个北起卢比孔河，南至坎帕尼亚的强大政权诞生了。

04

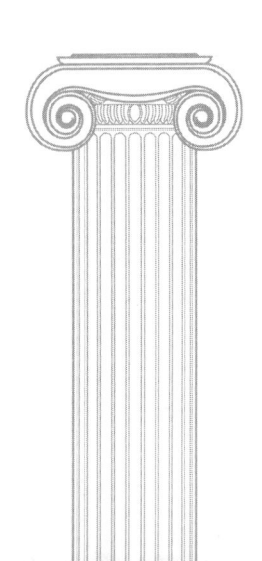

第四章 高卢入侵

高卢浩劫

　　罗马诞生在形如战靴的意大利地区，北面巍峨的阿尔卑斯山割裂了意大利与高卢，南面的墨西拿海峡是意大利与西西里的分界线。这片土地虽然狭窄，却生活着各色人种，北、中、南三个区域可谓各具特色。其中北部地区以卢比孔河为界，那里生活着野蛮好战的高卢人，长期霸占着阿尔卑斯山南北，故而有"山北高卢"与"山南高卢"之称。南部地区以坎帕尼亚东侧的亚平宁山脉为界，强悍的萨莫奈人统治着辽阔的山区，希腊殖民城邦则统治着布鲁提亚半岛（今卡拉布里亚）和阿普利亚（又称普利亚）。

　　至于中部地区，罗马和拉丁人聚集在拉丁姆平原，北边是技术发达的伊特鲁里亚联邦，东边是萨宾、埃奎、马尔西，南边则是罗马的宿敌沃尔西。经过罗马鏖战拉丁姆的一系列战争后，萨宾、埃奎、沃尔西日益虚弱，伊特鲁里亚也逐渐走向分裂。当维爱城邦沦陷后，罗马开始插手伊特鲁里亚事务，此举明白无误地表明罗马将向北部地区扩张。然而就在此等形势大好的时候，罗马却做出了一件自毁长城的蠢事。

　　征服维爱让卡米卢斯名声大噪，元老院为其举行了盛大的凯旋式，从维爱掳掠而来的奴隶排成长队，浩浩荡荡地在城中游行，大英雄卡米卢斯威严地站在由四匹白马拉拽的战车上，胜利的欢呼和沁人心脾的鲜花包围了这位杰出的独裁官。然而在巨大的荣耀背后，卡米卢斯并不知道危险正在慢慢接近。

　　维爱战争期间，罗马两大阶级依然在内斗，保民官此次提出了让平民移居维爱而贵族留在罗马的荒唐提案。表面上，保民官是为了让平民阶级分得土地，实际上却有分裂罗马的意图，因为一旦平民迁入维爱城，保民官便可能在维爱另立政府。正直的卡米卢斯用自己的威望阻止了提案通过，这无疑惹怒了保民官。

　　保民官为达成壮大平民阶级的目的，不得不寻隙扳倒卡米卢斯。巧的是，卡米卢斯自己给了保民官机会，他先是让私自瓜分维爱战利品的士兵主动退还本应奉献给神的财物，后又阻止征讨法勒里的士兵劫掠已经投降的城市，两件事本是卡米卢斯公正、仁慈的体现，却无一例外地得罪了普通士兵。

保民官抓住机会，煽动平民阶级反对卡米卢斯，指责其私藏战利品，还涉嫌通敌，公民大会遂对卡米卢斯处以1.5万阿斯的巨额罚款。愤怒的卡米卢斯倍感羞辱，不愿意接受公民大会的决定，竟甘愿放弃家人、放弃财产、放弃公职，自我流放到阿尔代。

在离开罗马前，凄凉的卡米卢斯在城门前停下了脚步，捧起一抔黄土抛向天空，诅咒那些忘恩负义之辈。最杰出的统帅就这样被罗马平民赶走了。孰料，卡米卢斯的诅咒真的应验了，比伊特鲁里亚更可怕的敌人正在接近。

长期以来，伊特鲁里亚一直是罗马最具威胁的邻国，维爱便是伊特鲁里亚中最强的城邦，可是当维爱陷落后，曾经击退高卢蛮族的伊特鲁里亚走向分裂，居住在山南高卢的蛮族趁机大举南下劫掠。这些高卢人野蛮好战、战斗凶狠，能忍耐艰苦的环境，有时甚至啃食人肉，常常将敌人的头颅作为战利品陈列在家中，罗马从未与如此残忍的民族交过手，自然也不了解他们。

公元前4世纪，越过阿尔卑斯山的高卢人已经完全占领了波河流域，接着便沿亚得里亚海西岸南下，不断攻伐伊特鲁里亚的城邦，其中攻势最猛的便是高卢诸部中的塞农。塞农人颇具侵略性，每个士兵都是优秀的武士，常常同时携带一把宽阔的利剑和一支长矛，既能够近身肉搏，又能远距离投掷，战斗起来十分灵活，另外，塞农人还配备有壶形头盔和方盾，防御能力也很强。

公元前391年，塞农国王布伦努斯率领数万人马攻打克鲁西姆。无力抵抗高卢人的克鲁西姆立即向罗马求援，元老院不愿意让外来的野蛮部落吞并伊特鲁里亚，于是派了三位议员前去调解。可当议员询问布伦努斯进攻克鲁西姆的理由时，布伦努斯不屑地回答道："我们手里的武器就是理由，所有的一切只属于勇敢的高卢人。"

倍感羞辱的元老院议员愤然离席，竟然换上铠甲加入了克鲁西姆的军队，结果被高卢人认出，反落人口实，此事令塞农人震怒不已，布伦努斯遂以罗马违背外交规则为由，转而对罗马共和国宣战。克鲁西姆的包围奇迹般地解除了，塞农大军迅速朝着罗马城杀奔而去。消息传回罗马后，元老院大惊，共和国立即发布征兵动员令，好在罗马有足够的兵源，公民们迅速集结到督政官的旗帜下，组建了约8~10个罗马军团。

事实上，罗马吞并维爱的消息早已传到了高卢人的耳中，布伦努斯本无意与崛起的罗马人为敌，但感到被元老院议员羞辱后，布伦努斯决定对罗马发动一场劫掠战争，震慑不知天高地厚的罗马人，并没有与罗马决一死战的意思。

客观地说，克鲁西姆距罗马大约200千米，虽然布伦努斯迅速掉转了矛头，但高卢军队多以步兵为主，短时间内还不会赶到罗马城，罗马人应该有足够的时间准备，可罗马似乎还沉浸在征服维爱的喜悦里，丝毫没有意识到高卢人的可怕，准备工作严重不足。

另一方面，此时的罗马因阶级斗争暂时废除了执政官一职，改为6~10个督政官联合统治，负责领兵的军事指挥官只是平庸之辈，远没有卡米卢斯的军事天赋，他们居然决定让缺乏经验的罗马士兵出城与凶悍的高卢人野战，这意味着罗马人放弃了凭险固守的优势，要与高卢人打一场肉搏战。

仓促组建的罗马军团在督政官的率领下越过台伯河，进抵至阿里亚河岸边，军团按计划布阵在高山和河流之间，左翼靠河，试图以河流为屏障阻止高卢人对左翼的包抄，右翼则驻扎在山上，因为右翼多是毫无战斗经验的新兵，督政官打算用地形优势削弱高卢人的进攻。单看罗马军团的布阵似乎没有任何问题，然而效果怎么样就只能等待战争的检验了。

罗马军团列阵完毕后，塞农军队也在国王布伦努斯的率领下抵达了阿里亚河。据说高卢人的军队号称10万人马，远远望去竟然看不到尽头，如此规模的军队，再加上高卢人强健的体魄，战斗尚未打响，罗马人在气势上已经输了一大截。为了虚张声势，罗马军团把两翼拉得很长，导致战线非常脆弱。

决战很快就开始了，与罗马人的期待相同，高卢人没有任何战术可言，就是猛打猛冲，他们将最勇猛的战士布置在左翼，用于猛攻高山。罗马人的新兵虽然占有地利，但擅长野战的高卢勇士根本没有被高地削弱，反而利用标枪反复压制罗马右翼，轻易便登上了高山。此时的罗马人只能与之肉搏，哪知疯狂的高卢战士一边砍杀一边怒吼，罗马新兵被吓得纷纷逃跑，百夫长极力维持方阵，却无济于事，右翼就此崩溃，不少罗马士兵被高卢人斩首，更多的人逃下山去。

在罗马右翼崩溃的同时，中央方阵和左翼军团同样遭到压制。野蛮的高卢人杀得罗马人节节败退，当其歼灭罗马右翼并占领高山后，高卢人的左翼便从山上冲杀下来，夹击罗马中军，罗马的中央战线很快也宣告崩溃，大量的罗马士兵被阵斩。紧接着，高卢人全力合围罗马人的左翼，这让罗马左翼陷入被动，因为他们的左边靠着河流，等于三面受敌。

最终，罗马左翼在合围下被击溃了，士兵们纷纷跳河逃跑。高卢人用标枪射击在水中的罗马人，不少人被射死在河中，另一些人被河水吞噬，只有部分军队顺利游过了河，连滚带爬地撤退到了残破不堪的维爱旧城。

此战，罗马军团被杀得四散而逃，高卢军队却损失甚微。塞农国王布伦努斯喜出望外，没想到罗马军团的战斗力不过尔尔，于是塞农人改变了只劫掠罗马乡村的想法，马不停蹄地奔向罗马城，试图获取更大的胜利。

让人意外的是，布伦努斯的军队抵达罗马城外时，元老院依然没有做好准备，军队不知所终，守军寥寥无几，就连城门也无人把守，不少公民携家带口地撤离罗马城。看着每日大开的城门，布伦努斯等高卢人颇为疑惑，担心这是罗马人设下的伏兵之计，直到阿里亚会战已经结束三天，高卢人得到了罗马城确实无人防守的情报后，布伦努斯才率军攻占城门，数万疯狂的高卢人就此杀入罗马城。罗马城沦陷了，七丘之城的六丘均落入敌手。

罗马城的陷落十分突然，难道真是卡米卢斯的诅咒应验了吗？恐怕罗马人自己都不会相信诅咒之说。事实上，阿里亚河战役的兵力一直颇有争议，各方学者提出的数字相差很大。根据普鲁塔克的说法，"兵力方面没有劣势，步卒不少于 4 万，大多是未经训练的新兵"，如此看来，双方应该都有 4 万左右的兵力，为什么败得那么突然呢？笔者认为，罗马城沦陷与共和国内部的混乱有着直接联系。

首先，平民阶级为争取自身权利，与贵族斗争了上百年，这期间罗马内部时而团结时而分裂，因此两个阶级组成的罗马军团并不齐心。在阿里亚河会战中，新兵军团被安排在高山上，本意是为了增强其防御能力，但战斗一打响，新兵就逃走了，而新兵多是平民，这等于破坏了整支军团的部署，大有让贵族指挥官难堪的意味。

其次，当时的罗马暂时废除了执政官制度，改由几个督政官指挥军团，使得国家法令政出多门、效率低下，在高卢兵临罗马城下时，竟然没有人出来组织守城，任由大门开启，这无疑是国家内部不团结、缺乏统一领导者的典型灾难。

再次，罗马法制建设尚未完成，元老院的权威还不足以制约每一个人。作为使节出使高卢的贵族竟然在未请示元老院的情况下擅自加入战争，这等于让罗马失了"礼"，布伦努斯称罗马违背外交规则并非没有道理。

最后，罗马平民阶级的私心过重，缺乏大局意识，竟然因个人利益得失就驱逐了屡立功勋的卡米卢斯，如此嫉贤妒能、忘恩负义的行为在保民官的操作下竟然合法了，等于让罗马自毁长城，这才导致没有优秀将领指挥的阿里亚河战役落得大败收场。

涅槃重生

血腥的屠杀俨然是一场浩劫，幸存的罗马人决定让年轻人躲到卡皮托尔卫城里，凭借坚固的城防抵抗高卢，然而狭窄的卫城不可能容纳所有人，年长者包括元老们只能静静等待着死亡。很快，高卢人杀到城里，无差别地烧杀抢掠，建筑被焚烧、神殿被捣毁、妇女被强暴、小孩被刺死、老人被砍掉脑袋，下水道里堆满了尸体，大街上满是鲜血，燃烧的大火随处可见。卫城里的罗马人只能在山上默默地看着烈火之下的罗马城，看着自己亲人悲惨的命运。

此时，幸存下来的罗马人都对赶走卡米卢斯的决定后悔不已，而现在的罗马一盘散沙，溃败的军团流落各地，无人统领大局，也许只有卡米卢斯能力挽狂澜。

恰在此时，布伦努斯分出部分人马进攻卡米卢斯所在的阿尔代城，主要是因为时间一长，高卢人的粮草消耗殆尽，所以不得不劫掠周边地区。卡米卢斯既无公职又无兵权，可在国破家亡的危难时刻，仍是卡米卢斯挺身而出，号召阿尔代的青年组成志愿军，并率领他们夜袭高卢军队，斩将杀敌无数。胆战心惊的周边城市看到卡米卢斯的胜利后，斗志也被点燃，纷纷出城袭扰外出劫掠的高卢人，胜利的消息鼓舞了绝望的罗马人。

退守维爱的罗马军团共推卡米卢斯为统帅，可是卡米卢斯是被罗马流放的罪人，无权接过军队指挥权。一位名叫彭提乌斯的士兵趁着夜色悄悄潜入罗马城，神不知鬼不觉地登上了卡皮托尔。在他的恳求下，元老院投票任命卡米卢斯为独裁官。带着委任状，这个勇敢的年轻人又离开罗马城，将任命带给了卡米卢斯。

高卢人曾尝试进攻卡皮托尔卫城，却一直没有成功，直到他们发现了彭提乌斯所走的悬崖，高卢人遂决定奇袭卫城。当时，罗马人已经十分饥饿，但依旧不忍心吃掉敬献给神灵的白鹅，当高卢人骗过哨犬悄悄登上山丘时，机警的白鹅尖叫起来，惊醒了熟睡的罗马人，士兵们这才发现敌人近在眼前，旋即拿起武器，一举杀退了偷袭的高卢人。这场战斗让所有人都直冒冷汗，如果不是白鹅的告警，罗马就彻底完了。因此，白鹅在罗马拥有了很崇高的地位。

另一方面，卡米卢斯得到元老院的委任后，当即召集散落各地的罗马人，呼吁人们为拯救罗马而献身。各地的罗马残部相继汇集在卡米卢斯麾下，兵力多达2万，这支自愿组建的部队不断向罗马逼近，歼灭了一队又一队的高卢人。

占领罗马已经7个月的高卢人不知道如何使用罗马的卫生设施，满城的尸体也无人处理，终于暴发了严重的瘟疫。烈日暴晒和大风狂吹又导致疫病扩散，军队减员，再加上罗马反攻的压力越来越大，高卢王已经有了离开罗马的想法。这时，存粮耗尽的罗马人下山求和，高卢王大喜，顺势同意议和，条件是交付一千磅黄金。

然而在交易当天，高卢人故意在天平上做了手脚，罗马人对这么明目张胆的行为发出抗议，然而高卢王将剑狠狠地压在秤盘上怒吼道："战败者没有讨价还价的余地！"

正当高卢人趾高气扬的时候，卡米卢斯的志愿军已经进抵罗马城，迅速穿过熟悉的街道，包围了交易的会场。卡米卢斯一把抓过交易的黄金，将自己的宝剑重重地拍在天平上，同样大声怒吼道："罗马人只用铁和血来拯救自己的城市，而不是黄金！"

大怒的高卢人与卡米卢斯展开巷战，却毫无优势可言，沦为废墟的街道并不适合战斗，几番混战后，高卢人被迫退出城外。次日，双方在城外10千米处展开了一场野战，满心复仇的罗马士兵杀出了军威，布伦努斯当场战死，其残部也被斩尽杀绝。

历时7个月的劫难结束了，罗马人终于收复了自己的城市，逃亡在外的难民就此回到了残破不堪的家。只可惜经历浩劫的罗马城已沦为一片废墟，地面上还依稀可见残留的血渍，曾经恢宏的建筑也只剩下断壁残垣。

马库斯·弗里乌斯·卡米卢斯是罗马建国后第一个堪称英雄的人物，虽然从未出任执政官，却先后5次担任独裁官，获得了4次凯旋式，其历史地位不亚于狼王罗慕路斯与共和缔造者布鲁图斯。他还是第一个被授予"祖国之父"称号的人，这一罗马最高的荣誉称号，即便是日后的元首、皇帝也不能轻易拥有。

浩劫过后的罗马城一片废墟，罗马人失去了对邻国的威慑力，拉丁同盟趁机独立，各国都觉得罗马亡国在即。所有人心里都清楚，罗马需要重建，不仅是城市的重建，还有心灵的重建，所幸，卡米卢斯正是这样一个重建者。

恰逢埃奎、沃尔西等国同时入寇，包围了一支罗马军队，伊特鲁里亚也猛攻罗马盟友苏特里昂，形势十分危急。元老院只好再次表决，任命卡米卢斯为独裁官，这已是他第三次担任该职务。卡米卢斯手里的军队远远少于侵略军，正面攻击实难取胜，但优秀的统帅善于制造战机。卡米卢斯发现敌军外派的斥候不多，周围又有丘陵、树木遮蔽，于是带着军队兜圈子，绕着敌军外围作远距离移动，成功避开了敌军斥候，突然出现在敌军身后。

卡米卢斯见时机成熟，当即点燃烽火。被围的罗马军团望见狼烟，知道援军已到，遂杀出寨门，与卡米卢斯前后夹击，迫使敌军退入战壕坚守。

卡米卢斯没有强攻，因为敌军的栅栏大量使用木头，而且每天太阳升起时都会狂风大作，于是他带兵占据了上风口，待到狂风大作时，用引燃的标枪反复射击敌军。火焰很快在敌营内蔓延，绝大多数敌军死于大火，少部分冲出来的人也被罗马军团就地斩杀。

埃奎、沃尔西屈服后，卡米卢斯旋即率军驰援盟友苏特里昂，但此时的苏特里昂已经沦陷，伊特鲁里亚占领了整个城邦。当所有人都建议撤兵时，卡米卢斯却判断敌军一定沉浸在胜利的喜悦中，于是力排众议，带着军队衔枚疾进，竟然在敌军喝得酩酊大醉时夺取了城池，不少人还来不及拔剑便被罗马人杀死，苏特里昂一日之内两次陷落也算是件奇事。

当卡米卢斯第六次担任督政官时，战争再次爆发，沃尔西等宿敌再次入寇罗马的盟友，年迈的卡米卢斯带病参战。一同出征的督政官弗里乌斯急于立功,罔顾卡米卢斯制订的作战计划,撇开卧病在床的卡米卢斯,单独率领部队向敌军发起攻击。患病的卡米卢斯只好独自待在帐篷里,然而罗马的进攻并不顺利,军队开始溃败。

得知战事危急的卡米卢斯从病榻上翻身而起,径直冲向战场,当年轻人都在往回逃跑时,他却一个人穿过败军向敌军冲锋,这一幕激发了罗马士兵的羞耻心,他们纷纷停止逃跑,转身聚集在年迈的卡米卢斯周围,伴随着誓与主帅同生死的决心,罗马军团犹如战神玛尔斯降临一般,狂热地向敌军冲杀过去。本来哈哈大笑的敌军顿时惊恐起来,乘胜追击立刻变成了全军溃逃。次日,卡米卢斯再次出击,终于彻底击垮了敌人,将胜利带给了罗马。

战事并没有结束。不久后,伊特鲁里亚人再次发难,元老院要卡米卢斯从五个同僚中选一人作为军团副将,令人想不到的是,卡米卢斯居然绕过所有人,挑了之前单独出阵的弗里乌斯。此举让在场的人大为意外,人们询问原因后才知道,卡米卢斯之所以选择不听军令的弗里乌斯,是为了给他一个戴罪立功的机会。罗马人向来看重荣誉,有着耻辱经历的人会被他人鄙视,卡米卢斯不想让弗里乌斯永远抬不起头。弗里乌斯和所有人都很感动,从此再也没有人敢无视卡米卢斯的军令,这并不是惧怕他的权威,而是发自内心地尊敬他、信赖他。不过,仅靠统帅的能征善战是不能让罗马军团长期保持胜绩的,罗马人是善于思考、勇于改革的民族。

古典时期的罗马军团曾效仿希腊人的战术组建军队,以长矛和短盾作为主要武器,列成类似于希腊人的方阵作战。可在实战中,罗马人发现希腊人的战术对阵形要求很高,任何一边脱节都可能导致崩溃,而意大利起伏的丘陵又很多,崎岖地带很难让方阵保持队形并发挥作用,特别是见识了既能拔刀近战又能投射标枪的高卢人后,罗马军团对希腊方阵渐渐失去了信心,所以罗马人放弃了以长矛拉开距离的作战方式,因为这既不符合罗马人勇敢的精神,又不能在进攻中有效发挥作用。故而,罗马军团必须要改革。

从此以后,罗马军团改为以剑和大盾为主兵器,充分发挥了自身的近战优势,既让士兵们变得勇敢无畏,更让对手惊恐不已。而要将这种贴身肉搏战的威力发挥到最大,还需要制定一种全新的战术阵形来配合。传统的方形阵显然不能满足这一要求,什么样的阵形才能让罗马军团适应近身肉搏战呢?

罗马人素来善于学习，卡米卢斯便结合高卢战术对罗马军团进行了一次军事革新，编成了全新的"三列线阵"，并制定了"军饷制"。

所谓"三列线阵"，顾名思义共有三列，卡米卢斯不再将军队按财产进行划分，而是按经验和能力重新编队，分为青年军、壮年军、老年军，一起排成三队。交战伊始先由青年军向敌军投掷标枪，实施远程打击，之后再与敌军进行第一次交锋；当青年们体力不支时，壮年军立刻上阵换下青年军进行第二次交锋，在必要时不断轮换打击敌人；当战斗陷入危机或僵局时，经验更为丰富、全身重装的老年军就要加入战场。

可以看出，这种战术阵形能让每一个士兵都得到充分的休息，轮番上阵的他们又使得敌军陷入车轮战，时间一长，敌军势必疲惫不堪，而罗马军团却能够保持高昂的士气和足够的体力。新的战斗方式明显灵活很多，此时的罗马军团算是彻底摆脱了希腊军队的影响。

不仅如此，卡米卢斯的军改还解决了平民在战争时期没有收入的问题。在罗马尚属小城邦时，军团早上出征，晚上就可以回家，后来距离稍远一点，士兵也能保证一个月或几个月后回家休整、轮换。然而，随着罗马军团的战线不断拉长，罗马士兵已经不能按时回家农耕，这就导致那些经济条件一般的罗马士兵失去了收入，每打一次仗，他们就会失去一部分收入，长此以往，士兵越来越贫穷。卡米卢斯为罗马军团制定了军饷制，第一次在战争时给公民兵发放军饷，使得老兵在战后不至于破产。

三列线阵和军饷制的实施，堪称罗马军团最重要的两大军事改革，既提升了军团的作战能力，又提高了士兵的积极性，罗马军团有了质的改变。卡米卢斯军改后的罗马军团击退了高卢人一次又一次的入侵，当卡米卢斯年近八旬时，这位伟大的英雄最后一次率领罗马军团出征。

公元前374年，数万高卢联军再次侵入罗马。上一次浩劫的惨痛经历至今仍然令罗马人胆寒，罗马城外的国土惨遭掠夺，无法逃回城内的人都躲到了山林里。

第五次担任独裁官的卡米卢斯带着为数不多的军队直奔敌军，故意将军队驻扎在林间斜坡上，隐蔽了大多数人马，还装出不敢交战的模样。敌军觉得卡米卢斯不足为虑后，便将军队散开，四处劫掠。捕捉到战机的卡米卢斯当即率兵奇袭敌营，将大意的高卢人分割包围，如洪水决堤般一路砍杀，大破高卢联军。

自此以后，罗马人站起来了，他们再也不用畏惧野蛮的高卢人了，并在未来的岁月里彻底征服了高卢。后来，英雄卡米卢斯安详地去世了，而他一手重建的罗马再次踏上了新的征服之路。

罗马军团

经过高卢浩劫和卡米卢斯重建后的罗马军团不再是希腊式军队的翻版，而是独具特色的罗马军队。犹如凤凰涅槃，罗马军队真真正正地成了罗马共和国的利剑，被称为"新罗马军团"。

新罗马军团通常在战时临时召集，所以他们不属于常备军。如果处于和平时期，执政官会在每年的三月进行一次召集，从而确定当年度需服兵役的人员。每当战争来临时，卡皮托尔无疑是最热闹的地方，因为这里是朱庇特神殿所在地，也是罗马军团诞生的地方。这座圣山虽然不大，却显得极为庄严，铺有大理石地板，俯瞰全城的神像，郁郁葱葱的树林，站在这上面便能感受到一种难以言表的神圣感以及即将奔赴战场的豪迈。

通常，两个执政官会在广场的讲台上宣布召集军队的命令，按照罗马共和国的规定，每个执政官均可以招募2个罗马军团，合起来就是4个军团，共有14位资深军事护民官和10位普通军事护民官。4个军团、24员将领就是罗马常规战争的军队规模。

罗马人招募军队的方式非常复杂，简单来说，分为抽签与选拔两个阶段。

首先，罗马人被划分为35个区，通过抽签来决定哪个区需要组建罗马军团，一旦被抽中，该区的罗马人就必须组建一个罗马军团，战争结束后，由执政官宣布解散，35个区会在来年再次进行抽签。罗马人崇尚荣誉，骨子里有着很强的征服欲，并不畏惧参军作战，相反，人们会踊跃报名入伍，不少没能抽中的罗马人都会倍感失落，而被选中的罗马人也会得到家人的祝贺与祝福，因为这意味着他能在战争里合法地得到战利品。

一旦选定了组建军团的区后，执政官便会竖起四面军旗，每面军旗代表一个军团，军团长会站在旗帜下一个一个地选拔士兵。而需要应征入伍的公民则会4个一组来到军事护民官前等待挑选，按照第1～4军团的顺序，公民被依次挑选入伍，直到每个军团人数达到4200人，这便是一个军团的步兵兵力。紧接着，每个军事护民官也会按照相同的方式从贵族子弟中挑选出300人，他们便组成了一个军团的骑兵力量。

因此，罗马军团的常规编制是4200步兵和300骑兵，总共4500人。一个满编的罗马军团即这4500人，但有时会根据作战实际需要整编为加强军团，达到5000人。

罗马军团的最小单位是百人队，人数为60～80人，指挥官为百夫长，另有补给官辅佐。2个百人队组成1个中队，3个中队组成1个大队，10个大队组成1个军团，其中队长为中队的首席百夫长，大队长为大队的首席百夫长，再往上就是军团级别的将领。职级从高到低，依次为军团长、副军团长、财务官、军事护民官、营务官、掌旗官、各级百夫长，这些军官中，从军事护民官往上都由选举产生，多数为贵族和骑士阶级，每个军团会有6个军事护民官，分别指挥旗下的百夫长。

按照卡米卢斯的军事改革，一个军团内部又会被划分为青年兵、壮年兵、老年兵以及轻步兵。他们按照年龄和作战经验进行分组，从17岁到45岁不等。因为按照罗马军团的规定，男性公民的服役年龄为17～60岁，其中现役17～45岁，预备役为46～60岁。

轻步兵：1200人，分10个小队，即20个百人队，每小队120人，年轻男性组成，仅装备有头盔或者狼皮帽，偶尔也会佩戴护胫，武器为1.3米的短标枪、90厘米的帕尔马小圆盾。

青年兵：1200人，分10个小队，每队120人，青年男性组成，装备有方形金属护胸、头盔，武器为短剑、方形大盾、两支投矛。

壮年兵：1200人，分10个小队，每队120人，中年男性组成，装备有锁子甲、头盔，武器为短剑、方形大盾、匕首、2米长矛。

老年兵（熟练兵）：600人，分10个小队，每队60人，装备有头盔、重型护甲，武器为短剑、方形大盾、长矛等。

骑兵：300人，装备有头盔、锁子甲，配备有长矛、圆盾、短剑。

罗马军团的装备之所以不同，是因为不同公民的财力状况不同，所能承受的维护开支便不相同，因此越高级的士兵，装备越昂贵，种类也越多。这些装备中，方形大盾、短剑、标枪无疑是罗马最具特色的三大武器。

标枪：短标枪为1.3米（枪头0.3米，木柄1米）；重标枪为2.1~2.25米，其中重标枪结构特殊，其前端为60~75厘米长的铁矛头，厚度为0.7~1厘米，木柄的长度约为150厘米，铁矛头和木柄间用木制或金属的套件固定，有的也会用几个铆钉镶嵌，甚至加上金属球以提高射程。

短剑：早期为希腊短剑，西庇阿改革后，改为西班牙双刃短剑，这种短剑锋利且短小，适合近身肉搏，在配有方形大盾的情况下，可以从任何角度刺杀对手，既迅速，又危险。

方形大盾：高1.2~1.3米，宽76~83厘米，厚4~5厘米，可以完全遮蔽一个士兵的身体，由2层木盾结合而成，外部包裹有皮革，中间镶有用于攻击的铁质"盾顶"，边沿用铁器固定，盾身涂画有不同的图案。

以上便是罗马军团的选拔和组织情况。

罗马军团有严格的训练体系，从新兵到老兵都必须每日训练，一般来说，每个罗马军团士兵的必修科目包括队列、行军、武器使用以及各种阵形，包括三列线阵的排列、替换、补位，以及龟甲阵、盾矛阵、楔形阵等基本战阵。

这些战阵中，龟甲阵最为出名，即所有步兵将盾牌高举头顶，第一排和四周的步兵则正举在胸前，从而使这个百人队处于四面防护的状态；盾矛阵则是将盾牌和长矛配合在一起，用于抵挡敌军骑兵的冲锋；楔形阵通常用于进攻，第一排中间的士兵会成为"矛头"，两翼逐渐向后延伸，如一柄剑直刺敌军心脏。

罗马军团以绝对服从和纪律严明闻名地中海，士兵必须完全服从百夫长的命令，百夫长通过一支藤杖来处罚不听军令的士兵。对于那些值岗打盹、偷窃、置战友生死于不顾的士兵，轻则鞭打，重则处死。若是百人队或者整个军团都违反军令或者临阵退缩，轻则被禁食，重则被执行"十一抽杀"，即每十个人中随意抽取一人，直接处决。严明的纪律令罗马军团军容整齐、号令有序，是其他国家所不能相比的。

罗马军团除了纪律严格以外，还是一支多功能军队。除了挥剑作战外，罗马军团还具有工程建设的能力，每一个士兵不仅会接受严格的格斗训练，同时还必须学会基本的工程建设技术，包括搭建营寨、铺设道路、修建桥梁、建设城池等等。

工程建设伴随着罗马军团的始终，无论是作战行军还是日常操练，罗马军团每天都会在指定的地方搭建复杂的营寨。这支军团可以在作战时自行制造攻城器械，也可以在闲暇时变成建筑工人，几乎每一条罗马大道都是由罗马军团铺设而成，每一座殖民城市都是由罗马军团亲手修筑。因此，罗马军团征服到哪里，罗马大道就铺设到哪里，罗马的城市就修建在哪里，这也是同时期其他国家比不上的。

除了上述特征外，罗马军团还看中军用器械建设，最著名的无疑是弩炮、投石机、攻城车、攻城塔四大利器。其中最常用的是型号各异的弩炮，这种武器按使用不同分为野战、攻城两种，一般都是能够拆解的零部件，方便运输、组装，而弹药既可以是箭矢，也可以是石弹。最轻型的蝎弩只需要一个士兵便可操作，射出去的箭矢威力远超标枪，射程可达200米，而稍微大型一点儿的弩炮则需要更多人操作，弹药多为4～35千克的石弹，射程在250～400米。若集中轰击城墙，普通木制栅栏基本会被砸得稀烂，即使是土墙或石墙也很难保证主体完好。

罗马共和国视从军为公民的基本义务，每个男性士兵都有应征入伍的义务，使得罗马军团的后备力量十分强大。以本国公民兵为兵源的罗马军团富有爱国心和荣誉感，绝对忠诚可靠。正因为他们都是拥有罗马公民权的罗马人，在作战时才会无比团结，在危难时才会相互救援，在兵败时才会舍身报国。再加上科学而先进的组织体系，以及灵活多变的战术，罗马军团正被罗马人打造成为一支无可匹敌的陆上力量。

第五章
意大利霸权

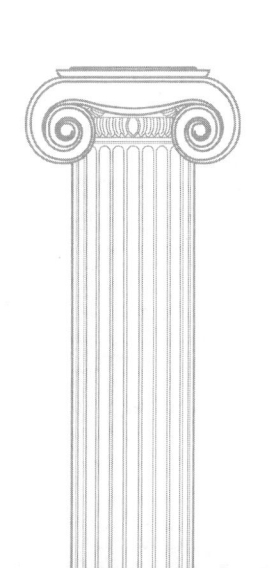

05

南征北战

重建后的罗马，对内重新确立了两个执政官的政治体制，对外打造出了新型的罗马军团，扩张势力的野心再次启动了这部战车。此时北方的老对手伊特鲁里亚各城邦早已衰落，在经历了罗马、高卢的轮番打击后，伊特鲁里亚各国相继被兼并，罗马逐渐把势力延伸至北面的卢比孔河。

北方取胜后，罗马开始向南扩张，那时的希腊人在西西里岛、南意大利建立了殖民国家，比如斯巴达的塔兰托、科林斯的叙拉古。这一区域商业繁荣，人口众多，罗马早就想侵占他们繁华的城市了，但隔在南希腊殖民国与罗马之间，还有一个强大的国家——萨莫奈，他们是山地民族，不喜货币，虽然经济上落后于罗马，却特别善战，与萨宾人存在血缘关系，人口可能已经达到35～40万，人力资源丝毫不输罗马。

萨莫奈如同伊特鲁里亚，本质上是个较为松散的民族联盟，由四个国家组成，分别是卡拉切尼、考迪尼、彭特里、赫尔皮尼，他们通过"萨莫奈大会"管理联盟。在战时，萨莫奈会选举出一个被称为"麦迪斯"的最高统帅统领四国军队，每年也会配上许多副手，共同对外作战。从这一点上看，萨莫奈的组织体系远比伊特鲁里亚更科学、更高效，因此他们也变得更团结、更好战。

在高卢人大举南下时，萨莫奈人一度和罗马结为亲密盟友，在罗马对外征战时，他们曾协助罗马攻打沃尔西，同时寻隙扩张领土，向罗马南方的坎帕尼亚地区发动了进攻。坎帕尼亚是富饶的农耕平原，也是由一堆城邦组成的联盟，以卡普亚为盟主，但卡普亚很难抵御萨莫奈的进攻，在连遭失败后，卡普亚遣使向罗马求援，同时还给出了罗马人无法拒绝的条件：加入拉丁同盟。

罗马元老院深感芒刺在背，担心日渐强大的萨莫奈最终会成为罗马的威胁，于是决定撕毁盟约，以卡普亚等地已属于罗马为由要求萨莫奈退兵，第一次萨莫奈战争爆发。

萨莫奈战争因罗马背盟而爆发，这场战争完全是为了避免盟国扩张而采取的限制性行动，是罗马称霸意大利计划的直接体现。毫无疑问，罗马对坎帕尼亚的富庶也垂涎三尺，但更害怕萨莫奈的势力出现在罗马背后，拦腰斩断罗马南下的通道,在道义与利益之间,罗马选择了后者。

公元前343年,罗马果断与卡普亚结为同盟,把势力伸向了坎帕尼亚,然而萨莫奈人并不好对付,其国力丝毫不输罗马。只不过在平原地区交战时,擅长山地作战的萨莫奈尚不是罗马军团的对手,两国鏖战连连,罗马虽然连获三场大战的胜利,却依然没有决定性战果。

战争从夏天打到冬天,时间一长,公民兵越发感到厌倦。对他们来说,这不是一场保卫罗马的战争,而是背弃同盟的不义之战,所以公民兵发生了哗变。协同作战的拉丁同盟也对罗马虚与委蛇,故而罗马始终无法改变萨莫奈占领坎帕尼亚的事实,战争陷入僵局。

元老院不会想到,过度扩张带来了反噬,背盟战争不仅没有给罗马带来好处,反而诱发了一场巨大的危机。

拉丁战争

上百年来,拉丁城邦一直是罗马对外征战的盟友,两者在文化、信仰上完全一致,王政时代大家就一起组建了同盟。不过当罗马走向共和后,拉丁同盟第一次表现出了敌意,后来罗马再次把拉丁各国打服,同盟因此得以重建。但高卢人的入侵导致罗马国力大减,当罗马城陷落的消息传遍拉丁姆地区时,拉丁同盟已经名存实亡了。

正当罗马深陷第一次萨莫奈战争时,拉丁同盟却趁罗马与萨莫奈都很疲惫之际,私下撤兵并与萨莫奈接触,这让元老院十分愤怒。他们把毫无信义的帽子扣在了拉丁人头上,因为在他们眼中,罗马对拉丁同盟拥有领导权,拉丁同盟撤兵是他们背弃同盟的表现。然而罗马人早已不能制约拉丁同盟了,为了避免双方关系进一步恶化,罗马人只能不闻不问,任由事情发展。

孰料,拉丁同盟撤兵可不是厌恶战争这么简单。拉丁人很快就与萨莫奈达成了和议,独自行动的真实目的其实是对付罗马,为此,拉丁同盟联系上了坎帕尼亚人,相约一起瓜分罗马。以卡普亚为首的坎帕尼亚当然不甘心从属于罗马,投靠罗马只是为了驱逐萨莫奈的权宜之计,自然愿意与拉丁同盟一起行动,好摆脱罗马人的控制。

日渐严峻的外交形势终于让元老院有所察觉。罗马打算和平解决问题,让拉丁同盟到罗马反映诉求，拉丁人这才亮出了叛乱的底牌——公民权。

拉丁同盟长年与罗马一起战斗，虽然双方名义上是平等的盟友，但罗马实质上是领导者，不但军队统帅是罗马人，连战利品分配也由罗马人操纵。拉丁人希望获得更多公平的机会，提出两个执政官必须让拉丁人拥有一个名额，元老院也要给拉丁人一半的席位。罗马无论是贵族还是平民都对自己的公民权十分珍惜，他们可不愿意拉丁人来分一杯羹，于是元老院断然拒绝了这个条件，双方的战争已经不可避免，拉丁战争爆发。

战事一起，罗马就要面对所有的拉丁城邦，在当时的环境下，罗马和拉丁的军事实力基本相当，好在拉丁人一直是辅助部队，并没有学到罗马的核心战术，因此战争还是朝有利于罗马的方向发展。再加上罗马采取了分化瓦解的策略，对平日关系较近的拉丁城邦，罗马授予他们除了参政以外的公民权，从而使得拉丁同盟自动解体。

拉丁战争从公元前341年开始，整整打了四年时间。双方决战发生在维苏威火山下，当时，两位执政官曼尼乌斯和德西乌斯各自向神灵献上一只动物，但占卜者发现德西乌斯的祭品切割方式不对，称神灵不会接受这一祭品，这引起了军团上下的忧虑。决战当日，曼尼乌斯指挥右翼，德西乌斯指挥左翼，战斗进行得很是激烈，罗马军团一度被拉丁同盟逼退，形势对罗马人非常不利。

关键时刻，德西乌斯认为失利是由于自己的祭品不被神灵接受，于是他决定用自己的生命作为祭品，当着祭司的面口述了"奉献"自己的祭词后，便换上紫边的托加袍冲杀入阵，结果被拉丁人的标枪射杀。

德西乌斯阵亡的消息迅速传遍战场，罗马人被执政官以身奉献的大义震撼了，曼尼乌斯大吼道："罗马人，你们有什么理由后退，给我朝德西乌斯阵亡的地方杀回去！"于是悲愤的罗马军团纷纷转身冲杀，犹如一股钢铁洪流奔向敌军阵地。拉丁人的阵线遭到了全方位的重创，在勉强抵挡了一阵后，拉丁同盟终于崩溃了，残兵败将纷纷溃逃，其主力于此役被歼灭，罗马军团扭转了战局，反败为胜。此后，拉丁同盟再也无力抵抗罗马军团的进攻，各大城邦相继被攻陷。

公元前338年，罗马相继征服了30个拉丁城邦，其中5个直接并入罗马，其余城邦则保持名义上的自治，但丧失了外交权和宣战权，并允许罗马在其境内修建殖民地；另外，各国还必须提供规定数量的士兵。至此，数百年的拉丁同盟宣告解散，以罗马为领导者的"罗马联盟"成立，罗马完全控制了拉丁姆全境，人口一跃至28万，军团动员能力也达10个之多。

征服萨莫奈

公元前328年，平定拉丁叛乱的罗马再次把目光望向南方，对于第一次萨莫奈战争的失败元老院很不甘心，这一次，罗马采取了新的方式向坎帕尼亚渗透，即建立殖民地。

通过建立殖民地，罗马在坎帕尼亚建起了弗雷格拉等立足点，这引起了萨莫奈的敌意。因为弗雷格拉所在位置是罗马与萨莫奈的边境，理应属于萨莫奈一方，于是心怀不满的萨莫奈挑唆当地城邦进攻弗雷格拉，战端再起，第二次萨莫奈战争爆发。

对第二次萨莫奈战争的爆发，元老院并不意外，事实上，从他们力主修建弗雷格拉时，罗马就已经开始编织一个包围萨莫奈的大网。位于萨莫奈东海岸的阿普利亚和卢卡尼亚均是罗马寻求结盟的对象，两国将从侧面袭击并牵制萨莫奈，从而实现对萨莫奈的包围。

战争开始后，双方几乎同时杀入敌境，罗马军团在执政官的率领下，连续攻陷了萨莫奈西部地区的诸多城镇，还一举夺取了那不勒斯。萨莫奈见正面进攻不敌罗马，便退往意大利东南面的山区，同时放出假情报诱骗罗马进入了考迪乌姆山谷，其目的是要伏击罗马军团。

公元前321年，十个萨莫奈间谍伪装成牧人，故意在罗马军团前放牧，当罗马人向他们询问萨莫奈人的去向时，间谍便谎称萨莫奈已经去攻打遥远的卢克利亚，而卢克利亚是罗马的盟友。为救援盟友，执政官决定冒险穿过考迪乌姆山谷。

考迪乌姆山谷地势十分险要，犹如一个口袋，南北两侧为覆盖有森林的悬崖峭壁，东西两侧各有一个狭窄的谷口，罗马军团必须穿过两道谷口才能抵达卢克利亚。

　　这是一个早已设计好的伏击圈，为了此战的胜利，萨莫奈大会选举了新的最高指挥官——盖乌斯·庞提乌斯。新指挥官将军队提前隐蔽起来，当罗马军团穿过第一个谷口时，萨莫奈人立即用石头、大树将两个谷口堵住。罗马军团在狭长的山谷里被拉成了一条长蛇，当他们发现萨莫奈封锁了山谷进出口时，4万罗马人被困在这里不能动弹，执政官只好下令挖掘壕沟、修筑营寨，避免萨莫奈进攻。然而萨莫奈人并没有强攻营寨，而是安静地等待罗马人耗尽为数不多的粮食。

　　意识到萨莫奈人的企图后，罗马军团试着冲出山谷，但皆以失败告终，罗马军团只能选择等待。在粮食耗尽后，两个执政官不得不向萨莫奈缴械投降。在如何处置罗马降兵时，萨莫奈人缺乏足够的智慧。

　　据说庞提乌斯曾写信询问自己的父亲，他的父亲告诉他，要么将罗马人全部处死以削弱罗马的战力，要么就将他们全部释放以换取他们的友谊。但庞提乌斯选择了一种折中的方案，所有罗马军人都遭受了穿过"轭门"的侮辱，他们被脱去外套，弓着身子从轭门下匍匐通过。这极大地伤害了罗马军人的尊严，罗马为此整整一年都不愿进行任何庆祝活动。

　　两位执政官被迫与萨莫奈签订了停战协议：双方停战5年，罗马承认萨莫奈在坎帕尼亚的统治，交出罗马殖民地弗雷格拉等地，另外还需交付600名罗马人质。消息传出后，卡普亚等坎帕尼亚城邦再次反叛罗马，投靠了萨莫奈人，罗马之前的战果荡然无存。

　　消息传回罗马后，元老院群情激愤，拒绝承认执政官向萨莫奈投降的事实，决定继续战争。深深受辱的罗马人想出了新的应对策略——罗马大道。长久以来，萨莫奈人与罗马人在正面交战中很难占到优势，但在游击、山地战里屡次大获全胜，罗马对深入山区作战感到恐惧，所以罗马人决定先把坎帕尼亚牢牢"绑"在自己身上。

　　罗马军团采取逐步推进的办法，每攻克一处城池就在那里修建一条连接罗马城的大道。这些大道将各个城市、殖民地用平整宽阔的大路连接起来，地面铺设石头并加入金属材料，由两条人行道、两条排水沟和一条主干道组成，总宽度超过了10米，形成统一结构的古代"高速公路"，罗马军团得以自由地穿梭于各地。罗马大道不但为行军打仗带来了极大便利，也促进了罗马的人口流动和经济发展。

罗马利用新建立的罗马大道彻底掌控了被征服地区，任何城邦都不敢轻易造反，因为罗马军团随时都可以杀来。再加上修筑在大道上的殖民地，罗马如同用锁链一样拴住了占领地，这就是"条条大路通罗马"的由来，正如后世所言："罗马人以筑城为锁，以开路为链。"

这一时期，罗马没有直接深入萨莫奈最核心的山区，而是向周围的地区发起征服，成功形成了一个包围网，并于公元前314年在泰拉奇纳战役中斩首了3万萨莫奈战士，次年收复了失去的弗雷格拉，后又于公元前310年在瓦迪莫湖击败了试图救援萨莫奈的伊特鲁里亚联军。

身处困境的萨莫奈只能承认罗马对坎帕尼亚的征服，于公元前304年割地求和，第二次萨莫奈战争结束。

罗马利用与萨莫奈停战的时间积极向北部地区扩张，占领了翁布里亚和伊特鲁里亚的大量城池。看到罗马积极扩张的萨莫奈，既担心又不甘心，恰逢高卢南下反击罗马，萨莫奈发现罗马军团深陷北方战事，决心像罗马人当年那样撕毁盟约。公元前298年，萨莫奈首先向罗马在南意大利的盟友卢卡尼亚发动进攻，元老院听闻后立即对萨莫奈宣战，战端又起，第三次萨莫奈战争爆发。

处于劣势的萨莫奈这次联合了意大利中部的翁布里亚、北部反叛的伊特鲁里亚、宿敌塞农高卢，四方组建了一个反罗马同盟，从南北两个方向包围了罗马。新的萨莫奈指挥官埃格纳提乌斯大胆地率军北上，与联盟的其他军队会师于翁布里亚，重创了迎战的罗马军团。

消息传回后，罗马朝野震惊，元老院立刻发布全民动员令，集结了6个罗马军团和2个辅助军团，合计3.6万人，任命两位执政官德西乌斯和费边率军前往。反罗马联军方面则集结了约10万人马，计划由萨莫奈和高卢军队猛攻罗马军团的中央，由伊特鲁里亚和翁布里亚从侧翼袭击并包围罗马人。

计划虽好，但保密性不好。决战前夕，三个叛逃的联军士兵把这一作战计划当成投名状交给了罗马执政官。罗马为分裂反罗马联军，分出两个军团的兵力进入伊特鲁里亚后方大肆劫掠。得知后方被围的伊特鲁里亚叛军无心战斗，为保护自己的家园，他们只得背盟撤离了战场，还未开打，联军先输一阵。

公元前295年，罗马与联军对阵于森提乌姆，反罗马军的中央是翁布里亚步兵，左翼为萨莫奈主力，右翼是凶悍的塞农高卢人，全军由名将埃格纳提乌斯统一指挥，联军声势浩大，跃跃欲试。可以看出，联军把战力最强的部队安置在了两翼，目的就是要包围罗马军团。罗马军团则以重步兵为主力居于中央，两翼由骑兵策应。

决战开始前，一头狼和一只鹿在阵前搏斗，获胜的狼骄傲地穿过了罗马军团的阵地，这被认为是罗慕路斯后裔获胜的预兆。战斗打响后，罗马轻步兵首先向联军投射标枪，试图先杀伤敌军士气。然而联军无视远程打击，全线进攻，其中高卢军进攻罗马右翼，萨莫奈军杀向罗马左翼，翁布里亚军从中部直击罗马。联军两翼的进攻非常勇猛，高卢、萨莫奈很快从两翼突破，逐步包围罗马人，一旦完成合围，罗马军团将有覆灭的危险。

眼见局势危急的德西乌斯跪在地上，回想起了父亲当年在拉丁战争时"奉献"自己的情景，德西乌斯决定效仿父亲，将自己的生命作为进献给神灵的祭品。于是他以鲜血向神灵立誓，愿意用生命换取罗马的胜利，之后便决死般地冲向敌军中军。

眼见主帅即将战死，罗马左翼、中军大显神威，舍命般地向敌军中军和右翼突击以拯救主帅。不久，联军中军开始后退，右翼也被逼回原来的位置，罗马军团得以从中部突破，这一变化致使联军左、右两翼出现缝隙。

捕捉到战机的费边当机立断，率领骑兵部队直插缝隙，反过来包围了联军左翼，围着萨莫奈就是一顿狠揍。萨莫奈军体力逐渐不支，指挥官埃格纳提乌斯当场阵亡后，萨莫奈军不得不四下逃窜。左翼崩溃后，罗马骑兵又反身包围了联军中军，很快，联军中军、右翼相继败亡，罗马反败为胜。

罗马赢得了森提乌姆之战的胜利，代价却相当惨重，向神灵立誓的执政官德西乌斯壮烈牺牲，共计8700名罗马勇士战死疆场。然而，罗马彻底击垮了萨莫奈、翁布里亚、高卢的10万联军，约2.5万名联军士兵被杀，8000人被俘，翁布里亚至此覆灭，伊特鲁里亚也被罗马偏师击败，反罗马联盟彻底瓦解。萨莫奈只得在抵抗5年之后割地求和，从此加入罗马联盟，接受元老院的统治。

公元前289年，罗马军团通过在萨莫奈建立殖民地的方式控制了这个国家。至此，罗马的势力范围已扩大到意大利中南部，萨宾、埃奎、伊特鲁里亚、翁布里亚、沃尔西、萨莫奈均并入罗马联盟，踌躇满志的罗马人将目光投向了更南方。

初战皮洛士

罗马人在不断扩张的征战中，以公民权为纽带，创造了名为"罗马联盟"的国家组织。按照罗马人的设计，联盟成员国根据是否拥有完整的公民权分为三个等级：第一级成员拥有公民权及选举权，可以参选各级公职，如罗马人；第二级成员只有基本的公民权，没有选举权，因此可以享受除了参政以外的其他权利，如拉丁人；第三级成员则没有任何公民权，虽不必服兵役，但必须缴纳赋税并提供物资，如地方行省公民。

可以这样认为，罗马联盟就是罗马人"同化吸收"政策的升级版，被征服国不必迁入罗马居住，也可以保留自治权，但必须服从元老院的管理，在战时提供辅助军团与罗马人并肩作战，萨莫奈等国家均按照这个原则加入了罗马联盟。

到此为止，罗马联盟已成为意大利中部最强大的政权，这不可避免地引起了周围国家的警惕，特别是文化和经济都很繁荣的希腊殖民城邦，他们一直视意大利中北部民族为野蛮人，对罗马人同样持轻视态度。当罗马的势力开始向南扩张时，轻视便成了敌视。

公元前285年，南意大利城邦图里伊请求罗马帮助他们抵御萨贝利人，元老院欣然应允，立即派兵进驻图里伊城。罗马以驱逐萨贝利人为借口，成功将势力伸向塔兰托海湾，这让当地第一大城邦塔兰托愤怒不已。

公元前283年，十艘罗马船舰出现在塔兰托海域，以补给不足为由强行在海港下锚。按照古老的协定，塔兰托海域属于希腊人的领海，罗马舰队是不允许进入该海域的。

一些阴谋论者便推断罗马舰队一定有着某种不可告人的目的，本身对罗马扩张就没什么好感的塔兰托议会更是将这次事件视为罗马的入侵。愤怒的塔兰托人立即杀向港口，击沉了四艘罗马舰船，还俘虏了一艘船。更糟糕的是，塔兰托以此为契机，迅速出兵攻占了图里伊，驱逐了罗马驻军。

元老院起初并不在意两国争端，只是派前执政官米加卢斯率领外交团队交涉此事，哪知道派去的议员在交涉时反被塔兰托议会嘲笑，所有的塔兰托人均视罗马议员为乡村野夫。当愤怒的罗马议员转身离开时，一个酒鬼却拦住了议员，将粪便扔在了议员的托加袍上。受此大辱的罗马人不得不正视塔兰托的傲慢，厉声吼道："当你们还能笑时就尽情笑吧，这件托加袍将会用鲜血来洗干净！"塔兰托人听后哈哈大笑，他们不知道的是，罗马人向来说到做到。

塔兰托位于意大利"靴子"的底部，这一带分布着大大小小的希腊殖民地。与罗马殖民地不同的是，希腊殖民地与母国没有从属关系，享有独立，塔兰托便是其中较为强大的城邦，控制了周围不少城市，其海军舰队在亚得里亚海素有威名。

回到罗马后，被粪便玷污的托加袍挂在广场上公开展示，受到侮辱的议员号召罗马人民向傲慢的希腊人复仇，元老院立即召开会议。纵然人们都不愿意再树立一个新的敌人，但当罗马人的尊严和荣誉遭到践踏时，所有议员均投票复仇，公民大会也以相同的原因选择了战争，罗马的战争机器再次启动。

开战后，执政官立即率领罗马军团深入敌境，大肆洗劫塔兰托的乡村，沿途破坏农田、房屋，并烧毁拱卫城池的要塞。这时，塔兰托人再也笑不出来了，因为希腊城邦长期以经商赚钱为第一要务，虽然有强大的海上舰队，却几乎无人重视陆军，这导致公民不愿意入伍当兵。然而，塔兰托依然没有和谈的打算，毕竟骄傲的民族是不好意思低头认错的，于是塔兰托花大价钱请来了伊庇鲁斯国王皮洛士助阵。

伊庇鲁斯王国位于希腊西北部，与意大利隔着亚得里亚海，皮洛士王是希腊世界的名将，号称"亚历山大再世"，曾参与继业者战争，个人最崇拜的便是大帝亚历山大。客观地说，皮洛士悍勇好战、作战狠辣、雷厉风行且临危不乱，是个极为优秀的战术指挥官。根据普鲁塔克所说，那个时代最像亚历山大的将领只有皮洛士一人，后来的汉尼拔、西庇阿也同样认为皮洛士是他们无法超越的前辈，如此看来，罗马这次遇到了真正意义上的强敌。

皮洛士所在的希腊世界眼下正处于继业者战争后期，大帝亚历山大死后，西起希腊、东至印度河的超级帝国骤然解体，亚历山大的爱将们展开了帝国霸业的超大规模角逐，可谓是名将云集。不过皮洛士王只能算是后辈青年，虽然也曾参与其中，但国力疲敝的伊庇鲁斯不足以支撑他去争夺亚历山大的遗产。

自觉在希腊世界怎么"表演"也当不了霸主的他把目光投向了西方，那里有谜一般的意大利和富庶的北非，因此，当塔兰托向他求援时，皮洛士意识到这是进入西地中海的良机。此时无论是塔兰托还是皮洛士，都十分轻视罗马，毕竟希腊从未与罗马军团交过手，仍将罗马人当成野蛮人，所以皮洛士信心满满。

公元前281年，踌躇满志的皮洛士大王首先以麾下大将齐纳斯为先锋，领3000兵马渡海进入塔兰托。塔兰托人热烈地欢迎了伊庇鲁斯盟军，并如约提供了足够的钱粮，这进一步激起了皮洛士的雄心。不久之后，皮洛士率领2万步兵、3000骑兵、5000投石手、2000弓箭兵、20头战象渡海，在经过暴风雨的洗礼后踏上了意大利的土地。

皮洛士大军的到来让塔兰托等希腊城邦士气大振，罗马意图通过谈判来解决争端已无可能。公元前280年，战争已然开始，罗马不敢怠慢，执政官拉埃维努斯率领4个罗马军团和4个辅助军团南下迎战。

双方首战于赫拉克利亚附近的西里斯河，皮洛士一方驻扎在河流平原一侧，该处地势平坦，有利于方阵步兵展开，而罗马军团则在河流对岸扎营，与希腊军队隔河相望。此战是罗马人与希腊人的第一次交战，双方都非常积极，试图探知对手的真实实力。

决战开始前，皮洛士带着梅格塞斯等亲信策马来到岸边侦察罗马军团的虚实，但眼前的一幕让他颇为惊讶。本以为罗马人应该是一群尚未开化的野蛮人，然而对方铠甲鲜亮、纪律严明、训练有素、营寨整齐，这显然是一支久经战阵的精锐之师。皮洛士不禁忧虑地说道："这些野蛮人的军队看起来根本不野蛮啊。"皮洛士的忧虑很快就变成了现实。

见识了真正的罗马军团后，皮洛士不敢大意，当即策马返回营寨，命数千轻装步兵前往河流渡口扎营防守，以免罗马军团趁机渡河，其余军队则在营地内休息，准备来日的决战。

河流的对岸，执政官拉埃维努斯也在积极部署军队，待营地修建完毕后，他立即命军队整装待命。显然，执政官无意与皮洛士长期对峙。当日，拉埃维努斯精选了数千罗马骑兵，命他们沿着河流探索可以渡河的浅滩，自己则率领4万主力逼近渡口，企图强行渡过河流。赫拉克利亚之战由此打响。

战斗开始后，罗马军团踏着整齐的步伐强行蹚水过河，4万人马声震原野，长空的寂静在顷刻间被击碎。驻守渡口的伊庇鲁斯轻步兵大惊失色，他们一面派人向皮洛士求援，一面列阵迎战，利用罗马人尚未渡过河流之机，用弓箭、石头疯狂射杀罗马士兵。

伊庇鲁斯的远程攻击起初取得了效果，罗马军团在密集的远程火力打击下，进退艰难，大有被挡在河流中央的趋势。然而执政官拉埃维努斯毫无退意，士兵们也毫无惧色，因为他们看见了远处扬起的尘土，数千罗马骑兵正风驰电掣而来。看来，罗马骑兵已经找到一处浅滩并安全渡过了河流。

正当伊庇鲁斯轻步兵集中精神阻挡罗马主力时，罗马骑兵突然杀入他们的侧后方，巨大的撞击撕裂了松散的阵线，伊庇鲁斯人大乱。拉埃维努斯见势大吼一声，4万罗马军团疯狂地朝岸上冲杀，大量敌军士兵被碾压致死，伊庇鲁斯的渡口眼看就要失守了。

皮洛士见状不敢耽搁，当即命步兵出营列阵，但要阻止罗马军团渡河显然不可能了。为了争取步兵列阵的时间，皮洛士率领3000精锐骑兵杀向渡口，很快就与罗马军团的青年兵缠斗在一起。

得到增援的伊庇鲁斯人士气大振，在国王的旗帜下奋起反抗，罗马人一度被挡在了河岸边。这短暂而宝贵的时间让伊庇鲁斯的数万步兵紧急完成了列阵，士兵们见国王陷入苦战，立即发动了全面进攻，黑压压的人头压向了岸边。

罗马军团把步兵集中在中央，两翼布置为骑兵，此时的罗马人已经能熟练使用三列线阵，各队列交替进攻，配合默契。皮洛士的希腊军队采取传统的楔形阵式，两翼还布置了战象。罗马人不陌生此等布阵，却是头一次接触大象，两翼的罗马骑兵都有些惊惧。

战斗非常激烈，青年兵首先杀入第一线，待体力不支后由壮年兵替换，直到他们也无法取胜时，老年精锐才投入战场。希腊人从未见过罗马军团的战术，可谓大开眼界，但皮洛士的军队同样身经百战，采用了亚历山大的马其顿方阵，4米的长矛列成了无法逾越的枪林，犹如一头致命的斗牛在平原上冲撞，罗马军团很难杀到近前，再加上战场过于狭窄，罗马军团无法分兵到敌军侧翼进行包抄，双方就此陷入苦战。

混战中，伊庇鲁斯国王皮洛士坠落马下，险些阵亡，所幸他没有受致命伤。将军麦加克勒斯立即将国王救了回来，两人紧急更换了铠甲，麦加克勒斯穿着国王的铠甲重新投入战斗，以此鼓舞军队士气，而皮洛士则退到后方包扎伤口。孰料，罗马士兵德克苏斯发现了身着华丽铠甲的麦加克勒斯，误以为那是皮洛士本人，于是一群英勇的罗马士兵冲杀而去，在付出了数人生命后，阵斩了麦加克勒斯，剥下了他的铠甲，还在战场上游行炫耀。伊庇鲁斯军以为国王阵亡了，惊慌不已，顿时大乱，而罗马人则士气大振，高声欢呼。

皮洛士见军阵开始动摇，强忍疼痛，策马杀回第一线。他故意露出面部，在战场上来回奔驰，以此证明自己没有阵亡，伊庇鲁斯人这才安心，军队重新恢复了战力，但双方血战依然难分伯仲。

关键时刻，皮洛士出动了战象，20头战象从两翼杀入战场，号叫的声音犹如奔雷，脚踏的震动恍如地裂。从未见识过战象的罗马骑兵非常惊恐，战马被巨大的野兽吓得不知所措，纷纷掉头狂奔，罗马人的战线一片混乱。

疯狂的战象旋即冲入罗马军团，顷刻便碾碎了罗马人的阵形，纵然百夫长极力维持队形，士兵们还是被大象践踏得血肉横飞，皮洛士军顺势围攻罗马步兵，连砍带刺，斩获颇多。被逐渐包围的罗马士兵终于败下阵来，死伤极为惨重。

执政官见局势危急，当机立断，带着军团残部且战且退，逐渐撤出了战场。皮洛士本欲追击，可罗马军团队列整齐、败而不溃，再加上伊庇鲁斯军已颇为疲惫，国王只好任由罗马人从容撤走。

赫拉克利亚之战，皮洛士损失了4000人马，罗马军团却阵亡7000人，如此规模的折损相当于两个军团的兵力，这是罗马军团不曾有过的大败，也让罗马人第一次见识了希腊人的军队。然而，一路披荆斩棘的罗马人会因为一场战役的失败就认输吗？

统一意大利

赫拉克利亚之战迅速形成新闻效应传遍了南意大利，希腊各殖民城邦都倒向皮洛士，连刚被罗马征服的萨莫奈和卢卡尼亚也遣使来见，形势看上去一片大好。在皮洛士看来，武力威慑罗马的目的已经达到，下一步便能通过外交手段迫使罗马让步。

第一轮外交博弈中，皮洛士试图贿赂罗马派来索要战俘的议员法布里乌斯，可是朴实、贫穷的罗马人不但拒绝了黄金白银，面对死亡的威胁也面不改色，甚至当皮洛士的私人医生暗示可以为罗马毒杀皮洛士时，罗马人却将阴谋公开告诉了皮洛士，这让皮洛士第一次认识了罗马人的朴实、正直。

第二轮外交博弈中，皮洛士派希腊素有名望的演说家齐纳斯前往罗马城谈判。按照皮洛士的设想，拉丁姆平原以北为罗马的国土，以南的大希腊地区则为皮洛士的势力范围。齐纳斯为达成使命带足了黄金白银，首先使用糖衣炮弹遍访各大氏族，却丝毫不提谈判一事，直到他与元老院的主要政治家建立"友谊"后，齐纳斯才将皮洛士的条件递交元老院。

可惜齐纳斯也失败了。当元老院得知了皮洛士的条件后，正直的罗马贵族宁可退还"礼物"，也绝不做出损害国家利益的事。在罗马人看来，如果接受了皮洛士的条件，其他国家势必认为罗马软弱可欺，若是那样的话，更多的海外冒险家还会来到意大利，因为罗马人没有"骨气"。

外交胁迫失败的同时，皮洛士还收到了罗马紧急征兵的消息。意识到罗马人不可能在外交上屈服后，皮洛士开始谋划武力瓦解罗马联盟，具体方法就是通过战争迫使联盟的成员国主动倒向自己，从而孤立罗马人，逼其投降。

公元前280年冬，皮洛士率部逼近卡普亚，企图先将坎帕尼亚从罗马联盟里剥离出来，但罗马军团沿着罗马大道急速驰援卡普亚，竟抢在皮洛士前进驻了城池。皮洛士第一次见识了罗马大道的速度，被迫放弃卡普亚转而进攻那不勒斯，但当地同样对他紧闭城门。

皮洛士本以为西里斯河的胜利足以让各国倒向自己，没想到在坎帕尼亚就吃了闭门羹。皮洛士不想放弃，决定率军直接杀向罗马城，以此试探联盟成员国的态度。然而皮洛士很快就失望了，罗马联盟极为团结，拉丁、萨宾、沃尔西等国均拒绝加入他的阵营，佯攻罗马城的计划并没有吓倒任何人，这是罗马联盟首次展现出强大的凝聚力。看来瓦解罗马联盟还需要更多的胜利，这意味着恶战还将继续。

公元前279年，皮洛士从希腊各殖民城市召集了新的部队，兵力扩充至4万人，他计划在阿普利亚境内赢得一场会战，以动摇罗马联盟。罗马一方则由执政官德西乌斯、萨维里奥统率约10个军团迎战，同样超过4万人马。

皮洛士得知对手的兵力后颇为吃惊，罗马如何在这么短的时间内重组如此规模的军团？

事实上，罗马人以自耕农为军队来源，又通过授予公民权将加盟国的公民也纳入了罗马军团，人力资源可谓雄厚。庞大的自耕农体系构成了罗马全民皆兵的社会结构，每个罗马人都可以迅速组军投入战斗，绝对堪称意大利第一军事强国。

按照史学界的估算，罗马当时仅占据着意大利中部，但持有公民权的人口已超过20万。若是按照男女比例1∶1来计算，男性人口不低于10万，除去不适龄的男性，罗马至少可以动员6万人马，按照每个军团4500~6000人估算，仅罗马就能编成至少10个成建制的军团。而罗马联盟通常按1∶1的比例为其提供辅助军，人数与罗马军团相当，如此算来，罗马联盟可直接动员12万人，约合20个军团，这就是罗马联盟真正让人畏惧的地方。

公元前279年，两军在阿普利亚的阿斯库路姆决战。皮洛士一方包括3.8万步兵、2000骑兵和10多头战象，依然按照西里斯河的队形列阵，两翼布置了骑兵和战象。罗马一方则包括近4万名军团步兵、2000骑兵，中央同样是步兵，两翼布置为骑兵。

决战开始前，两军隔河对峙。皮洛士发现自己所处的阵地地势不平，不利于方阵步兵展开，便下令后退到平原地区列阵。当他们移动时，罗马军团捕捉到了战机，立即蹚水渡河，抢占了皮洛士原来的阵地，决战就此爆发。

此战如同西里斯河般惨烈。起初，罗马人特制的铁刺木桩牵制了皮洛士的战象兵团，使得两翼骑兵得以发动有效进攻。另一方面，一支4000人的罗马辅助军突然出现在战场后方，顺势袭取并焚毁了缺乏守备的皮洛士大营，伊庇鲁斯人见后方失守，军心大乱。

皮洛士不甘示弱，立即派兵抢夺高地，利用骑兵、战象反复进攻罗马军团，临危不乱的军事素养扭转了不利局势。战争进行到最激烈的时候，皮洛士的轻步兵从两翼支援战象，破坏了罗马军团的纵深。整齐的队形再加上远程打击，战象遂从两翼击退了罗马骑兵，强行把罗马人逼退到平原地带，中央的军团步兵由此三面受敌，陷入重围，西里斯河之战的情景又一次出现，罗马军团战死6000人后被迫撤退，皮洛士的精锐也损失了3550多人。

会战之后，皮洛士的劣势逐渐显现出来。罗马每次战败都可以依靠完备的后勤、充足的自耕农迅速补充兵员，但皮洛士远离国土，当地居民多是作壁上观，部队损失难以补充，特别是精锐的8000老兵无可替代，而新招募的塔兰托民兵又不谙陆战，皮洛士可用的战力越来越少，国王为此深感忧虑："若是再来一次这样的胜利，我们自己恐怕也要完了。"

要不要留在意大利？若走了，塔兰托怎么办？若不走，罗马人怎么办？皮洛士陷入了深思。矛盾让这位伊庇鲁斯国王无比纠结，恰在此时，西西里和马其顿同时送来了求援信，均邀请皮洛士前去拯救他们的国家。前者正被迦太基人围攻，后者遭到了蛮族加拉太人的入侵。

原来，马其顿国王托勒密·克劳诺斯在迎战入侵的加拉太人（凯尔特人的一支）时，落马被杀，马其顿群龙无首，陷入混乱，当地人急切盼望皮洛士前来收拾残局。至于西西里，迦太基人在西西里展开攻势，欲一举占领整个岛屿，当地城邦大有亡国的危险，故而也请皮洛士前去拯救他们。

再三权衡后，皮洛士选择了西西里。西西里岛位于意大利南部，该岛西部为迦太基的领地，东部为希腊殖民城市，渡过海洋便能抵达迦太基人统治的北非。伊庇鲁斯国王打算借此机会在西西里建立一个新王国，然后再去征服富庶的北非地区。

公元前278年，皮洛士率领8000方阵步兵和2000骑兵渡海前往西西里岛。起初，皮洛士的军队得到了当地城邦的热烈欢迎，很快就驱逐了占领西西里岛东部的迦太基军队，并顺利控制了叙拉古城。如同在亚平宁半岛的战争一样，皮洛士一路势如破竹，连番夺取了迦太基人的城池，竟然把迦太基人逼退到东部的马尔萨拉城。

仅剩一座城池的迦太基人请求和平，但皮洛士被胜利冲昏了头脑，竟然要迦太基人无条件投降，于是迦太基在北非后方的支援下，全力固守马尔萨拉，而皮洛士发动的强攻均被对方化解，连战连败。皮洛士为了夺取马尔萨拉，一改救世主的姿态，以西西里国王的态度给各城邦派遣驻军并收缴赋税，还要求出资打造一支和迦太基匹敌的舰队，救世主最终成了独裁者，此举激怒了当地人。

万万没想到，西西里各城邦均发动叛乱，驱逐了皮洛士的驻军，还联合迦太基围攻皮洛士。局势瞬息万变，皮洛士在一夜之间就成了西西里和迦太基共同的敌人，统一西西里的宏大计划已不可能实现。

三年间，皮洛士忙着在西西里赚取鲜花和荣誉，全然忘了来到意大利的初衷，而罗马却忙着研究对付战象的办法。这一次，罗马人发现了战象的死穴，只要用密集的远程打击压制战象，这些野兽就会因为惊恐而失去控制。

公元前275年，皮洛士率领2万人马再次北上讨伐罗马，由于他成功策反了萨贝利人，萨莫奈也沦为战场。执政官曼尼乌斯、伦图卢斯立即率领3万人马，兵分两路南下，一路攻打卢卡尼亚，从侧面牵制皮洛士及其盟友，另一路驻扎在贝尼温图姆的山上，企图占据地形优势，以逸待劳。

皮洛士自知仰攻山坡是兵家大忌，于是分出一部分兵马悄悄进入了战场一侧的山地，那里生长着茂密的森林，足以隐蔽皮洛士的奇兵。皮洛士计划用这支奇兵夜袭罗马人的侧后方，待敌军阵形混乱后再出动主力猛攻罗马军团的正面，以此击败罗马人。

然而，计划却因为这支军队的迷路而夭折。深夜里，皮洛士的人马在山中四处乱窜，怎么也找不到正确的方向，直到天亮后才勉强来到罗马军团的侧翼，但罗马人早已通过大象的嘶叫和空中的烟尘发现了皮洛士的奇兵，军团上下布阵已毕。

战场的另一边，皮洛士的主力彻夜未眠，以为奇兵会在深夜发动奇袭，没想到整夜都安静如常，等到天亮后，他们早已筋疲力尽。然而决战已经开始，皮洛士退无可退。

罗马军团首先拔剑出击，将尚未列阵完毕的皮洛士先头部队就地击溃。随后，皮洛士率领主力杀来，又一次放出了战象。这次的罗马军团从容应对，熟练地变换成松散阵形，让大象在军阵里穿过，接着便用轻步兵的标枪射杀战象。战象在密集的标枪下惊慌失措，当驭手被射落后，大象便失控狂奔，径直撞碎了友军的侧翼，罗马人终于找到了击败大象的方法。

双方打得难解难分时，另一支罗马军团也赶到了战场，双方展开了更加血腥的厮杀。狼狈的皮洛士力渐不支，人马死伤无数，他知道再战下去，自己的军队就会彻底崩溃，无奈之下，皮洛士第一次下令鸣金收兵，罗马军团终于胜利了。

虽然罗马没有彻底击败皮洛士，但伊庇鲁斯国王已然心灰意冷，更看不到战胜罗马的希望，不久后便带着仅剩的 8500 余军士黯然返回了伊庇鲁斯。这个曾经风光无限的希腊名将走的时候是那么落寞凄凉，犹如一次投下巨资的赌博血本无归，如果他还记得，当年他可是带来了近 3 万伊庇鲁斯男儿，如今该如何面对"江东父老"呢？

此后，南意大利各城邦在罗马军团的攻伐下相继投降，孤立无援的塔兰托被罗马军团攻破城墙。曾经嘲笑罗马的塔兰托人终于低下了傲慢的头颅，从此也并入了罗马联盟，罗马基本完成了意大利的统一。

皮洛士堪称传奇，他一生征战鲜有败绩，曾被誉为"亚历山大再世"，不料却在追逐梦想的路上遭遇了正在崛起的罗马共和国，若没有遇见罗马军团，也许皮洛士真有可能成为意大利的主人，哀哉。随着皮洛士的败退，罗马的名字开始被希腊各国关注，罗马军团也在此战中初次尝到了希腊方阵步兵、战象兵团的厉害，这为他们后来攻略希腊积累了宝贵的经验。

第六章 迦太基战争
06

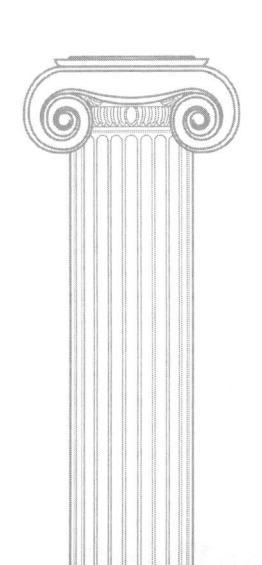

渡过墨西拿海峡

在罗马尚未正视海洋的那段日子里,唯一让罗马人心生忧虑的恐怕只有高卢蛮族,然而在皮洛士狼狈退走后,塔兰托等希腊城邦也加入了罗马联盟,罗马人的信心和自豪感进一步增强,这促使共和国将自己的野心深入了海洋。然而,在辽阔的地中海上,统治这片海洋的是罗马人曾经的贸易伙伴——北非霸主迦太基。

北非霸主迦太基

非洲位于地中海南岸,以撒哈拉沙漠为界,北非人口稠密、文明发达,南部则完全是一个谜。在远古的北非,原住民柏柏尔人占据着几乎整个北非地区,由西向东依次分为毛里塔尼亚、努米底亚、盖图里、埃及。

西部的毛里塔尼亚人控制着大西洋到阿特拉斯山之间的土地,中部的努米底亚人居住在北非中部到突尼斯湾之间的地区,南部的盖图里人则分散在靠近撒哈拉沙漠的内陆地区,东部的埃及人居住在尼罗河流域。他们既有农耕定居的传统,又不放弃骑马射猎的迁徙,大致可概括为"北农耕,南游牧"。

柏柏尔人各部为了争夺富饶的土地,相互之间你攻我伐,然而,无论柏柏尔人各部在北非如何纵横捭阖,北非的真正主人却不是他们,而是来自亚洲的腓尼基移民。

腓尼基人是经商的行家里手,曾崛起过诸如推罗、西顿这样的传奇城邦,紧邻大海的生活环境让这个民族掌握了高超的航海技术。在公元前8世纪,腓尼基人已来到西地中海,其目的无疑是建立殖民地并拓展海外贸易,而他们选中的正是北非中部的战略要地——突尼斯湾。

突尼斯湾不仅是天然的良港,更是连接东、西地中海的贸易中枢,所以腓尼基人建了一座名为迦太基的城市来控制该处海域。经过数十年或是上百年的发展后,迦太基城逐渐成为当地首屈一指的大型城邦,其国力远超母国,最终迦太基人宣布独立,成立了迦太基国。

迦太基的历史与罗马惊人地相似,甚至可以说相同。建国初期的迦太基与罗马一样拥有名为"国王"的君主，而且也是由贵族阶级选举产生，后来王政被推翻，等同于罗马执政官的迦太基"苏菲特"成了最高行政长官。有趣的是，苏菲特也是一年一选，人数为两人，只不过军事指挥权由一个被称为"大将军"的人掌管。不仅如此，迦太基还有一个由贵族精英组成的长老会议，核心层30~104人。这些特征与罗马共和国一模一样，简直是又一个罗马文明。

迦太基是一片肥沃的乐土，农业与商业都很发达，由此形成了大豪商阶级和大农场主阶级，两者控制了迦太基的政权，左右着国家的发展。

在商业方面，迦太基人继承了祖先的贸易天赋，善于并热爱经商，在数百年的贸易竞争中逐渐成了西部地中海的"托拉斯"，垄断了几乎整个西地中海的贸易，其势力远达西班牙，甚至是不列颠。

在农业方面，迦太基人比罗马人发展得更快，依靠巨额贸易收入建立了很多大型农庄。与罗马人相反，自耕农经济几乎无法在迦太基立足，反而是用奴隶经营的巨型农场比比皆是。

根据现代学者研究，迦太基的社会结构如同金字塔，阶级界限非常明显，等级制度根深蒂固，高一阶级对低一阶级的剥削特别重，所以迦太基治下的低阶级人民对国家并没有认同感。再加上迦太基贵族拒绝治下民众拥有公民权，故而公民队伍不太容易扩大，这与罗马广泛吸收其他民族的同化政策形成鲜明对比。

迦太基的公民虽然不多，扩张起来却非常迅速。布匿战争前，迦太基大致领有利比亚、突尼斯、撒丁岛（萨丁尼亚）、科西嘉、西班牙东海岸、西西里西海岸。而能够如此快速崛起的原因，别的不说，就两个字——有钱。可能也是因为有钱，无论平民、贵族都不太愿意为国参军，迦太基的陆军基本依靠其他阶级组成的雇佣军，这一特色和塔兰托等希腊城邦有点相似。而雇佣军就是拿钱干事的主，通常没有什么荣誉感，有优势则如狼似虎，没优势则如鸟兽散，很不可靠。

对罗马而言，意大利本土已经没有任何威胁了。北面卢比孔河成了天然的疆界，山南高卢虽雄踞米兰等地，但一盘散沙难以抵抗罗马的进攻。征服南面的希腊殖民城邦后，罗马与西西里岛接壤，也有了自己的海上同盟国，共和国将要渡过海洋已经成了每个罗马人心知肚明的事情。

跨过海峡

公元前275年，伊庇鲁斯远征军撤离西西里，留下了一片狼藉的战场，犹如一记重锤，皮洛士的征战改变了西西里的局势。在西部，迦太基的旗帜依然飘扬在巴勒莫、马尔萨拉等海港城市，但统一整个西西里的计划已不太可能实现；在东部，雇佣兵将领希耶罗利用皮洛士走后权力真空的时机，登上了叙拉古的王座，而一群自称"战神之子"的坎帕尼亚佣兵却趁机占领了原属叙拉古的墨西拿，该城位于西西里东北部，与罗马只隔了一道海峡。

公元前265年，罗马和迦太基同时收到墨西拿的求援信，"战神之子"因遭到叙拉古的讨伐，城市即将陷落。在罗马元老院犹豫不决的时候，迦太基舰队率先驰入墨西拿，控制了卫城。叙拉古军队不敢与迦太基交战，只好撤军回国，墨西拿遂被迦太基人掌控。此时的元老院方才后悔，控制墨西拿的迦太基便与罗马接壤了，两国的战略缓冲已不复存在。常言距离产生美，现在距离没了，美自然也就没了。

好在墨西拿的归属并未最终敲定，墨西拿的亲罗马派势力仍以加入罗马联盟为条件请罗马出兵。元老院把决定权交给公民大会，经过公民大会的正式投票，罗马终于下定决心出兵墨西拿，并向海上同盟国征召了大量的运输船。受命出征西西里岛的是贵族名门克劳狄乌斯，这个家族以傲慢、好战、固执著称，打起仗来十分暴躁，攻势也相当迅猛。

公元前264年，罗马执政官阿庇乌斯·克劳狄乌斯率领1.7万人的部队横渡墨西拿海峡，早就在城外候命的墨西拿亲罗马派立刻与罗马人签订了加入罗马联盟的协议，克劳狄乌斯遂以此为由要求迦太基驻军退出墨西拿，否则就视为对罗马联盟的宣战。兵力不足的迦太基驻军担心遭到围攻，当即放弃墨西拿，撤回了本土，罗马兵不血刃拿下了墨西拿城。

得知墨西拿最终落入罗马之手的希耶罗二世十分愤怒，如果说避让迦太基是因为畏惧对方的战力，那么半途杀出的罗马人白白捡了便宜则让他无法忍受，希耶罗二世遂率领大军从南面进攻墨西拿，企图将罗马军团驱赶出去。同样，迦太基长老会议听说墨西拿失守后震怒不已，不仅处死了放弃墨西拿的指挥官，还调集军队从西面攻打墨西拿，迦太基、罗马、叙拉古三国混战正式拉开序幕。

彼时的局势对罗马很不利，迦太基、叙拉古均视墨西拿为自己的领土，罗马想独自吞下这块肥肉不免让人嫉恨。阿庇乌斯·克劳狄乌斯意识到，罗马人占领墨西拿很可能让本是冤家的迦太基、叙拉古结为盟友，为避免迦、叙两国联合起来对付罗马，他决定抢先行动，各个击破。

本着先易后难的原则，阿庇乌斯·克劳狄乌斯首先率军杀入叙拉古。叙拉古军由希耶罗二世统率，士气一般且战斗欲较低，但克劳狄乌斯的罗马军团不仅身经百战，而且纪律严明，一经交手便如脱缰野马般狂砍狂杀，毫无悬念地击败了叙拉古人，希耶罗二世大惊之下只得逃回叙拉古城坚守。

得胜之后的克劳狄乌斯并没有乘胜进攻叙拉古城，因为当时的攻城技术还很落后，强攻城池往往要付出大量死伤，包围又需长年累月，并不划算，克劳狄乌斯决定进攻迦太基。让人意外的是，迦太基雇佣兵和叙拉古军队半斤八两，被罗马军团杀得损兵折将，仓皇败退到西部的城池中躲避。

连续打败两支军队，罗马军团指挥统一、行动迅速的职业素养得到充分体现，这恐怕是皮洛士之后最让西西里人震撼的军队。克劳狄乌斯遂集中兵力围攻叙拉古城，陷入危局的希耶罗二世一反常态，断然抛弃迦太基向罗马执政官求和。

元老院很清楚，强攻叙拉古城的成本过于巨大，时间、粮草、兵力都不允许罗马打一场征服战争。考虑到迦太基依然控制着海洋，罗马需要能提供补给物资的盟友，故而以结成平等同盟为条件接纳了叙拉古王国，双方签订了为期15年的盟约。这样一来，罗马就彻底控制了墨西拿及周边城池，也稳住了自己的南部防线，算是在西西里站稳了脚跟。

公元前263年，心有不甘的迦太基派遣4万大军从吉尔真蒂（今阿格里真托）登陆西西里，罗马元老院也毫不示弱，当即派两位执政官率领8个军团共约4万人马迎战。由于兵力充足，两位执政官决定抢在迦太基展开行动前先包围他们的基地吉尔真蒂。恰逢秋收，罗马人旋即抢割田地的庄稼，明显是要把迦太基人饿死。守军见状，兵分两路出城袭击，一路攻击分散在田地里的散兵，另一路径直突袭营寨。

若是一般的雇佣兵肯定会崩溃投降，然而正如波利比阿所说："罗马军团的纪律拯救了他们。"无论何时，罗马军团都能坚守纪律，哨兵严格值守，营寨也按被围攻的标准修筑。当迦太基人攻击时，罗马人能立即找到最近的百夫长，迅速恢复百人队，营寨里的士兵也能第一时间冲到寨门抵御敌军，迦太基人反被击败，退守城池。

这之后，罗马军团加大了围攻力度，在吉尔真蒂至赫拉克利亚一线修建了包围网，沿途深挖壕沟并在两座城池外各修筑了一座大营，以身后的赫贝苏斯为粮草基地，形成三角形的防御阵地，目的就是把迦太基的5万兵马困死在城中。迦太基守军连续突围了5个月依然未能成功，长老会议发现问题严重，再次派了一支军队进驻赫拉克利亚，这回他们找到了突围的关键，成功袭破了赫贝苏斯，焚毁了罗马人的粮草物资，这下双方都开始挨饿。

看来元老院还是有先见之明，与希耶罗二世结盟使得罗马还有叙拉古这个大后方，虽然路程较远，但粮食还是能按时运到前线。如此一来，迦太基人坐不住了，他们无法忍受饥饿，遂全军出动与罗马决战，结果饿着肚子的守军完败给酒足饭饱的罗马军团，迦太基人只能放弃城市连夜逃走，哪知又被罗马军团截杀，西西里南部海港吉尔真蒂沦陷，2.5万人被俘。

之后的战争，罗马军团基本压制着迦太基，相继攻陷了西西里内陆的诸多城镇。唯有几个海港城市难以拔除，因为罗马没有海军协助，这些海港能源源不断地接受迦太基本土的援助，罗马很难形成有效的包围。而且就算罗马攻破了海港的城墙，迦太基人也可以乘船离开到另一座城市，罗马等于扑了个空，一旦罗马军团转移到其他战场，迦太基人又通过海洋杀回，重新占领港口城市。罗马军团疲于奔命，不胜其烦，西西里的战局陷入了僵持。

罗马也遇到了当年皮洛士面临的问题——缺乏强大的海军力量。没有海军舰队，罗马军团只能占领西西里的内陆，却不能攻陷海港城市。而这些海港却集中了西西里的大多数人口和财富，若是不能夺取这些地方，罗马就不算真正占领了西西里岛，迦太基人也可以利用海港随时登陆西西里，罗马将陷入没完没了的战争中。

作为农耕民族的罗马人该怎么办呢？

鏖战海洋

公元前3世纪前后，地中海的航海技术已经非常先进，稍强一点的航海国家已可以建造三列桨战舰，这种战舰的单侧有上中下三排桨，每支桨有一个划手，能容纳200～220人，船速可达13～18千米每小时，算是当时的主流战舰。而西海霸主迦太基的航海技术更加超前，其海军舰队中有大量的五列桨战舰，甚至是七列桨战舰，这种船只已经算是海上的庞然大物了。

罗马人很清楚，要战胜迦太基就不能绕过海洋，而要在海上击败他们，罗马军团就必须开进海洋。意识到问题的罗马决心组建自己的海军舰队，可是罗马人从未接触过海洋，要胜过西海霸主，有两个问题亟须解决，一是如何建造匹敌对手的战船，二是怎样弥补航海技术的短板。

针对第一个问题，罗马人又一次发挥了善于学习的天性，毕竟有上百年航海经验的塔兰托已并入罗马联盟，罗马人很容易找到合适的"教师"。凭借海上同盟国的技术，罗马很快仿造出了三列桨战舰和四列桨战舰，以同盟国的海员为掌舵手和操帆手，以本国公民为士兵和划桨手。然而论兵力，迦太基人拥有超过200艘的五列桨战舰和近300艘三列桨战舰，若真要在海上对决，罗马的小战舰根本是以卵击石。

罗马人总是幸运的，一艘可能用于侦察的迦太基五列桨战舰在墨西拿海域搁浅了，罗马人立即将其俘获、拆解。罗马通过对迦太基战舰的研究，又掌握了建造五列桨战舰的技术，这才打造了一支由100艘五列桨战舰和200艘三列桨战舰构成的海军力量。

通常来讲，一艘五列桨战舰由300名划桨人员和120名战斗人员构成，一艘三列桨战舰由150名划桨人员和约50名战斗人员构成，若罗马舰队是满员编制，则海军有近8万人，可见罗马人下足了血本。

第一个问题解决了，但海军技能还几乎为零，不仅掌舵、操帆很不专业，甚至连追逐、躲避、撞击的技术都未掌握，真要上了战场，能否取胜依然是个未知数。针对第二个问题，罗马人有两条路可走：一是聘请有经验的海员训练本国舰队，等训练结束后再出兵西西里；二是立即冒险出兵，用其他方法弥补航海技术的不足。

在这一问题上，聪明的罗马人毫不犹豫地选择了后者，因为按照"扬长避短"的思路，罗马人发明了一种全新的海上装备——乌鸦吊桥。这种装置竖立在舰船头部的桅杆上，用绳索固定且可以自由旋转，其高度约12米，跨度大概1.2米，可供战斗人员行走，吊桥顶端有一个类似乌鸦嘴形状的大铁钩，当船员放下绳索后，大铁钩就会迅速落下，凿穿敌船的甲板，既能紧紧锁住敌舰，又能让士兵迅速接舷作战，海战便成了陆战。

公元前260年，初建海军的罗马忍不住挑战迦太基的霸权，执政官格涅乌斯·科尔内利乌斯·西庇阿率领17艘战舰组成的先锋船队攻占了西西里东北海域的利帕里岛，企图以利帕里岛为跳板，向西攻打迦太基的海军基地。

这一计划很快就被迦太基人看穿，在西庇阿刚攻陷利帕里岛之时，迦太基的巴勒莫海军基地便出动了20艘战舰，反包围了罗马船队。激烈的海战在这片海域爆发，技术欠缺的罗马在首次海战中遭遇惨败，连指挥舰队的执政官都被俘虏。

失去一个执政官的罗马军团并没有畏惧，相反，另一位执政官杜伊利乌斯立即率领120艘战舰从墨西拿城扬帆起航，目标直指迦太基海军基地巴勒莫。迦太基人收到情报后立即从巴勒莫出动了130艘五列桨战舰，双方在利帕里岛附近的米拉（今米拉佐）海域遭遇，迦、罗海战的第一战——米拉海战正式打响。

海战开始后，迦太基海军自认为无须列阵也能赢得战斗，看起来信心满满且气势汹汹，而罗马却横七竖八地排列成二列横队，显得非常不专业。两军还没接触，迦太基海军已经觉得胜券在握了，因为迦太基军阵形宽度较罗马大一倍，两翼舰队可以轻易航行到罗马侧翼及后背，从而实现包围歼灭。看见这一幕的迦太基指挥官信心满满，立即熟练地指挥舰队散开至两翼，准备围歼罗马舰队，但令他们意外的事情发生了。

眼看就要被包围的罗马舰队并没有退却，反而直面危险撞向迦太基舰船。一旦达到乌鸦吊桥所需的距离，罗马人立刻砍断绳索，沉重的乌鸦吊桥如泰山压顶般砸了下来，狠狠地嵌入了迦太基船的甲板，迦太基人不会想到，当乌鸦铁钩落下的那一刻，死神的镰刀已经高高举过了他们的头顶。

牢牢钩住迦太基船的乌鸦吊桥立刻变成了一个行走通道，早已蓄势待发的罗马重装步兵顺着吊桥冲上了迦太基船，海战立刻被罗马人变成了陆战。那些只懂射箭划桨的迦太基人被罗马人像羔羊一样砍杀，顿时一片哀号。还没和罗马接战的迦太基船立刻转换方向，试图逃脱乌鸦吊桥落下的角度，然后从侧后方包围罗马船队。意外的事情再次发生，罗马舰队并不在乎迦太基船的迂回行动，当迦太基人出现在侧后方时，罗马人立即旋转乌鸦吊桥的方向，又一次扎穿了迦太基船的甲板，惊恐的迦太基指挥官被迫乘救生船逃离了战场。

此战，罗马海军共击沉、捕获迦太基战舰50艘，击杀3000人，俘虏7000人。毫无疑问，米拉海战为罗马人树立了海战的信心，也敲响了迦太基的丧钟。

米拉海战之后，罗马放开胆子挑战迦太基海军，两国都在进行军备竞赛，大量的五列桨战舰扬帆入海，自信满满的元老院决定改变战略，直接进攻北非，将战火烧到迦太基首都。

公元前256年，罗马出动230艘五列桨战舰和100艘运输船，合计约14万大军远征北非。得到情报的迦太基立即出动350艘五列桨战舰，约15万人迎战罗马，兵力空前的埃克诺穆斯角海战爆发。

此时的罗马海军已经不是初生的幼鸟了，海战技术也日渐成熟。这次罗马海军也排开了自己的阵形，将舰队分成三个部分，其中运输船队摆成两列置于舰队的中央，后方是一列护卫战舰，前面则是由执政官雷古鲁斯率领的主力舰队。由旗舰打头，两翼逐渐斜拉开来，呈现出一个巨大的三角形，仿佛一枚钉子要击穿迦太基的阵形。

罗马海军的队列很另类，看上去是不错的阵形，但结构明显过于复杂，因此对海员的技术要求很高。迦太基首次看见这样的海军阵形，对如今的罗马海军刮目相看，但仔细分析后，又觉得罗马舰队很难变换队形，于是决定绕过雷古鲁斯的主力舰队直接攻打罗马人的运输船队，因此迦太基海军以汉诺为右翼，以哈米尔卡为左翼，拉成一条直线，两侧延伸得很远，足以包围罗马海军。

接战之后，迦太基中央船队受到雷古鲁斯的正面冲击后开始后撤，此举正是为了拉开雷古鲁斯和罗马运输船队的距离，大有诱敌深入的味道。趁着雷古鲁斯追击迦太基中央船队，迦太基左翼和右翼船队撇开罗马三角阵，从两翼绕行逼近罗马运输船队。

海面上波涛汹涌，战舰撞击声不绝于耳。平心而论，迦太基人的作战计划没有问题，将罗马舰队一分为二，各个击破，是较为合理的作战方案。然而，迦太基人没想到的是，罗马人发明的乌鸦吊桥太过可怕。当雷古鲁斯的舰队追上迦太基中央船队后，接舷作战的罗马步兵迅速歼灭了作为诱饵的中央敌舰，然后反身救援罗马运输船队。

此时的局面发生了根本性转变，罗马吃掉了迦太基的中央船队后，迦太基的左右两翼便被夹在了中间，进不能歼灭罗马的运输船，退又无法逃离越来越近的罗马主力舰队。不知不觉中，遭到夹击的迦太基左翼船队崩溃四散，罗马的三角阵立即变成弯月包围了孤立的迦太基右翼舰队，之后便是登船屠杀。迦太基海军大势已去，罗马最终以24艘船的代价斩获了93艘敌舰，其中击沉30艘，俘虏63艘，西地中海的制海权已不再属于迦太基人。

埃克诺穆斯角海战影响极大，不但鼓励了罗马人勇敢地向海洋挑战，也使得迦太基海军主力第一次被歼灭，唯一能够保护西地中海制海权的迦太基海军从此不敢再轻易向罗马人挑战，而罗马远征军顺利地登陆北非，这意味着战火已逼近迦太基首都。

海陆受挫

公元前256年，携海战大胜之势，罗马近13万大军浩浩荡荡驶向北非，其中野战军团不低于4万人马。一经登陆，远征军立即挖壕沟、修营垒，四面出击，扫荡迦太基城池。显而易见，罗马已通过两场大海战占据了上风，不仅夺取了制海权，还开辟了新战场。

远征军疾风骤雨般进攻，很快就攻陷了迦太基重镇阿斯匹斯城，还歼灭了上万迦太基军队，大量城池投降罗马，仅俘虏就多达2万余人，战争的进度大大超过了预期。对罗马人来说，北非战役的顺利确实让人意外，但对迦太基人来说是在意料之中。

事实上，在当时的北非，迦太基人实行了严格的等级制度，压迫附属城邦的情况非常普遍，而且为了监视并及时镇压反叛，迦太基人拆除了属邦的城墙，北非各地几乎处于不设防的状态，这不等于将土地拱手让给罗马人吗？

虽说如此，迦太基的北非领土仍然庞大，而且迦太基、乌提卡等主要城池依然拥有很强的防御能力，所以远征军想一鼓作气灭亡迦太基明显不切实际。此时的远征军统帅雷古鲁斯面临两件头疼的事：一是迦太基城市太多，逐个攻占很是费力；二是远征军规模过大，补给消耗太大。

为了解决上述问题，罗马远征军采取以战养战的策略，即就地劫掠粮草物资。需要说明的是，雷古鲁斯的以战养战并不是简单地劫掠战利品，而是在抢走迦太基人财物的同时，也把迦太基人统统赶出城市，这么做的作用是制造了大量的难民，不仅可以将战争的恐怖氛围迅速传遍北非，还可以逼迫迦太基人到首都避难，如此便增加了迦太基城的补给压力，扰乱迦太基的后勤。

冬天很快来了，罗马为了第二年的执政官选举和公民兵轮换，撤回了一个执政官和大部分兵力，远征军只剩下1.6万人，担任统帅的仍然是雷古鲁斯。迦太基原本以为远征军会停止军事行动，没想到雷古鲁斯的攻势毫无收敛的趋势，不久便包围了重镇阿迪斯城。迦太基政府不能眼见罗马一再进攻而毫无作为，于是立即遣大将哈米尔卡率领5000雇佣军前去支援阿迪斯城的守军。由于兵力不足，哈米尔卡将部队驻扎在了城外远处的高地上，一来可以利用高地优势修建防御工事，二来可以居高临下监视远征军的动向，可谓一举两得。

作为身经百战的执政官，雷古鲁斯当然明白迦太基人部署的精妙之处，所以他决定放弃攻城，将长矛对准迦太基的援军。当夜，雷古鲁斯的军团悄悄接近了哈米尔卡，在警卫毫无察觉的情况下，罗马军团突然向熟睡的迦太基人发起进攻。纵使迦太基拥有一定数量的战象也没能挽回败局，5000名迦太基援军战死3700人，哈米尔卡仅以身免。得胜后的远征军再次包围了阿迪斯城，而守军见援军遭到如此惨败，彻底丧失了抵抗意志，只能向雷古鲁斯投降以换取活命的机会。

如今的迦太基政府恐慌不已，试图与雷古鲁斯议和，然而雷古鲁斯提出了让迦太基割让西西里、科西嘉、撒丁岛，同时解散海军的条件。如此苛刻的要求迦太基焉能接受？意识到罗马不会轻易言和后，迦太基只能选择背水一战。

巨大的危机往往让人清醒。在首都，无论是贵族还是平民都抛弃了成见

111

团结在一起，人们放弃了安逸的生活，踊跃参军保卫国家，这在迦太基还是难得一见的奇观。不仅如此，迦太基还把国库的黄金都拿来招募雇佣兵，特别是请来了斯巴达人佣兵首领赞提帕斯。此人是典型的职业军官，一针见血地指出了迦太基军队的问题所在，如获至宝的迦太基政府破例委任他为全军最高统帅。须知曾经的迦太基从不信任佣兵首领，统帅一定是迦太基人。得到任命的赞提帕斯以斯巴达战术来训练迦太基人，城内的临战气氛十分紧张。

第二年开春后，罗马新任执政官率领360艘战舰驰援北非，准备会合远征军攻打迦太基城。而迦太基方面，训练完毕的新军在赞提帕斯的率领下主动离开迦太基城，大摇大摆地在平原上进军。本来雷古鲁斯可以在援军抵达后再行动，但他太过自信也太过心急，决定不等援军到达，主动进攻赞提帕斯。

公元前255年，迦太基出动步兵1.2万人、骑兵4000人、战象100头，而罗马远征军的总兵力为1.6万人。两军会战的地点正是赞提帕斯精心选择的平原——巴格拉达斯。平原是骑兵作战的最佳战场，赞提帕斯的选择明显是为了发挥骑兵和战象的优势，因此他将100头王牌战象放在阵前，将主力迦太基步兵放在中央，稍弱的雇佣兵放在右翼，目的就是以大象的冲锋打乱罗马阵形后再由步兵猛攻溃兵。

雷古鲁斯倒不在意平原地形，因为罗马军团强大的进攻能力让他们有信心击败一切对阵之敌，所以罗马人大方地接受了挑战，而且在布阵上也毫不讲究，竟按照传统将轻步兵置于阵前，重装步兵放在中央，旁边是同盟国步兵，骑兵则分散在两翼外围。罗马决定用重装步兵的正面进攻直接击穿赞提帕斯的中军，但雷古鲁斯忽略了一个重要问题，上百头战象不是顷刻间就能解决的。

战斗一开始，兵力稍弱的罗马骑兵首先被迦太基骑兵击败，这并不是罗马最大的问题，因为罗马的核心力量是中央的重装步兵。很快，迦太基的100头战象向罗马人扑了过来，两翼骑兵也杀了过来。罗马青年兵因为鄙视雇佣兵，没有直接迎战迦太基右翼的佣兵，而是分出一部分人马杀向敌军左翼，击溃了迦太基公民兵，还一度追杀到敌军大营。

战况可以预见，三列阵的青年兵承担了绝大多数步兵的进攻，成群的人惨死在大象脚下。本来雷古鲁斯指望后两列能及时支援青年兵，但是罗马骑兵的退却使得他们不得不孤身迎战敌军骑兵，而突破敌军左翼的兵马又不得不面对迦太基重装步兵。壮年、老年兵完全被迦太基步骑缠住了，再加上部分战象突破了青年兵的战线，战局越来越不利于罗马人。

随着时间的流逝，罗马的阵形已完全混乱，不同的中队被分隔开来，前方的迦太基步兵稳如泰山，后面的骑兵又不断袭击，而来回狂奔的大象几乎不可阻挡。罗马人被踩死者甚多，各条战线均被粉碎，死伤殆尽。最终，雷古鲁斯当场被俘，仅2000人逃出生天，远征军几乎被全歼。迦太基附属城邦见罗马大败，又纷纷倒向迦太基。

还在路上的罗马舰队听闻败报后，急忙驰往阿迪斯城解救罗马残部。迦太基方面得知罗马战舰正驶向北非时，出动了规模庞大的舰队，双方在克鲁比湾附近的海域又爆发了一次海战，迦太基海军再次败给乌鸦吊桥，损失约114艘战船。罗马海军遂接上几千残兵撤离北非，罗马的北非攻略失败了。

然而更加可怕的事情还在后面，返航的罗马舰队遭遇了暴风雨，惊恐的情绪使得指挥官没有听取富有经验的海员建议，将船开到了极易受险的航道上，再加上笨重的乌鸦吊桥，导致罗马遇到海风后发生大规模的翻船、撞船，只有80艘船返回，其余都沉没海底，死难者超过6万人，此乃罗马人的第一次大海难。

这一年，罗马不仅失去了北非的土地，损失一位执政官，还覆灭了上百艘战舰和大量的精锐部队。迦太基人欢欣鼓舞，认为是海神波塞冬对罗马的惩罚。经此海难，罗马好不容易打出的优势荡然无存，两国战争又进入僵持阶段。

执政官雷古鲁斯被俘后，迦太基的显贵送去了美酒佳肴和金银珠宝，劝说雷古鲁斯代表迦太基与罗马议和，承诺只要能让元老院接受迦太基的条件，不但会恢复雷古鲁斯自由，还会赠送一些北非土特产。然而罗马人向来重视荣誉，假装答应的雷古鲁斯被派往元老院和谈时，不仅当众撕毁了迦太基拟定好的和约，还动情地鼓励罗马人不要放弃希望、尊严和荣誉，元老院最终听取了雷古鲁斯继续战斗的建议，大怒的迦太基人将他带回国后用各种酷刑反复折磨。

有传言说，雷古鲁斯的眼皮被迦太基人强行拉开并缝在脸上，然后强令他望向阳光，最终雷古鲁斯因痛苦而死；另一则传言则称，迦太基人将雷古鲁斯丢到了一个满是钉子的笼子里，由于被禁止睡觉，雷古鲁斯最终因疲劳而死；还有传言称，雷古鲁斯被丢到斗兽场，狂怒的大象将其活活踩死。不管执政官究竟死于哪种酷刑，他都不曾求饶，也不曾逃走，罗马人的荣誉感和爱国心令人敬佩。

迦、罗战争继续。罗马这次不惜血本，仅用3个月又造了220艘战舰，连同海难幸存的80艘战舰，西西里岛又变成了战场。

公元前254年，元老院集中了几乎所有海军力量，令两位新任执政官猛攻西西里的首府巴勒莫。在海军和陆军的联合作战下，罗马军团于次年攻破城墙，夺取了迦太基的海军基地，超过1.3万人沦为奴隶，第一次布匿战争的局面又被罗马人扭转了。随着罗马军团的不断推进，迦太基在西西里只剩下马尔萨拉、特拉帕尼等海港城市，执政官遂指挥海陆大军围攻马尔萨拉海港。不幸的是，公元前253年冬，罗马舰队又遇到了大海难，不战而损失了150艘船，数万人葬身海底，迦太基莫名其妙又扳回一局。

险胜迦太基

公元前252年后，罗马人的战争信心大幅度下降。据波利比阿记载，海军受挫于海难，不敢轻易扬帆出航，而陆军完败给战象，又不敢到平原野战，接下来两年，罗马几乎放弃了海洋和陆地，勉强维持着僵局。

罗马人的消极令迦太基振奋，长老会议决定趁罗马士气不振时重夺巴勒莫，立即向西西里增援了2万佣兵和150头战象。元老院恰在此时召回了一位执政官和相应数量的军队，巴勒莫的兵力又减少了一半。此时镇守巴勒莫的是前执政官凯奇里乌斯，兵力不过数千人，知道战象厉害的他决定不再野战，而是命人加深壕沟、布置陷阱，企图凭城固守。

实力悬殊让罗马人倍感压力，城内弥漫着最后一战的紧张气氛，兵器铠甲都被磨到最亮，滚木礌石也被紧急搬到城墙上，人们相互拥抱告别，很多人聚在一起向诸神祈祷，仿佛第二天就是末日。凯奇里乌斯的心情同样沉重，但作为罗马贵族和共和国的执政官，无论环境多么恶劣，战局多么不利，他都不能退缩，因为巴勒莫对罗马人来说至关重要，若是放弃了这里，整个西西里战线都会动摇,已经投降罗马的城邦也可能倒戈相向,因此,凯奇里乌斯只能战斗。

好在凯奇里乌斯并不是悲观之人,他积极奔走在城墙内外,鼓励人们勇敢地迎战大象。为对付战象,罗马人拓宽了城墙外的护城河,使其能够容纳一整头大象,又将其底部挖成斜面,使得任何落下的大象都不能平稳站立。凯奇里乌斯及百夫长们也亲自参与修建工作,所有军官都举着铁锹奔走在工地上,这种与士兵同甘共苦的精神鼓舞了所有人,大家齐心协力,竟然在极短的时间内加固了城防工事,还紧急赶制出了大量的标枪和箭矢。

决战的日子很快就来了。近3万迦太基军队杀气腾腾地包围了巴勒莫的城墙,鼓噪着朝城墙处推进,大象的吼叫声此起彼伏,将山间的飞禽走兽也惊得四散而逃。令迦太基人意外的是,罗马的重装步兵并未出城,迎战的居然是一群装备简陋的轻步兵,很多人甚至没有任何铠甲。罗马人意欲何为?迦太基人不禁觉得好笑,难道罗马人要把这些轻步兵送到大象脚下当炮灰?

当迦太基军队推进到城外小河时,轻步兵好像准备多时一样,突然整齐划一地掷出漫天标枪,密密麻麻的飞枪遮天蔽日席卷而来,撕裂了尘土飞扬的天际,重重地扎进战象的血肉。虽然标枪的威力尚不能刺死大象,但密集的打击激怒了这些野兽,它们朝罗马轻步兵狂奔而去,完全不顾身上驭手的命令。

见战象被激怒,罗马轻步兵不敢恋战,纷纷朝城门处退去。迦太基军队似乎也被这种"打了就跑"的战术激怒了,纷纷朝城门杀了过去。谁知狂奔的战象刚刚踏进护城河便因河水过深而摔倒,淤泥又过于湿滑,大象怎么也站不起来,后面的人马也都被堵在了护城河处。此时,刚刚退回城内的轻步兵立即奔跑到城墙上,继续向城下的迦太基人投掷重标枪。起初还愤怒不已的战象立即变得惊慌失措,竟然转身逃走,野兽可不会顾及己方的步兵,径直碾压了过去,大量迦太基士兵因无法及时躲避而被踩死踩伤,迦太基军队顿时大乱。

凯奇里乌斯高声厉喝,亲率罗马重装步兵杀入城外,英勇的罗马军团逢人便砍,锐不可当,而迦太基人却被杀得仓皇而逃,沿途丢下了大量的尸体和武器。罗马军团乘势追击,围歼了大量的残兵败将,战场上阵亡的迦太基士兵多达2万人,另有140头战象倒毙在路边,10头落入罗马人之手。

罗马军团以微弱的伤亡赢得了巴勒莫守卫战的史诗级大捷,元老院为凯奇里乌斯举行了凯旋式，并建造了纪念该战役的纪念碑，西西里战局再次逆转。

可惜陆上得意，海上依然不幸。公元前250年，罗马又新建了200余艘战舰，并配备了4个军团的兵力，声势浩大地围攻马尔萨拉城。迦太基长老会议再次给西西里战场增兵1万人马，双方围绕马尔萨拉城大战，但罗马军团历经苦战依然没能攻破城墙。这主要是因为迦太基人利用特拉帕尼不断牵制罗马人，两座海港相互支援补给和人员，罗马始终不能完成对马尔萨拉的封锁。

公元前249年，元老院把普尔科克和尤尼乌斯一起投入西西里战场。两位执政官针对马尔萨拉和特拉帕尼策划了兵分两路、各个击破的战术，其中尤尼乌斯领兵攻打特拉帕尼，普尔科克则从海上围攻马尔萨拉，两方都打算将迦太基人困在城内。和过去一样，攻下海港的关键依然在于海军能否彻底封锁海洋，所以普尔科克的海军舰队尤为关键，可惜此人出身克劳狄乌斯氏族，性格暴躁，并非合适的海军将领，他认为迦太基人会因为近期的胜利轻视罗马人，所以紧急召来了1万水手，准备偷袭敌军海港。

面对罗马人的进攻，迦太基指挥官很快就发现了罗马舰队，他虽然没有兵力优势却主动率队登船出港，不过他改变了战术，没有正面迎战普尔科克，而是先将舰队出航到远离海港的地方隐蔽，待罗马舰队到达港口后，迦太基舰队再返回包围罗马海军。这一战术导致罗马舰队处于被包围的不利境地，前有迦太基港口射来的箭矢，后有迦太基战船的冲撞，罗马为突破包围只好命令已经杀入海港的船队转向，结果罗马舰队指挥混乱，前后左右都发生了碰撞，很多船挤在了一起。这样一来，罗马舰队的阵形完全被打乱，分散的舰船最后被迦太基分割歼灭。

此战，迦太基海军终于打了场胜仗，俘获罗马战舰93艘，击沉30艘，罗马损兵折将达数万人，可谓是罗马多年来最重大的失败，战争再次陷入胶着。

为了进一步打开局面，迦太基派遣哈米尔卡·巴卡坐镇西西里。新统帅深知罗马年年战斗已经陷入困境，打仗就是打钱，拼的就是国力，只要自己不断让罗马损失下去，罗马终究会撑不住。因为罗马军队全是公民兵，这些人都是中产阶级，死一个国力就减少一分，而迦太基全是雇佣兵，死得再多也不过是损失些黄金。于是，哈米尔卡将大本营设在巴勒莫城外的佩莱格里诺山上，日夜监视罗马人的军事行动，但就是不和罗马军团正面会战。不断的袭扰让罗马疲于应付,整整 4 年时间,没有发生一场会战,公民长年外出征战,破产的家庭不在少数,罗马政府的财力也已经陷入枯竭。

罗马很清楚自己已经别无选择,若不能打破僵局,布匿战争的输家一定是罗马,因此,罗马军团再次包围了迦太基在西西里的最后两座海港,试图通过封锁困死哈米尔卡。可是要彻底包围海港,罗马必须再次出动海军,但两次海难加两次大败,海军损失了数百艘战舰、十多万人马,耗费的金钱更是不计其数,国库已经无力支持再组建新的海军了。

即便如此,元老院也不曾认输,罗马人也不曾认输。正如波利比阿分析的那样,"让罗马人赢得战争的不是物资财富,而是他们的决心和意志"。在爱国心的驱使下,罗马人决定以认购国债的方式筹建一支新海军,人们按财产多寡分组,一人或几人负责一艘战舰的费用。贵族们纷纷慷慨解囊,街道上到处都是募捐的宣传员,较穷的平民无力捐款,却愿意冒着遇到海难的危险加入海军,一时间,爱国情绪弥漫在整个罗马城,崭新的 200 余艘战舰扬帆出海。

公元前 242 年,罗马舰队以背水一战的决心驶向西西里,途中一直刻意隐蔽行踪。迦太基仍以为罗马无力打破僵局,于是派一支规模庞大的海军舰队支援西西里,为哈米尔卡运输粮食。等待多时的罗马舰队终于迎来了最后的决战。

公元前 241 年春,埃加迪群岛东侧的海面上逆风航行着一支罗马舰队,领头的是新任执政官卡图卢斯。庞大的迦太基舰队看到罗马人意图突袭自己,虽然有些意外,但是毕竟处于顺风,考虑到罗马人之前连番海难,迦太基人相信罗马舰队都是新兵,再加上哈米尔卡的粮草已经严重不足,如果不进入港口支援,长老院一定会发怒,所以迦太基舰队便降下了风帆,大胆接受对决。

此战,罗马人处于逆风的不利境地,如果正面对决可能会遭到可怕的撞击而沉没,好在迦太基的战舰上装了太多补给,大型船只十分笨重,而罗马人丢掉了所有重型装备,利用自己灵活轻便的优势,绕开了迦太基船的正面,航行到侧翼位置,在不断拉开两军舰队的距离后转身迎战,凭借风势把不利变成有利,反而把迦太基舰队甩到了逆风的位置。

迦太基舰船逐渐遭到罗马海军的包围,舰船相互撞击,罗马步兵跳到迦太基战船上,血战之后,罗马逐渐掌握了主动权。这是一场一开始就注定了结局的战斗，因为每个罗马人都带着破釜沉舟的决心，都知道这支舰队来之不易，如果再次被打败，罗马海军将成为历史。荣誉心与爱国心交织在一起的罗马士兵究竟是怎样的心情，我们已经不得而知，但是海战的结果我们可以看到。

此战，罗马仅以20艘战舰的代价击沉迦太基战舰50艘，俘虏敌船70余艘，再次确立了海洋霸主的地位。哈米尔卡苦苦等待的粮食沉入海底，罗马全面包围了西西里的迦太基人。终于，迦太基对西西里彻底绝望了，哈米尔卡被迫签订停战协议：迦太基割让整个西西里；放弃了利帕里群岛；赔偿罗马3200塔兰特；释放全部俘虏；不得进攻任何罗马盟国。

历时23年的第一次布匿战争结束。这场战争规模空前，罗马和迦太基损失的人马多达十几万，战舰加运输船累计达上千艘，两国经此一战都国力大衰，但罗马终究获得了西西里，第一个海外行省就此建立。

从历史的角度讲，罗马对迦太基的胜利是必然的，虽然两国政体有很多共同点，但两者文明理念的差异决定了罗马人更胜一筹。

其一，罗马人秉承宽容公正的精神，同化吸收战败国加入罗马联盟，甚至赋予其公民权和自治权，罗马信任盟国，因而得到盟国的支持与拥护。反观迦太基，不但欺压同盟国，征收高昂赋税，还要求各国拆除城墙，这种提防的态度让被奴役的各国无不心怀怨恨。

其二，罗马只招募本国公民从军，保护中产阶级，释放权力，自耕农军团源源不断。人们普遍重视荣誉，视从军出征为光荣和义务，以至于全民皆兵，后备兵源充足。而迦太基依赖雇佣兵，他们既没有爱国心，又缺乏忠诚度，视金钱高于一切。罗马军队是为荣誉而战，迦太基军队却是为钱而战。

其三，罗马人团结一致，富有爱国心，这才有了募捐而来的舰队，才有了雷古鲁斯"人虽被俘而心不降"的大义凛然。而迦太基等级森严，奴役下层人民，贫富差距极大，造反更是家常便饭。迦太基人眼里只有自己的利益，往往处死战败的指挥官，危难面前人人退缩，最终也无将可用。

其实，罗马的成功还有很多原因，但真正让罗马赢得第一次布匿战争的还是罗马人不屈不挠的民族精神，这种精神支撑着罗马人挺过了一次又一次危机。

第七章 汉尼拔的独奏

战前热身赛

第一次布匿战争结束后，罗马、迦太基在人力、财力上都损失惨重，特别是罗马失去了大量公民，亟待休养生息，故而两国都没有重启战端的意图，双方得以享受了长达 23 年的和平，然而表面上的和平并不能阻止两国暗地较劲、各自扩张。

罗马吞并西西里后，战略重点自然转移到了其他地区。彼时的希腊位于意大利半岛东侧，其范围大致西起亚得里亚海，东跨伊朗高原，北接黑海，南到埃及沙漠，中间的东地中海也在这一范围中。这一地区虽然冠以希腊之名，但更多的是文化各异的不同民族，他们曾因亚历山大的征服而统一，又因继业者战争而分裂。

亚得里亚海作为希腊世界的西部边陲，一直以来都不被希腊的主要国家重视。海洋东岸有一片狭长的土地，那里森林密布、群山环绕，交通十分不便，被称为伊利里亚人的野蛮民族统治着这片土地。

伊利里亚由于坐困群山之中，耕地稀缺、贸易不振，希腊文化对这里的影响较小，因而当地文明化进程较慢，再加上他们一直未能统一成一个王国，伊利里亚一直被希腊人视为野蛮人的国度，长期被伊庇鲁斯王国控制。然而皮洛士死后，伊庇鲁斯无力控制伊利里亚，当地势力便肆意妄为起来，还找到了一个新职业——海盗。

当起海盗的伊利里亚人可不管什么希腊、罗马，只要是出现在他们眼皮子底下的商船，一律被视为待宰的羔羊。随着海盗事业的蓬勃发展，阿格朗领导的伊利里亚部落日渐强大，向南击败了伊庇鲁斯，夺取了科西拉、法鲁斯等地，俨然有了王国的派头。

胜利让阿格朗的野心越来越大，其海盗事业进一步扩大，罗马的盟邦伊萨便深受其害，大有被吞并的危险。伊萨人只好向罗马求援，为此，元老院遣使警告伊利里亚人，没想到阿格朗根本不惧怕罗马共和国，根本不愿意和罗马人进行任何协商，直接杀了渡海前来的罗马使者，这终于触怒了罗马人民，让罗马有了渡过亚得里亚海的借口。

公元前229年，元老院派遣2万步兵、2000骑兵、200艘战舰讨伐伊利里亚。面对罗马军团这样的正规军，伊利里亚人根本不是对手，被打得节节败退。更糟的是，惹来麻烦的阿格朗竟然在开战前先死掉了，他的儿子只有9岁，国家只好由阿格朗的寡妻代为摄政。

早就心怀不满的地方军阀趁机起兵，法鲁斯总督德米特里直接向罗马人投降。内忧外患下，夜郎自大的伊利里亚人只能割地求和，他们解散了海盗舰队，并将阿波罗尼亚割让给罗马。罗马由此在巴尔干半岛上建立了第一个军事基地。毫无疑问，随着罗马与希腊的距离越来越近，罗马军团终将加入希腊的争霸战争。

将势力深入巴尔干半岛的同时，罗马与山南高卢也爆发了战争。高卢以阿尔卑斯山为界，分为山北高卢和山南高卢，无论山北还是山南都有很多独立的高卢部落，平时相互攻伐，没粮食的时候就南下劫掠。在罗马没有统一伊特鲁里亚时，高卢人几乎没有敌手，但现在的罗马统一而强大，高卢人南下劫掠的机会越来越少。

公元前225年，随着罗马在山南高卢建立殖民地，波伊、英苏布里两大山南部落越发紧张，他们不想成为第二个塞农，所以秘密囤积粮草、训练兵勇，邀请山北高卢的盖沙泰出兵支援。以上三大部落可谓阿尔卑斯山最主要的反罗马势力，他们的联合直接促成了一支7万人的联军，光骑兵就有2万人，目标直指伊特鲁里亚。

如此规模的入侵，罗马自然不能等闲视之。当时的两名执政官一人在亚得里亚海，一人在撒丁岛，伊特鲁里亚只有当地的数千守军，但他们依然主动追上高卢联军，阻止对方劫掠。高卢人一如既往的狡猾，他们将军队一分为二，趁夜转移了营地里的所有步兵，只让骑兵彻夜举火、制造假象。次日，罗马人发现敌军只有少量骑兵，以为可以一战而胜，莽撞地发动了进攻，然而埋伏的高卢步兵突然杀出，阵斩了6000余人，剩下的罗马人被迫退守到一座小山，危在旦夕。直到执政官保卢斯率领主力军团抵达后，高卢联军才撤走。

保卢斯虽然解救了友军却依然不敢与高卢人决战，他手里只有2个军团，因此采用的策略是尾随敌军、伺机歼敌，而高卢联军已经抢了足够多的战利品，所以不想与罗马军团纠缠，只想北撤。恰好另一个执政官雷古鲁斯从比萨登陆，手里也有 2 个军团的兵力,他的位置正好在高卢联军的北侧,保卢斯又在高卢联军南侧,如此便形成了前后夹击之势。

高卢联军退无可退,当即面向两个方向列阵,其中盖沙泰面向保卢斯,波伊面对雷古鲁斯,英苏布里居于中央。这场血战非常残酷,高卢联军爆发出惊人的战斗力,执政官雷古鲁斯刚交手就阵亡了,罗马军团虽然能用标枪射杀不着护甲的盖沙泰人,但兵力相接时依然打得非常吃力,险些崩溃。不过结果终究是好的,超过 4 万高卢人阵亡,1 万人被俘,两位高卢国王一人战死一人自杀。

公元前 224 年,获得大胜的罗马转守为攻,共计 4 个军团杀入波河流域,痛击波伊人,迫使其举手投降。次年,罗马又转攻英苏布里人,逼得高卢拿出了全部家底共计 5 万人马迎战。罗马根据高卢部落的不同态度,实行分化瓦解的策略。对相对温和的高卢部落,罗马主动与之签订和约;至于最敌视罗马的部落,罗马军团则追亡逐北、屠城灭村。两相对比之下,高卢内部出现内讧,执政官遂向亲罗马的部落借道,战略突进至英苏布里人的大后方。

这一战,执政官弗拉米尼乌斯凭借置之死地而后生的觉悟,率领罗马军团背水列阵,摧毁了河流上的桥梁,将誓死抵抗的几个主力部落击败,瓦解了 5 万高卢联军,斩首数万余人。战败的高卢人各自逃散,罗马趁机兼并了波河一带的数个高卢部落。

公元前 222 年,执政官克劳狄乌斯·马塞勒斯、科尔内利乌斯奉命北伐,首先包围了英苏布里人的阿克莱城,目的是要彻底征服山南高卢。听闻山南高卢连番战败,山北高卢方面的 3 万盖沙泰援军再次加入战场,他们会合 2 万英苏布里人后,突然绕过罗马军团,急攻波河南岸的克拉斯提迪乌姆。

这是一招典型的围魏救赵之计,执政官当即识破,兵分两路出击,一路由科尔内利乌斯追打英苏布里人,另一路由马塞勒斯率领一支步骑前往解围。两军阵前,杀气凛然,寒风瑟瑟,刀剑与盾牌的敲打声震耳欲聋,高卢酋长仗着自己身躯高大,咆哮着向马塞勒斯挑战。身为执政官的马塞勒斯毫不畏惧,主动驱马上前,两人的剑斧很快就撞击在一起。

以巨斧作为武器的高卢酋长重视力量,斧斧都是致命攻击,马塞勒斯以守为攻,及时避开了巨斧,配合灵活的走位,一剑又一剑地刺向对手的身体。

虽然都不是致命伤，但随着时间的流逝，高卢酋长的血越流越多，逐渐头晕起来，看准时机的马塞勒斯不再留手，剑剑致命，当场斩杀了高卢酋长。这一幕让对面的高卢大军倒吸了一口凉气，战争很快就分出了胜负，罗马再次击败高卢蛮族，不少人被驱入河中淹死，马塞勒斯因此获得了"共和国之剑"的称号。

三战三捷的罗马人士气大振，一举攻克了高卢主城米兰，山南高卢大多数部落都被罗马降服，卑躬屈膝地接受罗马人的统治。很难想象多年以前他们曾攻占过罗马城，罗马人的耻辱彻底洗刷了，疆界已经拓展至阿尔卑斯山下，新的殖民地也建立起来。

巴卡家族的崛起之路

第一次布匿战争即将结束前，独自领兵奋战在西西里的哈米尔卡·巴卡可谓心力交瘁。罗马海军虽成军较晚，但后来居上，几次大规模海战下来，罗马海军都是胜多败少，制海权最终被罗马人掌握。坐困孤城的哈米尔卡陷入了进退不得且补给匮乏的窘境，他的军队都是雇佣兵，没有补给自然士气大衰，在这样的情况下，哈米尔卡只好对士兵许下高额的酬金，这才勉强阻止了逃兵。

不幸的是，迦太基最终以割地赔款的条件向罗马人低头，可以想象，哈米尔卡在签订和约时的无奈与苍凉。更令人痛心的是，迦太基需赔偿罗马大量塔兰特，国库由此变得捉襟见肘，长老会议便拒绝兑现哈米尔卡的承诺，美其名曰"没有胜利就没有薪酬"。

雇佣兵的愤怒可想而知，如此一来，他们便聚集起来武装讨薪，要求迦太基兑现哈米尔卡的承诺。可是迦太基苏菲特的态度十分强硬，不仅拒绝支付报酬，还强令雇佣兵解散。知道和平协商已不可能后，2万雇佣军便朝迦太基城进军，气势汹汹地驻扎在城外20千米处，大有围城的架势。

长老会议此时未意识到局势的凶险，派去谈判的贵族态度傲慢，对雇佣兵颐指气使、大声训斥，这终于彻底激怒了他们，于是2万人马揭竿而起，大肆屠杀迦太基军民，并攻占了周边的乡村和小镇，叛乱就此爆发。

公元前240年，叛军四处烧杀抢掠，所到之处如蝗虫过境，迦太基人在短时间内无法组建起能与之匹敌的军队，地方治安陷入混乱。饱受欺凌的北非人本就对迦太基贵族怀恨在心，见局势逐渐失控后，也出来趁火打劫，利比亚更是直接加入叛军阵营，叛军由此声势大振，接连攻陷城池、要塞，连第二大城市乌提卡也落入叛军之手，北非一时间狼烟四起、战火熊熊。

迦太基贵族将叛乱归咎于哈米尔卡，起初还打算将其处死，但局势发展令人无暇他顾，最终只好赦免了哈米尔卡，命其指挥一支小部队，戴罪立功。结果在与叛军的交战中，迦太基主将遭到猛攻，一溃千里，迦太基这才将军队指挥权完全交给哈米尔卡。即便如此，哈米尔卡手里的军队也才1万余人，而叛军的规模已经发展到了5万，差距如此悬殊，不免让人心惊。然而，哈米尔卡不愧是久经战阵的老将，他发现叛军兵力分散且缺乏协同作战能力，于是避开了与叛军主力的决战，伺机歼灭落单的小股部队。几番交手下来，无法补充兵源的叛军越来越被动，竟然在一场大战里损失了6000人马，残部被迫固守在一座山上。

哈米尔卡当然不会错过围歼叛军的机会，包围了小山并切断水源，但就是不派兵攻山，还用谈判的名义拖延时间，使得叛军所剩不多的补给被消耗殆尽。当叛军发现哈米尔卡根本没有议和打算时，他们的粮食和水已经没有了，这才大呼上当。无奈之下，筋疲力尽的叛军只能选择突围。

哈米尔卡为应对叛军突围，早已布置好了阵地，调集了大量远程步兵，以密集的火力压制强行下山的叛军，不少叛军士兵还未冲到阵前便被箭矢射死。当叛军好不容易杀到山下时，哈米尔卡的轻步兵立即退到阵后，只听野兽的号叫从四面响起，地上的石子焦躁地跳跃不停，叛军顿时脸色煞白，因为他们熟悉这声音，那是恐怖的战象兵团。残余的叛军很快就遭到大象的疯狂踩踏，数万人当场沦为肉饼，鲜血将土地染成绯红，尸体被踩踏得难以分辨。

此战，哈米尔卡歼灭了近4万叛军主力，残兵败将龟缩在城池里瑟瑟发抖，根本无力抵抗他的进攻，包括乌提卡在内的城市再次落入迦太基人之手。

公元前238年，历时3年的雇佣兵叛乱基本结束。然而迦太基人很难高兴起来，因为北非叛乱的同时，撒丁岛等海外行省也爆发了叛乱，当地驻军基本被叛军歼灭，地方土著也顺势而起，不过这并不是迦太基人不高兴的根本原因，真正让他们不开心的是罗马人。

撒丁岛的叛军听闻北非战局越发不利于叛军后，决定向罗马共和国投降。元老院见局势不明，对投降一事置若罔闻，意图隔岸观火、静观其变。当北非叛军基本被歼灭后，元老院判断叛军已经日薄西山了，如果再不出手，迦太基可能会收复撒丁岛等海外失地。罗马军团遂乘坐战舰登陆撒丁和科西嘉，宣布从叛军手中接管了两个岛屿。迦太基长老会议大怒，要求罗马立即撤出撒丁岛和科西嘉，但元老院根本不予理会，辩称罗马军团是从叛军手里夺取的两个岛屿，还声称迦太基在平叛期间杀死了不少罗马商人，因此违反停战协议的是迦太基，如果不赔偿罗马的损失，那就等着开战吧。此时的迦太基人无力辩驳，刚刚结束的叛乱令北非一片狼藉，重建尚需大量的精力与财力，更不要谈与罗马重新开战了，迦太基只好承认了罗马占领撒丁岛、科西嘉的既成事实。

随着撒丁岛和科西嘉的沦陷，罗马共和国已完全掌握了西地中海的制海权，不仅得到了第二个行省，还可以从撒丁岛和西西里两个方向对迦太基用兵，迦太基人的商船再想停靠两个岛屿，就必须缴纳高昂的关税，这无疑沉重打击了迦太基的贸易。迦太基国内的商业财阀对此深感不满，纷纷要求改变局面，而他们的代表正是刚刚立下战功的哈米尔卡·巴卡。哈米尔卡对长老会议提出："既然不能收复西西里和撒丁岛，不如发兵直布罗陀海峡，将西班牙变成迦太基的殖民地。"这一提议既符合商业财阀的利益，也没有伤及大农场主的权益，长老会议当即通过，授权哈米尔卡入侵西班牙。

许多富有冒险精神的迦太基人都加入了哈米尔卡的队伍，其中就包括他的女婿哈斯德鲁巴。值得注意的是，当哈米尔卡准备离开北非时，他的长子，一个名叫汉尼拔的小男孩跪请参加远征。哈米尔卡问道："小子，你为何要随我去冒险，留在国内不是更好？"汉尼拔答道："为了向罗马人复仇。"

西班牙即伊比利亚半岛，位于地中海西部，那里地域辽阔、资源丰富，尤其盛产金、银、铜、铁，而且当地文明进程缓慢，土著部落林立，没有形成统一的国家，正是迦太基各个击破的大好时机。若要补偿西西里和撒丁岛的损失，西班牙无疑是最好的选择。

哈米尔卡率领的军队组织严密、训练有素，当地的部落小国接连战败。频频获胜的哈米尔卡不断吸收战败国加入他的势力，大概经过9年时间，迦太基远征军完全占领了西班牙东南地区,还在沿海修建起规模不亚于首都的城池,营造了属于巴卡家族的宫殿,取名为"新迦太基"(公元前228年建成)。

哈米尔卡独自率领远征军控制了迁入西班牙的迦太基移民,还与地方土著结为姻亲之盟,俨然成了殖民地的国王,有人私下称那里为"巴卡王国"。

巴卡家族在西班牙权势滔天,扩张得很快,引起了各方势力的警惕。其中,罗马元老院深感不安,派使团前往西班牙查探巴卡家族扩张的原因。哈米尔卡懂得韬光养晦,他热情接待了元老院的使者,故意卑躬屈膝地辩称"都是为了偿还赔款"。使者听后非常满意,回禀元老院称哈米尔卡并没有不利于罗马的动机。

另外,长老会议内也有反对哈米尔卡的声音,认为他权势过大,要求另派他人接替哈米尔卡。但哈米尔卡早已做好了准备,他将所得的战利品分成三份,一部分赐给追随他作战的士兵,从而将军队牢牢抓在手里;一部分运往国库,博得了长老会议的好感;最后一部分作为贿赂送给了各大贵族,以弱化反对他的声音。如此一来,巴卡家族就得到了迦太基的完全授权,其在西班牙的地位无可撼动。

罗马和迦太基的敌意虽容易化解,西班牙土著的恨意却难以消除。剩下的西班牙城邦为避免被哈米尔卡吞并,积极奔走联络,组成合纵之盟,如此便有了与哈米尔卡决战的实力。

通过常年交锋,西班牙联军想出了一条破敌妙计——火牛阵。决战当日,西班牙人找来很多公牛,背上套着小木车,里面装满了易燃的薪柴。哈米尔卡的军队不明原因,哈哈大笑,以为可以像往常一样轻易击败西班牙人,结果西班牙人点燃了薪柴,驱赶着公牛朝迦太基人奔去。被火烧着的公牛狂奔不止,完全不惧迦太基人的弓箭、标枪,瞬间就将迦太基人的军阵搅得大乱,西班牙人趁势进攻,打败了迦太基人。慌乱之中,哈米尔卡和他的家人大有被包围的危险,为了保护年幼的儿子汉尼拔,他一方面命令军队带着儿子撤退,另一方面率领一小部分人朝着完全相反的方向奔去。西班牙人都被哈米尔卡吸引,最终汉尼拔逃脱了,哈米尔卡却落水阵亡。

哈米尔卡虽然死了,但他创建的"巴卡王国"日渐强大,巴卡家族已成为罗马、迦太基、西班牙所不能忽视的新势力,没人能想到哈米尔卡的死成就了新的巴卡领袖,那个死里逃生的汉尼拔最终会成为搅动地中海的绝世将才。

汉尼拔远征

哈米尔卡死后,女婿哈斯德鲁巴继任总督,新总督采取怀柔政策,以化解哈米尔卡时期的仇怨。既送黄金,又举利剑,不少西班牙部落选择臣服,经过约8年时间的经营,又有不少西班牙部落投靠了迦太基,罗马在这期间保持了相当程度的克制,还与迦太基签订了划分势力范围的协议,规定两国以埃布罗河为界,互不侵犯。

公元前221年,哈斯德鲁巴被刺身亡,哈米尔卡的孩子们掌握了西班牙的大权,作为长子的汉尼拔·巴卡迅速接管了军队,成为迦太基在西班牙的第三任总督,史称"战略之父·汉尼拔"。

28岁的汉尼拔少年老成,父亲哈米尔卡从小就对他进行了严格的教育,并让他发下终身与罗马为敌的誓言。常年随父亲征战的汉尼拔深感罗马威胁巨大,无论是为了个人还是迦太基,汉尼拔都无法容忍罗马进一步扩张,因此这个年轻人的心里充满了对罗马的仇恨。

掌权后的汉尼拔一直不忘策划对罗马的复仇之战,不过,在与罗马开战前,汉尼拔首先要面对的还是当地土著。因为西班牙地域辽阔、民族众多,纵然哈米尔卡和哈斯德鲁巴征战半生,西班牙依然有很多国家拒绝臣服迦太基,所以汉尼拔上任伊始就面临一场"热身赛"。

公元前221—公元前220年间,汉尼拔统率一支由利比亚、西班牙人组成的军队北上讨伐当地部落,成功将迦太基的势力范围扩张至塔古斯河北岸。出于自保目的,土著部落很快集结起一支联军,企图拦截南下返回的汉尼拔。

这是汉尼拔遇到的第一场超大规模会战。据说西班牙各部落集结了约10万人,准备用一场大战彻底击败迦太基人,他们为此一路追击汉尼拔,而汉尼拔一直避而不战,更增添了西班牙人的信心,到塔古斯河时,汉尼拔才停下脚步,沿河布阵。

西班牙联军虽然人多势众却有勇无谋，他们分成数个部分，从不同河口渡河。汉尼拔等的就是敌军渡河，他用40头战象占据滩头，巨大的野兽是西班牙人不曾遇到的克星，很多人被挡在河边，进则被大象踩死，退又会被人群挤死，可谓进退两难。而汉尼拔巧妙布置了一支骑兵，有资料认为，这支骑兵在战前已经悄悄过河潜伏，关键时刻从敌军背后杀出，使得西班牙人被围在河中，要么淹死，要么战死，堪称经典的"半渡而击"。

此战之后，西班牙各部落都知道了汉尼拔的大名，如同对哈米尔卡的恐惧，西班牙人也害怕听到汉尼拔的名字。西班牙中央高原的部落就此臣服，汉尼拔手中的军队已扩充至10万人马，复仇的时机已经成熟。

只不过这些年来，罗马成功策反了萨贡图姆（今萨贡托）城邦，该城位于埃布罗河的南岸，濒临地中海。有趣的是，当年哈斯德鲁巴与罗马签订划河协议时，萨贡图姆还没有和罗马结盟，而罗马与埃布罗河南岸的国家结盟，明显侵犯了迦太基的主权。要与罗马重新开战，汉尼拔必须建立一个稳定的大后方，萨贡图姆的位置既能截断远征军的补给线，还能给罗马人提供一个登陆西班牙的优良港口，综上，汉尼拔决定大张旗鼓地攻打萨贡图姆城。

收到求救信的元老院很惊讶，考虑到军团主力正忙于镇压山南高卢的叛乱，军队难以立刻调派至萨贡图姆，于是遣使逼迫汉尼拔撤军，故意威胁道："战争还是和平，凭尔等裁定！"可是汉尼拔铁了心要与罗马为敌，根本不理会威胁，扬言将一战到底。气愤的罗马使团只好改道去了迦太基，但得到的是"迦太基人绝不撤兵"的回复。八个月后，萨贡图姆陷落，第二次布匿战争爆发。

公元前218年，汉尼拔集结10万大军，仅骑兵就有1.5万多人，他们在汉尼拔的指挥下，兵分三路杀过埃布罗河，将迦太基的势力扩张至比利牛斯山下。元老院判断迦太基的主攻方向依然是西班牙和西西里，所以执政官西庇阿、森普罗尼乌斯被分别派往塔拉戈纳、巴勒莫，可惜罗马人并不了解新的对手。

根据希腊史学家波利比阿的记载，罗马在第二次布匿战争期间已拥有28万后备兵源，再加上同盟国的军队，总兵力多达步卒70万、骑兵7万。而汉尼拔只有10万雇佣军，如果不能釜底抽薪，打消耗战也会将迦太基拖垮，所以汉尼拔无意与罗马人争夺地中海的制海权，也无意将军队浪费在西西里和撒丁岛的争夺战上，他要进攻意大利，要刺穿罗马人的心脏——罗马城。

要进攻罗马城,汉尼拔可以选择的路线只有三条,一是从西西里北上墨西拿海峡;二是从西班牙横渡地中海,三是从高卢翻越阿尔卑斯山。前两条路线都要经过大海,可迦太基并没有制海权,只有57艘战舰的汉尼拔是万万不敢挑战拥有数百艘战舰的罗马海军,所以汉尼拔没有选择,只能走迷雾重重、补给困难的第三条路线。

走第三条路线,汉尼拔要面临的问题同样不少,一是山北高卢是否会与之开战,二是如何避免在未知的森林里迷路,三是怎样避开罗马盟友马西利亚(今马赛)的监视,四是能否翻越临近隆冬的阿尔卑斯山,五是罗马会否乘机偷袭西班牙大本营?

基于以上考虑,汉尼拔将1.2万步兵、2550骑兵和21头战象交给了二弟哈斯德鲁巴·巴卡,命其留守西班牙大本营,另外又分给大将汉诺1万步兵和1000骑兵,命其守备埃布罗河至比利牛斯山的地盘,阻止罗马攻入西班牙腹地。剩下的人则组成远征军,以三弟马戈·巴卡为副将,包括步卒5万、骑兵9000、战象37头,兼有利比亚人、西班牙人、努米底亚人、迦太基人,其中最为精锐的就是努米底亚骑兵、迦太基战象。

汉尼拔翻越比利牛斯山后迅速进抵罗讷河(也称隆河),果真如之前的担忧,部分高卢部落敌视任何入侵者,将军队驻扎在罗讷河对岸,还用小船搭建了一道简易防线。不想浪费有限的兵力和珍贵的时间,汉尼拔故技重演,深夜派数千骑兵悄悄渡过河流,于次日前后夹击河滩,全歼了这支高卢人的军队。

虽然取得了胜利,但汉尼拔的损失也不小。翻越比利牛斯山时,远征军还有5.9万人,待他们渡过罗讷河时,军队已缩减至4.6万人。此时的西庇阿率领2.4万人刚刚赶到马西利亚,尚不知汉尼拔已经渡过了罗讷河,两军相距不到三天路程。直到两军斥候意外遭遇,西庇阿才得知汉尼拔的位置,可当罗马军团赶到罗讷河时,汉尼拔已经离开三天了。

敌军怎么不见了?翻开地图仔细推敲后,西庇阿的脸上露出了复杂的表情,他已经意识到汉尼拔的目标不是西班牙,不是高卢,不是马西利亚,而是意大利。如果不能御敌于外,就只能在罗马本土决战了,焦急的西庇阿立刻派信使前往元老院,大呼:"敌在意大利!敌在意大利!"

西庇阿虽然震惊但没有失去理智,考虑到汉尼拔远离西班牙,后勤补给必定很困难，军队沿途必有损耗，如果能截断汉尼拔的后路，远征军反而会被瓮中捉鳖，于是西庇阿大胆派兄弟格涅乌斯继续朝西班牙进军，自己则快马加鞭返回山南高卢组织防线。

西庇阿的判断是正确的，汉尼拔的确有不小的损耗，如此恢宏的远征非常人所为，很多不愿背井离乡的士兵止步不前，相继离去，等大军抵达阿尔卑斯山下时，汉尼拔的远征军只剩下 3.7 万人，而真正的挑战才刚刚开始。

阿尔卑斯山海拔 2000 米，是当时难以逾越的天堑。汉尼拔抵达山下时已经开始下雪，冰雪覆盖的山路极为险峻，常人尚且难以行走，何况汉尼拔还带着 37 头大象。更糟的是，阿尔卑斯山上也生活着一些山地部落，他们仇视任何进入领地的外来军队。当汉尼拔的军队翻山越岭时，这些部落伏杀了不少人马，导致远征军继续减员。不过，翻越高山最难的还是人心的考验。就像拿破仑大帝鼓励意大利远征军一样，杰出的统帅总是能掌握士兵的心，汉尼拔就是这样一个统帅，为人宽宏大量，和士兵同吃同住。他记得士兵的名字，了解他们的战功，这一点和拿破仑惊人地相似，汉尼拔用不屈的意志鼓舞着军队。

终于，这支传奇的远征军冒着严寒完成了惊心动魄的翻山之旅，道路崎岖没有阻挡他们的脚步，腹中饥饿没有摧毁他们的意志，白雪皑皑的山上无数人在咬牙坚持，纵然牲畜倒毙、同伴坠崖，他们依然默默前进。经历了长达 15 天的地狱之旅后，远征军翻过了阿尔卑斯山。曾经的 10 万大军完成了残酷的试炼，最终剩下的 2.6 万人无疑是真正的虎狼之师。

"战神"的序曲

汉尼拔的远征军从天而降，如火山爆发般震动了整个山南高卢乃至意大利，渴战已久的汉尼拔仅用一天时间就攻陷了重镇都灵。城破之后，汉尼拔用血腥的屠杀宣告了自己的降临，刚刚被罗马征服的山南诸部迅速分裂，以英苏布里、波伊为代表的部落怀着对罗马的仇恨之心加入了远征军，使得汉尼拔补充了 1 万高卢雇佣兵。

得到消息的西庇阿一路行军至普拉肯提亚（今皮亚琴察），由于侦察不够充分，罗马军团不敢朝都灵方向贸然挺进，而是架起浮桥，将大营驻扎在波河与提契诺河的交汇处。坚固的营盘是罗马军团作战时的依靠，西庇阿素来老成持重，为探明敌军位置，西庇阿留下主力养精蓄锐以待大战的到来，自己则率4000步骑向西探索。罗马人不知道的是，汉尼拔此刻正率努米底亚骑兵沿波河自西向东而来，两军就这样在提契诺河以西的平原遭遇。

由于都是骑兵为先锋，双方几乎同时发现了敌军马蹄扬起的烟尘。西庇阿不敢大意，立即排兵布阵，以轻步兵为前军，罗马骑兵殿后。汉尼拔的军队略多于西庇阿，兵力充足让他可以拉长战线，故而他将步兵置于中央，以努米底亚骑兵为两翼，试图从侧面包围罗马人。

战斗一开始，罗马一方的指挥便显得非常混乱。本该由轻步兵实施的远程打击因汉尼拔的快速推进和己方步兵急于求战而未能实施，纵然有些不尽如人意，但战场形势瞬息万变，西庇阿还是带着骑兵发动了进攻，战斗一度陷入僵持。相较罗马人，汉尼拔一方指挥统一、配合默契，两翼骑兵迅速策马狂奔，毫不犹豫地绕过了正在交战的双方步骑，直击罗马人的后方，不知所措的罗马轻步兵被撞得人仰马翻，当即崩溃。随后便是努米底亚骑兵与汉尼拔的前后夹击，罗马骑兵毫无施展的余地，纷纷阵亡。

此时任谁都能看出两军骑兵的优劣，陷入重围的西庇阿被敌军刺落马下，身受重伤，眼看就要以身殉国了。这时，一名少年将军率领 12 名骑兵挥舞着长矛杀至战场中央，带着西庇阿且战且退，居然冲出了包围圈，策马绝尘而去。这位在危急时刻救起西庇阿的少年正是与他同名的儿子，普布利乌斯·科尔内利乌斯·西庇阿，史称"大西庇阿"。

特雷比亚之战

西庇阿的惨败让犹豫不决的高卢人动摇，部分高卢佣兵倒戈加入汉尼拔，还顺手杀死了附近的罗马人，罗马人白白损失了上千人马，不得不向东南方向退却，最终驻扎在特雷比亚河东岸的小山上。该处侧枕波河，背靠亚平宁山脉，正面就是特雷比亚河，极利于防守，西庇阿打算在这里与森普罗尼乌斯的两个军团会合。

公元前218年12月，寒冷的冬季已经到来，急需粮食物资的汉尼拔见罗马军团坚守不战，毫不犹豫地攻取了罗马的粮草大营克拉斯提迪乌姆，这里曾是马塞勒斯冒死救援的殖民地。至于罗马一方，森普罗尼乌斯率领的援军如期而至，双方战力都得以增强，仍算势均力敌。

按照大多数现代学者的观点，执政官森普罗尼乌斯出身平民，嫉恶如仇、性格暴躁，和大多数平民将军一样，森普罗尼乌斯激进冲动、急于立功，所以他在作战会议上主张出战，西庇阿有伤在身，只能听之任之。

情报搜集是汉尼拔制胜的法宝之一，抓住战机是法宝之二。汉尼拔认为罗马人得到增援后必定急于求战，于是他不顾冬季寒冷，不断派出小部队骚扰附近乡村。嫉恶如仇的罗马人接到求救信后，不断派人渡河驱逐汉尼拔的部队。

在决战的前一日，森普罗尼乌斯派兵冲杀过河，试图出一口恶气，迦太基人见罗马人气势汹汹，也来了脾气。越来越多的士兵自发出营抵御，眼看决战就要爆发，汉尼拔却强行召回了自己的士兵，迦太基军队强忍怒火撤退回营，罗马军团见敌军退而不战，士气大振，轻敌之心更加明显。

汉尼拔可以决战吗？当然可以，不过他有更深的考量，要赢得战斗并不难，但要重创对手很不容易，所以他要做的就是麻痹对手、积累怒气。迦太基士兵都憋着一股气急于发泄，战斗力自然爆棚。恰逢天气转凉，天空突然下起了冬雨，汉尼拔望着坠落的雨滴，心中已有了制胜的计策。

次日，天蒙蒙亮时，不少罗马人还在营中休息，执勤的哨兵突然吹响了号角，"敌袭！敌袭！"森普罗尼乌斯立即披挂出帐查看究竟。原来，汉尼拔为了麻痹对手，特意在太阳升起之前派最强的努米底亚骑兵袭击罗马大营。见迦太基军队不过几千骑兵，森普罗尼乌斯当即派4000骑兵和6000轻步兵出营交战，可努米底亚骑兵刚一交手，便"溃败"逃窜，这让森普罗尼乌斯对强大的努米底亚骑兵产生了错误的认识，以为汉尼拔的军队不过尔尔，罗马军中求战的声音也逐渐高涨起来。

事实上，努米底亚骑兵的袭击并不是单纯的挑衅。决战当天，汉尼拔让士兵们早早起床吃饭，并派三弟马戈率领2000步骑隐蔽在战场侧面刺藤密布的荆棘林中。努米底亚骑兵正是为了诱敌过河，而且是要在罗马人吃早饭前逼其出战，而罗马人全然不知敌军的异常动向。

森普罗尼乌斯如往常一样派骑兵与轻步兵反击对手,但见敌军轻易"败逃"后,他自然不愿意放弃眼下的"良机",当即下令全军追击。就这样,罗马军团还来不及吃早饭就匆匆出营追击迦太基"败兵"。士兵们淌水渡过特雷比亚河,昨夜的大雨又使得河水暴涨过胸,冰冷的河水浸湿了罗马士兵的衣甲,寒冷的冬风吹得罗马人瑟瑟发抖。

过河之后,罗马军团开始布阵,森普罗尼乌斯将重步兵放在中央,前卫是轻步兵,近侧为同盟国步兵和高卢雇佣兵,两翼为罗马骑兵。汉尼拔的布阵却相反,中央为较弱的高卢雇佣兵,精锐的迦太基步兵在两翼,外侧为强大的努米底亚骑兵,战象则置于阵前两侧。

两军接触后,战况如汉尼拔预想的一样,新加入的高卢雇佣兵根本不是罗马军团的对手,先是被轻步兵射杀了一大片,接着又被罗马重步兵逼得不断后退,乍看几乎是崩溃在即。然而在两翼的战斗中,此前诈败的努米底亚骑兵正常发挥,杀得罗马骑兵四处逃窜,疯狂的战象也趁机发动全线进攻,失去保护的轻步兵也被碾压击溃,连滚带爬地逃出了战场,这直接导致罗马重步兵的侧翼暴露。

驱散侧翼后,努米底亚骑兵顺势袭击罗马重步兵,同盟国步兵只能转向迎敌,却无法跟上罗马重步兵,两军相距越来越远,几乎无法协同作战。这时,隐蔽多时的马戈捕捉到了战机,突然从林中杀出,直击罗马军团的背后,一时间罗马人三面受敌,阵形大乱。

越来越多的罗马士兵阵亡,战斗逐渐变成了单方面的屠杀,同盟国步兵损失惨重、斗志全无,两翼的罗马骑兵早已逃之夭夭。自知已无力回天的罗马重装精锐不顾一切地朝着正面冲锋,终于一举击溃迦太基的高卢步兵,从包围网中强行杀了出来。但是罗马的同盟国步兵一个又一个地消失在包围圈中,为数不多的士兵侥幸逃了出来,但很快就被努米底亚骑兵赶下河中斩杀。

身在大营养伤的西庇阿听闻败报,匆忙带着残部逃回普拉肯提亚,之后便沿着波河撤回了罗马。此战,特雷比亚河被染成了血红色,4万罗马军团光战死者就多达2万余人,被俘者不下1万,而汉尼拔的主力部队几乎没有损失,指挥官的差距一目了然。经此一战,罗马人好不容易征服的山南行省还来不及同化就丢失了,远征军又补充了上万军队,总兵力已达5万人。

特拉西梅诺湖之战

夺取山南高卢后，汉尼拔兵锋日盛。公元前217年，新当选的执政官分别是平民派代表弗拉米尼乌斯和元老院代表塞尔维乌斯，其中弗拉米尼乌斯曾在山南高卢背水列阵，击败了5万高卢大军，他的当选表明元老院试图用良将挽回败局。

汉尼拔此时已经抵达波隆那，摆在面前的是三条南下路线，一是走西面的利古里亚海岸，二是沿东海岸的弗拉米尼亚大道南下，三是从中部横穿亚平宁山脉。元老院决定分兵防守，由弗拉米尼乌斯率领2个军团驻守在西侧的阿雷提翁，由塞尔维乌斯统率2个军团驻兵东部大道的阿里米努姆（今里米尼）。两军隔着亚平宁山脉，又有罗马大道相连，若发生紧急情况，可以迅速会合并夹击汉尼拔的军队。

罗马军团之所以如此部署，是因为他们判断汉尼拔意在罗马城，所以只要掐住其南下的快速通道，汉尼拔就不能轻易进入意大利中部。然而这种想法只是罗马人的一厢情愿，事实上，汉尼拔的战略意图并不是立即攻打罗马城，而是像征服山南高卢一样，逼迫罗马联盟的成员国倒戈，而他的下一个目标就是罗马人曾经的死敌——伊特鲁里亚。

基于以上战略目标，汉尼拔冒险从中部横穿亚平宁山脉，这一路虽不如阿尔卑斯山险峻，但时逢雨季，连绵的大雨让道路泥泞不堪，特别是下山之后的一大片沼泽地，让汉尼拔的军队几乎找不到可以休息的地方。这一路艰苦的行军让部队颇有损耗，不少牲畜在沼泽里丧命，37头大象只有1头安然无恙。为了能在干燥的地方休息，士兵们只能枕着动物的尸体睡觉，不少人因而感染瘟疫，连汉尼拔也损失了一只眼睛，付出的代价极大。

出了沼泽地的汉尼拔刻意避开了弗拉米尼乌斯，却不介意让罗马人发现他的位置，还用烧杀抢掠的方式制造恐怖效应，挑衅意味非常明显。弗拉米尼乌斯也是久经战阵的大将，他的策略是尾随汉尼拔，不断袭击他们的劫粮小队，以阻止其任意抢掠。这么做既不会挑起决战，又能逐渐消耗敌军的有生力量，还能保护当地居民，可谓一石三鸟。

可惜汉尼拔本就是为了诱敌，罗马军团的路线和行动完全按敌人的规划进行，不知是计的弗拉米尼乌斯不知不觉来到了特拉西梅诺湖。该处地势险要，湖的东侧只有一条狭长的道路，再往东就是陡峭的丘陵和茂密的森林，角度几乎是垂直的。汉尼拔抵达时，一场小雨刚好结束，湖岸边大雾弥漫，正是伏击的绝佳战场。汉尼拔让军队穿过湖边道路，却在出湖前翻越峭壁北上，隐蔽于山林、湖口等处，严禁士兵说话、举火，安静得如同幽灵一般。

弗拉米尼乌斯追逐至此时大雾弥漫，能见度不足十米，大军首尾均不可见。本来罗马军团应该派骑兵前往侦察，但弗拉米尼乌斯急于追上汉尼拔，担心过于谨慎会让汉尼拔溜走，于是他在敌情不明的情况下大胆行军穿越，这乃是兵家大忌。

漫长的队伍犹如一条长蛇行进在湖泊边沿，素以阵形闻名的罗马军团已全无队形，噩梦很快降临在军团各处。其中开路前锋被精锐的迦太基步兵挡在山谷东侧陡峭的山丘处，碍于坡度垂直难以攀爬，已呈骑虎难下之势，来自左侧的高卢人突然从林间杀出，使得中央步兵难以组成百人队，安静的湖面变得喧闹，罗马军团不得不侧身迎战。明白遭到伏击的罗马殿后部队正准备转身撤出湖口时，努米底亚骑兵早已封锁了离开的道路，不断将试图突围的罗马人逼杀入湖。

就这样，罗马军团遭到三面夹击，百人队只能各自为战，最终被汉尼拔切割成数段斩杀。弗拉米尼乌斯在混战中阵亡，其他人犹如牲畜般被屠杀，更多的人被逼到湖里淹死。之后，塞尔维乌斯派来增援的4000骑兵也全数阵亡。短短几个小时，罗马军团就阵亡了1.5万人，被俘1万余人，可谓全军覆没。不过数月，罗马军团已经连败三场，汉尼拔的军功章上相继刻上了西庇阿、森普罗尼乌斯、弗拉米尼乌斯和塞尔维乌斯的名字，局势对罗马人越发不利。

拖延战略

连战连捷的汉尼拔声威大震、无人能挡，罗马城已近在眼前。塞尔维乌斯失去骑兵后也不敢贸然进攻汉尼拔，此时的罗马城几乎暴露在汉尼拔的兵锋之下，若能一举攻陷此城，战争就可能提前结束。

令人意外的是，汉尼拔没有进攻罗马城，眼前的胜利并未改变他的战略。在汉尼拔看来，已经动员了11个军团的罗马联盟依然可怕，而罗马城墙经过数代人加固，早已变成铜墙铁壁，攻城技术尚不成熟的迦太基根本不可能迅速拿下罗马城。若是战事迁延时日，各路罗马军团势必回援，届时汉尼拔将被围困在罗马城下。

汉尼拔的远征是一场孤入敌境的赌博，没有补给、没有后援、没有时间，一旦他赌输了，这支孤军深入的军队就会全军覆没。然而，汉尼拔依然决定赌下去，元老院并不知道，汉尼拔想赌赢的并不单单是一场战争的胜利，而是灭亡罗马。

要赢得这样的豪赌，首先就要瓦解罗马联盟，要瓦解罗马联盟，就得离间罗马与盟国的关系，而要离间他们，没有辉煌的胜利，罗马的盟国是不会倒向迦太基的。要实现以上战略目标，汉尼拔便不需要强攻罗马城，而是要将战火烧遍整个意大利。

眼下，适合烧杀抢掠的地方有两处，一是亚平宁山脉东侧富饶的阿普利亚，那里曾是萨莫奈等国的旧领地，现在遍地都是罗马的殖民地；二是拉丁姆南部以卡普亚为首的坎帕尼亚平原，元老院贵族的农庄多在那里，罗马人不可能不出兵保护。

汉尼拔首先选择东进，将军队带到阿普利亚地区四处劫掠，当地物产丰富，人口稠密，正是汉尼拔补充军资、招募军队的好地方。元老院经过两次大败后已经明白局势险恶，如同鏖战拉丁姆时期，罗马又一次任命了独裁官，授权其指挥4个军团的兵力。

昆图斯·费边·马克西姆斯出身古罗马四大贵胄的费边家族，祖上曾有306名勇士死战维爱的光荣经历，其家族成员代代出任执政官。公元前233年和公元前228年，费边同样两度当选为执政官。论资历、出身，费边都是元老院贵族里的佼佼者。在第二次布匿战争开始前，正是费边率领使团前往迦太基谈判，所以元老院决定让他出任为期6个月的独裁官，以驱逐汉尼拔的军队。

费边是一位深思熟虑、遇事冷静的将军，在看清了四名执政官相继战败的事实后，费边想到了第一次布匿战争时的哈米尔卡，也就是汉尼拔的父亲。当时哈米尔卡力量不足，用对峙的方式消耗罗马军团长达4年，如果不是海上补给线被切断,哈米尔卡断不会与罗马议和。

因此,独裁官费边制定了与哈米尔卡类似的战略。罗马有 28 万的后备兵源,补给充足、城墙坚固,但汉尼拔只有区区几万人,补给十分困难,只要不进行决定性会战,慢慢消耗汉尼拔的部队,最终获胜的肯定是罗马。

基于这样的判断,费边打起了消耗战,更准确的说,是一场拖延战。拖延战就是拖延不决战,不战就等于让汉尼拔肆意踩躏罗马人的城市和同盟国。虽然敌人和盟友就在眼前,费边的军团却始终保持克制,既不救援盟友,也不接受汉尼拔的挑战,只是偶尔袭击劫掠小队,这在崇尚荣誉的罗马人眼里显得非常懦弱,时间一久,举国上下骂声一片。

有趣的是,看似正确的拖延战实则有着巨大的缺陷,因为汉尼拔并非为了劫掠而劫掠,他的目的是"以胜促反"肢解罗马联盟,即用连续的胜利让盟国看轻罗马军团,从而逼其倒戈,而费边的避而不战,虽不致让罗马战败,但也间接助长了汉尼拔的气焰。如此一来,罗马联盟所谓的 77 万(即罗马 28 万公民兵加上 49 万同盟国兵)后备力量就会不断缩水,最终只剩下 28 万罗马公民兵,汉尼拔反而会增加数十万盟友,力量悬殊方可逆转。

可时至今日,罗马联盟依然十分稳固,除了尚未同化的高卢人倒戈来投,其他盟国依旧忠于罗马,这让汉尼拔感到很棘手。如果一直这样下去,罗马联盟尚未解散,远征军却可能提前崩溃,所以汉尼拔要么挑起会战击败费边,要么离间盟国与罗马的关系。为加快肢解罗马联盟,汉尼拔针对罗马盟国制定了两项政策:

一是故意处决所有罗马俘虏,却无条件释放同盟国的士兵,这是在告诉罗马的盟国,汉尼拔要毁灭的不是意大利,而是罗马人的霸权。

二是进一步扩大劫掠范围,将战火烧向了坎帕尼亚平原,其目的无非是要让各同盟国向元老院施压,逼其与之决战。这就解释了为什么他释放俘虏的同时却又大肆劫掠意大利人的土地。

元老院看着费边的拖延战略也是心急如焚,议员们担心同盟国的忠诚会因为费边的"不作为"而动摇,就在这时,前线传来了最新的战报。

公元前 217 年秋,汉尼拔计划在过冬前劫掠坎帕尼亚平原的法勒努姆,这里是通往开阔平原的入口,地势像一个盆地,里面有足够的补给物资,也有很多议员的地产，缺点是地势险要且三面环山。汉尼拔认为把自己置于险境要么诱使费边主动来战，要么证明罗马人软弱无能，所以他贸然钻入此处等待费边的抉择，这终于让费边捕捉到了制胜的良机。

独裁官立即将4个军团全部带入，分兵据守在南侧和东侧的隘口，另派4000人马占领了汉尼拔进入的谷口道路，而费边则率领主力军团布阵在谷口不远处的山上。如此一来，罗马军团便控制了山谷的全部进出口。毫无疑问，汉尼拔被困住了。

眼下的局面实乃罗马人久寻不获的良机，只要能死死困住汉尼拔，饥饿和疾病一定会拖垮汉尼拔的军队。然而，若是一般将领被困，可能还真就成全了费边的战术，可偏偏汉尼拔是地中海的首席陆将。他大肆劫掠之后，发现费边依然毫无所动，遂决定从费边眼皮子底下运走战利品，进一步打击罗马联盟的士气。

一日深夜，汉尼拔大营突然星火四起，数千支火把直奔谷口，其奔腾之声响彻山谷。负责守备谷口的4000罗马军团立即点燃烽火、吹响号角，出寨拦截将要突围的汉尼拔，结果杀到近前一看，突围的不是汉尼拔的军队，而是2000头绑着火把的野牛。正当罗马人疑惑不解时，数千迦太基军队忽然从背后杀出，罗马军队顿时大乱，超过四分之一的士兵当场阵亡。与此同时，谷口道路上的罗马营寨也被汉尼拔的偏师占领，上万人马熄火噤声，扬长出谷。

原来，汉尼拔将火把捆绑在从坎帕尼亚掠夺而来的2000头牛身上，入夜后，汉尼拔又派大量轻步兵在牛后面用长枪驱赶，使得火牛群不敢轻易掉头，其余人马借着黑暗尾随而进，就等着罗马军团去攻火牛时从背后溜出山谷。

费边与扼守山上的罗马军团都被地动山摇的火牛阵惊醒，可由于距离太远、天色太黑，罗马军团根本搞不清楚敌军的虚实，费边担心有诈，依旧按兵不动，直到次日天亮才得知隘口守军战败，汉尼拔逃脱的消息，可惜为时已晚。

此战令汉尼拔威望大增，却使费边声誉扫地。如果说费边是为了执行拖延战而不救援同盟城市那还情有可原，可汉尼拔明明已经被困住了，费边却不作为，任由他们突破了4000谷口守军，这既是对同胞见死不救，又是纵敌逃脱，不但元老院对费边严重不满，就连他的骑兵长官、副将米努基乌斯也极度不满独裁官。最终，元老院以祭祀为名召回了费边，米努基乌斯暂时接掌了军团的指挥权。

新将上任,军团作风立刻为之一变,而汉尼拔却不知道这一重大人事变动。此刻,汉尼拔已率军攻克了格瑞尼亚城,他判断费边是不会主动寻求决战的,所以根本不关心罗马军团的动向,相反,汉尼拔还颇带挑衅意味地派了很多军队出寨征集粮草。

米努基乌斯军团马不停蹄赶到格瑞尼亚后根本不作任何休整,因为罗马人心里一直憋着拖延不战的恶气,当即奔着高地发动进攻,击溃了2000迦太基军队,还将大营扎在汉尼拔军营前的山上,两军相望,彼此交谈的声音清晰可闻。紧接着,罗马军团四散而出,到处截杀外出征粮的迦太基散兵,米努基乌斯甚至率领主力直接杀向汉尼拔的营寨,几乎攻陷了外围的寨栏。迦太基人一片混乱,外出征粮的军队发现被袭击后进退不得。

汉尼拔惊讶地发现罗马军团竟然打算强行攻陷他们的营寨,而且战斗起来异常凶悍。汉尼拔担心坚守营寨会被围歼,毕竟罗马军团是有备而来,于是汉尼拔放弃了营寨,全军朝着山区急速撤离。此战,罗马军团终于逼退了汉尼拔,格瑞尼亚城得救了。

"救出格瑞尼亚了,汉尼拔被击退了!"罗马元老院内满是为格瑞尼亚之战欢呼的声音,看来汉尼拔并非不可战胜,元老院决定任命米努基乌斯为独裁官,和费边一起统率罗马军团,这一提名得到了公民大会的一致通过,费边不得不接受。然而,格瑞尼亚的失败对汉尼拔来说只是个意外。

在得知罗马军团主帅易人后,汉尼拔也改变了作战计划,先是派5000轻步兵和500骑兵四散埋伏在附近的一处山丘旁,然后引小股轻步兵登上山丘并故意挑衅罗马军团。米努基乌斯见状并未详细侦察,草率地猛攻汉尼拔控制的山丘,指望能像上次一样一举攻陷高地,然后再围歼汉尼拔。可是罗马军团遭到了异常顽强的反击,对方不但人多势众,而且有源源不断的增援,本就处于山下的罗马人迟迟无法登山。此时,汉尼拔埋伏在四周的伏兵终于杀了出来,前后夹击米努基乌斯的军团,罗马军团由此阵脚大乱,形势急转直下。

关键时刻,费边终于动了,他率领1万罗马军团迅速赶到战场,猛攻汉尼拔的侧后方。被围的罗马军团默契地朝着费边来援的方向突围,终于在费边的掩护下撕开一道口子,这才死里逃生,而汉尼拔也没有继续追击,因为当地不是他理想的决战地点。

战后，米努基乌斯终于意识到汉尼拔的强大，对自己草率求战的行为非常愧疚。他知道，费边本可以不来救援他的军团，如果是那样，自己的军团必定会全军覆没，所以米努基乌斯交出了兵权，恳求费边的谅解。然而拖延战略已经受到元老院的质疑，就算没有米努基乌斯，费边的战术还能坚持多久呢？

坎尼交响曲

费边虽然再次独掌兵权，但拖延战本身就是一场持久战，只有时间够久才能取得成效，可费边的任期只有 6 个月，时间太短了，拖延战的效果并没有出现。相反，汉尼拔通过这段时间获取了足够过冬的补给，这让元老院的主战派很是气恼，反复指责费边的懦弱，他们的意见最终还是占了上风。公元前216 年，元老院决定不再起用费边，并重新进行了执政官选举，新当选的执政官是瓦罗和保卢斯。

保卢斯出身贵族且久经战阵，是一位极为稳重的将军，执掌军权后立刻开始扩军备战，并不急于发起决战，而是试图通过小规模的前哨战消耗汉尼拔的军力，从而积累军团的信心和勇气。

至于瓦罗，主战派，出身平民，尚无战绩，性烈如火、草率激进，他对费边拖延不战的策略嗤之以鼻，作为鹰派的他试图以绝对的兵力优势一举歼灭汉尼拔，故而丝毫不避及与汉尼拔的决战。

元老院之所以会让这两个人当选执政官，完全是为了平衡军队的作战风格，以为只要让两个性格互补的执政官领兵，就能避免像费边那样只守不战，也能避免像米努基乌斯那样莽撞出击。此次，元老院更加重视汉尼拔，交付给两个执政官的军团数量达到了 8 个，再加上同盟国的辅助军团，整支军队有步兵 8 万，精骑 7200 余人，如此规模实乃前所未见。

汉尼拔在意大利大肆劫掠时日已久，可罗马的盟国都紧闭城门，军粮补给越发困难。为了获取足够的粮草，汉尼拔率军攻取了罗马的大粮仓——坎尼城。有了粮食补给的汉尼拔安心扎下营寨，悠闲地等待罗马军团的到来，他知道费边的离开意味着罗马正寻求决战的机会，而这也正是他所期待的事情。

坎尼的失守极大地刺激了罗马联盟，此地不仅是罗马的战略要地，也是罗马联系各邦国的枢纽，两个执政官带着军团火速驰援坎尼地区，在距汉尼拔约10千米的地方扎下大营。

坎尼位于意大利东部，毗邻亚得里亚海岸，北侧有一条名为奥菲都斯的河流注入海洋，河流西侧地势平坦适合骑兵作战，东侧则有高低起伏的丘陵。

两个执政官都知道汉尼拔多次战胜罗马，皆因为他善于选择战场。罗马总是被迫在敌人占优势的地方会战，所以保卢斯决定自己掌握战场的主动权，将军团主力驻扎在奥菲都斯河东侧，另派2万人马驻扎在河流西侧的一处高地，用来牵制、监视汉尼拔的大营。保卢斯布阵较为谨慎，两处营地互为依凭，但依然采用费边的拖延战术，只小战而不决战，令汉尼拔无从下手。

瓦罗觉得十分憋屈，总想转守为攻。在相互试探的阶段，两军都在观察对方并寻找战机，由于汉尼拔只有3万步兵和1万骑兵，而罗马军团的兵力是他的两倍，故而汉尼拔不敢贸然出击。双方虽然频频发生小规模冲突，但罗马方面士气高昂，屡占上风，这增加了执政官瓦罗的信心。

按照罗马规定，两个执政官同时带兵，军团由两人按天轮流指挥。公元前216年8月2日，当日正好是瓦罗指挥，他决定在这一天书写自己的胜利，不顾保卢斯反对，下令全军到不利于迦太基骑兵作战的河流东岸布阵。的确，东岸地势起伏更有利于罗马重装步兵战斗，决战的号角已经吹响。汉尼拔见罗马人已经做好了决战准备，兴奋地下令全军出营，渡河到东岸布阵。

罗马方面将精锐的重装步兵置于中央，由前执政官塞尔维乌斯指挥，其纵深被加强，横队与迦太基军阵等长，两翼则布置为骑兵军团，瓦罗本人指挥同盟国骑兵位于左翼，保卢斯指挥罗马骑兵位于右翼，全军背靠亚得里亚海岸。其中保卢斯指挥的右翼骑兵数量较少但紧紧贴靠在奥菲都斯河，以河流作为天然保护，另外罗马还在后方留下了1万人的机动部队，准备在关键时刻投入战场。

迦太基位于罗马军团西南侧，大军以高卢步兵为先锋，摆出了一个凸出如弓箭形状的阵形。高卢步兵身后就是最精锐的迦太基步兵，由汉尼拔指挥，既负责增援前方的高卢步兵，也用于监视他们，其左翼为西班牙、高卢联合骑兵，由马戈·巴卡指挥，右翼则为汉尼拔的王牌——努米底亚骑兵。

看见汉尼拔大方应战的罗马军团发出了震天怒吼，士气极为高昂，迦太基方面也不落下风，全军敲打盾牌以鼓舞士气。随着两翼骑兵的马蹄声响起，坎尼会战正式打响。

首先接战的是两军的骑兵部队，这是两军骑兵难得的一次正面交锋。曾经的败绩没有让罗马骑兵畏缩，羞耻心反而激励他们大胆冲杀，标枪和长矛相互攻击，碰撞出激烈的火花，马蹄扬起的烟尘遮蔽了天空的阳光。然而西班牙、高卢联合骑兵拥有质量和数量的双重优势，灵活机动地冲击着罗马右翼骑兵。

面对数量远远多于自己的西班牙、高卢联合骑兵，保卢斯凭借河流死死防守着大军右翼。中央的罗马重装步兵伴随着整齐的步伐向高卢步兵推进，先是罗马标枪漫天落下，紧接着又是罗马重装步兵如虎般的冲锋。不久后，高卢人爆发力强、持久力弱的特点表现了出来，凸形阵开始发生变化。

最凸处的高卢步兵因体力不支向后方退却，阵形逐渐变成一条直线，罗马重装步兵杀红了眼，越战越勇，不断追击高卢人，其体力、耐力、持久力显然远超高卢步兵，高卢人被砍杀得向两侧溃散，凸形阵变成了凹形。

然而，汉尼拔早就料到了这些，连忙挥动长剑示意。紧接着，精锐的迦太基步兵迎上罗马重装步兵，稳住了战线，迦太基阵形变成了一个新月形的大口袋，迦太基步兵就是这个口袋的底部，由汉尼拔指挥，稳稳地挡住了罗马重装步兵，使其进退两难。可是后方的罗马军团还在继续向前冲击，大军扎堆陷进了"口袋"，士兵们被迫挤在一起，阵形越发拥挤。

此时，罗马右翼骑兵疲态渐显，这全是因为罗马人布置在此处的兵力最弱，而汉尼拔却布置了多数的骑兵，战场的命门显然就在这里。果然，保卢斯的右翼骑兵在奋战良久后被冲散了，西班牙、高卢联合骑兵遂穿过罗马的右翼，并快速移动到罗马人的背后。

突然而来的西班牙、高卢联合骑兵打破了僵局，他们纵马杀到罗马左翼身后，罗马左翼骑兵在敌军的前后夹击下开始逃散，最终被逐出了战场。此时，罗马重装步兵的后背和两翼已经完全暴露在西班牙、高卢骑兵的长矛下，汉尼拔迫不及待地指挥骑兵冲击罗马步兵的侧后方，完成了包围。不知不觉中，汉尼拔实现了以3万人包围8万人的壮举。

遭到四面打击的罗马重装步兵阵脚大乱、军心浮动，意识到己方骑兵已经战败，口袋里的罗马军团屡次突围，但均被汉尼拔强压了回来，罗马军团越来越混乱。一个罗马百夫长惊恐地发现，战死者的鲜血如喷泉一样射向天空，地上都是残缺不全的断肢，除了惊慌失措的叫声，他已听不见任何声音，直到身边的同伴相继倒下，无数的尖刀猛然戳向自己，他才知道死神几乎近在眼前，纵然奋力挥剑格挡，奈何刺来的长矛太多，最后还是和同伴一起倒在了土里。

被包围后的战况就是一边倒的屠杀，执政官保卢斯、前执政官塞尔维乌斯当场殉国，留在后方的1万罗马机动部队因没有接到命令而全体被俘，仅有4000人马冲出了包围圈，其中就有那个叫大西庇阿的年轻人。这已经不是他第一次从汉尼拔的魔掌里逃脱，眼前的一幕深深地映入他的眼帘，这个19岁的年轻人除了逃命也不忘回头凝视汉尼拔的身影，似乎若有所思。

坎尼会战就此结束，罗马军团战死者多达7万人，包括一个执政官、一个前执政官和80名元老院议员，只有瓦罗率领残部侥幸逃脱，而汉尼拔方面只损失了6000人，其中高卢雇佣兵就占了4000人。坎尼会战的结果真是史无前例，整个罗马联盟陷入了前所未有的恐慌。

至公元前216年，汉尼拔孤军奋战，先后击败执政官西庇阿、森普罗尼乌斯、弗拉米尼乌斯、塞尔维乌斯、米努基乌斯、保卢斯、瓦罗，共7位罗马将帅，斩首约11万罗马勇士，其辉煌的战绩让人惊叹，也让人战栗不已。

"共和国之剑"的寒光

坎尼会战的噩耗刚刚传到元老院，紧接着，防御高卢人南下的2个罗马军团因中了诱敌之计被围歼在森林中。迦太基在得知汉尼拔的辉煌战绩后也开始积极行动起来，竟派兵进攻撒丁岛，还策划了当地土著的叛乱，好在罗马军团及时出兵驱逐了叛乱者。

接连的失败终于让罗马联盟动摇了。凭借坎尼会战的傲人战绩，汉尼拔成功挑唆坎帕尼亚最大的城邦卡普亚背叛，同时派兵攻陷了库迈以及卡拉布里亚的数座城池，坎帕尼亚和卡拉布里亚也步了山南高卢的后尘。

卡普亚是仅次于罗马城的第二大城市，也是坎帕尼亚的首府，周围有一定数量的卫星国。卡普亚之所以加入汉尼拔，可能是因为坎帕尼亚不甘心臣服于罗马人，萨莫奈没能帮他们实现的独立也许汉尼拔能做到。对罗马来说，卡普亚的背叛意味着汉尼拔在意大利有了自己的立足之地。

屋漏偏逢连夜雨，罗马多年来的友好盟邦叙拉古王国在希耶罗二世去世后，由年幼的孙子接班成为新国王。新国王希望得到整个西西里，便与汉尼拔眉来眼去，结果反而被阴谋者刺杀，汉尼拔派到西西里的两个军官成功夺取了叙拉古的权力，叙拉古王国也叛离了罗马，西西里陷入战火。

更糟的是，眼见罗马大败的马其顿国王腓力也打算来分一杯羹，他派使臣秘密接触汉尼拔，双方达成反罗马协议：马其顿驱逐罗马在希腊的势力，并派兵支援意大利战场，汉尼拔则派兵支援马其顿称霸希腊地区。就这样，北有高卢人，南有叙拉古，西有西班牙，东有马其顿，中间还有个汉尼拔，罗马共和国正面临建国以来最严峻的考验。

公元前215年，罗马城的天空黑暗无光，罗马人不可战胜的神话被打破了，不少罗马人向神灵祈求启示，但更多的罗马精英在反思失败的原因。最终，元老院全面采用了费边的拖延战略，还请出了他们最信任的王牌统帅，已经年近60岁的"共和国之剑"克劳狄乌斯·马塞勒斯，两人同为执政官。不仅如此，元老院还派前执政官提比略·森普罗尼乌斯·格拉古、瓦莱利乌斯·里维努斯，以及刚刚战败的瓦罗各自领兵奔赴前线。

据盐野七生所述，元老院制定了全新的拖延战略，打算凭借罗马联盟强大的经济、军事实力拖死汉尼拔。按照全境皆战场的原则，罗马将地中海划分成9个战区，动员了20～25个军团，超过16万人马，分别派有执政官经历的大将坐镇一方。

第一战区司令官为马塞勒斯、费边，兵力4个军团，辖区为罗马城南面的坎帕尼亚，目标是汉尼拔所在的卡普亚，意在缠住汉尼拔。

第二战区司令官格拉古，兵力2个奴隶军团，驻守在东南边的卡拉布里亚，任务是攻取投降汉尼拔的南意大利城邦，并阻止欲在此处登陆的迦太基人。

第三战区司令官是里维努斯,兵力 2 个军团,驻守在阿普利亚的布伦迪西乌姆(今布林迪西),意在抵御马其顿王国的入侵,同时伺机登陆巴尔干半岛。

第四战区司令官是西庇阿兄弟,兵力包括 2 个军团和大量西班牙雇佣兵,驻守在塔拉戈纳,任务是阻挡哈斯德鲁巴从西班牙增援汉尼拔,同时扩大罗马在西班牙的领土。

第五战区司令官是前执政官瓦罗,兵力 3 个军团,驻守在卢比孔河附近,以阿里米努姆为大本营,抵挡随时可能南下的高卢人。

另外,元老院还派了 2 个军团围攻西西里的叙拉古城,2 个军团进驻撒丁岛,2 个军团保卫首都罗马城,1 个军团坚守飞地阿波罗尼亚。

各战区指挥官都有单独的使命,他们遇到汉尼拔就袭扰,看见汉尼拔离开就追击,绝不放过任何投降汉尼拔的城池、要塞。汉尼拔虽然得到了一些墙头草的支持,但这些前罗马同盟国大多没有自己的军事力量,反倒要汉尼拔分兵驻守来保护他们,无形之中也是一种负担。

面对罗马崭新的持久战,汉尼拔急需得到西班牙或迦太基本土的支援,但是西班牙在西庇阿兄弟的攻略下暂时无暇外派援军,而迦太基本国也多次尝试支援,却都被强大的罗马海军挡住。因此,汉尼拔需要一个优良的港口来打开局面,于是他将下一个目标锁定为罗马的海上同盟国塔兰托,皮洛士当年就是应塔兰托之邀来到了意大利,罗马花了些血本才将其征服。

塔兰托是一个极为优良的港口城市,位于意大利"靴子"的脚跟处,枕靠亚得里亚海,有着坚固的城防体系,正面进攻必须以海陆两军协同作战方能奏效。起初,汉尼拔试图强攻塔兰托,但屡屡败北,一无所获,正当他为此发愁的时候,塔兰托的亲迦太基派来了几名使者,对方承诺在夜晚打开城门。

当天,汉尼拔故意派数千努米底亚骑兵大张旗鼓地突袭,暗地里却率领 1 万精兵悄悄潜伏到城外,塔兰托守军以为只是如往常一样的劫掠便没有在意,当晚还和汉尼拔的内应一起饮酒作乐,结果当他们喝得酩酊大醉时,内应打开了城门,汉尼拔的 1 万人马杀入城内,塔兰托陷落。

塔兰托的陷落让汉尼拔得到了期待已久的优良海港,这意味着迦太基的海上支援可以直接抵达意大利,汉尼拔有可能得到期待已久的援兵和粮草。而马其顿军队也可以跨海到达意大利战场,这样便能和汉尼拔合力攻破罗马城,如此一来，罗马在南意大利的统治地位岌岌可危。

卡普亚、塔兰托、叙拉古犹如三把尖刀插在共和国心脏的下方，十分危险。

可惜汉尼拔只开心了一小会儿，因为他很快就发现战场的形势并未出现决定性的逆转。塔兰托虽然陷落了，制海权却还在罗马人手中。迦太基运来的粮草一次次沉没海底，援兵一次次铩羽而归，而等待多时的马其顿盟军连个影子都没看见，难道是马其顿国王爽约了？事实上，聪明的罗马人早已下了一盘大棋。

外交上，里维努斯派使者与继业者王国埃及、塞琉古达成了保持中立的协议，断绝了马其顿可能的外援，同时还联络马其顿的世仇埃托利亚人、帕加马王国从陆地进攻马其顿，使得马其顿不得不中止讨伐意大利的计划，转而保护自己的土地、城池。

军事上，格拉古的奴隶军团也是战绩连连，展现出了和正规军一样的军事素养，他们配合罗马海军重创了迦太基的军队，使得任何登陆意大利的计划都不可能实现，汉尼拔对此也很是头疼。

在罗马元老院运筹帷幄下，马其顿王国后院起火、自顾不暇，迦太基海军节节败退，两者皆无力支援汉尼拔，罗马东部的敌人基本被化解。

更让汉尼拔头疼的是，卡普亚、塔兰托、叙拉古三国虽然背叛了罗马，但联盟的其他成员依旧站在罗马人那边。元老院意识到，若是不能严惩背叛者，联盟中还会有更多的国家投奔汉尼拔，所以他们决定狠狠打击背叛者，"共和国之剑"马塞勒斯因此被派往西西里，目的是先拿叙拉古王国开刀。

事实上，罗马从公元前213年起就计划统一西西里，但迟迟拿不下叙拉古城。叙拉古不仅是个坚固的要塞，同时还拥有智者阿基米德，此人设计的守城器械一次又一次地击退了来犯之敌。

马塞勒斯到任后，立即指挥海陆两军联合行动，共投入3万人马攻城。然而叙拉古非常自信，底气就是阿基米德的"小玩意儿"。在陆地上，阿基米德发明了一种弹射器，弹药是坚硬的石头，这种武器被大量装备到了城墙上，由士兵简单操作，不仅可以调节射程距离，还可以左右移动攻击，罗马军团就是再勇猛也得被石头砸个稀巴烂。在海上就更不用说了，叙拉古守军用的工具更是千奇百怪，什么拉钩绳索、反光镜子，只有想不到，没有做不到。

海、陆攻击均劳而不获令马塞勒斯很是羞愧，堂堂"共和国之剑"居然不如一个老头子。不过，马塞勒斯毕竟是罗马的悍将，叙拉古虽然一时之间难以攻陷，但收拾迦太基军队还是绰绰有余，不久后，马塞勒斯就大破迦太基的援军。

公元前213年，迦太基本土集结了2.5万步兵、3000骑兵和12头战象，企图在西西里的阿格里真托登陆。马塞勒斯得知后，留下主力继续围攻叙拉古，自己则率领一支人马紧急驰援阿格里真托。在恶战中，马塞勒斯指挥舰队反击，击沉了大量敌军战舰，而冒险登陆的迦太基援军也损兵折将，在海滩上丢下数千具尸体后狼狈逃回了北非。大胜之后的马塞勒斯集结数万人马继续围攻叙拉古，叙拉古叛军期待已久的救援已化为泡影。

虽然海陆强攻没有奏效，但马塞勒斯的包围滴水不漏，任何外来援助都不能进入叙拉古城，无形之中也是一种压迫。不久后，马塞勒斯听说了一件有趣的事情。据说希腊人为了庆祝爱神庆典，必须在节日当天喝得酩酊大醉才肯罢休。优秀的指挥官就是善于捕捉战机，马塞勒斯下令罗马士兵节日当天不得做任何引起叙拉古人警觉的事情。在希腊人放肆庆祝的时候，罗马人全副武装，静悄悄地等待夜幕降临。

天黑以后，马塞勒斯让一千精锐的罗马士兵悄悄接近城墙，他们用准备好的绳索屏气凝神地爬上了城墙，然后悄无声息地杀掉了半醉半醒的卫兵，打开了城门，整个行动组织严密且节奏紧凑。紧接着，1万罗马军团蜂拥入城。深夜时分，希腊人的哀号响彻天际，天亮之后，叙拉古城基本被马塞勒斯控制，零星的抵抗也在公元前212年冬季消失。

据说马塞勒斯想见见让他头疼的阿基米德，试图将老人纳入麾下为罗马效力。罗马人擅长学习，总是善于吸收对手的长处，马塞勒斯也是这样的罗马人。他没有因为阿基米德的发明而感到愤怒，相反，他看到了提高罗马科技的机会，希望能邀请阿基米德加入罗马，为罗马制造能够击败汉尼拔的工程器械，于是便派士兵去请阿基米德。然而派去的士兵没有统帅这般觉悟以及宽宏大量，当马塞勒斯在官邸来回踱步思考如何说服阿基米德时，却传来大数学家被杀的噩耗。原来阿基米德以正在做数学题为由拒绝了罗马士兵的催促，大怒的士兵一剑就杀死了阿基米德。

马塞勒斯大怒，罗马人向来尊重对手，如此残暴的行为显然有损罗马人的风度，更破坏了罗马提升军事实力的机会，几个士兵随后也被处死。虽然阿基米德死了，但罗马提高工程能力的计划没有终止，罗马将大量工程技术应用于战争，弩炮、投石车等机械都成了罗马军团的常见装备，这使得罗马的攻坚能力越来越强大，在未来的战争里，罗马甚至为军团配备了专门的炮兵部队，使得罗马军团战无不胜、所向披靡。

剑折将陨

公元前212年是罗马人喜忧参半的一年，元老院在这一年里组建了25个军团，各大战区均呈转守为攻的态势，可负责第二战区的森普罗尼乌斯·格拉古却意外阵亡。原来，汉尼拔在卡拉布里亚的将军向格拉古诈降，格拉古仅带着数十骑前去会谈，结果遇伏战死，他的两个军团也随之瓦解，第二战区已不复存在。

好在叙拉古城的光复让罗马有了稳定的南部战线，整个西西里又回到罗马手中，迦太基依旧不能跨过海洋，这如同一剂强心针让各大同盟国来了精神，罗马联盟变得更加团结了。为以儆效尤，背叛后的叙拉古失去了与罗马平等的同盟国地位，沦为行省城市，不仅土地农田都被没收，百姓也必须缴纳赋税，而那些煽动背叛罗马的叙拉古当权派均被马塞勒斯枭首示众。

公元前211年，卡普亚战区也硝烟弥漫。三路罗马军共计6个军团包围了卡普亚城，从外围修筑了坚固的营寨，给人一种城外之城的感觉，连一只苍蝇都别想出去。显而易见，罗马军团试图饿死卡普亚的守军。汉尼拔见卡普亚危急，连忙率军前来救援，但到了之后才发现，罗马军团依然坚持拖延不战，好像三个指挥官根本看不见汉尼拔一样。

汉尼拔试图突破罗马的包围网，几番猛攻下来却寸土未进，而三位罗马指挥官均拒绝与之决战，袭取营寨的战斗犹如攻城般艰难。汉尼拔思来想去，只好来个围魏救赵，大张旗鼓地杀向了罗马城。

论谋略他是天才，可惜迦太基并不理解罗马全民皆兵的体制，元老院根本无需召回包围卡普亚的罗马军团。负责守城的执政官当即发布征兵令，马上就组建了2个新军团，而且罗马人还大张旗鼓地杀出城外，在阿尼奥河与汉尼拔对峙。汉尼拔见围魏救赵之计失败，也意识到自己攻不下罗马城，只能狼狈撤回卡拉布里亚，罗马之围解除。

现在轮到卡普亚遭殃了，汉尼拔刚刚赶到卡普亚时就已经向城内通报了自己的到来，这让卡普亚人充满了希望。但他的挑衅无法逼出罗马军团，又不能通过奇袭让军团撤围，解救卡普亚的战役显得雷声大雨点小，卡普亚人因此倍感失落，士气跌落谷底。

当汉尼拔撤走后，6个罗马军团发动了全面进攻，攻势更加凌厉。连续的恶战令卡普亚损失惨重，精神和身体均在煎熬之中。最终，执政官普尔科克身先士卒，以生命为代价攻陷了坚固的卡普亚城。对于背叛者，罗马人从来都不轻饶，卡普亚的高层人士均被处决，所有公民都被贬为奴隶，这座城市永远失去了自治，沦为罗马直辖市。

叙拉古、卡普亚的光复让汉尼拔的处境艰难起来，坎帕尼亚和阿普利亚的城池相继投降了罗马，南意大利各城邦的态度也因此发生了戏剧性的变化。汉尼拔能够控制的地区只有塔兰托和卡拉布里亚，而精锐军队的人数也在不断减少，持久战的效果越发明显。为了保卫仅剩的立足之地，汉尼拔东奔西跑疲于应付，罗马始终拒绝与之会战。

公元前209年，罗马将兵锋指向了塔兰托城，刚刚攻陷叙拉古城的马塞勒斯已经调至该条战线，士气高昂的罗马军团隆重出动了三名统帅，计划由当届执政官费边、弗拉库斯率部进攻塔兰托城，由"共和国之剑"马塞勒斯咬住汉尼拔的主力，阻止其支援塔兰托城。

汉尼拔十分清楚罗马这一战略部署，要想支援塔兰托城，只能突破马塞勒斯的军团。这一次，汉尼拔倾尽全力，击败了一支牵制他的罗马军团，斩首数千余人。然而马塞勒斯是个执着的统帅，虽然年过六旬，但其意志力不输任何年轻人，在多次交战中，他始终死死咬住对方不松口。更令人头痛的是，马塞勒斯的攻击从来都不停歇，交战胜利了就继续追击，交战失败了也继续进攻，汉尼拔的精神受到极大挑战，他每天都要面对同样的战斗，无论胜与败。

这样的战斗直到马塞勒斯任期结束都没有停止。虽然罗马军团杀敌一千自损八百，但从士兵到将官都没有怨言，人们一直追随着马塞勒斯这把利剑，不断向汉尼拔复仇。终于，马塞勒斯的努力得到了回报，在没有汉尼拔增援的情况下，费边通过策反城内守将袭破了塔兰托城。至此，南意大利的三个城邦全部回归了罗马，汉尼拔被迫退回卡拉布里亚坚守，他的处境更加艰难了。

公元前208年，接连的失利让汉尼拔决心发动一次反击，迎接他的依然是马塞勒斯的军团。如今的马塞勒斯和汉尼拔都视对方为劲敌，小规模的战斗依然在不断发生，只不过马塞勒斯的心态发生了一些变化。在他看来，汉尼拔失去三个城邦的支持后已经没有了立足之地，现在的战斗只是最后的挣扎，他决定彻底结束意大利的战乱。

这次，马塞勒斯没有表现出避战，他与另一个执政官克里斯比努斯的军团会合后，大大方方地扎营布阵，向汉尼拔挑战。反倒是汉尼拔变得谨慎了很多，并没有轻易接受马塞勒斯的挑战，这自然是为了挑选理想的战场。不久后，汉尼拔退到一处森林，一个伏击战的计划在他心中形成了。

罗马的两名统帅很快就追着汉尼拔来到了战场，马塞勒斯一眼就看出了两军大营间的山丘颇有战略价值，但是汉尼拔的动作显然更加迅速，他早已料到马塞勒斯也会注意到这个山丘，事先派了上千努米底亚骑兵埋伏在山丘上，目的是伏击抢占山丘的罗马军团。对汉尼拔来说，伏击只是会战前用来鼓舞军队的士气，可是不仅汉尼拔没有想到，连罗马人也没有想到，山丘的伏击不但是会战的开始，也成了会战的结束。

马塞勒斯为一战击败汉尼拔，决定与克里斯比努斯同率二百余骑侦察战场。可是两位执政官要侦察的战场早已被汉尼拔的伏兵控制，过于草率的罗马骑兵一头扎进了汉尼拔的伏击圈，努米底亚骑兵突然从四面杀来，截断了罗马骑兵撤退的山路，遭到包围的罗马人顿时大乱。

执政官的铠甲、披风在战斗中是如此显眼，马塞勒斯毫无悬念地吸引了更多敌人，然而罗马老将毫不畏惧，拔剑迎战，有力的攻击和敏捷的身手让人看不出这是一个年过六旬的老者。他一剑又一剑地刺倒了几个努米底亚骑兵，但毕竟敌人太多了，身边的近卫相继战死，正在他抵挡来自侧面进攻的时候，突然，敌人的长枪从背后刺来，当即穿透了他的胸部，伴随着一声怒吼，马塞勒斯坠落马下。另一个执政官克里斯比努斯也身受重伤，在近卫拼死保护下才冲出了包围。罗马方战死者甚多，二百余骑只有二十人逃离。

战后，汉尼拔站在马塞勒斯的尸体前若有所思，他不敢相信这个老者就是威名赫赫的"共和国之剑"，他期待在正面对决中向他挑战，但这一切都不可能了。失去主帅的罗马军团不可能主动接受决战，只会更加谨慎地执行拖延战略，失望的汉尼拔感叹道："真是个优秀的勇士，却不是合格的统帅。"

在汉尼拔看来，马塞勒斯的勇敢与不屈值得赞扬，但作为数万军队的指挥官，贸然把自己置于险境却是巨大的失策。不过，汉尼拔并不惋惜马塞勒斯的死，站在尸体旁的他正目不转睛地盯着马塞勒斯的戒指，这是一枚作为印章的戒指，又一个计划在他的心中形成。

伏击战后，克里斯比努斯因重伤溘然长逝，马塞勒斯的副将克劳狄乌斯·尼禄不得不带着罗马军团紧急撤离战场。奇怪的是，塔兰托却突然接到了马塞勒斯的密信，要守军按时打开城门，迎接一支罗马军队。很明显，书信是汉尼拔用马塞勒斯的戒指印章伪造的，幸而克里斯比努斯临死前已将马塞勒斯战死的消息通知了各城邦。

果然不久后，一支举着罗马旗帜的军队来到塔兰托城下，为首的百夫长要求守军立即打开城门迎接马塞勒斯。守军旋即照办，可等到这支军队进去数百人后，守军突然砍断城门的绳索，大门轰然关闭，吊桥也突然拉起，已经进城的士兵旋即被围歼，还未入城的人被头上射来的标枪、箭矢打得连连后撤。汉尼拔见会战无望，又无法攻陷塔兰托城，只能放弃这次难得的战机，黯然返回了卡拉布里亚。

失去马塞勒斯的罗马军团十分悲伤，这位本应安享晚年、含饴弄孙的统帅却为国家奉献出了他的生命。作为罗马人一直以来的希望，马塞勒斯战斗了数十年，打败了高卢人，征服了叙拉古，可以说，马塞勒斯带领的罗马军团真正地实现了费边的拖延战略，让汉尼拔的精锐越来越少。不过现在一切又发生了变化，汉尼拔依然盘踞在意大利，极有可能起死回生，到底谁才能接替马塞勒斯成为罗马人的希望呢？

08

第八章 西庇阿的崛起

"明日之星"西庇阿

第二次布匿战争爆发后，汉尼拔率领的远征军屡屡挫败罗马共和国，从西班牙一路杀到了意大利，前后转战超过2000千米，先后击败8位罗马执政官，斩首10万罗马军团，一时间意大利狼烟四起，战火熊熊。

汉尼拔并不知道，一枚将星在意大利陨落，另一枚将星却在西班牙悄然升起。那个17岁在提契诺河之战中救回父亲，19岁又在坎尼会战里杀出重围的少年，他的全名是普布利乌斯·科尔内利乌斯·西庇阿，父亲是前执政官西庇阿。作为家族次子，西庇阿还有一个名叫卢基乌斯的哥哥，按照罗马人的传统，长子理应与父亲同名，但父亲把自己的全名赐给了次子，这是极不寻常的事情，意味着次子普布利乌斯很可能成为西庇阿家未来的家主。

所谓"虎父无犬子"，西庇阿自幼便随父亲学习军阵之事，年纪轻轻就走上了对阵迦太基的战场，并亲眼见识了汉尼拔的指挥艺术，这对他来说是难得的财富和真正的历练。然而人们很难想到，西庇阿一次又一次死里逃生并非没有缘由，历史早已给他和汉尼拔安排了一场宿命之争，这一切还得从西班牙说起。

公元前218年，汉尼拔成功翻越阿尔卑斯山，元老院拦截远征军的计划已不可能实现，为此，老西庇阿萌生了一个大胆的计划，即由兄弟格涅乌斯杀入西班牙扰乱其大后方，此举不但能开辟新的战场，还能截断汉尼拔的后路，阻止迦太基援军。

格涅乌斯·科尔内利乌斯·西庇阿不负众望，率领两个军团轻易翻越了比利牛斯山，一路攻城拔寨，直抵埃布罗河北岸。在一连串交锋中，格涅乌斯先是击败了镇守埃布罗河的迦太基将军汉诺，在塔拉戈纳建立了根据地，紧接着，又联合马西利亚舰队在海战中驱逐了西班牙总督哈斯德鲁巴·巴卡，俘获了二十几艘战舰，这使得当地不少部落改投了罗马。毫无疑问，埃布罗河北岸已完全控制在罗马人手中，两国大致以河流为界。

接到捷报的元老院大为振奋，决定加大西班牙战区的投入，于是将兵败特雷比亚的老西庇阿也派了过去。公元前217年，罗马在西班牙的兵力已达2

万，两兄弟联手后发动了疾风烈火般的进攻，驱逐了大半迦太基势力，西班牙代理总督哈斯德鲁巴被迫向南方收缩战线。糟糕的是，迦太基本国政府更加重视西班牙战场，一支总兵力约1.3万人和20头战象的援兵很快加入，包括汉尼拔的幼弟马戈·巴卡、吉斯科、努米底亚王子马西尼萨。

增援到达后，迦太基在西班牙的总兵力达到7万余人，战场形势开始逆转，迦太基采用金币外交，不断有西班牙部落叛离罗马，罗马的兵力更加捉襟见肘。西庇阿兄弟面对如此局面显得有些急躁，两人期望用一场胜利争取摇摆的西班牙人，于是两兄弟草率分兵南下，哪知老西庇阿军中竟有7500雇佣军突然叛逃。担心叛军一旦加入迦太基军队西班牙的局势将更加艰难，老西庇阿只好冒着遭遇敌军主力的危险，连夜拔营阻劫叛军。

谁知叛军事先得到了迦太基人的策应，伏击了冒失的老西庇阿，之后又集中力量击溃了格涅乌斯的军团，就这样，西庇阿兄弟双双阵亡西班牙，侥幸逃脱的7000罗马残兵被迫撤回埃布罗河以北地区，数年来的战果全部丢失。

面对西班牙的失利，元老院不得不再次派遣执政官远赴西班牙，因为若无人镇守埃布罗河北岸，迦太基的援军会源源不断地进入意大利，届时罗马将更难击败汉尼拔。经过商讨，罗马派出马塞勒斯，兵力约1万。然而意大利局势恶化后，马塞勒斯又被调回了意大利战区，副将尼禄得以暂时代理西班牙战事。

客观地说，尼禄将军作战勇猛、经验丰富，是极好的军事指挥官，在西班牙战场上，他一度打得哈斯德鲁巴节节败退。但尼禄毕竟是代理指挥官，急于将自己扶正的他总想着一劳永逸，竟然轻信了哈斯德鲁巴的求和，放弃乘胜追击，直到次日才发现被戏耍了。此事严重羞辱了尼禄，元老院召其回国谢罪，但谁才是合适的西班牙将官呢？

这时，一个年仅24岁的少年叩开了元老院的大门，他正是那个两度死里逃生的少年。别看他年轻，此人前不久才破例当选为市政官，而这一职位的年龄下限是30岁。这是一件极不寻常的事，在西庇阿之前，罗马尚未出现过"打破体制者"，没有人能违背法律和传统，西庇阿却成功利用选民的感情，成了第一个推翻元老院秩序的新人，这似乎是一个新时代的开始。

眼下，西班牙的局势对罗马十分不利，迦太基已经完全掌握了主动权，罗马城内很多将军都不愿意前往西班牙，年轻的西庇阿恳求元老院把这个机会交给他。按理说，只有执政官和法务官才有资格统率军团，而西庇阿只是最低级的市政官。然而，此时的元老院没有太多选择，也许是为了成全他为父报仇的觉悟，又也许是找不到更合适的人选，元老院最终妥协了，破例授予西庇阿"法务官"衔，让他临时获得了指挥罗马军团的资格。就这样，年轻的西庇阿踏上了为父报仇的战场。

公元前210年，西庇阿率领1万步卒、500骑兵、28艘战舰赶赴埃布罗河北岸的罗马营地塔拉戈纳。新指挥官一边收集西班牙各地的军事情报，一边重整军队、鼓舞士气，凭借良好的形象和西庇阿的家名，这个年轻人很快就获得了军队的认可。

西班牙的局势对罗马而言简直是一团糟，哈斯德鲁巴、马戈和吉斯科三人到处攻城略地，大多数西班牙部落都倒戈加入了迦太基，罗马基本处于被动挨打的窘境。像西庇阿这样的新人指挥官本可以一直驻扎在塔拉戈纳，守住埃布罗河就好，可西庇阿偏偏没有这么做，他的斥候忙着收集迦太基的各种情报，这明显不是安于现状的表现。

夜幕降临时，西庇阿会独自一人在地图前踱步，思考改变西班牙局势的方法。据目前掌握的情况看，迦太基的三名统帅并没有直接的上下级关系，三人各自为政，相互驻扎在很远的地方，迦太基似乎是要他们各自主管一部分战区。不仅如此，新来的吉斯科似乎与巴卡两兄弟不和，相互之间暗中较劲。

突然，西庇阿脑中闪过一个大胆的想法，他发现新迦太基城距最近的迦太基军驻地有超过10天的路程，而守军只有3000人，如果能在敌军回援前夺取守备空虚的新迦太基，必定能沉重打击对方的士气。战机稍纵即逝，一个冒险的计划在西庇阿的心中形成，他决定沿东部海岸南下，奇袭西班牙首府新迦太基城。

这是一场用生命作赌注的赌博。要知道纵然吸收了少许西班牙土著，西庇阿手里的军队也不到3万人，而迦太基的三名统帅麾下集结了7万余人，新迦太基城又是巴卡家族经营了20年的坚固要塞，那里城高墙厚、粮草充足，西庇阿若不能快速拿下城池，迦太基援军抵达时必定前后夹击西庇阿，由此可见此次军事行动的胜率极低。

不过西庇阿没有丝毫犹豫，当即动员部队整装出发，却没有透露行军的目的地。他不能让迦太基的间谍掌握自己的动向，故意把行动伪装成一场普通的战斗，唯一知道作战计划的只有他的副手，海军统帅莱伊利乌斯。

准备就绪后，西庇阿率领海、陆大军悄悄南下埃布罗河，2.5万步兵和2500骑兵一路急行军，沿途几乎没有让军团按以往的惯例安营扎寨，一切皆为了速度。七天之后，新迦太基城的守军大惊失色，"罗马人来了，罗马人来了！"

公元前209年，西庇阿军团突然出现在新迦太基城外，惊慌失措的迦太基守军立即关闭了城门。显然，迦太基人对罗马军团的到来十分意外，根本没有收到西庇阿出兵的任何消息，一切犹如从天而降。纵然满腹疑惑，但紧迫的时间已经不允许他们思考这些了。

新迦太基城位于西班牙东南部海岸，西、南两面环海，北面被一个巨大的咸水湖包围，城西与陆地隔着一道浅浅的运河，只有东面是陆地。狭窄的地形让城池变成了天然的要塞，陆军只能从东面进攻城墙，却不能包围全城，卫戍部队只要在东城集结力量就能很好地守卫城池，因此西庇阿才让副将莱伊利乌斯带来了海军舰队，可是舰队也只能从南侧海上包围城墙，北城的咸水湖始终无法到达。

迦太基守军认为罗马人不可能在短时间内拿下城池，而且城内粮草充足，只要援军及时赶到，西庇阿必定撤退。然而这只是迦太基人一厢情愿的想法，西庇阿可不会让他们如愿。

到达城外当天，西庇阿就开始为攻城做准备，他发表战前演讲，称海皇波塞冬在梦里告诉了他攻城的方法，他将按照海皇的旨意夺取新迦太基城。罗马人通常比较虔诚、朴实，托梦一说固然不可信，但至少对普通士兵来说，这是一种吉祥的征兆。第二天，罗马军团按计划开始攻城，奋勇的罗马人争先恐后地攀爬云梯，猛烈的进攻让双方都很吃力，喊杀声响彻了城东的每个角落。在远处观战的西庇阿见卫戍部队都被吸引至城东后，命令事先安排好的500名精兵携带攻城器械埋伏在城北的湖边，这些士兵十分疑惑主帅的安排，不知道守在深不见底的湖边究竟有什么意义。

战斗打得异常激烈，迦太基守将不甘心被动防御，便打开大门发动突袭，试图杀罗马人一个措手不及。西庇阿见状，亲自指挥精锐的2000勇士奋力攻击出城的迦太基人，双方挤在一起血战，狭窄的空间让武器来回碰撞，很多人根本无法用长矛进行戳刺，只能举着盾牌猛击对方的头部，一旦跌倒便会被人活活踩死。血战中，罗马人差点儿就挤进了城，但守军还是及时关闭了城门。

随后，罗马军团又争先恐后地攀爬云梯，可城墙的高度超过了罗马人的预料，迦太基人凭借城市的防御工事，不断将爬上城墙的罗马士兵捅下去，城墙始终掌控在迦太基人手中。罗马军团疲惫不堪，而西庇阿在3名手持大盾的亲卫保护下，在战场上来回穿梭、指挥军队、鼓舞士气，丝毫没有收兵回营的意思。

当罗马军团的攻势被完全击退后，迦太基守军爆发出山呼海啸的欢呼，他们以为当天的战斗已经结束，却不想西庇阿马上又指挥新的部队猛攻城墙，双方都杀得气喘吁吁，谁都不知道战斗会在什么时候结束。

直到天色开始暗淡，海风越来越大，海水不断朝北面涌去，仿佛海皇波塞冬降临一般。然而激烈战斗中的迦太基人没有发现这一天气的变化，只有西庇阿一人紧紧地盯着海面。当北面的湖水不断减退，直到最后只剩下20厘米的深度时，西庇阿一声令下，500名精兵迅速涉水绕到城北一处无人防守的地方。很快，这支奇兵登上了城墙，从侧面奇袭了迦太基部队。突然出现的罗马人让迦太基人大惊失色、惊慌逃窜，城门就这样从内部被打开了，攻城的罗马军团旋即蜂拥入城，如猎杀兔子一样砍死迦太基人，城池仅一天时间便被攻陷了。

"统帅就是海神使者"的说法在战后广泛流传，西庇阿听后只是微微一笑，既不否认也不承认，任由传言肆意传播，但他知道帮助自己获胜的是充足的情报。战前，他从当地渔民口中得知了一个秘密：湖水的退去得益于当地季风和潮汐的共同作用，而且非常罕见。不知道这究竟是明日之星的幸运，还是天意如此，巴卡家族经营数十年的大本营沦陷了。

西庇阿凭借此战在军中树立了绝对的威望，他虽然年轻，却已被士兵们当作神一样膜拜，但这没有让他失去理智，战后的处置工作更显出他过人的韬略。

首先是安民。西庇阿严禁罗马士兵侵犯当地人，主动释放城中被俘的女人和小孩，只招募了上千船员和工匠为罗马效力，但也承诺战后恢复他们的自由。

其次是怀柔。新迦太基城中软禁了数百名西班牙各部落人质，这本是牵制当地土著的筹码，西庇阿却将他们统统放回，还让他们带回罗马祈求平等结盟的"橄榄枝"。

最后是正直。据说西班牙人曾想将一名美貌的少女送给西庇阿，以答谢他的慷慨，可当西庇阿听说少女是西班牙某部落王子的未婚妻后，便果断将美女"完璧归赵"。

迦太基人的严苛与西庇阿的宽仁形成鲜明对比，两相对比之下，西班牙各部落大受震动，这使得不少西班牙人在西庇阿的怀柔政策下开始倒向罗马。后来西庇阿更是大胆地将新迦太基城交给当地人来防守，率部返回了塔拉戈纳，这种近乎"失去理智"的信任让西班牙人相信罗马人是真的把他们当作盟友。

新迦太基城的沦陷让三名迦太基统帅都震惊不已，他们几乎是才接到围城的报告，马上又接到了失守的噩耗，这让迦太基对罗马军团的兵力产生了怀疑，很难相信一支2万人的部队会这么快攻克要塞。然而，三个统帅都没意识到，西庇阿的可怕之处并不是夺取了一座要塞，而是用宽容平等的政策收服了西班牙的人心。

西班牙攻略

攻陷新迦太基城后，西庇阿的军团没有酒宴、没有庆祝、没有休假、没有玩乐，这看上去不像一支刚刚取得胜利的军团，反而更像战败后自我反思的军队。事实上，占领西班牙首府的作战只是西庇阿攻略西班牙的第一步，他接下来要做的是征服整个西班牙，为此，西庇阿从两个方面提升军团的战斗力。

一是训练常规化。西庇阿深知罗马"兵农合一"的公民兵缺乏训练，这些人战时入伍，闲时耕种，士兵素质参差不齐，因此西庇阿规定每天的急行军和军阵训练必不可少，此举意在提高军队的战斗技能以应对即将到来的大战。

二是装备务实化。西庇阿发现传统的意大利长剑劈砍、刺击都不够迅速，在近身混战中不能有效配合盾牌攻击，而挥砍的攻击往往因为敌兵铠甲坚固、手臂活动空间狭窄等问题，不仅容易损坏武器，而且还不能造成致命伤。此前攻打新迦太基城门的战斗就是因为武器过长而难以发挥作用，所以西庇阿大胆引进了西班牙双刃短剑。

这种短剑两刃锋利，长度约为高卢长剑的三分之二，大概60厘米，宽度为5~7厘米。西庇阿在训练军队时刻意强调短剑的快速刺击，再配合罗马人的盾牌，不仅能有效保护自己，而且剑剑都能刺入敌人的要害。从这时候起，罗马军团开始大量装备西班牙双刃短剑，后来名震天下的罗马剑基本都指这种双刃短剑。

卡斯塔隆之战

公元前208年，西庇阿以为攻陷新迦太基城的胜利必定会引来迦太基复仇，毕竟这里是迦太基在西班牙的首府。可是时间一天天过去，西庇阿发现敌人毫无踪迹，他恍然大悟：难道敌军是打算集中兵力后再发起攻击？西庇阿自然不会等待敌军壮大之后再行动，计划在他脑中一闪而过，既然敌不动，那就我先动。

准备就绪后，西庇阿派遣副将莱伊利乌斯率领海军舰队攻打西班牙南部沿海地区，意图扰乱敌军判断，隐藏主力动向，自己率领主力部队悄悄深入内陆地区，目标直指驻扎在卡斯塔隆的哈斯德鲁巴。

哈斯德鲁巴是名将哈米尔卡的次子、汉尼拔的弟弟，也是迦太基的一员猛将。此人非常谨慎，将军队驻扎在卡斯塔隆平原前的山脊旁，左右两翼均倚靠在山坡上，军队背后就有一条河流作为天然屏障。这样一来，迦太基军队就占有了地形优势，西庇阿便无法绕到背后攻击。

哈斯德鲁巴发现西庇阿后无意与之决战，而是立即通知另外两位统帅，相约合围西庇阿，所以哈斯德鲁巴整日高挂免战牌，将军队分成三个部分，主力夹在山脊间，两翼则分别驻扎在山上。如果罗马军团正面进攻，占据高地的迦太基人随时可以下山夹击。

西庇阿也知道时不我待，断不可能坐等三支敌军会合，在犹豫了两天后，西庇阿派新加入的西班牙盟军到哈斯德鲁巴阵前挑衅，试图诱使迦太基出阵。可哈斯德鲁巴对杂乱的阵形和粗鄙的脏话毫不在意，依旧坚守在营地里。反复试探之后，西庇阿决定冒险了，他挑选出数千精锐之师，果断指挥他们杀上山脊。西庇阿的意图很简单，即通过强攻，一举拿下哈斯德鲁巴两翼的高地。为此，西庇阿将重步兵主力全部布置在两翼，令其不惜一切代价夺取迦太基的阵地，轻步兵则被他放在了中央，用于牵制可能出营支援的迦太基人。

起初哈斯德鲁巴并未行动，他看到西庇阿意图决战后，便严令主力不得擅自出阵，因为他相信山脊上的两翼足以击退罗马人的佯攻，所以只打算静观其变。然而局势很快就变了，英勇的罗马军团大显神威，不顾一切艰险攀登上山，杀得迦太基两翼节节败退，眼看山脊就要失守了。哈斯德鲁巴终于坐不住了，他害怕继续等下去两翼高地便会被罗马人占领，到时便成了罗马军团三面包围自己，而身后的河流又挡住了唯一的退路，如此便有全军覆灭的危险。怒火中烧的哈斯德鲁巴只好下令全军出营，企图增援山坡上的军队，迦太基人终于开始进攻，卡斯塔隆之战爆发。

看见敌人主动出营布阵，西庇阿心中大喜，当即下达了加急军令，要求两翼迅速夺取山脊，然后合围山下的哈斯德鲁巴。得令后的罗马军团士气大振，中央的轻步兵不断用标枪射击出营列阵的迦太基军队，极大地延缓了敌军集结的速度，而陡峭的山脊和参差的林木根本阻挡不了罗马重步兵，他们仿佛在平地上奔跑一样。攻上山脊的罗马军团越来越多，山上的迦太基人相继被杀，而出营列阵的迦太基主力至今都还未站稳脚跟，迦太基军队一片大乱，若形势继续发展，迦太基人必定士气崩溃。

不出所料，罗马军团通过两翼发动的侧袭一举打垮了山脊上的迦太基军队，败军争先恐后地逃跑，罗马人立即从两翼夹击混乱的迦太基主力。战斗最终变成了一场大屠杀，迦太基的战象还没来得及加入战场就逃走了，咬牙切齿的哈斯德鲁巴不想被围歼，只能跟着败兵一起逃走。西庇阿乘胜攻取了哈斯德鲁巴的营地，大胜而归。

卡斯塔隆之战西庇阿大获全胜，罗马军团凭借勇气和毅力阵斩敌军8000人，俘虏1.2万人，自己仅损失数百人。战败后的哈斯德鲁巴一路逃遁，西庇阿没有选择追击，因为他没有足够的时间侦察前方，万一马戈和吉斯科的军队也已抵达，自己岂不是贸然扎入敌人的包围网中，毕竟歼灭迦太基军队的机会还有很多。

让人惊讶的是，哈斯德鲁巴并不是溃退，而是战略转移，他逃遁得过于彻底，居然在西班牙完成了一次"环岛旅游"后，翻越了比利牛斯山，杀入了意大利。得知哈斯德鲁巴直奔意大利后西庇阿惊惧不已，他在西班牙的职责就是断绝汉尼拔的后援，但就在自己的眼皮子底下，哈斯德鲁巴居然溜进了意大利，元老院接报后大发雷霆，费边更是大骂西庇阿破坏了拖延战略。

伊利帕之战

西班牙这边，哈斯德鲁巴一走，迦太基就只剩下马戈、吉斯科两支军队了，但其规模依然不容小觑，有步兵7万、骑兵5000和战象36头，想必不久后即将杀到西庇阿近前。西庇阿没有贸然进攻，而是返回塔拉戈纳招募部队，在吸收了更多的西班牙盟军后，已握有4.8万人马的西庇阿才再次向西班牙内陆推进。

两军对阵于伊利帕平原，该处位于伊比利亚半岛中南部，已经十分靠近直布罗陀海峡，换言之，西庇阿已经严重脱离了大本营的补给范围，若不能速胜，粮草耗尽、外援断绝极可能要了西庇阿的命。如此险境，不得不让人佩服西庇阿置之死地而后生的勇气。

迦太基军驻扎在伊利帕平原北侧山上，以吉斯科为总指挥，罗马军团驻扎在南侧，而两军中间的平原地带开阔且适合双方决战。迦太基将最精锐的重装步兵置于中央，两翼为西班牙雇佣军，最外侧是骑兵部队。西庇阿也做了类似的部署，将精锐的罗马重步兵放在中央，两翼是西班牙盟军，最外侧为罗马骑兵。不过西庇阿并没有让军队直接发起决战，毕竟西庇阿只有4万余人，在数量上远少于迦太基军队。

两军就这样隔着平原对峙，用各种小规模战斗试探对方，到后来，双方改成了大眼瞪小眼，一直目视对方到了日落时分后，各自回营休息，一连几天皆是如此。马戈、吉斯科自恃拥有兵力优势，没有发动强攻，可能他们在前几次的战役中知道了西庇阿的能力，不想孤注一掷，毕竟罗马属于进攻方，远离大本营，补给消耗严重，而迦太基军完全可以等到敌军粮尽后攻击。

时间一久，果然如吉斯科等人所料，西庇阿的军粮即将告竭，如果继续僵持下去，罗马军团剩下的军粮进不能击败敌军，退不足以返回大本营，势必会被迦太基击败，所以西庇阿决定像卡斯塔隆之战一样放手一搏。

不过，西庇阿越是想进攻就越是装作毫不在意的样子，罗马军团依然保持决战姿态，每日出营列阵，一天也不曾少过。果然，迦太基人逐渐懈怠下来了，因为即使他们完全不出营列阵，罗马军团也只是出个营、列个阵，然后天黑就回营休息，完全没有进攻的意思，迦太基人不打算继续陪罗马人玩干瞪眼的游戏，所以天亮后也继续睡大觉。可惜迦太基人并未想到，西庇阿每日列阵正是为了麻痹他们，见敌军警惕性降低后，西庇阿认为战机已至。

决战当日，天还未亮，西庇阿就让士兵们早早起床准备，天蒙蒙亮时，罗马军团就已经列阵完毕。西庇阿骑马奔驰在阵前，高声说道："昨夜，神灵再一次托梦给我，让我们放开胆子进攻迦太基军队，胜利必将属于罗马人。"说罢，一只雄鹰从西庇阿头上掠过，高声嘶鸣着，仿佛是朱庇特（宙斯）在催促他们前进。罗马军团伴随着响彻云霄的叫喊声不断朝迦太基军营挺进。

眼见罗马人真的要发动进攻了，迦太基人赶紧出营列阵。此战，迦太基采用往日的布阵，西庇阿却变换了军阵，他将罗马重步兵主力分别布置在两翼，中央部署了最弱的西班牙盟军，如此布阵是迦太基人完全没有料到的。

两军接触后，中央的西班牙盟军移动缓慢，而两翼罗马人却行动迅速，如同两只打出去的拳头。这些人虽按惯例分成三线，但不再交替出阵，而是由第一线死死挡住对方，第二、第三线则迅速绕到战场侧面，试图包抄迦太基侧翼。由于行动过于迅速，罗马人居然成功将努米底亚骑兵挤出了原来的阵地，致使迦太基的西班牙雇佣军侧翼暴露。

很快，士气较低的西班牙雇佣军就被罗马精锐杀得丢盔弃甲，中央的迦太基重步兵还没有发挥战力就发现自己的两翼已经完全溃败。如此一来，正面是罗马的西班牙盟军，侧翼是罗马的精锐重步兵，迦太基主力被包围。在罗马人的多面打击下，迦太基中央也开始溃败。指挥努米底亚骑兵的马西尼萨见主力败局已定，只能逃离战场，连夜遁向加迪斯，而马戈、吉斯科两人不得不带着亲卫立刻脱离战斗遁向大西洋，剩下的军队则被罗马军团屠杀殆尽。

此战，西庇阿再次获得大捷，7.5万迦太基军队阵亡者多达1.5万，被俘者数以万计，而西庇阿只伤亡了800人。

西庇阿在西班牙战场上连续击败了迦太基三员名将，不仅血洗了父亲的耻辱，还一举驱逐了迦太基在西班牙的势力。随后，西庇阿带领罗马军团逐渐掌控了整个西班牙，成为自马塞勒斯之后的罗马首席名将，还不到30岁的西庇阿已经在不知不觉中改变了第二次布匿战争的局势。元老院不会想到，这个不按规矩出牌的少年竟然是战争里最大的变数。

奔袭梅陶罗河

西庇阿无疑是罗马百年不遇的将才，他做事大胆、果敢、不拘一格，制度和规矩在他眼中并非牢不可破，只要是现实需要，他随时都可能冲破束缚，做出意想不到的事情。他的心中充满了抱负，为实现目标甘愿冒险，这才成就了他的西班牙远征。

元老院本意只是让西庇阿坚守埃布罗河防线，没想到西庇阿大胆南下，攻破了新迦太基城，还在卡斯塔隆平原击败了哈斯德鲁巴的军队，更想不到西庇阿大胆的作战计划使得哈斯德鲁巴溜过了埃布罗河，一路奔向意大利，因此以费边为首的贵族对西庇阿充满了敌意。

绕开西庇阿的哈斯德鲁巴大约有3万人马，他们沿着汉尼拔曾经走过的路线又一次翻过了阿尔卑斯山。沿途的高卢人都知道汉尼拔的大名，一看见巴卡家族的二公子，大伙儿觉得能力应该也不差，于是大量高卢人加入了他的队伍，哈斯德鲁巴的部队立刻达到了5万规模。眼下，汉尼拔的军队还盘踞在卡拉布里亚，如果任由巴卡兄弟会师，罗马将面对超过8万人的迦太基军队，届时南意大利的局势可能再次改变，所以元老院决定不惜一切代价阻止巴卡兄弟会师。

当年度的执政官是盖乌斯·克劳狄乌斯·尼禄和李维乌斯，尼禄曾是马塞勒斯的副将，在西班牙时被哈斯德鲁巴狠狠地"戏耍"了一番，现在他奉命指挥4个军团在卡拉布里亚咬住汉尼拔，李维乌斯则带领2个军团守在伊特鲁里亚地区阻挡哈斯德鲁巴的援军。

对哈斯德鲁巴来说，此时最重要的无疑是与汉尼拔取得联系，可是该怎么通知兄长呢？在没有网络和无线电的时代，要联络与之相距数百千米的友军着实不易，尤其在敌国境内更是难上加难，所以笔者认为最稳妥的办法是用战报传递自己的位置和动向，无论是烧杀抢掠还是击败对手都足以形成新闻效应，毕竟汉尼拔最擅长情报收集。

可惜哈斯德鲁巴选择了最危险的办法，草率地派人给汉尼拔送信。很不幸，这支迦太基小队没能逃过罗马巡逻兵的眼睛，信件被尼禄的士兵截获，哈斯德鲁巴意图在翁布里亚与汉尼拔会师的计划便不再是秘密。仇人见面分外眼红，尼禄经过反复思考做了个大胆的决定。

公元前207年，汉尼拔为了和弟弟哈斯德鲁巴的援军会师，率部从卡拉布里亚北上，尼禄则率军死死地挡住汉尼拔，想尽办法拖延汉尼拔北上的时间。尼禄采用的战术与马塞勒斯基本一致，就是不计代价地袭扰。罗马军团一路尾随汉尼拔的军队，不停袭击他们的运粮队。汉尼拔因为没有接到弟弟的来信，无法掌握其行程，不敢北进得过快，以免与其错过，故而没有全力摆脱尼禄军团的纠缠。

两军大营挨得很近，士兵们似乎每天都要搏杀一番方才罢休，时间一久，汉尼拔也习以为常。尼禄却非常焦急，他已获悉了哈斯德鲁巴的计划，更知道对方所在的位置，时间不允许他一直这样等待下去，若是兵力不足的李维乌斯不能挡住对方，自己将直接面对近8万人的迦太基军队。于是，尼禄要求副将模仿自己的战术不断向汉尼拔发动小规模袭扰，意在迷惑对方，他则挑了6000步兵和1000骑兵，趁着夜深人静的时候，携带少量口粮，轻装简从，昼夜疾行，直奔李维乌斯所在的梅陶罗河。七天后，尼禄所部便抵达了目的地。

按照笔者的估算，尼禄与李维乌斯的营地相距约500千米，单边行程用了约七天时间，如此计算，尼禄是以每天71千米的速度向李维乌斯靠拢，这显然远远超过了普通军队的日行军距离，可以想象，尼禄及麾下的7000人马是抱着怎样的决心北上抗敌的，当然，我们也不能忽略罗马大道的显著作用。

梅陶罗河发源于伊特鲁里亚的亚平宁山脉，河水自西向东，在法诺附近注入亚得里亚海，罗马军团修建的弗拉米尼亚大道刚好在河流下游处与之相邻。执政官李维乌斯当时驻扎在梅陶罗河南岸,哈斯德鲁巴驻扎在河的北岸。

哈斯德鲁巴起初并不害怕李维乌斯,甚至一度想歼灭李维乌斯的军团,毕竟迦太基占有人数上的优势。但当他得知尼禄带来了7000人的援军后,便放弃了与李维乌斯决战的打算,准备避开罗马人,从西南方向进入意大利中部,然后再南下。

为了摆脱尼禄和李维乌斯,哈斯德鲁巴做了一个大胆却被证明是错误的决定,他于深夜强行拔营,令士兵连夜撤离,迦太基军队只好放弃休息迅速撤离。可是他们沿着河流寻找渡河浅滩时才发现,沿途根本没有合适的渡口,整整一夜,迦太基军队都在寻找渡口。

天还没亮时,李维乌斯和尼禄就发现哈斯德鲁巴的营地已经人去楼空。罗马人当然不会让他如愿,两位执政官迅速召集军队追击,很快就追上了哈斯德鲁巴,并不断袭扰迦太基的尾军。哈斯德鲁巴很是无奈,知道安全渡河已成妄想,只能转身迎战,梅陶罗会战打响。

哈斯德鲁巴看着麾下5.5万大军充满了信心,他将10头战象布置在阵前,将精锐步兵放在中央,两翼布置了高卢雇佣兵和骑兵部队;罗马人也将精锐步兵放置在中央,两侧配以骑兵和轻步兵,李维乌斯指挥左翼,尼禄指挥右翼。

首先发起攻击的是迦太基战象,野兽汹涌地向罗马人杀来,顿时地动山摇,大有将罗马人碾成肉泥的气势。可惜罗马军团早已掌握了战象的命门,他们先是发出大吼并不断敲打兵器来惊吓象群,然后轻步兵再对准大象投掷标枪。在一片怒吼声中,动物的本性显露,大象惊恐地到处乱冲,还没攻杀到罗马阵前就踩死了己方不少步兵,迦太基阵脚大乱。哈斯德鲁巴不得已只能命令驭手杀死大象,如此一来,迦太基的战象莫名其妙就没了。

解决了象群之后就是步、骑大军的对决。可是罗马大军的右翼与迦太基人的左翼间隔了一座小山,这座山阻挡了两军侧翼的接触,但也成了决定胜败的关键。哈斯德鲁巴没有利用这个地形,忽视了小山的价值,被山阻隔的迦太基左翼呆呆地守在阵地,基本没有什么大的作用,尼禄却不同,他大胆地带领自己的部队离开了右翼位置,又是一路急行军,来到了李维乌斯的左侧,罗马军团的左翼瞬间拥有了两倍军力。

李维乌斯发动正面进攻,尼禄则沿着河流前进包抄迦太基人的侧翼。迦太基右翼不仅要阻挡正面攻击，还要躲避侧面的敌人，新招募的高卢人顷刻崩溃，纷纷逃窜，阵形已经被破坏，迦太基的右翼瓦解了。

随着迦太基右翼的崩溃，尼禄率领的骑兵杀到了敌军身后，使得迦太基中央也遭到了来自侧后方的袭击。本就因彻夜行军而疲惫不堪的他们渐渐体力不支，不断有人倒下，罗马军团逐渐包围了整支迦太基军队，大量迦太基军人战死，不少人四散逃走，哈斯德鲁巴已经无法保持阵形了。

正面进攻的罗马军团顺势将混乱的迦太基人截成几段，分割歼灭，之前还士气高昂的5万大军现在只剩下一片哀号。哈斯德鲁巴见败局已定，仰天长叹，此刻的他倍感绝望，身边的士兵相继战死，更多的人转身逃走，好不容易才组织的援军顷刻瓦解，他既没有守住西班牙，也没有带去增援部队，实在无颜面对兄长汉尼拔。绝望的哈斯德鲁巴最终选择光荣战死，只身向罗马人发起冲锋，直到身中数刃后才倒在了血泊之中。

此战，5万迦太基人仅战死者就多达3万，其余全部被俘，这支援助汉尼拔的远征军彻底消失了。得胜的第二天，尼禄带着自己的7000人马又迅速返回驻地，同样的，尼禄将军又来了一次空前绝后的急行军，而这前后只用了十四天时间。

汉尼拔从头到尾一直被蒙在鼓里，直到罗马人将哈斯德鲁巴的头颅丢到他的大营外时，汉尼拔才知道弟弟已经战死。悲伤的汉尼拔大哭不止，但这也无济于事，为了避免被罗马人包围，汉尼拔只能率部返回卡拉布里亚坚守，他的希望就此破灭。

远征准备

历时四年征战，凯旋的西庇阿受到了广大民众的热烈欢迎，这不仅是因为他那帅气的面庞和性感的声音，更是因为他一连击败三名迦太基统帅，将西班牙也纳入了罗马的管辖。然而这种欢迎只在普通民众中才有，元老院远没有那么热情。

以费边为首的元老们对西庇阿充满敌意，毕竟在意大利指挥的他们迟迟未能传出捷报，多少有点嫉妒过于年轻的新人。在老一辈罗马人看来，西庇阿的行事风格有严重的个人英雄主义倾向，不仅作战随心所欲，而且无视元老院制定的大战略。更可气的是，一些西班牙部落居然视其为"国王"，所以在是否为西庇阿举行凯旋式的问题上，元老院以其年龄不够、不是执政官等诸多理由坚决反对。

西庇阿也感受到了费边等人的敌意，因此他承认自己没有履行好职责，只能遗憾地放弃了获得一场凯旋式的机会，但是广大民众对这位英雄有着强烈的好感。善于利用民心正是西庇阿破格从政的原因，这一次他聪明地又利用了民众的支持，以放弃凯旋式为条件，要求元老院准许他参选执政官。

按年龄来说，年轻的西庇阿没有资格参选，但他总是不按规矩出牌，元老院刚刚才拒绝了凯旋式，如果再反对这一要求，公民大会可能会非议元老院不近人情、别有用心，于是元老院只好同意了西庇阿的请求。凭借广大民众的高支持率，西庇阿以压倒性的优势成功当选为下一届执政官，由此成为共和国历史上最年轻的执政官。

自罗马建国以来，西庇阿并非唯一一个不按规矩出牌的政客，却是最成功的一个，不论是市政官、法务官还是执政官，他担任的每个职位都是非常规操作。西庇阿的成功已经体现出民众支持率的重要性，强调传统和规矩的元老院第一次受到了挑战，若不是当时的元老院不拘一格使用人才，想必西庇阿也不会成功。

西庇阿为何宁可挑战元老院权威也要参选执政官呢？他不怕进一步增加费边等人的敌意吗？难道仅是为了追求名誉与地位？实际上，西庇阿如此执着于执政官一职，倒不是为了卸任后可以直接进入元老院，而是为了实现他心中更大的抱负和计划——远征北非。

远征北非并不是西庇阿最先提出的想法，早在西庇阿就任西班牙总督时，元老院的少壮派就已经提出了这项计划，他们认为将战火烧到迦太基本土可能会迫使汉尼拔撤军。这一计划与西庇阿的想法不谋而合，他甚至在马戈退守加迪斯后，亲自前往北非策反迦太基的重要盟友——努米底亚国王西法克斯。西班牙任期结束后，西庇阿在元老院发表激情的演讲，明白无误地提出了他的战略构想——先平定西班牙，再攻略北非，从而绕开汉尼拔结束战争。

可惜，执政官西庇阿的想法遭到了冷遇。元老院依然是保守派占主导地位，老牌政客并不打算让西庇阿自由发挥，特别是费边坚决反对这场北非冒险，理由也十分充分，一是汉尼拔已经被限制在了卡拉布里亚，拖延战略已经到了最关键的时候；二是罗马曾有过一次远征北非的失败经历，远征北非的前景令人担忧。

客观来讲，费边等人的政策绝对万无一失，慢慢困死汉尼拔最为稳妥，更重要的是，若北非取得战果，汉尼拔可能会返回北非救国，罗马就必须正面会战汉尼拔。在北非客场击败对手的难度绝对大于在意大利主场，因为迦太基可以随时为汉尼拔增兵添饷，除非西庇阿有必胜的把握，否则远征就是送死。然而西庇阿不同，他的思考方式代表了新一代敢作敢为的年轻人，为回应汉尼拔给意大利带来的灾难，罗马人也要以牙还牙地攻向北非。

元老院由此分为了少壮派和保守派，两派意见相持不下，老一辈贵族阶级比较支持拖延战略，年轻人则热烈拥护西庇阿出征北非。元老院最后达成了一个折中方案：将西庇阿的任区定在西西里行省，这里离北非最近，可以作为西庇阿进攻北非的基地，但罗马不会提供更多的战争资源，只允许西庇阿自己想办法，而且他只能使用两个不满员的西西里军团，并可以从西班牙军团中选600名军人参战，仅此而已。也就是说，元老院不但不承担进攻北非的任何军费，也不会支援西庇阿粮食、船只等，西庇阿得自己掏腰包，胜败也都由西庇阿一人承担。

这在罗马历史上绝对是第一次。执政官作为罗马的最高公职，在没有独裁官的前提下，执政官既能代表罗马政府行使军政大权，又能直接签订外交条约，但西庇阿的执政官没有任何权力。这样的条件表示元老院并没有真的把西庇阿当作执政官，只不过是满足广大选民的民意而已，可西庇阿接受了。

不得不承认，西庇阿是个极具魄力的统帅，别人看到的都是困境，但他看到的是希望。西庇阿立即从西班牙军团中选出了莱伊利乌斯等信任的同伴，又自费招募民众参战，因为其辉煌的战绩，西庇阿顺利募得7000人马。

这一时期的罗马军团开始出现变化，随着罗马对外战争时间的延长，公民兵已经不能定期回家干农活，广大民众对持久的战争怨声载道。好在罗马从卡米卢斯起就实行军饷制，这才让平民不至于破产，但是士兵们时来时去，统帅也换来换去，军队战斗力时高时低，在日益艰难的战争里，传统公民兵越来越不适应时代的发展了。

因为元老院的限制，西庇阿没有获得在罗马征召公民兵的权力，所以他要自费招募士兵。这些被招募的士兵不是退役的老兵，就是没有财产的底层平民，底层平民在罗马是不用服兵役的，换言之，他们没有参军的资格。可是罗马人有很高的荣誉感，不服兵役、不事生产对他们来说是一种耻辱，没有谁不想摆脱下等人的身份，这次他们等到了机会。西庇阿自费招募军团，让无产者也有机会走向战场，不少人决定到北非搏一搏前程，或许丰厚的战利品能让他们从此步入上层阶级。

西庇阿创造了太多的第一次，罗马第一次出现了募兵军团，新的募兵模式开启了罗马军团的新时代，在未来左右了共和国的存亡。

西庇阿带着招募的新军团登上了西西里，当地军团听说西庇阿要来都异常激动，因为这些人多是当年坎尼会战的幸存者，是人们口中的"败军之将"。他们太熟悉西庇阿了，战死在坎尼的前执政官保卢斯正是西庇阿的岳父，西庇阿本人也和他们一起在坎尼会战中奋战过，所以他们不排斥这个年轻的统帅，反而像亲人一般尊敬他。

当西庇阿询问老兵们是否愿意和他一起去北非战斗时，大家的眼眶都湿润了，十年了，他们忍受了十年的耻辱，不知道多少个夜里，那场战斗的场景不断在梦中惊现，他们不是懦夫，不是逃兵，不想就这样苟且偷生，如果再来一次，他们宁愿和同伴一起死在坎尼战场上。今天，西庇阿回来了，当年那个19岁的少年已经成了共和国首屈一指的将军，老兵们终于等到了报仇雪耻的机会，这一次，无论如何都不能再退缩了，如果不能打败迦太基人，那就让这些老兵们一起长眠在光荣的战场上吧！

之后的日子里，西庇阿为他的远征计划四处奔走，一边加紧训练人数不多的军团，一边忙着筹集军费。西庇阿想了一条妙计，故意将西西里的富人召集起来，说元老院已经同意他在西西里征兵，所以西西里人也必须自费参加军团。一听要上战场，生活安逸的西西里人顿时惊恐莫名。西庇阿知道会是这样的结果，便故作同情地说道："我知道你们难以胜任军中事务，但元老院命令已下，我不得不从。我从意大利带来了些手无寸铁的人，如果你们愿意负担他们的装备与军饷，我便让他们代替你们从军，可好？"西西里人一听有这等好事，立即应允，西庇阿不费吹灰之力便得到了大量军饷，如此便破解了元老院不拨付军费的困局。与此同时，西庇阿也不忘增强骑兵的作战能力，他深知骑兵作战在当下战争里的作用和意义，为了获得名满天下的努米底亚骑兵，西庇阿试图策反努米底亚人。

这里要交代下，努米底亚名为王国，实际是一个松散的民族，有若干大大小小的部落首领，谁的势力大，谁就能成为努米底亚的国王。随着常年征战，西法克斯的实力无疑是最强的，因此他也是迦太基的主要盟友。西庇阿曾在公元前213年策反过西法克斯，消息传到迦太基人耳中后，长老会议便不遗余力地拉拢西法克斯，使得西庇阿的策反劳而无功。

令西庇阿想不到的是，迦太基为了拉拢西法克斯，竟然将另一个努米底亚人推向了他，此人便是马西尼萨。马西尼萨是努米底亚－马西利亚部的王子，自幼生长在迦太基，有良好的教养，他曾是迦太基的重要盟友，还与迦太基将军吉斯科的女儿订有婚约。然而当西庇阿开始拉拢西法克斯的时候，迦太基便背着马西尼萨将吉斯科的女儿嫁给了年近60岁的西法克斯。更糟的是，马西尼萨的父亲死于内斗，西法克斯一举吞并了他的部落，迦太基由此更加轻视流亡的马西尼萨，连曾经的准岳父也密谋除掉他。

连遭背叛的马西尼萨从此与迦太基结下了不共戴天之仇，转而寻找新的盟友。之后，他躲过了迦太基人的刺杀，率领数百骑兵重返非洲，利用王子的身份四处召集旧部，不断袭击迦太基和西法克斯的土地。马西尼萨的军队以吃苦耐劳闻名北非，能够充分利用沙漠隐藏自己，犹如行踪不定的鬼魅，西法克斯几次清剿均未成功，不知不觉中，马西尼萨已聚集起2万人马。

敌人的敌人就是自己的朋友，这是亘古不变的道理。西庇阿积极投资这个流亡沙漠的努米底亚王子，热情欢迎马西尼萨加入罗马联盟，并承诺帮助他复国雪耻。马西尼萨想要报仇雪恨，没有罗马人的帮助是断然不能实现的，故而双方一拍即合，西庇阿终于得到了地中海最精锐的努米底亚骑兵。

西庇阿的西西里行省热情洋溢，同盟城市送来一车又一车粮食，军工厂日夜不停地工作，铠甲、兵器、战舰、粮草准备就绪。"出发"，一支抱着决死之心的罗马军团出航了,西庇阿站在船头眺望远方,他的眼中没有犹豫,没有忧虑,只有复仇和希望。

鏖战北非

公元前204年,452艘罗马战船浩浩荡荡地驶离西西里,旗舰上的指挥官正是西庇阿,他的身后是3万罗马热血男儿,其中步兵1.6万,骑兵1600,另有水手万余人。当他们靠近迦太基海岸时,曾经的海上霸主早已失去了往日威风,竟然无法派出一支保护海岸线的舰队,只能任由罗马军团踏上北非的土地。

抵达北非的第一年,西庇阿的主要目标是围攻迦太基第二大城乌提卡,该城位于迦太基城的西北方,其繁华程度丝毫不亚于迦太基。但是坚固的城墙使得西庇阿迟迟未能攻陷城池,为此,马西尼萨只能通过烧杀抢掠来吸引迦太基人。

长老会议没想到战火会烧到北非来,对西庇阿的到来有些震惊,匆忙之下,他们只好东拼西凑征集军队,直到乌提卡周围不少城镇都已投降西庇阿后,迦太基政府才勉强组建了一支军队,包括迦太基和努米底亚两部人马。其中,迦太基指挥官是从西班牙败退的吉斯科,手里有2万步兵、7000骑兵和140头战象,而西法克斯拥有6万努米底亚步兵,骑兵不下万人。

迦努联军人数众多、气势汹汹,论数量是罗马军团的三倍有余,但是和罗马人比起来,联军战斗力远不及西庇阿军团。一来吉斯科手里的军队全是雇佣兵,忠诚度和耐久力都不高,与报仇雪恨的罗马军团不可同日而语;二来西法克斯的军队以骑兵见长,步兵形同虚设,战力极低,这样的军队有些乌合之众的味道,开战伊始就被马西尼萨摆了一道。

当时吉斯科和西法克斯本打算先与马西尼萨和解,待击退西庇阿后再收拾他。谁知马西尼萨将计就计,假装同意和解,并立即率军与迦太基军队会合,还故作关心战局的样子,劝吉斯科派骑兵驰援乌提卡城,避免城内发生暴动,投奔西庇阿。吉斯科不知是计,立即派骑兵将军汉诺率领1000精骑赶往乌提卡，马西尼萨也自告奋勇地说要派军队策应汉诺，于是他便带着努米底亚骑兵紧紧尾随汉诺而行。迦太基骑兵不知道的是，他们的军事行动早已被西庇阿掌握，罗马军团埋伏在距乌提卡城约5千米的地方，当迦太基骑兵到达后，西庇阿和马西尼萨立即举剑杀来，全歼了这支骑兵，还俘虏了汉诺。

此战之后，马西尼萨配合西庇阿大肆劫掠周围城市，有的城市甚至被屠城，吓得不少北非人主动开城献降。吉斯科不甘心失败，同样也用伏兵之计围住了西庇阿和马西尼萨，但罗马军团展现出了职业军队的素养，他们背靠着背，高举盾牌，将杀到面前的迦太基士兵一个接一个地刺死，竟然斩首了5000敌军，俘虏了1800人，这反而让努米底亚军有些害怕了。

暂时击退吉斯科后，西庇阿从海陆两个方向加紧围攻乌提卡。在海上，罗马人将两艘战舰连在一起，装备了投石机、重弩炮等武器，专门用于轰击楼塔；在陆上，西庇阿使尽了各种手段，堆土山、搭云梯、推冲车轮番上阵，可谓无所不用其极。然而海陆两面的进攻都被乌提卡守军击退，城墙依然难以逾越。

冬季很快就来了，双方按惯例进入休战期，西庇阿却打起了小算盘。他派人再次联络西法克斯国王，暗示双方可以议和。西法克斯刚刚得了个美娇妻，也不想打仗，毕竟谁不愿意享受安逸的生活呢？于是西法克斯就当起迦、罗两国的调停人，两方游说，呼吁西庇阿退出北非，汉尼拔撤出意大利。

吉斯科见西庇阿挺有诚意，居然以为真的能够达成议和，迦太基军队便慢慢放松了警惕。西庇阿利用和谈的机会，不断派使者进入迦太基人的营地，这些使者每次都会带上几个奴隶，但没人会想到，这些所谓的奴隶其实是罗马的百夫长，一来二去，罗马人就摸清了迦太基和努米底亚人的布营。西庇阿发现联军的营房远没有罗马的坚固，而且大量使用木头和茅草，帐篷与帐篷之间还堆着易燃物，一个"火"字在西庇阿心中燃起。

公元前203年春，西庇阿故意做出一副要强攻乌提卡的样子，暗地里却准备了大量燃油和箭矢。夜幕时分，西庇阿、莱伊利乌斯、马西尼萨各率人马悄悄地离开了营寨，他们熄火烛、人衔枚、马裹脚，悄无声息地接近了努米底亚和迦太基人的营地。

首先发动夜袭的是马西尼萨和莱伊利乌斯的军团，漫天的火箭从夜空中坠入西法克斯的营寨，伴随风势，努米底亚的营房燃起了熊熊大火，营帐一个接一个地燃了起来，仓皇失措的士兵纷纷跑出营寨，但等待他们的是马西尼萨的战刀。

看见火势的西庇阿下令进攻吉斯科的大营，同样的一幕也在迦太基军营里出现，漫天的箭雨点燃了全部营寨，大量士兵不是在火中被烧死，就是在营门口被罗马士兵砍死。惊恐的人们抱头鼠窜，却逃生无门，整整3万迦努联军死在了这场夜袭中，另有3000余人被俘，只可惜西法克斯和吉斯科顺利逃离了炼狱。西庇阿的火攻大获成功，缴获了大量武器、马匹和金银，北非战场迎来了第一次大捷。

死里逃生的吉斯科很快就重新招募了一支3万人的军队，毕竟北非是迦太基本土，重新补充军力并不是难事。西法克斯撤退到阿巴城附近时，遇见了前来支援他们的4000西班牙雇佣兵，于是他也鼓起勇气，再次率部与吉斯科会合，重新回到了乌提卡前线。联军气势汹汹地再次挑战西庇阿，罗马与迦努联军迎来了一场正面对决。

迦太基、努米底亚方面由吉斯科率领全部步兵位于中央，以4000西班牙雇佣兵为先锋，两翼布置为骑兵，其中左翼是西法克斯指挥的努米底亚骑兵，右翼是迦太基骑兵。而罗马方面的布阵看似相同，也是两翼骑兵中央步兵，但战斗力明显强过对手，而且他们刚刚取得大胜，士气高昂，反观迦努联军，不少人还笼罩在大火的恐惧中。

战斗一开始就表现出了明显的差距，马西尼萨的努米底亚骑兵一马当先，首先驱散了对面的迦太基骑兵，不甘落后的莱伊利乌斯也将西法克斯的骑兵挤出了阵地。侧翼无忧的西庇阿指挥罗马中央步兵发动攻击，由第一横队死死挡住迦太基步兵，第二、第三横队变成两翼向敌军两侧移动，待完成包围后，迦太基步兵遭到了来自正面和侧面的双重打击。没过多久，双方就分出了胜负，4000西班牙雇佣兵全部阵亡，迦努联军被再次打败，西法克斯、吉斯科双双逃走。

西庇阿命马西尼萨、莱伊利乌斯率部追击西法克斯，自己则率兵围攻周边的城池，很多城镇直接投降，坚持抵抗的也被西庇阿轻松攻陷。西法克斯在逃跑中被俘，马西尼萨乘胜杀回努米底亚王国，一举攻占王国首都，各部首领均献表投降，马西尼萨由此登基称王，并娶了曾经的未婚妻。这一战，西法克斯国王不但自己被俘，连王后和王位也一并丢了。

西庇阿在北非取得了巨大的成果，一连两次击败吉斯科和西法克斯，他的"投资"也得到了丰厚的回报，整个努米底亚王国转入了罗马联盟，迦太基本土已经没有能和西庇阿抗衡的将领了。迦太基举国震动，悲观情绪在各地蔓延开来，现在他们只能指望汉尼拔力挽狂澜了。

不久后，迦太基政府提议和谈。西庇阿这次是真的准备和谈了，给出了比较有诚意的条款，其中赔款不过数千塔兰特而已，而迦太基长老会议却缺乏和谈的诚意，颇有点缓兵之计的味道。一方面，国内各派对是否与罗马和谈争吵不休；另一方面，迦太基急令汉尼拔和马戈两人率部返回北非，目的自然是增加对战西庇阿的筹码。

马戈·巴卡在西班牙战败后逃到了巴莱群岛，缓了口气后成功突袭了热那亚，还组建了一支3万人的部队进入山南高卢，只可惜他的大腿在战斗中被长枪刺穿，被迫逃回热那亚养伤。接到回国命令后，马戈连忙启程，却因伤势严重病逝海上。

汉尼拔自知无力改变意大利的局面，也只能接受远征失败的结局，仅带着1.5万老兵撤回了北非，留下了一片狼藉的意大利战场。而得知汉尼拔业已离开的费边也终于心满意足地去世了，时年76岁。不知道费边在听说西庇阿取得的北非战绩后，内心作何感想？是否后悔过对西庇阿的掣肘与敌意呢？

宿命对决

关于是否接受西庇阿的条件，迦太基长老会议的分歧很大，虽有人赞同停战议和，但更多的人并不甘心承认失败，以致长老会议的政策朝令夕改，前后不一。因此，迦太基一方面同意了西庇阿的条款，派使团前往罗马商定和平协议；另一方面却在积极备战，筹集粮草物资，各地守军均没有接到与罗马停战的命令。

公元前202年初，一支奉命给西庇阿运输物资的罗马舰队因海风过大被吹到迦太基人控制的阿基鲁姆斯海岸，结果惨遭进攻，整支舰队均被虏获，大量物资落入迦太基人之手。西庇阿大怒，立即派使团前往迦太基城，要求长老会议归还舰队及物资。恰逢此时，汉尼拔率领的 1.5 万人马安全登陆北非哈德鲁麦图姆，长老会议的鹰派立刻撕下了缓兵之计的面具，断然拒绝了一切和谈条款，并遣返了罗马使团。

罗马使团怀着愤怒离开了迦太基，他们的船只在即将抵达西庇阿营地前，突然遭到三艘迦太基战舰的攻击，罗马战舰以一敌三，奋力反击，凭借船员熟练的操控，船只避开了敌军的多次撞击，艰难地朝海岸撤退。此时，海岸附近的罗马士兵发现了他们，士兵们立即吹响号角，召集军团支援己方战船，使团这才安全登陆。

先是掳截运输船队，后是伏击罗马使团，迦太基政府已用实际行动对西庇阿宣战，双方战事再起。

决战之前

汉尼拔返回本国后，兵源和物资立刻得到补充，恢复到 5 万人的军力，包括步兵 4.6 万人，骑兵 4000 人，战象 80 头。由于失去了西法克斯的骑兵，汉尼拔向另一个努米底亚首领泰启亚斯求援，泰启亚斯属于西法克斯的残党，立即率领 2000 努米底亚骑兵加入了汉尼拔。西庇阿手中只有 2.8 万人的军团，不得不再次召唤马西尼萨增援，马西尼萨接信后没有耽搁，立即在本国招募了 4000 骑兵和 6000 步兵，紧急驰援西庇阿，双方很快会合，故而西庇阿的军力加起来接近 4 万人马。

西庇阿首先将怒火发泄到附近的城镇上，一路攻城拔寨，连克多座城池，不受降、不宽恕，所过之地尽为焦土。城市被焚烧，民众被奴役，罗马军团用恐怖的屠杀回应了迦太基政府，战火一时间燃遍北非各地。其间，守在哈德鲁麦图姆的汉尼拔始终按兵不动，迦太基政府颇为焦虑，不知道汉尼拔葫芦里卖的什么药，于是一次次地催促他拔营决战。汉尼拔并没有立即答应长老会议的要求，非常不满地回复道："你们无需关心职责以外的事情，战争之事我自有安排！"

事实上，汉尼拔不愿意立即出战的原因有二。一是他没有摸清楚西庇阿的情况，换言之，他并不了解这个年轻的对手。按照汉尼拔以往的习惯，他会在决战前派人收集对方指挥官的情报，从而制定正确的战略战术，坎尼会战就是这样，可是现在他完全没有时间做这件事。二是汉尼拔对自己的军队不甚满意，因为他没有足够的努米底亚骑兵。要知道，骑兵一直是汉尼拔决胜的关键，从两翼包抄对手的战术很大程度上依赖强有力的骑兵，而他现在的骑兵明显不足。基于以上两点，汉尼拔迟迟不愿出阵。

只可惜汉尼拔无法增加取胜的筹码，一来长老会议不断催促，各地民众也眼巴巴地盼望他的到来，汉尼拔很难装作视而不见；二来马西尼萨已经控制了整个努米底亚，迦太基不可能得到更多的努米底亚骑兵，就算继续等待，也不会有骑兵前来支援。最终，汉尼拔长叹了一口气，在使者离开后的第五天，他终于率领5万人马向西推进，在扎马迎头撞上了西庇阿的军团。决定两国命运的扎马会战正式打响。

双星对决

公元前202年秋，两军东西相望各自布阵。汉尼拔采用了四线列阵，第一列为80头战象军团，意在首先打乱罗马军团的阵形；第二列为1.2万名利古里亚、高卢、巴利阿里及毛里塔尼亚人组成的非洲雇佣军，战斗力稍差，其作用是充当炮灰；第三列为迦太基精锐和利比亚雇佣兵的混合队伍，两翼均布置有骑兵，左翼为努米底亚骑兵，右翼为迦太基骑兵；第四列是汉尼拔从意大利带回的1.5万精锐老兵，但他们与第三列保持了200米距离，汉尼拔只在最关键的时候才会投入这部分力量。

汉尼拔的作战计划很简单，即先用80头战象冲散罗马军团的队列，然后再用非洲雇佣兵去消耗罗马军团的体力，等到罗马人体力不支后，再出动精锐步兵消灭对手，而精锐老兵则用于督阵，如果形势不利，再把他们投入战场。

西庇阿此次采用了全新的布阵，表面上看依然是中央步兵和两翼骑兵，全军按三列线阵列队，加上罗马轻步兵共有四列横队。第一列为轻步兵，第二列为青年兵，第三列为壮年兵，第四列为老年兵。不同的是，第二、三、四列都整齐排列，他们不再像以前那样错落相间，而是后排士兵直接站在前排士兵的正背后，人与人之间的间隙也被拉开，从天空俯视，纵队之间便出现了大量的通道，只有第一列轻步兵站在后面队列的通道前面。这样的布阵让远处的迦太基人看不见罗马军团之间的通道，远远望去是一条直线般的队列。而步兵军团的两翼则各自布置了骑兵，左翼由莱伊利乌斯指挥，右翼由马西尼萨指挥。

西庇阿如此奇怪地布阵只有一个目的——化解战象的进攻。如果按照过去的布阵，战象一旦冲进罗马军团，无疑会踩死大量士兵，从而打散军团阵形，所以西庇阿人为制造了很多通道，一旦大象冲过来，就直接放它们从通道经过。另外，第一列的轻步兵负责投掷标枪，专门杀死不愿意进入通道的大象。

地中海最卓越的两名将军西庇阿、汉尼拔即将在扎马决出胜负，究竟是迦太基重振雄风，还是罗马称霸天下，一切即将揭晓。

轻风微拂，沙尘漫天，秋季的阳光不算炎热，战场上的罗马士兵却面红耳赤、热血沸腾。十四年前，坎尼战场上的青年们如今已经站到了中年兵的队列里，岁月磨白了老兵们的鬓角，也折起了他们眼角的皱纹。多么相似的场景啊，对面依然是当年那个30来岁的迦太基统帅，岁月也将他改变了很多。曾经在他的战刀下有多少罗马士兵身首异处？有多少家庭分崩离析？罗马人等了十四年，站在这里的正是当年的那群老兵，他们苟活了如此之久，就是为了等待血洗耻辱的时候，这一刻他们等待得太久太久。

今日的罗马人显得格外决绝，对他们来说，数年来的征战都是为了再次面对汉尼拔，无论过去有多少耻辱与荣耀，今天都将彻底了结。老兵们早在决战前就下定了死战的决心，此刻的罗马人毫不因为兵力劣势而感到恐惧，相反，他们仿佛看到了当年死难的战友们，好像他们也站在自己的身旁，一同并肩作战。老兵们心中只有一个信念：今日若不能雪耻复仇，那就让我们一起光荣战死吧！

伴随着狂怒的号叫，汉尼拔首先出击了。掀起漫天沙尘的80头战象向罗马军团冲撞过来，罗马轻步兵紧紧握着手中的标枪，无论是否有弓箭和标枪的攻击，他们都坚定地站在自己的位置上，安静地等着，一切只为了不让对方发现早已留好的通道。直到对面的战象冲到了射程范围内，罗马全军顿时发出惊天动地般的怒吼，这一声吼叫震动了大象的心房，不少受惊的大象失控地往回跑，反而冲进了友军的队伍，踩死了不少迦太基士兵。

紧接着，罗马人的标枪漫天落下，不少大象被四面射来的标枪击中，狂怒的大象发疯般向罗马人冲了过来，眼见双方就要撞上时，罗马轻步兵立刻向自己的侧边移动，露出了之前被挡住的队列通道。大象纷纷从通道里穿过，径直跑到罗马军团的后方去了，少量不肯穿越通道的大象被罗马人射死。罗马人损失轻微，汉尼拔期望的大象冲锋就这样被西庇阿化解了。

战象之后，两军步兵大吼着撞在了一起。罗马军团阵形稳定、视死如归，精干的西班牙短剑刺中了一个又一个迦太基佣兵，罗马青年兵爆发出老兵般的狠辣，两侧的骑兵在烟尘中冲杀在了一起。今日的罗马骑兵已不似当年的稚嫩，在努米底亚骑兵的配合下，迦太基的两翼骑兵很快被罗马、努米底亚骑兵逐向了后方，不少人受伤落马，更多的人拔马而逃，马西尼萨与莱伊利乌斯顺势掩杀，一路追赶而去。

汉尼拔的手心里全是汗，他意识到己方骑兵的退却让步兵的两翼暴露了，形势不太乐观。果然，最前方的雇佣军首先崩溃，转身向后方逃跑，但是后列的步兵坚决不准他们离开，凡是逃跑者一律砍杀，就这样，迦太基步兵勉强顶住了罗马的进攻，然而形势很快就发生了变化。在西庇阿的指挥下，罗马士兵缩小了前后的间隙，后排的士兵用盾牌顶着前面的士兵，以整齐的步伐向前推进，不断有人给前面的战友打气，仿佛是在说："别怕，小子，我们就在你的身后，我们会保护你的，给我冲过去！"

在相同的战场上，两军士兵却有着截然不同的心境。罗马人这边，纵然前面的敌人无比凶恶，眼前的景象无比恐怖，但只要身后的老兵还跟着，他们就会有一种同生共死的感觉，没有人会后退。热血鼓舞着所有人，即便有一两个胆怯的也会被勇敢的同伴感染，最后他们如同一道坚不可摧的铁墙，横扫了整个战场。

而迦太基人那边，士兵除了恐惧与绝望，似乎没有其他感觉了，因为后面的同伴不是友军，一旦他们退后，便会被后面的长矛刺死，前进也是死，后退也是死，这场决战还有何意义？于是大量雇佣兵强行后撤，为了活命，他们与身后的士兵自相残杀起来，由于无法突破队列，溃兵只好朝两翼逃跑。

汉尼拔见形势已经十分严峻，当即下令最精锐的 1.5 万名老兵出动，凶猛的迦太基老兵冲进了战场，罗马的短剑与迦太基的长矛在天空中你来我往。果然，当迦太基老兵上阵后，战局进入了对峙阶段，战场上满是断肢和尸体，鲜血已让地面泥泞不堪，西庇阿不得不暂时撤回伤兵，待重新整队后才再次发动进攻，但双方依然势均力敌。

突然，汉尼拔听见背后响起了急促的马蹄声，他转身一看，己方士兵已经有不少人被罗马骑兵冲倒在地，这是马西尼萨和莱伊利乌斯的骑兵，他们在消灭了迦太基骑兵后返回了激烈的战场。这突然而来的背后一击，终于击垮了迦太基老兵最后的心理防线。

罗马后两列的重步兵开始变成两翼向迦太基侧翼移动，罗马阵形逐渐变成了一个大口袋，俨然要将汉尼拔的军队一口吞下。多么相似的情景，曾经的汉尼拔就是用这样的口袋，吞下了数万罗马军团，今天，却是更年轻的罗马统帅要用这个口袋吞下汉尼拔。

汉尼拔的部队被罗马人包围了，当年坎尼会战的情景又完全重现了，只是这次被屠杀的人变成了迦太基一方。45岁的汉尼拔看着远处的西庇阿突然露出了一丝欣慰的微笑，看来有人继承了自己的战略与战术，只可惜那是个罗马人。

此战，西庇阿获得史诗大捷，罗马军团以1500人的损失阵斩迦太基2万余人，俘虏2万人，汉尼拔黯然逃离了战场。战后的扎马遍地血红，罗马人的欢呼响彻天际。西庇阿没有选择追击汉尼拔，他率部返回了营寨，不久就收到了迦太基的求和信，这次，他相信迦太基人真的要议和了。

决战之后

汉尼拔的战败结束了第二次布匿战争，曾经的地中海第一名将清醒地看到了罗马共和国的强大，也明白迦太基已无胜利的可能，迦太基政府无论多么不愿意，也只能接受失败的事实，最终双方签订了和平条约：

一、罗马承认迦太基在北非的领土，但海外领土全部割让给罗马；

二、迦太基承认马西尼萨为努米底亚国王，并不得支持其敌对势力；

三、迦太基保留10艘战舰，其余海军全部解散，舰船和所有战象必须交给罗马；

四、赔偿1万塔兰特，分50年还清；

五、未经罗马允许不得进行任何战争，哪怕是自卫战争也不行；

六、交给罗马 100 名贵族人质作为履约的保证。

第二次布匿战争终于结束了，迦太基挑战罗马的战争可以说是彻底失败了，罗马全面控制了西地中海，迦太基的亡国时间全看罗马人的心情。但此时的罗马表现出了极大的宽容，丝毫没有消灭迦太基的意思，就连汉尼拔也没有被罗马追究，他本人继续为迦太基效力，当然他也没有放弃推翻罗马霸权的梦想，直到被叛徒出卖才不得已流亡亚洲，最后死在了比提尼亚。

西庇阿则迎来了一场空前盛大的凯旋式，并被元老院授予了"阿非利加征服者"的称号，即北非征服者。从此，西庇阿的官方名字后面加上了"阿非利加努斯"几个字，同时也成了共和国的首席名将，更是第一个 30 来岁就获得首先发言权的元老，西庇阿从此掌握了元老院的大权，逐渐成了继费边之后的罗马掌门人，而罗马终于能将目光投向更加辽阔的希腊了。

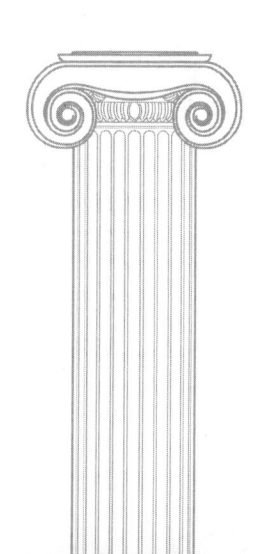

09

第九章 降服继业者们

继业者的今生

经过两次布匿战争的洗礼，罗马击败了叙拉古、迦太基以及希腊殖民城邦，成了西地中海最强大的势力。罗马在不断完善的罗马联盟体制下不断吸收各部落、城邦加入，已经从一个拉丁人国家演变成多民族的大联盟，到战争结束后，罗马辖下包括西西里、撒丁岛、山南高卢、近西班牙、远西班牙五个行省。不仅如此，罗马还不断与周边各国建立同盟关系，充当地区保护者的角色，每当盟国陷入战争，罗马便利用同盟关系获得一系列向外扩张的大义名分，萨托贡城邦就是一个典型的例子。

罗马共和国如骄阳般升起的时候，雄霸东地中海的亚历山大帝国却解体了，大帝生前的爱将们为了一己私利各自称王，形成了马其顿、塞琉古、埃及、色雷斯等一众继业者王国（即继承亚历山大霸业的王国）。各继业者王国虽名为继承者，却没有真的"继承"大帝生前的政策，反而背弃了马其顿传统，大量雇佣东方人加入军队，甚至连军事上也不再沿用西方战法。压抑的东方君主制和死板的战斗方式，无形之中已经拉开了罗马与继业者国家的差距。

四大继业者中，马其顿、色雷斯占据着巴尔干半岛，埃及控制着尼罗河沿岸，塞琉古则统治着叙利亚和波斯高原。论国力，埃及、马其顿、塞琉古三分天下，色雷斯偏安一隅，然而随着北欧凯尔特人的入侵，各继业者均有不同程度的衰落。

色雷斯王国地处爱琴海与黑海的交界处，人口稀少、土地荒凉，算是继业者中存在感最低的王国。色雷斯地区大致分为两个部分，北部由传统的色雷斯土著统治，称为奥德里西亚联盟；而在南部，马其顿人在这里建立起菲利普波利斯、卡比尔、莱西马基亚等殖民城市，它们是色雷斯王国的核心地区，也是最繁荣的地方。然而凯尔特人入侵后，色雷斯城池毁灭、人民被杀、国王战死，曾经繁荣的王国变成一片废墟，自保尚且吃力，更不要说与罗马争锋了。

埃及王国，历代君王都被称为法老，托勒密家族的埃及化十分成功，是东方化最彻底的继业者。这个国家很少爆发内战，也许是因为埃及国民从未接触过民主与共和，他们更容易接受君主的统治。而历代君王都注重守护传统疆域，虽然埃及也多次和塞琉古交手，争夺叙利亚，但整体而言，埃及注重发展商业和农业，属于小富则安、偏安一隅且文化繁荣的国家。

马其顿王国是继业者中领土最小的，却曾是东地中海最强大的国家，以马其顿方阵和伙伴骑兵组成的陆上力量在亚洲所向披靡，无人能挡。可是经过亚历山大战争、继业者战争、凯尔特人入侵后，马其顿人口锐减、农商业凋敝，军事和经济实力急速下滑，国力已经大不如前。而南方的埃托利亚同盟一贯视马其顿为仇敌，不断威胁着王国南部疆土，罗马也曾利用这个关系挑动两国战争，马其顿国王虽有恢复希腊霸权的雄心，但这个梦想再也没有实现了。

塞琉古王国，这个由马其顿名将塞琉古建立的庞大王国，起初拥有整个小亚细亚、叙利亚和波斯高原，实力雄厚。但是公元前246年，第三代国王安条克二世在宫廷政变中被妃子杀死，王国突然陷入混乱，东方各总督纷纷独立，世仇埃及也挥师北伐，王国首都一度沦陷，庞大的塞琉古王国也面临亚历山大帝国同样的命运。

在小亚细亚，塞琉古王国独立出来了许多新的国家，比较强大的是本都、比提尼亚、帕尔马。历代塞琉古国王虽觊觎这里的土地，却无力将其并入王国，特别是埃及势力的插手，让小亚细亚的局势更加诡谲。至于远东地区，东方各省总督拥兵自重，相互结盟，实际上已经不能算是塞琉古王国的领土了。好在第六代君王安条克三世年幼即位、励精图治，向东重新恢复了王国昔日的权威，各省诸侯均上表称臣，但整体而言，各省仅是在形式上表示臣服，也不能和当初的塞琉古王国相提并论了。

由此可见，塞琉古体积虽大，却是外强中干的花架子，东、西两地的诸侯均手握重兵，听宣不听调，王室真正能控制的地区只有两河流域和叙利亚一带，然而这些地方毕竟狭小，所以塞琉古能动员的军队不过5~7万人马，而且还要防备埃及人和各省总督，如此便显得捉襟见肘，和团结、高效的罗马联盟比起来，塞琉古可谓一盘散沙。

除了继业者王国，伊利里亚、伊庇鲁斯、希腊城邦、本都、帕加马、罗德岛等国也是东地中海不可忽视的地方政权。其中伊利里亚、伊庇鲁斯位于巴尔干西部群山，本都雄踞小亚细亚东北，罗德岛、帕加马均属沿海城邦，各国虽不如继业者强大，但仍是罗马东进的重要对手。

离罗马最近的无疑是伊利里亚，该地区尚处于部落联盟状态，各地首领以联盟的方式统治着各自的区域。每当有一个强大的首领出现后，伊利里亚可能会暂时统一，但这种统一仅维持在承认强者权威的基础上，一旦该强者离世，新的争霸战争便会爆发，因而伊利里亚虽然有很多强悍的民族，却始终无法对罗马人构成威胁。反倒是罗马军团到来后，他们纷纷与罗马结盟以换取和平，罗马以阿波罗尼亚为基地，施加着对伊利里亚的影响力。

至于伊庇鲁斯，一代枭雄皮洛士死后，该地区便急速衰落了，新的国王远没有皮洛士的军事天赋，在对外战争中屡战屡败，伊利里亚的部落甚至一度南下洗劫伊庇鲁斯的城市和乡村。不可否认的是，皮洛士频繁的对外战争极大地消耗了伊庇鲁斯的力量，当枭雄的梦想破碎后，伊庇鲁斯只能独自吞下先王酿下的苦果，这也间接导致伊庇鲁斯最终走向衰落。

希腊各城邦数百年来从未尝试统一整个希腊地区，只成立了埃托利亚和亚该亚两大同盟。毫不客气地说，希腊人除了文化卓越、人才辈出两点外，几乎没有任何亮点，他们应该是全世界最早提倡"民主"的国家。在他们心中，民主比生命更加重要，但是我们可以看到，民主制的希腊城邦在真正强大的马其顿、罗马面前根本不堪一击。因此，在罗马降临东地中海的过程中，希腊各城邦只是一枚被霸主反复利用的棋子，对于罗马的征服战争，他们早已无能为力。

以上便是希腊的大致形势，其中埃及与塞琉古结怨多年，为了叙利亚相互攻杀；马其顿与埃托利亚联盟相互敌视，彼此争斗不休；帕加马和罗德岛注重海上贸易，联合埃及对马其顿施压；色雷斯则偏居北方，被斯基泰人和盖塔人搅得不安宁。

随着罗马在巴尔干半岛的殖民活动，罗马军团善战的威名已经传到了东地中海，各继业者王国均感到了不同程度的威胁。特别是腓力五世远征意大利的计划破产后，罗马联盟的军事和外交能力让马其顿人芒刺在背，倘若不能将罗马赶出巴尔干半岛，马其顿绝难恢复亚历山大的霸业。

腓力王的雄心

公元前205年，年仅5岁的托勒密五世继位埃及法老，国家政权被权臣控制，党争和压迫终于让隐藏在埃及深处的矛盾浮出水面，上一代法老不曾镇压的起义如今蔓延至全国，大有愈演愈烈之势。

主少国疑向来是国之大忌，埃及大乱让塞琉古和马其顿看到了扩张的希望，要是能把富饶的埃及收入囊中，国力就要飞跃一个档次。马其顿国王腓力五世素来野心勃勃，梦想着恢复祖先的霸业。腓力五世一直觊觎埃及在小亚细亚沿海的领土，如果能将那里并入马其顿王国，爱琴海便有可能成为他的内海，亚欧两岸的贸易也将充实马其顿的府库。

公元前201年，腓力五世与塞琉古国王安条克三世结盟，相约瓜分埃及。在盟约达成后，腓力五世带着马其顿人无比自豪的雄心，踏上了瓜分埃及的征途。

彼时的埃及在小亚细亚颇有影响力，帕加马、罗德岛均是其贸易伙伴，而且在西南沿海还有萨摩斯等属地，这些属地的自治度非常高，距离又非常遥远，埃及仅在名义上拥有主权，所以当地的军事力量非常有限。腓力五世正是看中了这一点，首先攻略的便是这些土地。

没有埃及本土的支援，腓力五世很快就攻陷了萨摩斯等地，摧毁了不服从命令的城市，奴役了大量无辜的人民。接着，腓力五世又将战火烧向了帕加马和罗德岛，围着帕加马首都日夜攻打，让当地居民提心吊胆。更可怕的是，罗德岛和帕加马以为能通过海军力量困住腓力五世，毕竟马其顿不擅长海战，但腓力五世在卡迪亚海湾打败了帕加马和罗德岛的舰队，之后又在赫勒斯滂海峡两岸攻城略地，夺取了海峡枢纽阿拜多斯，从而控制了赫勒斯滂海峡。如此一来，腓力五世即便没有海军也能从陆地任意往返亚欧两岸。

马其顿国王的南征北战引起了周围国家的恐慌，罗德岛、帕加马等小国都十分惧怕被腓力征服，而东边的塞琉古王国也有意重新征服小亚细亚，这些小国在没有获胜希望的情况下，不得不向西方最强大的罗马共和国求助，恳求罗马扮演一次救世主。

按说罗马和罗德岛等国并没有同盟关系，是不应该介入战争的，而且当时的罗马刚刚结束了第二次布匿战争，国家疲惫不堪，广大民众都不希望与强国再次开战。然而元老院却对参战一事颇为积极，这倒不是罗马人过于好战，而是罗马秉持"联弱抗强"的外交政策，自然不能容忍一个强大的邻国出现，更何况第二次布匿战争期间，腓力五世还曾与汉尼拔结盟，威胁罗马在巴尔干半岛的殖民地。新的威胁和旧的仇怨促使元老们说服了公民大会，正式介入希腊各国的战争。

罗马介入东地中海事务前不忘大造开战舆论，从外交上孤立马其顿。为此，元老院故意派使团面见腓力五世，近乎苛刻地命令他退出占领的土地，态度如同宗主对待下属，其目的就是要让腓力拒绝和平条件。如此一来，罗马便能站在道德制高点宣传腓力五世如何残暴，如何侮辱罗马人，如何拒绝和平。紧接着，罗马便以腓力残暴为由拉拢希腊各城邦，其中埃托利亚联盟坚决反对腓力五世，而素来与马其顿交好的亚该亚同盟也在这时变得犹豫不决，罗马讨伐马其顿的前提条件已然成熟。

公元前200年，罗马执政官加尔巴率领两个罗马军团渡过亚得里亚海，罗马联盟正式介入希腊事务。罗马的介入让马其顿落入了一个精心策划的包围网中，其中罗马军团自西面进攻，伊利里亚部落从北面进攻，埃托利亚人自南面进攻，帕加马等国从东面牵制，如此四面受敌，腓力五世的压力非常大。

战争头两年，元老院所用非人，统帅没有胆量深入马其顿腹地，仅满足一系列小规模战斗，白白失去了扩大战果的机会。腓力五世发现罗马无意进攻马其顿内陆后，便撇开罗马人南下，击破了埃托利亚的军队，又向东挡住了帕加马等国，粉碎了元老院精心布置的包围网。

元老院对战局发展十分不满，不得不临阵换帅。公元前198年，元老院派出年仅30岁的执政官弗拉米尼努斯。此人雄心勃勃，豪情万丈，曾是"共和国之剑"马塞勒斯的部将，作战经验丰富，而且他和西庇阿一样仰慕希腊文化，自然会不遗余力地解救希腊城邦。

弗拉米尼努斯上任后，首先通过外交手段稳住了塞琉古王国，在默认其进攻埃及的前提下，得到了安条克三世不支援马其顿的承诺。接着，弗拉米尼努斯积极扩充军备，严惩叫嚣回家的哗变老兵，很快就让军团士气为之一振，积极作为取代了之前的消极怠工。

腓力五世感受到了罗马人的改变,试图与弗拉米尼努斯和解,但弗拉米尼努斯直白地告诉腓力五世必须退出希腊人的土地,而且还要交出长期由马其顿控制的要塞、关隘。须知要塞、关隘是保护首都佩拉的屏障,断不可能轻易交出,双方互不信任、各有顾虑,自然无疾而终。

交战的第一阶段,腓力五世试图凭借阿普苏斯河谷的险要地形拦截弗拉米尼努斯,因为狭窄的地形有利于马其顿方阵。万万没想到,弗拉米尼努斯玩了一招声东击西、暗度陈仓,4300人的罗马军团悄悄绕过城关进攻腓力的背后,腓力五世反倒被罗马夹击,结果一战损失2000人。

第二阶段,腓力五世故意向色萨利方向退却,沿途烧毁村庄和粮食,企图用"焦土政策"逼退罗马军团。然而这一政策并未影响罗马军团,弗拉米尼努斯稳扎稳打、步步紧逼,所过之地秋毫无犯,与腓力五世的霸道形成鲜明对比,此举让罗马人赢得了希腊人的好感和支持,不少城邦倒向罗马,粮食问题迎刃而解。

第三阶段,弗拉米尼努斯停止了对腓力五世的追击,作为统兵一方的执政官,弗拉米尼努斯不仅是战术家,也是战略家,他不可能任由自己被别人牵着鼻子走,相反,他要把腓力逼入不得不与之决战的境地,所以弗拉米尼努斯带着海军舰队一起向南兵临亚该亚同盟。感受到罗马强大压力的亚该亚同盟正式加入罗马,马其顿再无任何盟友。

亚该亚同盟的背叛让腓力五世越发孤立,而他指望的塞琉古援军迟迟没有加入的迹象,他已经明白安条克三世不会来了,与罗马的战争只能靠他自己,除了决战,腓力五世找不到打破困境更好的办法了。

狗头山之战

腓力五世下定决心后,当即集结了马其顿的全部力量,包括大多数不适龄男性,军队迅速扩充至2.5万人,以1.6万马其顿方阵为主力,配备有2000

骑兵，可谓是下了血本。这一次，腓力既不固守险隘，也不迂回诱敌，而是主动进攻。之所以敢如此大胆，是因为久负盛名的马其顿方阵给了他信心。

罗马方面，弗拉米尼努斯率领2.6万人的罗马军团和6000人的希腊盟军迎战马其顿，值得一提的是，弗拉米尼努斯的军团除了2900名骑兵外，还外带了20头战象。从兵种组成来讲，此战是罗马首次使用战象，可能借鉴了迦太基的大象战法，罗马指望这些大象能突破超长矛的马其顿方阵。

两军很快在被希腊人称为"狗头山"的地方相遇，这里有很多起伏不平的小山丘，并不适合马其顿方阵作战，因为破碎的地形容易打乱方阵步兵的队列，反倒是罗马军团灵活多变的中队更适合在这样的地形上作战。

决战当天的天气极差，伴随着阴雨的山间还弥漫着大雾，这种天气让两军士兵都看不清对方的虚实，因而罗马军团和马其顿方阵隔着狗头山各自扎营。腓力五世也许并未料到即将到来的决战，派了半数部队出营收刮补给，弗拉米尼努斯却立即备战，不敢大意。巧的是，两个指挥官都注意到了狗头山的地形，他们各自派出先锋部队上山打探情况，企图抢先占据高地。两支由骑兵和轻步兵组成的先锋部队最终在山顶处迎头撞上，决战就此打响。

起初的战斗中，马其顿占有明显优势，他们派去的轻步兵和骑兵明显多于罗马，罗马人一度被打退，不得不向后方求救。弗拉米尼努斯并不愿意将高地拱手相让，毫不犹豫派出2500人增援，战场形势又发生了改变，罗马军团抢回了之前的阵地，把马其顿人推了回去。然而马其顿步兵的战斗力同样强劲，他们并没有因为罗马人的增援而发生动摇，反而凭借熟练的战斗技巧一直在支撑。

该不该继续增援山顶战场？这恐怕是弗拉米尼努斯和腓力五世共同的问题。对罗马人而言，抢夺战场高地一直是他们的基本战术，倘若放弃狗头山的制高点，马其顿方阵就可能俯冲下山，4米长的枪林再加上从上而下的势能，罗马军团实难抵挡。对马其顿人来说，狗头山绝不是一个理想的战场，强大的马其顿方阵擅长在平原作战，因为只有平原才能保证各个方阵紧密排列，而狗头山起伏不平的地形让方阵步兵无法保持直线，这样势必会暴露侧翼。

居于后方的腓力五世不能看清前面的战况，但是他也明白罗马人加强了战力。腓力五世十分犹豫，他不想在视线不清的情况下贸然发起决战，然而不断的求援还是让他按捺不住，腓力不能眼看着自己的先锋部队就这样被歼灭在山上，最终还是选择继续增援山顶。

随着马其顿援兵抵达，山顶的形势又一次改变，马其顿人逐渐占据上风，罗马军团又被逼退。弗拉米尼努斯见状立即集结了全部军队，把军团分成左、右两部，他亲自指挥左翼，把战象配置在右翼前面。弗拉米尼努斯决定先率左翼上山增援，命右翼随后跟上。

山顶不断传来捷报，马其顿全军振奋，可是当罗马军团逐渐逼近山顶后，任谁都可以看出，马其顿人又将被赶下去。是否该继续增援？腓力五世这次没有犹豫，如同一个赌红眼的赌徒，当投入的筹码越来越大后，赌徒便不愿就此罢手。

腓力五世下令全军集结，并紧急召回外出征粮的另一半军队。由于外出的军队正陆续回营，罗马军团又步步紧逼，腓力五世不得不独自率领半数军队先行上山，同时命大将尼卡诺尔在集结好左翼后增援山顶战场。腓力五世似乎在赌马其顿方阵能在近身作战里顶住罗马军团的进攻，赌尼卡诺尔的左翼能及时赶回战场。事实上，腓力五世已经失去了理智，当下的局势已经非常明了，罗马军团全军压上山顶，如果腓力也率军迎上，决战便不可避免。然而马其顿方阵是否做好准备了呢？其实并没有，先不说尼卡诺尔的一半方阵尚未集结，崎岖的地形也不利于马其顿方阵作战，他们的侧翼缺乏保护，一旦遭到攻击，很难全身而退，所以更明智的做法是寻找平原地区决战。

决战已经开始，马其顿人也顾不上那么多了，只能全身心投入眼前的战斗。腓力五世指挥的右翼马其顿方阵行动迅速，整齐划一，他们欢呼着向山上挺进，气势十分骇人，然而左翼一片混乱，很多小队依旧没有回营，不但不能跟上腓力五世的右翼，连阵形都是一团糟。腓力五世当然也知道抛下左翼独自进攻的危险，但是前方的战况对马其顿越来越不利，前锋部队即将遭到全歼，长吸一口气的腓力大吼："给我上！"

精锐的马其顿右翼方阵立刻向罗马人压了过来，得到支援的马其顿人战意高昂，劣势瞬间扭转。4米长的长枪寒光四射，如同死神的镰刀一样让人不寒而栗，当长枪击中罗马军团的盾牌时，巨大震荡几乎要将罗马人掀翻在地。几番搏斗下来，罗马的短剑根本碰不到马其顿人，唯有投射的标枪能杀死几个来不及举盾的马其顿士兵，罗马人遂被逼退下山。

腓力为了进一步扩大战果，下令全军继续追击，因为从山顶向下的冲锋会更具威力，特别是马其顿方阵强大的正面杀伤力，更让人有一种山崩袭来的恐惧。果然，强大的马其顿方阵如下山猛虎一般，弗拉米尼努斯的军队频频后退，伤者无数。腓力越冲越远，而后方的左翼费了好大力气才赶到山顶，见战局有利于马其顿人后，他们一部分追下山争夺战利品，另一部分人却木讷地等待指挥官的命令。

浓雾慢慢散去，弗拉米尼努斯终于看清了战场形势，混乱的马其顿方阵，各部之间前后错落，侧翼统统暴露，而且他们的左翼根本就没有做好战斗准备。战机往往稍纵即逝，弗拉米尼努斯在紧急时刻看出了敌军的破绽，决定进攻马其顿散乱的左翼。布置在罗马右翼的战象咆哮着进攻马其顿左翼，骑兵和重装兵团紧随其后。尚未列阵的马其顿左翼方阵被罗马人切割包围，其侧翼遭到了无情的打击，很快就溃散了。弗拉米尼努斯见状急令继续追击，罗马人一路掩杀，将残余的马其顿左翼逐出了战场。

此时的战场形势变成两个右翼共同追击对方的左翼，不过弗拉米尼努斯的罗马军团机动性更加优越。当他的百夫长追击了一段距离后，竟发现腓力右翼只顾着追杀罗马左翼，已经冲到了很远的地方，此刻正好背对罗马右翼，这样的战机焉能放过。于是约2500人的罗马军团放弃了追击，他们在一位资深百夫长的指挥下，转身朝腓力的右翼方阵杀去。

高攻击的马其顿方阵只有一个缺点——侧翼没有防御力。失去了侧翼掩护的方阵有着致命弱点，他们没有近战保护能力，必须用骑兵和轻步兵保护方阵侧翼，但是今天的腓力仓促应战，来不及做这样的部署。

突然，呐喊着的罗马勇士挥剑刺穿了马其顿人的背部，4米长的长枪极其笨重，马其顿人很难转向迎战身后的罗马人，不少人赶紧丢掉长枪，试图用短剑自卫，然而罗马人的武器更加致命，剑剑直刺要害，方阵死伤惨重、阵形大乱。败退一段距离后的罗马左翼军团也稳住了阵脚，配合远处的友军，一同夹击马其顿人，腓力陷入了弗拉米尼努斯的包围中，知道大势已去的他只能选择向后突围。

此战，腓力指挥的马其顿方阵大败，战死约8000人，被俘约5000人，曾经称雄欧亚的马其顿方阵终于走下了神坛。对腓力来说，这是一场声名扫地的惨败，更是一场赌国运的惨败，马其顿方阵的损失难以补充，腓力已经不能再组织有效的抵抗了。最终，彻底失去信心的腓力向弗拉米尼努斯求和，签订了类似迦太基的和平条约：

一、马其顿放弃本土以外的一切国外土地；

二、全国只能保留5000人陆军，10艘战舰；

三、没有罗马的允许不得发动任何战争，哪怕自卫也不行；

四、将王子德米特里作为人质送往罗马；

五、加入罗马联盟，赔偿战费1000塔兰特。

得胜后的弗拉米尼努斯履行了给希腊人自由的承诺，亲自到科林斯参加希腊各城邦的地峡竞技会，并在大会上宣布给予希腊各城邦自由，还表示罗马不会在任何国家驻军，但会保障各国的自由和民主。

希腊人从未想过曾经的"乡巴佬"也会战胜马其顿，更没想过获得决定性胜利的罗马军团居然没有占领城池、关隘的计划，他们真的只是来帮忙驱逐暴君。这一切让在场的希腊人高声欢呼，弗拉米尼努斯因此受到了希腊人的热情拥护，激动的人群向他排山倒海地扑来，争相亲吻他、拥抱他，差点儿没把罗马的英雄给挤死。事后，罗马真的如承诺一样完全撤出了希腊，弗拉米尼努斯真的成了希腊的解放者。

其实，罗马完全可以派兵进驻城邦要塞，从而控制整个希腊，也可以就此吞并马其顿，将他们变成罗马的行省，但元老院没有这么做，之所以如此宽大，其实是罗马人的"以退为进"之计。元老院想必清楚继业者战争，安提柯正是用解放希腊的宣言赢得了城邦的支持，而卡桑德却因外派驻军失去了希腊人的拥护。元老院显然是在效仿安提柯，而这一政策的效果显而易见，希腊城邦纷纷与罗马结盟，罗马与塞琉古的战争已被元老院抢得先机。

"大帝"安条克三世

安条克三世19岁登基，继位时的塞琉古王国十分脆弱，南部被埃及占领，首都惨遭洗劫，东部各省纷纷独立，昔日疆域所剩无几，连仅有的王庭也被大臣把持，可谓是内有权臣，外有强藩。然而安条克三世是塞琉古最无愧祖先威名的继承者，他立志要重振自己的王国，再现亚历山大帝国的辉煌。

在未与罗马共和国遭遇前，安条克三世的人生堪称传奇，他的兄长因内乱而死，刚刚登上王位的他便展现出应对危局的惊人魄力。在安条克继位之初，作为塞琉古核心领地的米底亚、波西斯均发生了叛乱，当地总督率军杀入美索不达米亚，直接威胁旧都塞琉西亚。

安条克三世原本要御驾亲征讨伐叛军，但手握朝政大权的赫尔梅阿斯反对国王亲征美索不达米亚，联合小亚细亚总督阿基乌斯对安条克施压，将国王强行"派往"埃及战场。结果，安条克三世在与埃及的鏖战里连遭惨败，幸好祖先庇佑，安条克并未死于这场阴谋，但是叛军占领了旧都塞琉西亚，还歼灭了一支派去平乱的塞琉古军队。

被支出首都的安条克三世兵微将寡，又刚经历了惨败，可谓危机四伏。然而他并未气馁，反而在未告知权臣的前提下突然率军东征，以有限的兵力直击叛军中枢，抢先占据了旧都塞琉西亚北侧的关隘，截断了叛军与米底亚大本营的联系。叛军惊慌失措，被迫北撤，他们凭借兵力优势企图强行突破关隘，然而在交战中，安条克三世身先士卒冲杀到第一线。国王的英姿令叛军大为惊骇，本就没有多少反意的士兵立即倒戈加入了安条克，叛军总督大败战死，米底亚、波西斯均被收复。

安条克三世以雷霆手段平定叛乱后威望大增，手里还新增了倒戈而来的叛军军队，底气十足。为此，他终于决定对权臣下手，毒杀了赫尔梅阿斯，铲除了朝中的毒瘤。随着权臣的死，手握重兵的小亚细亚总督阿基乌斯感到不安，遂自封为国王，联合埃及托勒密王朝，试图夹击叙利亚地区。安条克三世又一次身陷危局。

公元前219年，安条克三世首先发兵讨伐威胁其南部疆域的埃及，一路攻城拔寨，战果颇丰。次年，安条克基本将埃及逼回了西奈半岛。公元前217年，安条克三世与埃及托勒密四世在拉菲亚决战，因为埃及国内爆发大叛乱，安条克三世虽败犹胜，托勒密四世不得不回国平乱，再也未能威胁安条克三世。

公元前216年，收拾了埃及人之后，安条克三世集中力量讨伐自立为王的阿基乌斯，很快就攻破叛军首府萨迪斯的外城，困住了阿基乌斯。阿基乌斯急忙向托勒密四世求救，对方派了一队雇佣兵前去拯救阿基乌斯，结果安条克三世策反了这支人马，他们以托勒密四世的名义将阿基乌斯骗出要塞，直接将其送给了安条克三世。至此，塞琉古王国的小亚细亚领土被尽数收复。

南方和西方安定后，安条克三世开始对远东用兵。

公元前212年，安条克三世率领12万大军东征，据说这支军队拥有2万骑兵和上百头战象。大军首先攻入毗邻小亚细亚的亚美尼亚地区，当地的奥隆蒂德王朝被安条克大军的规模吓到，被迫割地臣服，沦为塞琉古王国的附庸。

紧接着，安条克三世继续挥师东进，杀入了独立已久的帕提亚王国，逼得帕提亚王放弃首都逃向赫卡尼亚。帕提亚人企图利用当地的山岭伏击安条克三世庞大的军队，安条克三世却将计就计反包围了对方的伏兵。此战令帕提亚人既震撼又佩服，遂同意臣服安条克三世，帕提亚也回归塞琉古王国。

此后，安条克三世继续东征，兵临最强大的巴克特里亚，两军于阿里乌斯河会战。安条克三世身先士卒，率近卫深入战线，吸引敌军主力，极大地激励了自己的军队，他在此战中被敌军士兵击中头部，险些阵亡，但塞琉古军队最终还是包围了敌军首都巴克特里亚。在经历了长达两年的围攻后，巴克特里亚国王投降臣服，安条克三世把女儿嫁给对方王子，将其纳入麾下。

至此，经过安条克三世长达八年的东征，塞琉古王国的远东重归和平，各省总督俯首称臣，独立的王国均通过联姻成了安条克的附庸，这一系列让人惊叹的辉煌胜利为他赢得了"大帝"的称号。

辉煌的胜利促使安条克三世追寻更大的胜利。埃及在托勒密五世手中失控之时，腓力五世与安条克三世达成了瓜分埃及的协议。就在腓力王与罗马人战斗不止的时候，安条克大帝在同埃及的战争里取得了绝对的优势，击败了埃及陆军主力，成功夺取了巴勒斯坦不少城池，兵锋直指埃及门户加沙，托勒密王朝战栗不已，埃及本土岌岌可危。

然而，安条克大帝在如此大胜后并没有选择入侵埃及本土，他考虑到尼罗河的天险和埃及舰队的强大，如果进取首都亚历山大里亚，就不得不在海上击败埃及舰队，而这场海上较量，大帝尚未准备就绪；如果选择强渡尼罗河则更加危险，当年帕迪卡斯就是因为渡河失败而惨遭杀害，安条克大帝不打算冒这样的风险。

另一方面，马其顿王国与罗马的较量很快就分出了胜负，罗马取代了马其顿在希腊的地位，却毫不保留地撤军回国了，希腊出现了短暂的权力真空，这让雄心勃勃的安条克大帝垂涎三尺。大帝在消除了南方的威胁后决定挥师北上，进取希腊。

公元前197年，安条克大帝夺取了埃及在小亚细亚的属地，又以联姻的方式将小亚细亚各君主国纳入麾下，小亚细亚东部就此成了安条克大帝手中的筹码，而且随着色雷斯地区被他吞并，塞琉古进入欧洲的条件已经成熟。然而，以帕加马、罗德岛为首的自由城邦拒绝向安条克称臣，他们的强硬少不了来自罗马的支持。

公元前196年，汉尼拔在担任迦太基苏菲特时，着手整顿政府、打击腐败，因计划追缴贪官的财产触怒了当地的实权派，这些人向罗马密告汉尼拔勾连安条克大帝，于是罗马派使者抓捕汉尼拔。多亏汉尼拔提前得到消息，借着夜色悄然登船逃往塞琉古，最后他成了大帝麾下的指挥官，还积极鼓动安条克三世讨伐罗马共和国。

正当安条克大帝的兵锋扫荡小亚细亚之际，埃托利亚联盟给他送来了一支强心剂。早先，埃托利亚人曾是罗马的盟友，并在狗头山之战中出兵相助，但是战争结束后，埃托利亚人对外宣称是他们的军队击败了腓力五世，还刻意掩盖罗马军团的战绩，甚至大肆雇佣诗人捏造战争经过，使得希腊各地忽视了罗马人的功绩，两国由此心生嫌隙。

元老院本就打算从希腊撤军，对埃托利亚人的无礼行为也就听之任之，哪知罗马人的大度使得更多的希腊城邦与之结盟，埃托利亚人反而被孤立起来，偷鸡不成蚀把米的埃托利亚担心罗马的势力进一步渗透希腊地区，便热情鼓吹希腊人对安条克三世的崇拜，并邀请安条克进入希腊解放他们。

这正是大帝期待已久的，他想回到祖先出生的欧洲来炫耀自己的强大。但是刚入伙的汉尼拔劝大帝不要如此着急，他了解罗马共和国的军事实力，建议大帝集结更多的亚洲军队后再进入欧洲，然而大帝太过性急，也太过自负，他被埃托利亚人的谎言欺骗，错误地估计了形势，故而没有采纳汉尼拔的建议。

为了尽快进入欧洲，还没等亚洲军队集结完毕，安条克大帝就提前跨过海洋。公元前196年，安条克大帝率领约1.3万塞琉古军队越过赫勒斯滂海峡，顷刻间便攻陷了原色雷斯首都莱西马基亚城。

塞琉古王国在亚洲及欧洲的行动让罗马忧心忡忡，元老院可不愿意让已经十分强大的塞琉古王国扩张到自己面前，但是当时的罗马正陷入西班牙两个行省的大叛乱中，实在不愿意挑起与塞琉古的战争，于是元老院派使者劝安条克撤兵，可是大帝同腓力五世一样，还沉浸在亚历山大时期的骄傲里，根本没把罗马当回事儿。这时的罗马人也不再抱有幻想，他们下定决心要彻底粉碎安条克君临希腊的野心，战争已不可避免。

安条克大帝明白，罗马不会轻易让自己入主希腊，征服希腊最大的阻力就是罗马，只有将这个来自西地中海的"乡巴佬"打败，才能获得希腊各国的臣服，届时，他安条克三世就会成为继亚历山大之后最具威名的君王。

大帝的外交官迅速行动起来，指望能将希腊各城邦拉入自己的阵营，以增加自己对阵罗马的本钱，但是各城邦都还记得罗马撤兵希腊的绅士之举，对安条克宣称解放希腊之说抱有很大疑虑，因此，并没有多少城邦加入安条克的阵营。

至于马其顿王国，腓力王还记得上次战争时安条克对自己的见危不救，更令人恼怒的是，安条克还为在狗头山战死的马其顿士兵举行盛大的葬礼，并指责腓力五世不尊重死者，这简直就是狠狠打了腓力五世一个耳光，马其顿的国事哪用你安条克来指手画脚？于是气愤的腓力五世毫不犹豫地站到了罗马一边。如此一来，在希腊的土地上，大帝除了埃托利亚人，几乎没有实质的盟友，大帝能打的牌并不多。

反观罗马就不一样了，强大的马其顿王国加入了罗马联盟，中南部强盛的亚该亚同盟也坚定地站在罗马一边。他们打败了意图复兴的斯巴达，断绝了斯巴达援助安条克的可能性，而小亚细亚的罗德岛、帕加马王国都是罗马的盟友，能为罗马提供强大的海军舰队，这就意味着，塞琉古在出兵欧洲的时候，亚洲也有很大隐患。

两强鏖战爱琴海

收留汉尼拔、入侵欧洲，这一切都是安条克大帝在对罗马示威。当时，地中海诸国都伸长了脖子要看罗马和塞琉古的对决，这可是来自西海世界第一强对阵东海世界第一强的大戏，战争走向将决定欧亚未来的命运，犹如一场总决赛，谁将获得胜利，谁就可能成为地中海的头号霸权国家。

进入欧洲后，希腊城邦冷淡的态度无疑给安条克三世浇了一盆冷水，这让他之前的热情大为降温，但降温归降温，安条克三世并没有放弃争取希腊人，他大搞金钱外交，但效果不尽如人意，除了底比斯、阿塔马尼亚响应外，主要国家都坚定地站在罗马人一方，无疑限制了安条克在希腊地区的行动。

从地图上看，马其顿位于希腊以北、色雷斯以西，正好在埃托利亚联盟的北面，亚该亚同盟则在伯罗奔尼撒半岛，控制着科林斯地峡，恰好又在埃托利亚联盟的南面，再加上亲罗马的色萨利人，安条克三世恍然大悟：原来埃托利亚正处于四面受敌的境地，邀请自己不过是为了驱逐罗马势力，底比斯和阿塔马尼亚都上了当。

汉尼拔的判断无疑是正确的。对安条克三世来说，要挺进希腊地区，没有数万大军是不可能的，但已然深陷其中的安条克大帝不可能灰溜溜地撤回亚洲，他要逆转局势就不能不使用战争手段。因此，安条克一方面继续用外交手段拉拢各希腊城邦，另一方面派兵进攻亲罗马的色萨利地区，企图先解决东面的威胁，用武力震慑各国。

公元前192年春，罗马元老院进行了战争动员，执政官加尔博率领2.2万人渡海进入巴尔干半岛。希腊各盟友见罗马军团到来后也积极行动起来，配合罗马进攻安条克，在阿塔马尼亚，罗马军团轻易歼灭了3000塞琉古军队，马其顿也俘虏了阿塔马尼亚国王。罗马军团的目标很明确，即解救被围困的色萨利城市——拉里萨，其中2000步兵组成的先头部队仅用多设营火的疑兵之计就吓退了安条克。

公元前191年，安条克采纳汉尼拔的建议，连忙从亚洲召集军队，但是路途遥远又准备仓促，援兵短时间内难以抵达，手里仅剩1万余人的他不得不寻找一处能够以寡击众的战场——温泉关。大帝相信只要能在这里拖住罗马军团，等亚洲的援兵一到，胜利的一定是他自己。

温泉关地势险要，一侧是爱琴海，另一侧是崇山峻岭，夹在山海之间的是一条狭窄的通道，最窄处不到 90 米。自古以寡击众的将军往往会选择狭窄的战场，这种地形能限制军队展开，这样敌军纵然有百万雄师，也只能让少量部队与己方接触，兵力优势无从发挥，其余人马除了干着急，别无他法，安条克大帝正是看中了这一点。

不过，温泉关也并非全无命门。早在斯巴达 300 勇士抗击波斯人时，波斯人便发现温泉关南侧的山地小路能袭击关隘驻军的后背，从而围歼守军。安条克大帝显然熟知这段历史故事，他事先便派 2000 埃托利亚人驻守在崇山之中的卡利德罗马斯、特基阿斯两座山峰要塞，凭借险要的地势，埃托利亚人可以居高临下抵挡入侵者。安条克大帝给他们配备了足够的滚木、礌石，甚至还有一些轻弩炮，他相信这样的部署足以避免罗马军团绕过关隘。

至于正面战场，大帝同样做了精心部署。他在关隘东侧的狭窄路口处修筑了一道双层土墙，将最精锐的方阵步兵放在土墙的背后，还安装了弩炮等远程武器，用于正面抵挡罗马军团的进攻。

这样的部署可谓万无一失，如果罗马军团强攻土墙，首先会被塞琉古轻步兵和投射武器攻击，就算强行推倒土墙，他们也将面对 4 米长的枪林，若是不能突破方阵步兵的防线，罗马人就会被持续的远程打击给击垮。看着温泉关的崇山，安条克大帝轻松了许多，只要能在这里挡住罗马军团，待亚洲援军抵达，罗马势必会被他的大军击败。

罗马人会按照安条克大帝的设想战斗吗？显然是不会的。执政官加尔博同样熟悉斯巴达人的温泉关之战，他怎么可能让自己的军队在这里战败？但他也没有逃避，因为他清楚罗马军团上佳的山地作战能力，对手下士兵突破山峰要塞很有信心，因此大胆地率兵挺进温泉关，摆出一副要强攻关隘的架势。

加尔博表面上做出一副要强攻土墙的架势，实际上他的主攻方向并不是关隘，而是山峰要塞。为此，他特地挑选了两个有山地作战经验的军团，分别交给副将卡托和弗拉库斯，命他们悄悄进入南面的崇山峻岭，奇袭山峰要塞。

罗马与塞琉古之间的战争终于打响。英勇的罗马军团高举大盾朝关隘攻去，塞琉古的轻步兵不断用标枪、弓箭射击罗马人的侧翼，一些罗马士兵应声倒地，但这丝毫没有减缓他们的进攻。很快，罗马军团就和高举着长枪的塞琉古方阵厮杀起来，双方在正面战场上鏖战，两军指挥官的注意力都被激烈的正面交战固定在土墙一处，安条克大帝并未派人关注山峰要塞的情况。

此时，两个罗马军团正马不停蹄地翻越高山，很快就抵达了埃托利亚人控制的要塞，激烈的战斗同样在山中打响。两位罗马将军各自率领一个军团攻击敌军要塞，弗拉库斯负责攻打特基阿斯，卡托则袭击利德罗马斯要塞。战斗打得同样艰难，占有地利的埃托利亚人一次又一次地击退罗马军团的进攻，弗拉库斯的军队久攻不克，被挡在要塞下方，但卡托的军队利用敌军的疏忽大意，突袭卡里多门要塞，然后大摇大摆地追击逃窜的埃托利亚人。

安条克大帝高估了埃托利亚人的战斗力，2000埃托利亚人溃逃出山，身后便是卡托的罗马军团。突破山地的罗马人立即点燃狼烟，滚滚升起的烟尘令正在猛攻方阵的罗马人士气大振，加尔博见时机成熟，立即命令全军总攻，两方罗马军团从东西两侧合围塞琉古军队。

本来战斗并非一边倒，大帝完全可以集中力量击退卡托的军团，毕竟他们只有2000余人，但安条克弄不清楚罗马人虚实，以为有上万援兵杀到，塞琉古的士兵害怕营寨的家当被罗马人夺走，纷纷逃离阵地向营地退却，安条克大帝的大喝也不能制止他们，越来越多的人开始逃跑，塞琉古军的士气骤然瓦解。大帝见此也知道大势已去，匆忙之中仅率领500余人仓皇逃走。

温泉关一战，安条克的军队几乎被全歼，1万塞琉古军队不是战死就是被俘，大帝只能星夜渡海逃回小亚细亚。没有了塞琉古的支援，埃托利亚人陷入了孤立，曾经傲慢的他们也只能躲在城里任由罗马军团攻略，罗马就这么轻松地将塞琉古的势力逐出了欧洲。

安条克大帝在希腊的表现令其颜面大伤，这时他才意识到汉尼拔建议的正确性，所以他一边率部北上色雷斯，驻扎在欧洲一侧的莱西马基亚，该城位于高山之上，足以控制赫勒斯滂海峡；另一边调集强大的海军舰队封锁爱琴海一线，意图阻止罗马军团从海上登陆亚洲。罗马当然不会坐等安条克的反击，也集结庞大的海军舰队出征爱琴海，两强在爱琴海上展开了制海权的争夺。

关于海上力量，罗马摒弃了"乌鸦吊桥"，改用撞击、接舷的作战方式，而帕加马、罗德岛的海军优势在于技术娴熟、战舰高大，擅于远程打击、包抄对手，两者结合起来，可谓如虎添翼。至于塞琉古的海军，他们拥有先进的东方造船技术，战舰撞击起来十分凶猛，而且机动性能、装甲防护都非常好。

公元前191年夏，罗马-帕加马海军出动了131艘战舰，目标直指塞琉古的沿海城市。拥有200艘战船的塞琉古海军在初战时失利，据说是因为罗马海军指挥官李维率领旗舰以一敌三，极大地打击了对方士气。在此战中，塞琉古第一次尝到罗马联合舰队的实力，粗略估计损失了10～20艘战船，残部被围困在以弗所，难以动弹。

安条克大帝为解救被罗马围困在以弗所的海军舰队，委任汉尼拔为海军统帅，命其到腓尼基组建一支舰队增援爱琴海战线。然而罗德岛海军阻止了这一计划，他们在汉尼拔西进途中截击了对方，击沉战舰20艘。汉尼拔被迫逃回港口，支援爱琴海已经不可能。

罗马联盟虽然暂时小胜塞琉古海军，但仍然不敢通过海路进入亚洲，因为塞琉古的海军还未伤及元气。为此，罗马选择进攻赫勒斯滂海峡，并调集监视塞琉古海军的舰队北上增援陆军部队，这样一来，以弗所外的罗马联合舰队数量大减，塞琉古海军趁机夜袭了罗马联合舰队，击沉了20艘战船。因此，罗马决定打一场大规模海战，彻底夺取制海权。

公元前191年晚夏，塞琉古海军再次向罗马联合舰队挑战，双方在迈昂尼苏斯海面排开阵形。罗马方面连同罗德岛海军共有战舰83艘，分成左、右两部作战，其中左翼由25艘罗德岛舰队组成；塞琉古方面则有战舰90艘，排成一字，向罗马联合舰队两翼移动，意在包围他们。

左翼战场上，罗德岛的舰队也采用了包围战术，不断向塞琉古的侧翼移动，凭借机动灵活的特性，抢在塞琉古战舰前实现了反包围，更可怕的是，罗德岛人提前准备了大量火船，引燃了不少敌舰，火势围绕在塞琉古战舰四周，使其原地打转，不知从哪里突围。这极大地牵制了塞琉古海军。

中央战场上，罗马主力舰队利用盟友制造的混乱，不顾一切地向塞琉古中央突破，很快就撞上敌舰并展开了肉搏。由于塞琉古两翼海军过于远离中央，且未能绕过对方的侧翼，中央舰队便陷入孤立，最终被罗马人突破，罗马舰队由此移动到敌军侧后方，与罗德岛海军形成前后夹击之势。

此战，塞琉古战舰被击沉16艘，被俘13艘，其余仓皇逃离，塞琉古彻底失去了挑战罗马海军的信心和能力，爱琴海的制海权已转入罗马之手。有了制海权，罗马人既可以直接登陆亚洲的土地，又能通过舰队为前线运输补给，安条克三世独自挡在赫勒斯滂海峡便显得毫无意义，战火即将烧到亚洲。

决战马格尼西亚

夺取爱琴海的制海权后，罗马准备进攻塞琉古王国本土。为表示对安条克大帝的重视，元老院选举卢基乌斯·科尔内利乌斯·西庇阿为执政官，同时还请出了"非洲征服者"普布利乌斯·科尔内利乌斯·西庇阿从旁协助，两兄弟一起负责亚洲战事。正所谓"兄弟同心，其利断金"。西庇阿兄弟一到任，立刻显示出了名将的手段，色雷斯最坚固的城池莱西马基亚在罗马的兵锋下立即陷落了，罗马军团渡过赫勒斯滂海峡已成定局。

在亚洲，安条克大帝终于等到了自己的全部主力，共计6万步兵，1.2万骑兵，54头印度战象及大量的镰刀战车，约合7.2万人马。西庇阿兄弟则有四个罗马军团以及帕加马等盟国军队，共计3万人马，两军兵力对比超过了2∶1。

公元前190年冬，两军对阵于西小亚细亚的马格尼西亚，战场在西北方向的平原上，该处正好位于弗里吉乌斯河与赫尔墨斯河中间，两条河流呈东西走向，弗里吉乌斯河在北，赫尔墨斯河在南，两军夹在河流之间，犹如一场拳击赛的护栏，任谁都无法轻易逃出这个战场。不过，阿庇安称普布利乌斯·西庇阿因病未能参战，改由他人辅佐卢基乌斯·西庇阿。

罗马军团布阵在战场西侧，该处位于两河间最狭窄的空地，其目的与温泉关的安条克大帝如出一辙，即用狭窄的战场限制敌军的展开，同时依托河流保护自己的侧翼。安条克大帝则布阵在战场东侧并修建了围墙，该处战场较宽，适合大兵团作战，如果罗马主动来攻，两翼很容易被包围歼灭，所以在战斗初期，大帝迟迟不愿意决战，只是静静地等待罗马军团粮尽。对塞琉古来说，小亚细亚是本土领地，粮食可以从后方及时送达，罗马人却要通过海洋支援战场，交通上多少有些不便，安条克大帝断定罗马人利在速战。

其实，安条克为拖延战事，曾私下尝试与普布利乌斯·西庇阿谈判，但卢基乌斯·西庇阿没有对峙的打算，他带兵进入亚洲就是为了速战速决，歼灭塞琉古主力，所以不管粮食运输是否困难，兄弟是否康复，坚守不战是断不可能的。12月，卢基乌斯·西庇阿决定打破僵局，便把大营朝战场中央移动了一段距离，故意布阵在较宽的河间空地上，以此逼迫安条克决战。果然，罗马军团连续4天向前推进后，塞琉古军队终于按捺不住，两军摆开阵式，决战打响。

罗马方面，军团的中央及左翼布置了2万重装步兵，按照三列线阵排列，旁边紧紧靠着河流作为掩护，背后是3000轻步兵和亚洲盟军，用于保护营寨和机动支援，右翼则布置了罗马、希腊、帕加马等国的7000联合步骑，由盟友攸美尼斯国王指挥。16头战象被放在最后。

塞琉古方面，中央布置了1.6万人的马其顿方阵，按32排的厚度排列，分成10队，两翼各有4000重装骑兵和3000轻骑兵，其中既有声名大噪的伙伴骑兵，也有亚洲的铁甲骑兵，左翼旁混编了3000人的加拉太和卡帕多西亚步兵，作为主攻的右翼还有一定数量的银盾兵团和200马弓手。而塞琉古的投石手、弓箭手等轻步兵分布于两翼前方，印度战象则穿插在方阵之间，有的位于方阵步兵的队列之间，安条克大帝指挥塞琉古右翼，王子小塞琉古指挥左翼。

此战，安条克大帝把带来的镰刀战车放在左翼前方位置，战斗首先由镰刀战车发起。迎战镰刀战车的是帕加马国王攸美尼斯二世的联合部队，他们对战车的弱点早已了然于胸。面对战车的冲击，攸美尼斯的轻步兵发起了密集的远程打击，不少标枪、石头正中战车拉马，战车方阵立刻混乱起来，而失控的战车有些逃回了自己的左翼，反而杀伤了自己的部队，令尾随其后的塞琉古步骑阵形大乱。

接着，两军展开全面战斗，中央的塞琉古方战力凶狠，正面打击十分惊人，超长的马其顿长枪在罗马的盾牌前不断撞击。而由大帝率领的右翼铁甲骑兵也表现不俗，疯狂冲撞罗马人的左翼，这一路的进攻也十分骇人，负责抵挡他们的罗马军团多为传统步兵，不久即在铁甲骑兵的撞击下阵脚大乱。

然而罗马右翼的帕加马联合部队首先取得了决定性的战果，他们在击败了镰刀战车后，反手追击到了敌军左翼面前，这里的亚洲步兵早被镰刀战车搅得大乱，在骑兵连砍带撞下，很快就转身逃跑，惹得塞琉古骑兵也慌乱起来。在犹豫一番后，骑兵也跟着一起逃跑了，左翼就这么被攸美尼斯二世击溃了。

攸美尼斯的联合步骑乘胜包围塞琉古方阵步兵，方阵步兵也赶紧四面举枪保护自己的侧翼。他们没有因为左翼的溃败而慌乱，反而坚定地守护着自己的阵形，对于己方逃过来的败兵，若他们绕过方阵则不加理睬，若要强行破坏阵形，则毫不犹豫地斩杀。塞琉古方阵表现出了极高的战斗素养，攸美尼斯一时间难以突破，就让轻步兵不断投射标枪和石头。塞琉古方阵步兵恰恰没有防御远程打击的能力，只能缓慢地向后方撤退，虽然不断有人中枪倒地，但方阵没有明显溃败的迹象。

此时，罗马左翼也出现了类似塞琉古左翼的情况。强悍的亚洲重骑兵如同雷霆降临，遮天蔽日的烟尘和震耳欲聋的马蹄声令罗马人惊惧不已。凶悍的重骑兵冲进罗马方阵时，傲视地中海的重步兵被撞出数米开外，极速刺来的骑枪竟然贯穿了罗马的方盾，不少罗马人应声倒地，左翼很快就被击溃，更多的人纷纷朝大营退却，战场一片混乱。

突破罗马左翼后，大帝已推进到罗马重步兵的左侧，也许是想到了安提柯指挥的伽比埃奈战役，大帝没有选择包围罗马中央步兵，也没有救援崩溃的左翼，而是撇下激烈的战场挥师进攻后方的罗马营寨，他想通过占领罗马大本营来动摇整个罗马军团的士气，可惜他错判了罗马军团，以为他们会像波斯人一样因为营地沦陷而崩溃，于是一路杀奔罗马大营。

后撤的罗马左翼败而不溃，很快就回到大营部署防御，罗马工程技术的优良性这时体现了出来，营寨守卫部队会合了败逃的左翼步兵，凭借坚固的营垒，用标枪、弓箭，甚至是弩炮大量地杀伤强攻寨门的敌军勇士，罗马人在攻防战中表现出死战不退的气势，大帝的军队怎么也攻不破营寨。

安条克大帝的战法已经背弃了亚历山大的"铁砧"战术，突破侧翼的骑兵不去进攻中央步兵的侧后方，反而远离战场，这是错误的策略。错失了战机的塞琉古军队，让罗马军团实现了对其中央方阵的包围，来自四面的打击终于击垮了这支强悍的军队，被围在方阵中的大象因受不了持续的标枪而失控，方阵步兵的阵形从内部崩溃，长枪变得毫无用处。就这样，中央的塞琉古步兵被彻底击败。

歼灭马其顿方阵的罗马军团会同攸美尼斯一起杀向安条克的大营，守营的军队明显没有罗马人那么顽强，旋即溃败投降。直到此时安条克大帝才急忙赶回，可惜为时已晚，河间空地上布满了塞琉古士兵的尸体，战争胜负已分。大帝虽然还有不少骑兵可用，但于大局已无益处，后悔不已的大帝只能率领残余部队绝望地逃向了萨迪斯。

此战，罗马军团取得了辉煌的胜利，塞琉古损失5万人马，而罗马联军虽有伤兵数千，阵亡者却只有339人，塞琉古的主力被彻底歼灭。如今的大帝可谓处境艰难，他已无任何盟友和军队可以翻盘，信心也丧失殆尽，因为没有了这支军队，南面的埃及和东方的属国都有可能落井下石，届时，塞琉古就有可能亡国。经过反复思考，安条克三世最终在阿帕米亚与罗马签订了和约：

一、塞琉古赔偿罗马1.5万塔兰特；

二、塞琉古放弃托罗斯山以西的全部领土；

三、除了10艘军舰外，其余海军和全部战象统统交给罗马；

四、交出包括小安条克王子在内的20名贵族人质，服从罗马共和国的秩序。

阿帕米亚和约标志着罗马地中海霸权的建立，自此以后，塞琉古王国一蹶不振，帕加马和罗德岛瓜分了塞琉古在小亚细亚的全部领土，罗德岛登上了东地中海商业大国的宝座，帕加马成了小亚细亚最庞大的国家，至于安条克三世，他的帝国就此分裂，东部的叛乱最终在公元前187年要了他的命。出征塞琉古的卢基乌斯·科尔内利乌斯·西庇阿因功被授予"亚洲征服者"的称号，西庇阿家族的威势在罗马已经无人能敌。从这时候起，罗马的名字如雷霆一般响彻在地中海的每个角落。

第十章 君临地中海

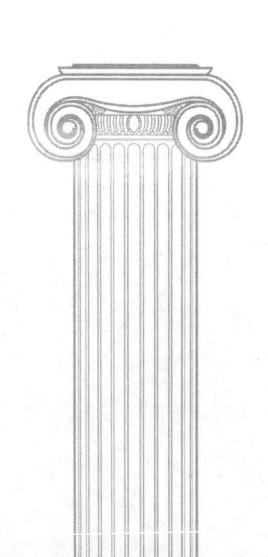

马其顿谋反

短短六年时间，罗马相继击败了曾经强盛辉煌的马其顿、塞琉古两国，仅剩的埃及在内乱后也是一蹶不振，此时的罗马坐拥了已知世界的头把交椅。在这样的大形势下，罗马的对外政策也变得日益严苛且更具侵略性，一方面是因为罗马需要维护已得到的地中海霸权，另一方面是罗马联盟的同化政策在希腊地区失效所致。

笔者前文已述，罗马对战败者往往采用"同化吸收"政策，比起灭亡敌国，罗马人更倾向于将敌国纳入罗马联盟，用不同程度的自治权和公民权来同化对手，这一政策在意大利十分成功，可是到了希腊就不那么好使了。希腊人崇尚自由与民主，十分抗拒罗马的战争召唤，而希腊人在思想上无比自豪，对罗马人的公民权没有任何兴趣，他们可以接受罗马做一个仲裁者，但绝不是统治者，没有哪个希腊人会坦然接受被罗马统治的命运。

马其顿国王腓力五世是个杰出的统帅，更是人民拥戴的君王，他为振兴王国所做的努力令人钦佩，如果亚历山大的继承者是个安于现状的人，那才是真正的不合格。可无论是命运的安排也好，还是国家衰落的现实也罢，马其顿没有与时俱进，腓力也没有亚历山大的才能，纵然豪情万丈、奋起一搏，也没能改变什么。

经过两次失败的腓力终于明白马其顿与罗马的差距，他明智地选择休养生息、蓄积实力，在他内心深处究竟是臣服命运还是另做他想，一直都被掩饰得很好。在有生之年，腓力五世没有做出任何与罗马为敌的行动，换言之，腓力五世没有让罗马感受到来自马其顿的威胁。不仅如此，在罗马与塞琉古的战争中，腓力五世还一度护送罗马执政官渡过海峡、进入小亚细亚，这使得元老院免除了马其顿应缴纳的战争赔款，不过对腓力五世的贡献而言，这样的"恩赐"显然远远不够，纵然老国王什么也没说，但是马其顿人各有想法。

腓力王有两个儿子，长子帕尔修斯是妾室所生，次子德米特里是王后所生。在中国，正妻所生之子就是嫡子，其继承权和地位是绝对的，妾室所生之子是没有机会凌驾于嫡子之上的，按照这个逻辑，德米特里是唯一的王位继承人。罗马与腓力签订的和约里也明确提到要德米特里到罗马当人质，其目的不言而喻，就是要同化下一代马其顿王。

实际上，在罗马当人质也并不一定都是坏事，这些贵族在罗马不会受到关押、虐待，相反，他们被罗马贵族收入家中抚养，待遇与贵族子弟完全一样，甚至还与下一代罗马人建立了深厚的兄弟情义，这样一来，经过人质生涯的王子就变得亲罗马，思想更加偏向罗马，也更能理解罗马的文化，德米特里王子就是这样的一个人。

归国后的德米特里毫不掩饰地表现出对罗马的认同，老国王腓力对此十分忧心，庶子帕尔修斯却恰恰相反，他所接受的教育全是要一雪前耻、重振亚历山大的霸业，这让腓力很满意。随着老国王身体日益不佳，王位之争已经成了马其顿最大的政治问题，在这方面，德米特里更加自信，因为他的身后有罗马元老院的支持。可是真正决定王位归属的是腓力五世，帕尔修斯明白这一点，所以宁可亲近自己的父王也不会多看罗马人一眼。

随着时间的推移，帕尔修斯不断在腓力耳边密告德米特里行为不轨，更捏造了许多证据来证实德米特里要出卖马其顿，还称他即将发动政变，篡夺王位，这触及了腓力的底线。在权力面前，父子情深显得不值一提，腓力残忍地处死了德米特里，连让他辩解的机会都没有给，这一切显然是帕尔修斯精心策划的结果，直到事后，腓力五世才查明一切都是莫须有的，但为时已晚。

从这件事可以看出，腓力五世对亲罗马的态度非常警惕，敌视罗马才是他内心深处的真实情感，否则他不会如此不认同德米特里，不会如此惧怕亲罗马派掌握政权。从另一方面也可以看出，帕尔修斯的谋略绝不一般，他实际上已经左右了老国王的思想。从能力上讲，帕尔修斯更符合腓力五世或者说是马其顿人的胃口，要复兴马其顿王国就得要这样一位君王。没过多久，老国王在丧子之痛和懊悔难平的折磨下去世，新的马其顿国王——帕尔修斯王由此产生。

帕尔修斯即位后并没有立刻掀起反旗，而是明智地与罗马重修旧好，积极派人前往元老院打点各派议员，及时向罗马通报了王位更替的消息。毫无疑问，罗马人看到的是帕尔修斯的笑脸。然而在这层面具下，帕尔修斯有着更深层次的战略考量，为此，他展开了一系列看似无害却暗藏玄机的外交行动。

首先，帕尔修斯求娶了塞琉古四世的公主，因为他相信塞琉古内心深处也和他一样敌视罗马人，毕竟继业者的雄心已经传承了数代，怎能轻易臣服西方的"乡巴佬"？

其次，帕尔修斯将妹妹嫁给了比提尼亚国王普鲁斯阿斯二世。比提尼亚位于博斯普鲁斯海峡东岸，紧临赫勒斯滂海峡，是欧亚交界的咽喉，战略位置极为重要。与比提尼亚联盟就保证了马其顿和塞琉古的军队可以自由渡过赫勒斯滂海峡。

最后，连罗德岛也与马其顿成了亲密的"朋友"，接下了护送塞琉古公主到马其顿成婚的任务。形势好到连埃托利亚联盟和亚该亚同盟也与马其顿恢复了外交关系，北、东、南三个方向的国家都成了"友邦"，这一切外交行动都旨在建立一个新的反罗马同盟。

帕尔修斯谋略的高明之处显而易见，照这个趋势发展下去，不出十年，新的反罗马同盟便有可能建立，而且十年之后的罗马也未必会安然无恙。可惜的是，帕尔修斯还是太年轻了，年轻就意味着急躁，他没有按捺住内心的冲动，在军队问题上露出了马脚。

帕尔修斯一方面大张旗鼓地扩军备战，打破了罗马对马其顿的军队限制，另一方面他发兵东向、炫耀武力，令世仇帕尔马王国芒刺在背，还试图刺杀罗马盟友攸美尼斯二世，帕尔马因而不断遣使警告元老院。罗马冷静地观察着这一切，对马其顿的野心早已心知肚明。

元老院可不会任由帕尔修斯肆意妄为，罗马以马其顿公然扩建陆军及擅自进攻帕尔马为由，正式向马其顿宣战。帕尔修斯也毫不客气，断然撕毁了元老院的警告信，要战就战，既然是命运的安排，那就坦然接受吧。

公元前171年，罗马派执政官普布利乌斯·李锡尼出征，调遣了约3万罗马军团和1万帕加马同盟军。帕尔修斯经过扩军备战，动员的军队已超过了5万。

战争初期，帕尔修斯获得很多场战斗的胜利，因为一方是仓促应战，另一方是早有准备，所以罗马经常处于下风，两军很快就在拉里萨展开会战。帕尔修斯的马其顿方阵挡住了罗马军团的正面进攻，他的两翼同时击溃了罗马的两翼，从而穿插到后方夹击中央军团。克拉苏不但没能击败马其顿方阵，反而阵亡了2500人，被俘600人。

"牵制中央，袭破两翼，前后夹击"，这正是汉尼拔、西庇阿曾使用过的战术。虽然这已经不算是亚历山大的"铁砧"战术，但作为相同战术的继承者，帕尔修斯领悟了战术的精髓，懂得随机应变、举一反三。马其顿方阵最终击败了罗马军团，这进一步增强了帕尔修斯打败罗马的信心。胜利之后，帕尔修斯勒住了缰绳，放弃了追击，之所以没有"痛打落水狗"，并非帕尔修斯不想，而是他没有必胜的把握，所以他立即提出和谈，但罗马拒绝在战败的前提下议和，帕尔修斯只好在这场战争里投下更多的"筹码"，以几乎相同的战术在伊米利击败了另一位执政官霍斯提利乌斯。孰料，胜利引起了罗马更大的仇恨，这时再想议和抽身便更不可能了，局部战争正发展成生死之战。

由于没有歼灭罗马的有生力量，罗马军团败而不溃，很快又恢复了活力，在希腊地区四处扫荡、镇压欲加入马其顿的城邦。同时，元老院积极展开外交攻势，让塞琉古、比提尼亚、埃托利亚和亚该亚都保持中立，帕尔修斯极力鼓吹的同盟并未起到效果，他只能孤军奋战。冷眼旁观的希腊人不会知道，这是他们唯一一次还能重获自由的机会，可惜他们选择了放弃。

马其顿覆灭

对于希腊人的冷漠，帕尔修斯无能为力，可是形势也并非全无希望，位于马其顿北边的是色雷斯，西边是伊利里亚和伊庇鲁斯，这两个地区由很多蛮族部落组成，而且对罗马没什么好感，其中伊庇鲁斯自皮洛士时代起便很厌恶罗马，而伊利里亚部落也因罗马占领阿波罗尼亚，对其很是反感，马其顿王国正好可以利用这一点。

事实上，帕尔修斯早已着手拉拢色雷斯和伊庇鲁斯的盟友。和希腊人不同的是，这两个地区的君主非常乐意充当雇佣军，只要价格合适便可以对任何人宣战。首先响应帕尔修斯的是伊庇鲁斯和伊利里亚，当地国王甘提乌斯仅以300塔兰特的价码便加入了反罗马阵营，而且为了显示诚意，甘提乌斯立即对罗马在伊利里亚的领地发动了进攻。元老院派使节前来谴责此事时，甘提乌斯直接软禁了使者，公开表明了反罗马的立场，帕尔修斯的西线终于出现了一个反罗马国家。

紧接着是北面的色雷斯，帕尔修斯提出用 10 万金币换取 2 万色雷斯雇佣军，国王寇提斯当即应允，立即率领 2 万色雷斯人进入马其顿。如此一来，加上帕尔修斯本来就拥有的 5 万人马，反罗马阵营便可以调动 7 万以上的兵力，希腊地区的形势将因此改变。本来这是大好的局面，然而不知是怎么回事，帕尔修斯突然失去理智，将盟友拒之门外。

帕尔修斯见甘提乌斯已经率兵攻打罗马人的领土后，便判断罗马人必定不会善罢甘休，甘提乌斯不可能与罗马人和解，于是他打起了小算盘，事后又吝啬起来，不予兑现之前的佣金，因为他相信甘提乌斯只能一条道走到黑。另一方面，当色雷斯的寇提斯率 2 万人赶到后，帕尔修斯又觉得佣金太高，提议只雇佣一半人马，色雷斯的佣兵怒不可遏，立刻转身离开。这么一来，伊利里亚和色雷斯都与他离心离德，帕尔修斯彻底陷入孤立。

必须承认，帕尔修斯继承了腓力的雄心，在重建马其顿军队上颇有贡献，但他对甘提乌斯和寇提斯的吝啬暴露了其眼界的狭隘，终究只是志大才疏之辈。当然，也许此时的马其顿根本没钱组建这样的同盟，帕尔修斯只是利用他们威慑罗马人，不过总体看来，帕尔修斯的马其顿依然拥有对阵罗马的资本，而希腊人对罗马人的态度也随着罗马的业余表现而冷淡起来，以亚该亚同盟为首的城邦对罗马虚与委蛇，对其征兵令是能拖就拖，目的就是要坐山观虎斗。

元老院意识到战争的艰巨性，如果不能尽快取得胜利，希腊人可能会倒戈相向，如此战争就更难取胜了。

公元前 168 年，卢基乌斯·埃米利乌斯·保卢斯当选为执政官，他是死于坎尼会战的前执政官保卢斯之子，也是西庇阿的内兄弟，此时的他已经年过六旬。虽然年迈，保卢斯带起兵来却毫不迟钝，他从布伦迪西乌姆赶到马其顿后，没有执着于眼前的城池和土地，而是一路急行军，直奔马其顿主力而去，帕尔修斯甚至都来不及作战略转移就被罗马军团咬住了。

两军在奥林匹斯山附近遭遇，中间隔着埃普勒斯河，马其顿军队部署在山脚下，东枕河流，西侧山谷，如此布阵意在利用地形优势保护自己的两翼。罗马军团则正对着马其顿军队，处于较为宽阔的地带。

按照罗马军团和马其顿方阵的特点，罗马军团适合在地形破碎的山地丘陵作战，马其顿方阵则更喜欢宽阔的平原，似乎两军都处于更适合对方作战的地方。奇怪的是，帕尔修斯一直按兵不动，看上去意在防守而不是进攻。

保卢斯与帕尔修斯对峙了一段时间，在确定帕尔修斯无意渡河来攻后，执政官决定冒险奇袭对手。他命麾下大将纳西卡率领由骑兵和轻步兵组成的8320人悄悄进入西侧的奥林匹斯山中，这部分人企图绕过山谷突袭帕尔修斯的后方。

计划虽好却暴露了军队的行踪，据说是一个辅助兵间谍把情报带去了马其顿，和盘托出了纳西卡的计划，帕尔修斯立即派遣1万步兵和2000骑兵，紧急绕到山谷背后阻挡罗马的奇袭小队，两军很快就在奥林匹斯山西侧迎面撞上，结果罗马军团以少胜多，大破马其顿军队1.2万人，顺利控制了山脚西侧。

消息很快传到帕尔修斯耳中，马其顿国王倒也果断，立即下令全军拔营撤退，从而避免了被罗马军团前后合围。帕尔修斯一路转移阵地，最终停在了皮德纳城外的平原上，这里地势开阔，有河流、丘陵，既能依靠地形防守，又足以让马其顿方阵摆开阵形进攻。

马其顿军共有步兵4万，骑兵4000，其中方阵步兵就有1.6万，而罗马一方只有3万人的军队。兵力优势让帕尔修斯很有信心，他断定保卢斯的急行军必定让罗马人筋疲力尽，故而不打算避开罗马人，而是升起迎战的旗帜，大大方方地接受了会战。

皮德纳会战

皮德纳战场上，保卢斯的罗马军团与帕尔修斯隔河对峙，双方此次选择的阵地都有利于自己，帕尔修斯驻军在平原一侧，方便长枪方阵施展，保卢斯则扎营在山丘一侧，有利于军团小队作战。

会战前一天夜里，天空发生了月食，在科学还不普及的时代，这种天文现象让即将搏命的马其顿士兵很是惊恐，人们议论纷纷，害怕诸神抛弃了马其顿，士气有些动摇。至于罗马方面，因为军团中有人熟知天文知识，提前预测出了月食，保卢斯便在月食出现前告知了士兵，同时举行了对希腊神灵的祭祀仪式，使得他的士兵几乎没有发生骚动，反而士气大振。

公元前168年6月22日,罗马军团和马其顿方阵如前日一样隔河对峙。突然,一匹罗马方的骡马挣脱缰绳冲过河流,几个罗马士兵立即追过河去,对岸的马其顿人见状也想抢过骡马,双方就在河中厮杀起来。两方士兵见状都来了脾气,纷纷举剑增援友军,刚开始还是几个人,顷刻间就扩大到数百人。

短兵相接中,占有数量优势的马其顿人连刺带砍,逼退了罗马步兵,甚至还渡过了河流。帕尔修斯见状,决定借此机会发起决战,当即下令全军列阵,准备支援河中战场。保卢斯被吵闹声鼓舞,立即驱马巡视各营,命罗马军团做好决战准备。

当日下午,皮德纳会战正式开始。两军的排兵布阵都很传统,马其顿方阵居中,两翼为雇佣兵和骑兵,帕尔修斯本人指挥右翼骑兵;罗马则将重装步兵布置在中央,两翼为骑兵,其中右翼布置了从非洲带来的20~30头战象,前卫为手持标枪的轻步兵。

战斗伊始,双方在平地上厮杀。马其顿方阵的进攻堪称锐不可当,不断向前推进,除了罗马轻步兵带来的杀伤外,罗马重步兵很难击伤方阵分毫,一位名叫萨留斯的掌旗官勇敢地把鹰旗抛入敌军阵中,士兵们为夺回旗帜奋不顾身地向前冲杀。罗马军团又一次吃到了方阵的苦头,超强的长枪刺伤了很多罗马士兵,冲锋在前的萨留斯所部损失惨重,几乎全体阵亡。当保卢斯的主力陆续抵达战场中央时,前面的先锋步兵已经被帕尔修斯吃掉了,大部分马其顿人已经顺利渡河。

是否就地抵挡马其顿方阵的进攻?保卢斯犹豫了片刻,但很快意识到处境的危险,河流位置的平原对马其顿方阵很有利,而罗马军团的前卫被吃掉后,军团士气有所下降,如果在此处死磕马其顿人,很有可能被对方击败。千钧一发之际,保卢斯下令军团移动到身旁的丘陵,罗马军团便结成龟甲阵徐徐后退。

帕尔修斯见罗马军团的战斗力不过如此,便下令继续追击。马其顿人遂继续朝前方挺进,很快就进入了地势起伏不平的丘陵。崎岖的地形立刻带来了麻烦,马其顿方阵由于各自追击,使得他们被糟糕的地形弄得前后错落不一,难以保持原本的队形,方阵之间相继出现缺口。

远处的保卢斯捕捉到了这关键的战机,当即令右翼骑兵和战象猛攻马其顿的左翼兵团。那里的对手是帕尔修斯招募的雇佣兵,很快就被战象踩得人仰马翻，罗马骑兵顺势追杀，驱逐了帕尔修斯的左翼。这进一步让马其顿方阵的侧翼暴露在罗马军团的剑下，因为罗马军团分为百人队、中队、大队，保卢斯让军团分队穿插到方阵的缺口处，伺机杀敌。就这样，罗马军团重新行动起来，百夫长领着他们的小队冲杀到马其顿方阵的缝隙里，展开了与马其顿士兵的近距离厮杀。

马其顿长矛适合拉开距离厮杀，近身作战时只能用短剑或者匕首。若是论短剑肉搏，当然还是罗马的近身格斗更厉害，马其顿士兵不断被双刃剑刺中，一个又一个地倒在血泊里，方阵步兵逐渐大乱。帕尔修斯高呼："保持队形，保持队形！"然而这无济于事。经验丰富的罗马百夫长们发现对手左侧无人保护后，一些罗马小队便绕到马其顿左翼位置袭击他们。

更精彩的是，驱逐了敌军左翼的罗马骑兵此时回到了战场，他们大喊着杀向敌军后侧。腹背受敌的马其顿方阵开始崩溃逃散，罗马骑兵一路追杀，大量马其顿人死于罗马人的短剑，整个战场一片狼藉，满是马其顿士兵的伏尸。

只听"嗖"的一声，一支标枪从帕尔修斯面前飞过，划破了他的衣甲，帕尔修斯犹豫了，唯一可以改变局面的方法就是带领骑兵直插保卢斯的本阵，可是眼光狭隘的他又一次错过了机会，他没有立刻策马出阵，挣扎过后，年轻的国王选择了放弃，也等于选择了失败。最终，帕尔修斯驱马逃离了战场，还在厮杀的马其顿步兵看到国王逃跑后，战斗意志随之彻底崩溃，罗马军团就此横扫了整个战场。

此战，马其顿战死2.5万人，好不容易才重建的马其顿陆军就这样彻底覆灭了，马其顿人重塑的信心又一次被打垮，失去勇气的他们再难抵挡罗马军团。

抛弃军队的帕尔修斯遭到了臣民的唾弃，他企图率领残部退守培拉，城门却无情地关闭了，眼看保卢斯的军团就要追来了，帕尔修斯只好继续逃跑，追随他的人见大势已去，也相继逃亡。帕尔修斯在走投无路之下逃到萨莫色雷斯岛，当地人立即将他押送至罗马，最终成了保卢斯凯旋式上的展览品。

对于马其顿，元老院已经失望透顶，理智的人绝不会再次扶植一个新的国王，因为那样十分危险。最后，罗马将马其顿分割成四个共和国，都加入罗马联盟，但不允许任意两国之间相互通婚，这也是为了避免他们再次统一起来。安提柯王朝就此画上了句号，成了第一个被罗马灭国的国家，就连之前的迦太基也没有这样的待遇，可见罗马对马其顿的痛恨之深。

　　罗马元老院的严厉处置起到杀鸡儆猴的效果，那些有反心的盟国都为此倒吸一口凉气。然而战争并没有就此结束，罗马在马其顿人头上强加了四个共和国，这让许多马其顿人十分不满，虽然他们已经放弃了帕尔修斯，但并不代表他们放弃了安提柯王朝和统一的国家。

　　十九年后，一个自称腓力王子的人在马其顿掀起了反旗，公然宣称自己是帕尔修斯之子。这振臂一呼迅速形成新闻效应传遍了整个马其顿，广大马其顿人很怀念曾经的安提柯王朝，纷纷举手支持伪腓力王子，他的起义队伍因而不断壮大，不但击败了共和国在当地的驻军，还得到了不少希腊城邦的认可。

　　只可惜这终究只是蚍蜉撼树，伪腓力王子的起义最终在两年后被罗马镇压，他本人被押至罗马处斩，而马其顿也彻底丧失了罗马的信任。对于背叛的同盟国，罗马往往会降低其在罗马联盟里的等级，现在的马其顿已无自治的必要，只能沦为共和国的行省。从此以后，马其顿作为一个独立国家的历史结束了，罗马在当地派驻总督，开始了彻底的统治。

　　降服了塞琉古和马其顿，罗马共和国基本控制了东地中海，虽然早期的罗马人喜欢用"解放""自由"等口号宣传自己的军事行动，但明眼人都能看出，那不过是罗马维持自身霸权的另类说辞，被奴役的国家和人民终究会起义反抗，罗马人在反复镇压反叛的过程中变得更加霸道，最终露出了他们的真面目，新一代的罗马人已不再宽容大度，而是要用铁和血统治整个地中海。

罗马新秩序

　　罗马在称霸地中海的过程中总是以保护盟国为借口，名正言顺地干涉各国战争，把对外战争弄得好像很无可奈何一样，本质上却是罗马人的征服欲在驱动战争，有条不紊地执行着削弱大国、兼并小国的策略，终于把一个蕞尔小邦扩张成了一个帝国。

　　随着继业者王国的臣服，元老院的政策也发生变化，昔日维护国际均势和宽容为怀的思想荡然无存。为了进一步稳固已获得的地位，也为了更多的土地、财富和奴隶，罗马联盟的政策明显倾向于对外扩张和吞并占领，盟友的存亡已经无关紧要，"罗马优先"才是共和国的核心利益。

征服伊利里亚

马其顿国王帕尔修斯反叛时，伊庇鲁斯和伊利里亚曾响应马其顿对抗罗马，罗马对伊庇鲁斯和伊利里亚素无好感，现在马其顿已经不复存在，吞并亚得里亚海西岸便成了罗马的下一个战略目标。

在击败帕尔修斯的第二年，保卢斯突然进攻伊庇鲁斯，无力抵抗的伊庇鲁斯被迫求和，保卢斯却称和平的前提是将所有金银财宝集中到广场上交给罗马。当天真的伊庇鲁斯人做完这一切后，罗马仍在同一天发起了进攻，七十余座城池同时沦陷，疯狂的掠夺随处可见，整整15万人被贩卖为奴，皮洛士的国家最终成为历史。这次战争毫无道义可言，完全是为了征服而征服，罗马已经不再是那个宽容为怀的国家了。

同样的事情也在伊利里亚上演，罗马一直嫉恨伊利里亚的海盗生意，更何况马其顿战争时，甘提乌斯国王曾出兵支援帕尔修斯，罗马的报复很快就来了。面对罗马正规军团，甘提乌斯根本不是罗马人的对手，他的首都被攻陷，军队被彻底摧毁，子民均沦为奴隶，土地被罗马分割占领，甘提乌斯王最终变成了阶下囚。借着此次出征的威势，罗马军团席卷了整个伊利里亚，逼迫阿狄伊、巴拉伊称臣纳贡。

随后，罗马集中兵力攻打强大的达尔马提亚王国，这个国家的国力明显强于伊利里亚人。达尔马提亚人趁着罗马军团刚刚到达，对立足未稳的罗马人突然发动奇袭，获得大胜，罗马统帅差点儿阵亡，罗马人被迫退出营地，向平原撤退。

重新稳住阵脚的罗马军团卷土重来，双方围绕当地城市展开了激烈的争夺，达尔马提亚人被迫退守德尔密里昂城。德尔密里昂城是一座山城，地势非常高，罗马的攻城器械很难发挥理想作用，仰面进攻总是铩羽而归。罗马依然不断对城池发动大规模强攻，双方都有大量的死伤，但仍然攻不破这座城市。

眼见强攻无效，罗马转而全面围困城池，并征服了周边城市，大量城市要么被毁要么投降，罗马彻底孤立了德尔密里昂城，城内守军的士气也跌到了冰点。时机成熟后，罗马军团使用火攻，将点燃的引火物投射入城，熊熊大火彻底焚毁了这座城池，达尔马提亚人只好对罗马卑躬屈膝，罗马终于在伊利里亚建立了绝对的霸权。不久之后，罗马成立了伊利里亚行省，共和国的疆域又增加了一块庞大的土地，亚得里亚海成了罗马的内海。

削弱盟友

征服塞琉古王国后，与罗马并肩作战的罗德岛和帕尔马王国都国力大增。罗德岛的海军强大到足以制衡罗马，而岛上繁荣的商业让这个国家金银遍地。帕尔马王国因获得了塞琉古在小亚细亚的全部土地，一跃成为小亚细亚最大的国家，曾经的盟友已经让罗马感到了威胁。

马其顿谋反前，罗德岛曾护送新娘前往马其顿。战争期间，罗德岛也没有站到罗马一方，这让元老院无比愤怒，罗德岛显然把自己置于与罗马同等的地位上，并没有意识到罗马正谋求地中海霸权。

战争结束后，罗马决定让罗德岛人搞清楚谁才是地中海的主人，于是解除两国盟约，占领罗德岛的海外领土，并解散罗德岛的强大舰队。为了打击罗德岛的商业，罗马特意扶持雅典对抗罗德岛的商业，还禁止马其顿出口木材到罗德岛，更不允许进口罗德岛的食盐。这些商业霸权行为打垮了罗德岛的经济，有资料记载，其贸易收入因此跌到不足原来的20%，罗德岛就此衰落。

帕加马国王攸美尼斯曾与罗马并肩作战，他的奋勇战斗对马格尼西亚会战的胜利起到了关键作用。战后，帕加马一直与罗马保持一致，两国关系非常和谐，可是元老院里的保守派并不珍视这样的友谊，他们后悔分给帕加马如此庞大的领土，使其成为小亚细亚的头号强国。

一部分人散布攸美尼斯暗地支持帕尔修斯的谣言，使得两国关系日渐降温，更糟的是，元老院有意诱使攸美尼斯的弟弟分裂他的王国，以达到削弱帕加马王国的目的，但这一计划没有成功。攸美尼斯非常愤怒，想亲自到罗马改善关系，元老院却发布了一道法令，禁止他国国王涉足罗马城。于是刚刚抵达布伦迪西乌姆的攸美尼斯不得不返回帕加马。当传令的议员询问老国王有什么要求时，攸美尼斯半晌无言，转身离去。在返航的船上，年迈的老国王背对罗马，身影十分苍凉。

在东方，积怨已深的埃及和塞琉古再次爆发战争，塞琉古国王一举击败埃及军队，占领埃及大量领土，兵锋直指亚历山大里亚。罗马不愿意塞琉古再次崛起，派了一个使团前往塞琉古叫停战争。

双方会面时，罗马使者让塞琉古王立刻退兵并返还埃及土地，当塞琉古王表示要和群臣商量时，罗马使者居然在塞琉古王四周画了一个圈，扬言如果不在这个圈内给予罗马满意的答复，任何人都不得离开。这一威胁让塞琉古王嗅到了战争的味道，只好服软同意，将土地全部返还给埃及。

在马其顿战争里曾对帕尔修斯开价1500塔兰特参战费的比提尼亚王国此时也感到害怕。罗马将要惩罚比提尼亚的谣言传来时，国王不得不把自己打扮成一个奴隶的模样，卑微地称自己是罗马人的解放奴隶，靠自降身份在元老院里哗众取宠，这才最终保住了王国。

以上外交事件均是罗马霸权的典型表现。一个使者就能重新划分东方的势力范围，一个国王在罗马只能算作奴隶，无论他们愿不愿意，都必须接受罗马元老院的统治，这就是罗马人的霸权。

控制希腊

希腊城邦向来高呼"不自由，毋宁死"，曾被罗马解放和保护的他们同样不能在罗马霸权下幸免。以吞并马其顿为契机，罗马终于将手伸入希腊，大肆清洗反罗马党人。一些投机党人主动当起罗马人的密探，大量告密信被送到罗马人手里，凡是被控告有通敌之嫌的，不需要审判和查明，一律送到罗马当人质，这部分多达1000人，他们几乎都是贵族和官员。

这还没完，罗马插手各城邦内政，扶植亲罗马政府，对不能完全控制的城邦着手肢解。位于伯罗奔尼撒的亚该亚同盟因不服罗马管理，元老院便一手策划了对亚该亚各成员国的渗透，试图分裂亚该亚同盟。然而以科林斯为代表的成员国立场坚定，试图摆脱罗马的"统治"，元老院遂遣使警告，以强硬的口吻威胁亚该亚同盟，若不听令必将被解散。感到主权被侵犯的亚该亚断然拒绝了罗马的命令，还暴打了罗马议员。

公元前146年，元老院遂以罗马人被殴为由向亚该亚宣战，执政官当即从马其顿行省南下，先克温泉关，后破科林斯，随之而来的不是公正的裁决，而是罗马人彻底的报复。黑暗完全笼罩了科林斯，劫掠和纵火在城中肆虐，男人被杀死，女人和小孩变成奴隶，大量金银和文物被送往罗马，希腊名城科林斯被彻底摧毁。

罗马以如此恐怖的手段威慑着整个希腊地区，元老院借此重新制定了希腊地区的等级秩序。希腊所有城邦，无论是不是盟友，全部降为臣属加以统治，罗马的亚该亚行省由此建立。希腊人的自由不存在了，地中海各国的自由不存在了，弗拉米尼努斯时期的罗马人似乎已经从世界上消失了。

北非的纠纷

第二次布匿战争胜利后，罗马本着宽容为怀的理念保留了迦太基，一方面是因为马西尼萨的努米底亚王国日渐强大，罗马需要迦太基来牵制新的盟友；另一方面是因为不少罗马人敬重迦太基，在限制了其军事力量后，开明派试图将其发展成罗马的盟友。

可是，随着罗马霸权逐步建立，贵族的思想发生了变化，传统的朴素作风逐渐被奢靡之风取代，罗马霸道地制定了新的世界秩序。以加图为首的保守派畏惧迦太基的存在，害怕迦太基再次强大起来，一心想绞杀这个国家和民族，本质上是为了那里的土地、财富和奴隶。

在经历了两次战争后，迦太基国内逐渐分裂为三个大党派，其中大农场主阶级组成了亲罗马派，爱国人士继承了巴卡家族的自由派，而一部分小贵族和商人组成了亲马西尼萨派。三大党派相互倾轧，汉尼拔就在党争中被诬陷通敌，被迫逃离祖国，客死他乡。

马西尼萨是努米底亚的国王，更是西庇阿的挚友，两人在共同战斗里结下了深厚的友谊。这种友谊也发展为全罗马对努米底亚的友谊，两国常常携手出兵，即使不能共同出征，马西尼萨也总是毫无怨言地为罗马提供所需要的战争援助。因此，罗马在所有盟友里更看重马西尼萨及其精锐骑兵，两国亲密无比。

马西尼萨仗着罗马人的支持，在战争结束后不断侵食迦太基的土地，还把自己的属民迁徙到两国有争议的土地上，为此，迦太基人请求罗马元老院仲裁。但是前往北非的使者得到密令，要尽可能地袒护马西尼萨，这样的仲裁反而让马西尼萨得到了更多土地，而迦太基人也明显感受到了罗马人的区别对待。

纠纷没有得到公平的仲裁，激化了两国矛盾。马西尼萨继续侵略迦太基的土地，迦太基人的愤怒逐渐接近顶点，虽然罗马再次派遣使团前往北非调解，但迦太基人已经完全不信任罗马人了。

当时的使团团长是保守派代表加图，他提出让双方把争议土地交给罗马进行分配，马西尼萨对罗马的安排心领神会，当即同意。迦太基明白这是一场斗地主的游戏，他们就是那个被斗的"地主"，而罗马就是把迦太基手里的"牌"要过去分给马西尼萨，于是断然拒绝了加图的调解，这加深了罗马保守派对迦太基的畏惧。

道貌岸然的加图利用这次访问北非的机会，看到了一个生机勃勃的迦太基，那里的公民逐渐走出了战争阴影，农业和工商业都迅速恢复，除了没有武装力量，迦太基仿佛重回到了战前。返回罗马后，加图向元老院提出"彻底消灭迦太基"的议案，保守派和开明派为此发生激烈的争执。保守派每次开会都以"迦太基必须消灭"为演讲的开始，而开明派的西庇阿·纳西卡也以"迦太基必须保留"为结语，双方的争论最后还是被加图一党占据优势，元老院决定消灭迦太基。

随着努米底亚和罗马联手侵食迦太基的领土，迦太基国内的党争也愈演愈烈，亲马西尼萨派首先被长老会议驱逐出境。愤怒的马西尼萨借此干涉迦太基内政，试图派王子加鲁萨将亲马西尼萨派送回迦太基，迦太基对努米底亚的愤怒终于爆发，自由派党人哈斯德鲁巴出兵攻击了这支努米底亚使团，杀死不少人，王子加鲁萨狼狈逃回国，迦、努两国的战争再次爆发。

得到战争借口后，马西尼萨首先出兵围攻迦太基的奥罗斯科巴。迦太基这次也来了脾气，不顾罗马禁止其扩军的命令，组建了一支 25400 人的军队，由自由党人哈斯德鲁巴领兵紧急驰援奥罗斯科巴。

仇人见面分外眼红，迦太基一方是国仇大恨，士兵们战斗起来特别卖力，在一系列的小会战里，迦太基军队屡次击败马西尼萨，而马西尼萨的部将也因与王子们发生争执，一怒之下竟带领6000精锐骑兵投降了哈斯德鲁巴。力量加强的迦太基军兵锋更甚，一再逼退马西尼萨，受到鼓舞的青年们纷纷应征入伍，迦太基的兵力已近6万。

战争初期接连失利，马西尼萨不得不改变策略，率部一路"溃逃"，将迦太基人诱入了一处四面环山的险地。当哈斯德鲁巴中计进入后，马西尼萨突然转身反击，将迦太基军队阻挡在山谷之中，哈斯德鲁巴突围不成，被迫在山间列阵。这样一来，迦太基军队被堵在山口，进退不得，侧翼又被高山阻隔，限制了进攻的空间，前面的人在战斗，后面的人只能远远望着，难以增援。

见迦太基人被困在谷中，马西尼萨大喜，他让军队以轮换休息的方式不停攻击山口，企图以车轮战削弱迦太基人，迦太基的数量优势被化解了。会战打得十分激烈，从黎明一直持续到深夜，据说此次会战的人数有11万之多。

由于无法突破谷口，迦太基人被困在了荒凉的山里，没有粮食，饥饿折磨着迦太基人，士兵们日益虚弱。他们吃完骡子吃战马，吃完战马煮皮带，最后连保护自己的盾牌都被当做生火的木材烧掉了。士兵大量死亡，尸体运不出去，又因缺乏木材不能火葬，瘟疫开始在军中蔓延，很多人死于疫病。这支军队终于失去了希望，不得不向马西尼萨投降。

解除武装后，马西尼萨才同意精疲力竭的迦太基人出谷，王子加鲁萨却趁迦太基人出谷时突然率部截杀，马西尼萨非但不制止，反而命军队自由行动。最终，5.8万迦太基人生还者寥寥无几。不过人们不曾注意到，在远处的山上，一个来自罗马的年轻人正悠闲地欣赏着这场激烈的会战。

此人史称"小西庇阿"，本出自保卢斯家族，只因为家中日渐赤贫，保卢斯便将两个儿子分别过继给了西庇阿家和费边家，小西庇阿因此更名换姓，成了"非洲征服者"大西庇阿的养孙，他就是那个注视着迦、努战争的年轻人，而他和大西庇阿的宿命一样，都注定要被迦太基牵绊。

缥缈的希望

根据罗、迦两国的协议，迦太基不得擅自发动战争，更不能进攻罗马的盟国，哪怕是自卫战争也不行。如今迦太基不仅扩军备战，还进攻马西尼萨，公然违背两国和约。虽然迦太基是不得已而为之，但战争里没有正义与邪恶，只要不符合罗马的利益，罗马人便不会给予丝毫支持，更糟的是，迦、努两国的冲突让罗马有了向迦太基发动战争的借口。

消息传到罗马后，元老院连夜召开会议。夜晚的安静与元老院的喧嚣形成鲜明对比，保守派加图等人非常兴奋，现在他们可以骄傲地宣布判断的正确，开明派则哑口无言，再也没人会说"迦太基必须保留"的话了，元老院遂决定对迦太基宣战。

迦太基人现在感到了害怕，他们的军队被马西尼萨击败，如今已经失去了自卫的力量，而罗马眼看就要干预进来，国家即将灭亡。作为迦太基第二大城市的乌提卡不想跟着祖国一起毁灭，立刻宣布独立，并派人赶赴罗马元老院，请求加入罗马联盟。乌提卡的背叛使得罗马得到了一个绝佳的军港，当地与迦太基城相距不远，正是罗马军团理想的踏板。

公元前149年，执政官曼尼阿斯、马西阿斯统兵8.4万远征迦太基，其中步兵8万，骑兵4000，由50艘五列桨战舰和100艘轻型运兵船护送直抵乌提卡。迦太基人惊慌不已，但仍然没有放弃最后的希望，立刻派使团赶赴罗马请求宽恕，并表示要处死擅自开战的哈斯德鲁巴。元老院一面告诉迦太基使者，称只要交出300个贵族小孩作为人质就可以保留北非的土地，另一面却悄悄给执政官送去密函，内容是"不把迦太基夷为平地就不得收兵"。

迦太基人因恐惧而失去理智，长老会议想都没想就同意了元老院的条件。人们悲伤地选出了符合条件的小孩，送别那天，父母们聚在码头痛哭流涕，拉扯水手的衣服阻止他们开船，但这样的行为都是徒劳，看着孩子们远去的船只，母亲们发出凄惨的悲鸣，不断撕扯着自己的头发，这一幕何其悲凉。

然而，得到人质后的罗马丝毫没有退兵的迹象，执政官称罗马对迦太基的强大很难安心，所以迦太基必须交出全部的武器、铠甲和船只，以示和平的诚意。迦太基再次选择服从，大量铠甲和武器被送到执政官手里，舰队全部被解散，船只也交给了罗马。现在的罗马手握迦太基人质，又完全解除了他们的武装，迦太基犹如待宰的羔羊。

可是执政官依然没有离开北非的意思，迦太基知道罗马人还有要求，于是再次询问退兵的最终条件。这次，执政官终于亮出了底牌，称毁灭迦太基的命令是元老院早已经通过的决议，元老院的命令任何人都不得违背。不过鉴于迦太基人之前的良好表现，执政官允许迦太基人安全离开首都，在远离海岸的地方修筑新的城市，这算是罗马给迦太基人最后的机会，只要同意放弃首都，所有人都能活命。

直到这时迦太基长老会议才明白，罗马根本没有和平的诚意，愤怒的群众冲入议事大厅，殴打那些一味妥协的议员，母亲们则诅咒那些抢走她们孩子的男人。不过当人们冷静后，所有人都拒绝接受罗马的条件，没有人离开首都，因为他们知道罗马已经决心灭亡他们，如果再次相信罗马人的谎言，贸然离开可以自卫的城池，罗马军团一定会像马西尼萨那样突然截杀他们，届时手无寸铁的迦太基人只会被屠杀殆尽。

悲愤的迦太基人现在清醒了，所有人面临同样的命运，贵族和平民终于握手言和，无论过去有多少积怨，现在唯有团结在一起方能度过危机。对迦太基人来说，金银财宝已然没有了价值，战争所需的士兵和物资才是最紧缺的，可是罗马已经夺走了所有的武器装备，短时间内该如何组建出一支军队呢？

幸而这难不倒抱着必死之心的人们。迦太基人立即关闭城门，将石头运上城墙；贵族们释放了全部奴隶，让他们一起加入最后的战争；青年和老人都踊跃参军，在老兵们的指挥下日夜操练；未能参军的人四处收集石料和木材，用以修补有缺口的城墙；妇人们四处奔走，尽可能地筹集守城的粮食。

神庙、广场和一切宽敞的空地都变成了军工厂，无论是妇女还是小孩都在日夜赶制兵器和铠甲，他们轮流用餐以保障工作持续不停。铁门、农具全部被熔炼成刀剑，男人的皮革被缝制成甲衣，女人的头发被捆成缰绳，迦太基人以每天100个盾、300把剑、500支矛和1000个弩炮的速度加紧生产军用装备。

清醒后的迦太基长老会议赦免了哈斯德鲁巴，呼吁他反击罗马人。在城外游荡的哈斯德鲁巴倍感振奋，聚集3万人马在北非各地转战，除了倒向罗马的城市，哈斯德鲁巴牢牢控制着迦太基城外的领土，与城内的守军遥相呼应，时刻威慑着罗马和努米底亚。

最后的荣光

迦太基城建于突尼斯湾的凹进深处，三面环海并围有海墙，陆地与城市只有西面可以相通，迦太基人在该处建有三重城墙作为防御，地势十分险要，整座城市的结构和巴卡家族经营的新迦太基城十分相似，若无海陆联合进攻很难沦陷。

罗马执政官在确定迦太基人要进行抵抗后，率部包围了迦太基城，曼尼阿斯从西面发起对三重城墙的强攻，马西阿斯则指挥舰队进攻北面的海墙。两个指挥官都以为迦太基人没有武器和铠甲，战斗会在一天内结束，但英勇的迦太基人奋起抵抗，青年们都装备了刚打造的短剑和长矛，老人们也拿着木棍和石头在后面支援，他们的双眼血丝暴涨，全身青筋暴起，仿佛鬼魅一般凶恶。罗马士兵被迦太基突如其来的进攻打懵了，执政官接连发起多次进攻都损兵折将。

看来这不是一场一天之内就能结束的战斗，罗马人只能在城外扎营，用四周森林的木材制造云梯和攻城冲车，还搬来沙土用以拓宽西面进攻三重城墙的道路。迦太基人当然不会任由罗马人围困自己，当即派骑兵袭击落单的罗马士兵。然而不久之后，罗马的两台重型攻城冲车造好了，军团士兵再次对迦太基城发起强攻。

战斗十分激烈，纵然迦太基人不断射出弓箭、投下石头，罗马士兵依然攻到了城墙下，庞大的冲车发起了惊人的撞击，每一下都如同地震一般，城墙就此被攻破一个缺口。战斗随即围绕着缺口进行，罗马士兵不断涌入，挥舞着短剑四处砍杀，试图强行杀入城内，但是迦太基士兵也冲到这里拼命抵挡，凭借决死的勇气战胜了罗马人，只留下满地尸体。深夜，迦太基人利用罗马军团休息时紧急修补了城墙，同时派出英勇的敢死队趁着夜色纵火焚烧罗马的攻城武器，缺乏守备的攻城武器因此毁于火海。

在海上，迦太基人制造了许多小船，上面放满了树枝，当海风吹向罗马舰队时，迦太基人就将小船点燃并挂上风帆，在海风的助力下，熊熊燃烧的火船纷纷撞向罗马人的舰队，舰船很快一个接一个地烧了起来，大火在海风下越燃越烈，根本无法扑灭，整支罗马舰队都被大火吞噬，罗马的海上力量由此折损了大半。

战斗第一阶段的连番胜利令迦太基人热情高涨、信心倍增，但坚苦的围城还在继续，第二阶段的战斗随之而来。

随着战事一再拖延，罗马人的粮食日渐耗尽，执政官不得不分出1.2万人劫掠周边的市镇和乡村。这些人四处洗劫村镇，抢夺农民的口粮，提前收割田里的庄稼，各地迦太基人苦不堪言、怨声载道。为了应对罗马人的劫掠，迦太基骑兵长官法密阿斯率领英勇的骑兵打起了游击战。他们时而隐藏在树林间，时而穿梭于山谷中，如幽灵一般来去无踪，总是在罗马士兵没有留意时发起进攻，一通砍杀后又迅速逃离战场，就这样反反复复，罗马人被游击搞得晕头转向却无可奈何。

在军团一次外出抢粮时，迦太基趁夜发兵偷袭罗马营寨，许多市民在城墙上高声吼叫来配合士兵的进攻，使得罗马人分不清到底有多少人在进攻。战斗十分混乱，不少士兵分不清敌我，竟然自相残杀而死。这时，年轻的小西庇阿率领10队骑兵赶来支援，他们每人手持火把高声号叫，但没有进攻任何敌人，而是围着迦太基人快速奔驰，来来去去，反反复复，这让迦太基人也弄不清罗马到底有多少骑兵。他们害怕被骑兵军团包围，赶紧撤回到城内，罗马军团这才转危为安。这一通虚张声势的精彩表演让小西庇阿在军中第一次获得了赞誉。

攻城已然进行多时，但罗马军团劳而无功，非但没能突破缺口，反而还被敌军夜袭营地，劫掠乡镇的军队也屡遭袭击，迦太基城依旧岿然不动。执政官曼尼阿斯见强攻难以奏效，决定改变思路，先发兵剿灭在城外游荡的哈斯德鲁巴，断绝迦太基人的外援。

哈斯德鲁巴当时正驻扎在内菲里斯，该处经过长时间的经营，已成为首都外的军事基地，毫无疑问，哈斯德鲁巴占有主场优势。若贸然远征内菲里斯，罗马军团的胜算不大，故而小西庇阿反对这次行动，直言不讳地说道："内菲里斯周围都是山岩和峡谷，而哈斯德鲁巴又占据着高地位置，我军长途奔袭必然疲惫不堪，冒险远征不是一个好的选择。"

小西庇阿毕竟是新人，直接反对执政官的计划多少让人觉得他过于自负，其他将军因此嘲笑道："如果是小西庇阿指挥这次远征，我们的剑怕是都要丢了。"

最终，执政官曼尼阿斯率部进攻内菲里斯，与哈斯德鲁巴仅隔了一条河流。罗马军团首先渡河进攻，气势如虹，哈斯德鲁巴见不能取胜便率部撤回堡垒坚守，而罗马军团没有攻城器械只能返回自己的营地。可就在罗马人渡河离开时，哈斯德鲁巴突然冲出了堡垒，向队形混乱的罗马人发起了进攻。因河流限制，军团之间毫无阵形，不少士兵被砍杀而死，此时他们才为贸然进攻感到后悔。

好在小西庇阿率领300精骑挺身而出，策马杀到迦太基人近前。本以为罗马骑兵会以身殉国，没想到小西庇阿并非无脑冲锋，而是冲到敌军近前时轮流投射标枪，然后又迅速撤回，待敌军以为骑兵已经逃走后，小西庇阿又率部杀回，继续投掷标枪。如此反复袭扰，最终，骑兵们整齐的交替进攻打乱了迦太基的攻势，被激怒的迦太基人转身追向小西庇阿，小西庇阿且战且退，将敌军吸引至远处。还在岸边的罗马步兵这才得到渡河的机会，狼狈撤回营寨。

然而战斗结束后，执政官发现还有四个大队的士兵不知所终，他们因没有机会渡河而退却到一座小山上，迦太基现在已经包围了小山，准备歼灭这四个大队的罗马士兵。军中为是否要冒险返回发生了争吵，很多人都认为不能为了区区四个大队就让整个军团重临险境，但是小西庇阿力排众议，决定单独去救援被围的战友，他说道："在危机时刻，只有不顾一切、勇往直前才是罗马人的本色，若我不能救回他们，就和他们一同战死。"

于是，小西庇阿只带上两天的口粮就出发了，军团上下都被他的勇气感动，但没人觉得他能安全回来。

小西庇阿率领数百骑兵一路急行赶到小山处，当时的迦太基军队正在进攻山上的罗马士兵，对于小西庇阿的出现，迦太基人并不在意，他们准备歼灭四个大队后再收拾小西庇阿的骑兵。不过，小西庇阿发现迦太基人的背后同样有一座高山，这和罗马步兵坚守的小山遥相呼应，而且此处还缺乏足够的守军，于是他果断攻向高山，驱逐了上面的迦太基人。这时迦太基人才感到惊慌，因为他们发现自己被两处高地包围，仰面进攻的难度非常大，若还有罗马步兵赶来增援，届时，迦太基人就会被完全困在山下低谷里，于是他们选择了撤退。

数天后，正当执政官焦急等待时，小西庇阿带着死里逃生的四个大队突然出现了，他们全都安然无恙，所有人都发出了激动的欢呼，人们拥抱、亲吻小西庇阿，全军上下都对他佩服得五体投地。现在的小西庇阿成了军中的大明星，他多次于危难之中拯救全军，再也没有人妒忌他的才能了，全军上下都对他报以热烈的支持，连执政官都觉得欠他一个大大的人情。

随后的日子里，小西庇阿成功诱使迦太基骑兵长官法密阿斯投降罗马，进一步削弱了迦太基的军力。可是曼尼阿斯又一次发起了进攻内菲里斯的战役，但依然毫无进展，元老院为此派特使到北非了解战况，意图赏功罚过。令特使意外的是，包括曼尼阿斯在内，所有人都在称赞小西庇阿的英勇和功绩，这给特派员留下了深刻的印象。

不久后到了罗马大选的日子，小西庇阿回国参选市政官一职，但是他在北非的事迹早就随着特派员一起传遍了罗马，大家都觉得能打败迦太基的只有西庇阿家族的人。为此，广大公民不顾反对，强行选举小西庇阿为下一任执政官，然而小西庇阿还太年轻，尚不到法定的任职年龄。保民官为此发话了："当人民都觉得他能成为执政官时，他就是执政官，如果有人反对小西庇阿就任，那我们就马上投票撤销反对者的公职。"

随后，罗马立刻通过了一项新法案，宣布临时取消执政官任职年龄的规定，为期一年。也就是说，这一年的执政官是没有年龄限制的，是专为小西庇阿开的"小灶"，为了他的当选，罗马甚至不惜临时修改了法律，可见他的高人气和支持率。不仅如此，当元老院争论哪个执政官负责北非战区时，保民官再次发话："北非战区的人选不用抽签了，人民早已做出了决定，那人就是小西庇阿。"

公元前147年，小西庇阿凭借全罗马的支持，意外地登上了执政官的宝座，而迦太基文明也将迎来他们最后的结局。

文明的消逝

小西庇阿全名叫普布利乌斯·科尔内利乌斯·西庇阿·埃米利努斯,生父是埃米利努斯氏族的"马其顿征服者"保卢斯,只因过继给了西庇阿家族,才获得了"西庇阿"的姓氏,"阿非利加征服者"大西庇阿算是他的祖父。得益于大西庇阿的威望,小西庇阿一入政坛便获得了大量的政治资源,不少人追随小西庇阿一同前往北非,他们的第一站是军团驻地乌提卡。

此时的迦太基战区依然处于战斗状态,前执政官发现一处位于悬崖上的城墙缺乏守备,当即率部朝那里发起进攻,登上了悬崖。迦太基守军立刻从城门冲了出来,想将罗马人都推到海里,但是一通血战之后,罗马士兵杀死了大多数迦太基人,还乘胜追杀到城墙下。

由于城门没有及时关闭,罗马人一度杀了进去。迦太基指挥官见状立即派人增援,执政官也令全部人弃船上岸支援前方的士兵。然而战斗并没有决出胜负,罗马人没能占领城门,反而全部被困在城墙前的一处空地上,因夜色降临,双方都停止了战斗,罗马人不得不在城外扎营休整。罗马人现在骑虎难下,既攻不破城门,又无法退回到海里,迦太基人势必在天亮以后出动大军围剿,而他们只能期望信使能尽快将另一处的援军带来。

小西庇阿的舰队此时正好航行到附近,在得知冒险攻城的罗马军队陷入险境后,他当即放弃了前往乌提卡的原定计划,立即遣使调动乌提卡的罗马驻军,命他们紧急驰援悬崖的战场,而他自己则带上全部随员直奔迦太基城,企图救回这些勇士。

天色渐亮,寒冷的海风拍打着罗马人的脸庞,此时的迦太基人已经集结了一支人马猛攻城门外的罗马人,罗马士兵被迫摆出圆心阵,由持有武器和盾牌的士兵挡在外围,里面则是指挥官和没有武器的水手。迦太基人将兵力集中到一处,试图将罗马人推下悬崖,他们士气高昂、大声鼓噪,不断用标枪和长剑击打着罗马人的盾牌,罗马圆心阵在巨大的压力下不断后退,士兵们大汗淋漓,越来越吃力,身后的悬崖已近在咫尺。

就在这时,远处的地平线上出现了小西庇阿的舰队。罗马人的旗帜在阳光下迎风飘扬,整齐的船桨不停地拍打海水,船员们发出高昂的呼喊,声势如虹,小西庇阿扶着缰绳站在船头的最高处,执政官的红色斗篷在风中是那样显眼。濒临绝境的罗马人望着远处的舰队,激动的热泪从眼眶瞬间进出,打湿了整个面颊。

迦太基人惊恐起来,他们没想到罗马执政官的军队会突然出现,刚刚的凶狠之气顿时泄了一半。随后,小西庇阿的军队杀上悬崖,一举打退了进攻的迦太基人,但他没有继续攻城,而是接上全部士兵返回了北非大本营。

小西庇阿的到任彻底改变了北非军团。新指挥官首先下令整顿军纪,一改历任执政官的奢靡之风,恢复了荒废已久的军事训练,将随军的商贩、妓女统统驱逐出营。严明了纪律,惩罚了临阵畏缩和自由散漫的将校,全军上下焕然一新。

不久后,小西庇阿率部围着迦太基城进行了详细的勘察,摸清了迦太基的部署。在小西庇阿看来,强攻坚固的城墙不会让罗马人占到半点便宜,迦太基人在城墙处的部署相当严密,地势也是易守难攻,一般的围困难有成效,所以小西庇阿决定从海陆两处全面包围城市,以击垮迦太基人的意志。

为了彻底断绝外来支援,罗马军团首先扫荡迦太基城外围,将附近的城镇或毁灭或占领,总之就是要让迦太基变成一座孤城。完成这一切后,小西庇阿方才对迦太基外城麦加拉发动进攻,他于夜间将军队分成两个梯队,自己指挥第一梯队直面麦加拉,第二梯队则悄悄绕到另一边的城墙下。部署完成后,两支军队同时鼓噪而起,遥相呼应,迦太基人方才发现遭到两处进攻,但由于是夜晚,迦太基人也弄不清罗马人的虚实,加上震耳欲聋的吼叫,守城士兵士气大跌。

小西庇阿指挥的第一梯队发现城墙外有一处高塔正好与城墙等高,他立刻派兵占领了这里,然后从塔上搭起木板登上城墙,很快就驱散了城墙上的守军。经过一番血战,罗马人控制了城门,大军旋即蜂拥入城,纵火焚烧。看着熊熊燃起的大火,还在抵抗的迦太基人斗志全无,纷纷抛弃坚固的堡垒涌向卫城柏萨,罗马军团顺利控制了麦加拉城。

现在的小西庇阿已经具备了全面包围迦太基城的条件,为了先封锁陆上的补给线,他派军队到柏萨城外的陆地上,在迦太基弓箭射不到的地方挖掘了一道四方形的壕沟，在壕沟内插上刺木，外侧加上栅栏，还特别修建了一堵面对迦太基城的围墙，围墙之内又修筑要塞，罗马军团大部分人马随即进驻要塞之中。如此一来，罗马军团就完全控制了城西的通道，任何人都不能溜进城内，陆上的补给被彻底截断。

为了断绝来自海上的补给，小西庇阿进行了一项更加艰难的工程，他从大陆北侧海岸开始，搬来大量石头填补海岸，将这些被填补的区域修成一道大坝，不断朝北侧的海洋延伸，连迦太基人都能看出，罗马人要用这样的大坝把迦太基海港给围起来。

起初，迦太基人不相信小西庇阿能完成如此巨大的工程，但他们都低估了罗马人的工程建设能力和决心。大坝一天天被修建了起来，眼看就要挡住港口，迦太基人终于慌了，决定在城北海岸旁的陆地上开凿一条运河，作为从城市到外海的新通道。这样一来，船舰就可以绕过罗马新修的大坝自由出入港口。

为了不让罗马人发现他们的计划，迦太基人故意制造出很大的嘈杂声来掩盖开凿运河的声音，妇女儿童都参与到这项工程中，夜以继日的付出很快就得到了回报。当罗马人在岸上休息时，迦太基的舰队从新通道悄悄出港，突然出现在罗马舰队面前，而罗马的船员和水手全都在岸上休息，这一幕让罗马人大惊失色。只可惜迦太基舰队只是炫耀了一番，并没有发动进攻，否则一定会像偷袭珍珠港一样全灭罗马海军。

次日，迦太基舰队再次出海，双方展开了一场正面较量。小而轻巧的迦太基船来回穿梭，笨重的罗马战船很难击中他们，反而被敌军不断射来的弓矢击伤，罗马舰队被迫退却。然而得胜后的迦太基舰队高兴地返回港口时，由于缺乏统一指挥全都堵在了新通道的入口处。罗马舰队抓住战机转身杀来，利用迦太基船动弹不得的时机，蛮横地冲撞敌舰，大量迦太基船被击沉，少数小船逃到了一个新修的码头上。

小西庇阿很快就发现这个新码头是绝佳的攻城基地，于是罗马人围绕码头展开了血战。迦太基人先是以修筑的短墙抵挡罗马人，可是小西庇阿用冲车撞毁了短墙，迦太基人又派敢死队游到岸边，放火焚烧罗马的攻城武器，但依然无法阻挡罗马军团的推进，迦太基人最终被逼到城墙上，只能用弓箭反击。哪知罗马人修筑了一段等墙高的土垒，还把弩炮搬到上面，反复射杀迦太基人。

最终，罗马军团控制了码头，舰队控制了"新通道"，迦太基城被全面封锁。

迦太基城被全面封锁后，罗马军团便可坐等城中粮尽。利用围城的空闲时间，小西庇阿领兵远征内菲里斯城，那里是迦太基的粮仓，也是罗马军团多次折翼之地，更是小西庇阿成名之处，他亲自指挥了一场漂亮的战役，内菲里斯终于插上了罗马人的旗帜，迦太基城彻底变成了一座孤城。

在小西庇阿彻底封锁下，迦太基城的粮食、饮水被逐渐吃光喝尽，士兵们士气低落、日益虚弱，老百姓只能啃食树根甚至易子而食，而哈斯德鲁巴还忙着与反对派争夺权力，双方爆发冲突，城内血流成河。

公元前146年，最终的决战终于到来，小西庇阿按照元老院的指示下达了屠城的命令，罗马军团旋即全面攻城。迦太基士兵相继倒下，城墙被轻易突破，血腥的巷战在城中展开。罗马士兵先是控制了最外侧的房屋，然后在房顶上搭上木板，从木板上向远处的房屋进攻，双方士兵因而在房顶展开激战，不断有人从房顶上落下。

为了加快推进速度，罗马士兵用木桩撞倒房屋、绑上绳子将房子拉倒，那些难以攻克的建筑，罗马人就纵火焚烧，熊熊烈火在全城蔓延，大量房屋被点燃，屋里的老人和小孩全部被烧死、压死。罗马军团不断推进，伴随而来的不是烈火就是鲜血，凡是能战斗的迦太基人都拿起了棍棒，每条街道、每栋房都是一个战场，这样的血战持续了整整六天六夜，直到退到最后一座神庙里的妇女和小孩被大火吞噬，迦太基城才彻底沦陷。

繁荣了整整六百年的迦太基文明，曾统治过北非、西班牙、撒丁岛、西西里以及西地中海，它的舰队在地中海上驰骋，勇士在意大利的土地上肆掠，金库堆积如山，田野满是谷物和牛羊，它的盛名让希腊人都惊叹不已。而现在，它的子民被屠杀、城墙被推倒、神庙被毁灭，土地上撒满了毒盐，任何作物都将难以生长，这里被罗马人诅咒，只剩下烈火和废墟，从此沦为地狱一般的世界。望着火焰与废墟，小西庇阿没有任何笑容，反而神色悲伤，不禁感叹道："也许有一天，罗马和它的人民也会像迦太基一样彻底灭亡吧。"今日罪，何日赎？这一刻，小西庇阿仿佛看到毁灭的不是迦太基，而是未来的罗马。

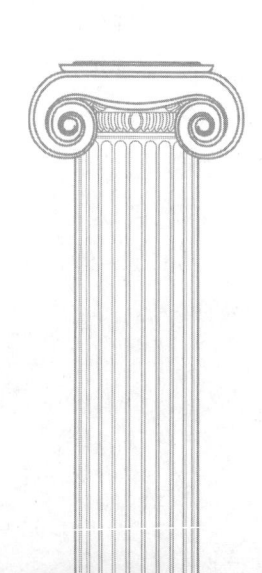

11

第十一章
内战的序幕

西班牙烽烟

在地中海的尽头，有一块名为伊比利亚的半岛，那里森林茂密、资源丰富，人们习惯称之为"西班牙"。罗马最早涉足西班牙时，当地已被巴卡家族开发成迦太基的殖民地，修建了不少堡垒要塞。不过，庞大的伊比利亚半岛有着诸如繁星一般的部落，虽不如罗马国力强大，但人口和财富也不容小觑。无论是迦太基还是罗马，都没有彻底统一西班牙，西班牙的小国们只是暂时臣服于外来入侵者，这意味着随时都有可能发生反叛。

大西庇阿时期的罗马相对开明，政策较为温和、友好，但时过境迁，随着迦太基、继业者国家式微，罗马逐步建立起地中海的霸权，对西班牙也不再开明和宽容。统治者们发现西班牙有着丰富的矿产和宝藏，就开始掠夺当地的部落，这样的掠夺随着历任总督的贪欲而变得越发严重，各国对罗马的怨恨在不断积累，"赶走罗马人"逐渐成为各国的心声。

罗马绝不会放弃西班牙，一来这里土地辽阔、资源丰富，有着取之不尽的财富，二来罗马也担心西班牙会被某个不可预知的国家统一，从而威胁意大利的安全。所以罗马有计划地削弱西班牙各族人的势力，以阻止其变成罗马的威胁，但实际上，罗马在西班牙的统治特别失败，叛乱不断困扰着罗马，几乎没有一刻停歇。

早在马其顿战争时，西班牙人就爆发了大规模的起义，罗马千挑万选，任命加图为西班牙总督。加图其人颇有将略，更富有激情，他所接手的西班牙军团士气低下、热情全无、缺员严重。面对如此局面，普通的指挥官往往会选择坚守待援，加图没有这么做，反而加紧操练兵马，主动出战。

加图的积极吓坏了士兵们，不像其他将军喜欢用美好前景鼓励士兵，相反，加图以恐惧、威吓的手段描绘了一幅战败后的悲惨画卷，这一策略取得了成功，恐惧使得罗马军团背水一战，击败了4万叛军，罗马在西班牙再次取得主动权。

战后，各部落遣使求和，加图再次展现出惊人的智慧，遣使同时赶赴各部落，要求他们在同一天将信件交给各部落首领，命令各部落在当天动手拆毁自己的城墙，而且不给他们任何考虑的时间。

由于没有时间相互通信，西班牙人无法得知其他部落的态度，各部落都担心如果自己没有及时拆除城墙，会成为唯一一个延迟的，这样便会成为加图铁蹄下的目标，于是西班牙人争先恐后地拆除自己的城墙，唯恐晚于他人而遭到猜忌。就这样，加图仅此一计，使得西班牙人瞬间失去了防御能力，再也没人能抵挡罗马军团的踩躏了。

可是问题并没有得到根本解决，和平终究是短暂的。加图卸任后，新总督的剥削变本加厉，失去土地的人越来越多。而朝令夕改的和平条约又使得各部落无所适从，土著居民的生活越发窘迫，"和平与公正"在西班牙逐渐变成一种奢求。反抗罗马再次成为唯一的生存方式，困扰罗马近百年的西班牙战争爆发。

第一阶段，努曼提亚首先扛起了反罗马的大旗。

公元前153年，受命镇压反叛的是经验丰富的老将诺比利奥，元老院为他调拨了近7个军团的兵力。信心满满的诺比利奥本以为可以快速平定叛乱，哪知匆匆进抵西班牙后，竟然误入了西班牙人的伏击圈，一战就折损了近6000人马，之后西班牙人带着战利品大摇大摆地退回努曼提亚庆功，仿佛是在向罗马新总督挑衅。气急败坏的诺比利奥迅速召来努米底亚增援的战象，率领3万人马再次讨伐叛军，努曼提亚之战爆发。

两军交战时，尚未见过这种庞然大物的西班牙士兵不知所措，被大象撞死、踩死者不计其数，诺比利奥得以一直追击到城墙下。然而城墙上射来的箭矢让大象突然发狂，不少战象冲入己方阵地践踏罗马军队，全军上下一片混乱。发现战机的西班牙人再次杀出城来，斩杀了4000余人。后来，囤放罗马粮草的奥西利斯城也反叛了罗马，诺比利奥只能躲在营地里不敢出来了。

镇压西班牙的失败让罗马人感到羞耻，他们一方面报复各部落，不断血腥屠杀反抗的西班牙人，另一方面又欺骗西班牙人，答应只要接受罗马士兵进城驻扎就可以恢复和平。但是入城后的罗马士兵并没有充当保护者的角色，反而突然发起进攻，屠杀了超过2万西班牙人。

第二阶段，卢西塔尼亚也举兵响应各路叛军。

罗马的暴行在西班牙引起了激烈的反抗，位于西班牙西北方的卢西塔尼亚人也举兵发难，猛攻罗马的殖民地，杀死了不少罗马公民和官员。倍受鼓舞的西班牙人纷纷投奔卢西塔尼亚叛军，战火很快燃遍了西班牙。

为了镇压卢西塔尼亚人，新总督加尔巴再次欺骗西班牙人，谎称愿意用三块肥沃的土地来换取和平，卢西塔尼亚人不知有诈，成群结队地跟着罗马人去接管新的"家园"。谁知这是加尔巴的分兵之计，在卢西塔尼亚人抵达伏击圈后，罗马军团突然发动进攻，分别屠杀了三路卢西塔尼亚人，死难者几乎堆成了小山。然而，一个叫维里阿修斯的年轻人在这场屠杀中逃走了，满腔怒火的他带领幸存的族人继续反抗罗马的统治。他知道正面进攻是不可能击败罗马军团的，于是带领叛军打起了游击战，利用熟知的地形不断伏击罗马人，掠夺罗马军团的粮草，屠杀落单的罗马士兵，让罗马人十分头痛。

新任总督维提里乌斯把追杀维里阿修斯作为任期内最重要的事情。罗马军团在森林各处搜寻卢西塔尼亚人，还用屠杀各部落居民的方式激怒维里阿修斯，却始终无法捕获叛军首领。见罗马人如此在意自己，维里阿修斯心生一计，故意现身引诱罗马总督，导致1万罗马军团误入设伏的山谷。

山谷一侧是悬崖，另一侧是森林，由于道路狭窄，罗马人只能如一条长蛇般行军。看准时机的伏兵突然杀出，罗马军团首尾难顾，大量士兵要么被杀，要么被挤下悬崖。总督维提里乌斯被卢西塔尼亚人俘杀泄恨，成了罗马在西班牙首位被杀的总督。

维里阿修斯就此成为反抗罗马的西班牙领袖，他率领各部落一起抵抗罗马长达八年。其间，罗马屡次对西班牙用兵，但都收效甚微，仅见记载的阵亡人数就已达4.9万，约等于11个罗马军团，而未计入战报的损失更是不计其数，西班牙成了罗马政客最不想去的地方。

公元前138年，随着战争的进一步发展，罗马无法镇压西班牙叛军，叛军也无法彻底赶走罗马人，两者均呈骑虎难下之势。在维里阿修斯看来，称霸地中海的罗马国力强大、资源丰富，贫瘠的西班牙很难彻底击败对手，所以最理想的策略是"以战促和"，逼罗马让步，于是在一场大捷之后，维里阿修斯没有继续追击灭敌，反而向罗马寻求和平。然而他低估了罗马的野心和恒心，善战的汉尼拔尚且不能使罗马人屈服，更何况渺小的西班牙叛军呢？

这一次，罗马人再次欺骗了西班牙人，谎称愿意与维里阿修斯和谈。为了给各部落人民一个安定的生活,维里阿修斯决定冒一次险,派最信任的三名卫士前去详谈,但这三人在罗马的糖衣炮弹下缴械投降,反而成了罗马的刺客。不久后,三个叛徒回营杀死了睡梦中的维里阿修斯。领袖一死,卢西塔尼亚人再次陷入分裂,部落各自为战,最终被罗马逐一剿灭。

第三阶段,大多数部落战败投降,只剩下努曼提亚还有能力反抗罗马。

维里阿修斯死后,接过抵抗大旗的仍是努曼提亚人,他们凭借坚固的城池和勇敢的士兵不断进攻罗马人。以努曼提亚城为核心,周边部落群起响应。然而形势依然不利于西班牙人,在铁血军团的利剑下,许多城池都被攻陷,唯有努曼提亚城还在顽强抵抗。罗马人更换了一个又一个统帅,依旧难以攻破努曼提亚的城墙,而努曼提亚不失时机地主动出击,杀得罗马军团丢盔弃甲,竟然以4000人的兵力将2万人的罗马军团逼入绝境,元老院实在忍无可忍,最终在公元前134年请出了共和国的首席统帅——小西庇阿。

小西庇阿是杰出的攻城专家,知道罗马在西班牙屡遭失败的原因,所以没有征集公民兵参战。这倒不是为了给罗马公民减负,而是因为罗马军团早已不是保家卫国的正义之师,现在的罗马人只是为了霸权而战,公民兵失去了当年的热情和精神,颓废的精神和低劣的兵源已经让传统公民兵不堪使用。故而,小西庇阿学习他的祖父,招募了一些敢于冒险的底层无产者,再加上对战利品充满渴望的同盟国军队,小西庇阿这才踏上了西班牙的战场。

小西庇阿集结了大约6万人的军队,对努曼提亚的4000守军有着压倒性优势,但他十分谨慎,并没有强攻城池的打算,其策略依然是围城。小西庇阿让罗马军团在努曼提亚城四周修起栅栏和围墙,每隔一段距离还部署一座塔楼,沿途配备超过400余门弩炮,另外还将扎满小刀的木头扔到水里填堵河道,避免守军游泳离开,一场恐怖的围城战就此打响。

为了彻底困死努曼提亚人,小西庇阿公开宣布:任何敢于支援努曼提亚人的西班牙城镇都将被罗马军团血腥报复。因此,几乎所有城镇都冷眼旁观这场战斗。

努曼提亚人在围城战中毫无办法,既没有援军又缺乏补给,越发虚弱的他们不得不向小西庇阿求和,但是罗马统帅没有给对方任何宽恕,努曼提亚人只能在饥饿中陷入人吃人的悲惨境地,最后这些视自由高于一切的勇士在绝望下挥刀自尽，城市也被夷为平地，幸存的人都被贩卖为奴。小西庇阿因此赢得了一场凯旋式，还获得了"努曼提亚努斯"的称号，成为西庇阿家族第三位荣获征服者称号的人。罗马也终于如愿以偿地平定大叛乱，西班牙在罗马的霸权下重新归顺。

历时20年的西班牙叛乱暂时以努曼提亚城的陷落而中止，但这不是结束。毫无疑问，罗马军团胜得艰难、胜得侥幸，这一切恐怕都源于罗马传统精神的丢失。今天的罗马共和国早已危机重重，贵族们贪图享乐、自私自利，平民们畏战退缩、逃避责任，没有多少罗马人知道，他们所要面对的真正挑战不仅在各行省的反叛中，也在罗马城里，在他们自己身上。

努米底亚内战

迦太基亡国后，非洲的土地上就只剩下三个能上台面的国家，由西向东依次为毛里塔尼亚、努米底亚、埃及。其中毛里塔尼亚靠近大西洋，地域偏僻，部落林立，尚处于奴隶社会早期；埃及占据着尼罗河，环境优美，钱粮丰富，但几代法老安于现状，国势日渐衰落。唯有掌控着北非中部的努米底亚日渐强盛，作为与罗马并肩作战的盟友，努米底亚骑兵纵横地中海，在罗马的征服战争里收获颇丰，加上罗马有意扶持，努米底亚已成为北非最大的王国。

努米底亚的壮大离不开一位传奇的国王——沙漠王子马西尼萨。在他的带领下，努米底亚逐渐从沙漠游牧部落转型成农业定居国家，国内农业、商业都有了巨大发展。很多意大利商人看中了努米底亚的市场潜力，纷纷挥掷重金投资北非，因而努米底亚经贸繁荣。在罗马的阿非利加行省成立后，努米底亚成了与罗马接壤的第一强邻。

一直以来，努米底亚对罗马的任何战争请求都给予绝对支持，包括马其顿、西班牙两场叛乱。马西尼萨死前为了维护两国友谊，委托小西庇阿担任遗嘱执行人。出于制衡努米底亚的目的，小西庇阿主张将王国的权力分给马西尼萨的三个儿子，长子米奇普萨继承王位，次子古努萨掌握军队，三子马斯塔纳巴主管司法。表面上，三位王子都得到了遗产，实际上，三人都无法掌握大权，间接导致努米底亚王室为权力而争斗。

公元前160年，三王子马斯塔纳巴的小妾生了一个英武的儿子，取名朱古达。此人不喜欢奢靡的贵族生活，却对行军打仗感兴趣，加之努米底亚人一直重视骑马、射箭等战斗技能，年轻的朱古达逐渐成长为一个勇敢的战士，不仅远离各种花街柳巷，而且为人谦和又不失威严，已成为民众心中最值得期待的王子。

不幸的是，朱古达的父亲没活多久就去世了。失去父亲庇护的朱古达难免被叔父们排挤，这位耀眼的王子才华横溢，自然成了国王米奇普萨的威胁。恰巧小西庇阿此时受命征服努曼提亚，他要求努米底亚提供军事协助。米奇普萨大喜，当即派侄子朱古达前往危险的西班牙，此举既能表示努米底亚王室对罗马的重视，又能借战争支走朱古达，可谓一箭双雕。

米奇普萨没想到的是，前往战场磨炼正符合朱古达的意愿，他一身是胆，早就想到真正的战场上历练一番。在西班牙战场上，小西庇阿亲自教导朱古达，并让他学习先进的罗马军阵之术，血与火的搏杀让朱古达更加成熟，逐渐成长为一名合格的指挥官，这段经历也成了朱古达野心的起点。

战争结束后，朱古达带着元老院的褒奖返回努米底亚。本指望民众能忘记远离的朱古达，但巨大的荣耀让他的人气更高，现在即使是米奇普萨王也不能无视朱古达的威望。为了安抚这个获得小西庇阿提携的年轻人，无奈之下，米奇普萨王决定认朱古达为养子，努米底亚从此就有了三个王子，从继承权上讲，朱古达也有了继承王国的资格。

米奇普萨王在位的30年里，三位王子在明面上还算和谐，但是米奇普萨王一驾崩，矛盾就立刻显现出来。当时罗马为了进一步削弱努米底亚，决定将王国一分为三，每位王子各自统治一个，然而颇有武略的朱古达并不满足于一个小小的王国，野心驱使他要征服整个努米底亚。很快，三个国王的冲突就爆发了。

真刀真枪比起来，谁强谁弱一看便知。从小就在安乐窝里成长的两个王子根本不是朱古达的对手，朱古达不但杀了希耶姆普萨尔王，还侵占了几乎整个努米底亚，侥幸逃命的阿德盖巴尔王只好投奔罗马。鉴于朱古达曾经为罗马而战的经历，元老院对他颇有好感，有意把他培养成第二个马西尼萨，对朱古达杀弟夺国的行为，元老院并未给予惩罚，只是将努米底亚一分为二，由阿德赫巴尔和朱古达各占一半。

朱古达对这样的分割协议并不满意，在他看来，整个努米底亚几乎都被他占领了，他已是实质上的努米底亚国王。现在罗马反而拿走了一半的土地分给没用的兄弟，这等于是割了他身上的一块肉。蛰伏五年之后，朱古达再次挑起战争。这次他的攻势比以往更加凌厉，战火很快就席卷了努米底亚全境，阿德盖巴尔被迫困守锡尔塔城中。

一而再再而三的战争让经营北非的罗马骑士阶级很不满，他们的商业活动需要一个安定的努米底亚，但是朱古达一再发动战争，严重损坏了罗马商人的利益。因此，骑士阶级对朱古达恶评如潮，甚至不惜出资赞助阿德盖巴尔王抵抗。有了罗马骑士撑腰后，朱古达的战争计划屡次落空，战争变得旷日持久。

努米底亚内战早已给罗马人敲响了警钟，但元老院根本没有意识到危险的临近，一如既往地派考察团到努米底亚，结果总是游玩一番就返回，既没有处罚朱古达，又没有公平分配土地。这样的结果变相鼓励了朱古达，罗马对努米底亚分而制之的策略逐渐失效。最终，朱古达攻取了锡尔塔城，砍了阿德盖巴尔的脑袋。

破城后，朱古达的士兵在城中大肆劫掠，不仅小孩和女人，城中所有的罗马商人均被枭首，这些人中既有来自首都的公民，又有拉丁同盟的公民。锡尔塔屠城事件让整个罗马联盟异常震怒，朱古达明显是在报复资助阿德盖巴尔的罗马骑士，如此露骨的复仇，几乎得罪了整个罗马联盟。

作为罗马的盟友却大肆杀戮罗马商人，这等于背叛了罗马，骑士阶级群情激愤，公民大会终于决定对努米底亚宣战，然而元老院对征讨努米底亚没有任何激情，不但动作缓慢，而且也在私下接触朱古达，似乎准备降格处理。

朱古达敏锐地发现公民大会与元老院意见不一，所以派使者携带大量金银珠宝悄悄接触元老院，希望能就此化解危机。而出征北非的罗马执政官显然也有不可告人的秘密，他的军队只满足于劫掠城乡，丝毫没有剿灭朱古达的意思。当朱古达遣使求和后，他当即答应与朱古达谈判，承诺只要朱古达到元老院解释其战争行为，罗马便承认他是整个努米底亚的新国王。这么看来，朱古达根本不是去罗马接受处罚，反而像是去加冕称王的。

元老院一味妥协进一步刺激了朱古达的野心，他满脸微笑地访问罗马，一面重申了两国三代人的友谊，另一面悄悄送上令人炫目的金银，就在元老院满意地认为朱古达是理想的努米底亚代言人时，罗马城里却发生了一起骇人听闻的刺杀。和朱古达同样拥有努米底亚王室血统的堂兄弟马西瓦被残忍杀害，然而刺客百密一疏，还是被罗马人捉住了。

经过审讯，人们发现幕后真凶就是朱古达。此事让罗马各界一片哗然，这个看似谦卑的努米底亚国王居然在罗马首都刺杀罗马的客人，各界公民义愤填膺，要求严惩朱古达。可元老院又一次庇护朱古达，令其全身而退。元老院的腐败在朱古达的一再试探下显露无遗，贵族们不会想到，这一切只是开始。

朱古达威震北非

纵使元老院一再包庇，公民大会还是通过了向朱古达宣战的决议。公元前110年，罗马征召公民兵，组建了一支4万人的军团，罗、努之战正式打响。

讨伐军团的指挥官名叫斯普里乌斯，可以肯定的是，斯普里乌斯绝没有被朱古达贿赂，他当选后的宣言就是要严惩朱古达，将努米底亚重新纳入罗马联盟。因此，斯普里乌斯对这场战争下了血本，一船又一船的粮草补给被运往北非，大量的随军人员也齐聚乌提卡，执政官指望此战能为他赢得一场漂亮的凯旋式，从而结束从政生涯。

突然杀入努米底亚的罗马军团让当地居民非常恐惧，但朱古达王并不惊慌，他在西班牙军团服役时系统学习了罗马人的战略战术，深知罗马军团的特点和劣势，知道罗马人最依赖重装步兵，忽视本国骑兵。长期以来，罗马人都以努米底亚骑兵作为自己的主力骑兵，现在没有了努米底亚人的协助，罗马只能依赖高卢和西班牙骑兵，可惜他们远不如非洲骑兵，在正面交战中，努米底亚依然拥有优势。

斯普里乌斯年岁已高，虽心怀大志，却能力平庸，他不敢约束士兵，也无力维持军纪，不少商贩、妓女混入军中，斯普里乌斯只能听之任之。起初，斯普里乌斯以非常凌厉的攻势杀入努米底亚，富裕的城市让罗马人非常振奋，大量金银被运回罗马城，斯普里乌斯以为朱古达不过如此，一路追逐朱古达的军队，企图用一场会战彻底击败努米底亚。

然而这个计划落空了，狡猾的朱古达从未打算与罗马硬碰硬。他故意拖延战事，谎称自己准备投降，却指挥努米底亚人绕开罗马军团，派骑兵不断袭扰罗马人，经常白天退走，夜间奇袭，根本不给斯普里乌斯任何会战的机会。

求战心切的斯普里乌斯不断追击，但努米底亚骑兵打了就跑，接连挫伤罗马人士气。在旷日持久的战争里，罗马军团连一个能拿得出手的战果都没有，除了攻取几个城池外毫无所得，斯普里乌斯就像被牵着鼻子的耕牛，表面上气势汹汹，实际上只能任人摆布，执政官期望的凯旋式看来是毫无希望了。

下一任执政官选举的日子很快就到了，斯普里乌斯依然没能击败朱古达，他的威望大为受损，只好乘船灰溜溜地返回了罗马，而暂时接过指挥权的是他的兄弟奥路斯。奥路斯并未获选为执政官，只是在下届执政官抵达前暂时代理军团事务。对奥路斯来说，努米底亚战争也是他获取荣誉的绝佳机会，如果能在代理军团时击败朱古达，他便有可能当选执政官。

论打仗，奥路斯比斯普里乌斯更有韬略。对于朱古达避而不战、时进时退的战术，奥路斯并没有一味追逐，而是派了大量谍报人员深入敌境，发现朱古达国库就设在苏图尔城。奥路斯心生一计，决定对苏图尔城发动一次突袭，如果能顺利拿下该城，必然能重挫朱古达的威望，即使不能速胜也能通过围点打援迫使朱古达和罗马军团会战。

可惜天公不作美。奥路斯的军团抵达苏图尔城后，天气总是阴雨绵绵，不间断的雨水让道路变得泥泞不堪，再加上该城建在悬崖峭壁之上，奥路斯速取苏图尔城的计划很难实现。好在罗马军团有着先进的工程技术，军团依然包围了城池，通过修起的土墙和木寨将苏图尔围得水泄不通。

为了诱出朱古达，奥路斯猛烈进攻苏图尔，战况让躲在远处的朱古达沉不住气了。他很清楚奥路斯围困苏图尔城的原因，并不想钻入罗马人的圈套，但他又不能无视自己的金库，所以在决战前，朱古达动了小心思，秘密贿赂了奥路斯军中的辅助军指挥官，得到了他们临阵倒戈的承诺后，朱古达这才率部抵达战场。

两军正式对战，朱古达依旧不把步兵当主力，只派骑兵对战罗马军团，不断用远程打击消耗罗马人的士气和兵力，罗马军团虽无大的损失，但也难以重创朱古达主力。而随着时间的流逝，奥路斯的军团日渐懈怠，战斗意志已经大不如前，战争变成了一场你追我赶的消耗战。

在追逐战中，罗马军团显然更加吃力，他们依赖重型铠甲和装备，体力消耗远大于轻装的努米底亚人，加之天气不佳，罗马军团的士气一天不如一天。奥路斯虽然心急如焚但也无可奈何，此时的他骑虎难下，前面是朱古达的主力，背后又是苏图尔城，无论哪一方都不是能轻易击败的对手，罗马军团只能就地驻扎等待决战的时机。

罗马人坐困营寨、士卒疲惫，正是朱古达等待多时的良机。看到战机已至，朱古达当即率军夜袭罗马营寨，士兵们大声鼓噪制造混乱，从不同的方向投射标枪和带火的弓箭，筋疲力尽的罗马军团在夜色里根本弄不清敌人的数量和进攻方向，只能选择就地坚守。

就在奥路斯以为能挡住朱古达时，一个辅助步兵大队和两个骑兵中队突然倒戈相向，不少士兵还没搞清楚状况就被砍了脑袋。而坚固的营门也从内部被打开，努米底亚骑兵蜂拥入寨，罗马人的镇定瞬间瓦解。在一阵混乱的厮杀后，罗马军团被迫撤退到一座小山上，朱古达一边派人包围小山阻止任何人脱逃，另一边还命人纵火焚烧罗马营寨。混乱加恐惧终于击垮了奥路斯和他的军队，虽然他们还有不少人，但最后还是选择了投降。

志得意满的朱古达接受了罗马人的求和，胜利让朱古达变得骄傲起来。为了羞辱奥路斯，朱古达搭起一个轭门，让所有投降的士兵都从下面经过，这对罗马人来说是巨大的耻辱，有些士兵宁可自尽也不接受这样的仪式。不但如此，朱古达还要奥路斯在十天内撤出努米底亚，归还被罗马军团攻取的城池。朱古达此刻近乎疯狂，他以为罗马早已不是那个重视荣誉的罗马了。

上一次轭门之辱发生在罗马与萨莫奈战争时期，多年过去，已经称霸地中海的罗马再次受到如此羞辱，这是每一个罗马人都难以接受的打击。朱古达本可以在苏图尔之战后与罗马媾和，但羞辱罗马人的尊严让元老院彻底愤怒了。不管他奉献了多少黄金，都不能买到罗马人骨子里的骄傲，视荣誉高于生命的罗马人下定决心要彻底消灭努米底亚，主战派终于压倒了那些被贿赂的议员，罗马共和国决定全力征讨朱古达。

梅特路斯挂帅

苏图尔之耻让罗马各派暂时停止了争斗，出奇一致地选举同一人担任新执政官——昆图斯·凯奇利乌斯·梅特路斯。梅特路斯出生高贵且颇有军略，家族中有多人担任过执政官、监察官等高级公职，最重要的是，梅特路斯是真正高洁之人。无论是在罗马的口碑还是在士兵的眼中，他都是清正廉洁的典范，算是在物欲横流时代里难得的一股清流。

梅特路斯十分清楚罗马军团的现状，出于对现役公民兵的不信任，他同样从同盟国和底层平民中招募新军，还自费购买军需给养，因此踊跃参军的人不计其数。元老院也很支持梅特路斯，特地给他配了一个能征善战的副将——盖乌斯·马略。很快，一支新军就此组建完毕，梅特路斯带着全罗马的期望登船扬帆。

梅特路斯到来后并没有急于攻入努米底亚的领土，因为他知道贸然进攻不会取得任何战果，军团的士气实难应付一场艰苦的战争，故而梅特路斯首先要做的就是恢复士气。对于在苏图尔战败的罗马军人，梅特路斯没有给予任何明确的惩罚，但这并不表示他既往不咎，相反，梅特路斯已经制订了一个详细的整军计划。

梅特路斯是带兵的老手，为了恢复士气，他首先将军中所有的商人、妓女和奴隶统统驱逐出营，严禁购买熟食和非必需品，禁止任何与军事训练无关的活动。紧接着，梅特路斯又对士兵进行拔营转移的训练，反复练习安营扎寨、深挖壕沟，仿佛敌人已经近在咫尺。

为了恢复纪律，梅特路斯常常亲自带人在营中巡视，任何违反军令的人都会被严惩。行军时，他一会儿在队伍最前面，一会儿又到队伍最后面，总之，对罗马士兵来说，执政官可能突然出现在任何地方，所有人都不得不打起精神，时刻保持战斗状态。梅特路斯通过这些努力，逐渐恢复了这支疲敝之师的战斗力。

梅特路斯是个能够与士兵同甘共苦的将军，他待人威严有礼，和士兵们一起吃住，逐渐赢得了全军上下的拥护。但是他继承了贵族阶级独有的傲慢，骨子里流淌着保守的血液，这影响了他的命运。

朱古达在得知梅特路斯出任罗马统帅后，对战争前景充满了忧虑。他派人联络梅特路斯请求和解，但梅特路斯下定决心要洗刷苏图尔之耻，根本不给朱古达任何谈判的机会。

重振军团士气后，梅特路斯率领大军直奔努米底亚重镇瓦加城。瓦加是努米底亚重要的商业城市，囤积了大量的财物，梅特路斯急攻瓦加正是为了这些战略物资。这一次，罗马军团展现出应有的战斗力，轻松攻取了瓦加。之后，罗马军团兵锋所至，努米底亚各城无论是官员还是平民都夹道欢迎，几乎无人敢违逆梅特路斯，投降的城市越来越多。

眼见罗马军团步步紧逼，朱古达知道如果再不行动起来，整个努米底亚都有可能投奔梅特路斯，然而通过正面对决的方式击败梅特路斯几乎不可能，因此，朱古达不得不用非常规手段——伏击。

朱古达相比梅特路斯唯一的优势就是熟知地形，这让他能充分隐蔽自己的军队，并抢在梅特路斯军团抵达前设伏，而努米底亚境内的穆图尔河就是一处理想的伏击之地。这条大河旁有一座山脉与之相邻，山脉的一处支线横断在山与河之间的道路上，而梅特路斯势必要经过该处山脉。朱古达看中了穆图尔河的险要地形，将军队埋伏在山上的树丛里，准备在梅特路斯经过时伏击他的军队。

罗马军团抵达穆图尔河时，洞若观火的梅特路斯很快就发现了异常，他判断这里可能会发生一场小规模战斗，但并未料到朱古达的主力正在此处。保险起见，梅特路斯还是特意加强了靠近山脉的右翼军团，让轻步兵分散到队列各处，并派骑兵到两翼护卫步兵。另外，为避免退路被切断，梅特路斯事先留了一部分人马在河边扎营，一来可以保住退路，二来也可以作为支援力量，其余大军则继续谨慎地行军。

其实梅特路斯的斥候并未发现朱古达的伏兵，若是一般的将军可能会大胆穿过山脉与河流，但梅特路斯不是一般的将领，谨慎拯救了他和他的军团。

眼见梅特路斯军容整齐、部署得当，埋伏在树林里的朱古达已经全身湿透，对这次伏击的信心少了几分，但是箭在弦上不得不发，努米底亚军静静等待着罗马军团进入他们的伏击圈。直到梅特路斯踏入了既定区域，朱古达再也忍耐不住，喝令一声，努米底亚人立刻鼓噪而起、狂奔下山，山谷顿时杀声震天、烟尘蔽日，决战就此打响。

此战，朱古达作了周密的布置，他本人率领精锐部队攻击河流远端，企图挡住前进的罗马军团，其他人则直插罗马军团的腰部，试图将他们拦腰斩断。另外，他还特别安排了一支部队去占领山脉支线与河流尾部，准备把梅特路斯的人马全部堵在这里。

梅特路斯虽然对伏击并不意外，但当罗马军团前后都被努米底亚人攻击时，他才意识到这不是一次小规模战斗，而是一次会战级别的奇袭。很多处于右翼位置的罗马士兵在遭到进攻后陷入了混乱，不少人来不及转换阵形，被标枪当场刺死。这时，罗马骑兵和轻步兵赶来支援，但努米底亚骑兵的机动性远高于罗马人。他们来回奔驰，一会儿冲向战场，一会儿又返回树林，罗马轻步兵疲于应付，骑兵又不敢追入山林，罗马军团显得非常被动。

朱古达率领亲卫部队在各条战线上来回支援，梅特路斯也在阵中重新整队，组织了一支数量可观的机动力量反击努米底亚人。酷热的天气让双方士兵都精疲力竭，可是论单兵质量，罗马军团显然更胜一筹。即便遭到了奇袭，还是在血与火的拼杀下逐渐恢复镇定，而努米底亚人后劲不足，他们的攻击因体力下降而减弱。

随着罗马军团稳住了阵线，战场的主动权开始向梅特路斯一方转移。天色逐渐昏暗下来，梅特路斯集中兵力驱逐来自尾部的敌人，首先击溃了试图切断军团退路的努米底亚人，而作为朱古达特意选出的精锐之师，他们的溃败影响了整个伏击。

随着包围被打破，罗马军团反包围了朱古达军，努米底亚人惊慌失措，战死的人越来越多，而在远处河边扎营的罗马士兵也取得大胜，不但杀得努米底亚人丢盔弃甲，还俘获了4头战象。看着满地的尸体，朱古达明白奇袭彻底失败了，慌乱之中率先逃离了战场，其残部最终被全数歼灭。

穆图尔河的胜利终于让罗马城里出现了久违的欢呼，人们为选择了一个优秀的统帅感到庆幸，更为罗马军团击败朱古达而骄傲。对梅特路斯来说，任期剩余的时间已经不多了，必须加紧步伐消灭朱古达，否则新的指挥官极有可能捡个便宜。可是要彻底击败朱古达并不容易，努米底亚庞大的后备力量迅速为他补充了军队。国王从乡间强行征召了大量农民和牧民，这些只会种地放牧的平民被迫拿起刀剑，只不过和穆图尔河的努米底亚军相比，这支新军简直就是一群送人头的乌合之众。

梅特路斯见朱古达这么快就恢复了军力，也意识到战争的艰巨性。为此，他开始实行恐怖的焦土政策，带着军团到处烧杀抢掠，制造恐怖。凡是反抗罗马的城市统统被屠城，男人被砍掉脑袋，女人和小孩被贩卖为奴，梅特路斯意在通过散播恐怖逼降努米底亚人。

接下来的日子，朱古达也改变了战术，他让战力低下的步兵进驻重要的城市，自己则带着精锐骑兵尾随梅特路斯。一旦发现外出劫掠的罗马小队，便立即派兵歼灭他们，一旦弄清楚了梅特路斯的目标，便会提前赶到那里烧掉粮草、投毒水井。双方在这场拉锯战里扮演着猫和老鼠，都承受着巨大的压力，可战争似乎没有尽头。

为了打破当前的僵局，梅特路斯决定攻打努米底亚重镇扎马，这是一座罗马人熟知的城市，物资和人口都很充足。当年汉尼拔和西庇阿就在此处决出了胜负。然而朱古达掌握了罗马人的动向，竟然派步兵抢先进驻扎马，做好了守城的准备，守军中还有一些是罗马的逃兵，他们不敢投降只能死战到底。一段时间后，梅特路斯军团才赶到扎马城下，鉴于罗马的焦土政策，城里的军民害怕也会被屠城，根本不敢投降，只得坚决抵抗梅特路斯。

扎马之战的局势并不利于罗马人，梅特路斯因焦土政策而失去人心，所有居民都带着不胜即死的觉悟。强攻城池的罗马人即便付出了大量的伤亡，依然看不见胜利的影子，此时的梅特路斯就像红了眼的赌徒，反复指挥军团猛攻城池，但他忽略了流窜在外的努米底亚骑兵。

梅特路斯并不知道，朱古达此时根本不在扎马城内，他在罗马人抵达前就带着骑兵出了城，就是要打罗马一个措手不及。趁梅特路斯将兵力集中在城下时，朱古达突然率领骑兵攻向罗马营寨，很快就攻陷了一处寨门，努米底亚人顺势杀入寨中，大有攻破营寨的趋势。

梅特路斯见状立即调集所有骑兵驰援大营，同时命副将马略率步兵回援，这才避免了营寨失陷。看来，在朱古达骑兵的袭扰下，梅特路斯很难快速攻破扎马城。艰苦的扎马围城战持续了很久，双方的伤亡都很大，梅特路斯始终无法找到克敌制胜的策略，眼看冬天就要来临，梅特路斯的任期即将结束，倍感遗憾的统帅只能解除了围困，率部暂时撤回阿非利加行省。

意识到正面交战无法击败朱古达后，梅特路斯再次改变战略，派人离间努米底亚人，诱使一个叫波米尔卡的努米底亚人背叛朱古达。此人正是在罗马城内刺杀努米底亚王子的凶手，他对战争前景没有信心，害怕一旦朱古达与罗马议和，自己就会被朱古达交给罗马人当替罪羊，因此当梅特路斯欲策反他时，波米尔卡立即表示要将功赎罪。可惜刺杀计划并不成功，朱古达逃过一劫。

随着越来越多的努米底亚人投降罗马，朱古达手里的筹码一天比一天少，他先是撤到沙漠深处的塔拉城，本以为罗马军团不能穿越沙漠，没想到梅特路斯得到了上天的帮助，军团穿越沙漠时天降甘霖，塔拉要塞在被围攻了40天后沦陷，朱古达只能向沙漠更深处撤退。曾经如朝阳般的朱古达如今已是日暮途穷，但他依然不肯投降，又散尽家财招募了野蛮的盖土勒雇佣军，还向毛里塔尼亚请求军事援助，显而易见，朱古达要与罗马对抗到底。

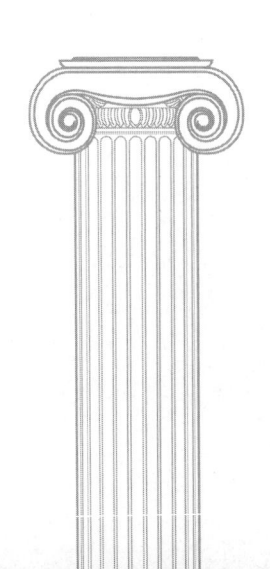

第十二章 马略军改

马略与新式军团

公元前107年，朱古达战争已经到了第四个年头。战争前期，罗马所用非人以致蒙受苏图尔之耻，直到元老院派梅特路斯执掌北非后，战争的天平才开始朝有利于罗马的方向倾斜。然而穆图尔河之战并未彻底打垮朱古达，随后推行的焦土战争也没有如预期那样吓倒努米底亚人。相反，恐怖的屠杀政策导致努米底亚人更加坚决地抵抗罗马的攻势，扎马城之战就是一个旁证。

平民的英雄

此时，作为梅特路斯副将的盖乌斯·马略突然向主帅提出休假，理由竟然是要去竞选执政官一职。梅特路斯颇为不满，屡次拒绝马略的申请，但是马略一次又一次提出申请，似乎不达目的决不罢休，两人的关系最终破裂。在梅特路斯看来，马略虽是军团的副将，但他是平民阶级，名字里连自己的氏族姓都没有，这种出身在梅特路斯这样的豪门贵族眼中只是一个下等人而已，怎么敢奢望竞选执政官呢？

要知道，在罗马共和国的历史上，能挤入执政官队伍的平民少之又少。除了能与贵族联姻的富裕平民，底层平民往往要经过数代人的努力才能得到普通公职，之后才有可能考虑竞选执政官一职，而且成功当选的概率并不大，因为贵族阶级长期把持元老院，手握大量选票，他们不会轻易接受非贵族圈的竞选者。故而梅特路斯微笑着指着刚满20岁的小儿子，略带羞辱地说道："不要着急去竞选执政官，这个年轻人会和你一同竞选，你还有很长的时间可以等呢！"

盖乌斯·马略出生于距罗马城90千米处的阿尔皮努姆，相传马略家族原属骑士阶层，只不过家道中落才沦为农民。马略的成长环境非常艰苦，早年只能靠种地维持生计，因此他不能像贵族一样学习各种知识，对希腊文更是一窍不通。不过马略体格健壮，力大无穷，性格坚毅且富有勇气，这些素质让他的军旅生涯如鱼得水，从士卒一路攀升至军事护民官。

当马略在军中混出名堂后，他的战斗事迹成了罗马公民的饭后谈资。虽然人们并未见过他，但马略的名字已经被人们熟知。后来，马略前往罗马参选公职，从保民官一路做到了法务官，并在小西庇阿的西班牙军团服役，累获战功升任卢西塔尼亚总督。对平民出身的人来说，马略的成就足以让他退休了，但是马略并不知足，因为他与最高权力之间只剩下执政官这最后一个阶梯了。

随着朱古达战争进入胶着状态，以马略为代表的现役军人都厌烦战争，他们期望能尽快结束这场艰难的战斗，而梅特路斯固执地坚持自己的策略，使得战争虽然有利于罗马，却显得无比缓慢，马略由此萌生了一个大胆的想法——取代梅特路斯。

据说马略之所以会产生如此僭越的想法，是因为他在乌提卡祭祀时得到了一个将成就辉煌事迹的预言，这让他勇敢地向梅特路斯提出结束军役，去追求心中的梦想。论履历，马略 23 岁时就追随小西庇阿征战，练就了一身勇气与智谋，还被小西庇阿大赞为未来的名将，而且马略早已有了法务官的经历，也和贵族尤里乌斯家族的女儿联姻，算是勉强挤进了贵族圈。

可梅特路斯并不看好马略，认为马略的想法实在荒唐。客观来讲，梅特路斯过于保守，以为平民出身的马略并没有自己的追随者，也没有自己的政治盟友，仅靠与没落贵族尤里乌斯的联姻并不足以在贵族阶级把持的元老院里脱颖而出。然而马略铁了心要抛弃梅特路斯。他利用与罗马商人的友好关系，刻意宣传自己的战绩，让商人吹捧只有马略才能迅速结束战争，这种说法很快传回了罗马，马略因而名声大噪。显然，马略正有步骤地为竞选制造声势，甚至不惜让商人诋毁梅特路斯拖延战争，这让两人的关系急转直下，直到梅特路斯再也不想看见马略后，假条才被批准。

此时离执政官选举只有不到十二天的时间，马略马不停蹄地赶回罗马。这一路他几乎没有时间休息，心中十分忐忑，望着路过的山涧、河流，马略心中突然产生了一种"王侯将相宁有种乎"的豪迈感。站在返回意大利的船头，马略的眼神十分坚定，他已经 50 岁了，可人生还有多少个 50 年能给他呢？唯有奋力一搏方不负人间 50 年。

这一年，罗马平民阶级对贵族的不满再次爆发，骑士阶级对朱古达战争迁延时日颇为不满，声称历任北非统帅都是元老院的人，这些贵族就是因为收取了朱古达的贿赂才不能迅速结束战争，因此必须把贵族撤下来。

马略的到来让他们看到希望。骑士阶级大力支持马略参选，为他大造声势；从北非回来的商团也不断吹捧马略，称只有他能结束战争；整个平民阶级都出来为马略拉票。事实上，马略确实是平民阶级能推荐出的最佳人选。他不仅履历丰富而且是亲临朱古达战争的副将，其参选的宣言里也直言不讳地承诺将迅速击败努米底亚、献俘朱古达，平民因而更加追捧马略。

公元前107年，盖乌斯·马略在罗马平民的拥护下成功当选为执政官。那一年的罗马城很不寻常，贵族与平民的斗争有再次爆发的迹象，特别是在朱古达战争的问题上，平民阶级指责贵族收取朱古达的贿赂，意图深挖细查、秋后算账。当元老院决定延长梅特路斯的任期时，平民阶级立即召开平民大会，通过了马略出任北非总督的法律，不留情面地推翻了元老院的决定。

分配总督辖区一直是元老院的权利，在这之前从未有人以立法形势推翻元老院的决议，但现在平民们打破了这一传统，内部斗争的火药味越来越浓。其实，骑士阶级并非不信任梅特路斯，他们也知道梅特路斯能结束战争，但贵族阶级的腐败和格拉古改革的失败让平民阶级更加不信任元老院的保守派，所以他们极力推荐平民的代言人，意图扩大平民权利，马略便成了那个时代被人民选中的人。

新式军团

按照惯例，马略需要征召一支军队随他一起赴任。对于一个没有追随者的新人执政官来说，征召罗马公民参战并不容易。在元老院掌握半数百人队的旧制度下，马略很难招募到理想的有产阶级，所以他决定撇开贵族，组建一支新的军队——无产者军团。

征募无产者当兵其实并不是一件新鲜事，早在第二次布匿战争时期，西庇阿就募得不少底层无产者，后来如小西庇阿、梅特路斯也多次征募无产者从军。与他们不同的是，马略直接把西庇阿曾采用的募兵制正式法律化，公开废除了实行数百年的公民兵制度，罗马军团从此在全体公民内自由募兵，史称"马略军改"。

马略之所以要改革罗马军团，很大程度上是因为传统公民兵已不适应新形势下的战争。随着罗马的土地日益集中到贵族手中，许多中产阶级沦为贫穷的无产者，只能靠国家救济度日。庞大的无业游民队伍对罗马社会的稳定构成了潜在的威胁，而剩下的中产阶级为了维持家业对从军打仗越来越没有热情。

马略军改的核心就是用职业军团取代公民军团，用募兵制取代征兵制。这是格拉古在挽救中产阶级失败后的必然结果，也是罗马军团为适应征服战争的必然改变。一来，元老院否定了格拉古通过土地改革重新壮大中产阶级的尝试，下层公民便不太可能得到新的土地，他们只能另谋生计；二来，罗马对外战争从自卫变成侵略后，军团需要长期作战，而且距离越来越远，士兵们不可能随时轮换。

所以当罗马军团的兵源从有产者扩展到无产者后，既解决了下层公民就业的问题，又解决了罗马士兵长期服役的问题，而且无产公民对荣誉与财富的渴望使得他们在战争里更加凶悍，实乃一石三鸟之策。当然，马略军改不仅是改变军团成分，更是改革罗马军团的灵魂。

马略首先改革了军团的建制，将罗马公民和同盟国公民混编在一起，兵种分配不以财产为标准，所有人配备相同的西班牙双刃短剑和重型标枪，80名战斗人员组成1个百人队，2个百人队组成1个中队，3个中队又组成1个大队，每个军团设10个大队，其中第一大队的编制为普通大队的两倍，军团人数为6000人。

罗马军团不再设立轻步兵和骑兵，全部改为重装步兵，而轻步兵和骑兵统统由辅助军团组建，辅助军团的规模与正规军团基本一致，也就是说，罗马军团全是铁甲方盾的重装步兵，辅助军团则组成诸如骑兵兵团的特殊军队，强悍的步兵战斗力成了罗马军团制胜的法宝。

另外，新的军团统帅拥有更大的权力，他可以自由任命各级军官，独自执行各种军法，过去由公民大会选举军团将校的制度被废除，士兵只听命于指挥官个人。同时，为了增加从军的吸引力，马略提高了服役时期的军饷，并把军役延长至16年，从而使得一年一换的军队变成了长期以此为生的职业兵，职业兵让罗马军团更加适应战争，士兵们接受长期训练，更加熟练地掌握战斗技巧，已经是一支难以撼动的铁军。

马略还把格拉古关于军粮、兵甲由国家统一负担的制度进一步深化，解决了士兵的后顾之忧。他还着手统一三军旗标，废除了华丽却不统一的"牛、猪、马、狼"旗，从此，罗马军团只以银制"雄鹰"为旗帜，它代表了军团的最高荣誉，鹰旗所在即军团所在。所有士兵视鹰旗如生命，鹰旗在则军团在，鹰旗失则军团散，为守护鹰旗而战斗成了罗马军团拼死血战的理由。

马略征募无产公民的法令取得了远超预期的效果，这既是因为罗马人骨子里重视荣誉的血性，更是因为从军服役是他们唯一能改变人生的途径。没有人能指望再出现一两个用生命为贫民争取土地的改革家，只有剑和血才能为他们带来财富和荣誉。

从这时起，罗马军团发生了彻底的改变。募兵制取代征兵制，有产公民逐渐退出了军团的舞台，那些没有土地、没有财富的男儿从此拿起了刀剑，而军人就是他们毕生的职业和归宿。

马略改革也为他个人带来了意想不到的政治资本。广大的下层平民成了马略的仰慕者和追随者，而免除兵役的中产阶级也视马略为他们的保护人，一个搅动天下的男人正式走到了历史舞台的最前沿。马略并非胜过格拉古兄弟的改革家，他的改革只是为了让罗马军团适应新形势下的战争，却意外地将罗马军团改造成了私人军团，并把共和国推向了一个全新的时期——枭雄内战。

马略远征

公元前107年，马略率领一支渴望财富与荣誉的军队渡海直抵乌提卡城。当梅特路斯得知马略已经当选执政官并将接管他的努米底亚战区时，这个曾经骄傲的将军心中充满了失落与不悦。为了表达对马略自立的厌恶，他只让副官到乌提卡与马略进行交接，自己则乘船返回了意大利。

回到罗马城后，元老院极力褒奖梅特路斯，为他举办了一场盛大的凯旋式，还授予他"努米底亚库斯"的称号，意为努米底亚征服者，不过这个征服者有些名不副实，努米底亚至今依然未向罗马低头。

马略走马上任后立刻着手整顿军队，赶走了用于搬运行李的骡马车，让士兵学会自己扛起行李和装备长途行军，士兵们不得不在百夫长的藤杖下进行负重越野，人们自嘲地说自己是"马略的骡子"。虽然如此，军团的士气不降反升,士兵的体能也越来越好,他们与马略的关系非但没有因为严格的训练而下降,反而越发拥护自己的新统帅。(也有认为此事发生在辛布里战争时)

经过一段时间的融合,马略终于开始了他的军事行动,专门攻击战利品丰厚又缺乏防御的城池。这些城镇的攻城战基本都是没有难度的新手体验战,明显是马略为锻炼新军准备的。战后的马略又将获得的战利品毫不吝啬地分给了全体将士,无论是新兵还是老兵都对马略感激涕零,马略以这种方式激励士兵,让他们对战争前景充满希望,既提高了士气,又充分锻炼了军团的战斗技巧。

面对马略的入侵,朱古达拉上了岳父毛里塔尼亚国王波库斯,但是苦于没有足够的精兵强将,他只能一退再退,战略性地放弃部分领土。马略利用这一机会,不失时机地拉拢努米底亚人,对开城来降的双手欢迎,对负隅顽抗的坚决屠灭。

不过,努米底亚总是很"识时务"。一些城市起初投降了罗马,但当努米底亚军队返回后,这些城市又重新投奔朱古达,如此反反复复让马略疲于奔命,似乎是在走梅特路斯的老路。为了让远在罗马的公民满意,也为了让努米底亚人更加畏惧他的存在,马略觉得有必要打一场难度远超塔拉城的新战役,他选择的目标是远在沙漠深处的卡普撒城。

卡普撒城位于努米底亚沙漠深处,那里不仅远离绿洲,而且路上充满了饥饿的蛇蝎。当地居民狡黠善变,城外又没有任何水源可寻,唯有城内有一处泉水,稍加谨慎的统帅都不会进攻这样的地方。卡普撒守军也因险恶的环境而感到安心,因为缺乏水源的军队必定不能持久围困。然而马略看中的恰恰也是这一点。他需要一场传奇般的冒险来盖过梅特路斯的功绩,更需要用传奇的冒险去吓倒努米底亚人。如果卡普撒都不能抵挡马略,那努米底亚还有哪里是安全的呢?

马略行动了,为了麻痹朱古达,他派副将曼尼乌斯率领轻装步兵中队去收集拉里斯城的粮草,还放出风声称自己不久也将出营劫掠粮草。其实,当朱古达把注意力放在怎么袭击收集粮草的罗马军队时,马略却将所有牲畜交给了骑兵和百人队,悄悄带着他们攻向塔纳伊斯河。

与以往不同的是,马略携带的牲口并非用来搬运物资,而是沿途逐个宰杀，血肉用于吃喝，皮革做成储水罐。在秘密行军六天后，马略按计划抵达塔纳伊斯河，士兵们随即丢掉全部行李，用准备好的储水囊装满清水，然后直奔卡普撒城。这一路困难重重，但军团的纪律性让他们克服了艰难险阻，大军白天休息，夜间行军，仅用了三天时间便赶到了卡普撒城外。

卡普撒四周全是沙漠，一眼望去几乎看不见草木，马略却发现了一处距城不远的丘陵，该处地势虽然不高，但足以隐蔽军团，于是马略等人便埋伏在丘陵背对卡普撒的一侧，静静等待着黑夜的结束。

太阳渐渐升起，阳光照射在卡普撒城周围，当地居民又开始了忙碌的一天。城门如期开启，人们进进出出，没有人注意到远处丘陵的异样。马略军团安静地等待着主帅的命令。突然，马略大喊："进攻！"

罗马军团犹如脱缰的野马向城门狂奔而去，砍倒了城外的农民和行商。突如其来的攻击让努米底亚人陷入混乱，卫兵还没反应过来，罗马军团就已经冲杀至城门下。当地居民惊恐地往城里跑，守卫根本无法关闭城门，一时间拥挤的人群堵住了道路，罗马士兵连砍带刺，踩着尸体强行穿过了城门，极有秩序地杀戮城中守军，相继接管了各处要塞，卡普撒就这样沦陷了。

马略攻下卡普撒之后，旋即下令屠城，除了女人和孩子外无人幸免。军团随后纵火焚城，熊熊烈焰将曾经的繁华变成了废墟，马略用该城居民的血向整个努米底亚宣告：朱古达根本不能保护他们。马略的目的就是要彻底摧毁努米底亚人心中仅存的安全感，这比无差别劫掠更有效果。这样一来，每个努米底亚人都会害怕第二天见到的不是太阳，而是马略的军队。

朱古达无力正面对阵马略的兵锋，只能发动一些小的突袭来攻击落单的罗马小队，可是这些努力并不能赶走罗马人，也不能让国民重拾信心。卡普撒战后，马略继续实施又拉又打的策略，不少城市主动归顺罗马，而敢于反抗的城市则被一一屠灭。

为了进一步瓦解朱古达的势力，马略盯上了朱古达位于努、毛边界的金库，只要能攻取金库，朱古达将更难组织抵抗。毕竟战争总是要花钱的，特别是对抗罗马这样的大国，没有足够的资金是难以长久维持一支军队的，更何况还要兼顾来自盖土勒人的雇佣军。

朱古达的新金库设在毛里塔尼亚和努米底亚交界的穆路卡河要塞，这座要塞位于一处石头山的顶端，地势十分险峻，除了一条极为狭窄的道路通向山顶，四周都是悬崖峭壁，而狭窄的道路让罗马人无法使用攻城器械。为了保护努米底亚最后的金库，朱古达在穆路卡河要塞里驻扎了足够的军队，他们粮食充足、军备整齐，加上城里的天然泉水，足以让努米底亚人放手一战。

马略很清楚要塞的优势所在，不过要进一步瓦解努米底亚，攻取穆路卡河要塞势在必行。因为马略攻取卡普撒的战绩让很多努米底亚人以为马略不是凡人，现在只要再夺取同样传奇的穆路卡要塞，努米底亚人必定会完全丧失抵抗意志，于是马略又一次发动了冒险的远征。

面对坚固的要塞，罗马军团只能以血肉之躯强攻要塞，然而陡峭的地形让攀登上山的士兵连站着都很困难，更不要说守军还不断投下标枪和岩石。在城下攻略了几天后，马略毫无进展可言，伤病却越来越多，看来马略并非凡人的说法就要露馅了。

正当马略无计可施时，转机却突然出现。一个利古里亚辅助兵在外出打水时意外来到了要塞一侧的峭壁之下，他兴致盎然地看着石头间爬行的蜗牛，享受着战时难得的惬意。之后他就无意识地开始收集石头上的小蜗牛，这不抓还好，一抓就停不下来，竟然跟着蜗牛一步一步爬到了山顶。在仔细观察了山顶的地形后，他又原路返回山下，当即将这个惊人的发现报告给马略，于是马略立刻从军团中选出四个百夫长和几个号角手成立了突击队，准备突袭。

一切准备就绪后，马略率领军团再次发起攻击。为了掩护突击队的奇袭，马略加强了正面进攻，做出一副不破城墙誓不罢休的架势，这样便将努米底亚士兵的注意力全部集中到了正面防卫上。而突击队成员脱掉鞋子，将剑和盾牌背在背上，在利古里亚士兵的带领下，全部登上了穆路卡要塞旁的山顶，那里一个努米底亚士兵也没有，突击队轻易便登上了城墙。

此时，努米底亚人与罗马人正激烈缠斗在正面战场上。突然，突击队的号角从努米底亚人背后响起，罗马军团也大声鼓噪着响应，高呼"城破了，城破了"。这一幕吓坏了努米底亚居民，在城墙边围观的妇孺首先开始逃跑，混乱的场景让战斗中的士兵也恐慌起来，于是越来越多的努米底亚人弃城逃跑。突击队和马略前后夹击，一举夺取了穆路卡河要塞。

马略相继攻取了一座又一座要塞，无论是努米底亚人还是毛里塔尼亚人都对战争失去了信心，而马略也一直尝试策反毛里塔尼亚王波库斯，双方眉来眼去颇为暧昧。而背叛朱古达的人也越来越多，这让朱古达变得猜忌和忧虑，他越来越不信任身边的人，几乎每天都会更换自己的侍卫。这种日子让朱古达越来越难熬，他终于忍无可忍，决定与马略一战。为了坚定波库斯王对抗罗马的信心，朱古达甚至承诺割让努米底亚三分之一的领土。

在巨大的利益诱惑下，波库斯还是站到了朱古达一边，再加上之前已经征募的盖土勒雇佣军，朱古达组织起了一支多达6万人的联军。有了这样的战力，朱古达率部重新杀回了被罗马占领的地区，气势十分惊人。马略判断朱古达的目标是努米底亚的首都锡尔塔，因此也带着自己的主力直奔锡尔塔，准备在城下阻击朱古达的联军。但计划赶不上变化，两军在向锡尔塔行军的途中遭遇，决战就这样打响。

擒杀朱古达

朱古达战争终于到了决战时刻，以盖土勒佣兵为首的努、毛联军数量惊人，以罗马重步兵为主的马略军团也尽是精锐，两军很快在赶往锡尔塔的途中遭遇。素以机动性闻名地中海的努米底亚骑兵抢先发现了马略的主力，朱古达联军旋即四散开来，从东西南北四个方向包围了罗马人，这一行动非常迅速，直到马略发现了周围极不寻常的漫天黄沙，罗马人才意识到敌军已近在眼前。

漫天沙尘之后，努米底亚骑兵策马杀出，反复号叫的勇士犹如魔鬼一般令人战栗，若是换成其他军队，眼前的一幕足以让他们四散而逃。可如今的罗马军团是经过严格训练的职业兵团，早已养成了战斗的条件反射，面对敌袭虽然惊讶，但毫不慌张，各大队均自动结成防御阵形。

如往常一样，朱古达联军向罗马军团抛去无数标枪，加上人数优势，漫天枪雨几乎遮蔽了天空，压得罗马人难以动弹。只可惜努米底亚骑兵的力量有限，看似骇人的标枪根本不能击穿坚固的罗马大盾，第一次远程打击没有任何效果。紧接着，凶悍的盖土勒佣兵和毛里塔尼亚勇士挥舞着长枪利剑，疯狂地撞向罗马军团的方形大阵。可惜缺乏指挥的他们胡乱攻击，时东时西，忽进忽退，没有一支军队能突破罗马的军阵，反倒是罗马人在肉搏时刺死了不少敌兵。

平心而论，朱古达的作战计划绝妙，指挥也相当到位，他成功隐蔽了规模庞大的联军，在马略毫无察觉的情况下奇袭罗马人，按说这应该是一场辉煌大胜，只不过优秀的指挥官手下是一群乌合之众，根本配不起这样的战术，若让朱古达指挥同样的罗马军团，马略必定战死当场。

被动挨打让罗马人很是憋屈，随着太阳落山，黑暗让战场更加恐怖。马略担心持久的围攻会让军团陷入绝境，于是他摘下缨盔，故意露出面部，策马奔驰在各条战线上，以此鼓励士兵们坚守阵地，伺机反攻敌军。为了尽快突破包围，马略注意到战场一侧的两座小山，一个狭窄但有水源，另一个宽阔但四周陡峭，那里的防守力量很弱，如果军团能占领山丘，就可以利用地形优势，居高临下地抵挡联军进攻。

优秀的统帅能在一瞬间抓住战机。马略发现决胜的关键后，当即派骑兵将领苏拉率领全部骑兵攻打有水源的小山丘，自己则率领精锐步兵冲向另一处小山，其余人马均默契地掩护统帅的行动。而朱古达联军依旧混乱不堪，虽然他们人数众多，却始终各自为战，这才让马略有机可乘，顺利杀出重围，一口气冲散了山丘上的努米底亚人。

占领山丘之后，马略开始朝山下的联军发起进攻，重点打击联军的侧翼，被包围在里面的罗马军团见主帅已经得手，立即向山丘方向靠拢，配合马略夹击联军侧翼。在连遭打击之下，联军的包围网被撕开一个缺口，马略立即掩护军团杀出缺口，相继登上山丘列阵。朱古达联军一路追赶至山下，虽然没有攻向山顶，但把山丘围得水泄不通。

激烈的战斗持续了一天，夜幕很快降临，双方都没有夜战的把握，只好各自收兵。这一天的战斗朱古达始终处于优势，马略虽然没有大的伤亡，但一直被联军压制，如今更是被困在山上，如此局面让朱古达军大受鼓舞。不少士兵点起篝火，载歌载舞庆祝这一天的"胜利"，欢快的气氛弥漫了整个军营，连朱古达和波库斯也被感染，仿佛明天的战斗就能彻底击败马略，联军俨然开起了"联欢会"。

战场另一边的罗马人却十分安静，马略鼓励士兵们要保持信心，并让所有人提前休息好尽快恢复体力。这一夜，马略几乎彻夜未眠，直到夜幕已深，朱古达联军逐渐疲累了，醉醺醺的他们不得不回营睡觉。罗马人却在马略的催促下相继起床整队，他们安静地等待着天空破晓，直到光明逐渐出现。马略立即挥手示意，士兵们似乎对主帅的安排心领神会，非常小心地离开营地，尽量不发出任何声音，而山下的朱古达联军还在呼呼大睡，执勤的士兵也因为彻夜狂欢在打瞌睡。马略大呼道："胜利就在此时！"

罗马军团顿时狂奔下山，猛攻联军大寨，如蛟龙出海气势如虹。还在床上的联军士兵来不及反应，大营乱作一团。罗马人一面攻杀敌兵，一面放火烧营，极有秩序地突破了联军一座又一座营寨。不少联军士兵还来不及举剑就被杀死，熊熊大火加上罗马军团如狼似虎的猛攻，朱古达联军彻底失去了抵抗意志，恐怖的气氛让很多人仓皇而逃。胜负已定，朱古达、波库斯被迫撤退，决战的第一阶段结束。

击退朱古达后，马略进抵锡尔塔城下。这次，罗马军团背靠锡尔塔列阵迎战，以重装步兵坐镇中央，轻步兵为前卫，骑兵为两翼，各大队紧密配合，阵形严密。联军一方的兵力依然远超罗马军团，其中朱古达率领努米底亚骑兵攻击侧翼，波库斯指挥毛里塔尼亚步兵直冲正面，锡尔塔之战就此打响。

首先发起攻势的是努米底亚骑兵，他们自恃悍勇，猛攻罗马军团的正面，缠住了马略的两翼骑兵。接着，联军步兵大呼小叫地从背面同时进攻，东西南北四个方向均呈攻势，如同口袋一样要吃掉整个罗马军团。这一轮的战术，朱古达意在让马略首尾难顾，他相信总会有一个方向能取得突破，唯一的问题就是联军缺乏职业军团的训练，各部指挥官缺乏默契，也没有统一的指挥。当罗马步骑稳步迫近至联军身前时，联军内部依然没有应对之策，有的人后退，有的人前进，乱糟糟的包围根本无法击溃罗马重步兵，而努米底亚骑兵的续航力也十分有限。

一个努米底亚逃兵试图扭转颓势，高举一把带血的剑，用拉丁语高呼"马略已死"。如果是一般的军队，听到主帅阵亡后，士气可能马上降低到零，但朱古达不知道他遇到的已经不是当年那支腐化堕落的罗马军团了。经过军事改革的新军团不仅是职业兵团，更是纪律严明的铁军，即便心里很惊恐，手中的剑依然挥砍得十分有力，朱古达的计划又一次落空了。

随着激斗时间的延长，努米底亚骑兵的攻击优势逐渐减弱，而经过长期训练的罗马骑兵反而越战越勇。他们在骑兵指挥官苏拉的带领下，击败了疲惫不堪的努米底亚骑兵，突破了敌军战线，朱古达精心设计的口袋被就此打穿。苏拉率领的骑兵一路追杀至敌军后方，被包围的反而变成了朱古达联军一方。

不久后，罗马重步兵逐渐取得了战斗优势，从中央突破了敌军，而两翼的罗马骑兵也已完成包抄，协同步兵合力围攻联军士兵。最终，在步、骑联合打击之下，朱古达联军开始溃败，士兵死伤无数，惊恐的努米底亚人只能毫无秩序地逃跑，结果被追上的罗马骑兵撞翻在地，当场断气。

两次会战的失败让朱古达和波库斯都失去了信心，在马略取得大胜后的第五天，骑兵将领苏拉秘密联系波库斯，承诺只要献上朱古达，罗马将视毛里塔尼亚为盟友，不会再追究波库斯的所有罪行，这成功瓦解了毛里塔尼亚国王最后的心理防线。

最终，波库斯举行一个假的三方会谈，明面上是撮合罗马与努米底亚，实际上却是一场捉拿朱古达的鸿门宴。就这样，曾经骄傲的努米底亚国王被俘送罗马问斩，努米底亚全境被马略征服，至此并入阿非利加行省，而毛里塔尼亚也成了罗马的新盟国，西地中海仅剩高卢还独立在罗马联盟之外，战争终于画上了句号。

凭借征服努米底亚的赫赫战功，马略赢得了一场盛大的凯旋式，还获得了连任执政官的资格，曾经仰人鼻息的平民小子终于站上了四匹白马拉拽的战车，此刻的他已远超坐吃山空的旧贵族，平民执政官如朝阳般在罗马冉冉升起。

辛布里战争

当罗马深陷朱古达战争的泥潭时，来自北欧荒原的蛮族第一次出现在罗马人的世界里。这些彪悍的北方民族嗜血、好战，为了寻找水草丰美的新家园，不断向气候温和的南方迁徙。关于他们的来历已经很难考证，可能属于日耳曼人的分支，而这次南迁的蛮族以辛布里人为首，组建了包括条顿人、阿姆布昂人在内的蛮族联盟，数量超过30万，无论男女都能持剑战斗。

公元前113年，蛮族联盟兵临罗马北疆并洗劫了其盟邦的土地，而罗马执政官对这个新族群知之甚少，企图用欺骗的方式诱使蛮族进入伏击圈，结果在交战中遭到惨败。公元前109年—前107年，罗马屡次败于蛮族的巨斧之下，付出的代价依然是全军覆没。

公元前104年，苏拉擒杀朱古达将北非的战事画上了句号，马略携带大量战利品凯旋罗马。不过这并不能让人们无所顾忌地庆祝，因为就在上一年的10月，16个罗马军团北上讨伐辛布里联盟，结果在阿劳西奥战役中全军覆没。

据说这场惨败导致罗马损失了超过8万公民兵和4万随军人员，然而这还不是最可怕的事情。战后，嗜血的蛮族将一切俘获的人和牲畜全部屠杀，将缴获的战利品通通破坏、烧毁，其所带来的恐怖效应可想而知。到目前为止，罗马与日耳曼人五战五败，恐惧让人们坐立难安。

马略的归来多少让公民们感到了一丝安心。对马略来讲，战败的8万军团还属于军改前的旧军团，而自己的新军团尚未出师，对战胜辛布里人等日耳曼蛮族，马略还是有信心的。不过，与剿灭朱古达不同，辛布里战争并非罗马的霸权战争，对手也不是知己知彼的"文明人"，战术、习惯、铠甲、科技都是一无所知，所以从将官到士兵都很谨慎，不敢轻易深入。

奇怪的是，罗马军团没有在前线找到任何蛮族士兵。据说这是因为蛮族听说西班牙土地肥沃、满地金银，便举族杀向西班牙，而条顿人和阿姆布昂人选择北上，揍服了当地的高卢人，在收拢了一帮弱小的高卢附庸后，北上抢掠塞纳河去了。

蛮族的离去的确是上天的眷顾，没有了辛布里人的威胁，马略有充足的时间改革并训练自己的军团。在马略看来，与蛮族联盟的作战是目前最险恶的战斗，稍有不慎极可能兵败身死，所以必须稳扎稳打，绝不可冒进。为此，马略制定了三步走的作战计划。

第一步，整编军队，淘汰老弱，留存精兵。其目的是将现有军团改组成职业兵团，也是马略军改的延续。

第二步，攻略高卢，锻炼新兵，提振士气。马略意图先拿弱小的高卢部落练手，既能提升战斗力，又能威慑高卢人，避免他们投奔辛布里人。

第三步，大搞基建，开荒修路，新建要塞。此举意在强化罗马的后勤补给和机动能力，为军团长时期、远距离作战提供保证。

两年时间里，马略有条不紊地执行自己的计划，他一面训练自己的新军团，提升军团的战力，另一方面大规模地进行基础设施建设，在山外高卢开凿运河、修建大道，既强化了罗马在当地的统治，又为迎战蛮族联军做好了准备。可以说，经过长时间的准备，马略的新罗马军团已经可以出师了。

至于蛮族联盟，辛布里人进入西班牙后，遭到地头蛇凯尔特人的顽强抵抗，双方鏖战连连，互有胜负，这一打就打了两年之久，可最终还是"地头蛇"压下了"强龙"，辛布里人无法咽下西班牙这块带刺的鱼肉，只好带着大部队再次东归，准备从罗马人这里找点"安慰"。

条顿、阿姆布昂战役

公元前102年，辛布里人会合了条顿人、阿姆布昂人再次南下，浩浩荡荡的30万大军如蝗虫过境一样席卷边境。按照蛮族联盟的部署，条顿、阿姆布昂约10万人马沿着海岸线从利古里亚进攻意大利，辛布里约20万人马越过阿尔卑斯山从北边杀向波河。

马略等待已久的时刻终于到来了。面对蛮族联盟的分兵进攻，罗马也采用分兵防守的策略，由马略率领麾下3.2万精锐军团西出罗讷河谷迎战条顿人，同年度的执政官卡图路斯则率领2.3万人在阿尔卑斯山口抵挡辛布里人。

论数量，此战着实是一场悬殊的战争。防守西线的马略军团并未选择进攻，他将全军安置在坚固的堡垒里以逸待劳，条顿人和阿姆布昂人一再向马略挑衅，马略始终坚守不出，于是蛮族对堡垒发起了强攻，但由于要塞配备了先进的弩炮，再配合弓箭手和标枪手的远程打击，蛮族无法撼动堡垒分毫。

见马略没有正面决战的意图，蛮族人误以为马略是个胆小的懦夫，遂绕过罗马营寨继续南下，不时还奚落罗马士兵，称"很快就会和罗马的女人共度春宵了"。然而罗马军团不为所动，静静地看着蛮族大军从眼前通过，直到六天后，这支乱哄哄的大军快要完全通过时，马略终于召集军团出征，尾随着队伍最后面的阿姆布昂人。很明显，马略在寻找合适的战机。

由于蛮族联军是拖家带口的迁徙，队伍必然缺乏指挥、混乱不堪，马略寻迹跟着来到了色提利斯泉。这里有一处很大的温泉,蛮族人似乎非常享受当地的美景,将营地驻扎在湖水旁。至于马略,他习惯选择高地扎营,只不过缺乏水源,所以罗马人均口渴难耐。

长期的饥渴着实是一种煎熬,特别是当人们能远远望见温泉却又不得靠近时。终于有士兵坚持不住了,他们不顾军令,带着武器和水壶突然杀下了山。由于蛮族正忙着"洗浴",竟被罗马人击杀了不少人马。回过神的蛮族立即拿起武器战斗,高声呼喊着"阿姆布昂人",这似乎是决战的意思。

马略军团当即从旁边的山脊奔腾而下,为首的是利古里亚辅助军,他们因饥渴而提升了数倍战斗力,打得蛮族晕头转向。马略见状旋即发动总攻,肆意砍杀混乱的阿姆布昂人,不少人被推到水里淹死,而遥远的条顿人难以支援他们的同胞,队伍最后的3万阿姆布昂人就这样被砍杀殆尽,残部勉强逃到了盟友那里,马略军团先得一分。

有意思的是,普鲁塔克在书中称马略极有可能故意远离了水源,目的是鼓励军团为夺取水源而战。若真是如此,笔者不得不为马略庆幸,还好他没有遇到司马懿级别的对手,否则蛮军直接包围高地、切断水源,不出五日,马略必定成为欧洲的"马谡"。

获得首胜的马略本可以扎营庆功,但他没有这么做。因为罗马军团已经远离了自己的堡垒,而条顿人又近在眼前,极有可能发动夜袭。马略没有时间修建更坚固的营地,只能占领了一处山坡,严令军团保持戒备,摆出一副决战的姿态。蛮族联军没有夜战的把握,只好暂时放过马略。

山坡地形崎岖,正好可以阻隔蛮族庞大的队伍,马略仔细查看后,决定在此处进行决战。他事先选出3000精兵埋伏在蛮族大营旁的密林里,军团主力则驻扎在山上。第二天一早,马略首先派骑兵驰向蛮族大营挑衅,果然,条顿人禁不住"挑逗",浩浩荡荡地杀向骑兵。这些骑兵严格遵照马略的指示,非常有秩序地退往主力驻扎的山坡,蛮族联军很快便被诱入山上。突然,无数利箭飞矢从山上射来,冲锋在前的蛮族勇士应声而倒,马略军团以逸待劳,凭借地形优势挡住了蛮族大军的进攻。

在短兵相接里,罗马人居高临下,而蛮族人的巨斧、阔剑虽然威猛,但仰面进攻显得威力不足,缺乏护甲的蛮族士兵被罗马的短剑一个接一个刺中身亡。就在蛮族大军专注正面进攻的时候，后方突然秩序大乱，埋伏在密林里的3000伏兵此时杀入敌军阵线，砍倒了毫无防备的条顿人，蛮族顿时陷入四面被围的境地，惊恐万分的他们在包围圈里苦苦挣扎，最终相继战死。

战场上血肉横飞、满地尸骨，罗马军团以完美的协同作战彻底击垮了这支10万人的蛮族军队，罗马的纳尔波高卢重新恢复了安全。

维西利之战

西线大胜的同时，东线却不尽如人意。卡图路斯要面对的是日耳曼联军的主力，虽然他重视荣誉，但并无将略。看着辛布里人的20万大军，卡图路斯居然放弃了在阿尔卑斯山口阻击敌人的预定部署，冒失地撤到阿迪杰河两岸布阵，仅靠一条浮桥联系。

辛布里人很快就看出了卡图路斯的破绽，当即在河流上游筑起堤坝，待水流聚起后挖掘堤坝放水，大水倾泻而下，冲毁了两岸的浮桥，位于北岸的罗马人立刻陷入孤立。辛布里人抓住战机向北岸杀来，包括执政官在内的一众将官都在北岸无法脱身，大有被围歼的危险。

关键时刻，卡图路斯终于爆发了罗马人的血性，高举着鹰旗且战且退。深受执政官和鹰旗的鼓舞，士兵们的血性也突然迸发，人们相继杀向卡图路斯所在的方向。在众人合力砍杀之下，罗马人竟然撕开了蛮族的包围，绝尘而去。

得胜后的辛布里人盘踞在波河平原，富饶的平原已经成了他们理想的新家，不过这些蛮族似乎对更为肥沃的罗马不感兴趣，竟然没有继续南下，这给了马略足够的时间。此时的马略推辞了预定的凯旋式，在会合了卡图路斯的残部后，兵力提高到了5.5万人。

公元前101年，马略军团与辛布里大军在维西利平原遭遇。罗马方面按照左、中、右三翼布阵，中央由刚刚战败的卡图路斯指挥，左右两翼由马略指挥。他们均是身经百战的新式军团，骑兵与轻步兵也混编在其中。辛布里方面，中央集结着一望无际的蛮族步兵，两翼布置有1.5万骑兵，而辛布里的妇女、小孩则在阵后呐喊助威。

战场之上，两方大军相互嘶吼号叫，辛布里骑兵首先发起了全线进攻。伴随着战马踏起的漫天烟尘，蛮族骑兵的铁蹄声震如雷，整个战场仿佛都颤抖起来，着实令人胆寒。面对强悍骇人的蛮族骑兵，马略最大的劣势就是兵力过少，两翼展开后也无法与敌军战线等长。在这种情况下，马略军团极易被敌军侧翼包围，故而能否击败蛮族的两翼骑兵便显得尤为重要。

随着蛮族骑兵逐渐逼近，两翼罗马军团勇敢地挺身迎战，他们按照马略事先制定的战术，先是用一阵密集的标枪射击，将奔驰而来的骑兵先锋击散。紧接着，罗马骑兵也发起了狂怒般的进攻，踏起的烟尘几乎遮蔽天空。重装步兵则紧紧跟在骑兵身后，排列着整齐的队形，不断用短剑敲打着盾牌，刺耳的敲击令敌军骑兵心慌意乱。

此时天公作美，阳光射向了辛布里人方向，让他们睁不开眼，而突然刮起的沙尘居然包围了整个战场，能见度不足10米。这样一来，罗马人便只能看见眼前的敌人，纵然蛮军数倍于己，心理上也不会有敌众我寡的感觉，士气由此大振。马略带着两翼军团奋力向前方冲锋，逐渐击退了敌军两翼，而卡图路斯为了雪耻也死守阵地，承担了绝大多数攻击。当马略包抄到敌军侧后方时，辛布里人顿时陷入混乱，死伤无数。

罗马各大队有序地向前方推进，犹如一支装甲兵团碾压着枯木朽枝，而灵活机动的罗马骑兵犹如鬼魅一般在烟尘中杀进杀出。无论辛布里人如何反击，仍然改变不了一个接一个倒下的命运。危机时刻，辛布里人甚至用铁链将自己绑起来，试图组成一道人墙阻挡罗马军团推进，而后方的辛布里妇女也杀掉了逃跑的懦夫并亲自上阵厮杀。

可惜来自寒冷北疆的蛮族人并不适应南方的炎热，酷热令他们精疲力竭，纵然辛布里人奋起反抗，依然不能挽回败局，蛮族大军的防线最终被马略一一突破。在大营即将沦陷之际，蛮族女人和小孩集体自杀，超过14万辛布里人战死，另有6万人被马略俘虏，这支曾经屠杀了8万罗马军团的蛮族军队彻底消失了。

罗马人终于可以欢呼了，马略带着辉煌的胜利再次凯旋罗马城，他先后击败努米底亚人、阿姆布昂人、条顿人和辛布里人，将超过30万的敌人送上了天堂，从北至南，从东至西，罗马军团再无敌手。贵族们又可以肆意狂欢，平民们也可安然入睡，马略再一次连任执政官，成了元老院里最显赫的政客，也成了第三个被授予"祖国之父"称号的英雄。毫无疑问，马略的人生已经达到了巅峰，可惜罗马没有就此太平，新的危机即将来临。

本都崛起

自继业者诸国被降服后，位于亚欧交界的小亚细亚便成了地方势力角逐的战场。公元前281年，米特拉达梯一世在小亚细亚的东北地区建国，史称"本都王国"。本都王国雄踞黑海南岸，数代国王积极对外用兵，几乎年年征战，国力也随着领土的扩大而进一步增长。在罗马进入东方世界后，本都人明智地奉行亲罗马政策，积极参与镇压帕加马反罗马起义和第三次布匿战争，为罗马征服亚洲立下了汗马功劳，因而元老院默许了本都的对外扩张，其势力得以扩张至帕夫拉戈尼亚和弗里吉亚地区。

公元前120年，米特拉达梯五世被刺身亡，年仅11岁的小米特拉达梯继位，史称"米特拉达梯六世"。主少国疑自古皆是祸端的开始，小国王因尚未成年，国政由王太后操持。然而随着小国王逐渐长大，米特拉达梯六世要求亲政理国，可老太后长期把持大权，迟迟不愿意放手，母子关系瞬间恶化，后来竟发展到母亲要毒死自己的儿子。最终，米特拉达梯六世逃出了首都锡诺普，隐匿乡间田野七年之久。

在这段艰苦的岁月里，米特拉达梯六世磨砺出了坚强的意志，一面壮大自己的势力，一面拉拢国内的贵族朝臣，终于在时机成熟后重返锡诺普，残忍地杀死了自己的母亲和弟弟，将王权牢牢地控制在自己手中，本都由此进入了米特拉达梯六世的时代。

米特拉达梯六世出身高贵，其祖先可追溯至古波斯王朝，年轻的君主长相俊美、身材挺拔，有着过人的智慧和记忆力，能熟练使用22种语言交流，更能够指挥一支多民族的联合军队。早年艰苦的生活使他颇为多疑，为避免被谋害，他时常使用各种小剂量的毒药，进而获得了百毒不侵的体质。他也是个野心勃勃的君王，堪称是继业者王国之后最具雄心的东方君主，也是唯一一个还能和罗马共和国叫板的霸主。

米特拉达梯六世继位时的小亚细亚已是诸国并立,四周的邻国都已逐渐壮大。好在本都毗邻海洋,北侧就是黑海,这让他们能通过海上贸易赚取大量财富,再加上国内还有很多金银矿山,本都的国库因而十分充裕。

本都的地理位置甚好,易攻也易守。西侧的帕夫拉戈尼亚和南侧的卡帕多西亚充其量就是一群待宰的羔羊;唯有亚、欧交界的比提尼亚、东部群山的亚美尼亚尚有些实力。再往北看,黑海的北岸还有不少希腊人建立的殖民地,那里的科尔基斯、博斯普鲁斯都是本都的强邻。

米特拉达梯六世继承了祖先对外扩张的野心,登上王位后立刻着手扩军备战,不久就组建了一支强大的陆军力量。按照先弱后强的顺序,米特拉达梯六世首先讨灭了身侧的科尔基斯,将黑海东岸吞入腹中。紧接着,米特拉达梯六世又以帮助希腊人抵御北方游牧西徐亚为名,征服了黑海北岸的诸多城市,还把儿子送上了博斯普鲁斯的王位。从此,黑海北、东、南三岸均并入本都王国,黑海成为本都的内湖。

米特拉达梯六世的黑海攻略非常成功,随着邻国的快速扩张,国王的野心也进一步膨胀,他的下一个目标就是统一小亚细亚,建立大本都帝国。然而,吞并小亚细亚的难度远胜征服黑海。罗马早已视小亚细亚为自己的势力范围,还兼并了曾经的帕加马王国,成立了亚细亚、奇里乞亚两个行省,本都想要统一小亚细亚就必须与罗马一决高下。

米特拉达梯六世是个睿智的外交家,非常擅于远交近攻,懂得借力打力。在攻略小亚细亚的道路上,他首先联合同样野心勃勃的比提尼亚国王尼科美德三世,两国于公元前108年合力瓜分了夹在中间的帕夫拉戈尼亚。接着,米特拉达梯六世又暗杀了姐夫卡帕多西亚国王,试图以小舅子的名义兼并该国,但是比提尼亚的突然介入打乱了他的计划,盟友就此变成了死敌。

一直坐山观虎斗的地中海霸主显然不是一个看热闹的人,元老院利用这个机会插手卡帕多西亚内政,直接把亲罗马贵族阿里奥巴尔赞扶上了卡帕多西亚王位。这下比提尼亚和本都都傻眼了,原来罗马才是最有野心的。不过憋了一肚子气的米特拉达梯六世还是接受了罗马的安排,毕竟本都还没准备好和罗马开战。可就此失去卡帕多西亚十分可惜,于是米特拉达梯六世想到了另外一个办法,又联系上了亚美尼亚国王提格兰二世,把女儿克利奥帕特拉嫁给了他,由此获得了一个新的盟友。

亚美尼亚其实早就看上卡帕多西亚了。这一时期的亚美尼亚空前强大，提格兰二世麾下有带甲 20 万，又知道卡帕多西亚的新王是罗马人的傀儡，军事力量完全依赖罗马人的支持，所以他很乐意打卡帕多西亚一个措手不及。公元前 91 年，亚美尼亚发兵卡帕多西亚，赶走了罗马人的傀儡，自己吞并了卡帕多西亚。遗憾的是，亚美尼亚人看似得意，却不知自己只是米特拉达梯六世的棋子。

不久之后，得知傀儡被逐后的罗马非常愤怒，当即命奇里乞亚总督苏拉征讨亚美尼亚，又将阿里奥巴尔赞重新扶上了王位，还一度攻入了幼发拉底河，打得亚美尼亚没了脾气。战争期间，米特拉达梯六世并没有支援他的女婿，反而置身事外，坐山观虎斗。直到战争即将结束时，米特拉达梯六世才开始悄悄整备军马，犹如棋手等待着落子的时机。

苏拉完成使命后凯旋，身后的亚美尼亚和卡帕多西亚却两败俱伤，等待多时的米特拉达梯六世随即出兵卡帕多西亚。没有罗马军团撑腰的卡帕多西亚兵败如山倒，可怜的傀儡国王只好将王位又交给了本都国王的儿子。恰在此时，老对手比提尼亚国王去世，新旧交替国势不稳，米特拉达梯六世又出兵干预比提尼亚内政，扶持傀儡苏格拉底争夺王位，比提尼亚也落入了本都之手。至此，本都基本控制了除罗马行省以外的整个小亚细亚。

四处征战的本都已将小亚细亚的平衡彻底打破，愤怒的罗马再次调集军团远征小亚细亚，一度杀入本都腹地。可令人意外的是，米特拉达梯六世并没有全力迎战，反而主动退出了占领的土地，一再上表"诉苦""装可怜"。这般示弱迷惑了罗马人，使得罗马并未彻底打垮米特拉达梯六世，殊不知本都上下正在动员军队，打造铠甲和战车，战争一触即发。然而让本都国王欣喜的是，罗马在这个时候爆发了同盟者内战，自身难保的元老院无暇他顾，东方的局势立刻变得错综复杂起来。

第十三章 枭雄登场

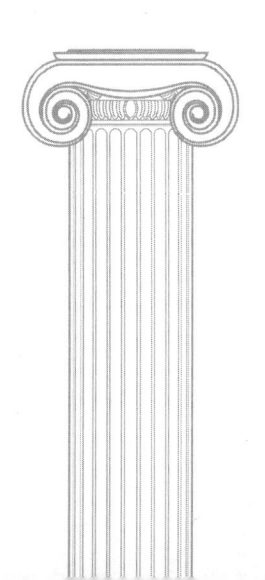

同盟者内战

罗马联盟作为罗马同化征服的利器,在数百年里大显神威。以公民权为纽带,罗马联盟成功团结了罗马人和意大利人,双方共同战斗,将联盟扩大到今天的地步。可时过境迁,称霸地中海的罗马联盟已经变得越来越不公平,这种不公平体现在很多方面。

首先是战利品问题。过去分配战利品一直是一家一半,但随着罗马国力的提升,罗马公民逐渐成为战利品的主要分配者,同盟国分到的越来越少,而且罗马公民在战后有资格获得政府分配的公地,同盟国公民却没有这种待遇。

其次是服兵役问题。马略军改后,罗马不再征召公民兵参战,罗马公民不再负有必须入伍参战的义务,可是同盟国的公民不在军改中,他们依然要履行战时组军参战的义务,不少中产公民只能放弃家业替罗马打仗,这让同盟国公民心里很不平衡。

再次是特权问题。在罗马联盟中,罗马公民拥有的权利最多,但同盟国的公民因没有选举权而不能参选公职,更不可能成为执政官或元老院议员。罗马霸权建立以后,经济产业的发展又带来了更多的实惠,这些实惠无一不倾向罗马公民。罗马公民在整个联盟中拥有的资源和特权是最多的,同盟国只能看着别人分蛋糕。

最后是欺压问题。罗马的强大让罗马公民的骄傲与日俱增,在新一代的罗马公民里,越来越多的官员不再像祖先那样尊敬同盟国公民,不少官员利用视察盟国城市的机会,大肆索取贿赂。也有一些法务官滥用职权,威胁、侮辱同盟国的公民,更有议员为了让妻子在盟国浴场洗浴,蛮横地赶走所有盟国公民,使得同盟国越发愤怒。

等到罗马成为地中海霸主后,罗马公民权越来越值钱,成为罗马公民的好处日渐增多。联盟中的拉丁公民越来越渴望获得完整的公民权,然而元老院阶级已经固化成一个小圈子,不想分享权力,自然不愿意赐予公民权。同盟国不止一次向元老院请求公民权,却一再被拒绝。时至今日,同盟国依然没有放弃和平争取公民权的希望,元老院却一再表现出恶意,甚至出现了驱赶拉丁公民，并限制拉丁人迁入罗马城的行为。于是，同盟国只好找到十分同情他们处境的保民官德鲁苏斯，试图通过法律途径为自己争取应得的权益，具体做法就是在公民大会上提交普授罗马公民权的法案。

然而，德鲁苏斯的议案一经提出就出现了骚动，支持者与反对者相互斗殴，执政官甚至提出永远搁置该法案，德鲁苏斯立即针锋相对地使用了保民官的否决权。改革派与保守派剑拔弩张，不幸降临到保民官身上，不知是谁指使，德鲁苏斯竟在白天被刺身亡，这一改革遂被强行终止。

合法的申请换来的却是非法的刺杀，血的事实终于让同盟国们彻底清醒，如今的罗马蛮横、霸道，法律途径根本不可能解决自己的诉求，于是他们彼此私下结盟、交换人质，准备以武力对抗罗马的专横。如此规模的行动很难完全保密，罗马元老院虽未掌握整个计划，但依然派法务官到意大利各盟国调查事情的原委，一是为了化解矛盾，二是为了警告盟友。

然而罗马的贵族太自大了，被派往阿斯库伦的法务官在广场大会上指着当地居民大骂，完全不顾及台下群众的感受，甚至威胁他们称："如果敢做出挑战罗马的举动，全城居民都将变成奴隶。"威胁让本就准备起义的阿斯库伦人愤怒到了极点，于是当地人一不做二不休，旋即斩杀了这名法务官，然后屠杀了城内所有的罗马公民。

阿斯库伦大屠杀标志着同盟者战争的爆发，汉尼拔毕生都没能拆散的罗马联盟，现在却被罗马人自己拆散了。

战争爆发

公元前91年，阿斯库伦率先宣布起义后，反抗罗马的战争如野火燎原一般迅速烧遍整个意大利。从北向南，皮琴特、维斯蒂诺、马尔基诺、派利诺、马尔西、普林塔诺、萨姆尼乌姆、比尔皮诺八个同盟国家相继举兵，反叛的势力迅速将罗马包围起来。

不久后，起义各国召开了开国大典，公然宣布成立名为"意大利亚"的新国家，定都科菲尼乌姆。新政权采用的政体与罗马完全相同，由各国选出500人组建元老院，选举2位执政官和12位法务官统治国家，所有加盟国公民自动获得意大利亚的公民权，国家以公牛为标志，发行公牛压制母狼的货币。

意大利亚的组织力非常强大，显然这是一场早有预谋、计划完善的起义，叛乱城邦迅速组建了自己的军团，而军团的编制、战法与罗马完全一样。统帅是早已获得罗马公民权的拉丁人，按照事先制订的计划，战争分南北两个方面展开，叛军第一阶段的目标就是通过战争将更多的城市纳入新国家。

考虑到战争波及面很广，元老院也将意大利划分为两个战区，当年度的两个执政官各自负责一个战区。北部战区由普布利乌斯·卢迪利乌斯·鲁普斯负责，南部战区由卢基乌斯·尤里乌斯·恺撒负责，另外还出动了10名统帅分别负责一个小战区。而执政官作为最高司令，有节制、调动他们的权力，这10人中就有"国父"马略、已经崭露头角的苏拉、新晋崛起的大庞培、年仅24岁的克拉苏。

叛军方面的部署与罗马完全相同，也由执政官各负责一个战区。北部战区总指挥是马尔西族领袖昆迪乌斯·侯裴迪乌斯·西罗，南部战区总指挥是萨莫奈族领袖盖乌斯·帕匹鲁斯·姆迪鲁斯。除了执政官之外还出动了十个单独作战的统帅，其中就有骁勇善战的维提阿斯·斯卡敦、盖乌斯·维达西略，他们无一不是在罗马军团服过役的将军。不仅如此，双方出动的军团也十分接近，战争投入的兵力总数多达20万人。

战争伊始，叛军方面占有主动权，相继逼退罗马军团，攻取了很多城池。在南方战区，叛军悍将斯卡敦大胆突进，击破了罗马执政官尤里乌斯的军团，斩首2000余人，罗马重镇维纳弗伦就此失守。从坎帕尼亚到萨莫奈的罗马大道均被叛军控制，镇守爱塞尼亚的指挥官吓得弃城逃跑，门户洞开的维纳夫鲁姆也跟着一起陷落。不仅如此，罗马新晋统帅克拉苏也惨遭败绩，其驻守的格洛门敦也落入敌手，而叛军悍将普雷森提乌斯又击败了1万罗马军团，攻入了坎帕尼亚地区，那里的诺拉、庞贝等城也被叛军掌握。

北方战区也不容乐观，罗马执政官卢迪利乌斯会同马略渡过托林纳河时，两人分别带着自己的军团搭桥渡河，哪知叛军悍将斯卡敦就设伏在执政官身旁的山谷里。天亮以后，正当卢迪利乌斯大胆进军时，斯卡敦突然发动奇袭，当场射杀了北方战区总司令，其麾下军团死伤超过8000人。同时，另一位叛军悍将维达西略又在法利纳斯山击败了大庞培的军团，迫使其退守费尔姆城，难以动弹，在留下一部分军队监视庞培后，维达西略一路南下，攻取了阿普利亚的卡努辛、维努西亚等城市。

叛军一连串的胜利使得摇摆不定的伊特鲁里亚开始倒向叛军阵营，一部分伊特鲁里亚城市直接向罗马宣战，战争局势进一步恶化。而强大的本都王国利用罗马内耗之际，开始攻略小亚细亚各国，甚至入侵了罗马的行省，罗马可谓是内忧外患。

解铃还须系铃人

内战初年，罗马方面被动挨打，从北至南丢城失地，各路将校均无胜绩，若战局照此继续发展，罗马灭亡便近在眼前了。

同盟国能取得如此战绩，一是因为马略军改后的盟国公民同样按照罗马军团的战法训练，对罗马的战略、战术了然于胸；二是同盟国制订了详细的作战计划，打得罗马措手不及；三是高效、快速的罗马大道覆盖了整个意大利，间接帮助了叛军，让他们能迅速席卷战场南北；四是盟国一方长期受辱，如今正是发泄怒火之时，打起仗来特别不要命。

固执的元老院终于意识到了问题所在，讨论授予意大利亚人公民权的呼声不绝于耳。公元前90年，罗马忍痛出台了一项新议案：凡主动放弃战争的原同盟国均可获得罗马公民权。元老院的这一步棋决定了战争的走向，起初还准备加入叛军阵营的伊特鲁里亚转而投入罗马的怀抱。

战争第二年，战局开始发生变化。来自罗马海外行省的援军相继抵达，南北两个战区的兵力平衡被打破，特别是非洲战象、努米底亚骑兵的加入，令罗马方面的战力倍增，攻势不断。另外，宣传罗马新法案的告示已在各地公开张贴，试图招降纳叛的元老院密使也穿梭于各条战线，不知不觉中，叛军阵营内部已然出现裂痕。

在北方战区，困守费尔姆的大庞培见维达西略主力离开，便命部分军队悄悄出城，埋伏在叛军营寨的后方。两军于约定之日前后夹击，大破叛军，阵斩叛将拉夫里尼乌斯。接着，突围后的大庞培立即攻向阿斯库伦城，迫使已经南下的维达西略放弃原定部署，撤回北方战区救援家乡，此举直接扰乱了叛军的作战计划。此战，维达西略预先给城中送去了密信，要阿斯库伦守军在自己到达时出城夹击罗马军团，但是城内守军非常懦弱，并没有派出一兵一卒。维达西略只得独自苦战大庞培，纵然杀入了城池，却损失了大部分兵马，已无力突围离开。随着城中粮草日渐耗尽，绝望的维达西略最终在城内自杀，大庞培随即攻取了这座首先反抗罗马的城市，展开了极为恐怖的报复。

阿斯库伦的陷落使得叛军北部战区的战况急转直下。为扭转局势，意大利亚分兵1.5万人进入伊特鲁里亚，企图重新掌握主动权，结果大庞培率部迎战，再次大破叛军，北方战区的局势基本被罗马控制，大庞培也因其战绩当选为新一任执政官。

在南部战区，苏拉声名鹊起，其军团以雷霆之势穿插包围并击败了数位叛军统帅，于诺拉城外击杀了超过2万人的叛军。随后，苏拉向东部发起远征，一路上攻城拔寨，径直杀入了萨莫奈的腹地，沉重打击了叛军势力，南部战区的局势也逐渐明朗，苏拉因此获得了成为执政官的资格。

战争的第二阶段，罗马一方面用授予公民权的糖衣炮弹招降叛军，让同盟诸国逐渐失去抵抗意志，不少国家相继倒戈重归罗马的怀抱；另一方面，在大庞培、苏拉等人的奋战下，叛军城池被一个接一个攻陷，各路叛军指挥官相继战死，意大利亚首都科菲尼乌姆也回归了罗马，叛军首领西罗被迫放弃家园逃到了萨莫奈地区，除了少许死硬分子，意大利亚政权基本被瓦解了。

公元前88年，同盟者叛乱终于被平息，但付出的代价是巨大的，大量城市沦为废墟，很多平民死于内战。好在危机总算是过去了，战争仅持续了不到三年时间，罗马还没有失去对地中海的控制。然而同盟国以武装斗争的方式达成了他们的目的，如同打开了潘多拉的魔盒，这显然启示了更多的野心家，更大的危机正笼罩在罗马城上空。

东方的新霸主

在罗马深陷同盟者内战时，本都国王米特拉达梯六世终于等到了时机，他判断同盟者战争不会在短时间内结束，于是撕下伪装，在边境集结兵马粮草。公元前89年，米特拉达梯六世率军杀入刚刚复国的卡帕多西亚，复立自己的儿子为新国王，然后率部北上攻打比提尼亚。

罗马亚细亚总督卡西乌斯会同前执政官阿奎里乌斯立即征召亚洲同盟国参战，比提尼亚、卡帕多西亚积极响应，联军由此集结了步兵 17 万、骑兵 1.8 万，兵分三路征讨本都。罗马出动的兵力很是惊人，若放在过去肯定"吓得"米特拉达梯六世"上表谢罪"，但今时不同往日，准备多时的本都国王足以叫板罗马。在陆地上，本都拥有步兵 25 万，骑兵 4 万，镰刀战车 130 辆，外加亚美尼亚派来的 1 万铁甲重骑兵，堪称小亚细亚第一强国；在海洋上，米特拉达梯六世在黑海积极打造战舰，已拥有三列桨甲板战舰 300 艘，两列桨战舰 100 艘，强大的本都海军正式驰入地中海。

米特拉达梯六世的实力让罗马总督们十分吃惊，分兵进攻之策本意是为了震慑敌军，如今反倒削弱了自己的优势。而米特拉达梯六世手握重兵，任意一路都不足以对抗他，所以本都决定集中力量先歼灭比提尼亚的军队，再回头收拾罗马人的军团，于是本都大军首先出兵迎战尼科美德四世的 6 万比提尼亚大军。

本都军队是一支典型的多民族混合部队，其步兵主力为传统的马其顿方阵步兵，轻步兵以克里特弓箭手为最，而骑兵引入了亚美尼亚的重装骑兵。除此之外还有一些加太拉雇佣兵，他们实际上就是迁入亚洲的高卢人，野蛮好战，擅使长剑。

米特拉达梯六世坐镇中军，遥控指挥各路人马。不同于以往的作战习惯，本都没有直接与敌军会战，而是派了一支偏师先行接触比提尼亚人。这支偏师的指挥官是米特拉达梯六世的王子阿卡提阿斯，此人刚刚被父亲封为卡帕多西亚国王，算是坐镇一方的诸侯，其麾下有阿基拉斯、尼奥托勒斯两员大将。为了保住来之不易的王位，王子战意高昂，决心以一己之力战胜比提尼亚主力，以此来回报父王的信任。

本都王子的军队与比提尼亚人在阿姆尼斯河的平原遭遇，双方都发现这里有一处地势较高的小山。陆军作战通常都会抢占有利地势，而居高临下的攻击往往能击溃仰面攻山的部队，于是双方围绕山地的控制权展开激战。

起初，比提尼亚军攻势猛烈，本都重装方阵因机动性较差未能及时抵达战场，轻、骑组成的先锋部队又兵力不足，几度攻山均以失败告终。本都王子见夺山不成，令尼奥托勒斯率领步兵全部后撤到平原地带重新列阵。误以为敌军溃败，比提尼亚遂猛攻后撤的本都步兵，竟跟着对方缓缓杀下山坡，而本都王子趁着比提尼亚执着于正面交锋时，率领亚美尼亚骑兵悄悄移动到战场侧翼，同时，王子让大将阿基拉斯率部猛攻比提尼亚的右侧，以吸引对方注意。

获得初胜的比提尼亚士气高昂，他们见本都步兵向平原地带"逃窜"，便以为本都主力已经崩溃了，唯有阿基拉斯的残兵还在垂死挣扎。不少人赶紧放弃高地，进入平原追杀阿基拉斯的"残兵"。殊不知这里埋伏着等待多时的本都镰刀战车，见比提尼亚军进入平原后，战车迅速奔驰起来，掀起了漫天沙尘，犹如鬼魅侵袭一般。后撤的本都步兵熟练地让开道路，数百辆战车从侧翼冲入比提尼亚军阵，顿时血染黄土，锋利的镰刀将比提尼亚士兵斩为两半，到处都是号叫的残兵败将，比提尼亚军队由此混乱起来。

此时本都王子已经绕到比提尼亚军后方，他带着强大的冲击骑兵骤然杀出，像猎人一样收割自己的猎物，不少比提尼亚士兵被冲倒或撞飞。"逃跑"的本都步兵也在此时转入反攻，前后夹击比提尼亚军队，战斗随即变成一边倒的屠杀，毫无阵形可言的比提尼亚军队只能任由本都人砍杀殆尽，惊恐万分的尼科美德四世打马离阵，撇下自己的军队逃之夭夭了。

本都王子在没有主力支援的情况下，一战击溃了6万比提尼亚主力，极大地震慑了罗马联军。此时，任何一路的罗马军队在数量上都不足以和本都抗衡，赶上来的米特拉达梯六世旋即发动进攻，相继击败了分散的阿奎里乌斯和卡西乌斯，其中阿奎里乌斯被国王用金汁灌喉而死，卡西乌斯则渡海逃进了罗德岛，尼科美德四世丢掉了整个比提尼亚。三路罗马联军全部覆灭，罗马军团进入亚洲的通道就此被阻断。

米特拉达梯六世随后又带上王子杀入罗马行省亚细亚，他们举着"解放希腊人"的旗帜，呼吁当地人民起来造反。当地的希腊人早已对罗马的剥削深恶痛绝，各城邦立即响应本都的号召，亚细亚爆发了大规模的起义。很多罗马地方长官被杀，弗里吉亚、帕加马、卡帕多西亚等地均竖起了本都的旗帜，整个小亚细亚几乎都被本都军队占领了。

为进一步争取小亚细亚人的支持，也为了彻底断绝当地人与罗马和解的可能，米特拉达梯六世一方面免除了所有城市五年的赋税，赢得了他们的感激，另一方面又命各地无差别地屠杀罗马和意大利人。于是一场针对罗马平民百姓的大屠杀席卷了小亚细亚，不论男女老幼全被处死。据说这场恐怖的屠杀使得超过8万罗马人命丧亚洲，罗马已经彻底失去了对小亚细亚的控制。

米特拉达梯六世统一小亚细亚后，都城也向西迁至帕加马，大本都帝国建立了。巨大的成功激励本都人继续对外扩张，作为希腊人的后裔，米特拉达梯六世当然也想荣归故里，如同当年的安条克大帝，本都国王的下一个目标便是欧洲的希腊故土，然而要实现这一目标，米特拉达梯六世不得不将目光转向南方的罗德岛。

以罗德岛作为第一个目标，一是因为罗德岛庇护了罗马总督卡西乌斯，是整个亚洲唯一还死忠于罗马的国家；二是因为罗德岛有上百年的航海传统，一旦本都军队渡海进入欧洲，罗德岛海军可能截断他们的归路。故而，米特拉达梯六世决定先拔除这个位于东地中海的商业城邦，罗德岛海战爆发。

面对本都海军的来袭，不屈不挠的罗德岛人主动出海迎战。这是一场实力悬殊的海上较量，本都拥有绝对优势的海军力量，完全可以从两翼散开，围歼罗德岛的海军。在这样的压迫之下，罗德岛舰队初战不利，只好且战且退，本都海军顺势兵临罗德岛的海岸线。然而要彻底封锁罗德岛并不容易，罗德岛人虽然困守港口，却没有放弃抵抗，他们趁夜出动火船袭击本都的舰队，又利用狂风大作的天气突袭敌舰，不少本都战舰不是被烧毁就是被击沉，双方在这样的拉锯战里不断消耗着米特拉达梯六世的耐心。

米特拉达梯六世当然不会安于围困，他决定派陆军登陆罗德岛，而登陆点选在只有一段低矮城墙防护的神庙小山。本都人提前派敢死队登陆，约定在夜间以火为号，然后海军再掩护陆军登陆。可是夜晚的时候罗德岛人发现了行动诡异的本都海军，便亮起火把加强防卫，哪知这让本都海军错以为敢死队已经得手，贸然发起登陆作战，结果遭到了罗德岛人的顽强反击，损失惨重，铩羽而归。

眼见登陆作战难以成功，米特拉达梯六世决定效仿德米特里，将威力巨大的攻城器"萨谟布卡"搬上战舰，然后再对罗德岛的城墙发起攻击。强攻城墙的战斗非常惨烈，本都士兵在战舰的护卫下架起云梯向城墙上猛攻，强大的攻城器也不断向城墙投射巨石，双方在城墙上激烈交战。

罗德岛人激烈反击，不断丢下石头、射出弓箭，还将滚烫的沸水倒在本都人身上，大量本都士兵哀号着掉下城墙，而罗德岛人也大量战死在城墙上。最终，起到决定性作用的是罗德岛人的投石机。巨大的"火球"打中了米特拉达梯六世的"萨谟布卡"，加上攻城武器本身过于沉重，使得整个"萨谟布卡"轰然倒塌，无数本都士兵战死在罗德岛城墙下。

历时如此之久的罗德岛海战始终未分胜负，米特拉达梯六世损兵折将仍然拿不下罗德岛。国王这时也发出如同德米特里的感慨，罗德岛果然不是一个可以轻易征服的地方。最终，本都国王放弃了占领罗德岛的想法，仅留下一支舰队包围罗德岛后，突然带着主力杀奔欧洲。

罗德岛尚未陷落，米特拉达梯六世却匆匆离去，也许守军会认为本都国王的撤离是由于罗德岛顽强的抵抗，但他们不知道的是，真正让本都军队离开的原因是罗马即将结束同盟者战争的消息。很明显，罗德岛之战浪费了米特拉达梯六世太多的时间，若不尽快拿下希腊，罗马军团的主力便会朝亚洲杀来，所以现在必须立即挺进欧洲，夺取战争的主动权。

苏拉军变

米特拉达梯六世疾风骤雨般的攻略让罗马彻底失去了对亚洲的掌控，而希腊各地被米特拉达梯六世的"解放"口号深深吸引，以雅典为代表的城邦主动投降了本都人，使得整个希腊地区被本都人占领，罗马仅能在马其顿行省勉强维持统治。此时在意大利的土地上，同盟者战争已经结束。在这场本可避免的战争里，罗马数位新晋统帅进入了人们的视野，其中最耀眼的无疑是北庞培、南苏拉，两人凭借辉煌的战绩获得了执政官的资格。

苏拉全名卢基乌斯·科尔内利乌斯·苏拉，虽出身罗马贵族，但是苏拉一门在他之前并不显眼，祖上基本没出过什么大名鼎鼎的人物。该家族在传承了数百年后逐渐衰落，到了苏拉这一代连生计都成问题。据说年幼时期的苏拉十分拮据，生活难免窘迫了些，但由于相貌堂堂、唇红齿白，苏拉得到了很多女性的喜爱，由此长期混迹在妓院一类的场所。在妓女的帮助下，苏拉顺利完成了学业，后来还结识了一个名叫妮克波利丝的交际花，两人虽然年龄有差距，但不影响他们产生爱情。妮克波利丝死后，苏拉继承了情人庞大的遗产，从此走上了仕途。

苏拉是个能力、口才俱佳的人，他体魄强健、善于学习。在罗马军团服役期间，苏拉对战争有自己独到的见解。曾在朱古达战争中受命指挥马略的骑兵军团，还以身犯险擒杀朱古达，为快速结束战争立下了汗马功劳。随着军功的积累，苏拉逐渐成长为一个优秀的军事家。

同盟者战争一结束，罗马立刻着手对本都用兵，而时任执政官的苏拉如愿获得了出征本都的资格，在诺拉城紧锣密鼓地准备东征事宜。然而，已经"退休"多时的马略借同盟者战争再次回归军队，此前，凯旋罗马的马略因不懂政治潜规则被贵族们排挤出政坛。马略的回归使得关系微妙的贵族和平民再次争斗起来，至于争斗的焦点，依然是老生常谈的公民权。

事实上，同盟者战争结束后的意大利依然摆脱不了公民权的后续问题，如何解决新公民参政议政便成了元老院伤脑筋的大事，因为在民主选举的罗马，谁能掌握绝大多数选票，谁就能操纵共和国的政治。同盟国公民在获得公民权后，拥有选举权的公民数量骤然增加数倍之多，这意味着罗马的传统公民已经不再拥有超过多数的选票，一旦新公民报团参政，老公民只能给他们让路。因此，贵族派为了保有其对罗马政局的掌控力，提出新公民只能到全国35个选区内的4个选区投票。这样一来，即使新公民赢得这4个选区的选票，依然不能超过老公民所控制的31个选区，这种方式正是参照解放奴隶的投票模式。

贵族派的目的显而易见，而平民派也有自己的打算。一来他们希望能利用新公民的加入削弱贵族阶级的统治，为自己谋求更多的实惠；二来他们也希望给平民代言人马略争取到东征本都的机会，如果能够取得胜利，平民派自然能压过贵族一头。马略本人也极想获得东征本都的授权，自然坚定地站在平民派一边。

时任保民官的苏尔皮基乌斯与马略一拍即合，两人立刻联合起来。保民官的目的在于削弱元老院势力，而马略的目的是要尽快获得罗马的最高权威，首要目标就是军团的指挥权。可是如何才能名正言顺地收回苏拉的兵权呢？

苏尔皮基乌斯早已经有了对策。他知道广大公民最关心的是什么，于是在元老院讨论新公民投票问题前，苏尔皮基乌斯召开平民大会，抢先提出了新公民可以在全国35个选区任意一处投票的法案。不仅如此，苏尔皮基乌斯还提出了任命马略为东征本都总司令的决议。他将两个议案一起提出，平民为了通过第一项议案自然也会投票通过第二项议案，这等于将苏拉的兵权又收了回去。故而此议一出，罗马立即出现骚动，贵族派与平民派相互唾骂。贵族认为保民官意图扰乱罗马民主，平民则认为元老院想搞寡头政治。对这样的局面，苏尔皮基乌斯早有预料，他已提前让马略召集了军中旧部，命他们全力支持这项议案通过。

投票会场上，人声鼎沸，平民派、贵族派、看热闹的人都聚集在此，新加入的罗马公民围在苏尔皮基乌斯身边。毫无疑问，他们感激苏尔皮基乌斯的提案，当然也会支持授予马略兵权的议案，毕竟谁当统帅都无所谓。贵族派则愤怒异常，坚决反对此议案通过。两派公民先是在会场上辱骂对方，进而又有少部分人相互推搡。

苏拉携其支持者一起到了会场，此刻的他本应该留在诺拉处理军务，但政局的变化让他非常不安。作为执政官，苏拉有权到大会上发表讲话，于是他来到大会会场企图阻止提案的通过，然而苏拉并未嗅出大会中夹杂着鲜血的味道，草率地同时反对了两个提案，这让在场公民普遍不满。

苏尔皮基乌斯巧妙地利用了这种情绪，高呼苏拉等贵族意在把持罗马大权，让这场对峙变得更加不可控制。人们就地寻找武器相互攻杀，大会现场一片混乱，很多人被打得头破血流，而平民派人多势众，逐渐占据了上风。得胜后的平民逐渐失去理智，竟开始攻击苏拉的支持者。

执政官作为罗马的最高长官，却在大会上公然被袭击，这是何等不寻常的事情。苏拉对眼前的局面始料未及，只能匆忙逃出会场，可苏尔皮基乌斯指着苏拉逃跑的方向大喊，疯狂的人群便涌向了苏拉等人。忽然，一把匕首刺中了苏拉身旁的年轻人，他呕了一口鲜血后倒地身亡，此人正是苏拉的女婿。看着女婿的尸体，苏拉这才意识到这是一场你死我活的斗争，他该何去何从？突然，他脑中突然闪过一个大胆的想法，于是径直朝马略的宅邸奔去。

马略对苏拉的到来非常吃惊，但还是开门将其迎了进来。苏拉突然造访，让马略陷入两难。因为马略并没有直接参与苏尔皮基乌斯召集的公民大会，所以这场冲突与他没有关系，但如果他拒绝救助苏拉，苏拉势必会死在马略家门前，那么舆论必然会变成"马略害死了执政官苏拉"，所以马略只能选择庇护苏拉。就这样，最危险的地方反而成了最安全的地方，苏拉果然是个政治家。但马略只是一个军事家，他并未意识到两派的斗争一旦开始，就必须把事情做绝做死，否则就是把自己置于危险之中。

借助马略逃过一劫的苏拉连夜逃离了罗马城，而苏尔皮基乌斯则完全控制了大会，两项议案在平民派的支持下全部通过，马略成了他们的领袖。面对如此乱局，马略赶紧出来稳定局势，元老院也被这场变乱吓到了，只好默许马略执掌罗马城。

死里逃生的苏拉人不卸甲、马不卸鞍地赶到诺拉城的军团大营。从法律的角度上讲，他已经失去了兵权，可如今的罗马公民兵被职业兵替代，新的军团士兵都是由苏拉征募而来，所有军官也是苏拉一手提拔，他们自然忠于苏拉，对于统帅突然被撤，士兵们倍感气愤。

诺拉的夜晚安静得诡异，除了军营内灯火通明、气氛紧张，外面的世界一片漆黑、毫无生机，似乎连月亮也害怕得躲进了云层。苏拉径直来到军营主帐，以统帅的名义召集了所有百夫长，将罗马发生的事情完整讲述了一遍。随后，他高声问询道："罗马的执政官被阴谋家驱逐，政权已经落入暴徒之手，我要穿甲提剑杀回罗马城，你们愿意追随我完成此等壮举吗？"除了一个财务官反对外，全体百夫长均表示愿意追随苏拉，于是苏拉立刻拔营启程，六个罗马军团在苏拉的率领下向罗马挺进。

于苏拉而言，兵权并不需要一纸文书来确认。苏拉进军的消息很快就传到了罗马，而罗马城内并没有什么军队，马略立即召集人马。由于事出突然，军队的征募工作并不顺利，不仅数量太少，战力也很差。然而苏拉的军队日益逼近，马略只能硬着头皮出兵，结果可想而知，苏拉径直攻入了毫无防备的罗马城。苏拉军团在全城搜捕平民派的主要人物，凡是抵抗者当场斩杀，不抵抗者同样也难逃厄运。马略仓皇逃离罗马城，连滚带爬地躲进伊特鲁里亚。罗马成了苏拉的天下，苏尔皮基乌斯等平民派主要领导人物均被抓获处死。

罗马第一次被自己的执政官带兵攻击，军队在城内大肆屠杀异己，恐怖的一幕吓坏了罗马公民们。在苏拉的利剑下，所有人都缄默不语，无论是平民派还是贵族派，都对苏拉冒天下之大不韪的行为感到震惊。但是苏拉不管这些，拥兵在手的他逐一清除了反对者，将苏尔皮基乌斯鲜血淋漓的人头挂在公民大会的演讲台上展示。

苏拉以一个征服者的姿态带兵进京，其枭雄本质暴露无遗。随后，苏拉强迫公民大会认可了他的所有行为，并将马略、苏尔皮基乌斯等人定为"国家公敌"，把一切都恢复原状。所有人，包括元老院都对这样的安排默不吭声，一切都按照苏拉的意愿进行，苏拉对罗马的统治开始了。

雅典攻防战

苏拉虽然控制了罗马城，但米特拉达梯六世凌厉的兵锋让他彻夜难安。此时，一个两难的抉择摆在苏拉面前。以马略为代表的平民派并没有完全失败，马略经由伊特鲁里亚逃到了北非，极有可能卷土重来。若继续追击平民派，苏拉就能稳坐罗马的江山，但这无疑会放任本都攻略欧洲，让罗马陷入危险之中。

究竟是南征追击马略，还是东征讨伐本都？最终，苏拉的爱国心压倒了他的野心，他决定渡海东征，迎战20万本都军队，然而这一决定会让他冒极大的风险。一来本都兵力雄厚，能否击败他们尚属未知数；二来马略完全可以利用这段时间召集旧部反攻意大利；三来远离罗马城后，元老院的反对派是否会再次罢免他，这也很难确定。即使有如此多的危险，苏拉还是离开了意大利。

公元前87年，秦纳和屋大维当选为新一届执政官，这两人都没有明显的党派倾向。屋大维年迈且声望很高，算是保守派的一员，而秦纳是第一次担任执政官，又是贵族出身，看上去应该不会同情平民派，所以苏拉默认了这一结果。

公元前87年，苏拉的六个军团登陆埃托利亚，兵锋直逼本都主帅阿基拉斯所在的雅典城。雅典，希腊文明第一大邦，曾是提洛同盟的盟主，也是第一个响应米特拉达梯六世的叛徒。首先进攻雅典，既是为了以儆效尤，也是为了歼灭本都在希腊的主力部队。然而雅典城并不容易占领，这是一座坚固的城池，有高耸的城墙，城外8千米处还有比雷埃夫斯这座海港。这里与雅典呈犄角之势，可以经由海上运来的补给抗击持久的围城，所以苏拉明白，要夺取雅典就必须拔掉比雷埃夫斯这颗钉子。

考虑到比雷埃夫斯的重要性，阿基拉斯留下部分军队驻守雅典后，大部队和指挥部进驻比雷埃夫斯，因为这里可进可退，海上交通被本都完全控制。苏拉虽然来势汹汹，但是他并没有自己的海军力量，所以阿基拉斯有恃无恐。

苏拉先是试探性地发起了对比雷埃夫斯的强攻，军团士兵搭着简易的云梯发起冲锋。城墙上的本都士兵则射出弓箭、投下石头，双方围绕城墙的控制权展开血战。但是本都军队异常凶悍且占有防御优势，罗马士兵不断被逐下城墙，死伤无数，苏拉只好撤下攻城的士兵。

攻城停止后，苏拉召集将军和百夫长讨论作战计划，大家见解不一，有人建议诱敌出城，有人建议绕过雅典，但是苏拉并不认同。他分析道："我军远道而来，军势正盛，如能速胜固然最好，但本都意在坚守，势必不会直面我军兵锋。如果绕过雅典，阿基拉斯可能会截断我军补给线，我军恐陷入进退两难的不利境地。好在我军在外，敌军在内，虽然我等不能完全封锁比雷埃夫斯，却可以彻底包围雅典。若我军严密围困，围城日久的雅典必然粮尽，雅典、比雷埃夫斯必不能长久。"众将听后深以为然。于是，苏拉留下主力军团严密监视比雷埃夫斯，自己则带着少部分兵力转移至雅典城外深挖壕沟、修建壁垒，俨然一副要困死雅典的架势。雅典人起初对这个局面没有足够的认识，以为罗马人只是在虚张声势，殊不知苏拉就等着雅典人饿死。

围城部署完毕后，苏拉集中精力攻打比雷埃夫斯。首先洗劫了雅典各地的神庙，将众神的贡品统统抢掠一空，希腊人大为震惊和愤怒，纷纷诅咒苏拉这种亵渎神灵的行为，但是更糟糕的事情还不止于此。为了打造攻城器械，苏拉下令就地收集木材、金属等材料，并征发了超过2万头希腊骡子来运送，还派兵砍伐阿卡德米的学院丛林，那里正是柏拉图和亚里士多德当年讲学的地方，是希腊人的精神圣地，结果在苏拉的长剑下，学院丛林化为乌有，转而变成了罗马军团的各种攻城武器。

拥有了大型攻城器械的苏拉开始发起对比雷埃夫斯的强攻，双方围绕城墙进行了一场又一场殊死搏斗，罗马士兵士气高昂，英勇地冲上城墙，本都士兵同样拼死反击。本都大将阿基拉斯是一个意志坚定的统帅，他亲自上城督战，往返在各条战线上鼓舞士气。

看着苏拉的攻势一再加强，阿基拉斯决定实施反击，他先在城内建起高耸的箭楼，不断射击靠近的罗马士兵，后来又率领本都勇士在深夜突袭罗马军团，烧毁了不少攻城装备。然而苏拉毫不在意，因为学院丛林有足够的木材制造更多的冲车和攻城塔，双方在比雷埃夫斯城攻防战中不分胜负。

很快就迎来了冬季，苏拉军团依然没有啃下比雷埃夫斯这块硬骨头，罗马军团只能退入营地休整，而阿基拉斯凭借制海权获得了更多的援军和补给，甚至不断出击袭扰苏拉军团。这一番较量下来，苏拉和阿基拉斯难分伯仲。

冬去春来，比雷埃夫斯虽然不动如山，雅典城却日渐艰难。罗马人严密的围困让城里的粮食逐渐告罄，人们找不到粮食，只能啃食树皮、捕捉老鼠，即使是这样也不能让人们填饱肚子。为了争夺粮食，雅典城内甚至发生贫民冲入贵族家中抢夺食物的事情，后来更是发生明刀明枪的械斗。后来，大量雅典人被饿死，昔日高傲的哲学家现在也沦为路边乞丐，贪婪地抓食树根和昆虫。雅典人也试图突围，但苏拉修起了一座又一座楼塔来压缩雅典城外的空间，任何试图进入或离开雅典的都以失败告终。

公元前86年，苏拉见雅典城已无防备能力，终于对城池发起了全面进攻，饥肠辘辘的雅典士兵宁可投降也不想再挨饿了，城门由此打开。破城后，苏拉军团犹如出笼的猛兽，不分男女老幼，尽情屠杀城中居民，到处都是尸体和鲜血，不少地方变成废墟，如果不是苏拉及时制止，恐怕罗马军团真的会把雅典夷为平地。

雅典城的失陷对比雷埃夫斯的打击极大，士兵们看着被大火吞噬的雅典，心中的忧虑与恐惧可想而知，阿基拉斯所部已成一支孤军，士气跌落谷底。不久后，苏拉携破陷雅典之势，集中兵力反复攻击苦苦支撑的比雷埃夫斯。罗马军团每攻占一个地方便就地修建城楼、箭塔以巩固阵地，还让工程兵从地下挖掘地道直通城墙下，然后焚毁城下的支撑物，导致城墙轰然坍塌。罗马军团遂对城墙的缺口处反复攻杀，不断消耗阿基拉斯的有生力量。

虽然罗马军团在攻城中伤亡极大，但任谁也看得出，破城只是时间问题。最终，罗马军团杀入城中，大肆砍杀本都军队，阿基拉斯见大势已去，只能率领残部由海路撤退到北方战区,苏拉终于攻取了比雷埃夫斯城,雅典彻底沦陷。

雅典城的沦陷重挫了本都在欧洲的势力,高举"解放希腊"大旗的米特拉达梯六世,在手握数十万大军的前提下,依然让罗马人攻占了雅典,这不得不让希腊人重新评判罗马与本都的实力。不少城邦重新倒向罗马,而位于小亚细亚西海岸的希腊城市也躁动起来,他们中的一些人后悔帮助本都国王屠杀罗马居民,只好策划叛乱以求得到罗马的谅解。如此一来,苏拉逐渐掌握了希腊地区的主导权,不仅逼退了本都人,更将不少希腊城邦纳入麾下,他已有了割据之资。

喀罗尼亚之战

阿基拉斯从比雷埃夫斯城败退以后,其残部狼狈渡海逃回了北方战区,那里驻扎着本都进攻欧洲的主力军队,本来这支大军由本都王子阿卡提阿斯统率,但王子因为水土不服病逝前线,这位颇有将才的王子一死,本都人的战力连降好几个档次,阿基拉斯便接过了军队的指挥权。

手握 12 万大军的阿基拉斯终于有了底气,其麾下拥有最精锐的本都步、骑,由亚洲、欧洲多个民族组成,其中骑兵就超过 1 万,还有引以为傲的 90 辆镰刀战车。反观苏拉一方,罗马军团在经历了雅典、比雷埃夫斯之战后,有生力量大大削弱,精锐老兵伤病颇多,粮食也消耗得差不多了。据普鲁塔克记载,苏拉此时只有 1.5 万步卒,1500 骑兵,用不到 2 万人的兵力对抗 12 万大军,笔者着实佩服他的胆量。

卷土重来的阿基拉斯浩荡南下,其推进速度之快,明显是急于求战,苏拉却尽可能地避而不战。起初很多将领都不明白苏拉避战的原因,直到本都庞大的军队因为长期在外而补给短缺后,大家才明白苏拉的真实用意。阿基拉斯急于一战,但苏拉偏偏熬着本都人,时间一久,10 余万本都军队的粮草逐渐耗尽,阿基拉斯在战火纷飞的希腊中部地区难以找到足够的粮食,补给越来越困难,而苏拉一直避而不战,阿基拉斯求战不得只能率部向北方大本营撤退。

阿基拉斯一撤退,苏拉就开始进军。苏拉率部紧紧咬着阿基拉斯的大军,却不与敌军正面冲突,而是在寻找合适的战机。终于,阿基拉斯将庞大的12万大军带进喀罗尼亚附近多岩石的地带。阿庇安(古罗马历史学家)认为,阿基拉斯之所以选择这里,主要是他一时大意,没有发现地势对骑兵和战车的限制。但普鲁塔克记载了另一种可能——被苏拉逼入此处。

在这之前,苏拉驻扎在伊拉提亚平原的一座小山上,他的士兵因为兵力悬殊不敢出战,阿基拉斯所部由此骄纵起来,大胆地四处劫掠。苏拉心生一计,故意安排远超负荷的体力劳动,时间一长,士兵们叫苦不迭,宁可出战一决胜负也不想再干体力活儿了。于是苏拉以攻取阿基拉斯重兵把守的帕拉波米亚堡为条件,结束了繁重的劳动,士兵们血性爆发,再加上阿基拉斯轻敌,本都的部署就此被打乱,阿基拉斯只好转移至喀罗尼亚。

喀罗尼亚无疑是阿基拉斯的死穴,因为本都的骑兵较多,军队规模极为庞大。若在平原地带,庞大的军队可以完全展开,苏拉未必敢战,但本都将军队摆在不利于骑兵作战的地方,狭窄的地形反倒限制了本都人,这正合苏拉的心意。于是苏拉指挥大军冲击阿基拉斯的军队,喀罗尼亚之战打响。

决战开始后,苏拉指挥军团极速迫近本都阵营,企图把本都大军限制在岩石之间。阿基拉斯自视兵力雄厚,迅速拉开两翼,以骑兵为先锋,战车压轴,明显是要包围苏拉,若苏拉按兵不动必定受制于人。然而一支神兵天将突然从背后袭击了本都侧翼所在的特瑞姆山,驻于此处的本都人惊慌大败,损失3000余人。

原来,熟悉地形的喀罗尼亚人战前献计,带着几个大队走小径绕到了本都人身后,使得本都骑兵的攻势从后方瓦解。至于本都的镰刀战车,苏拉将军团排成三线,各大队摆出棋盘般的阵形,队列之间留够了空隙和空间,任由本都战车冲来。待本都战车攻到近前时,各中队立即抛射无数标枪,来不及转向的战车一部分被击中摔出,另一部分人则迎头撞上了岩石,车毁人亡。

阿基拉斯的骑兵和镰刀战车受制于有限的地形,非但没能发挥应有的战力,反而弄得损兵折将。再加上特瑞姆山的失守,本都大军前后左右都是一片混乱,部署在中央前方的1.5万奴隶兵团旋即被罗马军团击溃。

阿基拉斯仍然相信两翼是取胜的关键,他将绝大多数重步兵和重装骑兵派到右翼,向罗马的左翼发起如同山崩般的攻击。罗马左翼军队在这样的压制下苦苦支撑着，一支 2000 人的本都骑兵差点围歼了罗马左翼指挥官。位于右翼的苏拉看到左翼危急后，当机立断抽调了右翼的 5 个大队赶赴左翼支援，他也率领近卫队一同前往，这才挡住了本都人的猛攻。

意外的是，罗马右翼兵力的削弱正是阿基拉斯的计划，他的真实目标根本不是罗马左翼，而是右翼。看着苏拉已然离去，阿基拉斯率领主力猛攻罗马军团的右翼，其攻势之猛远非罗马右翼可比。可惜苏拉及时发现了本都人的部署，当即率领之前的人马重新杀回右翼。随着苏拉突然回到右翼，右翼士兵士气大振，加强后的罗马右翼疯狂地劫杀本都军队，令阿基拉斯的军队惊恐不已。

阿基拉斯见这条战线难以突破，决定向后方撤退以便换上还在后方等待的生力军。然而，罗马军团根本不给他们机会，苏拉率领罗马骑兵紧紧撕咬本都左翼，不断冲击本都人的侧翼，导致本都阵脚大乱，左翼最终一溃千里。

战场的另一侧，罗马左翼在经过一阵厮杀后，同样也稳住了阵脚。利用地形优势，左翼从高处奔杀下山，逼退了本都人的右翼，使得本都两翼都逃离了阵地。渐渐地，罗马军团如同张开的双臂，将中央的本都长枪方阵围了起来。在罗马军团的三面打击下，本都中央军团瞬间崩溃，士兵们争相逃跑。罗马军团却不断向前推进，一再挤压本都军队的活动空间，如同一台装甲战车不断碾死被他们追上的本都士兵。

阿基拉斯见大势已去，只能下令撤退。本都人争相往回跑，但后方的军队堵在了狭窄的逃生通道上，使得本都残兵被罗马人追上杀死。决战已变成罗马对本都的大屠杀，战场上到处都是鲜血和尸体。难怪兵家常言"夫地形者，兵之助也"，善于利用地形的将军懂得如何借助地势有效削弱敌军力量。阿基拉斯空有数十万大军，却限制在岩石之间，既让军队乱成一团，又无法发动有序进攻，兵少的苏拉军团反倒像一颗扎破牛皮的钉子，体量不大，威力却很大。

此战，苏拉的罗马军团完败阿基拉斯的本都，12 万大军只有 1 万人逃出战场，其余不是被杀就是被俘。而罗马军团前后阵亡不过 12 人，这是罗马军团在马略军改后获得的又一场史诗大捷。狼狈的阿基拉斯侥幸逃生，不得不带着残部继续向北方退却，好在米特拉达梯六世已经派来了一支更为庞大的援军，否则阿基拉斯只能缴械投降了。

喀罗尼亚之战的数据颇让人吃惊，以 12 人的损失击败 12 万大军确实让人难以置信，不排除罗马史学家人为夸大结果的可能性，但必须肯定的是，苏拉杰出的指挥让罗马军团又一次以少胜多。喀罗尼亚之战重创了本都人，米特拉达梯组建的十万精锐就此瓦解，其损失的不只是能够上阵杀敌的青年士兵，还有数以万计的黄金白银，这严重损耗了本都帝国的实力。

"国家公敌"定东方

正当苏拉鏖战本都时，罗马却传来了惊人的消息。一直让苏拉放心不下的执政官秦纳终于撕下了伪装多时的面具，原来他骨子里是个坚定的平民派。在苏拉进军罗马时，他完美隐藏了自己的立场，假意与苏拉合作，实际是在等待时机。趁着苏拉难以抽身，秦纳协助平民派秘密返回罗马，一时间各路反苏拉人士纷纷聚首罗马城。准备充足后，秦纳召开了公民大会，突然宣布苏尔皮基乌斯通过的法案继续有效，并为逃亡在外的马略党人平反。

平民派人士聚集起来，在会场上热烈拥护秦纳的决定，此举立刻引起两派争斗，另一个执政官屋大维直接否决了秦纳的决定，使得两派人马爆发了激烈的冲突。由于苏拉安排在元老院的死党很多，秦纳一党并未获得成功，双方党徒在罗马城内大肆砍杀对方，导致多达1万人死亡，秦纳等人被迫逃离罗马城。

在元老院的授意下，屋大维宣布剥夺秦纳的执政官一职，改选保守派人士接替他。秦纳不甘心失败，四处游说，积极联络罗马周边的城市和支持者。那些在同盟战争时被授予公民权的城市义无反顾地站到了秦纳一边，毕竟法案本质上是为新公民争取权利，秦纳很快就募集了一支小有规模的军队。

远在北非的马略一听说罗马局势再次改变后，当即率领500个死党乘船抵达伊特鲁里亚，利用自己昔日的威望很快就组建了一支人数多达6000的军团。随后，马略与秦纳合兵一处，击败了前来征讨他们的元老院军队，两人率军直奔罗马城。

执政官屋大维和元老院颇为惊慌，立即命人深挖壕沟、加固城墙，并急令正在亚得里亚海作战的大庞培入卫京城。然而仅靠大庞培的军队尚不足以抵御平民派的叛军，元老院急需更多的军队。可是苏拉的主力已经去了希腊，短时间内很难回来，保守派在意大利仅剩梅特路斯的军队还可以调动，此时他正在讨伐同盟者战争里依旧不肯投降的萨莫奈。屋大维让梅特路斯立即与萨莫奈议和以换取他们的支持，马略却抢先一步答应了萨莫奈人的全部条件，萨莫奈于是加入平民派，继续与元老院叫板。

平民派叛军将军队驻扎在台伯河畔，马略、秦纳、塞多留各自率领一部人马包围了罗马城。叛军没有急着攻城，而是迅速攻下奥斯提亚和阿里米努姆，四处扫荡储备有粮食的城镇，如此便截断了罗马城的粮道，彻底孤立了罗马。做完这一切后，马略策反了一个守城的军官，试图里应外合突袭城门，哪知大庞培坐镇指挥，奋力击退了马略。

可惜好景不长，罗马城突然天降暴雨，电闪雷鸣，大庞培的军帐突然被落雷击中，他和不少贵族就此身亡，军中顿失主心骨，很多人因而失去信心，相继向马略投降。屋大维独木难支，逐渐失去了对局势的控制，元老院也害怕起来，于是派人向马略、秦纳求和。在谈判中，秦纳同意不伤害元老院贵族，元老院则恢复了秦纳的执政官之位，也赦免了马略。

马略、秦纳的军队轻易进入了罗马城，可惜元老院失算了，秦纳虽承诺不伤害贵族，但马略从未答应过。随后，一场血腥的清洗席卷了罗马城。大量保守派人被直接处死，很多与苏拉无关的贵族人士也惨遭屠杀，其中包括屋大维和许多前任执政官，连马略的战友也没能幸免。罗马再次变了天，平民派剥夺了苏拉一切公职和财产，并宣布他为"国家公敌"。

公元前86年，马略、秦纳双双当选为执政官，元老院对两人言听计从。这已经是马略第七次担任执政官一职，与其出生时传说的"七鹰预言"完全一致。然而还不到一个月时间，年迈的马略溘然长逝，秦纳从此独揽大权，任命亲信弗拉库斯为叙任执政官，完全控制了元老院。

秦纳对远征在外的苏拉并不放心，他顾不上东方战场的形势如何，一心想要消灭苏拉，于是命弗拉库斯带领一支远征军出征东方，准备接收苏拉军团的指挥权。只可惜弗拉库斯并无将略，刚到东方就因为与部下不和被杀身亡，他的军队只能由副将费姆布里亚指挥，暂时绕开苏拉，渡海攻入了小亚细亚。

苏拉在得知罗马政变的消息后并无波动，虽然财产被收、家人失散、朋友被杀，但是手握3万罗马军团的他依然信心十足。正所谓"兵权在手，天下我有"，苏拉并不打算立刻杀回罗马城，因为东方的局势还不明朗，阿基拉斯虽然败于喀罗尼亚，但米特拉达梯六世增援的8万人马已经抵达欧洲，本都大有再次南下希腊之意。因此，苏拉暂时对罗马与秦纳的远征军放任不顾，转而北上迎战阿基拉斯的新军。

连遭败绩的阿基拉斯恢复了自信，毕竟苏拉孤军作战，兵员难以补充，而本都8万援军已经全部就位。阿基拉斯此次急于求战，因为粮食补给一直是他最头疼的问题；苏拉这回也渴望速战速决，因为罗马的政变一直牵动着他的心。就这样，两军再次迎面碰上。

阿基拉斯吸取喀罗尼亚会战的教训，将战场选择在了奥科美纳斯平原，这里地形开阔没有植被，非常适合本都大军布阵，更适合骑兵冲锋，看来本都人要翻盘了。苏拉统率的罗马军团以步兵为主，在开阔平原并没有优势，故而他利用了本都人急于一战的心理，以守代攻，将军团分成三部深挖壕沟，同时引水灌地，试图把本都营地包围在泽国中。

会战伊始，双方的交战便可以用激烈来形容，阿基拉斯集结全部力量猛攻苏拉的中央和两翼，苏拉的军团则利用壕沟抵挡他们，其中罗马右翼遭受的打击最大，不少人放弃阵地逃跑，任由本都人越过壕沟。苏拉见状十分愤怒，当即夺过一面军旗只身冲杀至两军阵前，他大吼道："罗马人，当有人问你们在什么时候抛弃了自己的统帅，你们可以回答就是今天了！"

将领们看见主帅受险，纷纷跳过壕沟前去救援，士兵的羞耻心也促使他们成群结队地追杀出去，右翼人马这才稳住阵脚，将本都人逐出了壕沟。苏拉旋即指挥大军全线反攻，阵斩了1.5万人，包括1万骑兵，剩下的本都人犹如麻雀遇到了老鹰，吓得纷纷逃跑，若不是有坚固的营寨，他们很可能死在苏拉剑下。正当本都人惊魂未定的时候，苏拉的罗马军团已经包围了本都营寨，就地挖掘壕沟。

次日，苏拉再次发起进攻，被围困在营地的本都人死命抵抗，倒是给了苏拉不小的杀伤，但是优势终究掌握在罗马人手中，寨门还是被攻破了。败局已定，阿基拉斯乘船逃走，本都士兵也想逃跑，可是附近的沼泽再次挡住了他们。此时本都人为了逃命也顾不上那么多了，纷纷跳进水中，最终哀号着消失在沼泽深处。

如今，米特拉达梯六世经营多年的20万本都精锐全部覆灭于苏拉之手，而由苏拉爱将卢库鲁斯新近组建的海军舰队又在爱琴海上重创本都海军，制海权也易手到苏拉一方。苏拉此时的实力更加雄厚，不仅控制了希腊和马其顿，还拥有一支完全听命于自己的海陆大军，如今亚洲只剩下秦纳派到东方的远征军还在苟延残喘。

不久后，苏拉率领海陆大军登陆亚洲，对本都形成了压倒性的威慑。米特拉达梯六世终于熬不住了，他面前既有秦纳派来的远征军，又有兵势逼人的苏拉军团，权衡局势后，米特拉达梯六世最终选择和更加强大的苏拉议和，放弃了除本土外的全部土地和战舰，另外还赔偿了2000塔兰特。

解决了本都人以后，苏拉着手收拾秦纳派来的远征军。此时的远征军统帅名叫费姆布里亚，在军中并无多大威望，他的军团因为不愿意和罗马人交战，迟迟不肯进攻苏拉，毕竟大多数士兵不像贵族那样有不同的党派，自然对苏拉军团没有太大的敌意。苏拉对士兵的心态洞若观火，带着军队全面包围了远征军，而且还驻扎在离他们很近的地方，这样一来，被包围的远征军便无路可逃。

面对无心作战的远征军官兵，苏拉决定用"糖衣炮弹"收拾对方。他一方面命士兵故意友好地与敌军闲聊，询问对方家乡，假装成老乡，然后借机贿赂敌军官兵。另一方面，苏拉不断压缩包围圈，两军营地越来越近，这给人一种被逐渐"吃掉"的压迫感，远征军的军心进一步动摇，不少人顶不住压力倒戈加入了苏拉。

随着包围的持续，越来越多的远征军官兵向苏拉投降，当费姆布里亚要求剩下的远征军效忠自己时，大多数人默不作声，甚至包括费姆布里亚的好友也拒绝对抗苏拉。费姆布里亚这才明白他的军队已经不能继续战斗了，他深感有愧于秦纳的信任，最终羞愤地拔剑自刎了。

至此，苏拉兵不血刃地兼并了远征军，顺利接收了刚刚光复的亚细亚行省，还任命副将穆列纳为远征军统帅并兼任亚细亚总督，希腊和小亚细亚成为苏拉的地盘，东方再次平定下来。苏拉历经血战，在孤立无援的情况下完成了对东方的征服，米特拉达梯六世的大军已烟消云散。现在，苏拉终于登上了返回意大利的战舰,他要率领自己的百战精锐重新夺取政权。当水手询问船要驶到哪里时,苏拉淡淡地说道:"目标,罗马!"

向罗马进军

以马略为代表的平民派原属平民阶级,他们倾向于建立一个公平的社会,数百年来一直致力于提高平民权利,促进社会公平、正义。而随着被征服国家相继加入,平民派逐渐融入了大量富有的骑士阶级和少量的开明贵族,他们在数代保民官的带领下试图改革共和国,所以也可以称为民主派。

以苏拉为代表的贵族派则截然不同,他们以传统元老院为核心,旨在维护罗马社会的传统秩序,所以想方设法地加强元老院的权力。事实上,贵族派取得了不小的成功,三次布匿战争、两次马其顿战争的胜利都是元老院运筹帷幄的结果。由于该派成员多是有百年历史的贵族后裔,所以他们总觉得高人一等,再加上平民与贵族数百年的争斗,使得贵族对平民掌权颇为忌惮,不仅保守而且顽固,故而也可以称为保守派。

细看两派的政策,并没有哪一方是绝对错误的,两者都旨在壮大罗马共和国,不少政策都有利于社会。然而马略军改犹如一把双刃剑,既让罗马军团百战百胜,又强化了统帅对军队的绝对领导,军队在不知不觉中成了左右共和国的潜在力量,两派人马自然都将手伸向了军队。

在公民军团时期,公民大会和元老院拥有对军中要职的委任权,统帅并不能决定百夫长、大队长、财务官的人选,这就让军队归于政府掌控。但是军改之后,统帅完全掌握了军中人事的任免大权,甚至募兵成军都由统帅私人出资,罗马军团逐渐变成了一支私家军,只听命于自己的主帅,对元老院没有丝毫感情。强军的代价就是失去了对军队的约束力,从苏拉以后,很多军事强人以军队为筹码任意摆弄罗马政局,共和国进入了长期内战的阶段。

秦纳在得知苏拉平定东方后,征召了一支接近10万人的庞大军队,准备渡海远征。然而这支临时组建的军队缺乏训练,更缺乏战斗热情,大多数人并不想出征，所以准备工作拖拖拉拉。直到秦纳亲自鞭策敦促，士兵们才勉强渡海，哪知风暴摧毁了不少船只，剩下的士兵拒绝出航。

秦纳非常愤怒，严厉斥责了拒不出航的懦夫行为，并冷酷地威胁要处死不听军令的士兵，士兵们同样怒火中烧。就在这个火药味十足的时候，秦纳的近侍殴打了一个试图挡住执政官道路的士兵，另一个士兵回击了秦纳的近侍。秦纳被这种挑衅行为彻底激怒了。

火药桶被彻底点燃了，士兵们鼓噪起来，从四面八方向秦纳投去石头。混乱中，不知是谁突然抽出短剑刺中了秦纳，秦纳还未踏上征途就被刺身亡了，真是"出师未捷身先死"，这导致民主派还没和苏拉决战就失去了两根顶梁柱——马略与秦纳。

公元前83年，苏拉率领3.6万人的罗马军团登陆布伦迪西乌姆，当地居民立即开城投降，苏拉遂在此处安营扎寨蓄积实力，作为反攻罗马的大本营。苏拉的回归让蛰伏已久的保守派再次活跃起来，贵族们纷纷投靠苏拉，鼓励苏拉杀回罗马城，其中就有当时的山南高卢总督梅特路斯、悍将克拉苏和未见名号的庞培。

庞培，全名格涅乌斯·庞培，系前执政官大庞培的儿子。他的父亲在守卫罗马城时战死，庞培发誓要为父报仇，居然散尽家财组建了整整三个军团加入苏拉。这支生力军的到来让苏拉喜出望外，实力增强后的苏拉已经拥有了十一个军团，兵力超过7.5万人，进军罗马的时机已然成熟。

民主派的新任执政官是盖乌斯·诺巴纳斯和卢修斯·西庇阿。由于民主派支持同盟国新公民的选举权，所以伊特鲁里亚、萨莫奈等地都加入了民主派，积极为执政官出资出人，很快就为民主派组建了一支人数多达20万的军队。然而和苏拉的百战精锐比起来，这支庞大的军队不过是缺乏实战的乌合之众。

战争开始后，苏拉军团向罗马城大举挺进，执政官诺巴纳斯率领一支军队于卡西利农正面挑战苏拉，结果因缺乏训练且指挥不力而大败，战死6000余人，被迫退守卡普亚。紧接着，苏拉又策反了在提阿乌姆组织抵抗的西庇阿军团，兵不血刃地擒获了另一个执政官西庇阿。

民主派并不会认输，为了增加对抗苏拉的筹码，民主派任命旗下大将塞多留为西班牙总督，派其前往西班牙调集军队支援意大利战场。不过现任西班牙总督并不承认他，拒绝交出兵权，塞多留只好自己招兵买马与保守派的西班牙总督鏖战。

两位执政官相继败北，塞多留又在西班牙脱不开身，民主派需要新的掌舵人。公元前82年，公民大会选举民主派党人卡波和小马略为新一届执政官。其中卡波是秦纳一手提拔的亲信，已经担任过一次执政官，是民主派的首脑级人物，而小马略全名盖乌斯·马略，是枭雄马略的儿子，年仅27岁，也是民主派的领袖。两人分别领军抵挡苏拉。

苏拉此时决定兵分两路进攻，由梅特路斯、庞培各自领军征讨卡波，自己则带上主力攻陷塞提亚城，一口咬住了小马略的军团，致使小马略不得不在一个叫圣湖的地方与苏拉决战。经验不足的小马略错误地以为这是一场公平的战斗，哪知苏拉早就策反了小马略麾下七个大队的士兵。这些人临阵倒戈，反击小马略的侧翼，民主派军队由此大败，小马略不得已只能带着英勇的萨莫奈战士且战且退，一路逃奔至普勒尼斯特城下。然而苏拉很快就追了上来，守军根本不敢开城，只好用绳子将小马略吊上了城墙，其余的萨莫奈士兵只能任由苏拉砍杀殆尽。

另一方面，卡波军团听闻小马略战败后士气大减，麾下有五个大队叛逃敌营，他的部将卡瑞纳斯与梅特路斯于伊西斯河激战，几乎全军覆灭，而庞培也在锡耶纳附近击败了民主派骁将马修斯，攻取了锡耶纳城。

苏拉军团节节胜利，将小马略围困在普勒尼斯特城。小马略自感突围无望，便写信让罗马的亲信处死剩余的保守党人，罗马城因而再次爆发了血腥的大屠杀，不少贵族及其家眷被杀害。苏拉听闻噩耗后非常愤怒，当即率领主力奔袭罗马城。不少地区迫于压力向苏拉投降，元老院害怕苏拉围城会导致饥荒，于是开城投降，苏拉又一次占领了共和国的首都，控制了元老院。

现在轮到民主派被屠杀了。苏拉以同样恐怖的手段血洗了罗马城，废除了将自己列为"国家公敌"的法律，还取消了小马略和卡波的执政官资格，不过他没有在罗马久待，因为小马略和卡波都还未被消灭，于是他再次率军抵达普勒尼斯特城，全力围困小马略。

担心普勒尼斯特城陷落，卡波派马修斯率领八个军团前去营救小马略。只可惜庞培提前掌握了马修斯的动向，于其必经之路设伏，歼灭了不少军团，还将马修斯残部围困在一座山上。懦弱的马修斯为了突围，故意让军队燃起营火来吸引庞培的注意，自己却悄悄逃离了战场。被抛弃的军队绝望崩溃，其中一整个军团逃向了阿里米努姆，八个军团的援军就此覆灭。

民主派并不甘心，很快又组建了一支 7 万人的萨莫奈援军，企图救出小马略。然而苏拉抢先占领了援军的必经之路，使得萨莫奈军难以接近普勒尼斯特城。萨莫奈人求战不得，转而朝罗马进军，试图夺取守卫空虚的罗马城，逼苏拉解围。同一时间，卡波会同诺巴纳斯夜袭梅特路斯所部，哪知战场上长满了葡萄藤，卡波大军被葡萄藤缠住不能动弹，梅特路斯反手就斩杀了 1 万卡波军团士兵，另有 6000 人投降了梅特路斯，卡波、诺巴纳斯只能带着 1000 人逃离了战场。

随着战事恶化，屡战屡败的民主派军心不稳，不少人想向苏拉投降。其中一个叫阿尔巴诺法纳斯的将军秘密联系上苏拉，苏拉承诺只要他能做出一些"大事"就让他加入自己。于是这个叛徒摆了一场鸿门宴，邀请了很多诺巴纳斯麾下的将领，除了诺巴纳斯没有参加以外，所有高级将领均丧命于宴会上。失去军队的诺巴纳斯不得不乘船逃离意大利，最终在罗德岛结束了自己的生命。民主派一再战败让卡波也失去了信心，他懦弱地放弃了自己的军团，独自乘船逃离了意大利。卡波一逃跑，民主派军团也作鸟兽散，现在只剩下小马略和萨莫奈军团仍在负隅顽抗。

公元前 82 年 11 月，苏拉率领军团主力驰援罗马城，与萨莫奈军团于科林门外会战，双方在这里血战了整整一夜，太阳升起后，战场上留下了 5 万具尸体，萨莫奈军团的诸多将领均战死沙场。苏拉砍下了马修斯和卡瑞纳斯的头颅，将他们挂在普勒尼斯特城墙上示众。普勒尼斯特守军看到援军将领的头颅后才知道，这最后的援军也已经不复存在了，绝望的小马略自杀身亡，普勒尼斯特终于开城投降。

普勒尼斯特陷落以后，内战基本结束，苏拉大肆追杀民主派人士，控制了整个意大利。他将敌军将领的头颅统统挂在罗马城内的广场上示众，将数千反对派议员、骑士都判为"国家公敌"，并在全地中海范围内追杀他们。即便是已经死亡的人，苏拉也没有放过，马略的尸骨从棺材里被挖了出来，丢入了台伯河，恐怖的气氛笼罩了全罗马。

不到十年时间，意大利就经历了两次大规模内战，残酷的战争摧毁了许多繁荣的城市，数十万人在这场内斗里失去了生命。意大利遍地荒芜、血流成河，无论是民主派还是保守派都失去了许多杰出的人才，罗马共和国在苏拉战刀的威胁下走向了独裁。

公元前82年，苏拉直言不讳地"命令"元老院推举他为"终身独裁官"，这在罗马历史上是从未有过的事情。他把抢占的土地分配给老兵，用23个嫡系军团控制了意大利全境；他又将元老院席位扩大到600个，安插了完全忠于他的保守派；还剥夺了保民官的基本权利，阻止平民大会单独立法；甚至把1万名解放奴隶编组成"私人卫队"，威胁每一个不愿合作的公民。苏拉几乎已是罗马之王了，军团马首是瞻，元老院唯命是从，附庸国卑躬屈膝，公民们默不作声，墨守成规的体制在苏拉的脚下建立。

公元前80年，独裁两年的苏拉突然宣布辞去终身独裁官一职，以普通人的身份隐退至海边小镇库马，闲暇时间种菜、钓鱼、鉴赏艺术。不过这并不影响他统治罗马全境，政令还是一封又一封地从他的府邸寄出，附庸国的使臣依然前来朝见，执政官也不敢私自提出议案，似乎苏拉不需要任何公职也能让罗马人俯首听命，这恐怕是对苏拉恢复传统的最大讽刺。

隐退一年之后，苏拉因病去世，正如他自己所言，他是一个"幸运的人"，一个经历了如此腥风血雨依然能安享晚年的人。生前，千军万马围绕在他身边，死后，军队依然列阵在他灵前守卫。退役的老兵自发聚集到库马，举起曾经的军旗，穿上昔年的战甲，抬着苏拉的灵柩，浩浩荡荡地向罗马前进，仿佛时间回到了苏拉向罗马进军的那一年。苏拉的时代就此结束，军人干政的时代却刚刚开始，新一代的枭雄已经蠢蠢欲动了。

第十四章 群雄争锋

意大利之乱

枭雄苏拉死后，看似平静的地中海立刻波澜迭起。在西班牙，民主派战将塞多留建立了自己的势力，意图另立元老院对抗罗马；在意大利，奴隶反抗的暴动越来越频繁，庞大的奴隶阶层不断尝试打破枷锁的束缚；在亚洲，米特拉达梯六世平定叛乱，威望大增，厉兵秣马意图剑指欧洲。其中塞多留与米特拉达梯六世东西结盟，相互声援，塞多留还派教官专为本都训练罗马式新军，此举明显是为再次挑战罗马做准备。

雷必达叛乱

苏拉努力恢复的传统秩序在他死后立即崩坏，元老院的权威并没有因为他的努力而变得稳固。相反，通过内战登上高位的各阶将校都认为自己可以接替苏拉，都想在罗马享受一呼百应、说一不二的快感。如同打开了潘多拉魔盒，有了苏拉的不良示范，野心家们无不跃跃欲试。

第一只出头鸟是原苏拉派执政官雷必达。他首先提出废除苏拉制定的土地法，把土地还给意大利人，这一行为无疑讨好了民主派，却与他一贯死忠于苏拉的形象不符，如此反复无常只有一个原因——雷必达欲效仿秦纳，夺取最高权力。

卸任后的雷必达被任命为山北高卢总督，手握兵权的他立刻组建了一支超过规定上限的军队，不仅拒绝前往行省履职，还要求罗马恢复民主派的权力，算是对元老院掀起了反旗。元老院对雷必达反叛非常愤怒，普通平民也觉得这种挑起战争的行为并非出于同情民主派，而是以此为借口夺取政权。

此时，雄踞西班牙的塞多留日渐壮大，大多数军团已随梅特路斯前往西班牙剿灭塞多留，所以元老院只能急命庞培讨伐雷必达，因为他是为数不多的还能拿得出手的将才。年轻的庞培倒也没有辜负期望，立刻率领罗马军团北上，于伊特鲁里亚击败叛军主力，将其残部逼向了西班牙。

庞培，这个自费募兵为父报仇的年轻人，一再进入元老院的视线，他先是协助苏拉夺取了政权，现在又以闪电般的速度平定了雷必达的叛乱。虽然获得了如此战功，但因为太年轻而没有资格进入元老院，更没资格参选执政官，庞培心中为此愤愤不平。

逃到西班牙的叛军立刻和塞多留的叛军合为一体，到处攻击罗马的城市和盟友，战火燃遍了半岛。梅特路斯的军队虽然在正面决战里小胜塞多留，但当塞多留采用游击战术后，罗马军团就变成被动挨打的一方，战争陷入了僵持。

这个时候，庞培再次站了出来，他效仿西庇阿，向元老院提议担任西班牙的统帅，手无良将的元老院不得已只能打破苏拉定下的规矩，任命年龄不足的庞培为西班牙总督，会合梅特路斯攻略西班牙。

斯巴达克斯起义

西班牙的事情刚刚安排好，意大利又出事了。长期以来，罗马通过战争掠夺奴隶，因而罗马社会的奴隶数量急剧膨胀，罗马稍微有钱的公民都会蓄养奴隶，这些奴隶从来都不会被当成人来对待，他们只是主人的工具，倍受折磨。而罗马人不仅仅把奴隶用在劳动上，还用在了娱乐上，漂亮的女人会被主人任意玩乐，强壮的男人则被送到角斗场里自相残杀。

角斗士就是一群为了生存而不断厮杀的奴隶，他们的主人特别喜欢观赏活人之间绝望的搏杀，角斗便成了罗马社会茶余饭后最令人血脉偾张的娱乐节目。观众虽然看得开心，但每一战都是奴隶用生命在表演，这种血腥的娱乐终于有一天变成了刺向罗马的利剑。

在坎帕尼亚的卡普亚，有一个专为训练角斗士的学校，这里集中了比较优秀的角斗士，他们早已厌恶了自相残杀，无时无刻不向往着角斗场外自由的天地。斯巴达克斯，色雷斯某部落酋长的儿子，战争让他失去了妻子和孩子，更失去了部落和自由。他在卡普亚角斗场里屡战屡胜，不仅赢得了观众的喜爱，更赢得了其他角斗士的信任。

一日，78名角斗士聚集到一起，成功杀死守卫并冲出了角斗场，这些极具战斗技巧的角斗士迅速像瘟疫一样蔓延城乡，沿途抢劫、强奸、屠杀罗马公民，解放各地的奴隶，队伍规模骤然增大。他们以斯巴达克斯为首领，克洛伊索斯、伊诺缪斯为部将。元老院起初连派两位法务官前往镇压，却被斯巴达克斯全歼，损失超过5000人。

奴隶起义的消息很快传遍意大利，各地奴隶和极端贫穷的人们都加入了这支队伍，到公元前72年春，奴隶起义军的规模已经达到了7万人。他们像蝗虫一样在罗马的土地上肆虐，各地都陷入了惶恐不安的焦虑之中。

见局面如此，元老院不得不重视起来，派执政官领两个正规军团迎战。恰在此时，规模扩大的起义军越发骄傲自满，早就不像刚起义那会儿同仇敌忾。随着势力的增长，不少人报团成派，对战利品分配、作战计划的决策提出了异议，斯巴达克斯已经不能像曾经那样团结所有人，克洛伊索斯率领的3万人因而与大部队分离，被执政官屠杀了三分之二。

起义军终于因指挥不力、意见不一发生了分裂，斯巴达克斯已经意识到自己不可能与罗马长期对抗，只希望能把队伍带到阿尔卑斯山另一侧。然而，当他率领4万人马即将抵达阿尔卑斯山时，发现两位执政官一人堵在波河平原上，另一个一路尾随叛军。虽然连续三次击破罗马军团，但斯巴达克斯的军队也减员了一大半，无法与罗马抗衡，原定计划只能放弃，叛军由此南下，企图渡海逃往西西里，这一决定最终给奴隶起义军安排下了另外一个结局。

元老院本来就担心他们逃过山去，现在奴隶们南下正给了罗马军团彻底消灭他们的机会。于是元老院召开紧急会议，探讨派遣何人出任剿灭斯巴达克斯的统帅，很多人都缄默无言，不愿意去冒险，因为斯巴达克斯的战绩让他们很震撼，没有谁有必胜的把握，更何况已经损失了数个军团，重组军团也会是笔不小的费用。

42岁的法务官说话了："尊敬的元老院议员们，在这个共和国生死存亡的危机时刻，我希望我们能团结在一起，共渡难关。现在有一个公民愿意自费组建军团前去剿灭斯巴达克斯，不知道元老院是否会给他这个机会？"一听有人要自费组建军团，大家的表情立刻舒缓下来，全然忘记了苏拉曾规定任何人不得私募军队。众人焦急地问道："我们当然同意，那人是谁？"大厅里顿时鸦雀无声，沉吟片刻的法务官平静地说道："就是我，马库斯·李锡尼乌斯·克拉苏。"

公元前71年，克拉苏率领八个罗马军团南下追剿起义军，斯巴达克斯感到了危险。克拉苏指挥的军团不同于以往的罗马军团，他们纪律严明、敢于死战，统帅克拉苏更是一个暴烈的贵族。这支罗马军团不仅对起义军毫不留情，对作战不力的士兵也同样狠下杀手，一上任就对 500 人执行了十一抽杀。起义军在克拉苏凌厉的攻势下被动挨打，逐渐被逼入墨西拿海峡旁的高山里，克拉苏用壕沟、栅栏封锁了叛军。

斯巴达克斯在克拉苏严密的封锁下难以渡海，他再次改变计划，强行从东北方向突围至布伦迪西乌姆，结果损失了 1.2 万人。当他赶到海港时，一支征讨米特拉达梯六世的罗马军团刚好回到意大利，斯巴达克斯出海的计划又一次告吹，绝望的叛军只能转身与克拉苏决战。

所有人都明白，叛军已经无路可逃，好运再也没有降临到斯巴达克斯的身上。克拉苏下达了"不成功，便成仁"的军令，罗马军团战力大增，士气高昂，缺乏决心的斯巴达克斯战死，4 万起义军全军覆没，尸体堆积如山，血流成河。仅用六个月，克拉苏就镇压了奴隶起义军。

克拉苏为了震慑蠢蠢欲动的其他奴隶，将俘虏的 6000 奴隶全部钉死在十字架上，沿着罗马大道，从卡普亚一直排到了罗马。斯巴达克斯起义是罗马历史上规模最大的奴隶起义，西西里和撒丁岛的奴隶起义根本不能与之相提并论，克拉苏也凭借此战提升了自己的威望，走到历史舞台的最前沿，已经担任法务官的他，准备谋求更高的罗马公职。

塞多留之乱

雷必达的叛军被庞培击败后，他的副将柏彭纳率领约 2 万叛军逃向了西班牙，那里正是民主派悍将塞多留的地盘。两军合并之后，塞多留实力大增，西班牙的局势更加不利于罗马。

昆图斯·塞多留出生于公元前 123 年，祖上是来自萨宾的贵族，家业殷实。塞多留自幼喜好刀剑、马术、战阵之事，成年后便加入了罗马军团。和普通的罗马公民一样，塞多留试图通过军功升迁竞选公职，然而当时的国际局势并不乐观。来自日耳曼的辛布里联盟大举南下，袭破了大量城池、要塞，歼灭了好几个执政官的军团，而塞多留恰恰在意大利军团服役，非但没能杀敌立功，反而连命都差点丢掉。这一切直到马略就任征讨辛布里统帅后才发生改变。

塞多留非常大胆地向马略建议："执政官阁下，请让我作为探子潜入蛮族联盟内部吧！"为此，塞多留开始蓄须留发、着日耳曼服饰，并试着学习蛮族语言和习惯。功夫不负有心人，塞多留很快就将自己伪装成了蛮族战士，还跟着蛮族大军四处征战。掌握了大量情报后，塞多留又安全逃离敌营，回到了马略身边。随后，塞多留追随马略击败了辛布里联盟，歼灭了数十万蛮族人，又在西班牙击败了杰瑞西尼亚人，因功擢升山南高卢财务官。

公元前91年，同盟者内战爆发，塞多留作为指挥官在罗马军团服役，隶属于南部战区，接受执政官卢基乌斯·尤里乌斯·恺撒节制。在这场规模浩大的内战中，塞多留身先士卒，拼死力战，据说有一只眼睛因战斗而失明。

公元前83年，民主派与保守派内战，塞多留站在民主派一方，但秦纳、马略、卡波相继失败，塞多留知道民主派即将战败，于是前往西班牙建立新的根据地。然而保守派的西班牙总督利用优势兵力很快就将他击败，狼狈的塞多留被迫渡海逃往毛里塔尼亚。好在天无绝人之路，塞多留仅率3000人马就击败了当地的国王，建立了新的大本营。在得到非洲部落的雇佣军以及卢西塔尼亚盟军后，公元前80年，塞多留渡海杀回西班牙，以8000人的兵力大破保守派的12万军队，先后击败科塔、弗菲迪乌斯、多米提乌斯等数员大将，终于成了独一无二的西班牙"国王"，并成立了一个500人的元老院。

公元前79年，苏拉控制了罗马大局后，派遣麾下大将昆图斯·凯奇利努斯·梅特路斯出征西班牙。塞多留的兵力远不能和梅特路斯的政府军相比，但塞多留作战勇敢、身先士卒，两军对阵时总会看见他的身影，所以梅特路斯始终无法击败塞多留。然而，塞多留知道屡次作战不利并非是指挥上的问题，而是叛军队伍参差不齐，难以和作战高度协调的梅特路斯军团相抗衡，如何扬己之长、避己之短正是塞多留思考的问题。

塞多留很快就想到了办法，不再和梅特路斯正规军正面硬碰硬，而是带着军队战略转移，以这样的方式来疲惫敌军。同时利用西班牙复杂的地形隐藏自己的军队，不时偷袭梅特路斯，专门袭击掠粮小队，但又不和敌军主力决战，一旦梅特路斯的大军逼近，塞多留立即让军队分散撤退到山林。

这种战术取得了巨大成功，梅特路斯在之后的战斗里没能挑起一场会战，反而损失了数千小股部队。梅特路斯对此非常恼火,威胁亲塞多留的城市,想逼他们供出塞多留藏匿的地点,后来又通过放火烧山、毁灭森林,试图将叛军从山岭里逼出来,但都没取得实质意义的效果,战事就这么被延长了。

元老院对漫长的战争逐渐失去了耐心,东方的本都王国有再次挑战罗马的苗头,议员们普遍认为东方的全面战争即将打响,可是西班牙的战争丝毫没有要结束的迹象。年轻的庞培此时找到了元老院,效仿当年的西庇阿请战西班牙。在时局艰难的情况下,元老院没有人愿意主动前往西班牙,唯有庞培对自己充满信心,元老院只好任命庞培为西班牙总督,指挥剿灭塞多留的战事。

公元前76年,庞培从山南高卢杀进西班牙,哪知刚一到任就被塞多留来了个下马威,一整个军团被歼灭,近在眼前的劳罗城也被叛军焚烧殆尽。次年春天,塞多留带上柏彭纳正面对战庞培的罗马军团,两军于苏克罗城外激战。据说当天的战斗犹如魔鬼在相互厮杀,本来晴朗的天空突然落下闪电,两军士兵死战不退,战死者非常多,最后,梅特路斯击败了柏彭纳并攻占了他的军营,塞多留击败了庞培的军团并让庞培腿上受了重伤,双方打平。不久之后,塞多留率军在塞贡提亚再次会战庞培,战斗的结果居然毫无不同,塞多留击败了庞培的军团,斩杀了约6000人,梅特路斯杀死了柏彭纳麾下5000人,双方再次以平手收场。

西班牙战事并没有因为庞培的到来而发生根本变化,庞培向元老院求援,希望增援更多的军团到西班牙来。庞培力量的加强让西班牙的战事慢慢朝有利于罗马的方向倾斜,罗马也改变了一再追逐塞多留的策略,转而攻略支持塞多留的西班牙城市。这就使得很多西班牙城市投降了罗马,而塞多留的补给和后援越来越少。

这是庞培做出的正确决策。随着时间的推移,塞多留的处境越发艰难,他也变得比以前更加暴躁,常常因为士兵的一些小过错就对他们处以极刑,甚至连带惩罚其所在的小队。再加上塞多留用西班牙土著作为私人近卫,使得追随他的罗马士兵非常不平衡,塞多留甚至说他们不够忠诚,让罗马士兵觉得自己被统帅区别对待了,心中十分受打击。

柏彭纳因塞多留的严苛逐渐萌生了取而代之的想法,他利用罗马士兵对主帅的不满情绪,笼络一部分人试图发起叛乱,但是阴谋泄露了,密谋者都被抓获，却没有查出背后主使就是柏彭纳，这给了柏彭纳再次行动的机会。

柏彭纳意识到自己再不动手必然暴露，于是设了一场鸿门宴，邀请塞多留参加。塞多留并没有发现军营中的异样，还准备在宴会上鼓励柏彭纳继续同庞培作战，而柏彭纳假装友好地劝塞多留的侍卫们一起参加宴会，塞多留同意了。在所有人都没有防备的情况下，刺客突然冲了出来，一刀就结束了塞多留的性命，可惜一代枭雄就这么糊里糊涂地死了。

塞多留的死让叛军发生分裂，不少西班牙人拒绝听命于柏彭纳，其中以卢西塔尼亚人最激烈，这让本就处于劣势的叛军更加虚弱了，柏彭纳只好杀人立威，却进一步激化了军中的不满情绪。庞培看准时机，主动向柏彭纳发动决战，柏彭纳拒绝使用塞多留的战术，因为他知道如果避而不战，自己的军队定将人心离散，现在的柏彭纳才明白塞多留凝聚军队的巨大作用，但为时已晚。

战斗的结果可以预料，失去了塞多留的叛军再也不是罗马军团的对手，柏彭纳更是不入流的将领，根本无法和庞培相提并论，叛军全线溃败，遭到了庞培军团的任意砍杀，就此瓦解。至于柏彭纳，罗马骑兵抓住了他，为了活命，柏彭纳打算向庞培检举元老院里私通塞多留的人，并交出通敌的信件，可是庞培不为所动，根本不给柏彭纳开口的机会就把他处死了。原因非常简单，揭发通敌之人对庞培没有任何好处，甚至会招来贵族们的怨恨，所以庞培干脆将信件全部烧毁，元老院对这一举动赞誉有加。

历时七年，西班牙的塞多留叛乱终于被平定了，民主派的最后一支武装势力就此被消灭，但是民主派没有放弃争取权益的努力，两派的斗争还在暗地里继续。而率军凯旋的庞培回到意大利就歼灭了一支斯巴达克斯的余部，自认为有资格问鼎执政官之位，所以拒不解散军团，苏拉恢复的传统秩序难以为继了。

本都再起

米特拉达梯六世自败于苏拉之后，其威望大受损伤，黑海东岸的科尔基斯等地因此爆发了叛乱，还打算拥立他的儿子担任新王，这触碰了君王的底线，米特拉达梯六世由此变得多疑、好猜忌，不由分说地处死了儿子。如此冷酷无情令曾经的本都主帅阿基拉斯非常惶恐，毕竟本都20余万大军都是在他手中败亡的，所以阿基拉斯害怕国王秋后算账，便叛离了本都。

阿基拉斯的背叛对本都的打击很大，此人知道不少米特拉达梯六世的秘密。匆匆逃到亚细亚行省的阿基拉斯急不可耐地叩开了总督穆列纳的府门，谎称米特拉达梯六世准备再次发动战争。穆列纳此人好大喜功，如今独自坐镇亚细亚，当然想早日立功凯旋，至于本都是否真的准备开战，这根本不重要，于是穆列纳立即率部攻入了本都。

开战之初，穆列纳几乎没有遇到任何抵挡，连续攻克了多座本都城池，大肆掠夺一番后撤回了行省。本都方面派使节前往罗马请求和议，元老院便要求穆列纳立刻结束战争行为，不过穆列纳置若罔闻，再次率部杀入本都国土，准备进行第二次掠夺。米特拉达梯六世这回是忍无可忍了，当即派军队反攻亚细亚行省，其先锋部队首先在哈里斯河挡住了穆列纳的军队。穆列纳见本都人数较少，正打算寻机渡河，米特拉达梯六世率领主力抵达战场，本都军力顿时超过罗马人两倍。米特拉达梯六世立即发动进攻，从两翼包抄罗马人，兵力不足的穆列纳大败而逃。事后，米特拉达梯六世放弃了追击，再次遣使议和。因为穆列纳挑起战争在先，苏拉便没有追究本都人，只要求本都归还占领卡帕多西亚的全部城池土地。

击败罗马总督的米特拉达梯六世威望大增，这给了本都人继续对抗罗马共和国的信心，看来强大的罗马军团也不是不可战胜嘛。米特拉达梯六世此后发兵黑海，将儿子马查里斯封为博斯普鲁斯国王，又挑唆女婿提格兰二世讨伐卡帕多西亚，亚美尼亚王还真就愿意给人当枪使，掳掠了30余万人。战力不足的卡帕多西亚又被亚美尼亚吞并，东方局势突变，噩耗接踵而至。

公元前79年，苏拉病逝，对本都有绝对威慑的人已不复存在。米特拉达梯六世无意继续遵守与罗马的停战协定，大肆筹措粮草、招兵募马，陆军已恢复至步兵14万、骑兵1.6万，现在只等一个开战的借口。

公元前74年，比提尼亚国王尼科美德无嗣而终，因害怕比提尼亚会被本都吞并，老国王效仿帕加马国王，在遗嘱里将整个王国送给了罗马，这让米特拉达梯六世大为恼怒，因为比提尼亚是本都的西邻，控制着黑海到爱琴海的通道，与本都首都锡诺普之间可谓是一马平川。故而，米特拉达梯六世拒不承认罗马对比提尼亚的继承权，率部悍然杀入比提尼亚，两国战争再起。

元老院终于决定与本都开战，任命苏拉派二号人物卢基乌斯·李锡尼乌斯·卢库鲁斯为亚细亚总督，此人正是之前独自到埃及组建海军的苏拉爱将；另外，元老院还任命马克·奥雷利乌斯·科塔为新比提尼亚总督，两人南北呼应欲登陆亚洲。

科塔首先率领一个从意大利带来的军团沿着海路到达比提尼亚，准备直接吞并该国，然而罗马对比提尼亚的统治并没有得到当地人的认可。在米特拉达梯六世的策动下，不少地区发生叛变，公然驱逐罗马驻军，比提尼亚门户洞开，本都军队遂策马杀入。兵力不足的科塔只好集中分散于各地的罗马驻军，坚守在卡尔西顿，试图等卢库鲁斯军团抵达后再与本都人决战。

卢库鲁斯的登陆地点在小亚细亚西南部海岸，此地距比提尼亚还有一段距离，增援一时半会儿还不会到，而米特拉达梯六世的本都军队却已经包围了卡尔西顿，不仅将科塔的海军舰队堵在港口，还一战俘获了60艘罗马战舰，斩杀了3000罗马士兵。科塔只能坚守城池，任由比提尼亚各地被米特拉达梯六世逐个夺取。

公元前73年，卢库鲁斯率领3万步兵和1600骑兵进抵比提尼亚，但他没有直接迎战米特拉达梯六世，而是围绕本都人的后勤线发起攻击，使得本都的陆上补给变得困难重重，然而本都并未因此退却，因为还有海上补给线。此时，双方的指挥官都注意到海港城市塞西卡斯，那里位于马尔马拉海南岸，正好建在一条与大陆相连的通道上。若本都占领这里则可以一劳永逸地解决补给问题，所以米特拉达梯六世决定攻陷塞西卡斯，而卢库鲁斯决定支援塞西卡斯，彻底斩断米特拉达梯六世的海上补给线。

本都大军海陆并进大举围攻塞西卡斯城，米特拉达梯六世一边大量制造攻城锤和攻城塔，从南面的陆地和东面的海上猛攻塞西卡斯，另一边还派了一队精兵驻守在塞西卡斯西南侧的一处狭窄通道上，该通道正是卢库鲁斯的必经之路，如果不能穿过该处，卢库鲁斯根本无法救援塞西卡斯。

从战略部署上看，米特拉达梯六世可谓占尽先机，西南侧的通道堪称易守难攻，卢库鲁斯若想攻陷通道就必须付出极大的代价。卢库鲁斯当然也明白这一点，所以他没有正面强攻，而是联系上了被塞多留派到本都的罗马人教官，将塞多留已经失败的事实告诉他们，并劝这些罗马教官早日弃暗投明，还称如果能做出些"贡献"，元老院将不计前嫌。于是，这些罗马教官欺骗米特拉达梯六世称："卢库鲁斯麾下的军团士气低落，他们不想和本都人开战，现在被本都军队挡在西南通道外的罗马军团打算投降本都，希望国王可以打开缺口放这些罗马军团进来。"米特拉达梯六世心想：这么好的事情怎么能不同意呢？于是撤回了扼守在西南通道上的军队。卢库鲁斯见状立刻通过了险隘，只不过他们并不算投降米特拉达梯六世，而是要和他决战。

卢库鲁斯率部首先抢占了本都军南面的一处山地，凭借此处断绝了米特拉达梯六世与外界的联系，同时他派另一支军团到本都大军西面的高地上驻扎，从西、南两面威慑本都。米特拉达梯六世发现被骗，勃然大怒，仗着军队人数上的优势，下令强攻城池。显然，国王准备先夺取塞西卡斯，然后再与卢库鲁斯决战。

本都大军从南面、东面对塞西卡斯发起强攻。在东面，米特拉达梯六世效仿德米特里，在本都海军战舰上组装了庞大的攻城塔，然后海军士兵再凭借攻城塔登上城楼与守军死战。起初，守军被这样的庞然大物吓坏了，茫然失措，但血战开始后，他们又很快恢复了镇定，并对这个"大怪物"实施各种远程攻击，包括投巨石、射火箭，最后，守军凭借勇气击退了本都海军。

接着在南面，本都陆上的攻城塔和攻城锤开始向城墙发起攻击，守军投下大量沥青和松脂物，然后用火箭引燃，一天之内连续击退了本都陆军的三次进攻。不过本都人借着挖地道的方式攻陷了一处城墙，由此处攻入城内，双方展开血战，最终还是守军取得了胜利，将本都人驱逐出城。此后，本都的攻城器械受损报废，攻城战就此陷入僵局。

连续作战让本都人的后勤越来越紧张，米特拉达梯六世决定让骑兵先撤退，因为他们对攻城战没有任何用处，驻留在此地只会增加粮食的消耗，于是本都骑兵启程退回卡尔西顿。然而守在山上的罗马人看穿了敌军的意图，卢库鲁斯立刻率领数个大队冲下山去，追上正在渡河的本都骑兵就是一顿砍杀。经过一番血战，没有后援的本都骑兵全军覆没，死伤数千，1.5万多人沦为俘虏。

冬季的严寒进一步折磨着米特拉达梯六世的军队。失去骑兵后，罗马人在北、西、南三面反包围了本都军队，本都人虽然远多于罗马，士气却非常低落，瘟疫与饥饿摧残着他们。在如此局面下，米特拉达梯六世终于认识到获胜的可能已经微乎其微，于是他登上了本都战舰，经由海路撤离，然而罗马舰队和大风暴袭击了他们，本都海军损失惨重。

至于本都陆军，他们的结局与当初的骑兵一模一样。卢库鲁斯再次上演了一幕猛虎下山，肆无忌惮地斩杀近乎崩溃的本都步兵，更糟的是，河水突然上涨挡住了企图强渡的本都步兵，大量本都士兵不是被罗马人杀死，就是被河水淹死。至此，米特拉达梯六世精心组建的10万本都雄兵灰飞烟灭。

卢库鲁斯携大胜之势继续向东追击米特拉达梯六世，一路上攻城拔寨、势如破竹，包括本都首都锡诺普在内的众多城池均被罗马军团攻陷。到公元前71年，卢库鲁斯几乎占领了本都在小亚细亚的全部领土，而本都在黑海北岸的附庸国博斯普鲁斯也选择向罗马投诚，他们的国王正是米特拉达梯六世的王子，看来在不利的局面下，血脉骨肉也只能背叛。米特拉达梯六世狼狈地带着2000骑兵继续向东，逃去了亚美尼亚王国。

卢库鲁斯让亚美尼亚王交出米特拉达梯六世，可亚美尼亚王自恃拥有20万大军，拒不听命，还叫嚣"罗马人若敢一战，孤必迎头痛击"。公元前69年，卢库鲁斯率部穿过托罗斯山脉，一路急行并包围了亚美尼亚首都提格雷诺塞达。接报后，提格兰二世率领30万人马前来救援，其中步兵25万，骑兵5万。令人惊叹的是，提格兰二世的先锋是一支6000人的精骑，这些人在主力尚未抵达前突入城内，将城中王妃等人救出，然后又一路击破罗马各条封锁线完美撤离，这一操作惊呆了围城的罗马军团，看来亚美尼亚重骑兵的确不是善茬。很快，提格兰二世的主力部队就赶到了提格雷诺塞达城外，他们的出现使得卢库鲁斯撤回了围城的军队，紧急退到城外河流的西侧，两军东西相望，大战一触即发。

亚美尼亚中央布置为方阵枪兵，左右两侧为近战步兵，右翼部署了全身重装骑兵，左翼为灵活的弓骑兵，远程部队则放在最前沿。卢库鲁斯将罗马精锐军团集中在中央，两翼布置等数量的骑兵。亚美尼亚军以东方弓骑兵为主力，一经交战便用密集的箭矢压制罗马人，射伤了不少人马。罗马军团为摆脱被动挨打的局面，各大队相继发起了迅猛的冲锋，不过战斗并不顺利，他们在亚美尼亚强大的攻势下，又再次败退回了阵地。

此时，卢库鲁斯注意到敌军背后的一处高地，一个大胆的计划在他心中形成。他让骑兵发起且战且退的进攻，以此来吸引亚美尼亚人的注意力，而他本人则带上适合山地作战的精锐士兵从提格雷诺塞达城的另一侧悄悄移动。这一幕并没有被提格兰二世发现，两军都把注意力集中到了正面的交锋上，亚美尼亚更是不断追击佯装败退的罗马骑兵，使得他们的阵形发生了混乱。

卢库鲁斯又是渡河又是登山，终于攻占了亚美尼亚人后方的高地。突然，卢库鲁斯从后方的山上攻了下来，首先突袭了敌军辎重部队。惊恐的辎重步兵到处逃窜，吓得前面的步兵也一起逃跑，这让正在追击罗马人的骑兵也惊慌起来，慌不择路地冲进了自家步兵的方阵，弄得全军混乱不已。亚美尼亚人不知道自己的侧翼被多少罗马人进攻，以为遭到了大规模的突袭，全军溃逃，连锁效应立刻在亚美尼亚军中蔓延，河另一面的罗马军团赶紧大声鼓噪，同样也发起了反攻。

一片混乱的亚美尼亚军终于变成了全军大逃亡，卢库鲁斯率部在战场上尽情收割敌军人头，10万人的亚美尼亚军队就此覆灭，首都也被罗马军团顺势攻陷。此后，卢库鲁斯继续向东追击亚美尼亚国王，深入了亚美尼亚的腹地，一时间战火熊熊、狼烟滚滚。当人们以为战争即将结束时，形势却发生了惊天逆转。米特拉达梯六世不敢再待在亚美尼亚，便带上亲卫绕开了卢库鲁斯主力，突然杀回本都故地。看到国王归来的本都人再次对罗马掀起了反旗，留在本都的罗马驻军遭到了米特拉达梯六世的围歼。

卢库鲁斯过度远征使他有后路被截断的危险，而最让士兵们不满的还是统帅的公正、仁慈。因为卢库鲁斯的军令很严，与民秋毫无犯，这使得他们几乎没有战利品。士兵们终于爆发了，他们不能忍受长年累月又没有油水的远征，更不能忍受被包围的危险，于是拒绝继续向东进攻，甚至准备罢免他们的主帅。卢库鲁斯哀求无果，只好又向西撤退，亚美尼亚人趁机再次反攻，又杀入了卡帕多西亚，而本都人再次复国，东方战争陷入僵局。

卢库鲁斯虽然连续赢得多场大战，相继击败本都和亚美尼亚数十万大军，但依然没能消灭掉米特拉达梯六世，反而被对手钻了空子，丢失了刚刚征服的小亚细亚。再加上骄傲的卢库鲁斯不善于笼络士兵，致使士兵在关键时刻背叛了自己的统帅，本都这才死灰复燃。看来卢库鲁斯不是能征服本都的人，到底谁才能征服这富饶的东方呢？

荡平海患

公元前71年，共和国在西班牙、意大利两处战场上捷报频传。格涅乌斯·庞培于西班牙平定了塞多留之乱，克拉苏于意大利剿杀了奴隶起义军，除了宿敌本都还未平定，元老院似乎不用再担心罗马的安危了。然而事情并没有元老院想的那么简单，陆上的安定不能掩盖来自海上的危机。

罗马人自成为地中海霸主以后，从西班牙到埃及，沿海诸国无不承认罗马人的权威，可是，伴随罗马人征服进程的还有大量流离失所的穷人和难民。罗马征服了大量的海外土地，掠夺并毁掉了许多繁荣的城市，导致原本安身立命的人们不是被掠夺为奴，就是被迫远走他乡，他们对罗马人的憎恨无以复加。再加上罗马各行省总督的层层盘剥，骑士阶级的包税和高利贷，原本就不富裕的各地属民只能另谋生路，于是一个新兴的职业——海盗开始盛行。

早期的海盗还是一个高危职业，不少商队拥有的武装足以和海盗一战，但是随着队伍人数不断增加，以及反罗马诸国的大力支援，海盗帮派的规模也在逐渐扩大。他们隐藏在沿海的山崖里、近海的孤岛上，无时无刻不在注视着往来的船只。随着不断的掠夺，海盗已经拥有了自己的战舰，抛弃了小打小闹的抢劫，改为规模更大的抢钱、抢粮、抢地盘，约400座沿海城市惨遭海盗占领，居民们生活在恐惧之中。

罗马虽然注意到地中海日益严重的海患，但由于自己尚处于内战连连的党派攻伐，根本无暇顾及海上的问题，这也让海盗们更加猖獗。到后来，海盗规模越来越大，海盗团体越来越多，海盗船已经超过1000艘，以米特拉达梯六世为代表的反罗马势力更是明目张胆地资助位于奇里乞亚的海盗，不仅提供装备，还提供军港供他们使用，这让海盗公然同罗马作对，掠走了不少罗马商贾。不仅如此，他们还秘密接触罗马的各级官员，送上贿赂并乞求庇护，使得罗马的荡寇计划屡屡失败，海寇更加肆无忌惮。

公元前69年，罗马的粮食价格飞涨，富裕阶级尚不足虑，贫民就不那么乐观了。虽然罗马曾是个传统的农业大国，可是当海外行省廉价的粮食产品涌入市场后，意大利的农庄几乎都改种其它作物。之后，意大利本土只能依赖海外行省的粮食进口，没想到，这些运送粮食的商船成了海盗每年攻击的目标。罗马每年进口粮食的三分之二都会在海上被劫掠一空，这直接导致粮食价格飞涨，普通民众的生活日益艰难，人们开始抱怨元老院不作为。满地的饥民成了罗马不得不正视的社会问题，剿灭海盗已经成了关乎罗马存亡的重大问题。

塞多留之乱结束后，罗马开始讨论荡平海患的问题，格涅乌斯·庞培看中了这个机会，在元老院极力游说荡平海患的紧迫性。元老院也的确需要一个优秀的统帅来解决问题，而纵观整个共和国，擅长海战的卢库鲁斯还在东方与本都鏖战，元老院必须另选一名将军出任海军统帅，机会被庞培顺利地拿下。元老院这次下了巨大的决心，动员步兵12万、骑兵4000和270艘战舰，还给庞培配备了25位杰出的军团长，限期三年荡平海患。

格涅乌斯·庞培出生贵族世家，不过从名字上看，他可能不属于旧罗马氏族，而是被纳入罗马联盟的其他国家贵族，在获得罗马公民权后融入了上层社会。庞培家族的名字在同盟者战争时期首次登上了罗马的舞台，当时绰号"斜眼"的大庞培在北部战区纵横捭阖，连获多场大胜并攻陷了阿斯库伦城，为自己赢得了执政官的高位，庞培作为一支独立派系就此出现。

到两派内战之时，格涅乌斯·庞培以"为父报仇"的名义加入了保守派阵营，得到了苏拉赏识。出于拉近与苏拉关系这一目的，庞培无情地休掉了发妻，改娶了苏拉的继女，正式成为苏拉的嫡系幕僚，从此他在保守派里有了一席之地。值得注意的是，苏拉也以同样的手段要求另一个民主派的年轻人休掉发妻，但这个毫无权势的年轻人断然拒绝了，为此遭到苏拉追杀，被迫逃亡到亚洲，这个人叫恺撒。

庞培少年得志，婚后不久苏拉就派他去剿灭西西里的民主派势力，而当地叛党未战便降，庞培轻易控制了整个西西里，之后他前往非洲，平定了努米底亚之乱。这个时候的他壮志豪言道："崇拜朝阳的人肯定多于崇拜落日的人。"不到30岁的庞培就获得了一场凯旋式，硬是把西庇阿都给比了下去。

如今的庞培已经不满足于巨大的荣誉和无尽的鲜花。他虽然年轻，但野心勃勃，为了摘取共和国最高的公职，他选择到西班牙冒险，结果众所周知，塞多留也成了庞培胸前的一枚功勋章。

返回罗马之后，庞培没有遵守苏拉定下的规矩解散军团，反而和同样兵权在握的克拉苏陈兵罗马城外，着甲执剑地向元老院索取担任执政官的资格。这种带兵求职的行为很难说是合法的，经历过多次兵乱的元老院当然知道拒绝的后果，于是庞培和克拉苏于次年双双当选为执政官，不过庞培并不满足。为了更高的荣誉与声望，他将目光投向了广阔的海洋。

庞培上任后立刻着手筹建一支强大的共和国海军，然而罗马是传统的陆战强国，却未必是一个强大的海军帝国，特别是在马略军改以后，罗马将精力都集中到了步兵军团上面，海洋很大程度依赖海上同盟国。而元老院动员的12万军队虽能够陆战，但海战还是有些吃力，如果贸然率领他们攻击海盗，恐怕就是"肉包子打狗，有去无回"，所以庞培的荡寇计划必须讲究策略。

对罗马来说，地中海各大海盗中最强大的便是奇里乞亚海盗，他们仗着米特拉达梯六世的支持横行各地，所以庞培采取了"先易后难"的策略，准备把他们留到最后收拾。不过这还不是庞培最高明的地方，他知道庞大的海洋为海盗提供了巨大的掩护，海盗一旦逃散就很难将他们找到并歼灭，所以庞培的第二个策略就是"先西后东"。首先将西地中海海盗作为剿灭的目标，故意放任东地中海的海盗不顾，任由各地海盗聚集到东部地区，以便日后集中歼灭。

庞培剿灭海盗的决心非比寻常。相传，庞培的两个侄子在执行任务时被海盗抓获，他们处死了其中一个，然后要求庞培缴纳赎金来换回另一个，庞培在规定时间还真的送去了鼓鼓的两个麻袋和一封信，不过袋子里的并不是约定的赎金，而是海盗头子亲属的首级，庞培以此宣示他歼灭海盗的决心。

庞培的荡寇计划颇为灵活，通常会先收集各地海盗的情报信息，然后根据实际制订不同的作战计划。庞培把整个西地中海分成了13个战区，每个战区都配备了一名指挥官和一支舰队，各战区舰队负责自己辖区的剿匪事宜，庞培则居中指挥，来回巡查各战区的战况，提供必要的指挥和监督，于是一场针对西地中海的荡寇行动开始了。

罗马各路舰队同时出击，分片包围，相互支援，全面封锁西地中海各地的海盗势力。庞培预先留下了一支军团作为陆上作战力量,专门负责攻取海盗的各处巢穴。在庞培凌厉的攻势下,西地中海的海盗溃不成军,从西班牙海岸到亚得里亚海,海盗不是被杀就是被俘。40天后,西地中海第一次出现了勃勃生机,各地商船往来无忧。

接着,庞培开始了他最重要的作战计划——决战奇里乞亚海盗。庞培同样把东地中海划分为不同的战区,各区均有一名指挥官和一支舰队,却独独留下奇里乞亚海。在庞培海军的追击下,各地海盗遭到了与西地中海海盗相同的命运,而残存的余寇则逃亡至奇里乞亚海域,犹如一个巨大的口袋,海盗们都被庞培驱赶到了奇里乞亚海。

终于,罗马海军迎来了最后的大决战。庞培指挥各路舰队齐聚奇里乞亚,于科拉凯西乌姆展开大规模海上决战,强大的罗马海军在海战和登陆作战上连获大胜,累计击杀了超过1万名海盗,俘虏了90艘装备青铜撞角的战舰和2万名海盗。至此,奇里乞亚海盗大势已去,残部逃向了海湾深处。

随着庞培的不断围剿,东地中海余寇就此向庞培竖起了白旗。在如何处置2万俘虏的问题上,庞培深谋远虑,只处死了极少数的人,把剩下的人都发配到人迹罕至的地方,比如索利、迪姆等地,让他们到那里开垦、耕种,为罗马提供粮食和税收,也充实了罗马各行省的经济实力,同时还避免了他们再次为祸海洋。

经过短短三个月时间,庞培的荡寇战役宣告结束,120座城市被收复地中海又成了罗马共和国的内海,罗马人从此可以自由航行海上。庞培的伟大功绩让人们钦佩不已,元老院对他更是赞不绝口,到处传颂他所表现出的卓越才能。庞培凭借剿灭海盗的巨大功绩赚取了难以想象的声望和荣誉,由此成为罗马炙手可热的新秀,更作为一颗新星傲视天下。

本都霸主的终局

庞培肃清地中海后并没有立刻解散他的军团,按照公民大会的决议,庞培还有两年多的时间可以自由发挥，但是海盗已灭，海洋上已经没有需要继续用兵的地方，若是一直霸着兵权不松手，反倒会让元老院怀疑他有苏拉的野心，所以庞培决定夺取东方战区的指挥权。

现任东方战区统帅卢库鲁斯已经取得了对本都作战的多场大胜，可是由于带兵过于严苛、公正，七年的远征对普通士兵来说已经太累、太久了，所以他们罢战抗议，导致卢库鲁斯的战果再次丢失，米特拉达梯六世复国了。

庞培夺取东方指挥权的方式与马略如出一辙。他先是散布了不利于卢库鲁斯的各种流言，又借保民官之口在公民大会上获得了取代卢库鲁斯的资格，此举有点抢夺他人果实的味道。元老院本来是反对庞培出任东方统帅的，不仅是因为庞培的权力过大，更是因为庞培和保民官联手，有倒向民主派的倾向。但庞培不在乎，只要能获得权力，暂时投靠民主派也没什么关系。手握12万大军的庞培就这样踏上了征服亚洲之路。

庞培到任亚洲后，米特拉达梯六世试图与他议和，但庞培对和平毫无兴趣，他风尘仆仆地赶往亚洲难道就是为了一纸和约，顺带领略亚洲的风土人情？当然不是。庞培手握百战精锐，又召集了同盟国的军队，心中已经将米特拉达梯六世判了死刑。米特拉达梯六世见和平无望，只能在国内招兵买马，勉强组建了3万步兵和3000骑兵，其中精锐之师不过数千而已。

庞培接管了消极罢战的卢库鲁斯军团后，处置手段颇为强势，不调查、不处罚、不解释、不原谅，庞培不加筛选地解散了卢库鲁斯全军，然后让自己的军队全面接管了东方战事。经过短暂的整顿和准备后，庞培率军正式向锡诺普进发。庞培采用的战术与卢库鲁斯大致相同，两人都把重点集中到如何断绝米特拉达梯六世的补给线上，而不同的是，罗马军团的数量远超本都人，所以本都国王变得十分被动。

庞培首先使出诱敌之计，引得本都军队主动出击，结果中伏大败。米特拉达梯六世见正面对战难以取胜，便以焦土政策反击，烧毁了自己的村庄和城市，以为这样就能断绝庞培的补给。庞培却毫不在意，沿途铺设道路、修建补给仓库，一步一步压缩米特拉达梯六世的势力范围，反倒让本都人陷入了缺乏补给的尴尬境地。

待补给线稳固后，庞培快速东进，突然绕至米特拉达梯六世的前方，然后在本都军队的四周修建据点和军营,包围了本都人。困在其中的本都人不得不杀死牲畜,直到粮食已不足维持50天时,米特拉达梯六世终于按捺不住,于深夜逃跑。庞培奋起直追,击溃了本都人的殿后部队,米特拉达梯六世由此撤入森林,并在一处有岩石包围的高地中扎营。

次日黎明,庞培首先对高地发起攻势,由于事出突然,本都骑兵尚未登上战马便与罗马人厮杀了起来。当庞培的骑兵冲进人群支援步兵后,本都骑兵纷纷逃回大营,企图骑上战马再与罗马人交战。但远在山上的步兵弄不清楚情况,看见骑兵狼狈逃窜,以为军队已经崩溃,因此纷纷逃命,有些人甚至惊恐地从身后的悬崖纵身跳下,混乱迅速在全军蔓延。庞培一路追杀,斩首1万,俘虏不计其数。

米特拉达梯六世狼狈逃生,手里只剩下3000余人,从比提尼亚到锡诺普的一马平川都成了庞培的战利品。米特拉达梯六世本打算再次逃到亚美尼亚,但老亚美尼亚国王也是麻烦不断。他的三个儿子阴谋夺取王位,其中两人失败被杀,幼子小提格兰逃去了帕提亚。帕提亚君主意欲联合罗马夹击亚美尼亚,于是把小提格兰送给了庞培,罗马人就此得到了干涉亚美尼亚王位的借口。这吓坏了老国王,也瓦解了本、亚联盟,米特拉达梯六世自是无人接纳了。

帕提亚位于亚美尼亚王国的东面,可能是西徐亚人的一个分支。塞琉古王国衰落后,帕提亚行省和巴克特里亚行省相继独立,王国边陲混战不断,这给了精于战斗的帕提亚人乘虚而入的机会,他们在首领阿萨息斯的率领下悍然入侵并征服了帕提亚行省,从此自称为帕提亚人。帕提亚人有着强大的骑兵军队,虽然步兵战力较弱,但重骑兵和弓骑兵让传统的希腊步兵闻风丧胆,经过数代鏖战,帕提亚人已经取代当地政权雄踞在伊朗高原之上。

帕提亚人的野心很大,他们一再向外扩张,对"虚胖"的亚美尼亚垂涎三尺,所以庞培与帕提亚结盟的消息让提格兰二世非常畏惧,刚刚吃了败仗的他不愿意再和罗马军团交手,否则两线作战的亚美尼亚可能会有覆灭之危。米特拉达梯六世的"好女婿"就这样抛弃了岳父,臣服于罗马,并割让了从叙利亚到幼发拉底河的全部领土,本都国王只能继续向北方逃亡。

本都的北方是黑海,而黑海南岸的克里米亚半岛就是博斯普鲁斯王国的地盘,该王国很早以前就被米特拉达梯六世征服,由本都王子马查里斯担任国王,所以博斯普鲁斯也算是本都的傀儡国。米特拉达梯六世到了博斯普鲁斯以后,立刻褫夺了儿子的王权,控制了整个王国,还整备兵马打算和庞培决一死战。

庞培想要进攻博斯普鲁斯,首先得穿过高加索地区,挡住他的正是科尔基斯。科尔基斯也曾是本都的地盘,盛产各类矿石,有很多优良的港口,希腊人很早就在这里殖民,使得当地的文明程度非常高,算是希腊化的王国。米特拉达梯六世征服了科尔基斯,却没能征服这里的人心,当地人屡次起兵反抗本都人的统治,但都被镇压了。

如今罗马人来了,科尔基斯依然不打算服从。庞培要征服科尔基斯并不困难,但若击败科尔基斯后立即北上,位于科尔基斯东部的群山诸国是否会袭击自己的后路呢?为了安全,庞培决定消除所有隐患,在征服科尔基斯的同时向东部的伊比利亚扩张,确保补给线和退路的安全。

伊比利亚王国地处深山峡谷,当地民族彪悍野蛮又嗜血好战,无论男女都擅使刀剑、弓矢。由于长期生活在多山地区,当地人擅长山地作战且吃苦耐劳,而他们的东边也有一个同样野蛮而又好战的国家——阿尔巴尼亚王国。这两个国家面积不大,兵力却不容小觑。面对罗马人的入侵,两国国王结成防御同盟,准备携手抵御庞培的入侵。

公元前65年,庞培率军正式侵入伊比利亚,国王阿托塞斯立刻找来阿尔巴尼亚王奥罗塞斯,两国组成了一支近7万人的联军,企图在塞尔都河伏击庞培。庞培的罗马军团只有3万余人,但铠甲精良、训练有素、纪律严明,面对伊阿联军的伏击,罗马军团一次又一次地击退敌军的进攻,并在敌军眼前搭桥强渡,击溃了试图阻挡他们的伊比利亚人,而罗马骑兵又从两翼包抄了阿尔巴尼亚军队,令其阵形大乱、死伤惨重。7万联军终被庞培彻底击败,溃兵向后方的山林逃跑。

庞培没有进山围剿,而是四面包围,纵火焚山,熊熊烈火将狼狈的联军士兵活活烧死,侥幸逃出的也被庞培一一斩杀。绝望的阿托塞斯、奥罗塞斯只能向庞培投降,在交出人质和武器后,加入了罗马联盟,成为罗马在高加索地区的傀儡国。

征服伊比利亚、科尔基斯、阿尔巴尼亚后,庞培军团终于向北挺近,逼近了博斯普鲁斯王国。意识到黑海也将落入罗马之手后，米特拉达梯六世匆忙动员最后的军队，准备战略转移。

按照米特拉达梯六世的计划，他将率兵避开庞培军团，从北部荒原一路穿过西徐亚人的领地，绕过未知的冰天雪地，直接突入色雷斯或者意大利。这一计划前途未卜又非常冒险，所有人都被这惊人的计划给吓倒了，士兵们早已失去了斗志，更不想冒险远征。庞培逼人的兵锋和米特拉达梯六世疯狂的计划终于逼反了博斯普鲁斯人，他们拒绝为米特拉达梯六世卖命，一致推举王子法纳西斯发动了叛乱，本都国王众叛亲离。

公元前62年，随着最后一丝希望的破灭，70岁的米特拉达梯六世绝望地喝下了毒药，但长期以来的抗毒体质反而让他难以速死，老国王只好让高卢侍从杀死自己，首级则被王子当成投降的礼物送给了庞培。这个与罗马缠斗数十年的枭雄终于咽下了最后一口气，曾经雄霸黑海和小亚细亚的本都帝国不复存在了，而博斯普鲁斯王国得到了庞培的赦免，毕竟那里太远了，并不好控制。

征服黑海后的庞培身心轻松、踌躇满志，渴望更大功勋的他决定到地中海东岸"游玩"一番，好给罗马公民们带回些"土特产"，广大官兵也打算借由此次"公费"旅游的机会赚点外快。于是庞培军团大举南下，兼并了原塞琉古王国辖下的土地城池，设立了叙利亚行省。紧接着，庞培率领大军继续南下"旅游"，惬意地观光了犹太人的神庙，这被犹太人认为是对神灵的亵渎，激起了当地人的抗议，于是庞培亮出了刀剑，强迫犹太人臣服。

之后，亚细亚、奇里乞亚、比提尼亚、叙利亚各行省相继建立，高加索三国称臣纳贡，亚美尼亚人割地求和，博斯普鲁斯和埃及也唯命是从，庞培俨然已是东方的"王中之王"，东地中海从此尽归罗马共和国统治。为表彰庞培的伟大功绩，元老院专为庞培的东方征服举行了长达12天的谢神祭，在那一段日子，庞培的威望无人能及。

第十五章 恺撒初起

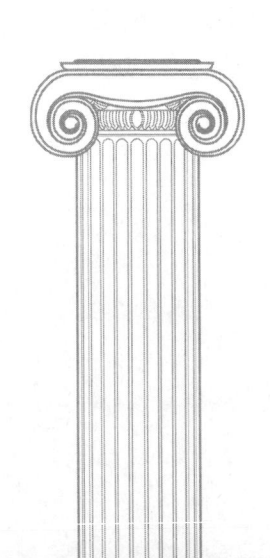

尤里乌斯的恺撒

公元前 100 年是个非常特殊的年份，平民英雄马略相继击败朱古达、辛布里人，成了罗马新一代的"祖国之父"。马略出身平民，为了巩固自己的地位以及融入贵族社会，马略与历史悠久的"尤里乌斯"一族联姻。尤里乌斯氏族是古老的名门世家，他们的祖先并非追随罗慕路斯建国的牧羊人，而是来自拉丁诸国之母的阿尔巴·隆加。历史选中了罗马，阿尔巴·隆加最终并入罗马，而国中显贵尤里乌斯在同化吸收的政策下进入了元老院，成为新国家的重要一员。

尤里乌斯氏族加入罗马后，并未如科尔内利乌斯、克劳狄乌斯等名门那样显赫。唯一确定的是，这个氏族在布匿战争里有过英勇的表现，敌人十分畏惧地称他们是杀死战象的人，所以代表战象之意的"恺撒"成了他们的新称号。从此，这个令人生畏的称号成了该家族的新姓氏。

马略迎娶的正是恺撒家族的掌上明珠——尤里娅。要知道，虽然罗马允许平民与贵族通婚，但真正能与之联姻的人少之又少，而马略之所以能娶到尤里娅，不仅仅是因为他的战功和威望，也因为延续百年的恺撒家族早已没落。在贵族眼中，他们是拥有贵族血统的平民，在平民眼中，他们是最接近平民的贵族，因此恺撒家族才愿意与平民联姻。殊不知从一刻起，共和国就要因"恺撒"之名而震颤了。

公元前 100 年，尤里乌斯家迎来了一个期盼已久的男孩，孩子的父亲给他起名盖乌斯·尤里乌斯·恺撒。恺撒的父亲并不是一个成功的政客，终其一生也没能成为执政官，幸运的是，孩子的亲族都是元老院里举足轻重的议员，比如叔父卢基乌斯·尤里乌斯·恺撒是同盟者战争时的北方战区总司令，姑父又是第六次出任执政官的马略，所以小恺撒能得到的政治资源并不少。

与其他贵族子弟一样，恺撒自幼便得到了良好的教育，有专门的希腊教师施教。和中国人喜读四书五经不同，罗马人以武立国，必修课程是剑斗、御马、数学、历史、地理、修辞、天文、建筑、希腊语。成年后，罗马人还会在军队里学习军阵、营造、技击等技能，到最后，他们武能上阵、文能治国，从中会诞生新的元老院议员和执政官。

恺撒在罗马人的教育模式下逐渐成长起来，成年后的他长得皮肤白皙、肢体纤细、剑眉星目、体格匀称，是罗马城内人尽皆知的美少年和花花公子。他的生活堪称每个男人的梦想，平日里特别讲究打扮，偏爱各种名贵的托加和饰物，长期混迹各类"名流俱乐部"，结交了无数美少妇，故而恺撒的花费只能用出手阔绰、挥金如土来形容。

乍一看，恺撒就是典型的纨绔子弟，其实在当时的罗马，贵族公子哥多半都是这种状态。他们肆意挥霍财富，过着纸醉金迷的生活，即便身上借贷无数，依然不改往日做派，比如一度引发叛乱的喀提林。然而，历史之所以选中恺撒，并非巧合与运气，能搅动天下风云，他本身的品质才是最关键的。

第一，不畏强权。

恺撒的诸多亲族中，真正能提携他的其实只有马略。在恺撒刚满16岁那年，马略郑重其事地将恺撒介绍给了秦纳，那时苏拉正在东方讨伐本都，秦纳和马略携手控制了罗马和元老院。在马略的主张下，秦纳决定把女儿科尔涅利娅嫁给恺撒，至于为什么选中恺撒，除了马略的推荐外，恺撒的潜力也是秦纳所看重的。

然而当苏拉反身杀回罗马时，马略、秦纳双双死去，所有民主派成员均遭到追杀，恺撒也是其中之一。不过苏拉并非没有给恺撒机会，他要求恺撒与秦纳的女儿离婚，转而迎娶苏拉妻子家族的女儿。

这一时期，24岁的庞培同样得到与苏拉联姻的机会，然而这两个共和国晚期的枭雄做了截然不同的决定。庞培冷酷地休掉了妻子并迎娶了苏拉的继女，从此成为苏拉的左膀右臂，声名鹊起。可无兵无权的恺撒反而义正词严地拒绝了，此举必然惹来杀身之祸。为此，恺撒不得不只身逃离罗马城，踏上了流亡亚洲的漫长旅途。

明明飞黄腾达的机会就摆在面前，可恺撒宁愿过着东躲西藏的日子也绝不背叛妻子，这种不畏强权的品质在当时腐败的罗马并不多见。

第二，英勇善战。

幸运的是，恺撒有一个好母亲。奥雷利娅利用家族关系找来了一大帮为恺撒求情的政要，其中既有受人尊敬的维斯塔贞女，又有苏拉一派的雷必达和科塔。有他们担保，苏拉这才赦免恺撒，甚至允许他从军参政，这对霸道的苏拉来说极不寻常，他甚至忧虑地说道："就如你们所愿吧，只不过你们都不知道，这小子身上有无数个马略！"

得到赦免的恺撒本可以返回罗马，但他拒绝了，因为比起城市的安逸生活，战争、军功、荣誉才是恺撒最想得到的，所以他立即前往亚细亚总督米卢修斯军中，谋得了军职并成为总督幕僚之一。

在征讨莱斯博斯岛的初阵里，恺撒毫不畏惧、身先士卒，在血与火里首次体验了战争的艺术，攻城作战大获全胜，为表彰恺撒冒死解救同伴的功绩，军团为恺撒戴上了象征勇气的橡叶冠。

这项荣誉并非轻易就能取得，一定是拼死血战并救出同伴的男人才能获得，而且是士兵级别的最高荣誉，罗马人对取得橡叶冠的人非常尊重，有些勇士一辈子也不一定得到一顶。初战就荣获此等荣誉的恺撒证明了自己的勇气，恺撒这个名字很快就在军中传开了。

第三，迎难而上。

苏拉死后，恺撒暂时结束了军旅生涯，回到罗马的他依然不能参选公职，因为30岁是当选财务官的必要条件。然而恺撒不想浑浑噩噩地消磨光阴，为早日进入政坛，恺撒从未止步不前，他首先当起了律师。

律师行业的曝光率非常高，大多数人愿意为贵族、官员打官司，毕竟收入可观。恺撒却非常另类，他不给任何贵族辩护，反而站在平民一方，先后起诉贪污腐败的官僚贵族多拉贝拉、安东尼。此二人均是高级官僚，即便恺撒知道对方的辩护律师是罗马有名的"大辩"霍腾修斯，而陪审员又全是元老院贵族，恺撒依然坚持为民做主。这种"明知山有虎，偏向虎山行"的精神让广大民众钦佩不已，更反映出恺撒心系百姓、不畏艰难、勇于挑战的品质。

第四，临危不乱。

连续起诉两位实权派人物的恺撒引起了保守派的不满，于是恺撒决定远赴罗德岛求学，一来可以提高辩术，二来可以暂避风头。25岁的恺撒在海风呼啸声中乘船驶入了东地中海。

本来这是一场愉快的留学之旅，然而在米特拉达梯六世的资助下，东地中海以奇里乞亚海盗为首的海盗到处打劫罗马人的商船，而恺撒的船正好被这群海盗给劫持了。海盗打劫船只无非是为了财物，他们见恺撒衣着华贵、谈吐高雅，断定他是一个罗马贵族，于是向恺撒索要20塔兰特的赎金，相当于30万银第纳尔。这是一笔不小的数目，一般人听到这么高的赎金可能会当场晕倒，恺撒却不一样，他居然颇感愤怒地说道："我堂堂恺撒怎么可能才值20塔兰特，即使是50塔兰特也不能与我的身价相提并论。"于是在海盗们惊讶的目光里，恺撒的赎金被提高到了50塔兰特。

其实，恺撒故意自抬身价并非真的认为自己值50塔兰特，而是极高心理素质的体现。因为在毫无还手之力的情况下，人质的生命是没有保障的，往往没有价值的人质最容易被虐待、处决，唯有高级肉票才不容易被撕票，所以恺撒自抬身价。海盗为了赎金自然不敢伤害恺撒，这让他能安全等到离开的那一天。

第五，言出必行。

赎金到位后，恺撒获得了释放，他那看似人畜无害的微笑下却藏着一张冷峻的脸庞，临走时半开玩笑的说道："总有一天，我要将你们全都钉死在十字架上。"海盗们听后无不哈哈大笑。

获得自由后恺撒却没有立即前往罗德岛，而是动身前往小亚细亚西海岸的米利都。在那里，恺撒向总督通报了海盗的情况，并自告奋勇要去剿灭海盗，还自费募集了一支军队。在做了充足准备后，恺撒带兵突袭了海盗的老巢，尽数俘获了他们。当海盗们看到军队的指挥官居然是那个平日和蔼可亲、满脸微笑的恺撒时，所有人都惊讶得合不拢嘴。这些海盗最终被恺撒统统处死并钉在十字架上，无论他们怎么求情，恺撒都没有一丝犹豫和怜悯，这时海盗才明白恺撒曾经的玩笑竟然是一个真正的威胁。

不畏强权、英勇善战、迎难而上、临危不乱、言出必行，这些优秀的品质都集中在恺撒身上，可以说，看似过着花花公子生活的恺撒其实是不安现状的有志青年。他不是喀提林那种只为一己私利的纨绔，而是有理想、有抱负的新一代罗马人，这样一个人怎么能不登上历史的舞台呢？

步入政坛

除了优秀的品质,恺撒的金钱观也颇为另类,说白了就是从不把钱当钱,而是达成目的的工具,永远都不如人重要。因此,恺撒一方面邀请各路名流宴会玩乐、调侃政治,结交了不少贵族人士;另一方面,他非常仗义,心胸开阔又乐于助人,对于别人的求助,恺撒都会当成自己的事情去帮忙,不惜花费巨资,这使得他建立了极好的人脉。

这样的生活耗费了恺撒大量的金钱,再加上恺撒家族本就不怎么富裕,为了维持他的巨大开支,恺撒与其他贵族青年一样在外大量借贷,而他又没有自己的产业来还贷,日子久了,恺撒就成了罗马城里负债最多的人。据说他负担的债务已经达到了800塔兰特,相当于1200万银第纳尔,大概相当于今天多少钱呢?笔者写这一章时的银价大概是每克5.5元,而1塔兰特相于32.5千克,算下来,800塔兰特即1.43亿人民币。

如此庞大的数目足够挑起一场战争了,恺撒却毫无心理压力。到了30岁,他终于有资格参选财务官了。凭借这期间积累的人脉资源,恺撒要当财务官基本是顺理成章的事情,于是恺撒当选为远西班牙行省的财务官。这是他从政的第一步,也是加入元老院的第一步。值得一提的是,恺撒非常懂得宣传自己,更懂得利用民众的支持。

公元前69年,恺撒赴任西班牙前,姑姑尤里娅和妻子科尔涅利娅相继去世。作为恺撒家族最重要的两位女性,尤里娅是马略的妻子,科尔涅利娅是秦纳的女儿,两人的离世对恺撒打击很大。贵族世家对亡者葬礼颇为重视,特别是杰出的贵族去世后,罗马往往会举行公开的追悼会,用以宣扬该家族的历史和功绩,恺撒家族也不例外。

恺撒充分利用姑姑尤里娅的葬礼,在罗马举行了规模不小的送葬仪式。在葬礼的演讲上,恺撒滔滔不绝地叙述尤里乌斯氏族的历史,以及母亲奥雷利亚家族的功绩,还特意制作了象征马略的纪念物,公然讴歌马略的辉煌往事,此举明显违反了苏拉生前的禁令。

恺撒大肆宣扬马略、秦纳两家,特别是反复讴歌姑父马略生平的功绩,着实让人大跌眼镜。因为苏拉早就将马略的名字视为禁忌，谁都不敢在苏拉残党控制下的罗马公然歌颂马略，但恺撒偏要这样做。他在苏拉生前尚敢违逆独裁者，又怎么会在苏拉死后畏惧其禁令呢？

让人意外的是，恺撒讴歌马略的演讲非但没有被人唾弃，反而得到不少人的认同和称赞。人们很自然地将恺撒与马略联系在一起，并视恺撒为民主派的继承者，这无疑增加了恺撒的人气。似乎从这时起，恺撒就有意公开自己民主派的立场，妄图继承马略一派的政治遗产。

公元前69年，恺撒动身离开罗马城。财务官恺撒的辖区在蛮荒的远西班牙，那里不能和东方行省相提并论，生活也不会奢靡多少，但他还是很快融入了新的生活。在任期内的恺撒业绩杰出，称职地履行了自己的职责，还与总督维图斯建立了良好的私人友谊。

据传，在任职期间，恺撒奉命前往加迪斯城主持法庭事务，却意外来到了当地的赫拉克勒斯神庙，里面树立着一尊亚历山大大帝的雕像。恺撒站在大帝的雕像前怅然若失，不禁潸然泪下，他感叹道："亚历山大在这个年纪已经是亚欧非三大洲的君王了，而恺撒还一事无成。"从这时起，恺撒就暗暗发誓，一定要成就比亚历山大更辉煌的伟业。

一年的任期很快就结束了，卸任后的恺撒回到了罗马城，迎娶了庞培家族的远亲，昆图斯·庞培的孙女庞培娅。有了财务官经历的他便有机会参选下一级的市政官了。

市政官又称营造官，分为平民市政官和贵族市政官两种，恺撒作为贵族代表当选了贵族市政官一职。与财务官不同的是，市政官需要大量金钱支持，日常职责就是要搞好首都的建设和娱乐活动，而罗马的任何公职都没有薪俸，所以要想有所作为的话，必定要出钱出力。

恺撒一直视金钱为粪土，自然不会吝啬花钱。他在任内为罗马公民举办了大量让人尖叫的娱乐活动，获得了不少民众的支持，恺撒的名声自然水涨船高，但是代价也有好几百塔兰特之多。

这时，时任罗马最高宗教领袖的梅特路斯·皮乌斯去世了，而空缺出的大祭司一职成了人们角逐的对象。大祭司是罗马的最高宗教领袖，不但只有一人担任，而且还是终身制。虽然不是公职，但大祭司在罗马有较高的社会地位和发言权，往往只有德高望重的人才能担任这一职务。

按说恺撒是没有机会担任大祭司的，因为他才刚刚37岁，而同期竞争的人都是超过60岁的元老院议员，并且都担任过执政官，有很深的政治根基和较高的社会名望，然而恺撒偏偏看上了大祭司之位，该如何与两位前执政官较量呢？如果按照常规程序，大祭司会由其他祭司投票选出，恺撒必定会被淘汰出局，所以恺撒想用非常规操作当选。为此，恺撒拜访了好友，时任保民官的拉比埃努斯，此人有资格召开平民大会，于是恺撒将自己的策略告诉了拉比埃努斯，准备利用平民大会的决议权。

拉比埃努斯很快就召开了平民大会，呼吁民众恢复公元前104年的大祭司选举法，该法案规定大祭司从35个选区中抽出17个投票决定，这一法律在苏拉独裁后被废除，改为由祭司们自己讨论决定。拉比埃努斯指出，恢复大祭司选举法是为了打破元老院对大祭司一职的垄断，恢复普通公民的选举权。

一听到是为了对抗元老院，普通民众都比较积极，因为他们也对元老院独断专行非常不满，故而非常支持拉比埃努斯的法案。就这样，大祭司的选举改成了公民投票，这下恺撒就有了获胜的机会。需要说明的是，苏拉虽然剥夺了平民大会单独开会立法的权力，但这一规定在死后即被废除，保民官的地位由此恢复。

紧接着，恺撒开始为竞选大造声势，可能和当代社会的竞选也差不了多少。他雇佣了大量的拜票员沿街讨取选票，又不断登台演讲增加曝光率，大搞散钱竞选，加上恺撒之前担任市政官时举办了不少的竞技娱乐活动，使得他在普通民众里有很高的人气，形势对恺撒非常有利。而他的竞争对手虽然在元老院里有较高的人气，但在普通民众眼里都是些过气的议员了。最后，恺撒以高票当选为下一任大祭司，罗马最高的宗教领袖现在叫恺撒了。

此时的恺撒也在元老院里有了一席之地，再也不用低声下气地说话了。每个罗马公民都必须尊重大祭司，听取大祭司的意见，这为恺撒的政治生涯带来了巨大的飞跃。有了大祭司的身份，又有市政官任期内积累的名声，恺撒能直接参与共和国的高级公职——法务官的选举。法务官是仅次于执政官的职务，也是担任执政官的必要途径，只有担任过法务官的人，才有资格到行省担任总督，也有资格指挥一支罗马军团。

38岁的恺撒凭借较高的人气顺利当选为法务官。卸任后的恺撒有资格到行省担任总督,然而很不幸,恺撒又一次抽到了西班牙行省。在当时的共和国,东方是富得流油的地方,尤其以希腊、马其顿为最佳敛财之所,西方则普遍比较贫穷,以西西里为最。而恺撒抽到的西班牙是最危险的地方,那里以卢西塔尼亚人最为好斗,虽然罗马征服西班牙已经很久了,但当地土著常常反叛。

虽然恺撒抽到了西班牙,但他迟迟难以成行,因为债台高筑的他很难给债主们足够的信心,所以各大债主轮番到恺撒门前静坐,要求恺撒还清债务后才准离开罗马城。这下可好,恺撒不但不能成行西班牙,连家门都迈不出去了。这时,恺撒找到了富得流油的克拉苏,希望他能帮助自己。

作为恺撒最大债主的克拉苏没有其他小债主那么小家子气,他十分清楚一方总督该如何敛财,而恺撒也给了他一种难以言表的信任感,于是克拉苏大笔一挥,替恺撒出了800塔兰特的保证金,转而成了恺撒最大的债权人。

不得不说,克拉苏还真是眼光独到的投资者。这项投资正如克拉苏的预期,恺撒在西班牙任内高举大棒与屠刀,赢得了一连串针对卢西塔尼亚的胜利。战争的胜利不但锻炼了恺撒的统军能力,也为恺撒和他的士兵带来了很多财富,最重要的是,恺撒的征服战争已经足够为他赢得一场凯旋式了。这个时候的恺撒不但还清了自己的债务,还购买了很多地产,和举债度日的他已经大不相同了。

一年的总督任期很快就结束了,在西班牙独掌大权的恺撒第一次体验到了权力的乐趣。恺撒是个杰出的统帅,更是一个卓有眼光的政治家,他不打算就此结束自己的政治生涯,不断膨胀的野心驱使他要问鼎执政官之位了。

前三头同盟

公元前60年,恺撒走到了人生的重要岔口。在西班牙的卓越战绩已经让他有资格要求一场凯旋式,同时他也准备参选下一届执政官。然而作为民主派代表的恺撒越成功,元老院就越妒忌,特别是顽固的小加图更是声称恺撒是共和国潜在的威胁，是喀提林的同党，认为一旦恺撒当选执政官，势必会再度挑起一场民主派对保守派的反击。

在罗马，要举行凯旋式的将军不能在仪式之前进入罗马城，而参选执政官也有特别的规定，参选人必须亲自到罗马登记参选。眼下，下一任执政官的登记期限即将结束，而恺撒的凯旋式还要再等一段时间，他还不能擅自返回罗马城，这让恺撒十分为难。鱼和熊掌不可兼得，恺撒要么举行已经被认可的凯旋式而放弃竞选，要么冒险参选执政官而放弃到手的凯旋式。无论是凯旋式还是执政官，对恺撒来说都是尚未有过的东西，真是一个两难的局面。

当恺撒向元老院提出派代表替他到罗马登记参选时，元老院毫不犹豫地拒绝了。如果是一个保守的人，那一定会选择已经到手的凯旋式，毕竟参选执政官有一定风险，但当恺撒得知元老院拒绝后，他愤怒地将元老院的回信丢进了火堆，思索良久之后，恺撒骑着白马驰向了罗马城。

登记成为执政官候选人的恺撒对罗马政局的分析还是做足了功课。作为民主派代表，恺撒想要如愿当选执政官就必须获得超过保守派的选票，但是仅仅靠自己在市政官时积累的人气，根本不足以让他获得足够当选的票数，因此，恺撒需要强有力的帮助，而此时还有一个人与恺撒的处境几乎一样，那就是庞培。庞培的东方征服也让他有资格获得一场规模豪华的凯旋式，但元老院同样拒绝庞培派代表到罗马登记参选执政官，不过庞培已经有过执政官的经历，所以他选择了凯旋式。

此时的共和国看似欣欣向荣，民主派和保守派却在暗地里较量，而新晋崛起的庞培携大胜之势凯旋，让保守派再次紧张起来。庞培未经元老院允许，擅自将东方行省的土地分给了麾下的老兵，还自行废立各国王公，划分国境线，这一切的一切都触及了元老院的底线，他们对庞培的肆意妄为颇感不满，所以迟迟不批准庞培制定的政策。

庞培不同于苏拉，他没有公然进军罗马的想法和野心，对虚名的重视程度超过了野心，故而他还是以自己的方式争取元老院的妥协。但显而易见，没有兵权的他很难说服元老院同意他在东方的政策。恺撒敏锐地发现了庞培处境的尴尬，为了政治上更进一步，恺撒制订了与新晋势力联合的计划。

对庞培来说，恺撒的名字并不陌生，因为就在他远征东方的时候，恺撒和庞培的妻子已经发展到超过男女友谊的关系，得知此事后庞培断然与妻子离婚。不过奇怪的是，庞培并不怨恨恺撒，所以还有另一个说法：恺撒对庞培的妻子并无兴趣，他只是暗地里帮了庞培一个忙，为庞培再婚铺平了道路。

恺撒把双方联合的想法告知庞培，他要求庞培支持他参选执政官，条件就是认可庞培在东方的全部政策。此时的恺撒确实有资本与庞培联盟，作为民主派代表的恺撒拥有以保民官为首的平民阶级的支持，这正是庞培所没有的东西。贵族出身的庞培从来都没有忠于一个固定派别的想法，他身后有数万老兵亟须安置，还有东方的各大君主等着庞培履行诺言。庞培看重荣誉和虚名，他不能忍受元老院敷衍自己，否则他就会在老兵和东方各国面前颜面尽失。

恺撒正是看中这一点，所以决定拉拢庞培，而庞培确实需要一个人替自己发声，恺撒正是合适的人选。不过，恺撒与庞培比起来，势力和威望过于弱小，为了平衡同盟的双方，恺撒想到了另一个大人物——骑士阶级的代表克拉苏。克拉苏是罗马首富，也是恺撒的债主，他的资产绝对能左右当下的政局，但他本人在罗马声名狼藉。有钱的克拉苏没有民众的支持，要在政坛里更进一步同样也需要帮助，所以恺撒邀请克拉苏加入同盟。

作为骑士阶级的代表，克拉苏对元老院打压骑士阶级的政策早就心怀不满了，他虽然与庞培交恶，但为了对抗元老院，他也需要恺撒的人脉和庞培的名望，因为这两样正是克拉苏所没有的。于是，三人达成了同盟协定，民主派、骑士商人、退役军人，这三股势力第一次结合到一起，一个另立于元老院之外的政治力量诞生了。

三头同盟并非三个人的同盟，而是三股势力的同盟。三巨头背后有无数追随者，这些人一起组成了一个类似联合政党的组织，他们要人有人，要钱有钱，是元老院所不能匹敌的势力。

前三头同盟达成后，三人立刻行动起来。按照计划，庞培召集旧部专门到罗马为恺撒投票，恺撒本来就有自己的人脉，加上庞培的老兵和克拉苏的商人支持，他在执政官选举里获得了无可撼动的优势，连元老院都十分震惊恺撒是如何获得多个阶级压倒性选票的，毫无悬念，恺撒如计划当选为新一任的执政官。

当选后的恺撒立刻着手兑现自己的承诺，触碰了罗马政客敬而远之的法案——格拉古土地法。此前，格拉古兄弟为了把土地分给中产阶级，最终被贪婪的贵族相继杀死，曾经的鲜血至今未洗净。恺撒本就是不畏强权之人，自然不会畏惧，所以三头同盟决定绕开保守派当权的元老院，单独召开公民大会，用公民大会的立法权达成目的。

在会上，执政官毕布路斯带着一众元老院鹰犬阻止投票，企图用否决权阻止恺撒的法案。三巨头的支持者毫不客气，直接动手殴打毕布路斯的侍从，还毁掉了执政官的棒束和标志，若不是有人及时拉开毕布路斯，他极有可能被杀。这时，小加图又挤入会场，想用演讲拖延表决时间，结果被三巨头的支持者高高举起丢出了会场。事后，一个名叫维提阿斯的平民跑到广场上声称自己是毕布路斯派去刺杀恺撒和庞培的刺客，恺撒立即煽动民众声讨毕布路斯，还让民众组织了一个卫队保护自己，毕布路斯因此声名狼藉，只好放弃一切职权，躲在家里不敢出来。

毫无疑问，三巨头首次对抗元老院的尝试成功了。庞培对恺撒的回报非常满意，而庞培在东方制定的政策也在不久被恺撒一一通过。之后，恺撒还通过行省法案满足了克拉苏的诉求，让克拉苏在骑士阶级里获得了领导地位，三头同盟密切配合，第一次压过了元老院。

三头同盟的默契配合让元老院无可奈何，当恺撒把自己唯一的女儿尤里娅（那个时候女性没有特殊的名字，是哪个家族的就用该家族名字的阴姓，所以恺撒的女儿与他姑姑的名字相同）嫁给庞培时，元老院才知道恺撒、庞培和克拉苏早就结为同盟了。紧接着，三头同盟达成了新的协定——恺撒出任高卢总督。

恺撒再次利用公民大会，让保民官召开大会提出将高卢总督之位授予恺撒的提案。庞培和克拉苏再次派追随者声援恺撒，而善于利用民意的恺撒也提前做好了功课，大摆筵席、举办竞技、雇佣拉票员，各种手段轮番上场，最后的结果也没有悬念，恺撒如愿获得了高卢行省，外加伊利里亚也划归恺撒所有，任期五年。

很多人不理解恺撒为什么要冒险到高卢去，他已经有了可以依赖的同盟，犯不着抛弃美好的生活去军中受苦。但是恺撒明白自己是三巨头里势力最弱的一个，如果不能在军功和威望上压倒庞培等人，这个同盟就永远不会按照他的意志行动。再说，任何同盟都因利益而结合，一旦没有了利益势必会解散。

前任的鲜血已经证明，任何同盟和法律都是不能倚靠的，真正能实现恺撒宏图壮志的是战争，能够让恺撒对抗元老院的资本是军队，所以恺撒需要军权、需要军功。然而，一旦离开罗马，恺撒难免会遭到保守派的构陷，而庞培意志软弱，克拉苏唯利是图，两人极容易被策反，并非恺撒理想的后盾，所以恺撒必须再找一个帮手。恰巧，上天还真就安排了这么一个人，隐藏在暗处的"第四巨头"——暴民领袖、保民官普尔喀。

普尔喀，全名普布利乌斯·克洛狄乌斯·普尔喀，是罗马大族克洛狄乌斯氏族的代表之一，他的祖上有很多执政官、监察官，是首屈一指的名门望族。然而普尔喀很另类，为了参选保民官，他竟然放弃了贵族身份，认平民为养父。在恺撒担任大祭司时，普尔喀居然男扮女装潜入恺撒官邸，大家都谣传恺撒的妻子与普尔喀偷情，恺撒也因此结束了与庞培娅的婚姻。

按说被人戴了绿帽子的恺撒应该对普尔喀恨之入骨，但恰恰相反。在审理普尔喀的案件中，恺撒和他的家人都没有指控他，反而闪烁其词，始终拒绝说出普尔喀的名字，这明显是有意庇护普尔喀。当人们询问恺撒为何要与妻子离婚时，恺撒仅仅回答道："恺撒之妻不容质疑。"

恺撒宁可抛弃妻子也不指控普尔喀，普尔喀自然对恺撒感恩戴德。事后证明，恺撒的决定为他赢得了一个潜在的盟友，最重要的是，此人能力出众、厌恶保守派，有能力发动平民运动，非常适合做制衡保守派的工具。恺撒暗地里支持普尔喀削弱元老院权威，如此便能转移元老院视线，相当于分担了保守派的"火力"。有他在，元老院就别想找恺撒麻烦，因为他们自己也会麻烦缠身。

一切准备就绪后，恺撒出发了。恺撒谋求高卢总督最初只被元老院当成是为了荣誉和财富，他们也乐于支开三巨头，因为恺撒一走，保守派才有机会挑拨离间，但是包括庞培和克拉苏在内的所有人都不知道，恺撒的野心并不只是一任执政官和总督，他的心中早已策划了一个伟大的征服计划，这个计划包括整个高卢。

首战立威

熟知欧洲史的朋友都知道高卢指的就是今天的法国，那是一个浪漫的国度，有象征荣耀的凯旋门和华美的卢浮宫，但是这片美丽的国度也曾战火纷飞。在罗马共和国时代，高卢有很多文化迥异的部落，这些部落城邦的规模不小，文明程度也非常高。他们组建了较为彪悍的军队，有时相互征战，有时结盟抵御外敌。

罗马在击败高卢人入侵后，实际控制的高卢行省以阿尔卑斯山为界，分为山北高卢和山南高卢。山南高卢在罗马的统治下逐步同化，山北高卢却依旧保持着独立，罗马通过与希腊殖民城邦马西利亚结盟，将势力伸向山北高卢南部沿海。恺撒所统治的高卢行省只包括山南高卢、山外沿海、伊利里亚三处，而他要征服的目标就是整个山北高卢。

山北高卢又称长发高卢，当地有上百个部落国家，大致划分为三个区域。以河流为界，高卢人位于加龙河、塞纳河、罗讷河之间，他们的四周分布着不同的文明。加龙河西面是阿奎丹尼人，位置大概在法国的西南地区，毗邻美丽的大西洋；塞纳河、马恩河以东则是比尔及人，领土包括法国东北和比利时；罗讷河的东方与日耳曼诸国接壤，那里有一条名为莱茵河的河流，日耳曼人多住在河的东岸。罗马传统友好盟邦爱杜依人位于中部高卢偏西的位置，其东面是塞夸尼人，再往东就是厄尔维几人。

高卢的这些国家中以比尔及人最为强悍，他们并非高卢人，而是迁入高卢的日耳曼人，比利时的名字就来源于比尔及人，但是这个国家并未统一，分成大量的独立部落。他们不喜奢侈，也离罗马文化最远，加上常年与日耳曼人征战，因此是全高卢最强悍的民族。其余高卢部落的实力大致相当，越靠近罗马的高卢人越文明，越往北的高卢人越好战，恺撒征服计划中最有难度的敌人无疑是北部高卢人。

迁徙引发的动乱

高卢诸国中位于东部地区的厄尔维几人和塞夸尼人住在靠近莱茵河的地

方，而莱茵河东岸就是好战的日耳曼民族，当地部落被称为苏维汇，他们常年和厄尔维几人、塞夸尼人征战，让高卢人头疼不已。

公元前1世纪，厄尔维几人首先支撑不住了。当时厄尔维几国中较有权势的贵族出于篡夺王位的目的，煽动全族向更为安全的西部高卢迁徙，举国为此进行了长达两年的准备工作。虽然阴谋并未得逞，但是其所倡导的举国迁徙之论被保留下来，因为对厄尔维几人来说，他们生活的地方确实太过危险，不但地势狭窄，而且还十分封闭，并不利于厄尔维几人向外扩张。

公元前58年，为了显示举国迁徙的决心，厄尔维几人将祖祖辈辈建立起来的城市和乡村统统付之一炬，12个城市和400个村庄就此化为废墟，一支30万人的队伍仅带着三个月的粮食便开始向西迁徙，目的地是富饶的布列塔尼地区。

要到达理想的新家，厄尔维几人只有两条路可走，一条是穿过塞夸尼人的领土，这条路的直径最短，可由于沿途被高山环绕且道路狭窄，他们容易被攻击也容易被阻挡；另一条路则要南下穿过罗马人的行省直至高卢西南，然后再北上布列塔尼，这一路虽然看似较远，但道路非常平坦。

起初，厄尔维几人派使者向恺撒索要军事通行权，恺撒认真分析了厄尔维几人的迁移计划后，坚决反对借道，理由至少有三点：第一，30万的厄尔维几人一旦进入罗马行省就很难再约束他们。如果他们就地劫掠村庄和城市，行省就会陷入灾难，即使再和他们开战也会让行省陷入战火；第二，厄尔维几人若是离开了自己的家园，日耳曼人就可以毫不费力地占领他们的土地，与罗马接壤。有了这么彪悍的邻居，不要说恺撒睡不好觉，恐怕连元老院也不能安心；第三，在恺撒看来，厄尔维几人能否真的迁徙到遥远的布列塔尼尚属未知数，如果他们击败了紧邻罗马的高卢部落后便停止迁徙了怎么办？罗马身边岂不是多了一个大敌？

此时的恺撒只有1个军团的兵力驻守在山北高卢，与30多万的厄尔维几人相去甚远，因此恺撒并没有马上拒绝他们的提议，而是使了一招缓兵之计，让厄尔维几人静候答复。恺撒利用这个间隙迅速扩充军备，一边在山南高卢招兵买马，将兵力扩充至6个军团；一边修建起一条长约28千米、高4.8米的防御工事，并辅之以壕沟加强防御。待准备完成后，恺撒正式拒绝了厄尔维几人。

厄尔维几人虽然愤怒，但见识了罗马人强大的工程技术后，他们还是放弃了硬闯罗马行省的打算，改为穿过塞夸尼人的领土。为此，厄尔维几人请爱杜依人从中斡旋，勉强让塞夸尼人同意了借道的要求，然而他们进入塞夸尼人的领土后，立刻就违背诺言并到处抢掠村庄，这让爱杜依人和塞夸尼人都后悔不已，于是他们请恺撒出面主持公道。

不用多说，即使没有爱杜依人的求援，恺撒也会出兵，因为他十分清楚厄尔维几人与塞夸尼人的冲突势必会搅乱高卢，这并不符合罗马的利益。一旦让厄尔维几人通过，罗马行省的西面会多一个好战的大敌，对罗马来说绝对是个威胁，于是手握五个军团的恺撒当即翻过阿尔卑斯山，直奔山北高卢。

厄尔维几人此时正要渡过水流湍急的索纳河，全族已经过去了四分之三的人，还剩下少部分人在另一处岸边等待。恺撒的军团到达后毫不留情地攻击这些来不及渡河的厄尔维几人，已经过河的厄尔维几人只能眼睁睁地看着他们的同胞被罗马军团砍杀殆尽。

接着，恺撒让工程兵迅速搭建起一条桥梁，以雷霆之势完成了渡河，这让厄尔维几人非常震惊，因为他们花了整整20天才渡过的河流，罗马军团却只花了一天时间。厄尔维几人只好向恺撒求和，但恺撒要求他们交出人质作为保证，厄尔维几人毫不犹豫地拒绝了。

厄尔维几人没有理会恺撒军团便拔寨启程，恺撒也带着军团跟着厄尔维几人出发，罗马人一直尾随厄尔维几人，使得他们不能肆意外出掠夺粮食，直到罗马的4000骑兵在一场遭遇战里被500厄尔维几骑兵击败，恺撒才被迫收拢了军队，双方隔着8至9千米各自进军。

随着战局僵持，恺撒军中的粮食越来越少，而爱杜依人答应的补给却没有如约抵达，恺撒因而严厉斥责了爱杜依人的领导者们，结果其中一个执法官列司古斯终于顶不住压力向恺撒道出了实情。原来，国王狄维契阿古斯的弟弟杜诺列克斯为了篡夺王位，居然勾联敌国，和罗马人玩"无间道"。杜诺列克斯用尽各种办法故意阻挠恺撒的计划，甚至意图毁灭罗马军团，而前段时间罗马几千骑兵败给厄尔维几人，就是因为杜诺列克斯的骑兵率先退走导致的。

恺撒勃然大怒，狄维契阿古斯却请求恺撒不要杀掉他的弟弟，因为一旦恺撒这么做了，爱杜依人都会以为是国王借刀杀人。恺撒看在盟友的面子上破例原谅了这个内奸，但不再轻易相信这个叛徒了。

对恺撒来说，现在最重要的便是伺机与敌军决战。此时，恺撒发现厄尔维几人在距其12千米的山下扎营休息。恺撒认为这是一个战机，便让副将拉比埃努斯率2个军团悄悄登上了山顶。恺撒的本意是想等自己的军团跟上后再夹击厄尔维几人，但由于情报有误，恺撒错把山顶上的罗马军团当成了高卢人，白白等到晚上厄尔维几人离开了也没有进攻。罗马军团已经没有几天粮食了，眼看就要到发粮的日子，恺撒实在不能再和厄尔维几人玩你追我赶的游戏，只能将军团全部带到爱杜依人的比布拉克特城补充粮食。然而，罗马军团移军比布拉克特的行动让厄尔维几人误以为恺撒畏战，他们判断罗马军团突然放弃跟随自己一定是军中出了问题，所以他们转而向恺撒进军，准备挑起决战，会战就此开始。

恺撒看到决战不可避免，赶紧将军团移动到一处高山上，罗马人善于选择有利地形，恺撒也不例外。他将军中精锐老兵分成三个阵线布置在山腰上，将新招募的新兵都布置在山腰以上，而辎重全部位于山顶。为了鼓舞士气，恺撒下马徒步作战，以此来表明与全军士兵同生死的决心，全军结成密集的阵形迎战厄尔维几大军。

厄尔维几人犹如野兽一般围住了高山，呼啦啦地朝山腰发起了进攻。但罗马军团居高临下占有地形优势，首先向厄尔维几人投出改良后的重型标枪，这些标枪的枪头一旦击中盾牌就会弯曲嵌住它们。高卢士兵无法把枪头拔出来，于是他们只好丢弃盾牌与罗马士兵肉搏。不得不说，经过罗马军团几轮齐射后，厄尔维几军的防御力折损大半。

接着，罗马士兵和厄尔维几人展开了血的较量，罗马人娴熟的配合和密集的阵形把散乱无章的厄尔维几人打得丢盔弃甲，敌军战线开始动摇。罗马军团乘胜追击，一路撵着厄尔维几人跑，敌军被迫撤退到另一处山上抵御罗马军团的进攻。此时，作为预备队的1.5万厄尔维几人突然袭击恺撒的侧翼，罗马军团被迫转身防御。而逃到山上的厄尔维几人也在此时转身反击，不知道这是不是诱敌追击的战术。

罗马军团腹背受敌，只好变换阵形，由第一、二线抵挡正面进攻，第三线则防御侧翼。战斗进入到了真正你死我活的地步，罗马人处于被包围的险境，好在久经战阵的罗马士兵都是高素质的军人，他们结阵迎战、毫不畏惧，死死地维持着各自的战线。反倒是厄尔维儿人在长时间的战斗下体力透支，有些后劲不足，战斗越来越力不从心。终于在日落时分，罗马军团凭借顽强的毅力和惊人的勇气全线突破了包围，四面追杀这些高卢败军。若不是罗马人也十分疲惫，厄尔维儿人恐怕就要在此役里被灭族了。

经此惨败的厄尔维儿人终于见识到罗马军团的战力，卑躬屈膝地向恺撒投降，恺撒也大方和解，允许残余的 11 万厄尔维儿人返回自己的故居，还给他们发了足够的粮食。这下可好，厄尔维儿人欲哭无泪地返回了老家，看着被自己亲手烧毁的村庄，真是早知今日何必当初。从此以后，厄尔维儿人变成了罗马的附庸。

恺撒刚到高卢就击败了强大的厄尔维儿人，斩杀了近 20 万人，这让他在军中的威信与日俱增，成了士兵们信任的统帅，不过，这还只是个开始。

驱逐日耳曼

大胜厄尔维儿人后，罗马军团强悍的战斗力既让高卢人心生畏惧，又让他们对恺撒报以新的期望，于是各部落召开高卢大会向恺撒提出了另一个请求——驱逐日耳曼人。

日耳曼人居住在莱茵河东岸，嗜血好战且生存力强，这个民族体型彪悍，满头金发，湛蓝色的眼睛如野兽一般。高卢人长期遭受日耳曼人的袭击和蹂躏，不少高卢部落被迫向日耳曼人屈服，既要缴纳贡赋，又要遣送人质，对日耳曼人的恐惧也日益加深。

在高卢诸国里，爱杜依人和塞夸尼人长期互相敌视。公元前 70 年左右，为了击败爱杜依人，塞夸尼人花重金请来了日耳曼人的一支人马——苏维汇人。苏维汇人在国王阿里奥维司都斯的带领下入侵高卢地区，仅凭 1.5 万人就击败了数万爱杜依军队，爱杜依人被迫向塞夸尼人和日耳曼人缴纳贡金和人质。

阿里奥维司都斯经过此次试探有些轻视高卢诸国，竟要求塞夸尼人割让三分之一的土地作为佣金，随后便朝这片新获得的土地上移入了多达12万日耳曼人，日耳曼人对高卢的威胁越发严重。等到恺撒担任高卢总督时，阿里奥维司都斯仍在邀请更多的日耳曼人进入高卢，为此，他要求塞夸尼人再割让三分之一的土地供日耳曼人居住。可这依然不能满足他的胃口，苏维汇便公然出兵劫掠高卢各地。

在恺撒担任高卢总督前，为了安抚苏维汇王国，元老院授予阿里奥维司都斯"罗马人民的朋友和盟友"的称号。所以当恺撒听了高卢人的请求后，他决定答应下来，期望不动干戈地化解两个民族的矛盾。必须要承认的是，恺撒早先的想法过于简单，他认为凭借罗马与苏维汇多年的交情，苏维汇国王也不敢过于放肆。

然而现实总是令人失望，苏维汇历来看不起罗马人，因为他们觉得罗马人体型矮小且穿着累赘，罗马军团也只能欺负高卢人，根本不是日耳曼勇士的对手，所以傲慢地回复道："如果我对恺撒有所要求的话，我会主动去罗马会面。但若是恺撒对我有所请求的话，就应该主动到我这里来，而不是要我主动去一个罗马人控制的地方会谈。"

恺撒被拒绝后继续派使者转达他的想法："罗马希望作为朋友的日耳曼人能够放回同样是罗马盟友的爱杜依和塞夸尼的人质，并且不要再出兵劫掠高卢人的家园。如果阿里奥维司都斯同意的话，日耳曼和苏维汇依然是罗马的朋友。"

恺撒的要求看上去比较宽大，因为恺撒并没有提出让日耳曼人撤回莱茵河，也算默认了苏维汇对塞夸尼人土地的占领。但实际上，恺撒在字里行间依然流露出一丝威胁：若是不接受罗马的条件，苏维汇将是罗马的敌人。

可是阿里奥维司都斯依旧十分傲慢，断然拒绝了恺撒的好意，还回复道："罗马人可以按照自己的方式征服别人，日耳曼人同样也可以。如果恺撒愿意，尽可一试，见识一下战无不胜且武艺娴熟的日耳曼人，十四年露宿在外的日耳曼人，凭借他们的勇气能创造出什么样的事业。"

这种赤裸裸的挑衅让恺撒颜面无光，而高卢人又向恺撒报告称又有100

个日耳曼部落准备渡河进入高卢,而且阿里奥维司都斯率领苏维汇军队已经攻入了塞夸尼。恺撒心中作何感想我们已不得而知,但可以肯定的是,恺撒和他的军团一定视日耳曼人为当前最大的威胁,如果任由日耳曼人蚕食高卢人的土地,罗马很难向高卢地区扩张,待日耳曼人占领高卢全境之时,就是罗马被日耳曼人入侵之日。

恺撒决定对苏维汇宣战。一是为了避免日耳曼人与罗马争夺富饶的高卢地区,二是要借驱逐日耳曼人之战树立恺撒在高卢人心中的威信。战争已经不可避免,恺撒一经决定便立即行动起来,他必须要抢在更多的日耳曼部落进入高卢前击破苏维汇人,否则罗马就会面对数量更多的日耳曼部落。

恺撒率领六个军团直奔塞夸尼人的领地,他与苏维汇都看中了重镇维松几阿城,该城是高卢人重要的补给基地,不但地势险要、利于防守,而且还有大量的战备物资储存在这里。在双方的第一场较量中,罗马军团的组织力和纪律性更胜一筹,恺撒抢在阿里奥维司都斯之前占领了维松几阿,把地利牢牢握在了自己的手里。

然而抢占维松几阿城并不能让恺撒安心,在两军决战之前,恺撒还有更棘手的问题要处理——罗马军团的士气。众所周知,罗马人生活在气候温暖且环境优美的意大利,而日耳曼人生活在莱茵河以东的苦寒之地,地理环境的差异令两个民族的体貌颇为不同。日耳曼人的平均身高普遍高于罗马人,而且他们的力气更大,性格也更野蛮。

普通的罗马士兵因而感到害怕,他们听信了高卢人口中夸张的描述,对日耳曼人的强悍产生了错误认识。不少人因此向恺撒请假离开,并以粮食不足、道路狭窄等借口劝恺撒放弃决战日耳曼人的想法,几乎所有士兵都在写遗书,仿佛他们马上就要死了一样。

怯懦让恺撒非常愤怒,但又感同身受,毕竟人人都会产生恐惧,而决战即将来临,作为统帅的他不能任由这种情绪在军中蔓延。恺撒为此召集所有百夫长举行作战会议,严厉斥责了罗马军人的懦弱,列举了马略击败日耳曼人辛布里和条顿的往事,也一一驳斥了高卢人夸张的传言,这才让百夫长心中稍稍安定了几分。最后,恺撒无畏地说道:"如果所有人都不愿意随我一起出战日耳曼人,我也将带着第10军团独自前进。毫无疑问,第10军团一定会这么做，他们是恺撒最英勇的卫士。"

此言一出，第10军团的将校立刻热血沸腾，当即表示一定随恺撒出生入死，而其他军团的百夫长感到无比羞耻，责任心和荣誉心终于压过了恐惧，当即表示将随恺撒出战。恺撒真是个善于攻心的高手，他先是故意赞扬第10军团，激起对方的荣誉感，使得第10军团不好意思退缩，接着又利用第10军团的表态激发其余军团的羞耻心，从而令所有人再无避战的借口。

12万苏维汇人中有多少军队数量并没有记载，但至少有6000精锐骑兵和等数量的轻步兵，他们采用步骑混编的协同战术，步兵应不少于3万人。兵力雄厚的苏维汇国王在战前的谈判中威胁道："如果苏维汇杀死了恺撒，罗马不少显贵恐怕不会为恺撒报仇，反而还会感谢日耳曼人。"显然，阿里奥维司都斯并非野蛮无知，他可能早已掌握了罗马人的情报，也知道恺撒在罗马城内有不少政敌。之后，苏维汇又借谈判之名试图捕杀恺撒，谈判就此破裂，双方剑拔弩张。

战场位于维松几阿城东北，其西侧是高低起伏的山丘，东侧有大量的密林，两条河流在战场中横穿而过。恺撒军团就布阵在南侧的奥贡河支流，苏维汇则驻扎在瑟尔河北岸，两条河流之间有平坦又宽阔的平原，是两军决战的好地方。

维松几阿的战场上，罗马与苏维汇的兵力相差甚远，恺撒的6个军团大概只有3万人马，但肯定少于敌军。《孙子兵法》有云：倍则分之。罗马人以为日耳曼人会像往常一样从正面进攻，然而令恺撒意外的是，阿里奥维司都斯率部悄悄穿过了旁边的密林，堂而皇之地移动到了他的后方，如此便截断了恺撒和维松几阿间的补给线。这一招非常漂亮，竟然让恺撒陷入了被动。

恺撒决定重新打通与维松几阿的交通线，将军队分成两部，由第一、第二线士兵推进掩护，第三线士兵在后方搭建军营。他们在距离敌寨900米处，迅速搭建了一座坚固的营寨并留下两个军团驻防，其余主力又返回到主营。这样一来，罗马利用山地分营重新建立了补给线，而阿里奥维司都斯在这期间派骑兵袭扰，但都被恺撒的军队轻易击退，日耳曼人就这样眼睁睁地看着罗马人重新打通了补给线。

这一轮的交锋，恺撒成功化解了危机，奇怪的是，阿里奥维司都斯明明占有优势却没有发动大规模进攻，直到俘虏向恺撒透露了实情，恺撒才得知原因。原来日耳曼祭司预言在新月出现前出战会遭到失败。阿里奥维司都斯不敢违背祭司的占卜，所以才任由恺撒夺回了补给线。恺撒得到这个至关重要的信息后，当即决定挑起决战，他相信被迫迎战的苏维汇人会因此士气大跌。

决战之日，恺撒将军队排成了三列线阵，前两线用于交替进攻，后一线作为预备队灵活调动，另有数千骑兵由克拉苏的次子普布利乌斯·克拉苏指挥。天亮后，恺撒军团向日耳曼人军营大举逼近，声势浩大，鼓噪喧天，惊得日耳曼人坐立难安。阿里奥维司都斯只好率军迎战，用辎重车围成车阵，将妇女儿童放在中间，而男人们全部手持利刃站在车阵前迎敌，双方决战就此打响。

两军阵前，恺撒拔剑指天，喝令全军进攻。罗马军团随即发出了震天般的怒吼，狂奔激起的烟尘遮天蔽日，日耳曼人也疯狂地朝罗马军团发起冲锋，两军士兵迅速冲杀在一起。由于日耳曼人行动迅速，罗马前卫还来不及投射标枪就被迫拔剑迎战，双方士兵你砍我刺，战斗得十分激烈。

恺撒指挥的右翼罗马军团经过血战，逐渐逼退了日耳曼人左翼，但相同的事情也发生在罗马人的左翼，苏维汇右翼也取得了对罗马左翼的优势。位于后方的小克拉苏清楚地看到了战局的变化，他当机立断指挥全部骑兵和第三列老兵投入左翼战场。得到生力军加入的罗马左翼稳住了阵脚，联合小克拉苏的骑兵反复冲击苏维汇人侧翼，胜利的天平又被拉回到罗马一方。而远在右翼的恺撒终于攻破了日耳曼左翼，开始攻击日耳曼军的中央。

随着苏维汇左翼的溃败，阿里奥维司都斯的军队开始动摇，战死者甚多。罗马军团步步逼近，迫使苏维汇人向后方的车阵退却，而站在车上的日耳曼妇女也拿上武器支援她们的男人。不久之后，恺撒军团就围住了日耳曼人的车阵，拥挤的日耳曼人被罗马士兵大肆砍杀。据说拥挤程度让很多人连死了都不能倒下，日耳曼军队在罗马军团的碾压下终于彻底崩溃了。

恺撒军团在战后追亡逐北，继续追击溃逃的日耳曼人，阿里奥维司都斯的两个妻子和一个女儿都在追杀里丧生。苏维汇征服高卢的计划就此烟消云散，日耳曼人战无不胜的神话被轻易击碎，剩下的日耳曼部落听说苏维汇人战败，也放弃了渡河入侵高卢的计划，纷纷撤回莱茵河对岸。恺撒在一个夏天里，以先后击败厄尔维几人和苏维汇人的战绩向所有高卢人证明，恺撒军团是比日耳曼人更可怕的力量，罗马军团的威名由此声震高卢大地。

征战比尔及

维松几阿会战后，恺撒让罗马军团在高卢人的领地修筑营寨过冬，他并未如高卢人期望的那样，在帮助了爱杜依人后就返回罗马行省。相反，恺撒丝毫没有撤军的意思，稍有见识的高卢人都意识到恺撒军团已经成了第二个外来入侵者，罗马的真实目的是占领高卢、奴役高卢。因此，高卢各国的态度都出现了微妙的变化。

恺撒军团的到来让高卢东北的第一强国比尔及芒刺在背，他们有理由相信恺撒将征服不听命于罗马的高卢国家，所以比尔及诸部决定抢先行动起来。他们相互结盟、交换人质、召集军队，共推苏威西翁内斯国王盖尔巴为统帅，组建了一支30万人的庞大军队。

此时的恺撒面临一个两难的抉择，虽然他得以主政高卢，但征服外高卢的战争并非元老院的战略部署，而批准给他的军团数量根本不足以应付30万比尔及联军。若要征服高卢，恺撒必须征募更多的军团，这无疑违背了元老院的规定；若是不这么做，恺撒的高卢征服将到此结束。

在这个问题上，恺撒如同脱缰的野马，在明知会遭到政敌构陷的情况下，恺撒依然征召了2个新的军团，并带上筹备好的粮食进入高卢，其麾下的军团数量已达8个。这时他的兵力已超过4万人，恺撒会赢得战争吗？不管他能否获胜，恺撒无视元老院的行为已经落人口实，这为高卢征战的结局埋下了伏笔。

准备充分之后，恺撒仅花了十五天便赶到了比尔及人的边境。首当其冲的是一个叫雷米人的部落，他们被恺撒迅雷般的动员能力给吓到了，所以尚未交兵就宣布了投降。不但如此，他们还当起了带路党，将比尔及诸国的情报详细报告给恺撒，这让恺撒能够料敌于先。有了雷米人的加入，恺撒拥有了进攻比尔及的桥头堡和补给基地。

恺撒应对比尔及联盟的策略就是分而治之。他派爱杜依人的军队进攻比尔及西部的贝洛瓦契人,让他们在那里肆意烧杀抢掠,以扰乱敌后的方式分化敌军,恺撒本人则就地迎战比尔及联军主力。不久后,比尔及联军在盖尔巴王的率领下攻入了雷米人的领地。恺撒并不打算正面迎战比尔及联军,毕竟4万与30万的差距实在太过悬殊,恺撒没有一战取胜的把握,所以他决定以己之长攻敌之短。

恺撒率军渡过了阿松纳河的桥梁,让军队在河流旁的山地布阵,其正面是河流和沼泽,地形十分利于防守。恺撒在该处修建了带有箭塔的营寨,背后是一段缓坡,军队正好可以驻扎在上面,而缓坡的两端都是陡峭的悬崖石壁,上面修了两道与布阵方向垂直的工事,还布置了弩炮等重型武器用于保护侧翼的安全,相信任何军队都不能轻易突破恺撒的防线。另外,为了避免补给线被切断,恺撒让六个大队回到桥的另一端防守,保持与雷米人的联系。

比尔及联军很快就赶到了恺撒选择的战场,首先挡在他们面前的是雷米人的城池。不知是为了补充粮食还是为了围点打援,他们没有立刻去找恺撒军团决战,而是搞起了围城战,三面困住了雷米城池,只有与河相邻的一面没有封锁。联军按照高卢常规的打法,先用远程打击驱散城墙上的守军,然后再列阵冲到城墙下攻击。

战斗非常不利于雷米人,求援信一封接一封地送到恺撒手中。不过恺撒没有动用他的精锐军团,而是派辅助军的克里特弓箭手、巴利阿里投石手进入城池支援雷米人。有了恺撒援军的加入,雷米人士气大振。比尔及联军久攻不克,见恺撒无意主动出击,而城墙又一时突破不了,便放弃了消灭雷米人的想法,转而试探性地强攻恺撒的防御工事,在发现正面强攻也难以奏效后,比尔及联军便试图攻击河流,歼灭恺撒派驻的六个大队。

比尔及联军迅速向阿松纳河发动攻击,形势十分严峻。恺撒知道河口一旦失守,恺撒军团就会被比尔及人包围,于是他立刻率领精锐的轻步兵和骑兵驰援守军,待到比尔及联军试图强渡时,对其半渡而击。这一招取得了成功,罗马军团严密的军阵和铁的纪律使他们稳如磐石,再加上恺撒率领骑兵从侧翼突然杀入,使得比尔及联军军心大乱、损兵折将,渡河攻击的计划就此失败。

比尔及联军正面不能突破罗马的防御工事,侧面又难以渡过阿松纳河,恺撒始终保持着与雷米人的交通,毫无补给之忧,而比尔及联军却日益艰难,毕竟30万人每天都要消耗大量的粮食，时间一长必然补给短缺，军心自然动摇。

这个时候，贝洛瓦契人以领地被爱杜依人劫掠为由提议撤军。此言一出，其余比尔及部落都坐不住了，他们没有击败恺撒的信心，于是大家相互约定暂时各自撤军回国，如果恺撒进攻任何一个国家，其他人就必须重新集结支援盟友。比尔及联军就在这样冠冕堂皇的理由下就地解散了。

恺撒起初以为比尔及联军突然撤退是打算诱使罗马军团离开阵地，但当他的侦察兵回报敌军真的撤走了之后，恺撒赶忙下令全军出击，罗马军团便犹如脱缰的野马一样追杀比尔及联军。此时的联军已经战意全无，根本不敢转身迎敌，反而争相逃跑，一场撤退变成了大溃败，恺撒一路追奔逐北，斩杀了大量比尔及人，30万联军就此覆灭，恺撒由守转攻的时机已经成熟。

得胜后的第二天，恺撒放弃休息，首先进兵最近的苏威西翁内斯人，包围了敌人最大的城池。不知道国王盖尔巴是因为动作太慢没有撤回，还是原地解散了军队，总之盖尔巴没有出现。恺撒便用攻城器械猛攻城池，高卢蛮族从没见过这样的"高科技"，吓得立即投降了。

收服了苏威西翁内斯人之后，恺撒又杀入贝洛瓦契人的领地，不过在恺撒还没兵临城下时，贝洛瓦契人就出城投降了。同样的事情也发生在阿姆比安人身上，恺撒一路降服诸多比尔及部落，战争进行得非常顺利，而比尔及人约定相互支援的誓言居然没有一个部落履行。

一连串胜利后，恺撒终于兵临比尔及最悍勇的国家——纳尔维。这个民族与其他比尔及人完全不同，他们并不依靠骑兵作战，甚至根本就没有骑兵，这是因为纳尔维人鄙视骑兵战术。纳尔维逐渐发展成比尔及最强大的步兵王国，不但完全倚重各式步兵，还在自己的土地上大量种植荆棘，使得当地极不利于骑兵作战。

纳尔维人召集了一支5万人的军队，计划在萨比斯河伏击罗马人。恺撒抵达萨比斯河时非常谨慎，特意调整了军队的队列，就是害怕被人伏击。而且在渡河之前，恺撒先在河边的山上扎下大营，然后才让骑兵泅渡萨比斯河。此时的恺撒还没意识到纳尔维主力军队就埋伏在河流对岸。

在一番交战之后，纳尔维大军出现了。罗马骑兵自知不敌，立即后撤，然而纳尔维军根本不给罗马人反应的时间，当即渡河进攻罗马军团。罗马人这时才发现自己被敌军伏击了，由于军队被地形阻隔，军团不能立即结阵防御，形势非常被动。恺撒当时正和第10军团在一起，来不及传令全军列阵，只好树起军旗、吹响号角，让罗马军团自行布阵迎敌。

罗马军团的战时素养在危急时刻拯救了他们，纵然遭到突袭，士兵们依然能集结到最近的军旗下，尽最大努力列阵迎战。罗马人由此分成三部作战，其中左翼是第9和第10军团，中央是第8和第11军团，右翼是第7和第12军团，而新编的第13和第14军团还在后方护送辎重，没有加入战场，萨比斯河之战就此打响。

纳尔维人凭借伏击一度取得了优势，死命地冲击罗马人的军队。不过，正如罗马人所自豪的那样，罗马军团即使单独作战也是一支强悍的力量。由副将拉比埃努斯指挥的第9和第10军团在一番血战后击败了纳尔维右翼，并冲过河流追击远处的敌军，而中央的第8和第11军团也发挥出惊人的战力，同样将纳尔维的中央兵团驱逐过河。如此一来，罗马军团顺利击破了敌军的中央和右翼，只剩下敌军左翼还在和罗马军团的第7和第12军团战斗。然而与另外两支敌军不同，左翼的纳尔维军是他们真正的主力部队，另外两支其实是同盟军，所以真正的血战压在了第7和第12军团的头上。

随着战线的改变，纳尔维军发现罗马空出的中央阵地无人守备，于是抽出一支军队包抄到罗马右翼的侧面，使得第7和第12军两面受敌，军团开始向后方溃败，而纳尔维主力得势不饶人，不断向远处挤压溃败的第7和第12军团。同时，纳尔维军还攻入了另一侧的罗马大营，战火已经烧到了军团的营地。

恺撒看到这一幕，知道已是生死存亡的关键时刻，当即策马直奔正在崩溃的右翼军团。此时的第12军团近乎全军覆灭，他们的军旗被敌人夺去，首席百夫长和许多军官早已战死。恺撒弃马快步上前，夺过一面盾牌，亲自冲到第12军团的战线里砍杀敌军，他大声呼唤还活着的百夫长，让他们重新稳住阵形。近乎绝望的第12军团士兵突然士气大振，因为他们看到身披红色斗篷的恺撒正举盾持剑站在自己的身旁。"统帅和我们在一起，坚持住，小伙子们！"士兵们争相呼喊起来。恺撒的英姿让罗马士兵热血沸腾，他们被统帅同生共死的行为感动，爆发出惊人的战斗力。

恺撒毫无畏惧地朝前方推进，12军团的士兵也紧紧跟着恺撒，死命般地把敌军又推了回去,战线开始重整。接着,恺撒指挥第12和第7军团改变阵形,让他们背靠背战斗,无论背后的战况如何,只管攻击正面的敌人,把后背的安全完全托付给自己的战友。

在恺撒舍生忘死的战斗下,第12和第7军团终于稳住了阵线,从后方赶来的第13和第14军团赶紧丢下辎重加入了战斗。最关键的是,拉比埃努斯成功将敌军残部驱逐过河,旋即指示第10军团回师救援,胜利的天平终于朝罗马人一方倾斜。随着罗马的援军相继赶来,纳尔维人的背后和侧翼都遭到了攻击,他们不得不转攻为守,不久之后即陷入四面被围的境地。最终,纳尔维主力被全数围歼在罗马营寨外。

此战,恺撒军团血战险胜,损失了几乎一整个军团的士兵和大量优秀的百夫长。但他们对纳尔维人的毁灭也是致命的,据说6万男子只有500人生还,600位长老只活下了3人。剩余的纳尔维人向恺撒投降,基本算是被灭族了。

到此为止,比尔及联盟只剩下苟延残喘的阿杜亚都契人,不过这些家伙并不打算认命。在得知恺撒击败了最强悍的纳尔维人并见识了罗马攻城器械后,阿杜亚都契人便故作害怕地向恺撒诈降,背地里却留下了部分兵器。投降当天,阿杜亚都契人判断罗马人会因为他们的投降而放松警惕,所以悄悄编制盾牌并分发刀剑,准备趁恺撒军团在城中休息时发动突袭,可是恺撒严明军纪,担心军团驻扎城中会扰民,于是全数撤离了城市,高卢人只好改变计划。

当夜,阿杜亚都契人突然出城偷袭恺撒,哪知罗马军团却像战时一样日夜守备,轻而易举地击退了敌人的袭击。天亮之后,伴随着恺撒的震怒,罗马军团如雷霆般攻破了阿杜亚都契人的城市。为了惩罚背叛者,恺撒将活着的5.3万阿杜亚都契人全部卖为奴隶,彻底消灭了这个民族。至此,比尔及人被恺撒征服了。

恺撒吞并比尔及诸国后,再也不掩饰自己征服高卢的雄心,他派小克拉苏率军一路向西南方进军,沿途攻城拔寨,各地部落都知道不是罗马军团的对手,纷纷向恺撒投降,除了布列塔尼和阿奎塔尼没有被恺撒统治外,其余各地均并入罗马的山北高卢行省。收到此等捷报的元老院立即为恺撒的高卢之战举行了长达15天的谢神祭,罗马城陷入了一片狂欢之中。

第十六章 称霸高卢

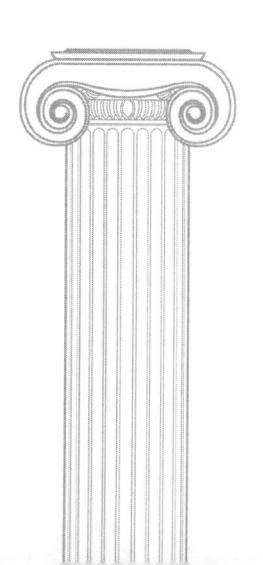

称霸高卢

恺撒用两年时间基本制服了高卢人，为了缓解军团的补给压力，他将军团分为数个小队驻扎在高卢各处，这样不仅能解决粮食供应的问题，也能起到全面监视高卢的作用。恺撒做完这些后便匆匆返回了山南行省，之所以着急是因为罗马城出事了。

恺撒走后，元老院保守派有意壮大自身势力，竟然直接给庞培送去了橄榄枝。庞培在首都的势力是最大的，如果他背弃三头同盟，那恺撒将处于非常不利的境地。不过，唯一让恺撒欣慰的是他的女儿尤里娅，这个小丫头牢牢占据着庞培的心。据说庞培整天沉溺于和尤里娅谈情说爱，完全一副讨好女神的样子，这就表示庞培暂时不会背弃恺撒和克拉苏，所以现在最主要的对手还是元老院保守派。

恺撒赴任高卢后，"搅屎棍"普尔喀开始了他削弱元老院的计划。对于一向清正廉洁的小加图，三头无法找到直接击垮他的办法，所以他们撺掇小加图到东方担任塞浦路斯总督，远离元老院的小加图自然就不会给三头找麻烦了。至于另一个元老院大佬西塞罗，还没等三头发动攻击，"暴民领袖"普尔喀就擅自发起了进攻，因为他与西塞罗有私仇。当年他女扮男装潜入恺撒家时，西塞罗曾在法庭上否定了他不在场的证据，这让普尔喀非常恼怒。

三巨头其实无意追剿西塞罗，但普尔喀独自召开了平民大会，提出了一项新法案：放逐"未经审判就擅自处死罗马公民"的人。这正是对西塞罗发动的直接进攻，因为喀提林阴谋发生时，西塞罗未经审判就处死了阴谋分子。法案在公民大会上得到通过，西塞罗当即逃离了罗马，而普尔喀做得更绝，把西塞罗的别墅都捣毁了，曾经辉煌一时的西塞罗，如今十分狼狈。

至此，三头同盟已与元老院公开对立。不管是有心还是无意，三头同盟在事实上控制了罗马政局。恺撒出征高卢的那一年，两位执政官均是三头同盟的人，这不可避免地引起了元老院的敌意，他们在恺撒出征高卢的第二年就试图重夺政权。而留在罗马的庞培态度暧昧，被元老院派的人夺回了一个执政官席位，得意的他们马上召回了小加图，还解除了西塞罗的驱逐令。

西塞罗一回到罗马就向庞培示好，通过授予庞培荣誉职衔的方式来离间三头的关系。再到下一年选举时，两个执政官的席位均被元老院斩获，八个法务官中也有六个是元老院的人。元老院派的执政官当即扬言要解除恺撒的高卢总督一职，如果恺撒再不行动，他的征服计划怕是要提前结束了。

公元前57年冬，为了强化同盟并决定今后的政策，恺撒邀请庞培和克拉苏到卢卡举行会谈，三大巨头再度聚首，史称"卢卡会议"。据说这场会议大约有200名元老院议员列席。会上，三巨头达成了新的同盟协定：恺撒将继续担任高卢总督，任期延长五年；庞培和克拉苏联合竞选下一年的执政官，重新夺回罗马的政权。此外，还约定卸任后的庞培将担任西班牙总督，克拉苏则分得叙利亚，三人都可以组建十个军团。

事实上，之后发生的事情完全按三头同盟的计划在进行。两个执政官和八个法务官全部被三头同盟的人斩获，而十个保民官中，三头同盟就夺得了八个席位。元老院的保守势力再次被三头政治压倒，各项政策又将按三巨头的意思来执行。

一切恢复如常后，恺撒便急匆匆地离开了意大利，因为高卢又出事了。早已投降的文内几人因不满罗马对他们的控制，扣押了罗马征粮官，各地均有组成联盟共同反叛的倾向。恺撒认为一旦高卢有一处反叛，很可能变成燎原之火燃遍整个高卢，所以恺撒一边向高卢行军，一边传令各地军团迅速集结，他准备在来年春天展开新的军事行动。

公元前56年是恺撒征战高卢的第三年，恺撒召集麾下将军，制订了攻略计划：分兵出击，统一高卢。

分兵在恺撒以往的作战中并不常见，因为和数百万高卢人相比，恺撒的兵力少得可怜。但今时不同往日，在长期战争的磨炼下，恺撒麾下的几个青年将领已经成长到足以独当一面的程度，所以恺撒决定把高卢分为四个战区，分别指派一位将军处理当地战事。

第一路，指挥官拉比埃努斯统率绝大多数骑兵重新挺进比尔及，意在威慑比尔及人并收集莱茵河的情报。凭借拉比埃努斯的威望和能力，比尔及人和日耳曼人一定成不了气候。

第二路，指挥官萨比努斯指挥三个军团进军诺曼底（当时这一地区还不叫诺曼底）。当地的维内利人、古里阿沙立太人、勒克索维人已经明确掀起了反抗罗马的大旗，所以恺撒要萨比努斯征服诺曼底，镇压叛乱。

第三路，指挥官小克拉苏率领 12 个大队和部分骑兵讨伐西南方的阿奎洛尼亚，目的就是要统一高卢南部地区。

第四路，指挥官德西姆斯·布鲁图斯统率所有的罗马战舰以及征集的高卢战船，目标是叛乱的文内几人。这一路是恺撒的主力，也是作战的最主要目标，恺撒因此亲临一线，部署并指挥整场作战。

四大战区的指挥官都十分出色。第一路军统帅拉比埃努斯一到比尔及立即征召高卢贵族充当骑兵，此举明显是为了"人质"。当地人立刻恭顺投降，反叛的苗头很快就熄灭了。而试图渡过莱茵河的日耳曼人遭到拉比埃努斯的进攻，也暂时放弃越过莱茵河的计划，这一路的威慑效果极好。

第二路军统帅萨比努斯率领三个军团抵达诺曼底后，维内利人立即退守高山结阵防御。萨比努斯并未强攻，他同样寻得一处高地扎下大营，坚守不出。为了诱使敌人离开坚固的阵地，萨比努斯让高卢间谍散布谣言，称萨比努斯是个胆小鬼，因害怕战斗已经准备撤退了。被谣言欺骗的维内利人立刻出营偷袭罗马营寨，结果萨比努斯早就严阵以待，反倒杀得高卢人溃不成军，当地就此平定。

第三路军统帅小克拉苏一路势如破竹，首先以两场大胜击败了索儿亚德斯人，霍卡德斯人和塔鲁萨得斯人等阿奎丹尼人立即与远在西班牙的部落交换誓约、结为同盟，请来了不少援军，其中不乏塞多留当年的部下。而联军所采用的战术也沿袭了塞多留的游击战，意在切断补给、封锁道路，因此联军全部退入坚城防守，拖延战事。小克拉苏并不惧怕攻城战，他通过实地勘察摸清了敌军部署，故意让军团攻击防备较强的城墙，等到敌军聚集到该处后，他悄悄带人偷袭了守备空虚的后门，一举攻陷了整座城池，阵斩 4 万余人，阿奎丹尼人至此也跪在罗马人脚下。

第四路军团要征服的地方是布列塔尼，该处位于高卢西北，正是当年厄尔维几人理想的新家园。当地文内几人远比上述各族要难对付，因为他们是高卢人中唯一擅长航海的民族，拥有 220 艘战舰的强大海军力量，这个民族的城池大多修建在海边，使得他们可以利用海运进行贸易。

德西姆斯要征服文内几人就必须攻下他们的海港城市，而要占领海港，没有海军配合根本不可能成功。因为守军可以通过海洋自由运输士兵和补给，就算防守几年也没有问题，所以当恺撒率领军团围攻这些城市时，文内几人便登船逃走了，走时还不忘向罗马人"挥手告别"。

针对这样的情况，恺撒早就着手建造自己的舰队。罗马军团的士兵都是工程兵，既能修路架桥，也可以自己造船。不久之后，按照罗马传统建造的战舰就下海了。

当罗马战舰出航以后，德西姆斯却发现自己的军舰很难击沉文内几人的船舰，因为对方的战舰采用船底平直、首尾高翘的设计，用铁钉固定的橡木船身既高大又坚固，不仅能乘风破浪，而且不惧暴风雨。这样一来，当罗马人试图射箭、投石时，他们就必须举弓向上方攻击，而高卢人则可以从上向下攻击，对罗马非常不利。而且当罗马战舰试图撞击高卢战船时才发现，任何冲击对坚固的高卢船都是无效的。

这该怎么办呢？海军将领德西姆斯很快就发现了高卢船的另一个特点——单动力船只，即船只不用桨只靠风帆航行，一旦失去风帆就难以动弹。所以德西姆斯改变了作战方式，接近高卢战舰后，既不射箭又不冲撞，而是做了一种非常长的钩子，用来割断敌舰风帆的缆绳，于是高卢船的帆布就统统倒下了。

没有了动力，高卢战舰就都成了活靶子，任由罗马勇士登船接舷。接舷战是罗马人最擅长的事情，当罗马士兵登上高卢船后，这只船上的高卢人就已经没有机会活命了。一战之后，文内几人就此灭族，恺撒军团占领了他们的全部土地，布列塔尼至此也并入罗马共和国。

以上四路军团都完成了恺撒赋予的使命，而恺撒本人在做什么呢？除了上述几大部落外，莫里尼人和门奈比人依然不肯投降恺撒。这些高卢人相当顽固，即便见识了比尔及、阿奎丹尼战败投降的战争，还是坚持与恺撒为敌。恺撒要做的就是严惩一切不合作者，他率部杀入以上两大部落，逢人就杀，见城就烧。高卢人仗着有森林和沼泽作为掩护，便分散逃入森林中，一旦恺撒离开，他们又从森林里杀出，袭扰罗马人的补给线和营寨。因此，恺撒发动了一场针对森林的战争，罗马军团一边砍伐森林，一边用树木修筑堡垒、要塞，毁灭了高卢人的全部土地，截获了补给和辎重，迫使高卢人逃进更远的森林。

至此，恺撒已经完全控制了高卢全境，阿奎丹尼人、长发高卢人、比尔及人都成为罗马治下的臣民，广袤的高卢大地成了罗马的行省。高卢的战事已是罗马街头巷尾热议的话题，每天都被人谈论，堪称当时的"今日头条"。很多年轻的罗马男子都想到恺撒麾下作战，因为恺撒战无不胜，只要跟着恺撒就可以收获荣誉和财富。不过，恺撒的雄心还不止如此，他将目光投向了大海的远方。

远征异域

恺撒坐镇的高卢行省远比意大利版图辽阔，这里的山川河流也比意大利复杂，而当地的部落国家更是多达上百个。要征服一盘散沙的高卢只需要各个击破即可，可是要统治整个高卢就不那么容易了。

高卢人各自为政使得恺撒要和每一个部落建立信任关系，这样无疑会耗费罗马不少精力，故而恺撒对高卢的统治是依靠每个部落的人质和贡金来实现的。然而这种靠人质来维系忠诚的方式并不安全，因为高卢人就是墙头草，谁强就靠谁，保不齐哪天会突然出现一股新势力来打破平衡。

果不其然，刚平定高卢不久，恺撒就收到了莱茵河的军报，居住在莱茵河边的高卢部族门奈比人被大举入侵的日耳曼人击败，日耳曼人中叫乌西彼得斯人和登克德里人的部落已经越过了莱茵河，两个部族多达43万人。恺撒对日耳曼人的警惕性非常高，一是因为日耳曼人的战斗力非常彪悍，和他们交手必须要慎重；二是因为高卢人长期被日耳曼人奴役，极可能会因为他们的入侵而重新倒向日耳曼。

事实上，还真有高卢部落当起了墙头草。他们见日耳曼人已经渡过莱茵河，便派使者表示归顺，恺撒最不希望看到的就是这样的局面。故而，恺撒必须设法将高卢人争取到自己这边，否则就有被取而代之的危险。为此，恺撒紧急召开了高卢部落大会，以自己的军威震慑高卢各部，要他们为罗马提供足够的骑兵。

此乃恺撒的一石二鸟之计。高卢人和早期的罗马人一样，有钱买战马的不是贵族就是酋长，恺撒要他们跟着自己出征，既解决了罗马骑兵不足的窘境，又间接把高卢贵族留在身边当人质，想必任何高卢部落都不敢轻易谋反。收到高卢各部的"人质"骑兵后，恺撒便率领五个军团拔营启程，直奔莱茵河地区。

得知恺撒向莱茵河进军的消息时，日耳曼骑兵正在四处劫掠粮食，剩下的人尚未做好决战的准备，于是只好遣使求和，要求恺撒暂停进军，并解释称自己是被苏维汇人击败后被迫向西迁移，对罗马没有敌意。

恺撒对苏维汇人并不陌生，虽然他曾击败过苏维汇人，但他们只是其中一个部落而已。苏维汇人还有很多分支，占据着大片土地，好战却又不事生产，以征服其他部族为乐趣，以把肥沃的土地化为废墟为荣耀，导致苏维汇人的领地周围尽是荒芜。乌西彼得斯人和登克德里人渡过莱茵河极可能是被苏维汇逼迫。

恺撒相信乌西彼得斯人和登克德里人是被迫渡过莱茵河的，但并不完全相信他们对罗马没有敌意的鬼话。他知道这些人的骑兵已经外出，现在他们假装求和无疑是缓兵之计，所以恺撒明确拒绝了停止进军的请求。他告诉日耳曼使者，高卢已是罗马人的地盘，要在高卢安家肯定不行，但恺撒可以和其他日耳曼人协商，为他们重新划一片土地居住。日耳曼使者只好回去和部落长老们商议，恺撒则继续向莱茵河进军，并派5000骑兵为先锋，试探日耳曼人的诚意。没想到，恺撒的骑兵被800日耳曼骑兵击溃，这让恺撒勃然大怒。日耳曼人使者为此再次来到恺撒的军营，称刚刚发生的战斗完全是一场误会，求恺撒再宽限几天。恺撒却不这么认为，他无法确定的事情只有一件，那就是日耳曼人求和的诚意是真是假，而他能确定的事情也只有一件，那就是日耳曼人的骑兵即将返回。权衡利弊之后，恺撒扣押了日耳曼使者，突然对日耳曼人发动攻击。

根据当时的情况，日耳曼人似乎是真心求和，因为他们的营地毫无防备，战斗成了一边倒的屠杀。恺撒军团轻而易举地剿灭了这支日耳曼人，而他们的骑兵在得知这个噩耗后逃回了莱茵河对岸。

日耳曼人的反复入侵让恺撒非常不安，他认为有必要渡过莱茵河，一是为了追击逃回老家的敌人，二是为了向日耳曼人彰显罗马军团的战力，震慑日耳曼人，以防他们日后再次入侵高卢。

紧接着，恺撒着手渡过莱茵河。基于威慑日耳曼人的目的，恺撒很清楚渡过河流并不重要，以什么样的方式渡过河流才是此次军事行动最重要的问题。为此，恺撒故意没有造船渡河，而是命军团用十天搭建了一座横跨莱茵河的桥梁。这座跨河大桥代表了罗马人高超的工程技术，是日耳曼人不敢想象的。果然，日耳曼人被罗马人的壮举惊呆了，震慑日耳曼的效果似乎达到了。

渡过莱茵河的恺撒第一次看到了日耳曼人的世界，这里土地荒凉、森林密布，完全看不到肥沃的良田和庄稼，罗马人终于能理解日耳曼人对高卢土地的渴望了。恺撒军团的到来令日耳曼人中比较弱小的部落惊恐难安，他们赶紧送来人质表示臣服，但是最强大的苏维汇人集中到最大的城池里准备反抗罗马。

恺撒无意与苏维汇人作战，最主要的原因可能是当地过于贫瘠。一旦陷入战争，粮食补给将成为罗马军团最大的难题，所以恺撒象征性地炫耀了一下武力便返回了高卢，这段入侵如同旅游一样，仅仅只有18天。虽然时间较短，但也有收获，恺撒得到了一个叫乌皮人的日耳曼同盟，他们为恺撒提供了比高卢骑兵更厉害的日耳曼骑兵。

返回高卢后恺撒并不打算休息，离冬季到来尚有一段时间，他决定朝另一个未知的世界——不列颠前进。不列颠位于高卢以北，与欧洲大陆隔着英吉利海峡，两岸最近距离只有48千米，这让两岸居民偶有往来。恺撒在讨伐高卢的过程中总有不列颠人支援高卢人，所以他必须惩罚不列颠，否则这些隔着海洋的民族一定会在高卢生事。

虽然冬季即将来临，身边也只有80艘运输船，但恺撒依然决定去不列颠冒险。只不过此行的目的不是为了征服不列颠，而是为了弄清不列颠的虚实。

恺撒率领第10和第7军团登上了前往不列颠的船只，由于运输船不足，恺撒把骑兵派去了另一座港口，那里停泊着18艘运输船，恺撒要骑兵尽快与自己会合。就这样，恺撒的军团开始了第一次不列颠探险。

恺撒进军的消息很快就被不列颠人探知，他们在恺撒抵达不列颠海岸前就已经聚集在海边的山崖上，看起来气势汹汹。这是恺撒首次看到陌生的不列颠，那里海风呼啸，高耸的悬崖立于海滩前，不列颠人浑身涂抹着蓝色的颜料，还驾驶着奇怪的战车。

恺撒让船队沿着海岸航行，直到他看到一处较为宽阔的海滩后才下令登陆（现在普遍认为恺撒登陆的地点应该在肯特附近）。然而不列颠人同样追到了这里，还抢先占领了海滩，看来一场抢滩登陆战是难以避免了。

　　恺撒的登陆作战非常不利，因为罗马的运输船吃水很深，而海滩水位较浅，所以恺撒的船必须在离海滩较远的地方下锚。这样一来，罗马士兵就必须穿上沉重的铠甲跳到水里游到海滩，而游到海滩前的士兵也东一个人西一个人，根本不能列阵。不列颠人见状立即对罗马士兵发起攻击，射伤了不少游泳的罗马士兵，抢滩战非常被动。

　　眼看着罗马士兵被射杀在海上，恺撒心中非常焦急，幸好运输船上装备了弩炮，恺撒便令所有船只摆成侧面对敌的阵形，然后用弩炮等武器远程打击不列颠人，这才成功压制了不列颠人，为步兵登陆赢得了时间。

　　即便如此，罗马士兵还是不敢轻易下水，毕竟已经有不少同胞死于水中。此时，最英勇的第10军团挽救了大家，他们的旗手高举鹰旗跳入水中，朝最危险的敌人游去。罗马人最看重荣誉，鹰旗就是他们的生命。当士兵们看到鹰旗陷入危险后，全都勇敢地跳下水，聚集在鹰旗旁边，用生命保护这份荣誉。最终，罗马军团登上了海滩，杀得不列颠人丢盔弃甲。

　　登岛成功的恺撒在海边扎营休整，狡猾的不列颠人立即送来人质和贡品。可是四天后，恺撒收到了骑兵船队因天气恶劣被迫返航的消息。更糟糕的是，恺撒驻扎的海岸发生了涨潮，上涨的海水立刻淹没了海岸，使得被拖上岸的运输船又漂了起来，由于无人驾驶便东西乱撞。第二天，恺撒军团看到的是一片狼藉的海滩，不少船只都被撞毁了，士兵们因孤立而感到恐惧。

　　不仅士兵慌了，恺撒也忧虑起来。不列颠人承诺的人质迟迟没有动静，而罗马船只被毁的消息很快就会传到不列颠人那里，恺撒进退两难，唯恐不列颠人趁机偷袭。于是，恺撒立即命人就地修筑防御工事，然后派兵利用尚可使用的船只返回高卢征集修船工具，他则坐镇大营以安军心。

　　不列颠人果然如恺撒所料发起偷袭，但罗马人早有准备，偷袭并未得手。很快，运送修船工具的船只返回了不列颠，恺撒赶紧召集士兵昼夜修理船只。偷袭不成的不列颠人又派来了使者，称愿意交出人质，要求恺撒再等数日。不过恺撒已经不打算等什么人质了，侦察不列颠的目的已经达到，全军上下都希望返回高卢,所以恺撒要求不列颠将人质直接送到高卢,之后便率军返回了高卢。

不列颠远征虽然失败了,但恺撒的所见所闻传遍了罗马。大多数罗马人都对恺撒发现的新世界充满了好奇和兴趣,不列颠的见闻霸占了头版头条。元老院再次为恺撒举行了长达20天的谢神祭,不过恺撒并不在乎这个,他心里已经在谋划对不列颠的第二次征讨了。

再度征服

恺撒结束第一次不列颠远征后,时间已经到了冬天,按照惯例,罗马军团进入营地休整,恺撒却没有时间休息,整日忙于筹备来年的军事行动。恺撒为下一年征战不列颠做足了准备,他让军团利用冬季休整的时间,加紧建造运输船和战船,并征募高卢辅助兵加以训练。

春天来临时,恺撒军团已经打造了600艘运输船和28艘战舰,这足够让罗马军团大举渡海了。但是恺撒并不放心高卢,因为当地发生了罕见的大旱,粮食极为紧缺。恺撒为了缓解高卢人供应粮食的压力,也为了全面监视高卢人,便将军团分给各个军团长,让他们分别驻扎在六个部落的领地内,这样每个部落就只需供应少量的粮食,压力便不会太大。当然,如此安排也不能保证高卢人不会反叛,所以恺撒想到了一条妙计。

恺撒在出征前又一次召集高卢部落大会,按惯例要求臣服的高卢人为罗马提供骑兵,不过与之前不同的是,恺撒此次钦点了很多高卢贵族,这些人统统不是恺撒信任的高卢人,相反,几乎所有人都是敌视罗马人的高卢贵族。

恺撒不带亲罗马的高卢贵族,却带上反罗马的高卢贵族是颇有深意的。在恺撒看来,一旦罗马军团离开高卢,反罗马的高卢人是最有可能起来造反的。如果亲罗马派的贵族也随恺撒一起去了不列颠,那么反罗马派必然会引发一场新的叛乱,所以恺撒干脆把反罗马派都带在身边。这样不管反罗马派有什么阴谋诡计,他们都在恺撒的眼皮子底下,想必反罗马派也不敢轻举妄动。

安排好高卢事务后，恺撒和他的军团登上了战舰。此次远征声势浩大，共有5个军团外加2000骑兵，远比上一次侦察时霸气。当罗马军团抵达不列颠海岸时，不列颠人竟然未派一兵一卒，恺撒得以轻易登岸并就地扎营。

由于上一次涨潮冲坏了不少船只，罗马人专门在停放船只的岸边建了一堵围墙。如此一来，无论是敌人还是海水来了都不能轻易破坏船只。只可惜在这之前，罗马人还是遭遇了一次大海风，损失了40艘船，鉴于有过一次经验，恺撒军团没有过于惊慌，并用10天时间化解了危机。

此次远征很让人意外，不列颠人为何不阻止罗马军团登陆，反而任由他们立寨落脚呢？原来，不列颠人并未统一，各部相互争斗，并不团结。恺撒军团大举入侵不列颠让当地部落很惊慌，他们看到罗马军团的规模后，所有人都打起了退堂鼓，这才使得恺撒不战而胜。

恺撒率部向内陆挺进，沿途搜寻不列颠人，直到他来到一座山顶的要塞才发现敌军主力。这座要塞地势险要，背靠悬崖峭壁，正面又是一条河流，不列颠人企图凭城坚守。恺撒正担心不列颠人会躲到森林里，却不想他们反而集结到要塞中，这给了恺撒聚而歼之的机会。

恺撒当即率军团泅水渡河，首先击败了前来迎战的不列颠战车，接着便命罗马军团列成龟甲阵杀上山坡，猛攻城墙，不少士兵被标枪射穿，更多的人战死在城墙下。惊恐的不列颠人最终还是逃向了要塞背后的森林。恺撒占领要塞后没有深入森林追击，因为罗马人并不熟悉不列颠的地形，夜间作战又十分危险，于是恺撒军团返回了海边大营。

面对恺撒的大兵压境，不列颠人决定联合起来抵御恺撒，毕竟单靠某一个部落是不能战胜五个罗马军团的。不久后，不列颠人推举统治着泰晤士河的部落首领卡西维拉努斯为联军最高指挥官，他率领数万部落联军卷土重来，随即派最精锐的战车袭击罗马人，重创了主动迎战的高卢骑兵。得手后的不列颠人放肆起来，猛攻修筑军营的罗马军团，一番交战下来，双方互有损伤，恺撒甚至阵亡了一个军事保民官。

联合起来的不列颠人的确不好对付，比恺撒之前遇到的不列颠人英勇善战得多，而且数量也令人头疼。不过这难不倒恺撒，优秀的指挥官通常善于破坏敌方的优势。不列颠联军最大的优势就是兵力雄厚且指挥统一，所以恺撒改变了作战方略，试图集中力量打垮不列颠盟主卡西维拉努斯。

这一次，恺撒把目标锁定到卡西维拉努斯的领地，率领主力军团直奔泰晤士河，专打卡西维拉努斯的城池，专烧卡西维拉努斯的村庄，意图削弱他的实力。为了阻止凯撒，卡西维拉努斯率领大部队在泰晤士河沿岸布阵，同时在河岸和河床上都设置了木桩。恺撒认为这是展示罗马军团实力的时刻，便无视陷阱，指挥骑兵率先泅渡强攻，步兵军团紧跟而上，将卡西维拉努斯驱逐到深山躲藏。

此战让不列颠各部充分意识了自己与罗马军团的差距。联军中较强的德里诺旁得斯人首先倒戈加入了恺撒一方，得到恺撒的保护与扶持，森内马尼、塞贡蒂亚西、安卡利特和比布洛西等部落也争相效仿。紧接着，更多的部落在糖衣炮弹下被恺撒策反，卡西维拉努斯逐渐沦为孤家寡人。

随着不少部落退出联盟，卡西维拉努斯只能用游击战袭扰罗马军团，但时间一长，卡西维拉努斯非但没有削弱罗马军团，反而被恺撒攻陷了藏在密林中的大本营，损失最大的还是不列颠人。于是卡西维拉努斯联合了四个部落，准备冒险偷袭恺撒的海边大营，他相信只要烧毁了罗马人的船，恺撒势必会陷入恐慌，到时候获胜的还是自己。然而这次突袭并未成功，不列颠人低估了罗马人的工程技术，驻守在海边的罗马人凭借各种弩箭、投石器，轻松击退了不列颠人的突袭。当恺撒主力返回时，卡西维拉努斯的斗志几近崩溃，他不得不承认，任何不列颠人都不是罗马军团的对手，这个优秀的国王终于向恺撒低下骄傲的头颅，所有部落都给恺撒送来了人质和贡金。

恺撒接受了不列颠的人质和贡金，远征大获全胜。虽然他还没去过更北方的山区，但威慑不列颠的目的已经达到，眼看冬季即将来临，恺撒军团就此登船返回了高卢。回到高卢后，恺撒的好心情却荡然无存，因为高卢人反了。

大叛乱首先在高卢东北地区爆发。萨比努斯所部按照恺撒的安排驻扎在厄勃隆尼斯人境内，由于罗马人先进的工程技术，萨比努斯的军营具有很高的防御能力，厄勃隆尼斯人发动的突袭非但没能成功，自己还丢下了数千具尸体。

强攻不成，厄勃隆尼斯人便玩儿起了阴招，对萨比努斯谎称全高卢在恺撒走后联合了起来，所有高卢人都发动了叛乱，厄勃隆尼斯人本不想参加，但碍于其他部落，只能象征性地攻击萨比努斯，这样就算履行了诺言。因为罗马军团分散在各地，所以他们有被分而歼灭的危险，而最临近萨比努斯的罗马军团即将被消灭。

可能厄勃隆尼斯人演得过于真诚，萨比努斯居然相信了高卢大叛乱的谎言。为了避免友军被歼灭，萨比努斯决定连夜拔营离开，殊不知厄勃隆尼斯人就是想让罗马人离开坚固的营地。当萨比努斯军团离开营地后，厄勃隆尼斯人在萨比努斯的必经之路上伏击他们，包括萨比努斯在内，9000人的军团全部阵亡。

厄勃隆尼斯人在尝到甜头后，以同样的伎俩攻击相邻的另一支罗马军团，该军团的军团长叫昆图斯·西塞罗，是前执政官西塞罗的兄弟。他识破了厄勃隆尼斯人的诡计，不但没有离开大营，还连夜修建了120座防御塔。厄勃隆尼斯人见阴谋不能得逞，又不能强攻取胜，于是效仿罗马人，在西塞罗的阵地外修建了围城的工事，准备困死西塞罗军团。

此时身在亚眠的恺撒才接到西塞罗将军送来的求援信，意识到事态严重的恺撒立即集结了两个军团的兵力增援西塞罗，并派拉比埃努斯攻打反叛的德来维里人，以削弱叛军的实力。恺撒大军到来后，厄勃隆尼斯人不得不撤去包围，迎战恺撒。正所谓"以彼之道还施彼身"，鉴于厄勃隆尼斯人以计诱骗萨比努斯出阵，恺撒故意把军营修得非常小，让厄勃隆尼斯人误以为恺撒军团人数稀少。厄勃隆尼斯人果然上当，主动攻击恺撒的军营。哪知恺撒突然杀出大营，军容整齐，士气高昂，战力数倍于敌，一战便击败了厄勃隆尼斯人。此后，恺撒大肆报复叛军城镇，以血与火表达自己的愤怒。

不久后，恺撒征集了两个新军团，并向庞培借来第1军团，他再次召开高卢部落大会来甄别心怀叛意的高卢部落。凡是忠于罗马的部落都出席了大会，而没来的自然是要叛乱的部落。于是恺撒有针对性地发动进攻，先后击败纳尔维人、森农内斯人、门奈比人，接着再次渡过莱茵河震慑蠢蠢欲动的日耳曼人。迎战叛军的拉比埃努斯也取得了大胜，他在冬天的时候杀死了德来维里人的首领，与剩下的敌军在河边对峙。拉比埃努斯心生一计，故意召开军事会议，让辅助军的高卢军官也出席会议，堂而皇之地在会上宣布了撤军的日子。

不过当会议结束后，拉比埃努斯悄悄召来所有罗马军官，告诉他们上一个会议内容是假的，只不过为了瞒过高卢人中的间谍才这样说。拉比埃努斯称他将率领军团佯装撤退,但要罗马士兵都做好半路伏击敌人的准备。果然,高卢间谍把罗马人撤军的消息告诉了德来维里人,德来维里人趁着拉比埃努斯撤退的时候全军追杀,结果拉比埃努斯一个回马枪就彻底击溃了德来维里人,杀敌无数。

初步镇压反叛势力后,恺撒再次召开高卢部落大会。现在的恺撒已经平定了第一次高卢大叛乱,会议不再甄别谁是忠臣谁是叛徒,而是"杀鸡儆猴"。恺撒强迫所有高卢部落重新宣誓效忠罗马,还当众处死了反叛的高卢贵族和首领,冷酷威慑高卢各部,这让在场的高卢首领战战兢兢。恺撒以为这样就能压制各部的反叛势力,然而反叛的种子已经种下,更大的叛乱就要来临了。

全面叛乱

恺撒以为通过武力震慑和杀鸡儆猴的方式就能吓住高卢人,事实上他错了,这是他第一次错判了高卢人。恺撒在处理好高卢事务后便动身返回了山南行省,他刚一走,反罗马的高卢势力便死灰复燃。被恺撒处决的高卢贵族中有一人是卡努特斯族的首领,此人深受部族爱戴,首领的死令族民愤愤不平。他们没有因为族长被杀就失去对抗罗马的信心,反而秘密游说其他部落,让不少高卢人感同身受,使得很多部落都加入了反罗马阵营,叛乱的种子就此生根发芽。

卡努特斯人急于摆脱罗马的统治,除了首领被恺撒处决外,还有另外一层原因。其实,自恺撒入主高卢以来,很多罗马商人和官员也跟着一起涌入高卢,越来越多的罗马人在高卢境内掠夺资源、开展贸易,高卢人越发觉得罗马人正在占领他们的家园。卡努特斯人的地盘因贸易繁荣而吸引了很多罗马商人,这些罗马商人在高卢投机倒把,令卡努特斯人的生活每况愈下,不少高卢人因而破产,更多的人因向罗马人借贷而沦为奴隶。罗马对高卢的压榨彻底激怒了他们,卡努特斯人就是其中之一。

公元前52年,愤怒的卡努特斯人突然袭杀了切纳布姆的罗马驻军,将当地的罗马人屠戮殆尽,高卢人反抗恺撒统治的第一枪就此打响。

卡努特斯人屠杀罗马人的同时，高卢中部也爆发起义。位于高卢中部的阿维尔尼人前酋长塞尔提鲁斯曾欲称霸全高卢，失败后王位落入他人之手，自己也被杀了，但是塞尔提鲁斯有个能力出众的王子，名叫维钦托利，此人性格刚毅、嫉恶如仇，誓要为父报仇并将罗马人逐出高卢。

维钦托利在部落内四处演讲，鼓动阿维尔尼人起来反抗罗马，恢复高卢人的自由，现任酋长当然不能允许维钦托利的煽动行为，于是将他逐出部落。然而流亡在外的维钦托利反而获得了更多人的同情，竟然拉起一支义军，夺回了阿维尔尼人的王位。至此，阿维尔尼人也宣布脱离罗马联盟。

从卡努特斯人屠杀罗马人开始，高卢人的反罗马情绪都被煽动了起来。维钦托利率领他的义军四处袭杀罗马人，斩获颇多，胜利鼓舞了更多的高卢男儿，义军队伍不断扩大，越来越多的部落背弃了效忠罗马的誓言，加入到屠杀罗马人的行列。高卢各部压抑已久的怨气终于得到释放，起义的烽烟燃遍高卢南北，维钦托利被推举为反罗马联盟的盟主，高卢全境叛乱。

恺撒得知高卢叛乱后想立即返回山北行省会合自己的军团，但是维钦托利的叛军控制着高卢中部广大地区，如此便让人有些为难。如果召集各路军团南下与之会合，各军团就会离开安全的营地，面临独自与叛军交手的风险；如果恺撒贸然穿过高卢，又该走哪条路线？那些表面忠诚的部落是否真的值得信任？

恺撒此时似乎已经预感到高卢的叛乱不只是星星之火，所以他不肯轻信任何人，包括老牌盟友爱杜依人。为安全穿越高卢，恺撒将数千军队部署在阿维尔尼人边境。彼时春天尚未到来，白雪皑皑的季节并不适合作战，可能基于这样的认识，维钦托利并没有集结更多的军队守备老巢阿维尔尼，恺撒认为这是杀入高卢的最好时机。他率领军团强行穿越白雪堆积的切纳本山，沿途扫除了超过一米深的积雪，突然攻入了阿维尔尼人的领地。

在外征战的维钦托利接到族人的求援信后颇为吃惊，原本白雪堆积的切纳本山足以阻止恺撒与他的军团会合，但如今老巢危急，士兵们担忧家中亲人的安危，早已归心似箭，维钦托利不得不带着军队回援阿维尔尼。可能维钦托利没听过汉尼拔的事迹，否则就不会以为翻越雪山是不可能的事情。

维钦托利并不知道，恺撒根本无意与叛军主力决战。他将军团指挥权交给了德西姆斯·布鲁图斯，命其率部肆意劫掠、破坏阿维尔尼人的地盘，但就是不和高卢主力交战，目的只是为了吸引维钦托利的注意，并迫使对方率主力救援阿维尔尼。如此一来，高卢中部便不再是铁板一块，恺撒趁机带着人数不多的骑兵卫队迅速从另一条道路北上，快得连盟友爱杜依人都来不反应，便与主力军团会合。维钦托利试图阻止恺撒北返的计划就此失败。

维钦托利得知恺撒北上后方才大呼上当。在他看来，恺撒既然已经和主力会合，双方决战便不可避免，眼下最重要的无疑是壮大反罗马联盟并削弱恺撒的势力。故而，维钦托利率部离开了阿维尔尼，将兵锋指向了亲恺撒的高卢部落，首当其冲的便是爱杜依人及其附庸波伊人。恺撒当然不能眼看着盟友被攻击而无动于衷，他必须出兵救援，否则就会失去盟友的信任，让更多的高卢人背弃罗马，但恺撒又不愿意被维钦托利牵着鼻子走。

恺撒一方面派间谍将他即将南下救援盟友的消息散布出去，此举既可以坚定盟友抵御叛军的决心，又可以把叛军限制在爱杜依人等地。另一方面，恺撒没有直奔被围困的盟友城池，而是南下攻陷了森农内斯人和卡尔努德斯人的诸多城池。这样做的好处有三点，一是通过攻陷叛乱的高卢城池来展现罗马军团的实力；二是能够以战养战，解决粮草辎重不足的问题；三是通过围魏救赵的战术，迫使维钦托利撤围，可谓是一举三得。

当维钦托利得知恺撒已经大兵压境后，果然放弃了对波伊人的围攻，转而带着叛军主力北上，欲与恺撒一决胜负。维钦托利以为恺撒的骑兵多是来自高卢各部，因此他仗着自己的高卢骑兵多于恺撒而勇敢地向他进攻，但他不知道的是，恺撒早就通过臣服的日耳曼部落乌皮人，获得了大量的日耳曼骑兵。这些日耳曼骑兵的战力和高卢骑兵可不是一个档次，当年恺撒就有数千高卢骑兵败于数百日耳曼骑兵的战例，故而在正面对战中，日耳曼骑兵大破高卢骑兵，斩敌无数，维钦托利损兵折将，被迫后撤。

维钦托利痛定思痛，见正面交手无法取胜，只好剑走偏锋。他找到了罗马人的命门——粮食。罗马军团远赴高卢作战，粮食全靠高卢人提供，如果能够切断罗马军团的补给，自然就能饿死恺撒。

维钦托利召集高卢各部首领，正式提出了"焦土作战"的策略，即将所有村庄和城市付之一炬，让高卢人分散到山林之中，让恺撒无城可占、无粮可征。此方法是杀敌一千自损八百，高卢人苦于被罗马人奴役的日子太久了，对罗马人的仇恨胜过了一切，各部首领都同意维钦托利的计划。于是高卢人开始破坏自己的城市和村庄，烧掉储存的粮食和种子，到处都是熊熊燃烧的火焰。

高卢人的决心震撼了恺撒和他的军团，找不到粮食的罗马军团处境艰难，恺撒只好四处掠夺粮食补给，从长官到士兵都不得不缩减供给。显然，如果高卢人的焦土作战持久而坚决，恺撒的罗马军团将面临断粮的危险。然而就在此时，一座美丽的高卢城市救了恺撒和他的军团。

高卢人烧毁了大量的城市和村庄，却在阿凡历古姆前犹豫了。这座城池是高卢人的明珠，美丽富饶且易守难攻，整座城池三面被沼泽包围。任何军团都不可能越过沼泽，全城只有一条道路通往外面，所以只要守住这条道路，城市就不会陷落。正是这个原因，高卢人请求维钦托利不要摧毁阿凡历古姆，维钦托利犹豫了。由于高卢人的哀求，他留下了这座城池，这成了焦土策略的唯一败笔。

恺撒得知阿凡历古姆城被保留下来后心中大喜，他看到了胜利的希望。仅存的阿凡历古姆聚集了大量的补给，这正是恺撒急需的，无论付出多大代价，恺撒都必须将其攻下。正如维钦托利找到恺撒的命门，恺撒同样也找到了焦土战术的软肋，于是罗马军团马不停蹄地杀奔阿凡历古姆。

正如高卢人所说的那样，阿凡历古姆易守难攻，但他们忽略了罗马军团的决心和攻城技术。犹如在沙漠中看见绿洲一样，罗马军团无论伤亡几何，依旧昼夜攻城，杀伤甚多。反倒是高卢人支撑不住了，伤亡惨重，大量的士兵战死，城墙已经塌陷了多处，城市眼看就要失守了，悲观情绪笼罩着全军。

失去勇气的高卢守军试图逃离阿凡历古姆，可城中的妇孺怎会甘心被就此抛弃，她们与男人们争吵起来，甚至还登上城墙号啕大哭，弄得连恺撒也知道高卢守军要弃城逃跑了。罗马军团由此加强了守备，日夜巡逻，这场外逃突围的计划无疾而终。

随着时间的推移，城中的士气低到极限，恺撒发动了大规模的攻城作战，城中各处楼塔相继被罗马人拿下，高卢人彻底失去了斗志，到处逃窜。罗马人积累已久的怨气终于爆发，他们冲入街道、房屋大肆屠杀高卢人。老人被刺死，小孩被摔死，残忍的暴行席卷了整座城市，超过 4 万高卢人在这场战斗里丧生，恺撒不但获得了一个堡垒，还补充了大量的粮食和物资，维钦托利的焦土战略失败了。

恺撒认为凭此大胜就可以和高卢叛军谈判，然而他又一次错估了高卢人。阿凡历古姆城的陷落没有让高卢人失去信心，相反，他们更加坚定地团结到维钦托利周围。在高卢人看来，正是因为城市的陷落才证明了焦土战略的正确，只怪他们自己没有严格执行计划，才导致恺撒绝处逢生，他们更加信服维钦托利，高卢的联盟也更加稳固了。

大胜之后，恺撒兵分两路反攻维钦托利，一路由拉比埃努斯率领四个军团北上攻打森农内斯人，另一路由恺撒带着六个军团南下攻打阿维尔尼人的首都戈高维亚城。维钦托利知道这一战的成败关乎联盟的士气，所以他率领高卢军队抢在恺撒之前进入戈高维亚城坚守。

戈高维亚城的险要程度丝毫不输阿凡历古姆。这座城池建在山上，守军有地势上的优势，而且戈高维亚城外有数座高山，所以高卢人将一部分军队驻扎在城外，还修建了简易的防御工事，与城池呈犄角之势。罗马军团若是直接攻城，极有可能被另一处的高卢军队袭击。

恺撒军团围攻戈高维亚时，最坏的事情终于发生了，曾是罗马主要盟友的爱杜依人在维钦托利的游说下正式加入反罗马联盟。失去爱杜依人等于失去了高卢中部的据点，这十分危险。如果爱杜依人从背后袭击恺撒的军队，罗马军团的劣势就更加明显，连补给线也可能被高卢人切断，所以恺撒紧急带领四个军团去镇压爱杜依人的叛乱，围城的军团就只剩下两个。

外部的局势日益恶化，眼前的战役又兵力不足。等恺撒成功镇压爱杜依人叛乱后，阿维尔尼人已经在城外修建了一道很宽的防线，沿途布置了很多营寨，留在戈高维亚的两个军团几乎快要崩溃了。爱杜依人又如芒刺在背，他实在没有心情在戈高维亚城下浪费时间，可他又不能直接撤军，因为一旦这样做了，城中的高卢军队可能会出城追击，罗马军团很难全身而退，所以恺撒在军事会议上提出"先佯攻城池制造混乱，然后再趁乱撤离战场"的计划。

具体怎么做呢？恺撒发现留在城外营寨的高卢人越来越少，因为恺撒控制了城外一座山丘，阻断了一条城市与外界联系的通道。维钦托利害怕恺撒夺取城市背后另一座山丘，这样就会彻底困住城市，所以高卢人全都跑到后山修筑防御工事。恺撒于是召集了骑兵和辎重骡马,命他们大张旗鼓地朝城市后方山丘进军,同时在高卢人眼皮子底下派军队到森林里设伏,高卢人以为恺撒要出兵夺取后山,于是调集了大多数军队支援后山。

其实,恺撒真正的主力全部隐蔽了旗标,一直留在营地里严阵以待。恺撒见战机已至,当即率领伏兵杀出,猛攻城池的正面高卢营寨。该处守军人数稀少,见到恺撒攻来无不大惊失色,三座营寨旋即失守,不少人甚至还在床上睡觉,其中一个高卢酋长托马德斯光着身子被俘。很快,罗马军团就突破了城外的防线,径直杀上了城墙。这势如破竹的气势鼓舞了罗马军团,士兵们杀红了眼,根本停不下来,除了第10军团按计划撤退,其他军团全然忘记了恺撒的命令,佯攻变成了真正的强攻,原定的计划完全变了样。

此时方知上当的维钦托利旋即赶来支援。得到增援的高卢人逐渐收复各处楼塔,他们凭借城池的防御工事反击罗马人。恺撒的战线开始动摇,士兵们被相继逐下城墙,大约46名百夫长战死,死伤的罗马士兵更是不计其数,恺撒原定的撤军计划被迫中止,全军士气大跌。

在如此危局之下,恺撒反而不能让士兵们撤退了,他只能硬着头皮抵挡高卢人。因为一旦选择撤退,高卢人便会乘胜追击,届时罗马人就会完全崩溃。恺撒立即带着第10军团转身返回,会合占据高地的第13军团接应各路败兵,他命各大队保持阵形,然后从侧面袭击高卢人,为大部队撤离争取时间。

据恺撒的《高卢战记》记载,这场战斗损失了700人,但这显然有所隐瞒。罗马军团素有保护指挥官的传统,一旦百夫长战死,他所在的百人队可能也死伤殆尽。再根据46个百夫长战死的记录,恺撒在这场战斗里的损失可能在4000~6000人左右,接近一个军团的兵力,堪称是一场真正的大败。

恺撒兵败戈高维亚后,罗马受挫的消息就像热门新闻一样迅速传遍了高卢,罗马军团战无不胜的神话被打破,更多的高卢人加入了大叛乱。爱杜依人又再次反叛,还攻陷了恺撒在当地修筑的要塞,俘获了大量的人质,算是从背后狠狠地捅了恺撒一刀。

有了强大的爱杜依人加入,维钦托利立刻召集高卢部落大会(之前都是恺撒在召集),除了雷米人、林贡斯人、德来维里人三个部落没有参加外,其余各部均参加了这场集会。到此刻为止,高卢大叛乱终于迎来了高潮,维钦托利俨然成了新的高卢国王。新加入联盟的高卢部落给维钦托利提供了更多的军队，叛军肆意攻打罗马人的城池、要塞，焦土策略也得到了严格的贯彻，恺撒的高卢征战几乎到了全面破产的地步。

决战阿莱西亚

战争的天平不断向高卢人一方倾斜，恺撒的高卢征战迎来了最大的挑战。在爱杜依人反叛后，高卢从北至南已经很难找到安全的地方，身在高卢中部的恺撒正面临补给短缺的危机，要逐个镇压叛乱的部落显然已不现实，所以恺撒只能战略转移，朝罗马行省靠拢，同时从日耳曼人那里借来骑兵和轻步兵，以期保证补给线的安全。

此时的维钦托利可谓如日中天，他从单枪匹马到麾下将士数十万，从被驱逐的王子到统领全高卢的国王，真的做到了人生的逆袭，如今全高卢都团结在维钦托利周围，可谓是优势占尽。维钦托利认为，焦土战术的核心是阻止恺撒搜刮粮草，由于此前没有足够的骑兵，高卢人只能用烧毁村镇的笨办法，但现在连爱杜依人都加入了叛军，高卢的骑兵大多集中在他的麾下，正是给罗马人迎头一击的好机会。

维钦托利提兵10万北上，试图凭借兵力优势歼灭恺撒。恺撒当然不怕会战，罗马军团最擅长野战，更何况粮草即将耗尽，与高卢主力决战正是恺撒所期待的。这场会战的结果让维钦托利非常失望，即使失去了补给和盟友，恺撒的罗马军团依然战力彪悍，维钦托利的乌合之众再次败给精锐的罗马军团，他不得不带上残部一路退守到最近的阿莱西亚城。

史无前例的围城

阿莱西亚城修建在一座山上，旁边有两条河流穿过，就像两道天然屏障保护着城池。处于城内的维钦托利拥有8万人的军队，而恺撒只有4万人的军团，从数量上看，维钦托利并不担心恺撒强攻城池。恺撒同样也清楚自己兵力上的劣势，如果强攻阿莱西亚，可能又会出现类似戈高维亚城的一幕。

虽不能强攻，但也不能放任不管。恺撒很清楚这是绝对劣势下的转机，如果维钦托利遁入森林，那么恺撒和他的军团很难取胜，但他把自己置于孤城之中，等于让恺撒得到了斩首行动的机会。于是，恺撒携得胜之势包围了阿莱西亚，他决定发挥罗马的工程技术优势，彻底围住这个天然的堡垒，尽数困死守军。而要实现彻底的围困就必须沿着阿莱西亚城的外围修建包围网，这是一项巨大的工程。恺撒要建的是一个防御力完整的壁垒防线，这道防线极其复杂，大致由两个部分组成。

第一部分，陷阱区。恺撒首先在靠近城墙的地方深挖壕沟，宽度大概有6米，作为防止高卢人突围的缓冲，目的就是阻止高卢人出城干扰罗马军团修筑围城工事。然后便是一段长达600米的陷阱区，整个陷阱区又分三个部分，第一部分铺上了大量的铁蒺藜，专门防御冲锋的骑兵；第二部分是各类土坑陷阱，其中离阿莱西亚较近是90厘米深的木桩阵，上面用茅草遮盖，非常隐蔽，接着便是1.5米宽的大土坑，底下同样是削尖了的木桩；第三部分则是灌满水的壕沟，宽度为4.5米，像极了护城河。

第二部分，壁垒区，就是恺撒修建的土木工事。壁垒犹如一道围着阿莱西亚修建的城墙，高度为3.6米，总长度大概有16.5千米。在对着阿莱西亚一侧的墙壁上插上了防止攀登的木刺，每隔一段距离还修建有瞭望塔和弓箭塔。壁垒作为整道防线的核心，是最可能发生血战的地方，罗马士兵就驻扎在这里等待着敌军的进攻。

罗马军团的工程浩大，喧嚣声昼夜不停。因为阿莱西亚处于山上，罗马人的一举一动都在高卢人的掌握之中，维钦托利和他的军队自然看得一清二楚。维钦托利派高卢骑兵袭扰正在施工的罗马士兵，但被屡屡击败，围城工事丝毫没有受到影响，反而促使恺撒加快了进度。

为了减少城内的补给消耗，也为了请来援军，维钦托利只好让骑兵突围求援。维钦托利的计划就是由他本人坚守阿莱西亚，等到高卢各部援军抵达后，再内外夹击恺撒，彻底消灭罗马军团，这将是一场大决战。

高卢骑兵如预计的一样成功杀出了重围，只可惜恺撒依然俘获了少量骑兵。经过一番严刑拷打，恺撒得知了维钦托利的计划，于是他按照包围阿莱西亚城的模式再建一道防御援军的工事。这道工事面向外围，专门用来抵御高卢人的援军，整条防线长达 21 千米，恺撒的罗马军团就在两道工事之间活动，两道防线如同一座城池一样保护着罗马人。

从俘虏的口中，恺撒还得知了另一件非常重要的事——阿莱西亚城的粮草只够坚持 30 天。这对恺撒来说是一个绝好的消息，看来围城只要坚持 30 天高卢人就会断粮，而恺撒的粮食可以支撑更多的时间，所以这更加坚定了恺撒围城的决心。双方就在这样的情况下相互对峙着。时间一天天地过去了，罗马军团每天干着繁重的建设工作却没有人抱怨，因为每个罗马士兵都知道，只有修好了包围网才能减少决战时的伤亡，现在多辛苦一分，未来存活的几率才会增加一分。

维钦托利一方的粮食在不断减少，时间一久，城中开始出现饿死人的情况，然而援军还没有到来，维钦托利不得不咬牙坚持。所有高卢人经受着更大的痛苦，不少人建议维钦托利杀掉没有用处的平民百姓，或者将他们做成粮食供军队食用。历史上食用活人的例子并不少见，唐朝中期的秦宗权就曾把百姓做成肉饼供叛军食用，导致好些州县成为无人区。但是维钦托利没有那么残忍，他决定把所有非战斗人员全部驱逐出城，以此来减少城中粮食的消耗。

这些被驱逐的高卢人请求恺撒收留他们，哪怕是变成奴隶也可以。恺撒对阿莱西亚的情况了如指掌，知道城里的粮食已经不多了，所以恺撒同样拒绝收留高卢难民，而且做得更绝的是，恺撒根本不准这些人离开，也不收留他们，他想看看维钦托利到底为了胜利会冷酷到哪种程度。

恺撒为何既不收留又不准难民逃生？其一，恺撒自己的粮食也不多了，就算难民愿意当奴隶，恺撒也没能力养活他们，更不可能为了他们让军团挨饿。其二，难民中难保不会有维钦托利的间谍，若真有，穿过恺撒防线的间谍会带来什么样危害，同样是未知数。其三，恺撒就是要让维钦托利陷入两难，若他重新接回难民，城中更难坚守，若不接回，恺撒便能以"维钦托利饿死平民"为由大肆宣传，毁其名誉。

无奈之下，这帮妇孺又试图返回阿莱西亚，然而维钦托利紧闭城门，坚决不给他们进城的机会。于是这帮难民在恺撒和维钦托利之间来回徘徊，任由他们如何哀号痛哭，两军统帅都冷眼旁观，直到他们统统饿死在城外，惨象触目惊心。

双方就这样继续坚持着,也不知道过了多少天,维钦托利默默坐在自己的木凳上。他已经好久没吃过东西了,而他周围的士兵同样两眼无光,神情沮丧。维钦托利双眼注视着地面,若有所思地听着、等着,却一动不动。突然,屋外开始吵闹起来,起初只是几个人的声音,后来人们的呼喊声越来越大,连站岗的士兵也来了精神,维钦托利仔细一听,这不是争吵的声音,是士兵们的欢呼声,"来了吗?"

维钦托利激动地站了起来,猛然冲出营房,眼前的景象热闹非凡,到处都是赶往城墙的士兵,他们激动地奔跑着,所有人都朝城墙涌去。维钦托利一个箭步冲到城墙上,他站在高高的瞭望塔上向远处眺望,军容鼎盛的各部援军在骑兵的带领下出现在远处的地平线上,一面、两面、三面……越来越多的高卢战旗被立了起来。士兵们有的高声欢呼,有的痛哭流涕,没错,高卢人庞大的援军终于到了。

高卢各部援军齐聚阿莱西亚城外,这支援军集结了高卢人的全部战力,超过 50 个部落都派出了援军,包括罗马曾经的盟友爱杜依人和第一个被恺撒击败的厄尔维几人。驰援阿莱西亚的援军共计 25 万人马,他们战意高昂,誓要将恺撒围殍在城外。

这是一场数量悬殊的决战,恺撒军团总共只有 4 万余人,而高卢人的总兵力超过 30 万,恺撒军团面临的压力前所未有,阿莱西亚围城战已成了一场不胜则死的战役,因为罗马人包围阿莱西亚城的同时也包围了自己。

4 万与 30 万的对决

高卢援军赶到后,立刻朝恺撒的防御工事发起了潮水般的进攻。最先出战的是新编的高卢骑兵,他们模仿日耳曼人的战法,将步弓手和骑兵编在一起,用远程打击来支援骑兵冲锋。恺撒没有犹豫,当即让所有罗马骑兵出战,这些骑兵以日耳曼人为主,同样配备了大量的步弓手,双方军队很快就厮杀在一起。

对高卢人而言,这只是一场突袭,可对罗马人而言,这是一场不胜则死的决战。骑兵在箭雨中来回奔驰,双方你刺我砍,血肉横飞,最后还是技高一筹的罗马骑兵取得了胜利。高卢骑兵死伤无数,被迫撤退,随之而来的就是高卢步兵被日耳曼骑兵肆意屠杀。恺撒的第一阵获得胜利，军团士气大振。

第二日夜，高卢援军打算借着夜色偷袭罗马军团，他们举着攻城木桩和云梯朝恺撒的外围工事发起了冲锋。听到城外杀声震天，维钦托利知道援军又发起了进攻，于是命守军出城攻击，试图与友军内外夹击恺撒。这场夜战异常血腥，由于夜晚光线不足，许多高卢士兵掉到陷阱里被刺死，战马也撞死在木桩之上。罗马士兵在壁垒上用弓箭、标枪射击，威力骇人的弩炮和投石车也不断射杀高卢勇士，战斗十分激烈，尸体堆积如山。直到天亮高卢人也没能攻破任何一处壁垒，不得不撤军回营，恺撒的第二阵同样获得了胜利。

连败两场的高卢人终于在战斗中发现了恺撒的软肋，即修建在阿莱西亚西北高山下的一处壁垒。那里的确是恺撒防线唯一的弱点，如果高卢人占领了这座山，再从山上攻击壁垒，罗马军团很可能被高处作战的高卢人压制。这并非罗马军团有意露出破绽，而是因为那里刚好矗立着一座高山。恺撒也许考虑过将整座高山围在壁垒之内，但这不可避免地会分散本就不多的兵力，并不划算，再加上高山的海拔大概在250~300米，若是把工事建在山腰，难度过大。若是围住整座山，兵力又恐不足，所以罗马军团只能放弃整座山，在山脚下修建壁垒，把高地白白让给了高卢人。

高卢人看到突破恺撒防线的关键一环，于是一场规模空前的决战打响。为了分散罗马人的兵力，高卢人将援军中最精锐的6万士兵部署在攻打高山的战线上，他们承担主攻任务，其余各处则适当分配了兵力，用来牵制罗马军团的力量。另一方面，城内的守军也在维钦托利的指挥下再次出城攻击，同样也牵制了罗马人的兵力。

中午时分，高卢各军全面出击，怒吼声响彻战场四面八方。罗马军团意识到这是敌军的总攻，所有将领和士兵都上了第一线，恺撒带着预备部队居中指挥，哪里抵挡不住就派预备军团支援哪里。

高卢大军不顾罗马陷阱的可怕，死命地朝壁垒冲锋，他们一边向上方射箭，一边奔跑着，不管身边的人是否倒下，所有人都坚持不懈地朝壁垒下方跑。终于，各处进攻的高卢人都冲到了壁垒下方，他们有的举起云梯向上攀爬，有的则把死掉的尸体堆在墙下，不管用什么方法，反正能登上城墙就行。

罗马一方同样死命地反击高卢人的进攻，密集如雨的标枪击中了不少高卢士兵。罗马的弩炮也发挥了极大的威力，齐刷刷地射出巨大的弩箭，一击就穿透了数个高卢士兵，带着火焰的投石也从天而降，将战场烧得火红。

担任主攻方向的高卢精锐并没有贸然攻击，他们一边投掷标枪，驱散木塔上的罗马守军，一边把准备好的树枝、石头和沙土从山上丢向山下的陷阱，由于有高度优势，高卢人的斗志相当高昂，越来越多的人顶着盾牌狂奔下山，但凡有人阵亡倒毙，后面的人就会继续顶上，所有人都在齐心协力地填埋陷阱。恺撒在高处紧张地观察着每一处战场的情况，很快就发现山下壁垒的罗马人压力最大，眼看就要顶不住了，他赶紧令副将拉比埃努斯率领六个大队的罗马士兵支援山下防线。

战斗变得异常激烈，高卢人前仆后继，死了一个，接着又冲上来一个，罗马士兵同样杀红了眼，拼命挥舞着短剑和盾牌。拉比埃努斯带着六个大队加入了战场却依旧不能改变山下的形势。罗马人咬牙坚持着，为了避免战线被突破，拉比埃努斯不得不急令其余壁垒约11个大队的罗马士兵驰援山下战场，拼命将高卢人抵挡在壁垒之外。

恺撒发现战场形势已经非常不利，他知道坐镇指挥已经没有什么意义了，预备部队都已投入各处战场，到处都是拼死一战的士兵。胜或败他已无需介怀，此刻，唯有与麾下将士一起血染疆场方不负罗马人之名。恺撒遥望了一眼罗马的方向，随即披上了象征荣誉的红色披风，戴上了罗马统帅的红缨头盔，翻身上马，径直奔向战场最前线。

现在的恺撒只能靠骑兵反击了，恍然间，他看到战场上出现了一处缺口，那里既没有高卢人，也没有罗马人，这是恺撒最后的希望。他看准时机，让麾下大多数精锐骑兵从那里突围出去，然后再绕到高卢人的背后。恺撒指望骑兵的前后夹击能扭转战局，至于他本人，则带着仅剩的四个大队冲进了最危险的地方。

恺撒挥舞着西班牙短剑砍杀遇到的每个高卢士兵。罗马人看到连恺撒也加入战斗后，都意识到决战已到了最后时刻，此时不能有一丝犹豫，因为他们身后只有死亡这一条路，故而罗马军团发出震天的怒吼，聚集在统帅周围，向高卢人拼命地攻杀过去。这一刻，没有什么将军与士兵之分，只有同生共死的勇士。战场上血流成河，尸体堆积如山，罗马军团依然死命地抵挡着高卢人的进攻。就在维钦托利以为胜券在握的时候,忽然,高卢援军的阵线被撕开了一道口子,他们的战旗被逐渐砍倒。

原来,恺撒派出的骑兵已经成功绕到了高卢人背后,这支骑兵突然冲杀过去,连撞带砍,当即斩首了大量的高卢指挥官。因为这些人都在后方坐镇指挥,所以当罗马骑兵突袭时,高卢贵族们根本无力抵抗。

奇袭的威力迅速波及周围,更多的高卢人被罗马骑兵踩死、撞死,而在正前方苦战的罗马士兵看到骑兵后,也配合他们前后夹击高卢人。战场形势骤然改变,大量的高卢人被杀死,不少高卢将军倒地身亡,多达74面高卢军旗被罗马人夺下,指挥系统的瘫痪使得高卢援军全线崩溃,剩下的人茫然失措、各自逃散,进攻变成了大溃败。

恺撒的骑兵没有休息,竭尽全力追杀败逃的高卢援军,既给高卢人制造了混乱,又带给了他们恐慌。阿莱西亚的高卢人见援军溃败后,也跟着崩溃了,维钦托利见大势已去,只能放弃突围计划,撤回到城里。

战场的嘶鸣声渐渐停下,刚刚还杀声震天的战场现在只剩下罗马人欢呼的声音。恺撒,不,应该是罗马军团,他们用4万人击败了30万高卢人,取得了罕见的史诗大捷。这一战成了决定高卢命运的最后一战,也是恺撒军事生涯中最辉煌的一战,罗马军团以其坚韧不拔的毅力和视死如归的勇气赢得胜利和荣誉。

此战之后,高卢联盟彻底崩溃了,高卢人再也没有勇气反抗罗马人的统治。维钦托利绝望了,他向恺撒投降并交出了自己的佩剑,阿莱西亚城的高卢人都成了罗马人的俘虏,几乎每个罗马士兵都分到了至少一个高卢奴隶,决战以罗马的辉煌胜利告终。

阿莱西亚决战后,恺撒分兵进攻高卢各地,反叛的高卢部落再也挡不住恺撒的兵锋,一个接一个地投降罗马。每一个高卢人都对恺撒卑躬屈膝、言听计从,他们把恺撒当成惩罚高卢人的神灵,高卢大地再次臣服在罗马人的鹰旗之下。从此以后,高卢这片富饶美丽的土地成了恺撒最坚实的大本营,支撑着恺撒去实现更辉煌的霸业。

第十七章 双雄内战

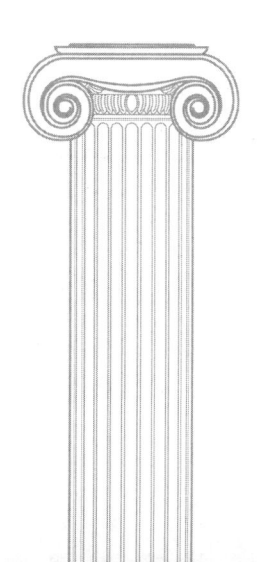

三头崩塌

高卢作为数百年来唯一一个攻陷罗马城的民族，终于在恺撒的赫赫武功下臣服于罗马。名为高卢总督的恺撒掌握着高卢人的生杀大权，数百个部落俯首听命，恺撒已是实际意义上的高卢国王。通过征兵、征税，以及将"尤里乌斯"之名赐予各部首领的方式，恺撒建立了以爱杜依、林贡斯、阿维尔尼、塞夸尼四国为中心的等级秩序，如同金字塔，恺撒便是金字塔顶端的最高统治者，所有高卢人的"家主"。

恺撒在高卢权势滔天，国内民众也狂热崇拜，坐困罗马城的元老院却如坐针毡。显然，以恺撒、庞培、克拉苏为首的三头同盟长期把持执政官、法务官的席位，严重动摇了元老院的权威，而作为恺撒朋友的"第四巨头"普尔喀屡屡拆保守派的台，以小加图为代表的旧贵族早已到了忍无可忍的地步。趁着恺撒远在高卢，保守派开始有步骤地反击，先是挑唆几个保民官内斗，当街刺杀了普尔喀，接着又拉拢庞培，意图离间三巨头。

公元前54年，三头之一的克拉苏错判了帕提亚的实力，兵败身死。克拉苏的死让元老院看到了拆散三头同盟的机会，遂不遗余力地离间庞培和恺撒，而在如此敏感的时刻，恺撒唯一的女儿尤里娅却因难产而死。噩耗对恺撒来说犹如晴天霹雳，这不仅让恺撒痛失了最后的亲人，也意味着恺撒和庞培之间的姻亲关系就此终结。元老院见缝插针，立即将保守派成员梅特路斯·西庇阿的女儿嫁给了庞培，三头同盟随着克拉苏和尤里娅的死已不复存在了。

元老院成功拉拢庞培后，恺撒的处境越发危险，因为他的任期会在公元前49年结束。罗马规定有公职在身的人拥有司法豁免权，可是一旦任期结束，恺撒就会失去这项豁免权。保守派早就把恺撒任意分配战利品、私自扩招军团视为可以弹劾的罪行，所以恺撒想要全身而退就必须当选新的公职。

尴尬的是，罗马公职的选举期大多在夏季，恺撒的任期却在年初结束，这代表恺撒即使报名参加公元前48年的执政官选举，也会有长达半年的无公职期，元老院极有可能在这段时间内弹劾恺撒。

恺撒可不会束手待毙，他迫切需要一个取代普尔喀的人，很幸运，恺撒很快就找到了这么一个人——保民官盖乌斯·森普罗尼乌斯·库里奥。库里奥年轻且精力充沛，按说他与恺撒是没什么交情的，但偏偏此人挥霍无度、负债累累，一贯"助人为乐"的恺撒立即送去了 6000 万塞斯特斯，如此便得到了库里奥的效忠。与普尔喀不同，恺撒要库里奥尽可能地伪装成元老院的人。

公元前 51 年，保守派执政官马塞勒斯首次提出要恺撒提前解职回国的议案，明显不怀好意。然而这项提议并未充分准备，马塞勒斯既没有考虑中立议员的态度，也没有提前与庞培沟通。这时的庞培虽然已经结束了与恺撒的盟约，但并没有与恺撒翻脸，如此直白的议案容易给包括庞培在内的保守派招来骂名。平民百姓都视恺撒为征服高卢的英雄，卸磨杀驴、鸟尽弓藏只会让保守派的支持率下跌，庞培为保持良好的口碑，不得不主动提出反对。议案虽未损伤恺撒，但保守派对恺撒的立场显露无遗，等于是正式"宣战"

公元前 50 年，保守派加紧了对恺撒的攻势，倡议削弱恺撒的兵权。方法是以克拉苏兵败东方为由，让恺撒和庞培各支援 1 个军团来充实东方的防务。庞培狡猾地表示自己曾借给恺撒 1 个军团，所以应该归还这个军团，再加上恺撒本来就要提供的 1 个军团，恺撒就此失去了 2 个军团的兵力，而庞培的军权却毫无损失，双方力量对比如元老院期待的那样在朝他们倾斜。作为回应，恺撒立即私募了 22 个大队的高卢人，取名"云雀军团"。由于他们都是高卢人，所以恺撒对外称其为雇佣兵，不属于罗马军团的编制，这气得小加图等人直跳脚。

接着，保守派执政官又提议选出接替恺撒总督职位的人选，这一提案正是针对恺撒要求再延长一年任期的反制之策，因为只要选出了新的高卢总督，恺撒自然不可能延长任期，更不可能躲过半年的无公职期。此时，库里奥终于亮出了真实身份，他动用保民官的否决权直接否决了执政官的决定，这让元老院变得无计可施。

公元前 50 年 12 月 2 日，保守派执政官突然在会议上说道："据可靠情报，恺撒已经率领 10 个军团进兵意大利，恺撒谋反了！"不知道是不是事先商量好了，议员们没有质疑这一说辞，立即通过了解除恺撒兵权的决议，并决定了接替恺撒的人选，保民官再次动用否决权，双方就此僵持起来。然而执政官亲自将一柄剑交给了庞培，呼吁他在关键时刻保护意大利，这意味着元老院授意庞培讨伐恺撒。

得知这一消息的恺撒意识到战争即将来临,他急召第8和第12军团向拉文纳靠拢,并同意交出高卢行省和辖下军团,只保留2个军团的指挥权。但小加图等保守派拒绝了,恺撒只好再次退让到只保留1个军团,可依然被否决。

12月10日,库里奥的保民官任期结束,接替他的是恺撒早就派到罗马的马克·安东尼。此人延续了库里奥的策略,关键时刻又否决掉撤换恺撒的决议。这样一来,即使恺撒任期已满,若无接替人选的话,恺撒自然可以继续履行总督一职,直到恺撒回罗马选举执政官。

僵局持续到了1月7日,元老院终于被保民官的一再否决给激怒了,再次拿出了撒手锏——元老院最终决议,解除了恺撒的所有公职,还通过了解散高卢军团的决议,如果恺撒拒不执行就视为叛国。元老院的意思很明确,不管恺撒妥协到何种地步,保守派也要弹劾他到底,谁敢反对谁就会被元老院剥夺生命,保民官也不例外。

在会议上,执政官不顾安东尼和库里奥的反对,以不能保证他们的人身安全来威胁二人离开元老院。此时已经没有人再站在恺撒一边,愤怒的保守派议员摩拳擦掌,试图攻击安东尼等人。两人已经无能为力,只好退出元老院。当夜,安东尼和库里奥假扮成奴隶逃离了罗马城。

恺撒在得知元老院的最终决议后,自知已无路可走。如果交出兵权解散军队,恺撒势必会遭到元老院的弹劾,如此就是死路一条;但如果不交出兵权,恺撒又会被视为叛国,同样死路一条。在保守派的步步紧逼之下,恺撒没有任何妥协的余地,横竖都是死,恺撒只能反了。

渡过卢比孔河

库里奥和安东尼的逃亡意味着和平解决争端已无可能,"元老院最终决议"犹如一把利剑架在了恺撒的脖子上。恺撒不是那种甘于束手就擒的人,他唯一感到犹豫的是,该不该主动去掌握自己的命运,因为一旦这么做了,他将背上挑起内战的恶名。然而,恺撒最终还是决定武力反抗元老院,也许是为了共和国,也许只是为了野心。

恺撒召集军队,故意把保民官库里奥和安东尼展示给士兵们。利用士兵们的同情心,恺撒做了一番激情的演讲,痛斥了元老院贵族剥夺保民官权利的恶行,以保卫平民权利为由,号召军队追随自己到罗马去。"即使你们不愿意随我前往罗马,我也不会责怪你们,哪怕只有我一个人,我也要去捍卫我的荣誉,去拯救共和国的人民!"士兵们当即高呼要追随恺撒到天涯海角。看到军心可用,恺撒知道命运还没有抛弃他。拉比埃努斯却非常失望,作为恺撒的首席副将,拉比埃努斯相当于高卢军团的副司令,此人冷酷无情、充满野心,有心继承恺撒的高卢事业,所以他从未视恺撒为领导。而且恺撒当年能当选大祭司,全靠时任保民官的拉比埃努斯帮忙,因此两人不是单纯的上下级,而是合作关系。

在拉比埃努斯看来,恺撒以一个行省的力量对抗整个罗马是没有胜算的,而且从内心深处讲,拉比埃努斯更重视传统、讨厌内战。他认为恺撒应该接受元老院的安排,哪怕是牺牲小我成全大我,罗马人也应该义无反顾。更有传言称,元老院有意让拉比埃努斯接任恺撒的高卢总督一职,恺撒谋反无疑触及了他的底线,破坏了他的升迁之途。因此,拉比埃努斯毫不犹豫地离开了恺撒,决定站在元老院的旗帜下手刃恺撒。

元老院此时还未意识到高卢发生的变化。已是隆冬季节,庞培等人都觉得恺撒一定慌乱无措,不会在冬季发动战争,因为冬季通常是休战期,所以庞培等人慢悠悠地准备战争事宜。元老院授予庞培组建超过10个军团的权力,但这项工作并不好做,再加上罗马上下没有战争即将来临的紧迫感,所有工作都进行得非常缓慢。

身在拉文纳的恺撒手里只有不到5000人的第13军团,可形势发展得太快了,从山外行省增援的2个军团还在路上。恺撒坐在军帐里思索良久,在这场以一己之力挑战整个罗马的内战里,如果按部就班根本没有取胜的可能。故而,恺撒决定在冬季冒险出兵意大利,抢先夺取战争的主动权。

公元前49年1月12日,恺撒率领5000人马冒着严寒离开了拉文纳,很快就来到了卢比孔河。卢比孔河是意大利和山南高卢的分界线,由于罗马规定

"没有许可的军队不得进入意大利",所以只要恺撒带兵过河,他就算是彻底谋反了。恺撒望着河对岸的意大利陷入了沉思,身后的军队都静静地站在原地看着他们的统帅。突然,恺撒拍马入河,如释重负地说道:"越过此河,将是人间悲剧,不过此河,孤将毁灭无疑。骰子已经掷下,就这样吧!"

越过卢比孔河的恺撒军团沿着海岸线南下,以阿里米努姆为首个目标。由于阿里米努姆城只有几百人的卫戍部队,恺撒毫不费力便夺取了城池。作为罗马大道上的主要城市,阿里米努姆是连接北意大利的枢纽,战略位置十分重要,所以恺撒把大本营设在阿里米努姆。

恺撒为了快速行动,决定兵分三路。由马克·安东尼率领五个大队向西攻打阿雷佐城,由库里奥率领三个大队沿着海岸向南攻取佩扎罗到安科纳一线,恺撒则坐镇阿里米努姆。两员大将很快就传来了捷报,库里奥和安东尼一路风卷残云,不过四天时间,佩扎罗、法诺、安科纳、阿雷佐均落入高卢军团之手,北意大利被强行从元老院手中剥离。

现在,恺撒离罗马城只有三天的路程。这时,执政官马塞勒斯等人才收到恺撒进攻的消息,所有人包括庞培顿时都慌了神,因为罗马的募兵工作还没真正开始,庞培手里几乎没有军队,而他可以依赖的两个军团还驻扎在南面的卡普亚。

庞培决定放弃罗马城,他不想把这场战争的胜负赌在如此草率的情况下,于是庞培及其党羽于1月17日匆匆逃离罗马,直奔卡普亚而去。庞培这一走,罗马城立刻混乱,以执政官为代表的贵族们拖家带口逃出罗马城,大街之上随处可见奔跑的奴隶、拖拽行李的马车和花容失色的贵妇。反倒是普通平民没什么感觉,他们像看戏一样注视着这些"富贵的难民",心中十分鄙夷。

最可笑的是,这些元老院贵族只忙着把自己的家产运出罗马,等有人想到国库里的黄金时,执政官们早已离开了罗马城。实在难以想象,十一天前他们还自鸣得意地通过了"元老院最终决议",驱逐了保民官,现在却轮到他们自己了。

1月20日,库里奥再传捷报,位于弗拉米尼亚大道中部的古比奥城也被攻陷。然而恺撒对罗马突然失去了兴趣,因为他已经得知庞培及执政官逃离罗马的消息,攻占没有元老院的罗马,象征意义大于实际意义,对结束战争没有太多帮助，所以恺撒决定改变战略——追击庞培。

恺撒终于亲自动身，急召第8和第12军团赶到意大利。不久，恺撒率领军团兵临安科纳南面的奥西莫城。这座城市的居民因为恺撒的《高卢战记》多是他的粉丝，他们纷纷要求开城迎接恺撒。守城将领见恺撒是人心所向，只能弃城逃跑，结果全部被俘。恺撒对庞培派将领未加伤害便全部释放，借此宣示自己不是个残暴之人，以诱使更多的人向他投降，事实上，恺撒的策略与苏拉完全相反，他要以仁慈来收服对手的心。

两天后，恺撒又攻陷了费尔莫城，离庞培的主力越来越近，下一个挡在他面前的是阿斯科利皮切诺，这里由执政官雷托努斯驻守。作为最高行政长官，雷托努斯的表现对保守派的士气至关重要，可惜此人是彻头彻尾的懦夫，看见恺撒将至，雷托努斯竟弃城逃走，恺撒又兵不血刃地攻陷一座重镇。庞培本以为恺撒会将时间浪费在攻城战中，但他的将军们竟然都是草包，恺撒的进军简直如同洪水泄堤一样势不可当。

庞培好不容易收拢了大约三个军团的兵力，本打算北上会合科菲尼昂的三个军团后再与恺撒周旋，可当他得知恺撒抢在自己之前包围了科菲尼昂后，庞培犹豫了。在他内心深处并没有做好决战恺撒的准备，庞培也许已经老了，也许没有信心，他再次改变计划，转而继续向南撤退。

科菲尼昂城由元老院选出的新任高卢总督多米提乌斯镇守，此人在恺撒起兵前就已经开始招募军队。到现在为止，他手里握有1.5万兵力，而恺撒的兵力还不到1万，于是他写信让庞培赶快带着另外三个军团赶来，这样便可以前后夹击恺撒。计划虽好，但搭档不好，庞培早已远离了科菲尼昂，坚决不肯回来。这真是让多米提乌斯大跌眼镜，看来懦夫不只雷托努斯一人，庞培同样也是懦夫。此时，恺撒招募的云雀军团也赶到了科菲尼昂，恺撒的兵力已经达到了2万人马，明显比科菲尼昂守军更有优势。于是，恺撒开始绕着城墙修建工事，准备困死科菲尼昂。

多米提乌斯好不容易鼓起的勇气如被针扎破了一样，顿时一泻千里。城内到处都在流传庞培和多米提乌斯准备抛弃科菲尼昂的流言，而多米提乌斯的消极表现更坚定了人们的想法，于是士兵们发动兵变，直接绑了多米提乌斯开城投降。恺撒又一次兵不血刃地获得胜利。这些士兵的归降让恺撒拥有了大约八个军团的兵力，保守派的人马一再投降恺撒，简直就是白送人头，庞培把一手好牌给打得稀烂。

跟着庞培一再南撤的贵族害怕到了极点，他们不仅要抛弃罗马城，还要抛弃整个意大利。恺撒也从庞培的撤退路线看出了端倪，如果不能在意大利境内击败庞培，那战争就会变成持久战。为了减缓庞培南逃的速度，恺撒使出缓兵之计，提议和谈。狡猾的庞培没有上当，毫不减速地继续撤退，终于退到了海港城市布伦迪西乌姆，他们在这里拥有一支海军舰队，随时都可以渡海前往东方。

恺撒还是晚了一步，他没能阻止庞培进入布伦迪西乌姆，只能在城外修建围城工事，但他自己也知道这只是徒劳。庞培根本不在乎恺撒的围城，对海港城市的围攻如果没有来自海面的包围，基本是不可能的。最终，庞培等人安然无恙撤离了意大利。望着庞培远去的身影，恺撒不由得担心起来。

恺撒捕获庞培的计划没有成功，元老院的集体出逃让他失去了大义名分。作为保守派核心的庞培依然握有主动权，而东方行省因为是庞培征服的，所以那里的君主和总督都倾向于支援庞培。事实上，东方的援军已经按庞培的计划开始集结，更糟糕的是，庞培还是名义上的西班牙总督，那里的代理总督们控制着西班牙的军团，随时都有可能东西夹击恺撒。

战略西进

庞培能从布伦迪西乌姆逃到希腊全是因为恺撒没有自己的舰队，这就让庞培拥有了亚得里亚海的制海权，恺撒明白战争已进入了持久阶段，战略必须适当调整。恺撒当即下令组建自己的海军，任命马克·安东尼的兄弟盖乌斯·安东尼和西塞罗的女婿多拉贝拉为海军统帅，负责建造海军舰队，并伺机夺取亚得里亚海的制海权。

对恺撒而言，如今的局势很不利，一座没有元老院的罗马城如同躯壳没有灵魂。恺撒本欲效仿苏拉，先挟持元老院为自己正名，可如今不但没有留住元老院，还落得东西受敌的窘境，所以眼下最重要的事情是另立政府，为自己正名。

为让自己的身份合法，恺撒做了两件事，一是写信邀请还在意大利的议员回到罗马开会，这些人包括西塞罗在内多是骑墙派，只要恺撒开出的价码合适，他们还是会支持恺撒；二是故作姿态地拒绝进入罗马城，因为罗马规定身兼军职的统帅如不解散军队便不能进入罗马城，此举多是为了安抚普通公民，减少自己谋反的舆论影响。

因此，当愿意回来的议员赶到罗马城时，这次缺员严重的元老院会议不得不在城外举行，可尴尬的是，在缺少两个执政官和两百多名议员的情况下，恺撒的会议还是不能达成一致，整整三天都没有结果，除了争吵还是争吵。难道这些骑墙派在故意拖延时间，以便庞培早日反攻意大利？恺撒意识到非常之时就该行非常之法。

枭雄最终还是演不下去了。愤怒的恺撒撇开元老院，强行接管了罗马的统治权，任命法务官雷必达负责罗马的治安，马克·安东尼负责恢复整个意大利的秩序。恺撒的临时政府建立了，只是尚属于名不正言不顺的阶段。

恺撒的新政府非常脆弱，首先让恺撒头疼的就是粮食问题。自从意大利不再种植谷物后，粮食基本依靠西西里、撒丁岛和北非进口，现在这三个地方没有一个是恺撒的地盘。如果不尽快从庞培手里夺回这些地区，意大利马上就会陷入饥荒，到时候恐怕连平民都会站起来反对恺撒的统治。所以恺撒任命库里奥为征讨西西里的统帅，率领两个军团出征西西里；任命瓦莱利乌斯为征讨撒丁岛的统帅，率领一个军团前往撒丁岛。

这两支军队进展非常顺利，镇守西西里的小加图同样是只会打嘴炮的懦夫，还没交手便逃离了总督府，库里奥兵不血刃地占领了西西里，还招降了小加图手里的两个军团，军力瞬间就翻了一倍。瓦莱利乌斯也非常顺利，轻易占领了撒丁岛。这么一来，罗马的三个粮食供应地有两个已经落入恺撒之手，饥荒的问题就这么解决了。

这一阶段，庞培远在希腊忙着组建新军，根本没有意识到撒丁岛、西西里的战略意义，任由两个行省和当地军团都加入了恺撒一方。

如今，恺撒控制着意大利、高卢、伊利里亚、西西里、撒丁岛，虽谈不上独霸一方，却也算势力雄厚。为了统治辽阔的土地，恺撒大肆分封诸侯，以雷必达为罗马行政长官，马克·安东尼为意大利统帅，库里奥为西西里总督，瓦莱利乌斯为撒丁岛总督，盖乌斯·安东尼为伊利里亚总督，李锡尼乌斯为山南高卢总督，另外，还任命霍腾修斯、多拉贝拉为海军大将，分别征讨第勒尼安海和亚得里亚海。

除了粮食问题，第二个让恺撒头痛的便是西班牙的庞培军团。为了避免被东西两线攻击，恺撒率领三个军团远征西班牙。此时的西班牙分为近西班牙、远西班牙两个行省，庞培在两地驻扎了七个军团，其中五个在近西班牙，由亚弗拉尼乌斯和佩托雷乌斯两人统领，另外两个军团由瓦罗率领，驻扎在远西班牙。

恺撒要迅速攻入西班牙，位于高卢南部海岸的马西利亚城（今马赛）便是他的第一道难关。马西利亚作为罗马传统的盟友，与元老院的关系错综复杂，如今恺撒杀进意大利自然被他们视为谋反。而根据以往的经验，对抗罗马的人终究会失败，比如雷必达、塞多留，所以马西利亚正式投向了庞培一派。而庞培派来支援马西利亚的是刚刚被恺撒释放的多米提乌斯，他带来了保守派的海军舰队，这就使得恺撒对该城的围攻变得非常困难。

在马西利亚城下，恺撒连续攻打了一个月也毫无进展。马西利亚不仅有舰队，还有坚固的城防，恺撒的计划被绊住了。他知道时间越久，庞培的实力增长得就越快，如果不能尽快攻取西班牙，庞培的东方大军就会反攻意大利，所以恺撒果断留下副将德西姆斯·布鲁图斯总督海陆军务，自己带着 900 亲卫骑兵急速赶往西班牙。

此时的西班牙战事已起，恺撒的六个高卢军团在副将费边的率领下正与庞培派的五个军团对峙在伊莱尔达，不过双方没有掀起决定性的战斗，只是发生了些小规模的冲突。恺撒军团的数量看起来好像有优势，其实总数不过 3.5 万人，包括同盟步兵和高卢步兵各 5000 人，另有骑兵 3000 人。庞培军团的数量远远多于恺撒，五个军团就有 3 万人的军队，再加上西班牙 80 个大队的盾牌兵，全军共有 7.8 万人。论数量，庞培派总督有绝对的优势，只是缺乏实战经验。

庞培派的西班牙守军控制着伊莱尔达城，大军驻扎在城池北面，其东侧就是西科里斯河，河岸处有一座坚固的石桥，使得驻军可以同时控制河东面的广阔平原。恺撒军团于敌军北面布阵，同样位于西科里斯河的西侧，只是由于没有通往东侧的桥梁，他们只能搭了两座木桥来保证交通线的畅通。战场地势犹如一个三角形，两军挤在三角中间，都要去河东岸的平原补给粮食，而且对恺撒来说，他的援军必须经过东部平原才能到达战场，因此东部平原的重要性骤然增加。

根据恺撒《内战记》的描述，恺撒军团搭建的木桥被突然暴涨的西科里斯河连续冲垮了两次。第一次是费边独自领兵时，庞培军团通过河中漂来的残木判断费边的桥毁了，于是发动了突袭，虽未击败费边却也造成了不小的慌乱。第二次恰逢恺撒派兵到河对岸征集粮草，而且恺撒从高卢而来的6000援军带着军粮也赶到了西班牙，就在河对岸。庞培军团发现战机后，旋即进攻东部平原。幸好高卢骑兵的战斗力高于西班牙骑兵，一场血战之后，恺撒的散兵成功击退了西班牙守军，但仍然陷入了进退不得的尴尬处境。

恺撒的处境被到处宣传，保守派还为此传信至罗马和希腊，庞培因而大受鼓舞。其实，恺撒并未放弃占领东岸平原的计划，他命人悄悄制造了很多不列颠独木舟，这些独木舟很小，船底较平，适合抢渡。恺撒让士兵们把独木舟搬到河边，趁敌军不备突然渡过西科里斯河，占领了河边的一座小山，然后以此为基地重新修了新桥。接着，恺撒集结主力进入东岸，重新取得了东岸的控制权，接回了来自高卢的补给。

解除危机之后，恺撒效仿西班牙守军的战法，到处袭击到东岸征粮的西班牙守军，弄得保守派的粮食越来越少。等到亚弗拉尼乌斯和佩托雷乌斯意识到问题严重时，恺撒已经反困住了西班牙守军。

为了避免桥梁再次被大水冲毁，恺撒又搞起了一个更大的工程——河水分流。恺撒挖掘了数条新的河道，把西科里斯河的河水分流到新挖的河道里，使得河水的水位大幅度下降，从而彻底解决了大水冲桥的隐患，而且恺撒的高卢骑兵也能直接涉水过河，驰援两岸。西班牙土著看见后，认为恺撒获胜的几率可能要大于庞培，于是有五个大部落倒戈加入恺撒。

随着粮食和盟友一天天减少，保守派的将领开始心慌起来，担心如果再不行动就会有覆灭的危险，于是两人决定放弃伊莱尔达向南撤退。实际上，西班牙守军的确有撤退的可能，因为距其 8 千米外有一处山口，道路狭窄，穿过山口就可抵达埃布罗河，如果西班牙守军占领山口，恺撒便只能望山兴叹了。可惜的是，恺撒也明白山口的重要性。

恺撒将军队分为三部，第一部为留守大营的轻步兵，用于控制河流两岸的交通；第二部由骑兵组成，专事追击撤退的西班牙守军，特别是行动缓慢的辎重队，其作用在于延缓敌军南撤的速度；第三部为重装步兵，由恺撒亲自指挥，他们仅携带数日的口粮，抛弃了所有重型装备，一路急行至敌军所在，彻底拖住了敌军。

西班牙守军脱身无望，被迫退守到一座小山，此时的他们早已军心大乱，而恺撒一方士气大振，从士兵到将军全都摩拳擦掌，意欲决战。西班牙守军非常害怕，曾试图趁夜悄悄撤离，但恺撒通过俘获的敌兵得知了这一行动，于是他立即下令追击，并故意制造喧闹震慑敌军，吓得亚弗拉尼乌斯和佩托雷乌斯取消了撤离计划。西班牙守军只好改在黎明突围，结果遭到恺撒骑兵追击的辎重队太过缓慢，使得恺撒的步兵居然成功包抄到西班牙守军前方。如此一来，前有恺撒步兵，后有恺撒追骑，西班牙守军的撤离还是失败了。

恺撒这时又注意到另一个问题——水源。被围在山上的西班牙守军缺乏饮水，必须派人到河边补充水源，恺撒于是派骑兵突袭了到河边打水的敌军。本来这是一步好棋，如果能彻底包围小山，西班牙守军必定会投降，可西班牙守军也不傻，竟修了一堵围墙，把从小山到水源的道路保护了起来，恺撒未能阻止这一行动，白白失去了速胜的机会。

恺撒做了两手准备，一是等待敌军粮尽投降，二是策反敌方士兵。恺撒的细作频繁出入敌军军营，一来二去，两方的士兵开始相互探听情报，恺撒借此向敌军宣传他的仁慈，并承诺保证敌军士兵的性命。不少西班牙辅助军开始动摇，他们的士兵纷纷邀请恺撒军中的"同乡"进营叙旧，而西班牙酋长也偷偷跑到恺撒营中密会恺撒。愤怒的佩托雷乌斯立即处死了通敌的叛徒，并紧急带兵突围，企图退回伊莱尔达。

这真是一招臭棋。拥有兵力优势却不思考如何削弱恺撒战力，就想着跑，这样怎么能击败恺撒呢？恺撒的战术与之前无异，故意令骑兵先行拖延对方的速度，自己则率主力紧随其后，并尽可能地修建防御工事包围敌军。此举令西班牙守军大为恐慌，他们不仅不能回到伊莱尔达，甚至还被恺撒修的工事给围住了。

随着粮食和水源的断绝，保守派将领的心理防线终于崩溃了，被迫向恺撒投降。恺撒也如承诺的那样释放了敌军将领，并让士兵们自由决定去留。就这样，恺撒以少胜多，消灭了庞培在近西班牙的五个军团。

紧接着，恺撒乘胜杀入了远西班牙行省，当地总督瓦罗已紧急征募了两个新军团，再加上原来的军团，总兵力已达四个军团，故而瓦罗企图在加迪斯阻挡恺撒。然而，瓦罗手下的士兵毫无战意，心里只想着尽快投降，其中一整个军团突然兵变，投奔了恺撒，其余人马也纷纷逃走。意识到自己根本不是恺撒的对手后，瓦罗只好也投降了恺撒。

同样，恺撒继续执行他的宽容政策。瓦罗、亚弗拉尼乌斯、佩托雷乌斯都没有受到严厉的处罚，他还免除了瓦罗强制摊派给各城各邦的税金，把西班牙三总督从赫丘利神庙抢来的钱财物归原主，恺撒尽可能地表现得慷慨、仁慈，以拯救者的形象笼络西班牙人。昆图斯·卡西乌斯被任命为新的西班牙总督，恺撒留给他了四个军团。

至此，恺撒仅用了两个月的时间就把庞大的西班牙纳入了统治，庞培在西方的主力都已报销，保守派不仅错失了东西夹击恺撒的绝好机会，还让恺撒得到了近五个军团的兵力，现在的恺撒只要拔除马西利亚，西地中海便彻底属于尤里乌斯。可以看出，这一阶段的恺撒放弃了速胜的原定计划，开始有步骤、有计划地争夺战略资源，粮食和稳定的大后方是恺撒决胜的筹码。

平分秋色

征服西班牙如计划中一样顺利，恺撒的西进战略得以实现，虽然西班牙的两个行省不如东方富裕，但这里依然有大量的金矿和资源。对恺撒来说，西班牙的平定让他的实力又提升了不少。从地图上看，恺撒已经成功控制了罗马共和国的西部疆域，不必担心庞培派的军队会从东西两个方向夹击自己，彼时的罗马大有天下二分的趋势。同时，在西班牙的恺撒很快就收到了来自马西利亚的捷报。

时任征讨马西利亚海军指挥官的德西姆斯·布鲁图斯早在恺撒征战高卢时就已崭露头角。他在恺撒进军布列塔尼时用计赢得了歼灭文内几人的辉煌胜利，同样，德西姆斯在马西利亚也没有让恺撒失望，他严格执行了封锁马西利亚的任务。

马西利亚是一座四面环海的城市，要攻略这样一座城市，海军自然是主要的作战力量。恺撒留在这里的军团曾试图强攻马西利亚，但马西利亚人的战斗意志强烈，拼死保卫自己的家园，故而恺撒的军队只能困住他们，却无法强行攻克。

庞培为了守住马西利亚，派元老院任命的高卢总督多米提乌斯率领海军舰队支援。马西利亚人为了打破包围，组建了一支由17艘战船和若干小船构成的海上力量，他们准备和德西姆斯打一场大海战。

海战非常激烈，德西姆斯舰队使用传统的接舷战，一旦追上敌舰就用铁钩钩住他们，然后登船肉搏。不过马西利亚和多米提乌斯的战舰灵活机动，会故意分散并拉开两军距离，然后从四周包抄敌舰，专门围攻落单的船只。有时也会加速从敌舰侧翼驶过，撞断德西姆斯的船桨。然而，德西姆斯的接舷战大获成功，多米提乌斯纵然有更成熟的海战战术却依然损失了9艘战舰。

剩下的时间，多米提乌斯便忙着打造新的战船，而罗马人则忙着攻城作战。负责陆地围攻的指挥官是特雷博尼乌斯，他在城墙外修筑了两道土坡，其高度直抵城墙。罗马士兵便沿着土坡猛攻城墙，另外还推着攻城塔和攻城锤，试图破城而入。不过，勇敢的马西利亚人拼死反击，又是夜袭，又是火攻，最终摧毁了土坡和攻城塔，双方就此陷入僵持。

此时，庞培派纳斯迪乌斯率领16艘战舰驰援马西利亚。得知这一消息的多米提乌斯大为振奋，当即带着刚补充的舰队出海会合。德西姆斯舰队已经增加到18艘战舰，其中6艘是俘获的敌舰，所以他很有信心，立即扬帆起航，试图在多米提乌斯与援军会合前各个击破。此举颇为冒险，但魄力十足。

德西姆斯率舰队急速追上了多米提乌斯，旋即朝敌舰发动冲撞。多米提乌斯还是和之前一样不断用弓箭反击，却无法阻止德西姆斯的船舰。当两军几乎快要撞上时，德西姆斯又抛出了钩子，将敌舰拉到自己身旁，然后便是登船作战，歼灭了多米提乌斯9艘战舰。

就在战斗最激烈之时，马西利亚人发现了德西姆斯乘坐的战舰，有两艘敌舰开足了马力向德西姆斯撞去，说时迟那时快，德西姆斯的战舰拼命加速冲撞，几乎与敌舰擦肩而过，好不惊险。由于马西利亚战舰速度过快，使得两艘本要撞击德西姆斯的船相互撞在了一起，当即沉没入海。这么激烈的海战让远处的纳斯迪乌斯胆寒不已，他也是懦夫一个，竟然狼狈逃走了。这下多米提乌斯绝望了，只能率领残存的战舰逃回港口，马西利亚彻底失去了制海权。

随着围困的继续，多米提乌斯损兵折将，始终无法击败德西姆斯，最后也乘坐一艘战船逃离了马西利亚，胜利属于德西姆斯，属于恺撒。失去海军支援的马西利亚在长达五个月的围攻后宣布投降，从此沦为罗马的行省城市。

马西利亚的收复让恺撒重新打通了意大利与西班牙的交通线，西部几个行省基本算是平定了，然而恺撒收到捷报的同时也收到了另一处战场的噩耗。

西地中海的战事虽然顺利，东地中海却不怎么如意。首先是亚得里亚海传来了不好的消息，恺撒将1.5万人的新建海军交给了盖乌斯和多拉贝拉，恺撒本指望他们能够击败庞培的海上力量，然而庞培派到这里的指挥官早年曾追随他剿灭地中海海盗，有非常丰富的海上经验，是位不好对付的将军。

盖乌斯·安东尼和多拉贝拉并未意识到危险，草率分兵出击，结果正中敌军下怀。庞培海军利用恺撒舰队分开时各个击破，首先伏击了多拉贝拉的海军，迫使他逃进满是暗礁和峭壁的海岸，结果惨遭全歼。紧接着，庞培的舰队又攻打盖乌斯的海军。与多拉贝拉无异，恺撒新建的海军舰队全线溃败，战死者甚众，夺取亚得里亚制海权的计划就此破灭，恺撒渡海远征希腊的计划变得非常艰难。

海上的噩耗还不是恺撒最忧心的，更大的噩耗从北非传来。恺撒最器重的将领无疑是身价6000万银币的库里奥。库里奥手里有恺撒交给他的两个军团，再加上收编小加图的两个军团，总军团数已达四个。可以说，库里奥从渡过卢比孔河开始就战无不胜，一路攻城略地未尝败绩，他的战绩是恺撒诸将中最好的，也正因为这样，恺撒才给了他自由行动的特权，而庞培派的阿非利加却只有两个军团，这让他萌生了继续南下北非的战意。

可惜库里奥大意了，他认为只需要两个军团就能达成战役目标，却忽视了庞培在北非的潜在盟友。起初，他们的登陆作战非常顺利，当地守将瓦罗不敌库里奥，只好退守乌提卡城，库里奥顺势围住了乌提卡。正当库里奥感觉良好时，努米底亚国王尤巴率领他的军队前来支援瓦罗。努米底亚骑兵是罗马人曾经的噩梦，而尤巴率领的努米底亚军远超库里奥手中的兵力。

库里奥这才意识到只有两个军团的自己难以同时击败瓦罗和尤巴，故而放弃了围攻乌提卡的计划，转而撤退到了科尔内利乌斯旧营，该处正是当年西庇阿攻打迦太基的大本营，地势非常险要，而且还保有和海上舰队的交通线。库里奥急令远在西西里的另外两个军团前来会合，他打算等军队聚齐后再迎战尤巴王。

尤巴王得知库里奥撤退后并没有轻易追击他，而是故意派人到附近的水井投毒，使得不少库里奥士兵中毒染病。紧接着，尤巴王故意放出假消息称：努米底亚后方发生了叛乱，尤巴王已经带着主力返回自己的国家了，而他仅留下了很少一部分军队驻扎在巴格达尔河。库里奥求胜心切，没有甄别这一情报的真假，不等西西里的两个军团到达，他就带着虚弱的军团出征追击。

可是等待他的并不是撤退的努米底亚残部，而是尤巴的主力军队。库里奥由于情报误判，一头扎入了伏击圈，而长途奔袭的他们疲惫不堪，再加上骑兵不足，库里奥根本不能抵挡努米底亚人的进攻。彼时局面艰险，罗马人无论是撤退出击，还是举盾防守，都不能保证自己的安全，大量的士兵被包围杀死。副将劝库里奥赶紧逃离战场，但眼见士兵身陷重围的他说道："我辜负了恺撒的信任，已经无颜再见恺撒了。"

随后，库里奥举剑冲向了敌军，被乱刀砍死，而这支军队也全员阵亡。留在后方的海军得知前线败报后，竟吓得抛弃了逃回来的步兵，擅自开出了海港。没能逃走的罗马人最终全被尤巴王俘获了，库里奥的两个军团就此覆灭。

连接两份败报的恺撒又接到了另一个急报：第9军团兵变了。真是祸不单行，先是海军覆灭又是库里奥战死，现在连跟随恺撒征战高卢的老牌军团也来给恺撒找麻烦。第9军团曾陪伴恺撒经历了一场又一场大战，却在恺撒对抗整个罗马的关键时刻撂挑子不干了，这是恺撒军事生涯中最不好的信号，看来恺撒军团也不是义无反顾地支持内战。

恺撒顾不上处理罗马的政事，快马加鞭地赶往第9军团驻扎的普拉肯提亚，当然恺撒并非单独前往，他还带上了三个军团。恺撒很清楚兵变的原因是战事的延长和军饷的拖欠，但作为一个统帅，恺撒不能容忍这种随意向主帅讲条件的行为，因为这会动摇他的权威，也会破坏铁一般的军纪，所以他第一次将剑指向了自己的士兵，决定用"十一抽杀"惩罚第9军团。

什么是"十一抽杀"？这个在克拉苏剿灭斯巴达克斯的时候就曾使用过，即全体士兵每十个人中抽签选出一人给予杖杀的刑罚，被随机抽出的人要在全体士兵面前被活活打死，剩下的士兵只能吃马匹的饲料，而且不得将帐篷搭在营寨之内，是罗马军团对一个集体的处罚。

一看到恺撒带着三个军团包围了自己，又丝毫不加商量地要执行"十一抽杀"，第9军团的士兵这才感到后悔，军官们纷纷跪下求饶，祈求恺撒网开一面，并表示不会再提出任何要求了。恺撒见自己的目的已经达到，便把闹事的120个领头人拉出来执行了"十一抽杀"，算是代替了整个军团的惩罚。

就这样，恺撒不费一兵一卒镇压了老军团的兵变，勉强算是稳定了军心，也达到了以儆效尤的效果。这一阶段，恺撒和庞培可谓是不分胜负，虽然恺撒赢得了西班牙和马西利亚，但亚得里亚海和阿非利加两条战线都失败了，而且还损失了海军舰队和库里奥那样的大将，双方的战争局势变得不再明朗，而第9军团的兵变也证明了军队的厌战情绪已接近沸点，罗马人不禁要问，胜利究竟会垂青恺撒，还是庞培呢？

偷渡亚得里亚海

回到罗马后，恺撒开始筹备与庞培的决战，但在这之前，还有一件事情缠绕在他心中挥之不去，那就是恺撒政府的合法性。自元老院和执政官逃离意大利后，罗马就处于被恺撒军事管制的状态，恺撒的合法公职是高卢总督，任期早已在公元前49年结束，按说他是没有资格接管国家政权的，所以当恺撒准备冒险渡过亚得里亚海时，他要保证离开后的意大利依然能忠于自己，就必须重新获得公职。

幸而罗马的公职都是通过公民大会选举产生，所以恺撒不需要元老院的认可，只要他能重新得到公民们的选票就好，于是恺撒授意法务官雷必达来做这件事。雷必达是恺撒派的高级幕僚之一，他的父亲正是在苏拉死后就发动叛乱的前执政官老雷必达。从老雷必达兵败身死时起，雷必达就对保守派贵族深恶痛绝，现在的他自然加入了恺撒的民主派阵营。雷必达以执政官不在首都为由，提议拥立恺撒为罗马独裁官，该议案得到了公民大会的一致通过，恺撒得以出任独裁官一职。

独裁官是罗马的最高公职，以合法程序出任独裁官自然是荣耀的，但雷必达的提议很难称为合法，所以恺撒不敢长期霸占这个显赫的位置，毕竟内战的局势还不明朗。恺撒无意让保守派找到攻击他的口实，只是短暂利用独裁官的权力召开了选举执政官的公民大会，然后再选举自己和塞维利乌斯为新任执政官。此举虽然是自导自演，但至少在程序上合法了。

获得政府合法性后，恺撒以新政府的名义重新分封麾下将领，他任命雷必达为近西班牙总督，卡西乌斯为远西班牙总督，德西姆斯为高卢总督，亚里埃努斯为西西里总督，佩多凯乌斯为撒丁岛总督，以上诸将均成了恺撒统治共和国的封疆大吏。

安排好一切后，恺撒将管理罗马的任务交给了新任执政官塞维利乌斯，随即便动身前往布伦迪西乌姆海港，准备渡过海洋杀入希腊。此时的恺撒虽然拥有12个军团，却都是账面上的番号。他的军团在数场大战后减员严重，每个军团平均才2000人，所以他的步兵总人数不过3万，骑兵也只有1300人。海军自从亚得里亚海战失败后就更少了，只剩下20艘战舰和80艘运输船。

与恺撒相比，庞培派的军力明显强大很多，拥有11个军团，步兵人数达到了6.6万，还有东方同盟国支援的7000骑兵、3000弓箭兵和1300投石兵，以及大小战舰600余艘，可谓独霸亚得里亚海。只不过庞培强大军力的背后也有一个弱点——他的军队大多数都是新兵蛋子，没有什么实战经验。而恺撒的军团虽然人数较少，却都是战后余生的老兵油子，战斗力和经验都是庞培比不上的，两方对决因而充满了变数。

东渡海洋

恺撒将大军集结在布伦迪西乌姆，望着波涛汹涌的海面，年过 50 的恺撒心中不免有种即将赴死的感觉，正如织田信长所言："人间五十年，如梦似幻，一度得生者，岂有不灭者乎？"的确，恺撒也算是一只脚踩进了棺材，眼下的亚得里亚海已经成了庞培的"花园"，恺撒想要渡过被封锁的亚得里亚海，只有一个办法——偷渡。

然而即便是偷渡，恺撒也缺乏足够的船只，80 艘运输船加起来也只能运输 1.5 万人，所以恺撒的 3 万人马要想全部渡海，就必须运输两次，这正是恺撒心中最忧虑的事情。因为第一批船队出海后必定会引起庞培海军的警觉，再送第二批的话就会非常困难。

即便忧虑众多，但紧迫的时间早已让恺撒别无选择，庞培正在加紧训练新军，拖得越久，庞培的优势会越来越大。恺撒到了人生的又一个岔路口，如同越过卢比孔河时，他再一次掷下了骰子。公元前 48 年 1 月 4 日，恺撒率领第一批渡海的 1.5 万人冒死扬帆起航。

幸运的是，庞培海军并未立即发现远征船队，他们的海军统帅是和恺撒一起当选执政官的毕布路斯，此人对恺撒恨之入骨。当年恺撒利用保民官和公民大会狠狠羞辱了毕布路斯，使得他在整个任期都无法离开家，此事成了毕布路斯执政生涯的笑柄。

毕布路斯手里有 110 艘战舰，基地设在伊庇鲁斯西海岸的克基拉岛。当他发现恺撒偷渡时，追击已经来不及了，毕布路斯扑了个空。但返航的恺撒运输船就没那么好运了，大约损失了 12 艘船，毕布路斯将船上的人全部杀死，烧毁了所有战舰，以此来发泄对恺撒的怨恨。

恺撒上岸后立即包围了近在咫尺的奥瑞克斯海港，这座城市只有 18 艘战舰，恺撒只用了不到一天时间就攻陷了该城。接着，恺撒率军北上攻打阿波罗尼亚城，没想到当地居民认为恺撒是合法的执政官，拒绝接受庞培将领的领导，于是直接投降了恺撒。作为罗马征服伊利里亚时建立的第一个殖民地，阿波罗尼亚是一座坚固的要塞，更是一座合适的大本营。

庞培得知恺撒登陆希腊后，立即意识到粮仓迪拉西乌姆的重要性，他当即结束了新兵训练，带着全部军团拔营启程，从色萨利一路向西。恰在此时，恺撒又一次遣使求和，这反而引起了庞培的警觉，他判定这是恺撒的缓兵之计，根本不加理睬，继续全速行军。

庞培的担心是对的，恺撒的目标就是迪拉西乌姆。因为被大海阻隔的恺撒已经失去从意大利运输粮食的可能性，对恺撒来说，当下最重要的就是攻取一切可以提供粮草的地区。然而庞培的速度快过了恺撒，他抢在恺撒攻克迪拉西乌姆前抵达了前线，其中迪拉西乌姆在北，庞培居中，恺撒靠南。两支军队隔着阿普苏斯河各自修建了营寨，谁也没有主动进攻对方。

恺撒的形势非常不乐观，先不说庞培的军力超过了恺撒，来自海上的封锁更是令恺撒担忧不已。毕布路斯从恺撒船队的返航判定恺撒一定还有军团即将渡海，于是他禁止所有船员下船，把舰队分成许多小队，在海上来回巡逻。这样既能够阻截恺撒的援军，又能够封锁恺撒的归路，恺撒的军团算是被彻底困住了，如果不能击败庞培，恺撒是真的没有逃回罗马的可能性了。

坐以待毙不是恺撒的风格，他立刻想到了反制之招：让军团控制了从奥瑞克斯到迪拉西乌姆一线的沿海区域。这样做一是为即将渡海的安东尼提供一个安全的登陆区；二是为了阻止毕布路斯登岸补充物资。在这样寒冷的冬季，船队每隔几日就必须上岸补给食物和饮水，如今毕布路斯虽然困住了恺撒，但恺撒同样也困住了他。

没有补给，舰队又渴又冷，毕布路斯因伤寒无法医治病死在海上。他这一死立刻让保守派舰队无所适从，接手的将军可不想受这样的苦，于是改变策略，将重点转移到意大利，封锁了布伦迪西乌姆，目的是阻止恺撒的援兵支援巴尔干半岛。

处于布伦迪西乌姆的安东尼焦急地等待着海风的变化，可是时间一天天过去，海上一直吹着南风，而恺撒却一再催促安东尼动身渡海。无奈之下，安东尼也决定冒险了。他率领剩下的1.5万人登上了偷渡的船只，先用诱敌之计歼灭了一支监视他的舰队，接着便挂满风帆全速驶离港口。

庞培舰队发现后，全速追了上来。不过由于南风大起使得安东尼的舰队被一直吹向北方，安东尼知道，一旦被庞培的海军拦住，那全军就只能去喂鲨鱼了。所以他没有按照命令到迪拉西乌姆南面的恺撒控制区，而是开起满帆任由自己被吹向了迪拉西乌姆以北的宁法姆海港。

安东尼军团非常幸运,他们刚刚登陆宁法姆,南风立刻就变成了西南风,正在全速追击的庞培舰队受风向影响,不是被吹得相互撞在一起,就是被吹得撞到山崖和暗礁,海上到处都是呼救的哀号。

迪拉西乌姆战役

现在的局面着实戏剧,安东尼于北面的宁法姆登陆,庞培居于中间的迪拉西乌姆,恺撒位于南面的阿波罗尼亚。这对庞培来说是个绝好的战机,如果庞培先集中兵力吃掉安东尼的军团,那恺撒的败局将难以改变,但是庞培对麾下士兵缺乏信心,所以准备在安东尼的必经之路上伏击他。

然而当地人把这个行动告诉了安东尼,于是安东尼在即将到达庞培伏击圈时停了下来,然后派信使通知恺撒,恺撒立即绕道北上,大摇大摆地从庞培身边经过。庞培的应变能力明显太差,此时又不敢攻击眼前的恺撒,只好带着军团返回大营,恺撒和安东尼得以顺利会师。

会师后的恺撒决定扩大控制区域并收集粮草,他留下必要的军团在身边,将其他军团分成两路,分别派到埃托利亚、色萨利征集粮饷。当他得知庞培的岳父梅特路斯·西庇阿(接替了克拉苏的总督一职)正率领两个叙利亚军团赶来支援时,恺撒也有针对地派了两个军团前往马其顿拦截,而他本人则一脚插到了庞培大营和迪拉西乌姆之间,切断了两者之间的补给线。

这一招倒是老辣,只是还不能完全困住庞培,因为制海权还在庞培舰队手里,所以他可以用船从迪拉西乌姆运来粮食,但接下来的行动让庞培大跌眼镜,恺撒居然再次干起他的老本行——修工事。

恺撒把全军变成了工程队,四处抢占山岭并修建堡垒,还在堡垒之间修筑堑壕,一看就是要封锁庞培。恺撒试图通过工事把庞培封锁在很小的区域内,这样他的活动空间就会被压缩,补给就会变得更加困难,而且庞培被封锁的消息还能削弱他的威望,让希腊人更倾向自己。

庞培当然明白恺撒的战略意图,于是他也将自己的军团变成工程队,加快向南修建更长更大的工事,双方就这样变成了你追我赶的圈地比赛。由于庞培的人数众多,恺撒不得不修建了一个长达 25.5 千米的包围圈,把军团分散驻扎在各处要害位置,并切断了庞培的水源,这成了这场战争的奇观。恺撒以不及庞培一半的兵力包围了他，不得不称赞恺撒的勇气。

庞培被围住后，士兵的粮食虽可以通过海军运来，但牲畜的草料却必须到周围采集。由于他们被恺撒围在了很小的地方，时间一久，草料越来越少，庞培只能下令宰杀除战马外的牲畜。由于死去的动物处理不当，疫病在庞培的营地蔓延，庞培意识到不能再任由恺撒这样包围下去，他决定立即突围。

庞培派人四处散播流言说迪拉西乌姆的人要背叛庞培，却让海军载着骑兵悄悄返回迪拉西乌姆加强防备。恺撒相信了这个情报，因为恺撒离迪拉西乌姆更近，而庞培被困在了远处，当地人自然害怕被孤立。可是当恺撒抵达迪拉西乌姆时，不仅没有出城投降的叛徒，紧闭的城门连苍蝇都飞不进去，恺撒这才明白此乃调虎离山之计。

同一时间，庞培已经兵分三路对恺撒的包围圈发起猛攻，同时也在迪拉西乌姆方向派出了三支人马用来牵制恺撒。战斗异常激烈，庞培对每处战线都投入了上万人的军团，恺撒本人驻防在包围网的北线，由于他率部攻向了迪拉西乌姆，使得这里的防御力变得异常脆弱，庞培在该处投入了2.4万人马，士兵们前赴后继地攻向恺撒的壁垒。

恺撒的士兵都非常英勇，他们没有因为人数上的劣势而畏惧，死命地守在自己的岗位上，直到约5000人的友军增援后才化险为夷。虽然庞培战略得当，战术却非常失败，可能庞培的新兵太弱了，根本不能适应如此规模的大战。

这场突围战整整打了一夜，六条战线的恺撒军团都成功挡住了庞培的攻击，据说恺撒一方在这场夜战里只损失了20人，而庞培却付出了多达2000人的代价。

本以为庞培是无法突围了，戏剧性的事情却在这个时候突然发生。恺撒军中有两个高卢贵族因为贪污军饷被恺撒发现，虽然恺撒没有重罚二人，但他们担心恺撒会秋后算账，心中惶恐不安，于是两人投降了庞培。他们带给庞培一个十分重要的情报：恺撒包围网最南端的工事还没有完工。

庞培得知这个重要情报后，立刻组织了60个大队的兵力，共计3.6万人马，对高卢人所指的地方发起大规模进攻，另外，他还让自己的海军从海上配合攻击。果然，恺撒的南线工事没有竣工，而且守备只有2500人。庞培的海陆联合进攻立刻发挥了效果，大量恺撒士兵被杀死。得知防线危急的安东尼和恺撒当即率领自己的军团赶赴南线支援，但这并不成功，守护防线的第9军团混乱不堪，死伤惨重，连营地也被占领了。毫无疑问，庞培突围了。

庞大的包围圈因为一处战线被突破而失去了作用，恺撒不得不放弃困死庞培的计划。此时的恺撒形势危急，南北各处要塞相继失守，犹如大坝决堤，恺撒根本拦不住如洪水倾泻的庞培军团。恰在此时，恺撒发现庞培将大多数军团调至新占领的第9军团大营，而距其数百米远的庞培旧营只剩下一个军团的兵力。

庞培旧营本是双方抢占山岭时恺撒未能守住的南线小寨，庞培在小寨的基础上加修了一座营寨，使得那里成了庞培壁垒的最南端防线。随着庞培主力向南推进，旧营便显得不再重要。恺撒觉得这是扭转战局的机会，只要夺取庞培旧营，就可以将庞培一分为二。急于稳住战线的恺撒率领33个大队攻向了庞培旧营。

双方士兵在营寨处展开厮杀，一部分士兵成功杀入寨门，但就在此时，庞培也意识到要塞的重要性，旋即率领五个军团驰援而来。这下轮到恺撒的士兵惊慌了，由于受到营寨围墙阻挡，杀入寨内的恺撒士兵根本看不见外围的情况，而掌旗手的军令也无法传到里面去，守在外面的恺撒士兵被庞培大军击破，顾不上通知里面的战友就逃走了。而里面的士兵看见友军莫名其妙逃走后，也意识到危险的临近，只好也跟着逃跑。恺撒的进攻顿时溃败，恺撒抢过一面鹰旗高声喝止士兵，但根本不管用。不少士兵慌乱地跳进壕沟，虽未摔死，却被后面的人给活活踩死了。

庞培击退了恺撒军团后立即停止了追击，因为庞培作战非常谨慎，他不敢相信自己的军队居然这么轻松就击溃了恺撒的老兵军团，所以他怀疑这是恺撒的诱敌深入之计，故而放弃了追击，使得恺撒和他的军团得以逃出包围。倘若庞培没有如此谨慎，恐怕恺撒就要战死沙场，但历史没有如果。

恺撒逃出重围后重整了军团，现在全军上下士气极为低落。再这么打下去自己必输无疑，所以他一面用言辞鼓励军团士兵，一面拒绝和庞培进行大的会战。但恺撒依然觉得留在迪拉西乌姆十分危险，因为当地不能提供充足的粮食，而且兵力也严重不足，所以他决定战略撤退，尽快与马其顿的两个军团会合。

决胜法萨卢斯

迪拉西乌姆大胜恺撒的庞培军团士气高涨，特别是元老院的贵族更是将这场胜利当成了恺撒的末日。这些平日只会钩心斗角的寄生虫整日饮酒作乐，仿佛回到罗马的日子已近在眼前。他们不再关心战场上的生死搏杀，反而在作战会议上讨论战后的官职怎么分配，财富怎么瓜分，这种气氛也感染了庞培，使得全军上下都懈怠了。

战略转移

恺撒为了逃脱庞培的追击，将军队一分为三。日落时分，恺撒让行动最慢的辎重部队先行。正所谓"三军未动粮草先行"，恺撒要辎重先走是避免他们被庞培追上，因为在没有多少外援的希腊地区，粮食就是恺撒军团能够活下来的根本。等天亮了以后，恺撒才让步兵主力跟上辎重行军，而行动最快的骑兵和恺撒最后撤离，一来他们移动迅速，可以很快赶上大军；二来他们机动性好，可充当殿后部队，关键时刻能够摆脱敌军追击。

恺撒的撤军布置果然让庞培无能为力。庞培发现他的大军怎么都追不上恺撒，虽然总是能探知恺撒已经到了某个地方，可一旦自己追到了那里，又会传来恺撒已经移动到另一个位置的消息。追了几天后，庞培改变了策略，试图夸大迪拉西乌姆之战的胜利来动摇恺撒的威望。

恺撒的大败很快形成新闻效应传到其他地区，起先还摇摆不定的城市现在明确了反恺撒的立场，他们关闭城门拒绝接纳恺撒，第一个挡住恺撒南撤道路的便是戈姆菲城。该如何应对这种变化，恺撒心知肚明，他曾在内战里以仁慈、宽容著称，但现在孤军深入的他已经到了生死存亡的危急时刻，失败让他变得疯狂起来。

恺撒大军很快就包围了戈姆菲城，昼夜猛攻让这座军力弱小的城市很快陷落，随之而来的便是可怕的烧杀抢掠。戈姆菲人全被屠杀，熊熊燃烧的火焰仿佛是恺撒决一死战的怒火。

恺撒军团继续战略撤退，任何一个敢挡住恺撒的城市都与戈姆菲一样。

恺撒有意在屠城前留下几个活口带在军中，等到了另一个城市，恺撒就会让这些亲眼目睹屠城惨状的俘虏向其他城市讲述反抗恺撒的下场，甚至还会把这些人押解到城墙下公开处决，以此来震慑敌军。在这样强势的手腕下，许多背叛恺撒的城邦又重新倒向了恺撒。

恺撒一边撤退一边召集分散在外的其他军团，特别是召回了正与梅特路斯·西庇阿对峙的第11、第12军团。恺撒召开作战会议说道："诸位兄弟，自登陆希腊以来，你们屡屡劝我与庞培决一死战，我都未曾应予，现在我军新败，可谓到了生死存亡之际，再犹豫，我们都难逃一死。我决定自即日起，全军上下做好决战准备，孤要与伟大的庞培一战定输赢！"

两个枭雄各自带军你追我赶，恺撒虽然想与庞培决战，但庞培每到一处就会抢占一个高地扎下大营，拥有地形优势的他令恺撒不敢贸然挑起决战，只好继续撤退吸引庞培追击，然后寻找合适的战机，于是双方就这么一再上演马拉松式的行军。

日子久了，跟着庞培的元老院贵族熬不住了，他们娇生惯养而且年迈体弱，根本受不了这样艰苦的生活，所以这些人开始向庞培抱怨，说他迟迟不剿灭恺撒，是不是喜欢当这种独裁者的感觉？是不是喜欢把元老院议员当部下指挥？抱怨的人越来越多，贵族们公开要求庞培尽快与恺撒决战，不要再故意"拖延"了，庞培感到压力巨大。

庞培觉得时机未到，可冷嘲热讽极大地伤害了他的自尊心，而且很多将领均鼓舞他主动作战，拉比埃努斯甚至对天发誓，说恺撒的老兵不是战死就是退役了，剩下的人都是从行省新招募的。心存侥幸的庞培最终还是决定放手一搏，将军队从山上带至平坦开阔的平原，摆出了一副要与恺撒决一死战的架势。恺撒也同样捕捉到了庞培心态上的变化，他知道机不可失，时不再来，当即升起了决战的红衣，法萨卢斯决战就此打响。

枭雄的决战

公元前48年，恺撒与庞培决战于法萨卢斯。

庞培将军团一分为三，最精锐的两个军团被布置在左翼位置，再加上拉比埃努斯的7000精锐骑兵，以及东方辅助军的弓箭手、投石兵，左翼便成了一支合成作战部队。右翼部署了几个战力较弱的军团,其侧身有河流掩护,足以弥补其劣势。梅特路斯·西庇阿带来的两个叙利亚军团被安排在中央,战力弱于左翼却强于右翼,整体看很像大帝亚历山大惯用的楔形战术,呈梯队展开。庞培的总兵力约4.7万步兵和7000骑兵,可以看出,庞培的战术就是利用强大的左翼击溃恺撒的右翼,然后再包围恺撒的其他军团。

恺撒看出了庞培的战术意图,他也把精锐的第10军团和全部骑兵都放在了右翼位置,以此来应对庞培强大的左翼,左翼则是第8、第9两个军团。恺撒的兵力约为庞培的一半,包括2.2万步兵和1000骑兵,不过恺撒依然让自己的军团分成传统的三列线阵,唯一不同的是,恺撒禁止第三线的老年兵擅自加入战斗。而且恺撒还从第三列老兵中特意挑选了些资深老兵,组成了一个2000人的特别预备队,也就是第四线。这些人布置在右翼之后的位置,即第10军团的背后,而且故意作了隐蔽和伪装,虽然人数不多,却是恺撒冥思苦想后的绝杀之招。

决战开始后,恺撒军团抱着决一死战的勇气鼓噪而进,士兵们操着稳健的军步慢慢前进。随着步伐自然加快,全军发起了决战的冲锋,喧闹的吼叫声打破了天空的寂静。奇怪的是,庞培的军团却一动不动地站在原地,丝毫没有要冲上来和恺撒军团搏杀的迹象,这是怎么回事呢?

原来庞培对自己的新兵军团太没有信心,他害怕新兵在冲锋中挡不住恺撒的老兵,于是想了一个阴招,让全军按兵不动,只等恺撒军团冲过来后再就地迎战。庞培认为如此部署有三个好处,一是庞培军团不会消耗体力,而恺撒军团必定气喘吁吁;二是奔跑起来的恺撒军团难免队列混乱,肯定破绽百出;三是站着不动的军团所承受的标枪威力会减少一半。

自以为得计的庞培也变得懦弱起来,他考虑的不是如何获得进攻的优势,反而是担心守不住阵地,也就是说,庞培至始至终想的不是如何打败恺撒,而是如何自保。恺撒在《内战记》里毫不掩饰地嘲笑庞培的失策,因为优秀的指挥官总是会设法提升军队的战意和士气,而不是故意遏制,所以这才有了擂鼓助威、军号齐鸣、呐喊冲锋的传统。可是什么都不做的庞培军团,除了恐惧并没有其他感受,紧张和不安反倒让他们陷入一种就地等死的气氛之中。

不仅如此,罗马军团的战术习惯通常是先投掷几轮标枪,待远程杀伤一部分敌军后再拔剑冲至身前肉搏。所以当士兵全速奔跑时，投出去的标枪不仅有力而且更远，站在原地投出的标枪反而力量不足、射程不远，连人也是活靶子。说不定在恺撒冲锋投射时，庞培军团除了举盾保命外根本没有出手的机会。

让人意外的是，恺撒的军团没有中计。等冲锋到一半的时候，老兵们发现敌军根本就没有动作，于是自发地放慢了脚步，然后站在两军中央歇息了一下，等重新整队列阵后才再次发起疯狂的冲击。老兵们这次的气势更胜，因为那些连冲锋都不敢的庞培新兵根本没有什么可怕的，现在到了为迪拉西乌姆大败雪耻的时候了。

恺撒军团的士兵很快就和庞培军团撞在了一起，呐喊声、碰撞声、尖叫声不绝于耳，他们使用的是同样的装备和旗帜，战术和纪律也是师出同门。厮杀在一起的军团士兵有时都会分不清敌我，但是在这场血腥的内战里，只有胜者才不会死亡，今天的他们眼中没有什么同胞，只有要置于死地的敌人。

整个战场都在激烈地厮杀，同样的标枪来回射击，相同的短剑你刺我砍，战吼声响彻天地，漫天烟尘笼罩云霄。很快，僵持的局面就开始变化，集中了庞培7000骑兵的左翼一举击退了1000恺撒骑兵，策马杀至恺撒的侧翼。渐渐地，恺撒右翼的平行位置因骑兵的后撤而出现缺口，拉比埃努斯一路追杀，几乎冲到恺撒右翼的背后。庞培看着拉比埃努斯的"胜利"有些激动，似乎一切都按照预定战术在进行。

然而变故就在此时发生了。恺撒留在右翼后面的特别预备队出现了，他们高举鹰旗，迈着整齐的步伐杀奔而来。由于拉比埃努斯没有料到恺撒会留这么一手，所以他的骑兵没有发现这一支隐藏的军队。当恺撒的这支军队出现时，拉比埃努斯难免猝不及防，而且特别预备队都装备了锋利的矛枪，正是对战骑兵的利器，正在败逃的恺撒骑兵此时也反身杀了回来。

如此一来，拉比埃努斯骑兵便遭到了恺撒伏兵和右翼军团的前后夹击，形势在这一刻骤然改变。遭到致命打击的庞培骑兵禁不住夹击，彻底溃败了。溃散的骑兵根本顾不上协同作战的友军，只顾拍马逃跑，而那些失去了骑兵掩护的远程步兵只能等待被砍杀殆尽的命运。

庞培左翼溃败后，恺撒的右翼和骑兵很快就追杀到庞培军团的背后。这些人没有继续追击正在逃跑的庞培骑兵，而是反过来攻击庞培中央军团的侧翼和后背，这让不少正在顽强抵抗的庞培士兵被从后面挥来的刀剑刺死，现在的角色完全对调了。此时，早已蓄势待发的恺撒第三线老年兵终于行动起来，替换了疲惫的前两线士兵，慢慢迂回包围了庞培剩下的士兵。

眼见战斗已经无可逆转，庞培懦弱地逃回大营。直到喊杀声越来越大，前线的士兵也逃回大营后，庞培知道他的军团已经全线溃败了。此时的他顾不上组织力量守备营寨，也顾不上那些同样在逃命的元老院议员，甚至顾不上自己的亲人，匆匆带上30名亲卫快马奔出大营，一路朝海边逃命。

恺撒军团不久就攻破了庞培的军营，到处都是逃跑和投降的庞培士兵，有不少败兵撤退到了一处小山上负隅顽抗，恺撒乘势包围了小山并切断了水源，最终歼灭了他们，法萨卢斯之战终于结束了。

此战，恺撒斩首庞培军团1.5万人，俘虏2.4万人，而自己只损失了200人，可谓是一场决定性的辉煌胜利。虽然这个数据被一些学者质疑，但恺撒以少胜多是无可争辩的事实。

恺撒经由此战彻底改变了自己的命运，庞培的希腊新军覆灭殆尽，元老院议员不是被杀就是投降，整个希腊地区都臣服于恺撒，而庞培本人渡海逃向了更远的东方。对恺撒来说，剩下的事情就是追击庞培并消灭仍在负隅顽抗的残余势力。

罗马共和国的历史和命运在这一刻属于恺撒了。

第十八章 无冕之皇

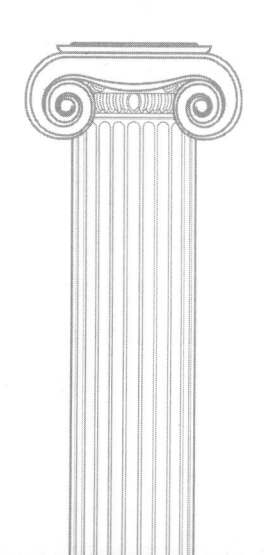

掌控新东方

法萨卢斯之战后，庞培带着人数不多的亲卫一路狂奔到海边，打算渡海逃亡。可令他绝望的是，东方的君主们一听说庞培的东方军团被恺撒全歼后都改变了对庞培的态度，纷纷拒绝接纳庞培，甚至威胁说，一旦庞培到达他们的国土，他的安全将无人保障，这使得庞培的船只难以在小亚细亚和叙利亚登陆。如今庞培只能把希望寄托于埃及，因为埃及的上一代法老托勒密十二世被驱逐后，是庞培将托勒密十二世重新扶上了王位。这让法老非常感激，他死前立下遗嘱，让大女儿克利奥帕特拉七世和大儿子托勒密十三世结为夫妻共掌王位，并让庞培当遗嘱的执行人。庞培基于上述恩情对埃及充满希望，一路航行至埃及的亚历山大里亚。

掌控埃及

此时的埃及并不太平，托勒密十三世和克利奥帕特拉七世都试图驱赶对方独掌王权。在一番角逐后，托勒密十三世成功将姐姐放逐至叙利亚地区，但克利奥帕特拉七世并不认输，就地招募军队试图反攻埃及。庞培的到来让托勒密十三世很不开心，虽然法老的年纪不大，但是他也知道庞培到埃及只是为了避难，顺便带着埃及军队继续对抗恺撒。年轻的法老可不想把王国的命运交给一个素未谋面的老人家，所以他打定主意要倒向恺撒。

托勒密十三世要比其他的东方君主更阴险，他没有拒绝庞培入境的要求，甚至还在岸边集结了庞大的欢迎队伍，这让庞培放下了防备，然而埃及人只派了一艘小船去迎接庞培。谁能想到，这是一艘通往地狱的冥船。庞培登船后不久，起初热情拥抱他的人立刻抽出短剑捅入庞培的身体，一代枭雄就此陨落。

恺撒率军一路追着庞培也到了埃及，然而当他看到被当成礼物的庞培首级时，恺撒既悲伤又愤怒，这让意在讨好恺撒的托勒密十三世非常惶恐，他以为恺撒会因为庞培的死而高兴，没想到换来的是勃然大怒。埃及人不会理解这两个枭雄之间的羁绊，也不会理解一个真正的王者对待对手时的宽容精神，更不能理解恺撒无意背上杀死庞培的黑锅。罗马可不是埃及那样的王国，社会舆论对当权者非常重要，恺撒并没有狂妄到我行我素的地步。

庞培之死让恺撒和托勒密十三世变得很不愉快，所以当恺撒弄清了埃及的局势后，他决定插手埃及内政以便控制整个尼罗河。不久后，恺撒即让托勒密十三世和克利奥帕特拉七世停止战争，并邀请他们通过会面来解决争端。就在会面前一天夜里，埃及人将一件精美的地毯作为礼物送进了恺撒的卧室。地毯华美异常，却被卷成一团，恺撒让人打开地毯，里面居然躺着一个身姿婀娜的绝世美女，她秀发乌黑，双眸明亮，白皙的皮肤和傲人的身材让恺撒大吃一惊，此等尤物正是克利奥帕特拉七世，这下恺撒知道该怎么处理埃及事务了。

第二天会谈正式开始，恺撒重新宣读了已故法老的遗嘱，决定让克利奥帕特拉七世和托勒密十三世继续联合执政，这让托勒密十三世非常愤怒，因为他好不容易才驱逐了姐姐，现在恺撒一句话就推翻了一切，俨然把自己当成了埃及的主人。更糟心的是，托勒密十三世很快就得知姐姐兼妻子的克利奥帕特拉七世成了恺撒的情妇。托勒密十三世不能忍受权力被夺，决定铤而走险消灭恺撒，于是他让宦官波提努斯派亲信到城外集结军队，准备攻打亚历山大里亚。此时恺撒手里只有3200人的军团，而埃及军队有2万步兵和2000骑兵，形势对恺撒很不利。恺撒对危险有超出常人的嗅觉，几乎在同一时间，恺撒先发制人，抢在托勒密十三世出兵前杀入王宫，软禁了托勒密十三世，还围绕王宫外的街道修筑防御工事，迅速接管了整个法老王宫。

当托勒密十三世的军队赶到亚历山大里亚时，恺撒已经完成了对王宫的布防工作。在几轮交锋中，罗马军团凭借狭窄的街道阵斩了不少埃及人，埃及军队这才发现狭窄的地形限制了大部队展开，于是向西攻打法罗斯海港，企图断绝恺撒的补给。然而恺撒早就对港口做了部署，甚至亲自率部击退了埃及人的进攻，还烧掉了埃及人的舰队，从而避免了封锁。

埃及指挥官见恺撒防守得当，强攻又难以得手，只好暂时包围了王宫及周边的街道，并运来海水浇灌首都的地下输水管道，试图以此逼迫恺撒投降。然而恺撒并不担心这个，他让军队在城内打井取水，很快又找到了新的水源，围城军队空耗人力，毫无所得。没过多久，罗马的海军也赶到了，他们与埃及舰队展开决战，其中罗德岛盟军表现抢眼，大破埃及海军，罗马人至此得到了制海权，埃及人围城的效果几乎为零。然而，因海战取胜的恺撒很快就高兴不起来了。

此前，恺撒曾派兵与埃及军队争夺法罗斯岛，但并未完全控制该岛，自以为已获优势的恺撒决定进一步压缩埃及人的空间，率领10个大队攻打法罗斯岛，再次击败埃及人。不少埃及人逃到法罗斯岛与大陆相连的大桥上，有的被挤死，有的落水淹死。恺撒俘虏了6000埃及人，一度控制了大桥与城市相连的桥头，并修了一座简易的堡垒。

随着大桥落入恺撒之手，埃及人的舰队便无法自由穿过法罗斯岛和城市之间的海域，埃及人不可能任由恺撒封锁亚历山大里亚，于是调集重兵攻打恺撒的桥头堡垒，恺撒为此派了3个大队的士兵镇守堡垒，剩下的人留在船上支援。然而，狭窄的大桥限制了军团的阵形，他们如同一条长蛇一样被挤在桥中间。埃及人发现恺撒的破绽后，立即分两路发动进攻，一路利用运输船直接在大桥中部登陆，另一路猛攻桥头堡垒。看到埃及军队登上大桥中部后，留在船上的恺撒士兵没等他下令便也跟着一起登桥，双方在桥上展开血战，可是恺撒士兵没有队形，缺乏有效指挥，又慌忙逃回了船，这使得3个镇守桥头堡垒的大队腹背受敌。遭到前后夹击的恺撒军团终于被击溃了，不少人被推入海中，还有些人被身后射来的弓矢贯穿。惊恐之余，他们只好登船紧急撤离，恺撒本人也差点被淹死在海中。

托勒密十三世见恺撒战斗不利，便假意向恺撒请和，表示只要恺撒放了他，他就解散城外的军队。恺撒知道这极可能是一个阴谋，考虑到己方援军即将抵达，充满信心的恺撒决定赌一把，放了这个少年。恺撒在赌什么？一是赌小法老信守承诺，双方就可以重新回到谈判桌上；二是赌没有"人质"在手的罗马军团会放弃幻想，决心背水一战，如此便有机会击败人数占优的埃及军队。

可惜，恺撒只赌赢了第二种可能，小法老一与军队会合后便背弃了自己的承诺，意图与罗马人死战到底，这激发了罗马军团拼死一战的决心。但另一方面，托勒密十三世夺取了军队的指挥权，只留下了少量兵力围困恺撒，其大部队被带出了亚历山大里亚，直奔已经进入埃及的恺撒援军。这支援军由辅助军统帅米特达拉梯指挥，兵力上万，很快就攻克了被称为"亚历山大里亚陆上钥匙"的佩鲁西翁。

400

恺撒意识到亚历山大里亚已不是制胜的关键，立即率部乘船出海，绕过埃及守军，追着托勒密十三世抵达了尼罗河三角洲。此时的托勒密十三世占据地形优势，背靠河流，侧枕高地，还派出一支偏师阻挡恺撒前来。这支偏师布阵在一条注入尼罗河的小河边。不过，恺撒军团的陆战能力是埃及人所不能相比的，他的日耳曼骑兵从浅滩泅渡强攻，吓得埃及人狼狈逃窜。

公元前47年，恺撒与托勒密十三世会战于尼罗河三角洲。虽然恺撒得到了增援，但从兵力上看，托勒密即使损失了一支偏师，剩余兵力仍比恺撒多出上万人，而且还有一支舰队游弋在旁边的河中，罗马一方仍然处于劣势。

幸而恺撒作战向来胆大，即使自己处于劣势，他依然指挥军团主动进攻。罗马军团不顾埃及人修筑的防御工事，从正、侧面两个方向猛攻埃及阵地，其中攻打侧翼的军团无往不利，一举击溃了托勒密十三世侧翼的堡垒，迫使敌军向后方退却。见侧翼堡垒被突破的恺撒又一次大胆起来，旋即分出一部分人马，沿着托勒密十三世背后的河流进攻，企图绕到敌军身后攻击。

可惜这一战术被埃及人看穿，部署在河流之上的埃及舰队立即驰援战场，用远程火力射杀正在托勒密十三世身后奔袭的罗马偏师，结果无人掩护的他们被大量射杀在岸边，损失惨重。这一局面让罗马军团全线动摇，埃及军队遂发动反击，将正面进攻的恺撒军团推下工事，杀伤甚多。恺撒难道要被击溃了吗？显然不会。危急时刻，恺撒发现杀出阵地的埃及军队竟完全放弃了自己的工事，特别是一处地势最高的营寨，守军居然跑到前线看热闹，这使得埃及中军与侧翼间出现了空隙。恺撒当机立断，抽调了几个精锐大队穿过缝隙，攻打托勒密身后地势最高的营寨。

这支精锐大队穿过了无人守备的侧翼，歼灭了埃及营地里的残兵，还点火制造混乱，这让正在追杀恺撒的埃及军队弄不清楚发生了什么，惊慌失措。看准时机的罗马军团发动反攻，配合已经攻入敌军大营的奇兵前后夹击埃及人。最终，埃及军队大败亏输，败兵纷纷逃向战船，企图渡河离开，但人们争相抢渡，踩死了不少人，更多的人虽挤上了狭小的船只，却因超重而侧翻，托勒密十三世也溺死在水中。

恺撒终于成了埃及的主宰，只可惜亚历山大里亚变得一片狼藉。连大图书馆也在这场战争里被付之一炬，60万册珍贵书籍从此失传，流离失所的难民更是难以计数。在今天看来,恺撒绝对不是正义的一方,但战争永远没有正义可言。埃及贵族为了保命都劝恺撒加冕为法老,恺撒对这些虚名毫无兴趣,他扶持克利奥帕特拉七世的另一个弟弟登基,史称"托勒密十四世",依旧是姐弟两人联合执政,而恺撒本人则在背后控制着埃及的实权。恺撒没有像历代罗马统帅那样将战败国变成罗马的行省,原因可能是他打算用艳后姐弟作为自己统治埃及的幌子。

处理好埃及事务后,恺撒整日和艳后缠绵在一起,后来更是以"考察尼罗河源头"为由,与艳后一起泛舟尼罗河,蜜月两个月之久,艳后还因此怀上了恺撒的儿子,取名恺撒里昂。在外人看来,恺撒似乎已经被艳后给迷住了,可真相并非如此。22岁的艳后虽然睿智,但和阅女无数的恺撒相比还是嫩了几分。对恺撒来说,占有埃及艳后不过是为了告诉埃及人,恺撒才是埃及的主人。

此后,恺撒着手整顿东方秩序,率部平定了原本都国王米特拉达梯六世之子,博斯普鲁斯国王法尔纳西斯的谋反,控制了整个小亚细亚,本都永远地成了历史。恺撒以少胜多的战绩已然成了他最骄傲的荣誉。看到东方民族如此不堪一击后,他在给元老院的捷报里骄傲地写着"veni, vidi, vici",这便是著名的"我来,我见,我征服"。

阿非利加战役

法萨卢斯之战结束后,保守派残党梅特路斯·西庇阿、小格涅乌斯·庞培、塞克斯图斯·庞培、拉比埃努斯等通通逃到了北非。作为保守派最坚固的大后方,阿非利加人口稠密,农、商两业都很发达,兵、粮、钱远比其他行省更充裕,再加上盟友尤巴从旁支援,北非实乃庞培余党的割据之资。

不仅如此,当恺撒远离西班牙后,新任总督卡西乌斯一改恺撒的宽仁政策,把西班牙当作自己的私产,肆意欺压当地部落。苛捐杂税、横征暴敛终于让西班牙各族忍无可忍,叛乱再次席卷了这片土地。卡西乌斯狼狈逃走,溺死海上，西班牙遂成了庞培残党东山再起的新基地。

到公元前47年9月，两派内战已经持续了近三年时间。三年的战火让多少家庭妻离子散，三年的苦战让多少战士埋骨他乡，当恺撒嫡系的第10、第12军团也罢战暴动后，恺撒的老兵军团不得不整个整个地解散，而能够留下的人也只是少数，恺撒明白，战争已经打得太久了，是时候该结束了。

公元前47年11月，恺撒召集了6个军团和2000骑兵前往西西里，正式对阿非利加用兵。这一年，恺撒决定和以往一样在冬季出征，但西地中海的天气远比亚得里亚海恶劣，迟迟没有合适出海的天气。恺撒为了能及时出海，命令士兵全部登舰等待，他的帅帐甚至搭在海浪能拍及的地方，目的就是为了断绝士兵有一丝撤退的想法。

恺撒急于出海，他早已听说保守派残党在北非召集了近10个军团以及数万骑兵，这一数字让人非常不安，若继续发展，反攻意大利是早晚的事情。恺撒不能让好不容易才得到的地盘再次陷入战火，他认为必须迅速平定阿非利加，重重打击保守派残党的势力。真等到出海时，恺撒却面临更多的问题。一是这个季节的地中海天气非常恶劣，狂风暴雨随时都会出现，舰队在海上没有任何安全可言；二是新任保守派领袖梅特路斯·西庇阿早已在北非沿岸的港口布下重兵，恺撒很难找到一处安全的登陆地点。

恺撒又一次掷下了骰子，他没有按惯例把登陆地点告诉各舰的船长，只让舰队航向北非即可。普通人听到这一决定肯定以为恺撒疯了，这支远征舰队没有真正的目的地，连恺撒也不知道要到哪里，他似乎相信维纳斯会帮助他，决定把命运交给运气，登陆地点随情况而变。

毫无悬念，狂风暴雨袭击了像无头苍蝇的恺撒船队，不少人葬身海底，船队就此被打散，当恺撒登陆北非哈德鲁墨图姆时，身边只剩下3000步兵和150骑兵，而保守派在当地有2个军团约1.2万兵力，指挥官是盖尤斯·孔西狄乌斯。恺撒很清楚，仅凭不到1个军团的兵力是不足以攻克哈德鲁墨图姆的，所以他试图用亲笔信劝降孔西狄乌斯，但是对方直接处斩了使者，连信都没有拆开。

恺撒的处境非常不妙，他的6个军团漂到了不同地方，重新聚集尚需时间，而面前就有一支庞大的敌军，这些人是不会让他在哈德鲁墨图姆建立根据地的，所以恺撒必须转移，而且要在敌军没有包围他前迅速转移。果然，恺撒刚刚动身离开，孔西狄乌斯就派出大量骑兵前来追杀，不过恺撒的士兵并不畏惧，他们勇敢转身冲锋，好像被攻击的不是自己而是敌人。

据《阿非利加战记》记载，恺撒的30个高卢骑兵就把2000北非骑兵打得狼狈逃窜。他将老兵布置在后军位置，一再打退追来的骑兵，终于在敌军眼皮子底下进驻鲁斯皮纳城。由此可见，在当时的地中海，骑兵以日耳曼人为最，其次是高卢骑兵，再次是努米底亚骑兵，最弱的可能是西班牙骑兵。这一战多少恢复了恺撒的信心，他相信西庇阿的数万北非骑兵只是数字上恐怖，战斗力却未必能胜过自己的2000精骑。

公元前46年1月1日，自由城邦勒普提斯主动来降，恺撒欣喜地派了六个大队进入该城，加上北侧的鲁斯皮纳城，恺撒总算有了自己的落脚点。他以鲁斯皮纳为指挥部，就地清理海滩、修筑工事，准备迎接还未登岸的其余船只。不久后，一些漂泊海上的运输船发现了恺撒的营地和舰队，安全登陆鲁斯皮纳，恺撒的兵力勉强恢复到了两个军团，他的阿非利加征战此时才算正式开始。

整体来看，恺撒的远征颇为冒险，兵力、补给都是他的软肋，而且隔着大海的他随时都有被切断退路的风险。为此，恺撒制定了三步走的大战略。第一步，聚拢军队、恢复兵力，就是要把流浪海上的几个军团统统召至鲁斯皮纳；第二步，扩大地盘、筹措粮草，即要在现有地盘的基础上扩大根据地，增加可活动的空间，寻找更多的粮草物资，为长时间作战做准备；第三步，削弱敌军、伺机歼敌，就是通过小规模作战消耗敌军的有生力量，寻找合适机会发动决战，从而赢得战场主动权。

恺撒为迅速找回失散的军团，将军队一分为三，一部分人修筑工事、留守根据地，一部分人搜寻海岸、引导失散船队，还有一部分人负责征集粮草物资。其中最主要的目标就是不远处的克尔基那岛，那里是保守派的粮草基地，有数量可观的粮食。至于恺撒本人，他率领30个大队外出征集粮食，却意外地遭遇了一支努米底亚骑兵，暴露了自己的行踪。

初决战：恺撒对阵拉比埃努斯。

恺撒遭遇的骑兵并不是小股部队，而是闻讯赶来的拉比埃努斯主力。这支骑兵人数上万，既有努米底亚骑兵，又有北非轻步兵和弓箭手，而恺撒手里只有30个残缺的大队、400骑兵和150弓箭手，兵力十分悬殊。

拉比埃努斯是罗马首屈一指的骑兵指挥官，他所率领的上万精骑正是精心训练的步骑合成兵团。其战术很常见，先是将军队排成很长的一条横列，彼此紧靠在一起，中间夹杂着轻步兵，让远处的恺撒无法判断敌军的具体数量，两翼布置有快速骑兵，可以在交锋时迅速向敌军的两翼迂回包抄。

恺撒虽能看出拉比埃努斯的意图，但苦于只有400骑兵，只好也把军队排成一条直线，让自己看起来人马众多，一来可以震慑努米底亚人，二来可以避免两翼被敌军轻易包抄。然而，即便把自己的战阵拉得很稀疏，恺撒的两翼也远远不能延长到敌军的宽度，所以拉比埃努斯的骑兵还是从两翼包抄了过来，一旦他们如口袋一样合上，恺撒军团将难以逃出生天。

面对包围，恺撒先让中央步兵发动冲锋，试图驱赶敌军骑兵，但素以机动见长的努米底亚骑兵灵活地上演了一次冲锋、后撤、再冲锋的循环打击。这种战法在理论上并不稀奇，也并非毫无破绽，恺撒只要在敌军后撤时不断用标枪驱赶，努米底亚骑兵是很难转身杀回的。不过，拉比埃努斯不愧为恺撒曾经的首席大将，他将步、骑混编在一起，当骑兵转身后撤时，步兵迎面顶上，此举在于阻止恺撒步兵的驱赶，好让自己的骑兵有足够的时间可以转身杀回。

徒步作战的恺撒步兵根本讨不到一丝便宜，恺撒只好让步兵紧靠在军旗四步以内，以避免脱离战线后被敌方骑兵射杀。可随着恺撒军团的靠拢，拉比埃努斯得以进一步压缩空间，从四面围住了恺撒，其远程打击更加密集，天空中满是夺命的标枪，不少士兵刚刚挡住了正面的飞矢，接着便被身后的长枪刺中，拉比埃努斯时而东时而西，鬼魅一般地来回穿插，击伤了很多人。在前后都是敌军的危险境地里，恺撒拔剑迎战，让士兵们背靠背战斗，然而即便如此，恺撒的处境也没见好转，不谙苦战的新兵军团正处于崩溃的边缘。

自以为胜券在握的拉比埃努斯傲慢地脱下了头盔，在各条战线来回驰骋以鼓舞士气，他甚至还嘲笑恺撒的新兵，称他们都是被恺撒骗到非洲来送死的。然而就在这个时候，一名老兵也脱下了头盔，大声吼道："拉比埃努斯，你看好了，我可不是新兵，是英勇的第10军团！"随后抬手一挥，手中的标枪如闪电般飞速射出，正中拉比埃努斯坐骑的胸口，拉比埃努斯躲闪不及，踉跄坠地，摔成重伤。恺撒军团顿时欢声雷动，大受鼓舞。

此刻的恺撒军团因陷入绝境而激发出背水一战的勇气，在拼死血战中，精明的恺撒发现拉比埃努斯落马后，看似凶悍的敌军骑兵已无人指挥，各处人马混乱不堪，毕竟人数太多是很难完全协同一致的。恺撒旋即兵分两股，分别朝军旗前后两个方向同时出击，犹如一双重拳震碎了脆弱的包围网，除了不少落单的恺撒士兵被追上杀死外，大多数人在黄昏时分逃回了大营。

这一天，庞培残党高声欢呼拉比埃努斯和梅特路斯·西庇阿的名字，仿佛应验了"西庇阿家族的人将在非洲取得胜利"的预言。梅特路斯·西庇阿和努米底亚王尤巴很快加入了拉比埃努斯，保守派的骑兵因此超过2万人，步兵有近5万人，还有120头战象。恺撒对步骑结合的骑兵战术心有余悸，故而他拒绝出寨迎战，只在营门上高高挂起免战牌。

西庇阿见恺撒不肯应战，整日带着军队到恺撒大营外列阵挑衅，想尽一切办法袭击恺撒外出的征粮小队和采牧骑兵，这让恺撒非常头痛，他的士兵只好拿洗干净的海藻喂马。为了让后续部队安全登陆，恺撒修建了两道从鲁斯皮纳到海边的壁垒，如同两道城墙将之间土地圈了起来。恺撒这一阶段的战术是用圈地的方式逐步压缩保守派的可活动范围，扩大自己的根据地，同时寻找任何可能的盟友，削弱保守派的兵力。

形势很快就出现了转机。毛里塔尼亚一直是努米底亚的世仇，他们非常高兴与恺撒结盟，国王波库斯趁努米底亚国内空虚之际，悍然攻入了努米底亚本土，这让尤巴王大惊失色，赶紧带着全部军队回国救援，只给西庇阿留下了30头战象，而恺撒也终于等来了他的第13、14军团以及克尔基那岛的粮草。

生力军加入后，恺撒试图打破僵局。他将自己的壁垒朝保守派所在的乌兹塔延伸，其中环绕海岸的半环丘陵被恺撒全数占据，双方就此开始了一场争夺活动空间的工程竞赛，骑兵不断在山地、平原交锋，步兵始终不肯离开修筑防线的工地。西庇阿和恺撒每日都会列阵对峙，在此期间还发生了两次小有规模的骑兵交锋，恺撒连续击败了拉比埃努斯的骑兵。紧接着，恺撒的第9和第10军团及时登陆鲁斯皮纳，而一向充当雇佣兵的盖土勒人也突然倒戈加入了恺撒，双方实力的天平发生了倾斜。

为了再现阿莱西亚的围城战术，乌兹塔城外不断进行着小规模的对决，时而恺撒进攻，时而西庇阿进攻，两人都试图抢占更多的土地，削弱对方的兵力，其间，恺撒还攻克了萨尔苏拉，但于大局无益。随着战事的拖延，恺撒又无法包围西庇阿，全军的粮草即将告竭。恺撒意识到，用工事包围敌人的战术在北非根本不管用，继续耗在乌兹塔只会被活活饿死，所以在4月4日，恺撒突然撤离了战场，战略转移至保守派重镇塔普苏斯城。

终决战：恺撒对阵梅特路斯·西庇阿。

塔普苏斯城北、东两面毗邻地中海，西侧有一个巨大的盐湖，城池与陆地之间只有两条不到3千米宽的道路，其中一条在城池西侧、盐湖北侧，另一条在城池南侧、盐湖东侧。恺撒认为这里正是决战的好地方，所以故意把大营扎在塔普苏斯南侧道路上，这成功吸引了保守派的军队。西庇阿认为他能同时堵住盐湖的两条道路，这样恺撒就会被彻底围困。

不过，西庇阿并不知道恺撒的真实意图。恺撒其实在盐湖南侧道路上修建了两道坚固的工事，就是为了避免西庇阿从这个方向进攻，因为西庇阿是从南追击而来，这个位置肯定是他最先抵达的地方。恺撒所选择的战场是盐湖北侧的道路，西庇阿到了塔普苏斯后发现恺撒已经修了工事，势必会留下一部分军队堵在此处，避免恺撒从这里逃跑，然后再带着主力绕着盐湖向北迂回，准备在北侧道路位置堵住恺撒。

料敌于先决定了这场战斗的结局。恺撒算准了西庇阿的每一步行动，他把主力全数布阵于盐湖北侧道路，就等着西庇阿抵达后发动决战。恺撒之所以如此部署，目的正是给西庇阿人为制造三个劣势：分兵后的薄弱、奔袭后的疲惫、未建立营寨的匆忙。试想，一支刚刚绕着盐湖跑圈又没有及时建立营地的军队与一支以逸待劳的军队，谁的胜算更大呢？

恺撒将新兵军团布置在中央，两翼布置为老兵军团，全军呈4列布阵，其中左翼为第8、第9军团，右翼为第7和第10军团，第5军团的5个大队作为第4线专事对方战象，两翼都配置了一定数量的远程部队作为支援。梅特路斯·西庇阿远不如恺撒这般精心布阵，他的军队本是为了修筑工事而来，却不想恺撒突然率部杀来，这让他们惊慌失措，没有一个人做好了决战的心理准备。因此，决战开始前的西庇阿军团突然骚动起来，士兵东奔西跑，好像每一个人都在寻找自己所在的队列，总之阵形是相当混乱。此时的恺撒军团按捺不住了，纷纷请求立即出战。恺撒素来谨慎，不愿意把决战赌在一时冲动上，但右翼的一个号手吹响喇叭后，其他号手也吹响了进军的号角，就这样，全军自发地提前挑起了决战。恺撒无奈地笑了笑，只好顺水推舟地说道："祝幸运吧！"

伴随着漫天的烟尘，双方的决战就此打响。梅特路斯·西庇阿本指望尤巴王的战象能击溃恺撒的两翼，但他早已忘记祖先西庇阿是怎么打败大象的，也忘记了恺撒之名正是其家族在布匿战争中击败战象所获得的称号。两翼的象兵虽然声势浩大，但恺撒的士兵异常英勇，他们早就不是布匿战争时期的罗马人，对大象的习性甚是了解，只要全力一击就会让大象惊慌失控。

果不其然，敌军两翼在恺撒士兵的全力打击下，战象首先失控逃窜，转身踩死了不少己方的士兵，让本就混乱的阵形更加混乱。而部署在战象旁边的北非骑兵见状吓得赶紧拍马逃跑，中央步兵的侧翼就此暴露给了恺撒。艰难地抵挡了一阵后，梅特路斯·西庇阿的中央兵团也在猛攻下跟着一起崩溃了。士兵们争先恐后地朝营地奔跑，可惜他们的营寨还未建成，根本不具备防御能力，西庇阿只好带着溃兵绕着盐湖继续跑圈。当他们来到盐湖南侧时，尤巴的努米底亚军队竟然也被击败逃窜。

恺撒军团根本不给他们喘息的机会，一路追亡逐北，随之而来的就是肆无忌惮的屠杀。所有人都杀红了眼，全然不顾对方是否愿意投降，而恺撒也没有阻止他们，任由敌军的鲜血染红了大地。就这样，梅特路斯·西庇阿和尤巴王的军队被彻底击溃，不少元老院议员也死在了追杀之下。据记载，恺撒于此战斩首了1万名敌军，而自己只损失了50人。作为主帅的西庇阿慌忙逃离阿非利加，却在海上被恺撒舰队拦住，自知已无生路的他拔剑刺入胸膛后坠海而亡。

努米底亚国王尤巴兵败如山倒，不仅众叛亲离，还失去了全部国土，最终落得被杀身亡的下场，他的土地一部分被毛里塔尼亚兼并，一部分被恺撒划为行省，纳入了统治。镇守乌提卡的小加图见大势已去试图挥剑自杀，却被家人救活，然而他死意已决，趁没人注意的时候，用手掏开伤口，拔出肠子而死。

阿非利加虽然陷落，庞培残党却并未死绝，庞培的两个儿子格涅乌斯和塞克斯图斯都逃出生天，恺撒曾经的搭档拉比埃努斯也顺利逃走。他们三人遁入了已经叛乱的西班牙，还重新集结起新的军队，试图东山再起，内战终于到了最后时刻。

最后的战役

恺撒携平定北非的显赫战绩凯旋罗马，此刻的他意气风发、傲视天下，庞培、小加图、梅特路斯都已化为虚无，恺撒终于可以放心地为自己举行长达四天的凯旋式，分别庆祝自己平定高卢、埃及、本都和努米底亚的赫赫战功。虽然凯旋式在名义上是为了庆祝征服蛮族，但征服埃及是为了追杀庞培，平定努米底亚是为了歼灭西庇阿残部，人民都清楚恺撒真正庆祝的是内战胜利。

作为罗马人最荣耀的仪式，从来没有为自相残杀而举行的凯旋式，但现在的恺撒为罗马反对派的灭亡而举行凯旋式，实质意义已经不言而喻：恺撒已经足以代表罗马了，任何反对他的人都是罗马的敌人。恺撒的权势已经无人能比。他改组了元老院，安插了很多亲信，而且史无前例地将罗马公民权授予臣服于自己的高卢贵族，将不少酋长提携进了元老院，还大方地给老兵们分土地、发犒赏，在罗马大摆宴席，制造出歌舞升平的美好景象。但是他也知道，要赢得内战还差临门一脚。庞培的两个儿子和拉比埃努斯已经在西班牙另立政府，集结了13个罗马军团和同等数量的辅助军，还攻克了远西班牙行省的首府科尔杜巴城，西班牙的形势比恺撒预料的要糟糕很多。

恺撒一边微笑着接待到访的客人，一边着手召集8个军团的兵力，他决定再次亲征西班牙。这一次的战争依然可以用神速来形容，恺撒大张旗鼓地提兵出征，仅仅用了27天便从罗马城赶到了西班牙。然而西班牙当地人普遍倾向于格涅乌斯·庞培，因为恺撒派到当地的总督昆图斯·卡西乌斯实在是声名狼藉，弄得恺撒也被当成贪婪之徒，故而支持恺撒的部落少之又少。

此时的庞培残党兵分两路，哥哥格涅乌斯·庞培正率领主力军团围攻恺撒重镇乌利亚城，而弟弟塞克斯图斯·庞培则奉命镇守刚刚攻克的科尔杜巴城。如此局势让恺撒看到了取胜的战机，如果格涅乌斯熟读西庇阿家的战争史，就应该知道当年老西庇阿兄弟征战西班牙时，正是因为分兵出击才被迦太基人分别剿灭。恺撒准备来一招围魏救赵，没有直接出兵乌利亚，而是派了8个大队和少量骑兵趁夜突进乌利亚协助防守。

恰逢暴雨来袭，天空昏暗，视线不清，恺撒的军团安安静静地从格涅乌斯的营地外穿过,岗哨虽然发现了他们,但恺撒的士兵装作一副神秘兮兮的样子,让岗哨不要说话,并自称是奉命突袭城池的,哨兵一时无法分辨,只能任由他们穿过营地,安全进入了乌利亚城。

恺撒派兵防守乌利亚的同时,自己带上主力军团包围了塞克斯图斯镇守的科尔杜巴。塞克斯图斯见恺撒来攻并不畏惧,反而主动率军出城迎战。恺撒此次精心设计了一种步骑协同的战术,让近战步兵和骑兵同乘一匹战马,如此便隐蔽了一半兵力。这让塞克斯图斯误认为恺撒的军队很少,结果当两军接近时,骑在马背上的重装步兵突然跳下战马,军力瞬间提高了一倍之多,使得塞克斯图斯军心大乱,恺撒凭此战术轻松击溃了敌军。见识了恺撒的军略后,塞克斯图斯只能龟缩在城内防守。

格涅乌斯听闻弟弟兵败后,非常担心科尔杜巴的安全,虽然攻破乌利亚城的日子近在咫尺,但他还是选择驰援大本营科尔杜巴城,恺撒的围魏救赵之计成功了。不过,乌利亚虽然得救,恺撒的压力却越来越大,毕竟他要面对的是两支军队,即便如此恺撒依然很高兴,毕竟一举灭敌总好过到处追剿。

格涅乌斯对恺撒颇为忌惮,始终不愿意和恺撒决一死战,反而驻军在一处高地,静静地观察战局发展,而守在城内的塞克斯图斯也日夜加强守备,始终不出城迎战。恺撒本想通过挑衅格涅乌斯来引发决战,可对方根本不响应,仿佛什么也听不见,什么也看不见,而科尔多瓦城墙坚固,恺撒因为兵力不足又不敢强攻该城。随着时间流逝,恺撒的粮秣日渐枯竭,此时谁都能看出格涅乌斯的策略——消耗恺撒补给以削弱对方实力。不得已之下,恺撒只好放弃围攻科尔杜巴,又一次战略转移。

恺撒撤离科尔多瓦后将目标锁定在格涅乌斯的补给基地阿特瓜城。格涅乌斯看出了恺撒的意图,赶紧派骑兵追击撤走的恺撒军团,憋了一肚子气的格涅乌斯战力彪悍,趁着浓雾吃掉了恺撒部署在营地外围的骑兵。格涅乌斯的主力随即渡过萨尔苏姆河,驻扎在阿特瓜和乌库比之间的山上,这样既能观察阿特瓜的战况,又能支援乌库比,可谓绝佳的战略部署。

阿特瓜城没有科尔多瓦那般坚固,恺撒不打算采用传统的围困之策,而是修起了云梯,架起了弩炮,猛攻城池。局势日益危急,格涅乌斯的军队依然不敢与恺撒决战,但又不能按兵不动,所以他将重点锁定到恺撒主营地南侧的分营，这座分营与恺撒主营隔着萨尔苏姆河，地形崎岖难行，而格涅乌斯的大营距其并不遥远，故而格涅乌斯率部猛攻该营地，企图减轻阿特瓜的压力。

然而这一军事行动并未达成原定的预期，即便隔着一条大河，恺撒在得知分营被攻后立即率领三个军团强渡河流支援，反而大破格涅乌斯的军队，杀了不少人马。不久后，恺撒的各路援军相继抵达战场，格涅乌斯担心反被困在阿瓜特城外，再加上冬季即将来临，于是决定把营地迁到靠近补给丰富的科尔杜巴的要道上，避免恺撒突袭大本营。恺撒得知后立即派兵追击，虽然击溃了格涅乌斯的辎重小队，却没能挑起决战，战事依然被拖延了下去。

很明显，格涅乌斯的救援行动非常有限，攻击补给线的战术并不能挫伤恺撒的主力，只会让缺粮的恺撒加大攻城力度，进一步打击阿特瓜守军的士气。城中守军见援军根本没有任何行动，以为援军不是恺撒的对手，逐渐绝望起来。终于，顶不住压力的阿特瓜不得不开城投降，恺撒在格涅乌斯的眼皮子底下攻陷了他的补给基地。这一场胜利缓解了恺撒缺粮的窘境，打击了庞培余党的威望，也促使摇摆不定的西班牙部落重新评估两方差距。

让人不解的是，纵然恺撒攻陷了阿特瓜并夺取了大量的补给，格涅乌斯依然没有与恺撒决战的打算，看来他准备通过袭扰的方式拖垮恺撒，这一招和塞多留当年的游击战如出一辙，只是没有对方那么成功罢了。

为了打破困境，恺撒决定改变思路，不再考虑诱敌决战，而是无视格涅乌斯，想尽一切办法笼络庞培余党的城市，而格涅乌斯始终坚持不决战的战术让那些处于惊恐状态的西班牙人坚持不住了。当地人见格涅乌斯根本没有能力保护他们，反而为了避免他们倒戈大加杀戮，西班牙人纷纷投降恺撒，这让庞培余党的势力范围越来越小，失去西班牙人支持的格涅乌斯明显被动了很多。

本打算通过袭扰恺撒而使其补给断绝的格涅乌斯非但没能困住恺撒，反而让自己陷入了粮草不足的危险境地。由于敢支援他的西班牙人越来越少，格涅乌斯逐渐被恺撒从战略上孤立了。眼见自己陷入困境的格涅乌斯兄弟已明白拖延战术对恺撒不管用，再不决战自己就会不战先溃，所以他们只能放弃了城市，拉着主力军团驻扎到蒙达城外的高山上，等待着与恺撒决战的日子。

恺撒很快就赶到了蒙达城外，按照以往的惯例，恺撒不会主动攻击这种处于高处的敌军，因为仰攻既费体力又无优势，如今的恺撒不这么想了。他和格涅乌斯的营地间有一处宽阔的平原，加上天气良好，这正是决战的最佳时机，而且恺撒的位置远比格涅乌斯差，所以他相信格涅乌斯不会拒绝决战。

公元前45年3月17日，蒙达之战打响。恺撒军团将新兵军团布置在后方位置，前面是老兵军团，其中右翼为精锐的第10军团，左翼为第3、第5两个军团，其余军团部署在中央。需要说明的是，恺撒似乎非常相信自己的第10军团，几乎所有同盟步兵和骑兵都部署在左翼位置，因此左翼的机动性和厚度优于右翼。格涅乌斯的兵力据说有13个军团之多，分成三个部分作战，而恺撒只有80个大队和8000骑兵，因此两军兵力上的差距接近3万人，再加上格涅乌斯布阵在蒙达城外的高山上，恺撒若是主动进攻，胜算会非常低，这也是格涅乌斯始终按兵不动的原因。有趣的是，当年法萨卢斯之战时，庞培也是按兵不动等着恺撒主动来攻，本以为节省体力更有优势些，没想到反被恺撒的冲锋一举击溃，如今格涅乌斯延续了老庞培的战术，还是安静地等着。

恺撒军团高呼着女神"维纳斯"的名字英勇地朝山上冲锋，而格涅乌斯的军队也高呼着"虔诚"拔剑迎战。双方很快就厮杀在一起，恺撒军团处于仰面攻山的不利境地，投掷的标枪缺乏足够的威力，杀伤力不足，但战果非常惊人。据《西班牙战记》描述，恺撒轻步兵投掷的标枪射杀了一片又一片敌人，这非常不符合常规，由此可以推断恺撒士兵的士气相当高昂，否则不会让仰面投掷的标枪如此威力惊人。不过，庞培残党占有地形优势，屡屡将冲上来的恺撒士兵推了回去，战斗打得异常残酷。在这样的局面下，恺撒不得不在各条战线来回驰援，鼓舞士气，他甚至抛弃了战马，举起盾牌徒步迎战。然而战况依旧不乐观，格涅乌斯接连打退恺撒的军团，即便累得气喘吁吁，依然坚守着防线，而恺撒的士兵明显后劲不足，很多人止步不前，不敢攻山。

为了能让士兵们勇敢冲锋，恺撒大吼着冲向敌阵，并高呼："这是我生命的终结，也是你们军事生涯的结束！"只见恺撒高举盾牌朝山上冲去，无数投矢飞驰而来，几乎钉满了他的盾牌。眼见恺撒陷入绝境的士兵立刻来了血性，高呼着"保护统帅"的口号，纷纷冲到恺撒四周列成龟甲阵。由于恺撒坚持冲锋，士兵们只好也高举短剑再次杀向高山，不少人中箭倒下，但没有人逃跑。

关键时刻，恺撒最精锐的第10军团改变了局势，他们勇敢向前推进，强行杀退了格涅乌斯的左翼兵团，庞培残党的阵线由此发生动摇。由于害怕第

10军团会一击打穿自己的左翼,格涅乌斯错误地从右翼抽出一个军团支援左翼,这动摇了本来处于僵持的右翼,军阵在这一瞬间露出了破绽和缺口。恺撒的左翼骑兵眼疾手快,旋即冲过缺口,从侧面袭击拉比埃努斯和格涅乌斯的右翼。原本要支援左翼的一个军团非但没能前往左翼,反而因为恺撒骑兵的纠缠,处在一个进退不得的尴尬境地,士兵拥挤在一起,阵形完全崩溃。

血战之后,拉比埃努斯当场阵亡,格涅乌斯的右翼、左翼全数崩溃,中央军团顿时斗志全无,各自溃逃。此时,无论格涅乌斯怎么喝止都没有任何作用,反而被恺撒士兵击伤,无奈之下,他只好跟着败兵一起逃走了。剩下的时间便是恺撒军团大肆屠杀残兵败将,据说共计斩首了3万余人,至于恺撒,只损失了1000人。得胜之后,恺撒彻底包围了蒙达城,他用战死者的尸体堆起了围墙,把插着敌军头颅的长矛做成了栅栏,这种恐怖的景象吓坏了守军,也摧毁了他们的意志,这座城市最终沦陷,死难者多达1.4万。同一时间,恺撒率兵攻陷叛军大本营科尔杜巴城,屠杀了2.2万人,塞克斯图斯·庞培弃城逃跑,乘船逃向了大海,格涅乌斯·庞培在逃亡途中腿部受伤,被追兵斩首。

叛乱各城重新归顺恺撒,西班牙大局已定。西班牙的胜利让恺撒喜形于色,他无法掩饰内心的激动,因为内战终于结束了,庞培残党被永远逐出了大地,他们只能在海上如同海盗一般流亡,命运就是如此讽刺,庞培曾因剿灭地中海的海盗而闻名于世,如今他仅剩的儿子却只能当海盗谋生。

大帝之死

经过内战洗礼的罗马重归平静,无论是普通公民还是贵族子弟,都可以尽情享受愉快的罗马式生活。剧院、澡堂、竞技场人头攒动,欢声笑语昼夜不息,新建的神殿也香火不断,达官显贵沉溺于举行酒会,新晋崛起的民主派要员往往是这些聚会的常客。马克·安东尼、雷必达、德西姆斯·布鲁图斯等人高举酒杯来回穿梭,享受着劫后余生的快乐。恺撒默默坐在主宾位看着自己的部下,他本就是从花天酒地过来的花花公子,自然不会禁止血战余生的部下享受生活。

宴会上，每个人都向伟大的恺撒致敬，彼此像亲兄弟一般举杯攀谈，但若认真观察就会发现，显贵们依然有自己的小圈子。布鲁图斯、卡西乌斯等原庞培降党往往自然而然地聚集在一起，彼此说着不为人知的事情，当安东尼等人凑近了想一探究竟时，这些人立刻佯装谈话结束各自散去。安东尼虽然没有发现什么秘密，但也觉得这些人有点不对劲，可是恺撒对安东尼的猜忌置若罔闻，在他看来，现在的罗马已经没有任何人可以掀起风浪了。

然而，两派斗争在罗马持续了上百年，纵然相互压制过对方，却从未有一派被彻底击败过。恺撒虽然在军事上击败了庞培等人，但他的宽容政策没有从心理上击垮保守派，这些人安然无恙地回到罗马城，在向恺撒宣誓效忠后得到了法务官、总督一级的高级公职，一跃成了恺撒政府的核心成员。

恺撒这么做也许是为了团结罗马社会，想用与苏拉屠杀政策相反的方式来降伏罗马众人，然而庞培残党却在私底下重新聚集在一起，毕竟和恺撒的死党比起来，这些人都是后来加入的，很难被恺撒的嫡系接纳。不过，真正让这些人萌生反意的，还是恺撒过激的集权行为。

公元前44年，恺撒就任"终身独裁官"。56岁的恺撒意气风发，披上了象征权力和荣誉的紫袍，戴上了黄金制作的月桂冠，72名执法吏在他前方开路，所有公民均称呼他为"凯旋大将军""祖国之父"，他在元老院大厅和剧院里有单独的位置，他的塑像可以立在众王之列，他的名字也成了7月的官方名称，他的地位高于任何罗马人，他拥有无可否决的人事任免权，就连公民大会也没有资格反对，他是永远的独裁官、大祭司、监察官，是集军、政、教权于一体的"神王"，是死后能追封为神的半神。因此，有人称呼恺撒为国王，但恺撒听后只是幽默地回复道："我不是国王，我是恺撒。"似乎恺撒这个名字比国王还尊贵。

人们不禁要问，恺撒给自己如此多的特权和荣誉究竟要干什么？其目的不禁让人脊背发凉。没过多久，恺撒就将自己最显赫的情妇埃及艳后克利奥帕特拉七世接到了罗马城。作为埃及的女王，克利奥帕特拉七世浑身散发着异域风情，总是被众多仆人簇拥在中间，看起来高贵又不可侵犯。她常常乘坐在精心装饰的步撵上，四周挂着薄纱，那婀娜的身姿若隐若现，再加上佩戴的黄金与宝石，阳光下的女王像极了活生生的维纳斯，引得人们争相前去围观。这样一个走到哪里都会成为焦点的女人，自然是每个罗马人茶余饭后必不可少的谈资，也是不少罗马贵族争相拜访的对象，连一向自诩正直的西塞罗也忍不住前往求见。但女王偏偏是恺撒的情人，无论她有多么高贵与神秘，在恺撒面前都只能低头听命，并住在恺撒的别墅里，如同他的家眷。如果连一国之主都必须听命于凯撒，侍奉在恺撒身侧，那除了"罗马王"外，还有什么称号更符合恺撒的地位？

艳后的到来增加了恺撒的威望，平民阶级越来越崇拜恺撒，而贵族中的保守派却如鲠在喉，他们知道艳后待在罗马的时间越久，越能衬托出恺撒的地位高于常人，而艳后的人气越高，恺撒的威望也会越高，这将引导无知的罗马平民，让他们甘愿效命于恺撒，届时还有谁能取代恺撒呢？故而贵族对恺撒的独裁更加反感。恺撒似乎对贵族的这种情绪视而不见，依旧如常。

同年，罗马又一次迎来了牧神节。当天，恺撒坐在黄金象牙宝座上观看祭祀和庆典，作为执政官的马克·安东尼突然带着一帮元老院议员走到恺撒面前，他拿出一个黄金制成的王冠戴在恺撒头上，这一幕让台下的观众惊呼起来。恺撒下意识地扫视了一下会场，那些欢呼鼓掌的人并不多，而满是叹息的人占了大多数，于是恺撒将王冠取下丢在了地上，台下又是一片惊呼。

马克·安东尼似乎明白了什么，又似乎什么也不明白，他再次捡起王冠戴在恺撒头上，台下的反应与刚才没什么区别，恺撒似乎有些生气，不知道是气安东尼鲁莽行事，还是气罗马人民不支持自己。恺撒将王冠再次丢到地上，宣布将这顶王冠敬献给朱庇特神殿，台下的观众见恺撒没有顺势加冕为王，心里都松了一口气，顿时欢声雷动。显然，欢呼是因为恺撒拒绝成为国王而发出的，恺撒虽然面无表情但内心多少都有些失望，毕竟这已经不是他第一次被人劝进了，之前就有人以向国王致敬的方式向他致敬，然而劝进的人立刻就被保守派的官员审判，审判者们还装出一副为恺撒打抱不平的样子。此举激怒了恺撒，于是他将审判者们统统罢黜以示回应，这些事情让恺撒准备称王的谣言到处流传，两派之间为此明争暗斗。

牧神节的闹剧究竟是安东尼冒失而为还是恺撒提前授意，这成了保守派最关心的问题。他们回忆起当日的情景不禁冷汗直流，不管恺撒是有意称王而故意试探民意，还是真心捍卫共和而拒绝王冠，此刻的罗马共和国都非常脆弱。若下次再闹这么一出，恺撒顺势接受王冠，元老院、执政官、公民大会、罗马军团都将匍匐在他的脚下，数百年历史的罗马共和国便会终结。若真想称王，牧神节的事情对恺撒来说无疑是一种打击，这充分说明恺撒即便荣耀加身，威望却还不足以称王，所以要想进一步集中权力，恺撒还需要更多的功绩和更高的威望，这意味着他仍然需要在战场上证明自己是最有资格统治罗马的人。

恰巧罗马还真有一件事情让人民心怀遗憾，那就是克拉苏远征帕提亚的失败。据说还有数千名罗马战士仍然在帕提亚为奴，所以恺撒决定重启征服帕提亚的战争，名义上是为了雪耻并拯救同胞，实际上到底是在为称帝做最后的铺垫，还是为进一步拓展共和国的版图，我们不得而知。

按照当时一份来源不明的神谕解释："只有王者才能征服帕提亚。"换言之，只有恺撒当了国王才能击败帕提亚，抑或是说能征服帕提亚的就是罗马的国王。贵族保守派们非常惊慌，因为这个预言，恺撒就有理由在出征前加冕为王，也有理由在击败帕提亚后正式登基称帝，如果真的让恺撒征服了帕提亚，那他称帝的事实将难以转圜。保守派们不想再等了，阴谋正向恺撒悄然袭来。

公元前44年3月15日，恺撒按惯例将参加出征帕提亚前的最后一次元老院会议，有谣言称会议将讨论授予恺撒王号。恺撒的妻子有一种不好的预感，劝恺撒不要去元老院，恺撒听后迟疑了片刻，似乎打算称病不去。恰在此时，恺撒的爱将德西姆斯·布鲁图斯来了，他鼓励恺撒前去元老院，称任何担忧和预兆都是无稽之谈，恺撒听后深以为然。

恺撒身着紫袍，头戴月桂冠独自前往元老院，由于德西姆斯的引路和劝说，恺撒比以往更早到达元老院。这个时间，很多元老院议员都还没有赶来，但密谋者们聚在一起，焦急地等待恺撒的到来。不过，安东尼也随恺撒一同前来，阴谋者起初准备连安东尼也一起杀掉，然而没人有自信能击败魁梧的安东尼，所以他们决定派一个和安东尼熟识的议员支开他。

时间一分一秒过去，诡异的气氛弥漫在元老院。当恺撒到了以后，安东尼很快就被议员特雷博尼乌斯拉到了一旁，恺撒此时并没有意识到危险，非常自信地朝大厅而去，端坐在黄金座椅上。突然，议员提利乌斯一把抓住了恺撒的紫袍，得到信号的卡斯卡猛地抽出匕首挥向了恺撒，恺撒下意识的怒目而视，一把抓住了卡斯卡的手臂，大声吼道："可恶的卡斯卡，你要干什么？！"如同王者一般的怒吼顿时吓得卡斯卡手足无措，他转身向同谋们高呼："兄弟们，快帮我！"

其他愣在原地的议员这才反应过来，纷纷掏出藏在衣服里的匕首，发疯一样地胡乱捅向恺撒，毫无秩序的他们在慌乱之中甚至刺伤了同伴的手臂。恺撒用手里的笔奋力反击，推开了一个又一个刺客，但锋利的匕首还是一刀又一刀地刺中了他的身体，鲜血顿时喷涌而出。恺撒狂怒而起，试图杀出重围，但一切都发生得太快了，特别是腿上被布鲁图斯重重刺伤后，他摔倒在庞培雕像前难以动弹，手持匕首的议员们再次围了过来，恺撒只能躺着抵挡恶徒们的捅刺。

突然，他看到情妇塞维利亚之子马库斯·布鲁图斯和爱将德西姆斯·布鲁图斯也手持匕首，他惊讶地说道："啊，还有你呀，布鲁图斯。"恺撒心中怅然若失，顿时失去了反抗的斗志，命运似乎不再眷顾他了，他将托加盖在头上坦然接受了死亡，眼前浮现出他这一生的点点滴滴。就这样，一代枭雄恺撒倒在了血泊之中，据说恺撒当日身中23刀，但只有布鲁图斯的那一刀是致命伤。

盖乌斯·尤里乌斯·恺撒就此陨落了。他一生征战四方，为罗马开疆拓土，创下了无数让人称奇的功绩，他也一手挑起了内战，开启了中央集权之路，共和国在他手里逐渐走向独裁。然而恺撒终身都没能加冕称帝，虽然他被刺时的罗马仍然顶着共和国的名号，但是他所主导的改革已经将元老院的实权剥夺，罗马共和国不可避免地迈向了帝国。恺撒堪称是共和国的掘墓人，也是罗马帝国的播种人，故而人们常视他为"无冕之皇"，后世从此都称他为"恺撒大帝"。

恺撒虽然陨落了，但恺撒的派系没有终结，罗马共和崩溃的趋势也不会停止。历史的车轮滚滚向前，命运选中了恺撒，却只让他做了开荒者，真正能终结共和并开创帝国的天选之子其实另有其人，而这个被命运选中的人此时竟然才刚满18岁。

罗马千年征战史

第一卷

∧ 百夫长及百人队，一个百夫长指挥一支60-80名军团士兵，但也负责分配职责、发出惩罚和执行各种行政职责

∧ 改革派政治家、保民官盖乌斯·马略（Gaius Marius，公元前157—公元前86年）的大理石半身像

∧ 公元前73年，本都攻城，米特拉达梯六世（Mithridates VI）围攻库济库斯

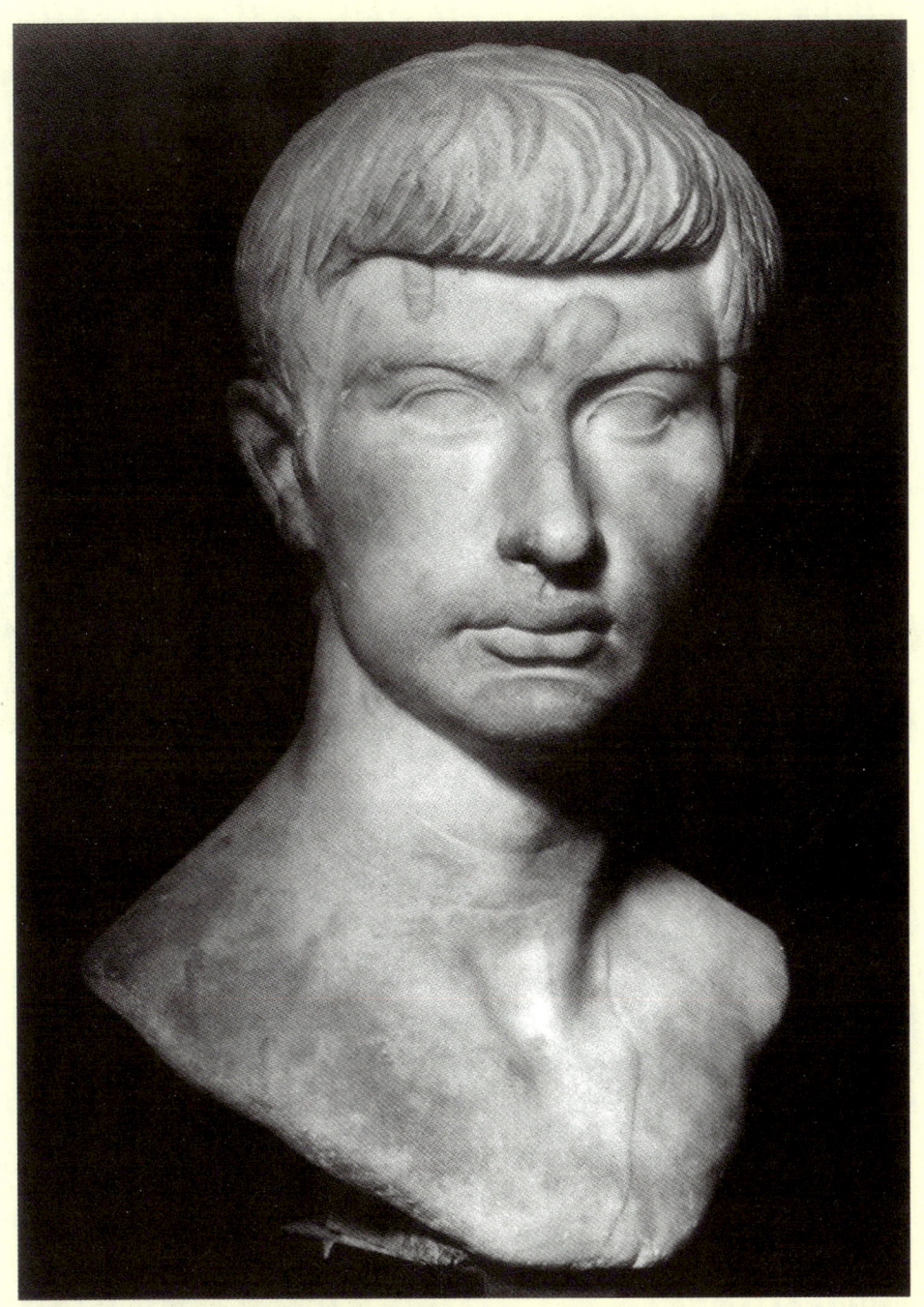

△ 布鲁图斯（公元前 85 年—公元前 42 年）半身像，作为一名坚定的共和派，联合部分元老参与了刺杀恺撒的行动

△ 公元前 52 年，凯撒受元老院委托指挥军队在高卢中部和北部作战，在一系列几乎灭绝种族的胜利中，他证明了自己是一位才华横溢、冷酷无情的将军

△ 汉尼拔（公元前 247—公元前 183 年）是迦太基将领哈米尔卡·巴卡的儿子，少时曾在父亲面前发誓终身与罗马为敌。他在特拉西梅诺、坎尼等一系列战役中击败了罗马大军

〉汉尼拔和他的军队在第二次布匿战争（the Second Punic War）中翻越阿尔卑斯山（the Alps）

· 04 ·

△ 公元前53年，卡莱之战（Battle of Kale，罗马统帅对阵帕提亚名将苏雷纳）中的帕提亚骑兵

△ 公元前49年，恺撒跨越卢比孔河（Rubicon），意味着他放弃行省总督的身份，与元老院和共和国为敌

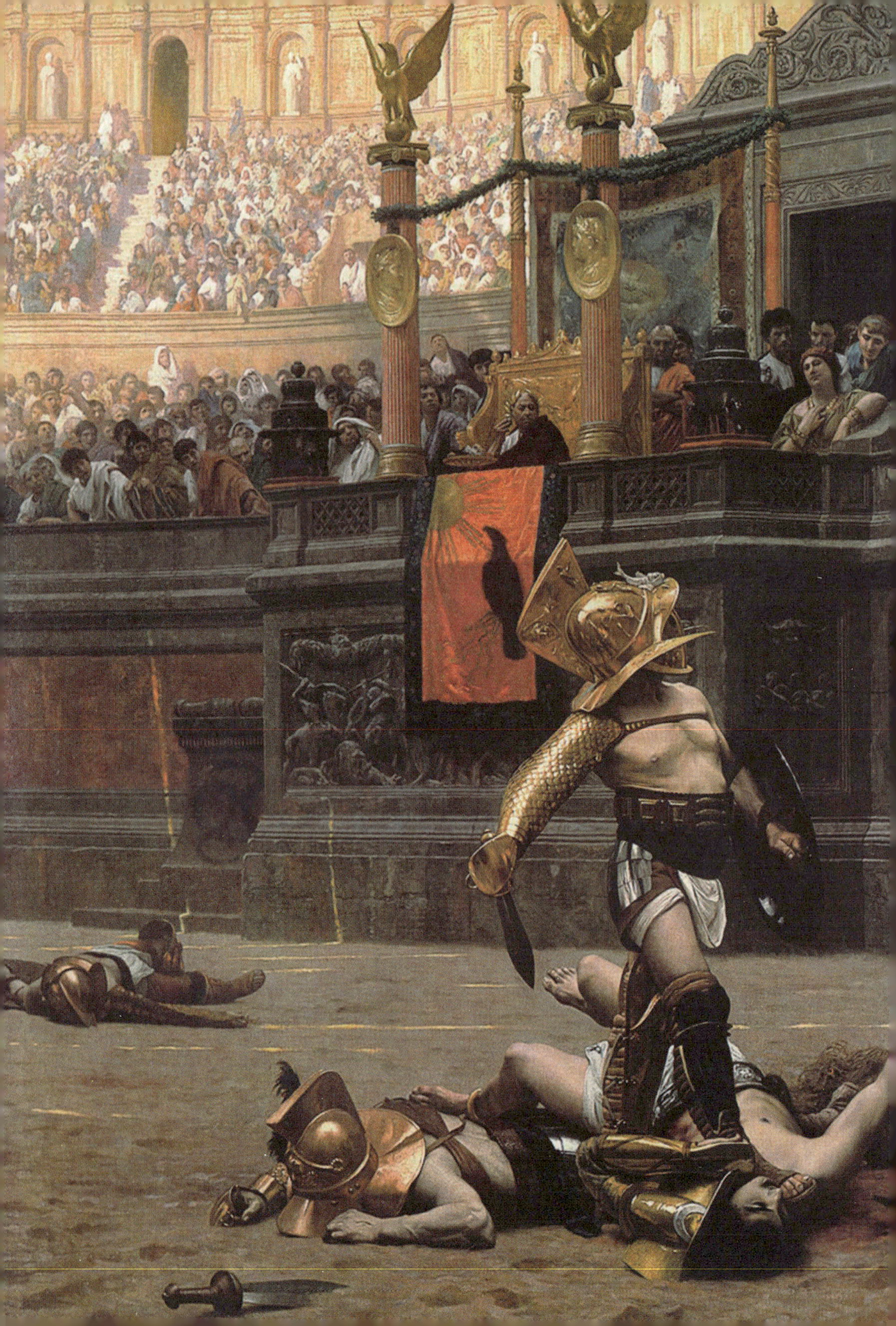

△ 公元前264年，角斗士大多是奴隶，角斗士是经过训练的职业杀手，他们常常为了取悦皇帝与地方领主而搏杀到死。在罗马，共和国时期的的角斗比赛大多由私人资助，而帝国时期角斗比赛则主要在皇室或政府的资助下进行

△ 罗马军团（Roman Legions）。马略改革之前的罗马军团推行义务兵役制，武器装备全靠自备，所以就凭财产多寡评定兵种

△ 罗马军团攻城图。有些人把树干推到墙上，临时搭建了梯子，其他人则把铁钩系在绳子上，扔到城垛上，爬上垂直的斜坡

∧ 文森佐·卡穆奇尼（Vincenzo Camuccini）《恺撒大帝之死》（The Death of Julius Caesar）。当恺撒消失在一大群插刀和砍刀下时，他不太可能摆出画中描绘的戏剧性姿势。包括布鲁特斯在内的几位参议员，在疯狂的混战中受伤

< 罗马凯旋式是罗马军事指挥官所能得到的最高荣誉，凯旋式上，凯旋者从玛尔斯广场穿过罗马的街道，来到卡皮托尔山（Capitoline Hill）顶上的朱庇特神庙前

罗马：建国至尤里乌斯·恺撒诞生（公元前753-100年）

公元前753年 罗慕路斯建立了罗马，据传，他一直统治到公元前717年。

公元前509年 罗马驱逐伊特鲁里亚人，国王由每年选举的执政官取代。罗马共和国成立的传统日期。

公元前496年 卡斯托尔和波鲁克斯神庙在公共场所建立。

公元前485年 科里奥兰纳斯打败了沃尔西人。

公元前471年 人民选举保民官。

公元前450年 根据传统，十二铜表法由10个人制定。罗马人民希望把法律写下来。因为法律制度基本上是口头的，法定权由始终是贵族的法官个人自由裁量，这导致了权力的滥用。到公元前440年，平民和贵族在法律上是平等的。

公元前390年 罗马被高卢人劫掠。

公元前343年 反对南迁部落的战争。罗马开始扩大边界。

公元前306年 罗马与迦太基签署协议。罗马控制意大利，迦太基控制西西里。

公元前282年 罗马占领了意大利的大部分领土。

罗马及其邻国

阿尔卑斯山 / 山南 / 科姆 / 米兰 / 马塞尔 / 阿奎利亚 / 维尔塞莱 / 维罗纳 / 帕塔维乌姆 / 曼图亚 / 普拉 / 波河 / 高卢 / 穆蒂纳 / 皮斯托亚 / 比扎河 / 卢卡 / 弗洛伦提亚 / 阿里米努姆 / 安科纳 / 沃尔特拉 / 阿雷提乌姆 / 伊特鲁里亚 / 翁布里亚 / 阿西西姆 / 亚得里亚海 / 科西嘉 / 萨宾 / 台伯河 / 苏尔莫 / 罗马 / 马西 / 萨莫奈 / 奥斯提亚 / 拉丁姆 / 阿尔皮努姆 / 明图尔诺 / 卡普亚 / 撒丁岛 / 尼波利斯 / 坎帕尼亚 / 韦利亚 / 布伦迪西乌姆 / 图里伊 / 地中海 / 西西里 / 瑙洛库斯 / 亨纳

公元前264—241年 对迦太基人的第一次布匿战争。

公元前260年 西里岛发生了对抗迦太基的米拉海战。

公元前241年 罗马占领西西里岛，并修建了一条从罗马到比萨的公路。

公元前238年 山南高卢起义；迦太基失去了科西嘉和撒丁岛。

上右： 罗马必须击败所有邻国，才能将帝国扩张到高卢、西班牙和非洲。

公元前270-265年 罗马控制着意大利，除了沿波河两岸的阿尔卑斯山脉的高卢。自公元前6世纪以来，高卢人就一直居住在那里。南阿尔卑斯山脉的高卢是利古里亚人、凯尔特人和希腊定居者聚居的地区。从公元前122年的艾克斯到公元前118年的纳博讷，罗马帝国占领了阿尔卑斯山脉以南的高卢，这为扩张中的罗马帝国提供了通往西班牙的陆路。伊特鲁里亚人和沃尔西人都被打败了。罗马文明和希腊文明之间有相当多的接触。

△ 罗马：建国至尤里乌斯·恺撒（Julius Caesar）诞生

西罗马帝国的范围

公元前 102 年 艾克斯战役胜利。

公元前 105 年 罗马军队在奥兰治被辛布里人击败。

公元前 107 年 马略当选执政官。

公元前 118 年 纳博讷殖民地受罗马统治。

公元前 122 年 罗马统治普罗旺斯的艾克斯。

公元前 125 年 罗马军队入侵山外高卢。

公元前 144 年 马尔吉亚水渠建造。

公元前 147 年 科林斯被摧毁。

向前 罗马城市规划的大扩张。

公元前 100 年 尤里乌斯·恺撒诞生。

公元前 104 年 执政官马略领导了对抗条顿人和辛布里人的战役。

公元前 106 年 庞培和西塞罗诞生。

公元前 106—102 年 朱古塔在努米底亚杀死了两名罗马保护的人。马略击败朱古塔,带着他凯旋,之后朱古塔被处决。

公元前 113 年 罗马统治下的亚洲省。

公元前 124 年 出身不高的骑士阶层有权成为统治精英的一部分。

公元前 134—132 年 西西里奴隶起义西西里奴隶起义。

公元前 149—146 年 第三次布匿战争。西庇阿毁灭了迦太基。马其顿成为一个省。

公元前 230 年 亚得里亚海的海盗袭击威胁着罗马的贸易。

公元前 212 年 普劳图斯的第一部戏剧。

公元前 200—196 年 罗马在马其顿的扩张战争。

公元前 215—205 年 罗马和马其顿的腓力之间的战争。

公元前 203 年 汉尼拔离开意大利,前往迦太基抵抗罗马将军西庇阿。

公元前 192—188 年 发生了对抗塞琉古国王安条克的叙利亚战争。罗马占领了小亚细亚。

公元前 168 年 第三次马其顿战争。

上左:西罗马帝国。从英格兰北部泰恩河附近的哈德良墙到北非的迦太基。

△ 马塞勒斯攻打叙拉古城，叙拉古被罗马军队攻陷，数万人被掳去意大利卖为奴隶，积累数百年的财富和艺术品也被瞬间清空

△ 马库斯·李锡尼·克拉苏（Marcus Licinius Crassus，约公元前115—公元前53年），是前三头同盟之一（其他两位为庞培、恺撒）

〉格涅乌斯·庞培（Gnaeus Pompey，公元前106年—公元前48年），勇敢善战，于前三头同盟中势力最强。庞培在罗马内战中被恺撒打败之后逃到埃及，被托勒密十三世的宠臣伯狄诺斯刺死，终年58岁

△ 1799年，雅克·路易斯·戴维（Jacques Louis David）的《萨宾妇女》（The Sabine Women）。罗慕路斯和他的手下绑架了萨宾邻居的女孩，但争端最终以一项协议结束，即统一的国家应由罗慕路斯和萨宾国王提图斯·塔提乌斯领导

△ 在埃及寻求庇护时，庞培被两名曾在其指挥下服役的叛徒运送到岸上时谋杀

△ 西塞罗向元老院谴责卡提林的阴谋。通常情况下，危机升级为暴动，最后只能用武力镇压

△ 密谋者在恺撒的对手庞培雕像脚下留下23处伤口。《恺撒之死》（The Death of Caesar），让·莱昂·杰罗姆（Jean Leon Gerome）绘。Leon Gerome）绘

△ 在对迦太基（Carthage）的布匿战争（Punic Wars）中，罗马占领了西西里岛（Sicily）

▷ 罗马政治家和将军盖乌斯·尤里乌斯·恺撒（Gaius Julius Caesar，公元前100年—公元前44年）的雕像。公元前60年与庞培、克拉苏秘密结成前三头同盟，随后出任高卢总督，在8年的时间里征服了高卢全境

作战示意图

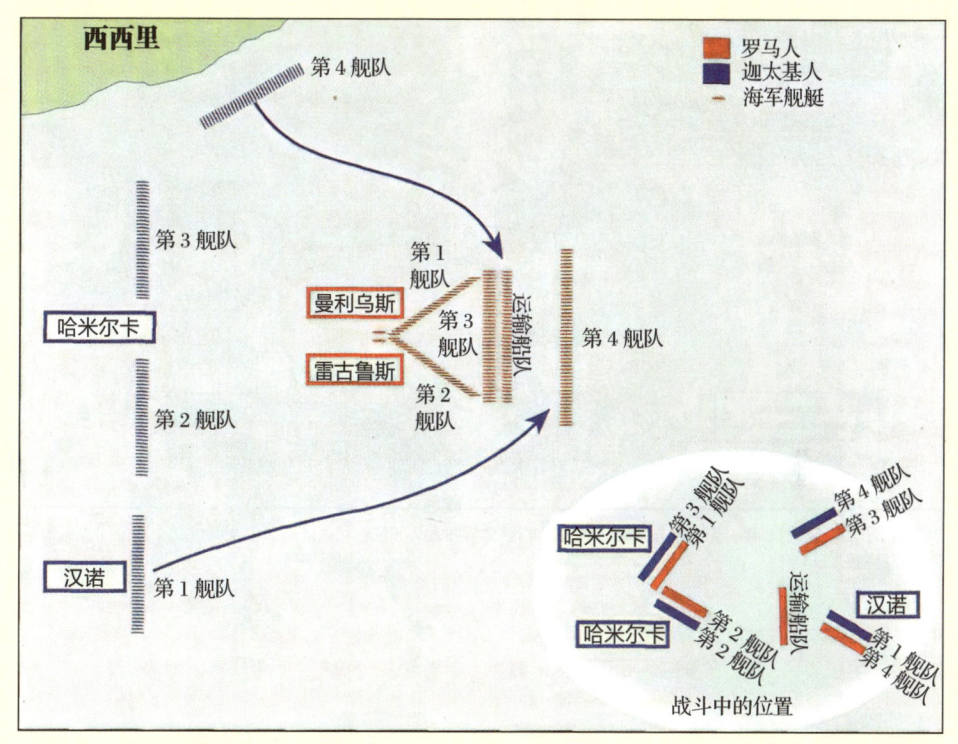

示意图1：埃克诺穆斯角海战

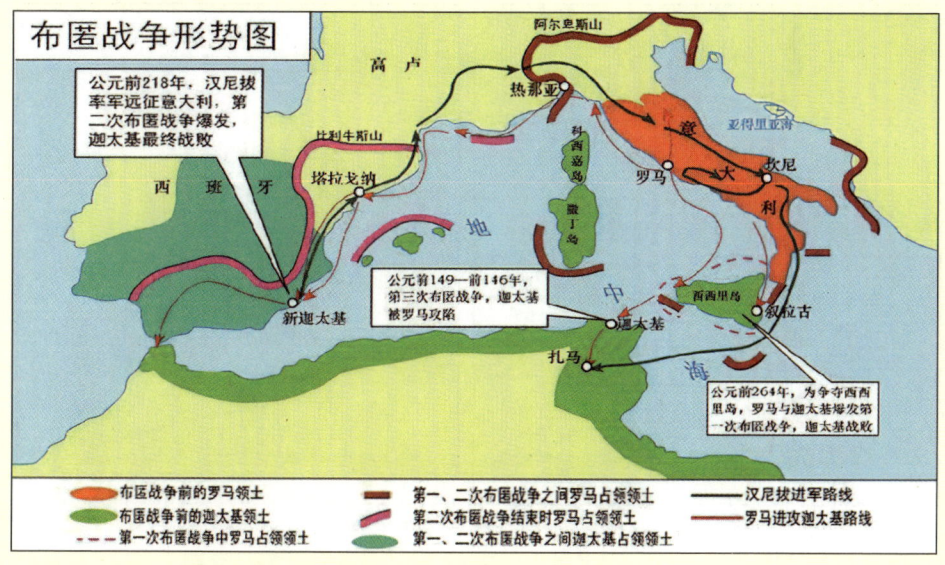

示意图2：三次布匿战争形势图及其附属领土

示意图3：公元前218年，第二次布匿战争爆发时的罗马与迦太基。红色代表罗马领土及其盟友，紫色代表迦太基领土及其盟友

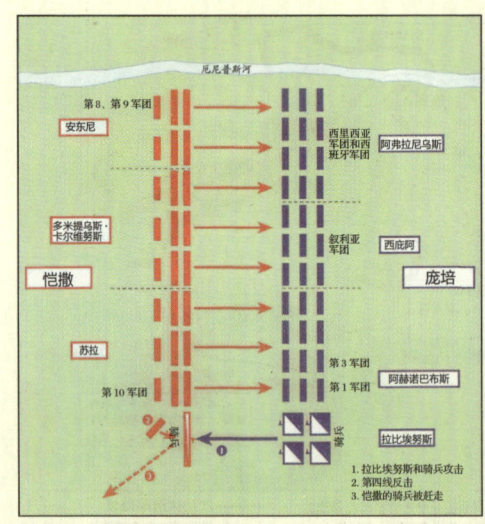

示意图4：法萨卢斯会战阶段1

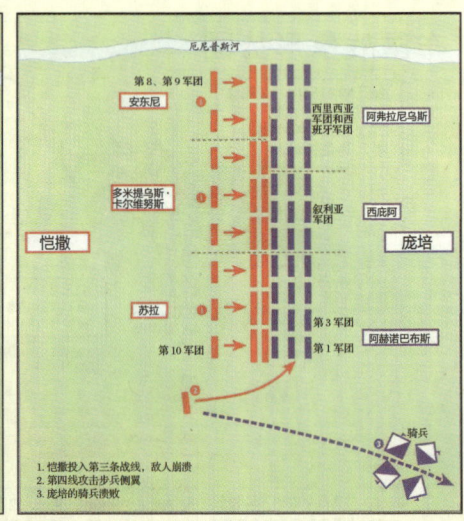

示意图5：法萨卢斯会战阶段2

示意图 6：公元前 218 年—公元前 216 年，汉尼拔的意大利战役

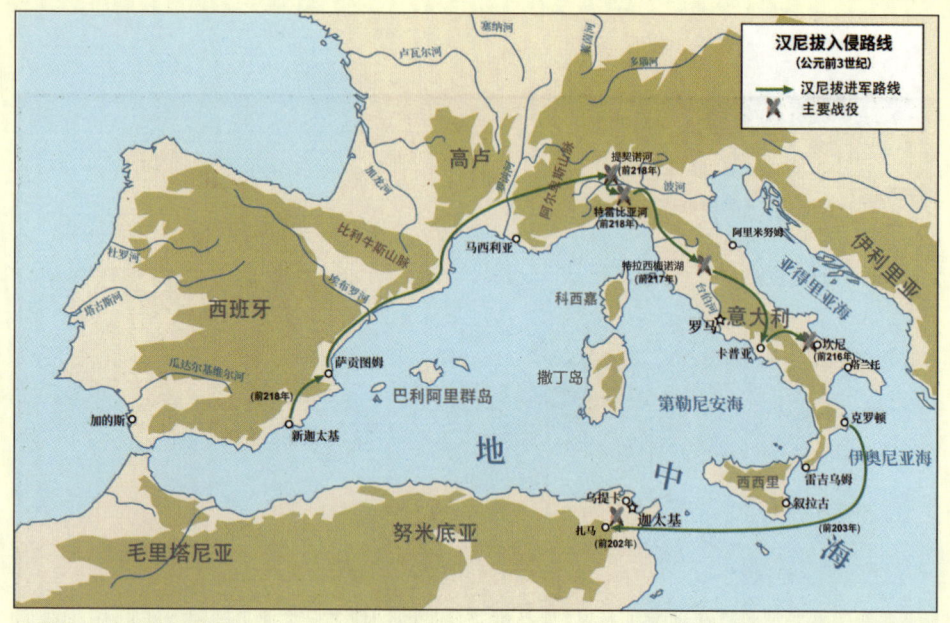

示意图7：汉尼拔行军路线

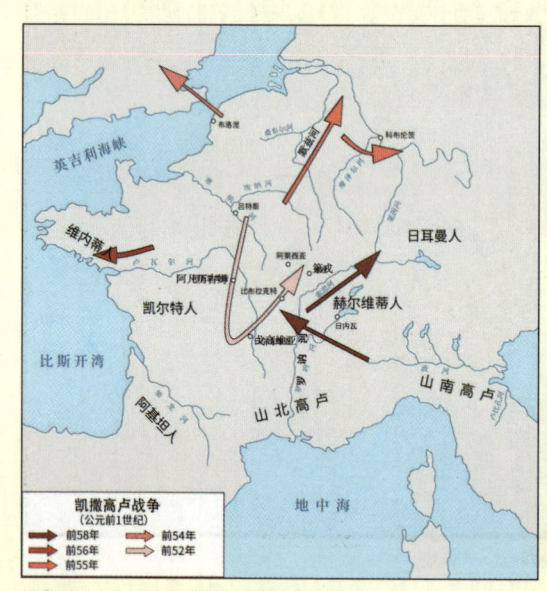

示意图8：公元前1世纪，恺撒高卢战争

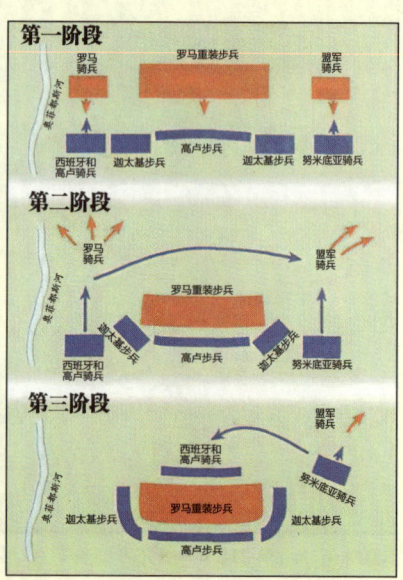

示意图9：公元前216年，坎尼会战

示意图 10：七丘之地

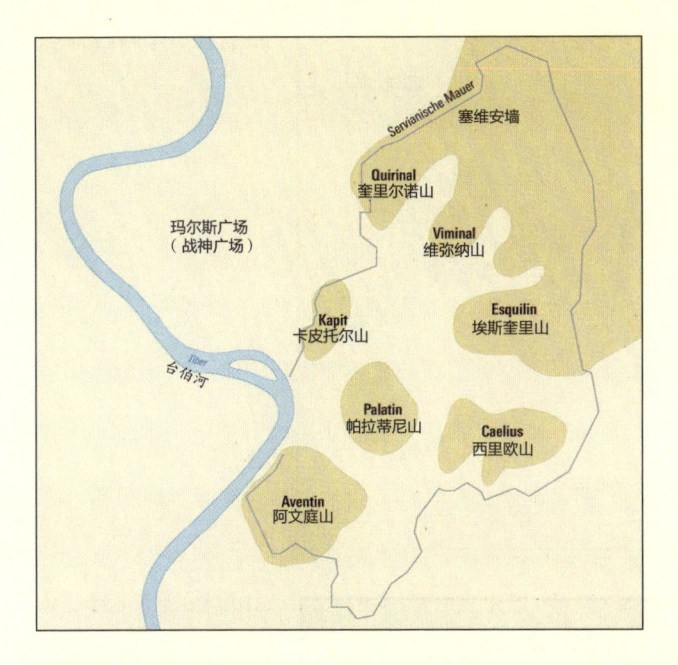

示意图 11：公元前 400 年，亚平宁半岛上各民族分布（和公元前 800 年至公元前 500 年时相比，亚平宁半岛上的部分民族已经被罗马人征服与同化）

— 19 —

示意图12：特拉西梅诺湖之战

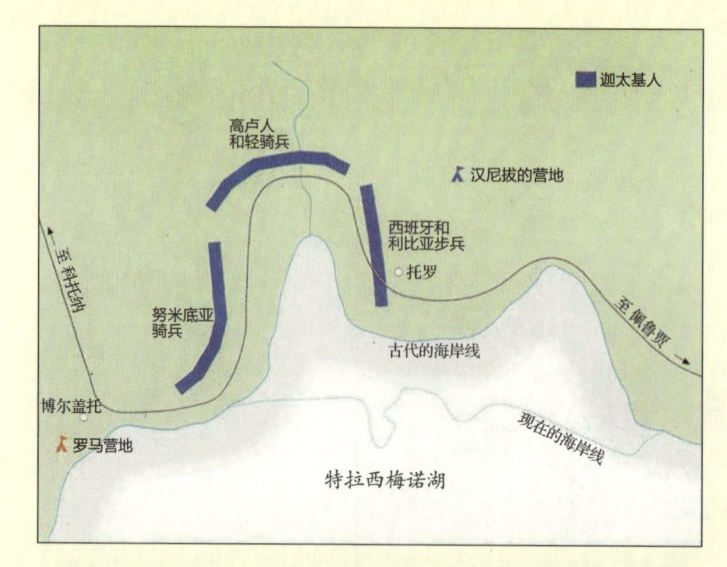

示意图13：特雷比亚河之战

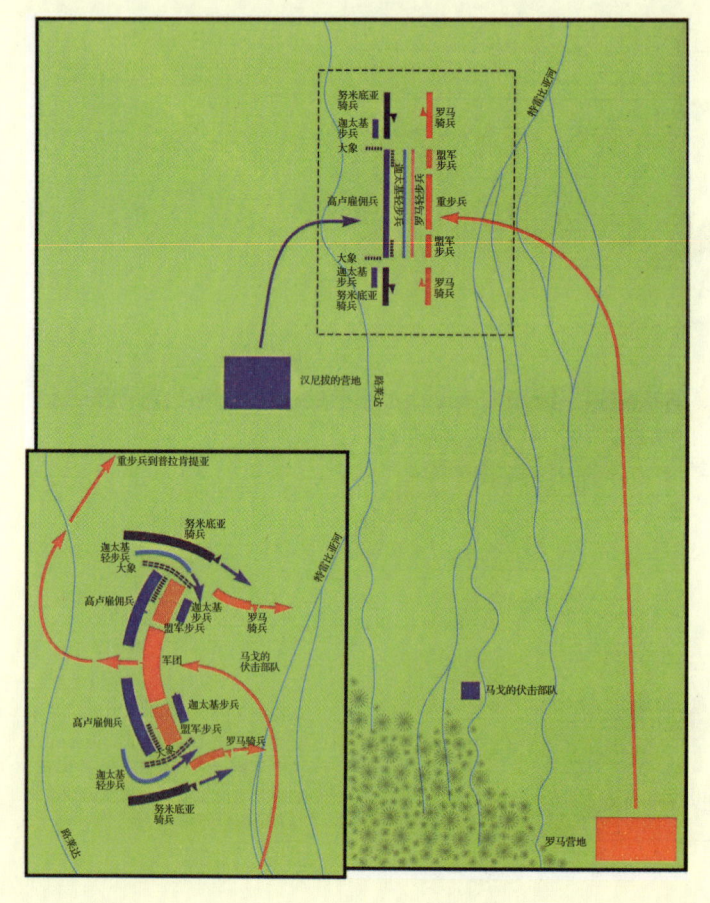

罗马千年征战史

第二卷

△ 亚克兴角海战，巴洛克风格的绘画，洛伦佐·A. 卡斯特罗（Lorenzo A. Castro）绘于 1672 年

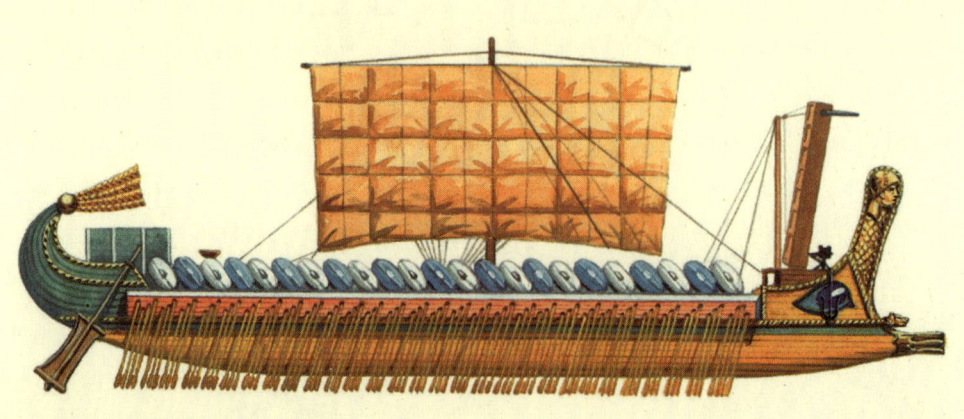

△ 装备了"乌鸦吊桥"的罗马三列桨舰

条顿堡森林之战中，殊死搏杀的日耳曼战士和罗马战士。奥托·A. 科赫（Otto A. Koch）绘于1909年

△ 拥立克劳狄乌斯称帝。劳伦斯·阿尔玛-塔德玛（Lawrence Alma-Tadema）绘于1867年

△ 布狄卡女王和她的两个女儿。这座雕像位于伦敦威斯敏斯特桥附近，由托马斯·桑尼克罗夫特（Thomas Thornycroft）完成于1905年

∧ 罗马城大火，休伯特·罗伯特（Hubert Robert）绘于1785年

∧ 导致罗马大火的"替罪羊"被尼禄判处火刑。亨里克·谢米拉兹斯基（Henryk Siemiradzki）绘于1876年

1：元首维特里乌斯在混乱中被俘
2：第二圣殿复原模型
3：奇维里斯等人在宴会上盟誓造反。伦勃朗绘于1661年至1662年

> 罗马弩炮复原件

▽ 公元70年，罗马人攻占圣殿。
大卫·罗伯茨（David Roberts）
绘于1850年

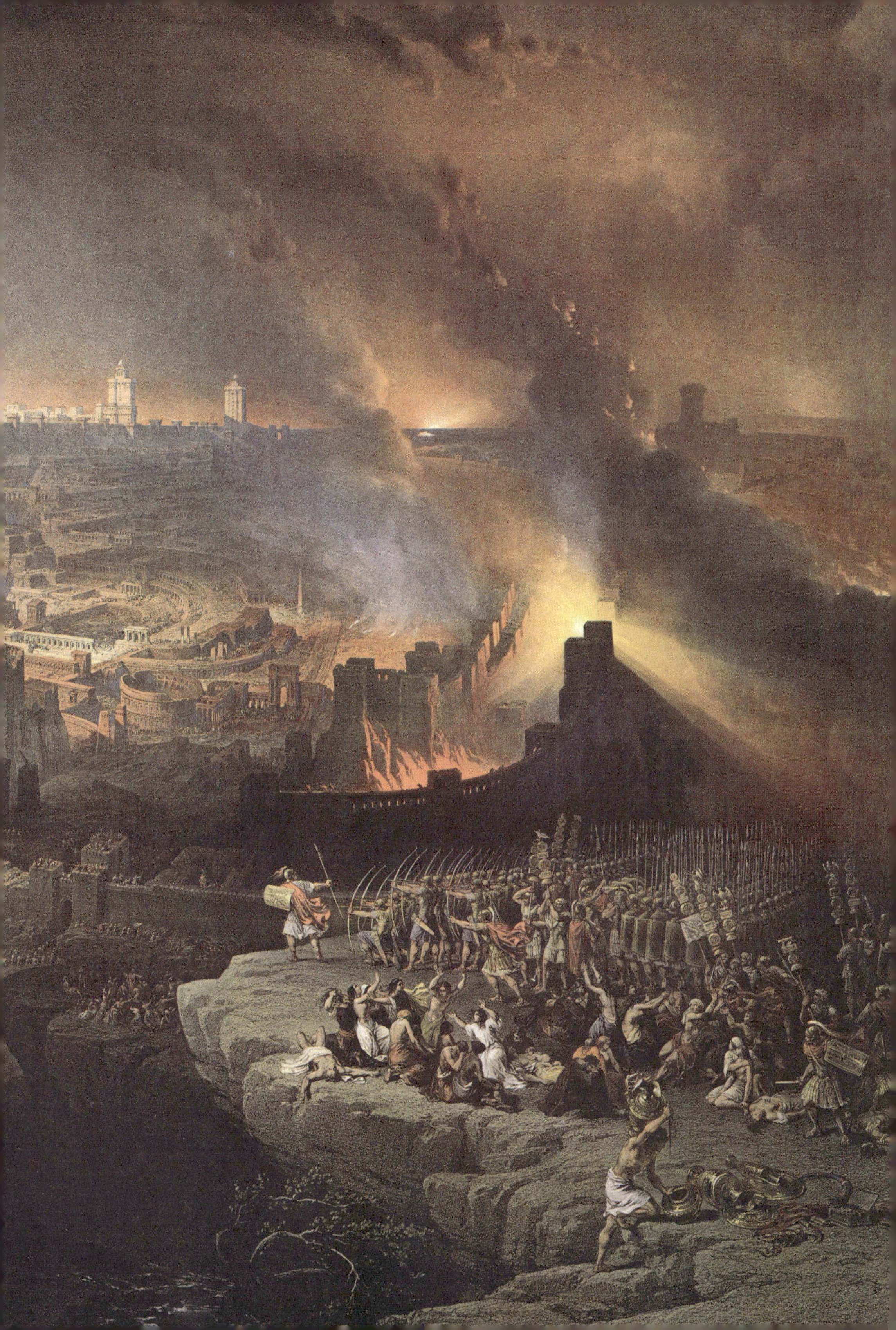

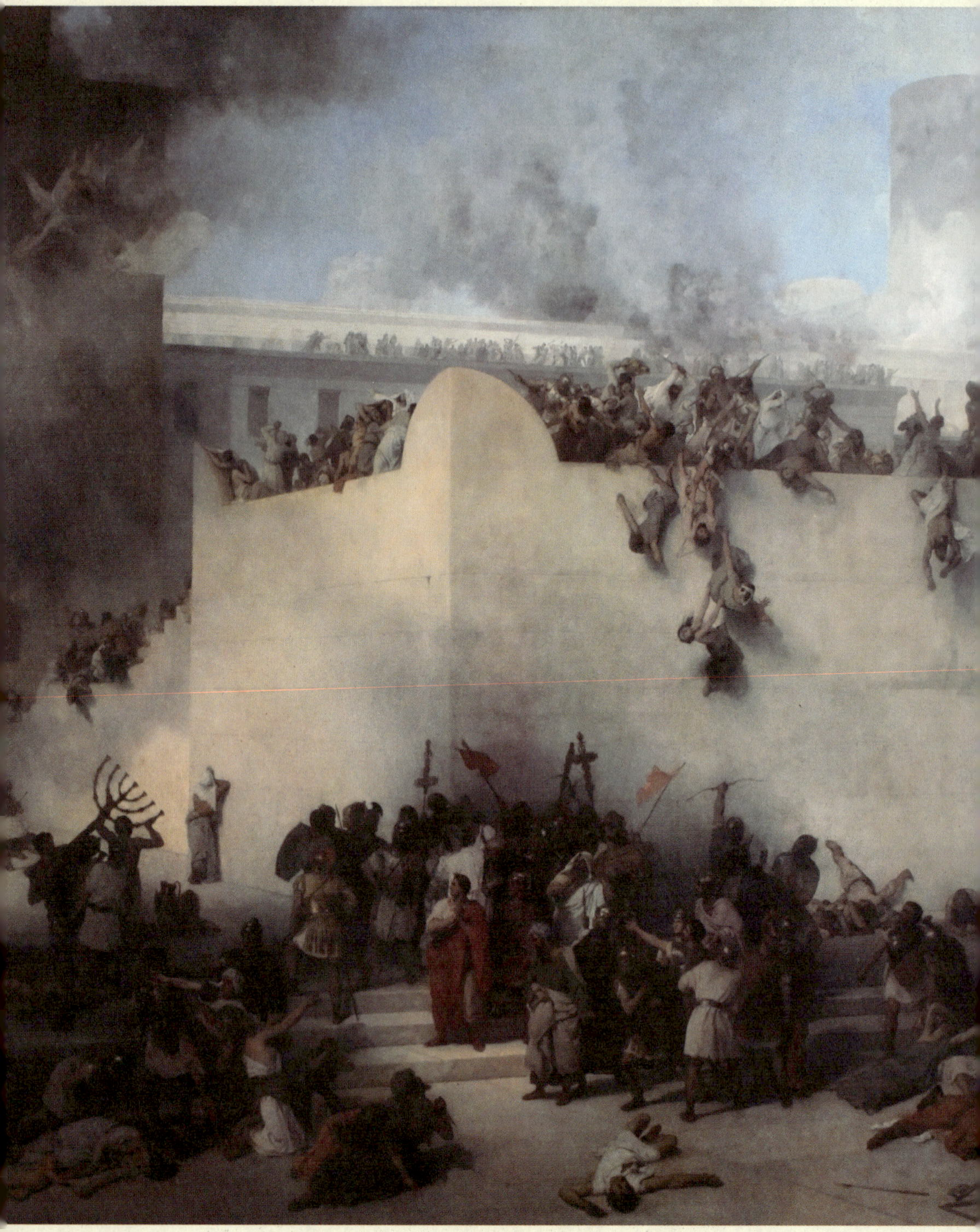

< 耶路撒冷陷落。弗朗切斯科·阿耶兹（Francesco Hayez）绘于1867年

△ 为提图斯举行的凯旋式。韦斯帕芗身着白色托加走在前面，提图斯着铠甲紧跟在后，他牵着女儿的手，但女儿扭头看向了图密善。劳伦斯·阿尔玛-塔德玛绘于1885年

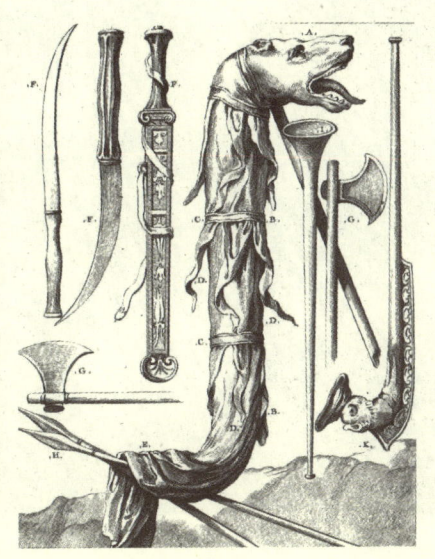

< 达契亚人的旗帜和武器（左上角就是达契亚法克斯），依据图拉真纪功柱的有关内容绘制。出自米歇尔-弗朗索瓦·安德烈-巴尔东（Michel-François Dandré-Bardon）1774年出版的著作

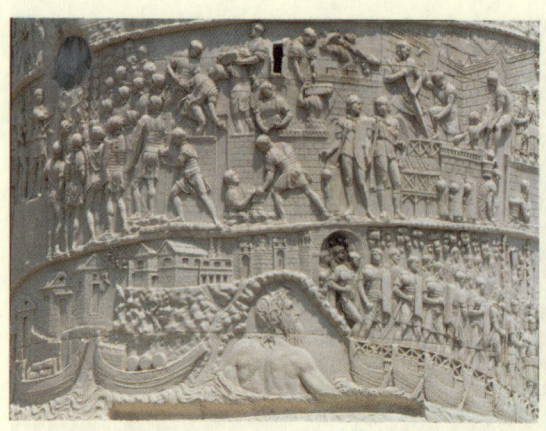

△ 图拉真纪功柱上的细节，描绘了罗马军队通过浮桥渡过多瑙河　　△ 图拉真纪功柱上的细节，描绘了多瑙河前线壮观的桥

▽ 哈德良在位期间，罗马人在不列颠修建长城，意图将敌人挡在国境之外。威廉·贝尔·斯科特（William Bell Scott）绘于1857年

△ 马克·奥勒留临终时刻抓着康茂德的手臂。欧仁·德拉克罗瓦（Eugène Delacroix）创作于1844年

△ 皇帝康茂德带着角斗士离开竞技场。埃德温·布拉什菲尔德（Edwin Blashfield）创作

△ 埃拉伽巴路斯的玫瑰。在宴会达到高潮时,埃拉加巴路斯下令将屋顶上装满玫瑰花瓣的网兜打开,成千上万的花瓣由此坠落,来不及躲闪的宾客被压在花瓣下。劳伦斯·阿尔玛－塔德玛绘于1888年

▷ 米尔维安桥决战。朱利奥·罗马诺(Giulio Romano)绘于16世纪20年代

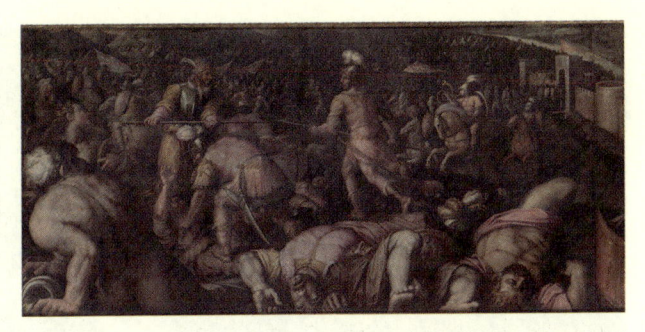

∧ 斯提里科在菲耶索莱击败拉达盖斯。乔治·瓦萨里（Giorgio Vasari）绘于16世纪60年代

∧ 公元410年，阿拉里克率领西哥特人洗劫罗马城。约瑟夫-诺埃尔·西尔韦斯特（Joseph-Noël Sylvestre）创作于1890年

< 日耳曼尼库斯之死。尼古拉·普桑（Nicolas Poussin）绘于1627年

< 芝诺比亚最后看一眼自己的王国。赫伯特·G.施马尔茨（Herbert G. Schmalz）绘于1888年

作战示意图

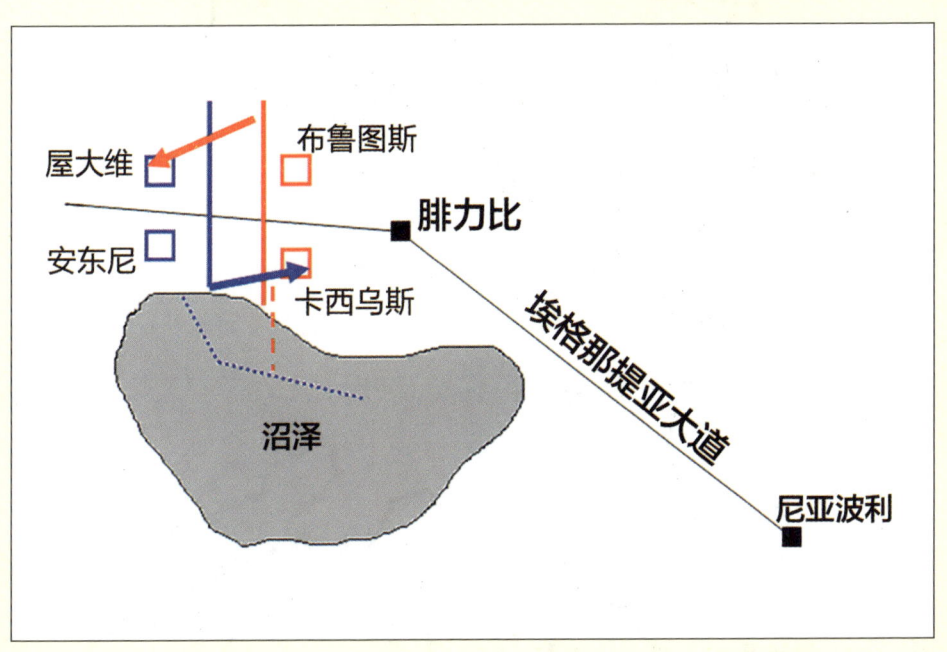

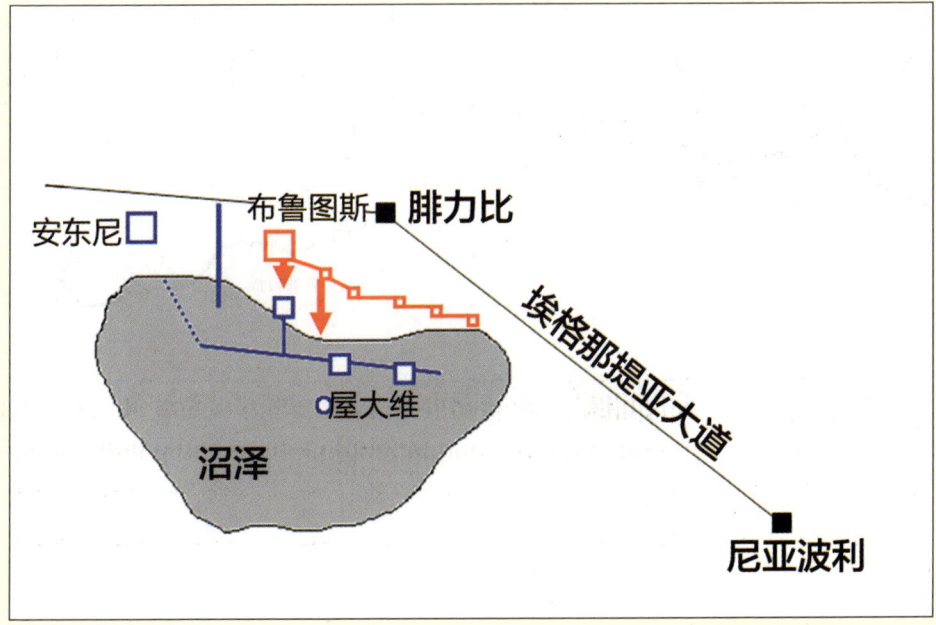

示意图 1-2：腓力比战役

示意图3：公元1世纪至2世纪的罗马行省

—·—·— 行省的大致边界

亚美尼亚

比提尼亚
加拉提亚
卡帕多西亚
幼发拉底河
吕西亚
奇里乞亚
叙利亚
犹太
阿拉比亚
埃及

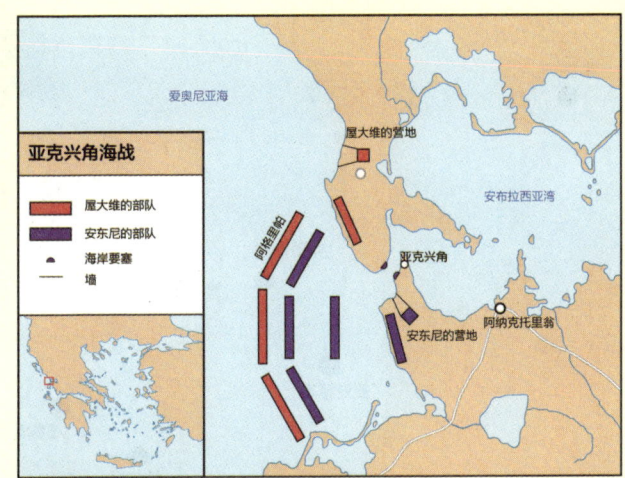

亚克兴角海战
屋大维的部队
安东尼的部队
海岸要塞
墙

爱奥尼亚海
屋大维的营地
安布拉西亚湾
阿格里帕
亚克兴角
安东尼的营地
阿纳克托里翁

示意图 4：亚克兴角海战

黑海
里海
亚美尼亚王国
罗马帝国
奥斯洛尼
帕提亚帝国
地中海

示意图 5：亚美尼亚的位置让它成为罗马、帕提亚之间的缓冲区

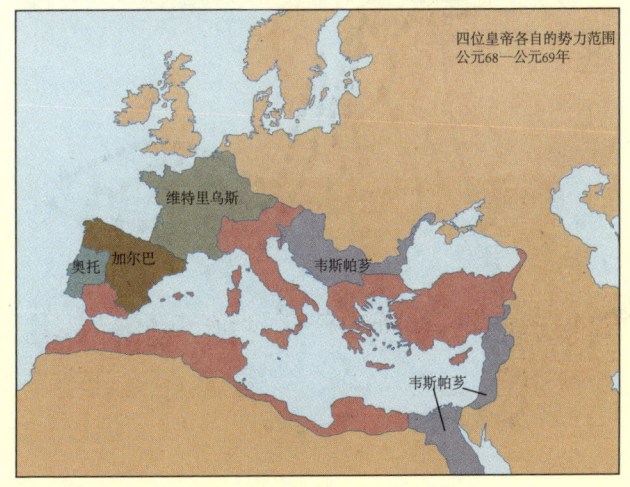

四位皇帝各自的势力范围
公元68—公元69年
维特里乌斯
奥托
加尔巴
韦斯帕芗
韦斯帕芗

示意图 6：公元 68—公元 69 年，四位皇帝各自的势力范围

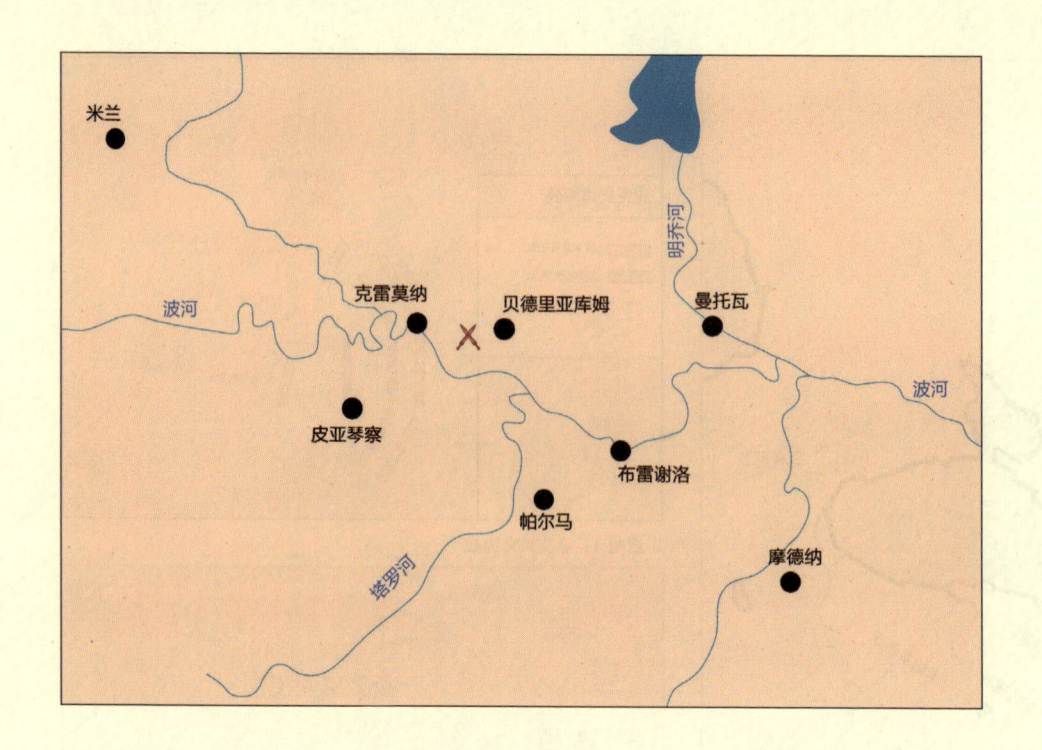

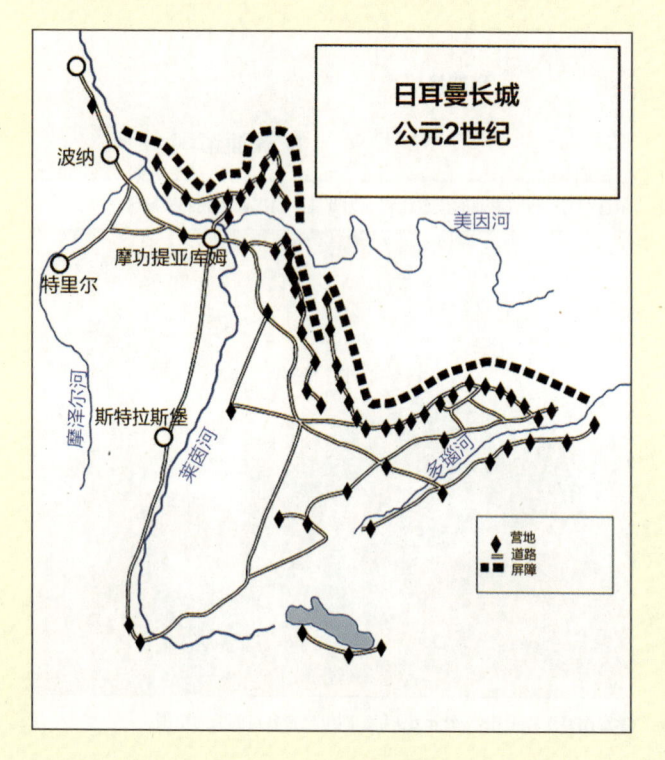

示意图 7：贝德里亚库姆之战位置示意图

示意图 8：罗马修建的日耳曼长城（高地日耳曼、雷蒂亚部分）

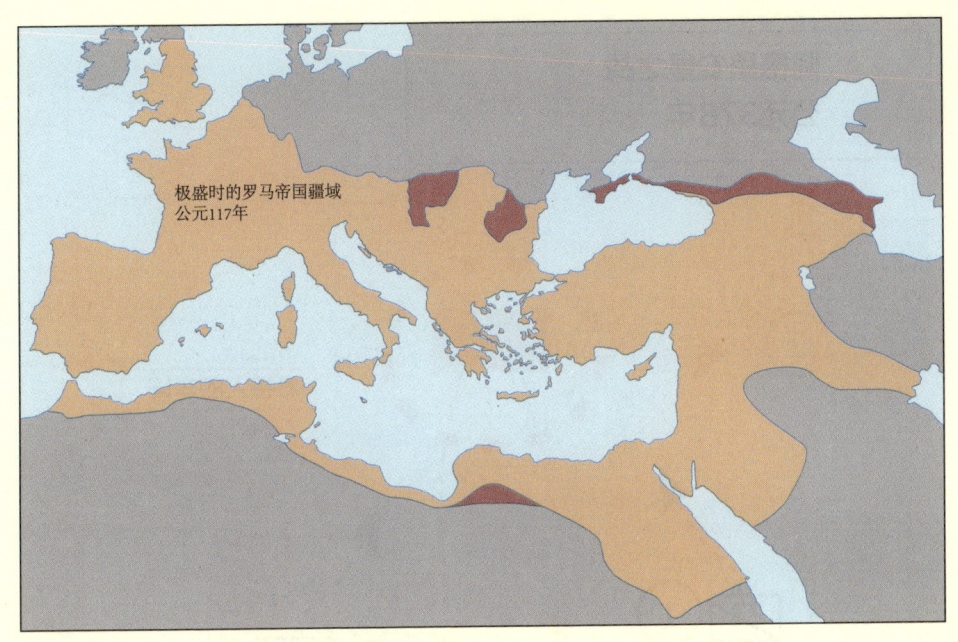

示意图 9：公元 117 年，极盛时的罗马帝国疆域

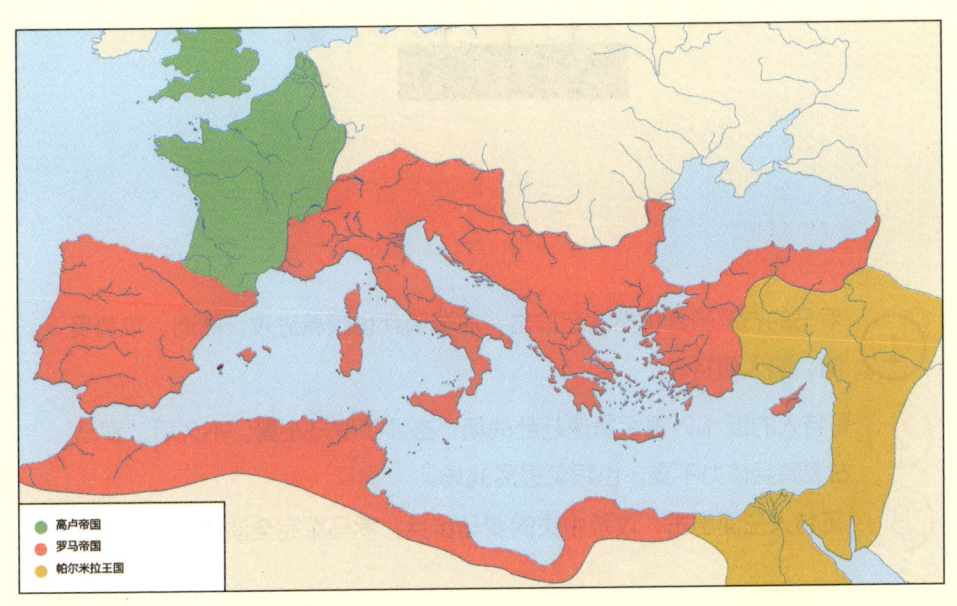

- 高卢帝国
- 罗马帝国
- 帕尔米拉王国

示意图 10：公元 271 年，三分天下

**阿德里安堡之战
公元378年**

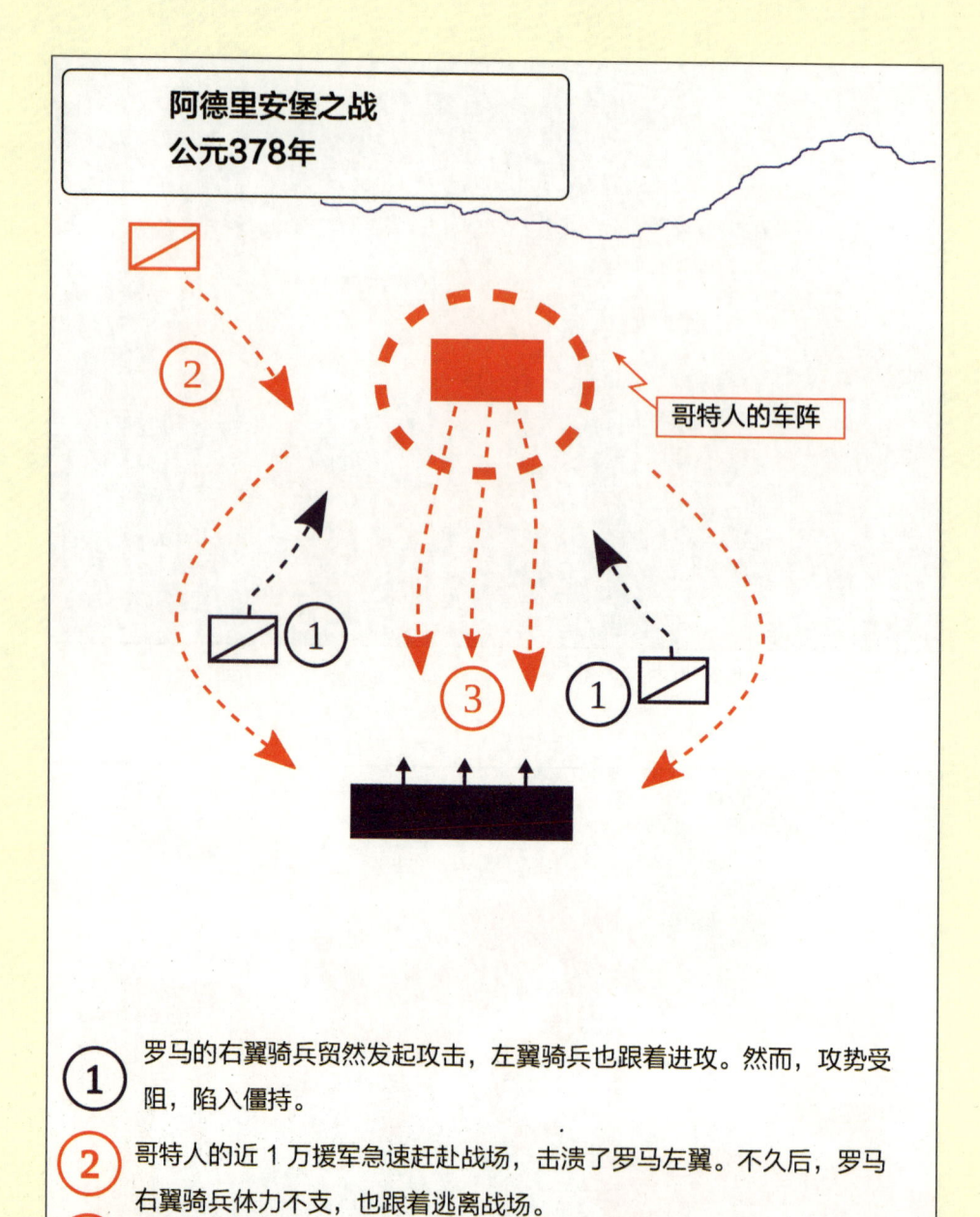

哥特人的车阵

① 罗马的右翼骑兵贸然发起攻击，左翼骑兵也跟着进攻。然而，攻势受阻，陷入僵持。

② 哥特人的近1万援军急速赶赴战场，击溃了罗马左翼。不久后，罗马右翼骑兵体力不支，也跟着逃离战场。

③ 哥特人三面出击，攻杀中央的罗马步兵。罗马军完全溃败。

示意图11：公元378年，阿德里安堡之战

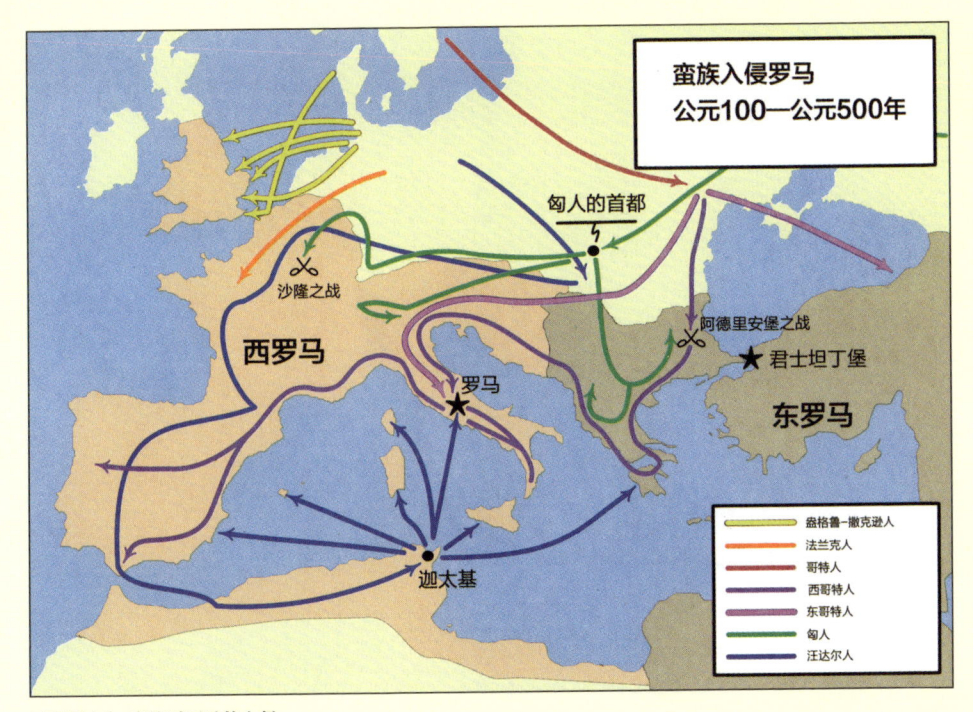

示意图12：蛮族对罗马的入侵

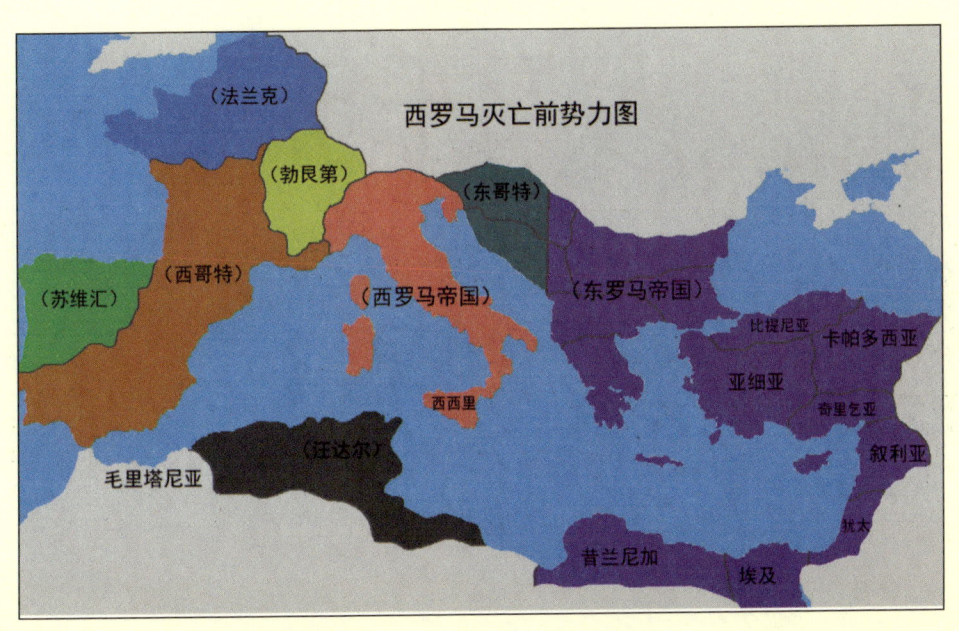

示意图13：西罗马灭亡前各方势力范围

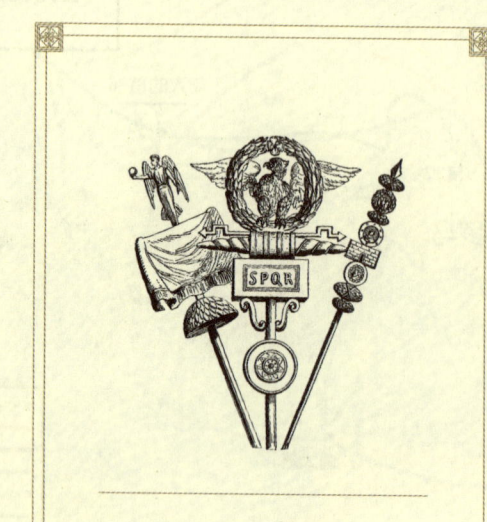

罗马千年征战史

第三卷

△ 在这幅镶嵌画中，头顶带有光环的是查士丁尼一世，他是东罗马最伟大的皇帝之一。他身穿宫廷礼服、才华横溢的将军贝利撒留站在皇帝右侧

△ 狄奥多拉皇后和随从

∧ 正在乞讨的贝利撒留。雅克-路易·戴维（Jacques-Louis David）绘

∧ 公元626年围攻君士坦丁堡的景象。罗马尼亚摩尔多维萨修道院（Moldovita Monastery）的壁画

1：15世纪的西班牙绘画，描绘了希拉克略带着真十字架进入耶路撒冷的场景
2：希拉克略的军队与霍斯劳二世领导的波斯人之间的战斗。皮耶罗·德拉·弗朗西斯卡（Piero della Francesca）的壁画《希拉克略与霍斯劳之战》（Battle between Heraclius and Chosroes），约绘于公元1452年
3：《阿斯卡隆战役》。让-维克多·施奈茨（Jean-Victor Schnetz）绘（1847年），收藏于凡尔赛宫

〈 雅尔穆克河战役。一位佚名加泰罗尼亚画家绘（约1310—1325年）

〈 东罗马帝国—阿拉伯战争期间，东罗马海军首次使用了希腊火。马德里约翰·斯基里兹（John Skylitzes）绘，现藏于西班牙国家图书馆

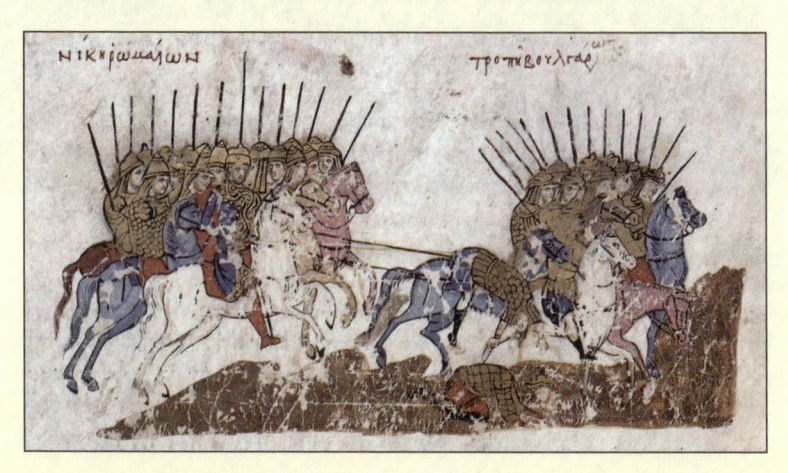

〈 在"保加利亚屠夫"巴西尔二世的带领下，胜利的东罗马铁甲圣骑兵追击溃逃的保加利亚重骑兵。摘自《历史概要》

△ 瓦兰吉人的帆船在大海中破浪行驶，一身戎装的士兵们站在小船上好奇地四下张望。尼古拉斯·罗里奇（Nicholas Roerich）《来自海外的客人》(1899年)

△ 1204年十字军征服东正教城市君士坦丁堡（绘于15世纪）

< 第一次十字军东征时的安条克之围。出自中世纪的泥金装饰手抄本，让·科隆布（Jean Colombe）绘（约1490年）

< 《十字军占领君士坦丁堡》，欧根·德拉克洛瓦（Eugène Delacroi）绘（1840年）

△ 十字军在围攻达米埃塔（Damietta）期间袭击了达米埃塔塔楼。科内利斯·克拉斯·范·魏林根（Cornelis Claesz van Wieringen）绘

△ 西西里晚祷。弗朗切斯科·海耶兹（Francesco Hayez）绘，现藏于罗马国家现代和当代艺术画廊

∧《科索沃之战》，亚当·斯特凡诺维（Adam Stefanovi）绘（1870 年）

∧ 尼科波利斯战役中，法国军队正在冲击

△ 1537 年，罗马尼亚摩尔多维萨修道院的一幅壁画上的君士坦丁堡围城战

△《君士坦丁堡陷落》。西奥菲勒斯·哈齐米哈伊尔（Theophilos Hatzimihail）绘

△ 征服者穆罕默德二世进入君士坦丁堡。福斯托·佐纳罗（Fausto Zonaro）绘

△ 罗马堡垒一般都遵循特定布局，拥有浴室、厨房、铁匠铺、军械库，以及其他必要设施，可以自给自足。这是伦敦堡垒的想象图，可能修筑于哈德良巡视时期，其中部分建筑保存至今

△ 一幅描绘罗马攻城战的绘画，展示了罗马军队使用撞城锤破坏城门的情形。罗马人派三队龟甲阵进攻城墙，还配备了一具弩炮和一架早期抛石机

∧ 这幅画描绘了一艘在港口下锚的罗马桨帆船。这艘船的桅杆已经放下并储存起来。有意思的是，这幅画的左下部分有一艘木筏，可能用来将补给运输到下锚的船上

∧ 一幅关于罗马战舰的 14 世纪绘画。值得关注的是画中的作战塔楼，或者说战舰艉楼上的"城堡"，弓箭手可以从那里居高临下向敌人射击

作战示意图

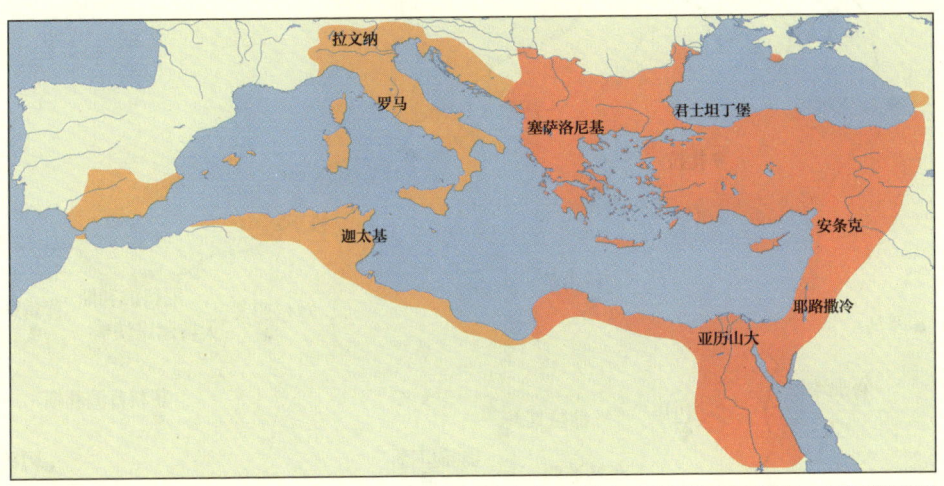

示意图1：555年帝国版图在查士丁尼大帝治下达到极盛（红色部分是查士丁尼登基前帝国的领土，橘色则是他在位期间征服的版图）

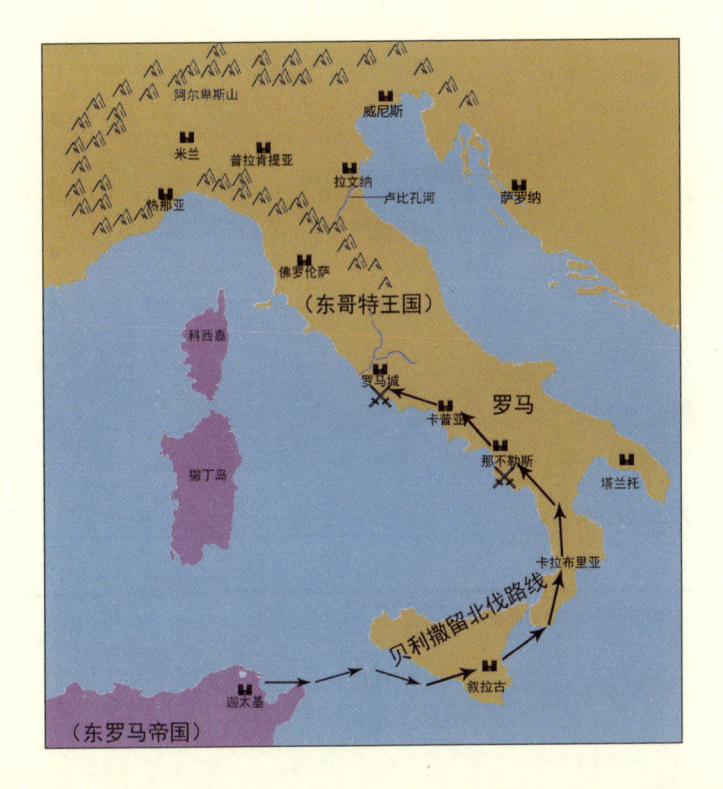

示意图2：贝利撒留北伐路线

示意图 3：巴西尔二世去世时（公元 1025 年）的东罗马帝国

图例：
- 穆斯林地区
- 其他地区
- 东罗马帝国，1025 年（巴西尔二世去世之时）
- 后续占领的地区（附占领时间）
- 东罗马的保护国

地名标注：
威尼斯、拉文纳、扎拉、西尔米乌姆、辛吉杜努姆、维丁、拉古萨、塞尔迪卡、尼科波利斯、普雷斯拉夫、墨森、安基阿、罗马、加埃塔、巴里、都拉其翁、大特尔诺沃、菲利普波利斯、阿德里安堡、君士坦丁堡、布林迪西、奥赫里德、塞萨洛尼基、卡斯托里亚、拉里萨、阿拜多斯、帕加马、士麦那、以弗所、墨西拿、陶尔米纳、叙拉古、帕特拉、底比斯、科林斯、雅典

萨穆埃尔的保加利亚帝国（971 年 – 1018 年间征服）

（1038 年 – 1043 年）

水系：德拉瓦河、萨瓦河、摩拉瓦河、奥尔特河、普鲁特河、多瑙河、台伯河、斯特里蒙河、阿克西奥斯河、埃夫罗斯河

海域：亚得里亚海、爱琴海、地中海、迈安德

欧克辛斯海（黑海）

- 第聂伯河
- 狄奥多西亚
- 赫尔松
- 锡诺普
- 特拉布宗
- 卡尔斯
- 阿尼（1045年）
- 米底亚
- 西亚
- 利留姆
- 安卡拉
- 哈里斯河
- 狄奥多西堡
- 曼齐刻尔特
- 阿米达
- 埃德萨（1032年）
- 摩苏尔
- 阿塔利亚
- 以哥念
- 阿达纳
- 塔尔苏斯
- 塞琉西亚
- 安条克
- 阿勒颇
- 尼科西亚
- 老底嘉
- 特里波利
- 埃梅萨
- 底格里斯河
- 幼发拉底河

示意图 4：尼西亚帝国（公元 1205 年前后）时期的东罗马帝国疆域

示意图 5：巴列奥略王朝时期（公元 1265 年前后）的东罗马帝国疆域

示意图 6：灭亡前夕（公元 1440 年前后）的东罗马帝国疆域

示意图 7：克雷西昂之战示意图

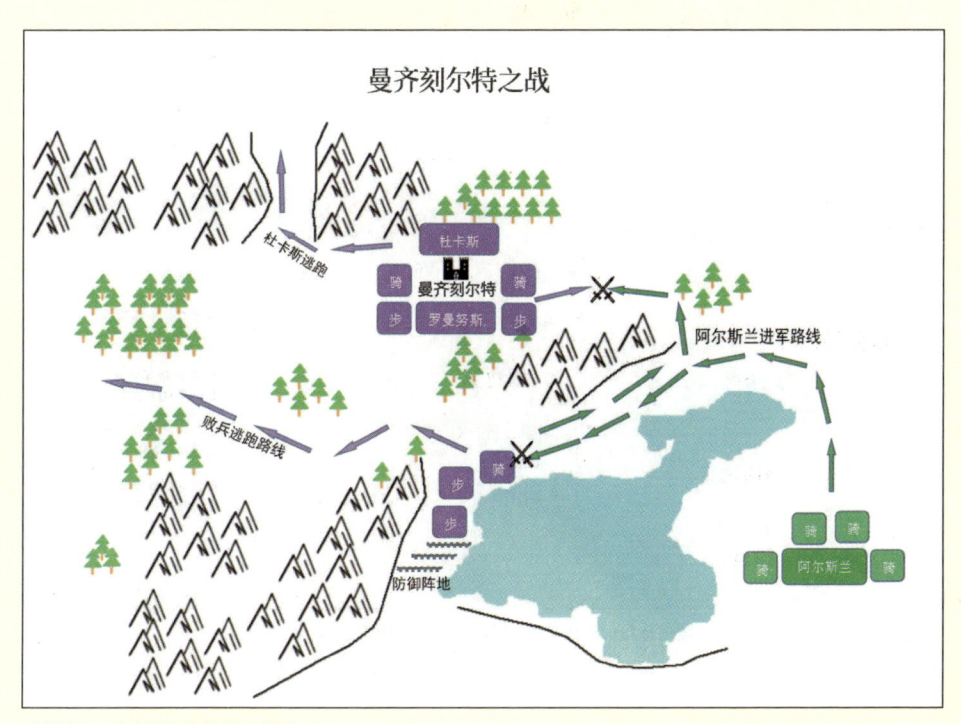

示意图 8：曼齐刻尔特战役示意图

示意图9：雅尔穆克河战役前，穆斯林和东罗马军队的行动，标出了现代国家名

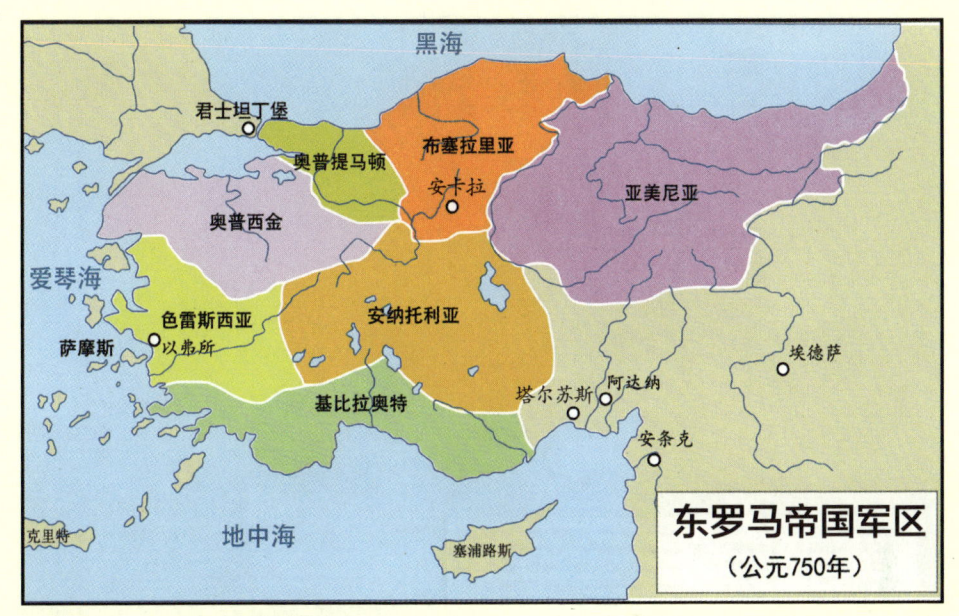

示意图 10：约 750 年东罗马帝国的军区

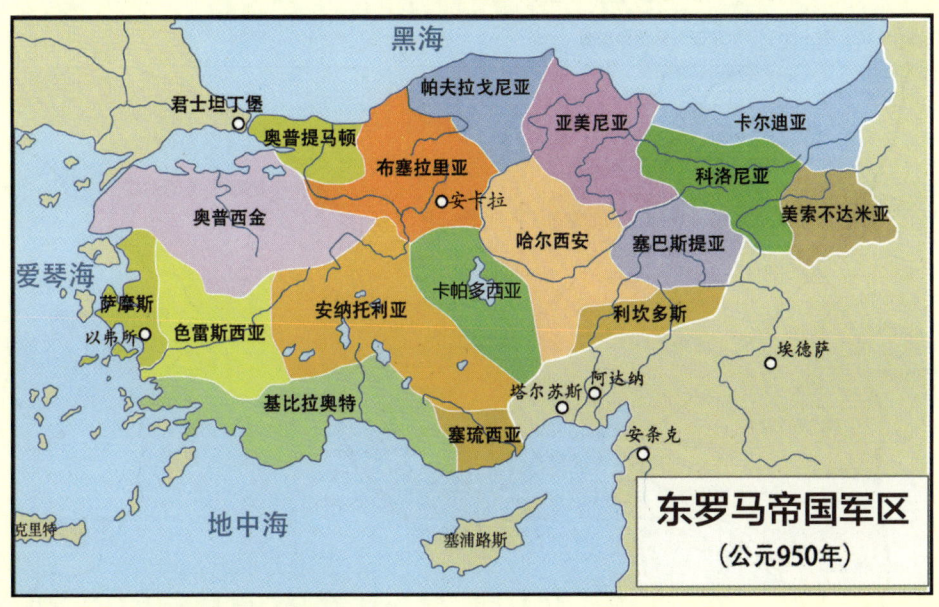

示意图 11：约 950 年东罗马帝国的军区

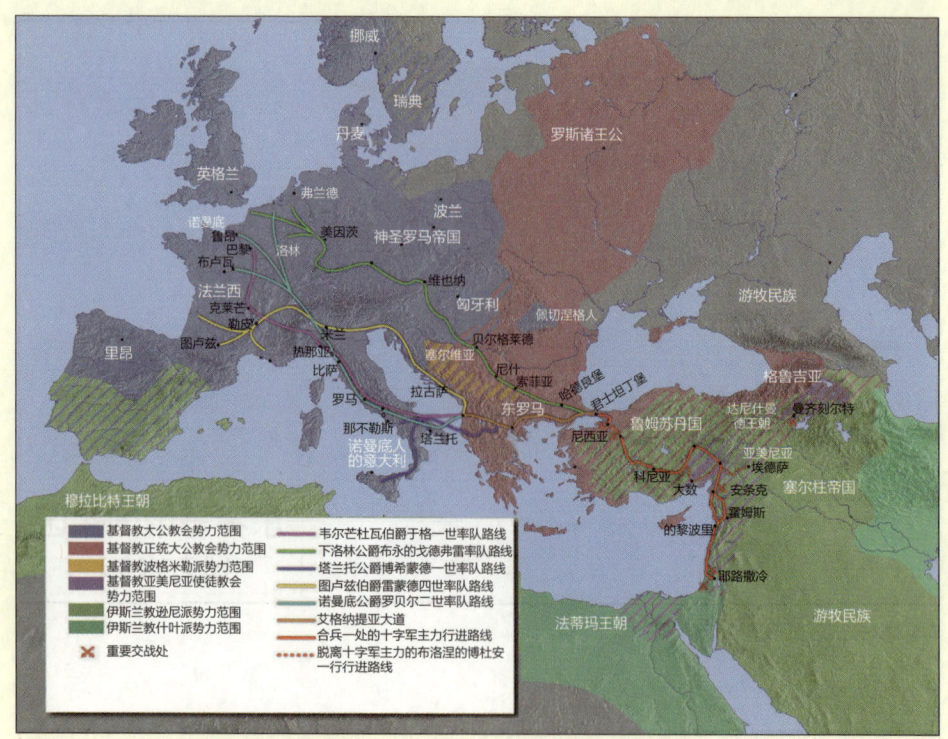

示意图12：第一次十字军东征各队伍路线图

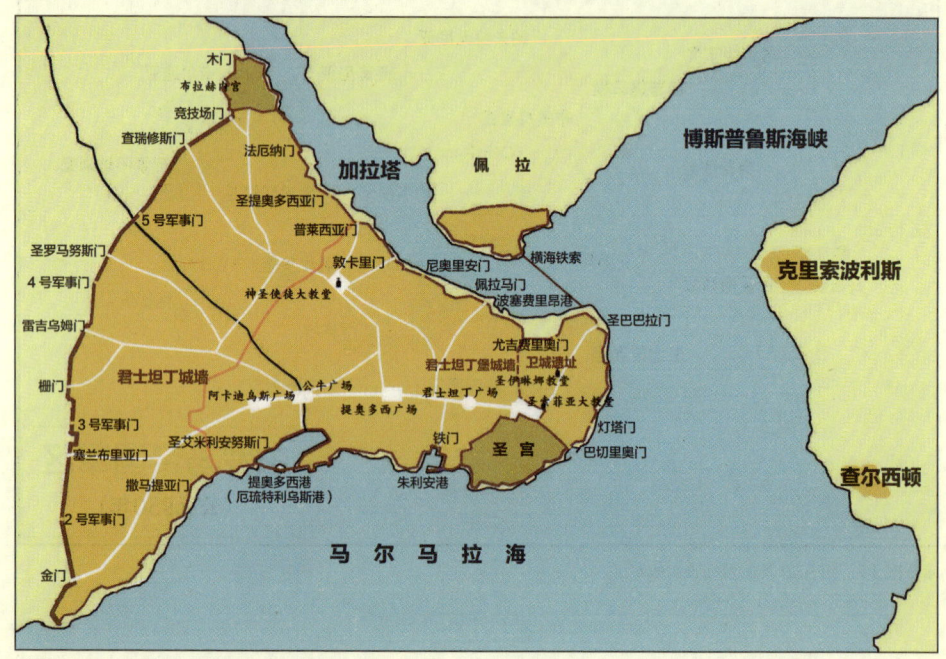

示意图13：君士坦丁堡地理位置示意图